해상사고 선주책임제한 주요 해외 판례집

서해기름유출사고 법률봉사지원단
고려대학교 공익법률상담소(GLC) 공동 기획
참여연대 공익법센터

해상사고 선주책임제한 주요 해외 판례집

'선주 자신의 무모한 행위'의 의미

박경신 편

고려대학교출판부
KOREA UNIVERSITY PRESS

서문

2007년 12월 서해안에서 발생한 기름유출사고는 많은 이들을 놀라게 했는데 이들 중의 일부는 법률가들이었다. 손해배상소송의 기본원칙은 원고가 과실을 통해 발생시킨 책임을 모두 배상한다는 것인데 해상사고에 대한 손해배상소송에 대해서는 그 책임이 특정한 액수로 제한된다는 것은 국민의 재판청구권의 입장에서 보면 경악스러운 일이었고 억울한 피해를 입은 사람들의 사회안전망 역할을 해야 할 손해배상소송제도의 목표를 몰각시키는 것이었다.

전국의 법과대학 학생, 사법연수원생들, 학교를 졸업한 예비사법연수원생들 2백여 명은 서해안기름유출사고 법률봉사지원단(준비위원: 박범영, 이진규, 강보라, 이제우, 송도영, 정대희, 조상원, 이상미, 윤길현, 허왕, 최선영, 황미정, 최종연, 김민정, 김미정, 홍영진, 김선휴, 송영훈)을 조직하여 2008년 1월6일부터 2개월 동안 태안 현지에서 활동하며 1차적으로는 법률상담을 통하여 피해 주민들이 자신의 피해를 입증하는 것을 도와주는 한편 현재 상법상의 손해배상제한제도에 대한 예외가 존재함을 홍보하는 활동을 하였다.

그리고 이 활동을 마친 후 기름유출사고에 대한 검찰 수사 및 소송이 전개되는 과정을 보면서, 편집자와 서해안기름유출사고법률봉사지원단의 학생들은 해상사고 손해배상제한제도에 대한 국내의 논의가 더욱 풍부해져야 할 필요를 느끼게 되었다. 해상사고 손해배상제한제도가 외국에서 도입된 제도이므로 그 제도상의 개념의 범위를 정확히 보여 주는 사례들이 국내에서 활발하게 논의되어야 하는 것이다. 결국 관련 해외 판결들을 여과 없이 국내에 소개해야 할 필요를 느끼게 되었고 이 책의 출판작업을 하게 되었다. 그리고 이 자료들을 고려대학교 김기창 교수님께 제공하여 논문 작성도 의뢰하게 되었고 이 논문은 이 판례집에 포함되어 있다.

김기창 교수님은 물론 다음의 각 판례들을 초벌 번역을 하고 그 외의 중요한 역할을 한 다음의 봉사단 학생들에게 고마움을 표시한다.

Amoco Cadiz__이수행, 이윤진, 이진규, 정다영, 최여련

Butler__이민영

Caldwell__김성진, 남세영, 원지영, 이재혁

Ert Stefanie__최우구

KLM__오지헌, 이상준, 이재혁

Lady Gwendolen__변지원, 송기룡, 이상언, 이수현, 이혜진, 최선영, 홍영진

Margolle__강영선, 안준규, 오유찬

Marion__김가영, 김소연, 한새봄

R v. G__장원제, 최우구

Smjeli__이재혁, 최우구

표지기획__허왕

교정__강보라, 이제우, 최우구

총괄__이제우, 최우구

판례들은 모두 각주까지 번역되어 국문과 영문을 동시에 볼 수 있게 되어 있으며 영미 사법제도에 익숙치 않은 독자들을 위해 역주를 별도로 추가하였다.

이들 모두 현재 사법연수원, 로스쿨 또는 대학교 및 대학원에서 법률공부를 열심히 하고 있다. 학교에서 배운 것을 사회의 좋은 일을 위해 쓸 수 있다는 너무나 당연하지만 너무나 간과되어 온 사실을 학교에서 가르치는 나에게 다시금 일깨워 주었다. 결코 경제적인 동기가 충분하지 않은 이 판례집의 출판을 결정해 준 고려대학교출판부에도 감사를 표한다.

마지막으로 서해기름유출사고 법률봉사지원단이 활동을 마치고 여러 학생들이 고려대학교 공익법률상담소(Global Legal Clinic, 소장 윤남근)에서 활동을 이어나갔고 이 책의 후속작업도 면면히 이어지게 되었다. 학생들이 배움을 사회를 위해 환원하면서 자신의 지식과 능력을 넓힌다는 법학전문대학원 실무교육의 취지에 비추어 참으로 의미 있는 일이라고 하겠다.

또한 서해기름유출사고 법률봉사지원단의 조직 및 지원은 물론 이번 출판사업의 최초 기획과 재정적 지원을 해준 참여연대 공익법센터의 공로에 대해서는 다언을 필요로 하지 않는다.

법치주의 사회에서 억울한 피해를 받은 사람들이 온전한 보상을 받는가는 지역경제의 문제나 환경보전의 문제를 떠나서 헌법적 기본권의 문제이다.

편자 박경신

2009년 7월

개요

많은 나라들이 해운산업을 보호하기 위하여 해상사고에 대한 선주들의 손해배상 책임액수를 그 배의 톤수에 비례하여 제한하는 법을 제정하였고 우리나라에서는 상법 제769조(2007년 8월 3일 전문개정)에 그와 같은 책임제한 규정이 있다. 단, 그 배가 유조선인 경우에 대하여는 많은 나라들이 선주들의 제한된 책임액수 외에 정유사들로부터 갹출되어 조성된 국제유류보상기금(IOPC)이 역시 제한된 범위의 책임을 지도록 하는 별도의 국제조약체계(1992년유류오염손해에대한민사책임에관한국제협약 및 1992년 유류오염손해보상을위한국제기금의설치에관한국제협약)에 가입하였고 이 내용은 우리나라에서는 유류손해배상보장법 제9조에 반영되어 있다.

그런데 이와 같은 책임제한이 선주들의 도덕적 해이를 야기할 수 있다는 우려를 반영하여 위에서 언급한 국제조약체계는 모두 "선주 자신의 고의로 인하여 발생한 경우 또는 손해발생의 염려가 있음을 인식하면서 무모하게 한 작위 또는 부작위로 인하여 발생한 경우"에는 책임제한이 적용되지 않는다고 하고 있으며 이는 국내법 조항들에 온전히 반영되어 있다.

2007년 말 서해안에서 발생한 기름유출사고는 유조선과 유조선이 아닌 배의 충돌, 즉 공동불법행위로 발생하였기 때문에 상법상의 책임제한의 적용 여부는 삼성중공업의 배상액수를 그리고 유류손해배상보장법상의 책임제한 적용 여부는 유조선 측의 배상액수를 결정함에 있어 중요해지고 결국 피해주민들이 완전한 보상을 받는가에 있어 중요해진다. 특히 2009년 4월 현재 IOPC의 추정만으로도 기름유출사고의 총 피해액은 양 측의 제한된 책임액수를 합친 금액을 훨씬 상회하는 6천억 원이 넘을 전망이기 때문에 이들 기업들을 상대로 한 책임제한이 깨질지는 초미의 관심사이다. 물론 국회가 특별보상법(허베이 스피리트 호 유류오염사고 피해주민의 지원 및 해양환경의 복원 등에 관한 특별법 2008년 3월 14일 제정)을 통과

시켜 총 피해 중에서 유배법상의 책임제한를 넘는 피해를 국가가 보상해 주기로 하였지만 총 피해액수의 산정을 IOPC에게 맡겼기 때문에 IOPC의 최종 산정액수가 실제 피해에 미치지 못할 경우 그 차액을 보상받기 위해서는 책임제한을 배제시키는 것은 매우 중요한 일이 된다.

우선 삼성중공업 측의 선박이 정지해 있던 유조선에게 다가가 충돌이 발생한 것이기 때문에 대부분의 해상법 전문가들은 유조선 측에 대한 책임제한을 깨기는 어려울 것으로 보인다고 한다. 일부 전문가들은 기름유출사고에 대해 책임제한이 깨진 적이 한 번도 없다는 이유를 들어 삼성중공업의 책임제한도 깨기 어려울 것이라고 한다. 하지만, 이와 같은 예측은 이번 사고가 지금까지의 대형 기름유출사고와 달리 유조선 자체의 결함이나 과실로 발생한 것이 아니라 유조선이 아닌 배가 유조선을 들이받아 발생한 사상 최초의 사고라는 점을 간과한 것으로 보인다. 기름유출사고에 대한 책임제한이 깨진 적이 없다는 과거의 역사가 소극적 견해를 갖게 되는 배경이라면 그 과거의 역사에는 적용이 되지 않는 예외적인 사건이라는 점도 고려되어야 한다.

결국 편집자는 기존 해상법전문가들의 자문을 받아 직접 선주책임제한이 깨졌던 판례들을 조사해 보았고 이 판례집은 책임제한 적용 여부를 판단함에 있어서 도움이 될 만한 해외판례들을 총망라하고 있다. 그리고 이 판례들에 기초하여 편집자는 다음과 같은 결론을 내렸다.

위에서 말하였듯 상법 제769조는 '선주 자신이 … 손해발생의 염려를 인식하면서 무모하게 한 작위 또는 부작위에 의한 피해'에 대해서는 책임제한을 적용하지 않고 있다.

그런데 국내외 판례에 비추어 보면 삼성중공업 예인선단의 행위가 법적으로 '무모하다'는 점에 있어서는 전문가들이 대체로 동의하고 있다. 위의 "손해발생의 염려가 있음을 인식하면서 무모하게 한 행위"라는 문구는 국제협정에서 따온 문구이며 국내외법원들이 이를 어떻게 해석했는지 사례들을 살펴보자.

▶항공사 승무원이 이륙 전 구명동의의 위치나 사용법을 승객에게 충분히 고지하지 않은 것을 "무모하게 한 행위"라고 선언하며 항공사 책임제한을 둔 바르샤바 조약을 적용하지 않은 1961년 미국의 연방항소법원 판결. KLM v. Tuller, 292 F.2d 775 (D.C. Cir. 1961)(이 책 51쪽).

▶ 조종사들이 시야가 제한된 악천후에서 착륙을 시도하다가 비행기를 추락시킨 것에 대해서도 역시 바르샤바 조약상의 책임제한을 배제한 1985년 미국의 연방항소법원 판결. Butler v. Aeromexico, 774 F.2d 429 (11th Cir. 1985)(이 책 379쪽).

▶ 낚싯배가 어로지역를 찾아 영국해협에서 역주행을 하다가 유조선과 충돌한 것에 대해

당시 영국의 선주책임제한 규정상의 '무모한 행위'라고 판단한 2002년 영국대법원의 판결. Margolle v. Delta Maritime, [2003] 1 Lloyd's Rep. 203(이 책 423쪽).

▶화물칸에 선적하였어야 할 화물을 갑판상에 적재하도록 결정한 해운회사의 차장의 행위가 '무모한 행위'에 해당된다고 하여 책임제한을 배제한 2006년에 우리 대법원의 판결(대법원 2006.10.26.선고, 2004다27082).

특히 책임제한제도의 원조국이라고 할 수 있는 영국의 형사사건에서 무모함(recklessness)을 판단하는 기준을 살펴보면 기본적으로 민사사건인 책임제한 소송에서의 무모함의 의미의 한계를 살펴볼 수 있다.

▶행위자가 명정상태라고 하여 무모함이 배제되지 않는다는 판결. Commissioner of Police of the Metropolis v. Caldwell, [1981] 2 W.L.R. 509(이 책 239쪽).

▶명정상태와 같이 자발적으로 인식능력을 저하시킨 경우가 아니라 행위자가 아동인 경우 형사상 '무모함'이란 결과에 대한 예측을 그 요소로 한다고 본 판결. Regina v. G and Another [2003] UKHL 50; [2003] 3 W.L.R. 1060(이 책 465쪽).

위의 판례들에 비추어 볼 때 풍랑주의보 예고에도 불구하고 자신의 무게의 수십 배가 넘는 크레인을 철사줄 두 개로 끌고 출항한 점, 충돌 1-2시간 전에 이미 유조선과의 충돌에 대한 경고를 받았음에도 회항, 정지, 피항 등의 조치들을 포기하고 항해를 계속한 점 등은 일반인들의 법감정으로 보아도 '무모하다'고 보기에 충분하다.

문제는 이런 행위들이 '선주 자신의 행위'였는가 하는 점이다. 선주가 법인인 경우엔 대표이사는 아니더라도 '무모한 행위'의 책임자의 지위에 있는 사람의 과실은 선주 자신의 행위로 본다. 그런데 검찰은 항해책임자라고 할 수 있는 삼성중공업 해운부장 등 회사 측 관련자 8명을 조사한 결과, 운항을 강행하라는 지시는 없었고 사고 당시 전화통화 내역에서도 상부와의 통화 흔적이 발견되지 않았다고 밝혔다. 우리나라에서 하나밖에 없고 하루 임대료가 6천만원을 넘는다는 크레인의 운송과정에 있어 선장이 출항부터 충돌까지 모두 단독결정을 하였는가가 의구심이 들기도 하지만, 실제로 그렇다고 가정하자.

그렇다고 할지라도 삼성중공업 측이 이와 같은 항해에 대한 결정권을 선장이나 다른 회사에게 '백지위임'을 하였다면 그와 같은 결정권을 가진 선장이나 회사의 행위는 선주 자신의 행위로 인정되어 왔다. 이와 같은 법리는 여러 해외 판례를 통해 재확인되어 왔다.

▶선주가 선박의 관리를 다른 회사에 일임한 경우 실제 소유자가 아닌 관리회사를 기준으로 선주의 실제 과오 여부를 판단한다고 하며 선주책임제한을 부정한 사례. Société Anonyme des Minerais v. Grant Trading Inc.(The "Ert Stefanie"), [1987] 2 Lloyd's Rep. 371 (Queen's Bench Division). [1989] 1 Lloyd's Rep. 349 (Court of Appeal)(이 책 397쪽); The Charlotte, (1921) 9 Ll.L. Rep. 341.

▶일상적인 항해에 관련된 사항 등은 관리자 혹은 선장에 전적인 위임이 가능하지만, 본 사건에서 문제가 된 안개 속에서의 과속, 레이더의 장착과 사용에 관한 문제는 선주의 특별한 주의가 요구되는, 해상에서의 생명과 재산의 안전에 관한 중요한 사항이라고 한 후, 선장의 과속 습관에 대한 별다른 조치를 취하지 않았으며 레이더와 관련된 주의사항을 교육하지 아니한 것은 선주의 실제 과오(actual fault)가 된다며 선주책임제한을 부정한 판례. The Lady Gwendolen, [1965] 1 Lloyd's Rep. 335(이 책 91쪽).

▶선주가 선박의 관리를 다른 회사(관리회사)에게 위임하고 관리회사는 다시 해도의 갱신을 지시감독 없이 선장에게 전부 일임하는 관행이 있어 왔다 하더라도 이는 적절한 관행이 아니며, 관리회사가 해도의 갱신에 관한 지시 및 감독을 이행하지 않은 부작위는 실제 과오(actual fault)가 되며 이는 곧바로 선주의 과오가 된다면 선주책임제한을 부정한 판례. The Marion, [1982] 2 Lloyd's Rep. 52; [1983] 2 Lloyd's Rep. 156; [1984] 2 Lloyd's Rep. 1; [1984] A.C.563(이 책 333쪽).

▶선주가 선박의 운영 및 보수를 다른 회사(관리회사)에게 위임한 경우라고 할지라도 선주는 선박의 감항능력을 확인하고 피위임자를 통제하고 감독할 '위임 불가능한'(위임하였다고 하여도 그 책임을 회피하지 못하는) 의무를 지기 때문에, 선박의 정비에 있어서의 과실과 선원들에 대한 적절한 훈련을 실시하지 못한 점에 대해 직접적인 책임은 운항회사에게 있을지 몰라도 운항회사의 인식을 근거로 선주사의 '인식과 관여(knowledge and privity)'를 인정할 수 있다고 한 판례. Matter of Oil Spill by the Amoco Cadiz Off the Coast of France on March 16, 1978, 954 F.2d 1279, (7th Cir. 1992)(이 책 175쪽).

이렇게 해석해야 될 정책적 이유는 충분하다. 이렇게 하지 않으면 모든 선박회사들은 항해의 모든 결정권을 선장에게 '백지위임'하고 항해의 실제 책임자는 전혀 간여하지 않게 함으로써 선주책임제한을 유지할 수 있을 것이다. 이렇게 되면 선주책임제한의 예외를 이루는 단서—즉 '선주 자신의 무모한 행위'—는 위와 같은 편법으로 형해화되어 버릴 것이다.

또, 실제로 외국의 판례들을 보면 사고가 발생한 항해에 대한 구체적인 관여 행위만이 '무모한 작위 또는 부작위'로 인정되는 것이 아니다. 선장이 무모한 행위를 할 수밖에 없는 업무환경을 제공하거나 선장의 잘못된 습성을 가진 선장에게 위임을 한 것을 선주책임제한을 깨는 근거로 인정하고 있다. 예컨대 과속의 습관이 있고, 새로운 레이더에 익숙하지 않은 선장을 선주가 제대로 교육시키지 않은 것은 책임제한배제의 근거가 되는 '선주 자신의 행위'로 인정된다. ▶The Lady Gwendolen(1965) 1Lloyd's Rep. 335. CA(이 책 91쪽).

물론 선주가 자신의 의무의 이행을 '적절한 자격이 있는 보조자'에 위임한 경우에는 그의 과오를 선주의 실제 과오로 볼 수 없다. ▶The Smjeli [1982] 2 Lloyd's Rep. 80(이 책 299쪽),

그러나 '적절한 자격이 있는지'에 대해서는 엄격하게 판단된다. 1989년 엑슨발데즈 호 사고에서는 미국법상의 선주책임제한이 깨져 당시 선주인 엑슨 정유사가 총 3조 원대의 민사책임을 지게 되었는데, 이때 음주경력이 있던 선장을 선임하고 그 선장을 보좌할 수 있는 충분한 유능한 선원을 배치하지 않은 것만으로도 '선주 자신의 행위'로 보았기 때문이다. ▶Exxon Shipping Co. v. Baker 판례들.

위의 3개의 판례들에서 당시 적용되었던 책임제한배제 기준이 정확히 '선주 자신의 … 손해발생의 염려를 인식하면서 한 무모한 행위'는 아니었고 '선주 자신의 실질적 과오 및 인식(actual fault and privity)'라는 기준이었지만 이것은 단순과실보다는 높은 중과실로 해석되어 왔었다.

마지막으로 검찰은 삼성중공업 법인 자체를 기소하였고 삼성중공업은 유죄판결을 받은 바 있다. 이 판결은 위의 행위가 선주의 지위를 가진 삼성중공업 자신의 행위였음을 확인하였다. 혹자는 삼성중공업에 대한 기소가 해양오염방지법의 양벌규정상의 '형식적 기소'였다고 폄훼할지 모르나 그렇지 않다. 양벌규정이란 법인의 직원이 법을 위반했을 때 법인을 함께 처벌하는 것이다. 그런데, 그와 같이 법인에 대해 형사책임을 묻는 법적 근거에 대하여 무과실책임설(無過失責任說), 과실확정설(過失推定說), 과실의제설(過失擬制說), 과실책임설(過失責任說) 등이 있는데, 과실책임설이 유력설(有力說)이다. 즉, 법인 자신의 행위에 과실이 있는 경우에만 책임을 묻는 것이다. 실제로 최근 헌법재판소는 양벌규정에 의한 법인의 처벌도 직원에 대한 선임감독상의 과실을 근거로 하지 않으면 안 된다고 판시하였다. 헌재

2007.11.29, 2005헌가10 사건에서 종업원의 무면허의료행위에 대하여 양벌 조항에 의거 영업주에게도 동일하게 무기 또는 2년 이상의 징역형의 법정형으로 처벌하도록 규정하고 있는 '보건범죄단속에 관한 특별조치법' 제6조에 의한 처벌 부분이 형사법상 책임원칙에 반하는지 여부에 대하여 만장일치로 "종업원의 업무 관련 무면허의료행위가 있으면 이에 대해 영업주가 비난받을 만한 행위가 있었는지 여부와는 관계없이" 그리고 "영업주의 종업원에 대한 선임감독상의 과실" 여부에 관계없이 자동적으로 영업주도 처벌하도록 하는 것은 위헌이라고 선언하였다(실제로 관련 조항이 그렇게 하는지에 대한 해석이 달라 법조항의 처리방법에 대해서는 재판관들의 의견이 나뉘었다).

이 결정에 의거해 보자면 파산법원은 형사법원의 삼성중공업 법인의 유죄판결을 형식적인 것으로 해석해서는 안 되며 형사법원이 삼성중공업 자신이 해양오염방지법을 위반하였다고 선언한 실체적 판결로 받아들여야 한다. 그렇다면 형사유죄판결에 필요한 가벌성은 '손해발생의 염려를 인식하면서 한 무모함' 보다는 높으므로 형사상 유죄판결은 책임제한배제를 충족시키는 법적 판단인 것이다.

차례

서해안 기름 유출 사고와 삼성중공업의 배상책임*

김기창**

I. 사실 관계

서해안 기름 유출 사고의 정확한 발생경위와 사실관계는 재판을 통하여 확정될 것이다. 아래의 사실관계는 이 글의 논의를 위하여 필자가 지금까지 입수한 정황에 근거하여 잠정적으로 제시된 것에 불과하다는 점을 우선 밝혀 둔다.

이 사건 예인선단은 3000톤급 해상크레인을 적재한 부선(crane barge) 삼성1호(11,828톤), 이 부선을 예인하는 두 척의 예인선(tug)인 삼성T-5호(292톤) 및 삼호T-3호(213톤), 그리고 작업선(닻 투묘선) 삼성A-1호(89톤)로 이루어져 있다. 부선에 적재된 해상크레인은 붐대(boom) 높이가 약140미터에 달하는 대형 골리앗크레인이며, 부선의 크기는 폭 45미터, 길이 106미터에 달한다. 크레인 부선에는 자체 항진장치가 없으므로, 이동은 전적으로 예인선에 의존한다.

크레인 부선 삼성1호, 예인선 삼성T-5호, 작업선 삼성A-1호는 삼성물산 소유이다. 예인선 삼호T-3호는 삼호I&D 소유이지만, 삼성물산이 이를 '임차'하여 예인선단을 구성하고 있다. 이렇게 구성된 예인선단을 삼성물산은 삼성중공업에게 '임대'하였으며, 삼성중공업은 평소 거제시 소재 삼성조선소에서 이들을 선박제조에 사용해 왔다. 삼성중공업은 그 협력업체인 보람주식회사에게 크레인 부선(삼성1호)과 예인선(삼성T-5호)의 관리, 운항 및 크레인 작동 등의 업무를 위탁하였으며, 이들 각 부선, 예인선, 작업선의 선장 및 선원들은 보람주식회사에 의하여 고용된 자들이다. 부예인선 삼호T-3호는 삼호I&D가 관리, 운항을 담당해 온 듯하

* 《比較私法》, 通卷42號, 2008. 9., pp. 1-44(44 pages).

** 고려대학교 법과대학 교수.

며, 그 선장과 선원은 삼호I&D에 의하여 고용된 자들이다.

그러나 삼성물산이 인천 연수구 송도동 소재 인천대교 건설 공사를 수주하여,[1] 이 공사에 크레인 부선이 때때로 필요하였으므로, 삼성물산은 삼성중공업으로부터 예인선단을 '역임차'하였다. 그러나 예인선단의 관리, 보수 그리고 거제시의 삼성조선소로부터 인천대교 공사현장까지의 운항, 그리고 인천대교 공사현장에서 거제시 삼성조선소까지의 운항 책임은 삼성중공업이 부담하는 것으로 약정되어 있다. 이 사건의 경우, 예인선단은 2007.11.27. 오전 10:00 에 거제시 삼성조선소를 출발하여 2007.12.1. 오후 6:00시에 인천항에 도착하였고, 그 다음날인 12.2. 오전 7:30부터 12.6. 오전 11:00까지 인천대교 공사에 투입되었다. 인천대교 건설 현장에서 작업을 끝낸 크레인 부선은 바로 그날(12.6.) 다시 출발하여 거제시 소재 삼성조선소로 2007.12. 9.까지 회항할 계획으로 인천항을 오후 2:50 출항하였다. 삼성물산의 이른바 '역임차' 기간은 2007.12.11. 종료하는 것으로 약정되었다.

예인선 삼성T-5호는 크레인 부선의 선수 좌측, 예인선 삼호T-3호는 크레인 부선 선수 우측과 각 400미터에 달하는 예인줄(tug wire)로 연결되었으며, 크레인 부선 후미에는 작업선 삼성 A-1호가 약 200미터 간격을 두고 뒤따르고 있었으므로, 전체 예인선단은 전후 700미터에 이른다. 크레인 부선의 선장이 전체 예인선단의 선단장이었으며, 그는 출항 약 1시간 전에 보람주식회사 직원으로부터 기상 악화에 대한 문자메시지(당일 오후 최대 풍속 13m/s, 파고 1-2m, 다음 날 오전 최대 풍속 13m/s, 파고 1.5-2.5m)를 받은 바 있으나, 예정대로 인천항을 출항하였다.

출항 후 약 11시간이 지난 2007.12.7. 새벽 2:00경 예인선단은 충남 태안군 원북면 신도 북서방 해상(36-56.1N, 126-02.7E)을 항해하고 있었는데, 이때쯤에는 기상 상황이 매우 악화되어, 최대 풍속 19.0m/s, 파고 3.4m에 달하였고, 강한 바람 때문에 예인선단은 동쪽(서해안쪽)으로 밀려나고 있었다. 인천해상관제센터는 그날 새벽 1:40경에 같은날 3:00를 기하여 해당 해역에 풍랑주의보를 발효하기로 이미 예보해 둔 상태였다.

강풍에 떠밀려서 항로를 이탈하는 상황을 보정하기 위하여 예인선단은 침로(針路)를 계속 수정하며 항해를 시도하다가, 기상이 더욱 악화되자 새벽 4:45경 예인선단장, 예인선 삼성T-5호의 선장, 예인선 삼호T-3호의 1등 항해사 간에 무선교신을 통하여 인천 서수도 방면으로 피항하기로 협의하고 이를 위해 우변침을 시도하였으나 강풍과 높은 파도로 인하여 예인

1 http://www.cdaily.co.kr/news/articleView.html?idxno=25204 참조.

선단이 동쪽(해안 쪽)으로 계속 밀려가면서 피항에 실패하였으며, 이 와중에 예인선과 크레인 부선의 전후 위치가 뒤바뀌는 등 예인능력을 상실한 상태에 이르게 되었다.

오전 5:23경, 대산지방해양수산청 해상교통관제센터는 예인선단의 비정상적인 운항상황을 인지하고, 해상에서의 긴급 구난 호출 용도에 사용되는 VHF 채널16으로 2회에 걸쳐 예인선단을 호출하였으나 응답을 받지 못하였다. 5:50경부터 주예인선 삼성T-5호에 장착된 레이더는 해당 해역에 정박 중인 유조선과의 충돌위험을 알리는 경보를 울리기 시작하였고, 유조선 허베이 스피리트 호 역시 오전 6:09경 자체 레이더를 통해 예인선단의 접근을 인지하였고, 항로예상프로그램(ARPA)을 통해 예인선단이 유조선과 0.3 마일(약 270미터) 간격으로 근접 통과 또는 충돌할 위험이 있다는 점을 인지하였다. 따라서 허베이 스피리트 호도 6:14경 예인선단과 교신하기 위하여 VHF 채널16으로 호출하였으나, 예인선단은 응답하지 않았다.

오전 6:20경, 대산 해상교통관제센터는 예인선 삼성T-5호 선장의 휴대전화번호를 마침내 입수하여 휴대전화를 통해 대형 유조선이 항로 전방에 묘박 중이라는 사실을 통보하고, 안전운항 조치를 요구하였다. 곧이어 6:27경, 대산 해상교통관제센터는 무선으로 유조선을 호출하여 예인선단과의 충돌 위험을 알리고, 필요한 조치를 강구할 것을 요구하였다. 유조선 측은 기관가동을 준비 중이라는 점, 앵커를 사용 중이라는 점을 해상교통관제센터에 알린 다음, 앵커 줄을 약 30-70미터 정도 늘여서 예인선단의 예상 항로로부터 벗어나려 시도하면서 6:30경 VHF 채널16으로 크레인 부선 삼성1호를 2회에 걸쳐 호출하였으나, 삼성1호는 응답하지 않았다. 그 직전(6:29), 삼호T-3호는 유조선과 교신하였으나, 예인능력을 거의 상실한 상태에 있다는 점을 제대로 설명하지 않았다.

오전 6:40경, 예인선단이 유조선 0.4마일 전방까지 떠밀려 가자, 주 예인선 삼성T-5호는 기관 출력을 최대로 올리고 북서풍과 맞서면서 서쪽(해양 방면)으로 크레인 부선을 끌고 가기로 결정하고, 부예인선 삼호T-3호 선장에게 300도로 변침할 것을 지시한 후 대각도로 우변침하여 약 10여 분간 운항하였으나, 6:52경 주 예인선 삼성T-5호와 크레인 부선을 연결한 예인줄이 하중을 견디지 못하고 끊어졌다. 그러자 크레인 부선은 닻을 투묘하여 부선이 유조선 방향으로 떠밀려 가는 것을 막아보려 하였으나, 닻의 길이가 충분하지 않아 제동력을 확보할 수 없었고, 부예인선 삼호T-3호만의 예인력으로는 강풍에 떠밀려 가는 크레인 부선의 진행을 저지할 수 없었다. 6:56경, 삼호T-3호는 대산 해상교통관제센터에 무전으로 교신하여, 유조선을 호출하여 닻을 올리고 이동하도록 요구해 달라고 부탁하였고, 그 즉시(6:58경) 관제센터는 유조선을 호출하여 그 요구를 전달하였으나, 이미 유조선이 그런 조치를 하기에는 시간이 부족하였다.

오전 7:06경, 충남 태안군 원북면 신도 남서방 6마일 해상(36-52.1N, 126-03.1E)에서 크레인 부선 삼성1호는 침로 350도로 정박 중이던 유조선 허베이 스피리트 호의 선수 마스트 부분을 크레인 붐대 하단 후크 부분으로 충격한 후 계속하여 유조선의 좌현 쪽으로 밀려가면서 유조선 좌현 선체 부분을 크레인 부선 좌현 선수 모서리 부분으로 순차 들이받는 등 모두 9곳을 충격하였고, 그 결과 좌현 1번, 3번, 5번 원유탱크가 파열되어, 적재 중이던 원유 약 12,547 *kl*(10,900톤)가 인근 해상에 배출되었다.

II. 선박소유자/선박임차인/용선자

자체항행능력이 없어 다른 선박에 의하여 끌리거나 밀려서 항행되는 부선(barge)도 '선박'인지에 대하여, 과거의 선박법 규정하에서 우리 대법원은 부선은 선박법상의 선박으로 볼 수 없고, 따라서 선박법상의 등기능력도 인정할 수 없다는 취지로 판시한 바 있다.[2] 그러나 현행 선박법 제1조의2는 부선도 선박임을 분명히 하고, 유류오염손해배상 보장법 제2조 제1호와 해양오염방지법 제2조 제8호 역시 부선도 해당 법률이 말하는 선박임을 분명히 정하고 있다. 그리고 선박소유자의 책임제한에 관한 외국의 판례들 역시, 부선도 선박소유자의 책임제한을 논함에 있어서 당연히 선박의 일종으로 포함되는 것으로 보고 있다.[3] 따라서 이 사건 크레인 부선 역시 '선박'의 일종으로 파악해야 할 것이다.

대법원은 "선박의 이용계약이 선박임대차 계약인지, 항해용선 계약인지, 아니면 이와 유사한 성격을 가진 제3의 특수한 계약인지 여부 및 그 선박의 선장 · 선원에 대한 실질적인 지휘 · 감독권이 이용권자에게 부여되어 있는지 여부는 그 계약의 취지 · 내용, 특히 이용기간의 장단(長短), 사용료의 고하(高下), 점유관계의 유무 기타 임대차 조건 등을 구체적으로 검토하여 결정하여야 한다"고 판시한 바 있다.[4] 크레인 부선 삼성1호, 예인선 삼성T-5호, 작업선

2 대법원 1983. 7.26. 선고 83누204 판결, 대법원 1998. 5.18 선고 97마1788 판결, 대법원 1999.6.22. 선고 99다7602 판결 등 참조.

3 *The Smjeli* [1982] 2 Lloyd's Rep. 80; *The "Stonedale No. 1"* [1955] 2 Lloyd's Report 9 등 참조.

4 대법원 1999. 2. 5. 선고 97다19090 판결. 대법원 2002. 5.28. 선고 2001다12621.

삼성A-1호는 삼성물산 소유이지만, 삼성중공업이 이를 임차하여 이들 선박의 점유를 인도받고 선장, 선원에 대한 지휘감독권을 삼성중공업이 행사해 왔다면, 삼성중공업은 선박임차인의 지위에 있는 것으로 보아야 할 것이다.

한편, 삼호T-3호의 경우, 그 선박 소유자인 삼호I&D가 여전히 그 피용자인 선장과 선원을 통하여 해당 선박에 대한 점유를 계속하고 있다고 볼 여지는 있으나, 그 선장과 선원에 대한 지휘감독권을 사실상 전적으로 삼성중공업이 행사하고 있다면, 이 역시 선박임대차 계약으로 파악하는 것이 옳을 것이다.[5]

반면에 삼성물산이 크레인 부선을 인천대교 공사 현장에 사용할 용도로 이 사건 예인선단을 '역임차'하였다고 알려진 관계는, 그 이용 기간이 2007.11.27경부터 2007.12.11.까지 매우 단기간이고, 이용계약 당사자 간에 예인선단의 관리, 보수, 운항에 관한 책임이 삼성중공업에 있는 것으로 약정한 것으로 미루어 보면, 특정한 항해와 특정한 작업을 수행할 용도로 체결된 용선 계약이라고 파악하는 것이 무난할 것이다.

따라서, 이 사건 발생 시점을 기준으로 판단하면, 삼성중공업은 예인선단을 구성하는 모든 선박들의 선박임차인이라 하겠으므로 "선박임차인이 상행위 기타 영리를 목적으로 선박을 항해에 사용하는 경우에는 그 이용에 관한 사항에는 제3자에 대하여 선박소유자와 동일한 권리의무가 있다"는 상법 제766조의 규정에 따라 삼성중공업은 선박소유자와 동일한 책임을 지게 된다.

III. 적용 법규

유류오염손해배상 보장법 제2조 제1호는 선박을 다음과 같이 정의하고 있다:

> "선박"이라 함은 산적유류를 화물로서 운송하기 위하여 건조되거나 개조된 모든 형의 항해선(부선을 포함한다)을 말한다. 다만, 유류 및 다른 화물을 운송할 수 있는 선박은 산적유류를 화물로서 운송하거나 선박 안에 그 산적유류의 잔류물이 있는 경우에는 이 법에 의한 선박으로 본다.

5 대법원 1992. 2.25. 선고 91다14215판결과 위 각주 4에 언급한 대법원 1999. 2. 5. 선고 97다19090 판결 등 참조.

이 사건 예인선단을 구성하는 선박은 위 정의에서 말하는 선박이라고 볼 수 없으므로, 비록 크레인 부선이 유조선을 충격하여 유류오염 손해를 발생시켰다 하더라도, 크레인 부선 및 그를 포함하는 예인선단의 배상책임과 관련하여서는 유류오염손해배상 보장법이 적용될 여지는 없다. 물론 허베이 스피리트 호는 유류오염손해배상 보장법이 말하는 '선박'에 해당하므로, 그 선박소유자에 대한 손해배상청구는 유류오염손해배상 보장법이 정하는 바에 따라야 할 것이다.

최근(2008.3.14.)에 제정된 허베이 스피리트 호 유류오염사고 피해주민의 지원 및 해양환경의 복원 등에 관한 특별법 역시 유류오염손해배상 보장법의 적용대상이 되는 배상채무에 대한 특별 규정이므로(특별법 제8조 참조), 예인선단의 선박임차인인 삼성중공업의 배상책임과는 무관하다.

반면에, 해양오염방지법은 기름 등 오염물질을 해양에 배출하는 행위를 대상으로 하고 있는데, 이때 오염물질을 "배출한 자"가 정확히 누구를 의미하는지는 분명하지 않다. 그러나 기름 등 오염물질이 배출된 경우에 신고의무, 응급 방제의무(해양오염방지법 제47조, 제48조) 등을 규정함에 있어서 해양오염방지법은 i) 해당 오염물질이 적재되어 있던 선박 등의 선장이나 시설의 관리자와 ii) 그에 해당하는 자 외의 자로서 기름 등 오염물질의 "배출원인이 되는 행위를 한 자"를 구분하고 있으므로, 오염 물질을 "배출한 자"와 오염 물질의 "배출원인이 되는 행위를 한 자"는 개념상 구분되어야 할 것으로 보인다. 따라서 이 사건의 경우, 유조선 허베이 스피리트의 소유자 또는 임차인은 기름을 "배출한 자"에 해당하고, 삼성중공업은 기름을 배출한 자라기보다는 "배출원인이 되는 행위를 한 자"로서 해양오염방지법의 관련 규정의 적용을 받는다고 보는 것이 정확할 것이다.

이상을 감안하면, 이번에 발생한 서해안 기름 유출 사고에 대한 삼성중공업의 배상책임 등은 유류오염손해배상보장법이 아니라 불법행위 책임에 관한 민법 규정과 상법 및 해양오염방지법의 관련 규정들이 적용될 것으로 판단된다. 이하에서 이들 법률의 해당 규정들이 어떻게 적용될 수 있을지에 대하여 간략히 논한다.

Ⅳ. 선박충돌로 인한 배상책임: 분할 채무

예인선단의 일부를 이루는 크레인 부선이 유조선을 충격하여 적재 원유가 해상에 배출된 이 사건에서 예인선단의 선박임차인은 우선 유조선 그 자체에 가한 손해와 유조선이 운반 중이던 적하에 가한 손해에 대한 배상책임이 있을 것이다. 이 사건 충돌사고 발생에 관하여 유조선 측에도 과실이 있다면, 예인선단의 선박임차인은 예인선단 선장 및 선원의 과실이 충돌에 기여한 비율에 따라 그 한도 내에서만 배상책임을 져야 할 것으로 보인다. 쌍방과실로 발생한 선박 충돌 사고로 인한 배상책임에 대하여는 민법상의 공동불법행위 책임에 대한 규정이 적용되지 않기 때문이다(상법 제846조제1항).

물론 멸실된 적하의 소유자가 직접 예인선단의 선박임차인을 상대로 불법행위 책임을 물을 수도 있다. 그러나 이때에도 예인선단의 선박임차인은 적하에 발생한 손해액 전부에 대하여 적하 운송인과 연대책임을 지는 것으로 볼 수는 없고, 예인선단이 이 사건 충돌에 기여한 과실의 비율에 따라 분할 책임을 지는 것으로 해석하는 것이 타당하다. 대법원은 "상법 제846조는 … 통일조약 제4조에 따라 명문으로서 제3자의 사상으로 생한 손해에 한하여 연대책임을 인정하고 재산상의 손해에 대하여는 각 선주의 과실 정도에 의한 분할책임을 규정하고 있으므로 상법 제843조에 의하여 선박충돌로 인하여 생긴 손해의 배상에 관하여는 위 상법규정(제846조)만이 적용되고 민법상의 공동불법행위에 관한 규정은 그 적용이 배제된다"고 판시한 바 있다.[6] 따라서 선박 충돌로 발생하는 손해배상책임에 관하여 연대책임이 인정되는 범위는 인명 손해에 한하고, 재산상의 손해에 대하여는 충돌 선박의 소유자에 대한 관계에서만이 아니라 제3자와의 관계에서도 분할책임 규정이 적용되는 것으로 보아야 한다.

이러한 입장은 기름의 배출로 발생한 오염 손해에 대하여도 적용되어야 할 것이다. 즉, 쌍방과실로 일어난 선박 충돌로 인하여 유류오염 손해가 발생한 경우라면, 그 손해 중 재산상 손해에 대한 배상책임은 분할 책임에 관한 상법 규정이 적용될 것이다. 그러나 해양오염방지법이 규정하고 있는 "방제 비용"에 대한 구상채무는 별도의 검토를 요하는 것으로 볼 여지가 없지 않다(후술함).

V. 선박소유자(선박임차인)의 책임제한

1991.12.31.에 개정된 상법 제746조는 "선박의 운항에 직접 관련하여 발생한 사람의 사망, 신체의 상해 또는 그 선박 외의 물건의 멸실 또는 훼손으로 인하여 생긴 손해에 관한 채권"

6 대법원 1972. 6.13. 선고 70다213 판결.

에 대하여 선박소유자(선박임차인)는 청구원인의 여하에 불구하고 책임제한을 주장할 수 있으나, 그 채권이 "선박소유자 자신의 고의 또는 손해발생의 염려가 있음을 인식하면서 무모하게 한 작위 또는 부작위"로 인하여 생긴 손해에 관한 것인 때에는 책임제한을 주장하지 못하도록 규정하고 있다. 책임제한을 배제하는 요건을 정해 둔 이 표현은 1968년의 헤이그-비스비 규칙(The Hague-Visby Rules) 제4조 제5항 e호에서 채용한 "an act or omission of the carrier done with intent to cause damage or recklessly and with knowledge that damage would probably result"라는 문귀를 국내법으로 수용한 것이다.[7] 이 요건의 정확한 의미에 대하여는 여러 학설이 존재하지만,[8] 대법원은 항공운송에 관한 바르샤바 조약 제25조에 사용된 동일한 표현[9]의 의미에 대하여 다음과 같이 판시한 바 있다:

> '손해가 생길 개연성이 있음을 인식하면서도 무모하게 한 작위 또는 부작위'라 함은, 자신의 행동이 손해를 발생시킬 개연성이 있다는 것을 알면서도 그 결과를 무모하게 무시하면서 하는 의도적인 행위를 말하는 것으로서, 그에 대한 입증책임은 책임제한조항의 적용배제를 구하는 자에게 있고, 그에 대한 증명은 정황증거로써도 가능하다 할 것이나, 손해발생의 개연성에 대한 인식이 없는 한 아무리 과실이 무겁더라도 무모한 행위로 평가될 수는 없다.[10]

7 "Neither the carrier nor the ship shall be entitled to the benefit of the limitation of liability provided for in this paragraph if it is proved that the damage resulted from an act or omission of the carrier done with intent to cause damage, or recklessly and with knowledge that damage would probably result." The Hague Rules as Amended by the Brussels Protocol 1968, Article IV(5)(e). http://www.jus.uio.no/lm/ sea.carriage.hague.visby.rules.1968 참조. 1991.12.31에 개정된 상법은 1993.1.1. 부터 시행되었는데, 그 전까지의 상법에는 운송인의 책임제한에 대한 규정은 없었고, 선박소유자의 책임제한배제요건은 1991.5.31. 개정 당시 상법 제748조 제1호에 규정된 "선박소유자의 고의 또는 과실로 인한 채무"라는 표현으로 규정되어 있었다.

8 김인현, 〈운송인의 포장당 책임제한이 배제된 해상 사례〉, 《인권과 정의》, 제370호(2007년 6월), 171-176면은 다양한 학설을 소개하고 있다.

9 "In the carriage of passengers and baggage, the limits of liability specified in Article 22 shall not apply if it is proved that the damage resulted from an act of omission of the carrier, his servants or agents, done with intent to cause damage or recklessly and with knowledge that damage would probably result; provided that, in the case of such act or omission of a servant or agent, it is also proved that he was acting within the scope of his employment." http://www.iata.org/NR/ContentConnector/CS2000/Siteinterface/sites/legal/file/warsaw.pdf 참조.

10 대법원 2004.7.22. 선고 2001다58269 판결. 이상민, 〈개정된 바르샤바협약 제25조에 정한 책임제한 배제사유의 의미〉, 《대법원 판례해설》, 제57호(2006) 참조.

따라서 '중대한 과실'이 있다고 해서 책임제한이 일률적으로 배제될 수 있는 것이 아님은 분명하다. 법원이 특히 주목하는 부분은 '손해발생의 개연성에 대한 인식'이 있었는지 여부인 듯하다.

운송인의 책임제한을 규정한 상법 제789조의2도 1991.12.31에 도입(1993.1.1부터 시행)되었는데, 운송인의 책임제한배제요건은 선박소유자의 책임제한배제요건과 유사하다. 즉, "운송물에 관한 손해가 운송인 자신의 고의 또는 그 손해가 생길 염려가 있음을 인식하면서 무모하게 한 작위 또는 부작위로 인하여 생긴 것인 때"에는 책임제한이 배제된다. 선박소유자의 경우, "손해발생"의 염려가 있음을 인식하면서 무모하게 행위한 경우에 책임제한이 배제됨에 반하여, 운송인의 경우에는 운송물에 생긴 "그 손해"가 생길 염려가 있음을 인식하면서 무모하게 행위한 경우에 책임제한이 배제되도록 규정되어 있으므로, 이 두 요건이 완전히 동일한지는 의문이 있으나, 이 점은 우리 법원이나 학계의 논의에서 별로 주목받지 못하고 있는 듯하다.[11]

피용자의 고의나 과실에 대하여 사용자가 불법행위 책임을 지는 민법상의 일반적인 불법행위 책임 법리(민법 제756조)와는 달리, 선박소유자(선박임차인) 또는 운송인이 상법상 누리는 책임제한을 배제하기 위하여는 손해가 i) 선박소유자 또는 운송인 "자신의 행위"로 인한 것이어야 하고, ii) 고의 또는 손해(운송인의 경우, '그 손해') 발생의 염려가 있음을 인식하면서 "무모하게 한 작위 또는 부작위"로 인한 것이어야 한다. 이 문제에 대한 우리 법원의 입장을 자세히 논의하기에 앞서, 영국 법원의 판례를 간략히 검토한다.

1. 1894년의 영국 해상법

1894년의 영국 해상법(Merchant Shipping Act, 1894) 제503항은, 선박소유자는 "자신의 잘못이나 직접 관여(actual fault or privity)" 없이 일어난 손해에 대하여는 책임제한을 주장할 수 있도록 규정되어 있었다. 이 표현은 1993.1.1. 전까지 우리 상법이 채용한 "선박소유자의 고의 또는 과실로 인한 채무"라는 규정과 대체로 유사한 것으로 볼 수 있다.[12] "Ert Stefanie

11 2007.8.3. 개정되어 2008.8.4.부터 시행되는 상법 제797조는 운송인의 책임제한배제요건을 선박소유자의 책임제한배제요건과 동일하게 개정하였다. 즉, "자신의 고의 또는 손해발생의 염려가 있음을 인식하면서 무모하게 한 작위 또는 부작위"의 경우, 책임제한을 주장할 수 없다(밑줄은 필자가 추가).

12 1991.5.31. 개정 당시까지의 상법 제748조 제1호 참조.

호 사건"은 1894년의 영국 해상법 규정에 의거하여 선박소유자가 책임제한을 원용하려 시도한 사건 중 하나다.[13] 이 사건 선박소유자는 파나마에서 설립된 Grant Trading Inc.(피고 회사)이지만, 이 선박의 관리는 Sorek Shipping Ltd.가 전담하였다. 원고회사(용선자)는 페로 실리콘을 로테르담으로 운송하기 위하여 피고회사와 이 사건 선박에 대한 용선계약을 체결하였다. 그러나 이 선박의 바닥철판에 결함이 있어 해수가 침투하였고, 수분과 접촉한 페로 실리콘이 유독가스를 발산하였다. 그러나 적재칸의 환풍 장치가 제대로 작동하지 않았고, 화물 적재칸의 밀봉 상태도 확보되지 아니하여 유독가스가 방산하여 선원이 사망하는 등 항해를 도저히 계속할 수 없게 되어 용선자는 적하 운송을 포기하기에 이르렀다. 용선계약 위반을 이유로 용선자가 제기한 중재 절차에서 피고회사(선박소유자)는 책임제한을 주장하였고, 중재인이 이를 받아들이는 중간 판정(interim award)을 내리자, 용선자가 이 중간 판정에 불복하여 법원에 제소한 사건이다.

원심 법원은, 선박소유자가 그 선박의 관리를 다른 자에게 일임한 경우, "선박소유자 자신의 잘못"이 있었는지 여부는 그자로부터 관리를 일임받아 수행하는 자를 기준으로 판단한다는 확립된 법리를 재확인하였다.[14] 예를 들어, "Marion 호 사건"에서도 이점은 다음과 같이 판시된 바 있다[15]:

> 어느 유한책임회사가 소유하는 선박을 다른 유한책임회사가 관리하는 경우, 우선 제기되는 문제는 이 두 회사 중 누구를 기준으로 삼아 선박소유자 "자신의 잘못"이 있는지를 판단해야 하는지이다. 이 경우 선박 관리를 담당하는 회사를 기준으로 이 문제를 판단해야 한다는 점은 다툼이 없고, 본 법원에서 이를 다툴 여지도 없다.

선박관리를 전담하는 자가 법인인 경우, 그 법인의 대표기관(이사)의 고의, 작위 또는 부작

13 *Societe Anonyme des Minerais v. Grant Trading Inc., (The "Ert Stefanie")*, [1987] 2 Lloyd's Rep. 371 (Queen's Bench Division). [1989] 1 Lloyd's Rep. 349 (Court of Appeal).

14 *The Charlotte*, (1921) 9 Ll.L. Rep. 341; *The Lady Gwendolen*, [1965] 1 Lloyd's Rep. 335; *The Marion*, [1982] 2 Lloyd's Rep. 52 at 54; [1983] 2 Lloyd's Rep. 156 at 158; [1984] 2 Lloyd's Rep. 1 at 3; [1984] A.C.563 at 571.

15 *Grand Champion Tankers Ltd v Norpipe A/S (The Marion)* [1982] 2 Lloyd's Rep. 52 at 54 (When a ship is owned by a limited liability company and managed by another limited liability company the first question which arises is: to which of those companies should one look to see whether the owners are guilty of "actual fault?" It is not disputed, nor can it be disputed in this Court, that the answer to that question is that one looks to the managing company.)

위는 비록 그 이사의 임무가 실질적으로는 대표자가 아니라 피용자가 흔히 수행하는 임무에 국한된 경우이더라도 선박소유자 "자신의 잘못"으로 평가될 것이라는 점이 "Ert Stefanie 호 사건"에서 영국 법원이 판시한 내용이다. 선박 관리를 전담한 Sorek Shipping Ltd.는 두 명의 이사가 있었는데, 그중 1명이 회사의 실질 소유자이고 다른 한명은 비록 이사의 직책에 있긴 하나 실제로는 해사(海事) 감독관(Marine Superintendent)의 역할을 수행하고 있을 뿐이었다. 그자가 문제의 선박에 대한 점검을 게을리한 결과 바닥철판의 결함 등을 제대로 발견하지 못한 잘못은 인정할 수 있으나, 그자는 회사의 의사 결정에 아무런 영향력을 미칠 수 없는 지위에 있었으며, 그러한 자의 잘못은 회사의 상부 경영진의 잘못이 아니라는 주장이 선박소유자에 의하여 제기되었다. 그러나, 법원은 이 주장을 배척하였다. 그자의 직무 범위가 무엇이었건 간에 그자가 회사의 이사였다는 점에 주목하여 그자의 잘못을 회사 자신의 잘못으로 귀속시킬 수 있다고 보았을 뿐 아니라, 나아가, 선박소유자가 계약상 부담하는 의무가 무엇인지에 특히 주목하여 영국 법원은 다음과 같이 판시하였다(밑줄은 필자가 추가):

> "Lady Gwendolen 호 사건"에서 알 수 있듯이, 주어진 상황에서 선박소유자의 의무가 무엇인지는 선박소유자 자신의 잘못이나 개입이 있었는지를 판단하는 데 중요한 요소가 된다… [선장에게 이 사건 선박이 항해를 감당하기에 적합한 상태를 확보하도록 지시하지 아니한 해당 이사에게 잘못이 있다는 점은 중재인의 중간 판정에서 드러났지만] 그러한 사실은 Sorek 사의 고위 경영진 자신의 잘못을 적시하는 것은 아니라는 선박소유자의 주장은 법률상 유지될 수 없다. 선박소유자에게는 계약상 수행해야 할 의무가 있었고, 최소한 Sorek 사의 경영진은 누군가에 의하여 이 의무가 수행되도록 했어야 한다. 그러나 Sorek 사는 아무도 그 의무를 이행하도록 한 바 없다.[16]

따라서 이러한 사정은 Sorek 사 "자신의 잘못"으로 평가되어야 하고, 이 사건 선박 관리를

16 [1987] 2 Lloyd's Rep. 375: "What in any given situation are the duties of a shipowner is an important factor in the determination whether or not there has been actual fault or privity as is illustrated by The Lady Gwendolen. … To submit, as the shipowners did, that these findings disclose no fault on the part of the head management of Sorek is unsustainable in law. There were contractual duties to be performed and, to put it at its very lowest, the management of Sorek had to see that these duties were going to be discharged by someone; they failed to see that they were discharged by anyone."

전담한 Sorek 사의 잘못은 곧 선박소유자 자신의 잘못이므로, 선박소유자는 책임제한을 주장할 수 없다는 것이 이 사건의 법원의 판결이다.[17]

이 판결에서 인용된 "Lady Gwendolen 호 사건"은 1894년의 영국 해상법이 채용한 "자신의 잘못이나 직접 관여"라는 표현을 영국 법원이 해석함에 있어서 빈번히 인용된 판례인데, 1894년의 영국 해상법이 선박소유자의 책임제한에 그다지 큰 위력을 발휘하지는 못했음을 보여 주고 있다.[18] 이 사건은 아일랜드의 맥주 회사인 기네스사(Arthur Guinness, Son & Co (Dublin) Ltd.)가 소유하는 Lady Gwendolen 호의 선장이 레이더 장치에만 의존한 채 안개가 자욱한 머시 강(the River Mersey) 하구를 전속력으로 질주하던 중, 정박 중이던 상대 선박과 충돌하여 상대 선박이 침몰한 사건이다. 침몰 선박에 적재된 적하의 소유자가 기네스사를 상대로 손해배상을 구하자, 선박소유자인 기네스 사는 이 사건 손해가 자신의 피용자인 선장과 선원의 과실로 발생한 것일 뿐, "자신의 잘못이나 직접 관여"로 발생한 것이 아니라고 주장하며 책임제한을 주장하였다. 그러나 항소법원은 선장이 과속을 일삼는다는 점을 회사가 알고 있었음에도 별다른 조치를 취하지 않았고, 레이더 사용방법과 주의 사항을 충분히 교육하지 않았으며, 이러한 잘못은 회사의 물류를 총괄하던 부이사(assistant managing director)의 잘못이라 하겠는데, 부이사는 비록 회사를 대표하여 행위할 권한은 없는 자이지만, 회사의 이사회 구성원이었고, 선박의 관리 및 운영에 관한 한 회사 자신과 동일시할 수 있는 자(alter ego[19])이므로, 이러한 자가 선장에 대한 교육을 해태한 것은 "회사 자신"의 잘못으로 평가할 수 있다고 판시하였다. 또한 원고 회사는 맥주 생산을 주로 하는 자이긴 하지만 선박을 소유하고 있으므로, 선박의 관리에 관한 한 통상의 합리적인 선박소유자의 기준으로 그 잘못(fault) 여부를 판단해야 한다는 점도 판시하였다.

17 이 판결에 대하여 선박소유자가 항소하였으나, 항소가 기각되었다([1989] 1 Lloyd's Rep. 349 (Court of Appeal)).

18 [1965] 1 Lloyd's Rep. 335 (Court of Appeal).

19 *Lennard's Carrying Company, Ltd. v. Asiatic Petroleum Company, Ltd.*, [1915] A.C. 705 사건이 이른바 alter ego에 관한 법리를 분명히 인정한 선례로 이해되고 있다: "자신의 잘못 또는 개입이라 함은, 사용자 책임의 법리에 의하여 사용자가 책임을 지게 되는 피용자나 대리인의 잘못이나 개입이 아니라, 그자의 행위가 회사 자신의 행위라고 볼 수 있는 어떤 자의 잘못이나 개입을 말한다(It must be … that the fault or privity is the fault or privity of somebody who is not merely a servant or agent for whom the company is liable upon the footing respondeat superior, but somebody for whom the company is liable because his action is the very action of the company itself)." Ibid. 713.

이러한 판례들에 비추어 볼 때, 선박소유자가 법인인 경우, "자신의 행위"인지 여부를 판단함에 있어서는 i) 대표 기관의 행위는, 그자가 사실상 회사의 의사 결정에 영향을 미칠 수 있는 지위에 있었는지 여부를 따지지 아니하고, "회사 자신"의 행위로 평가하고(Ert Stefanie 호 사건), ii) 대표 기관이 아닌 자의 행위라 할지라도, 회사의 고위 경영진과 마찬가지로 회사의 의사 결정에 영향력을 행사하는 지위에 있는 자라면, 그런 자(회사의 alter ego)의 행위도 회사 자신의 행위로 평가할 수 있으며(Lady Gwendolen 호 사건), iii) 선박소유자 자신의 잘못이 있었는지는 그자(와 동일시 할 수 있는 자)가 법률상, 계약상 부담하는 의무가 무엇인지를 고려하여, 그 의무가 해태되었다면 선박소유자 자신의 잘못(actual fault)으로 평가될 여지가 있을 수 있다는 것이 1894년 영국 해상법하에서 영국 법원이 유지한 입장인 것으로 보인다.

2. 1995년의 영국 해상법

그러나 1995년에 제정된 영국 해상법(Merchant Shipping Act 1995)은 "actual fault or privity"라는 표현을 폐기하고, 해사 배상청구에 관한 책임제한 협정(Convention on Limitation of Liability for Maritime Claims, 1976; LlMC)을 영국 국내법으로 도입하였다.[20] 이 협정 제4조는 헤이그-비스비 규칙 또는 바르샤바 협정에 사용된 것과 일견 유사한 표현을 채택하여 책임제한배제요건을 규정하고 있다.[21] 선박소유자 "자신의 잘못이나 개입"이라는 요건은 비교적 자주 충족되어 선주 책임제한이 배제된 사례가 적지 않음에 반하여, 1995년의 해상법은 선주에게 매우 강력한(formidable)한 보호를 부여하는 것으로 받아들여지고 있다.

바르샤바 협정에서 말하는 "손해발생의 개연성에 대한 인식(knowledge that damage would probably result)"의 의미에 대하여 영국 법원은 행위 당시에 손해가 발생할 개연성이 있음을 "실제로 인식(actual knowledge)"하고 있었다는 점이 입증되어야 하며, 그러한 인식을 했어야 한다거나, 그러한 인식을 할 수 있었다는 점을 입증하는 것으로는 부족하다고 판시한 바 있다.[22] "무모하게(recklessly)" 하는 행위는 "위험이 명백한 행위임에도 그 위험의 가

20 Merchant Shipping Act 1995, Sch. 7 Part I Art. 4

21 해당 구절은 다음과 같다: "if it is proved that the loss resulted from his personal act or omission, committed with the intent to cause such loss, or recklessly and with knowledge that such loss would probably result."

22 *Nugent v. Goss Aviation*, [2000] 2 Lloyd's Rep. 222

능성에 대하여 아무 생각을 기울이거나 위험을 인정하지 아니하고 행위로 나아가는"[23] 것임에 반하여, "손해발생의 개연성에 대한 인식"은 "행위 시점에 그 행위가 그런 유형의 손해를 발생시킬 개연성이 있음을 파악하거나 인지하는"[24] 것을 뜻하므로, 이 양자는 개념상 구분되며 책임제한을 배제하기 위하여는 이 양자 모두가 입증되어야 한다는 것이 영국법원의 입장이다.[25]

지금까지 1995년의 영국 해상법이 부여하는 선주의 책임제한이 확정적으로 깨어진 사례는 없으나, 책임제한이 배제될 가능성이 큰 것으로 법원이 인정하여 책임제한 절차 개시를 부인한 사례는 있다("Saint Jacques II 호 사건").[26] 이 사례를 간략히 소개한다.

원고는 자신이 다른 자와 공유하는 어선 Saint Jacques II 호의 선장(skipper)으로서, 통행량이 많은 도버 해협에서, 해상 충돌 방지를 위한 국제 협약에 따른 통행 방향을 어긴 채 "역항행"을 하던 중 2001.4.23. 새벽 4:30경 유조선과 충돌하였다. 충돌 직전 약 16분 동안 양 선박은 서로 정면으로 진행하였고, 도버 해협 관제 센터(The Channel Navigation Information Service)는 그 일대의 모든 선박들에게 위난 통보 및 호출에 사용되는 VHF Channel 16으로 역항행 선박이 있음을 경고하였다. 그러나 충돌 당시 어선 Saint Jacques II 호의 선장인 원고는 취침 중이었고, 영어를 이해하지 못하고 약 2년여의 승선 경력이 전부인 연령 17세의 갑판원이 조타실에 있었다. 유조선 소유자 등으로부터 손해배상청구 소송을 당하자, 어선 Saint Jacques II 호 소유자들은 1995년의 영국 해상법에 따른 책임제한 규정에 근거하여 책임제한 절차개시를 신청하였으나, 해사 법관(Admiralty Registrar)은 책임제한이 배제될 유력한 가능성이 있다는 이유로 책임제한 명령(limitation decree)을 거부하였고, 이 결정에 불복한 어선 소유자들이 고급법원 해사부(Queen's Bench Division Admiralty Court)에 상소한 사건이다.

고급 법원의 Gross 재판관은 1995년의 해상법이 영국 국내법으로 입법화한 LlMC(해사

23 "an obvious risk of damage and failure to give any thought to the possibility of it or recognition of the risk and going on to take it" [2000] 2 Lloyd's Rep. 227 (per Lord Justice Auld).

24 "appreciation or awareness at the time of the conduct in question, that it will probably result in the type of damage caused" [2000] 2 Lloyd's Rep. 229.

25 김인현, 전게 논문, 174면에 소개된 영국 문헌들도 같은 취지.

26 *Margolle and Another v. Delta Maritime Co. Ltd. and Others* [2003] 1 Lloyd's Rep. 203 (Queen's Bench Division, Admiralty Court)

배상청구에 관한 책임제한 협정)상의 책임제한배제요건이 헤이그-비스비 규칙이나 항공운송에 관한 바르샤바 협정상의 요건보다 더욱 엄격하다는 점을 우선 지적하고 있다. 1995년의 해상법에는 헤이그-비스비 규칙이나 바르샤바 협정에는 없는 "personal act or omission"이라는 표현이 사용되었을 뿐 아니라, 단순히 "손해(damage)"가 발생할 개연성이 있다는 점을 인식하는 것으로 족한 것이 아니라, 실제로 발생한 "그 손해(such loss)"가 발생할 개연성이 있음을 인식했어야 (LIMC를 국내법으로 수용한) 현행 영국 해상법이 선주에게 부여하는 책임제한을 깰 수 있다는 것이다.[27]

따라서, Saint Jacques II 사건에서 법원은 역항행을 결정하고 17세의 갑판원에게 조타실을 맡긴 다음 취침한 선장 겸 선주에 대하여 책임제한을 깨려면, 실제로 충돌하게 된 "바로 그 선박"과 충돌할 개연성을 그자가 인식했어야 하는지, 어느 선박이든 "선박과 충돌"할 개연성을 인식했으면 족한지(이 사건 손해는 선박충돌로 인한 손해이므로), 아니면 충돌 등의 사고로 "재산에 대한 손해"가 발생할 개연성을 인식하는 것으로 족한지(이 사건 손해는 재산에 대한 손해이므로)에 대하여 검토하였다. Gross 재판관은, 발생한 손해가 재산에 대한 손해이므로 어떤 경위로든 간에 "재산에 대한 손해"가 발생할 개연성을 인식하면 족하다는 피해 유조선 측 주장은 이를 명시적으로 배척하였으나, "바로 그 선박"과 충돌할 개연성을 인식했어야 하는지, 아니면 어느 선박이든 "선박과 충돌"할 개연성을 인식했으면 족한지에 대하여는 판단을 유보한 채로,[28] 가해 어선 소유자의 상소를 기각하였다. 즉, 간이절차(책임제한절차)를 통하여 책임제한 명령을 받아내려던 가해 어선 소유자의 신청을 거부한 해사 법관의 결정은 옳았으며, 이 사건은 선박소유자의 책임제한이 배제될 가능성이 있는 매우 예외적인 경우이므로, 역항행을 직접 결정하긴 하였으나 충돌 당시에는 취침 중이었던 선박소유자가 과연 "그 손해" 발생의 개연성에 대하여 "실제로 인식(actual knowledge)"하고 행한 무모한 작위 또는 부작위가 있었는지 여부는 본격적인 소송 절차(간이절차가 아니라)를 통하여 심리하고 판단해야 한다는 것이다.

특히, Gross 재판관은 행위의 "무모함"과 그 손해 발생 개연성에 대한 "인식"은 비록 이론적으로는 구분되는 것이지만, 실제로는 이 두 가지 요건은 운명을 같이하는 것(stand or fall

27 "그 손해(such loss)"의 의미에 대하여는 *Schiffahrtsgesellschaft MS "Merkur Sky" M.B.H. & Co. K.G. v. MS Leerort Nth Schiffahrts G.M.B.H. & Co. K.G.*, (The "Leerort") [2001] 2 Lloyd's Rep. 291 at 295 참조.

28 "Leerort 호 사건" (위 각주 27)에서도 법원은 이점에 대한 판단을 유보하였다.

together)이라는 점을 언급하였다.[29] 당사자가 어떤 사실을 실제로 인식하였는지는 주관적 심리상태의 문제이지만, 재판을 통하여 이점을 확정함에 있어서는 결국 객관적으로 제출된 증거에 의하여 내심의 상태를 추단하게 되므로, "신청인1 [Saint Jacques II 선주 겸 선장]의 직접 지시로 감행된 개탄스러운 항행 결정과 명백한 충돌 위험의 존재에 기초하는 경우, 사실심 법원으로서는 그자가 행위 시에 어느 선박과든 충돌할 개연성을 실제로 인식하였다고 추단하는 것이 허용될 여지가 있다"는 것이다.

또한, 선박소유자의 책임제한을 깨는 것이 매우 어렵게 규정되어, 선주가 누리는 면책(책임제한)이 "거의 확실(virtually axiomatic)"하도록 되어 있다 하더라도, 이것은 절대적 면책은 아니므로, 그 규정 자체로는 피해자가 유럽인권협약상 누리는 공정한 재판을 받을 권리를 침해하는 것은 아니지만, 이 사건과 같이 책임제한이 배제될 가능성이 실제로 존재하는 매우 예외적인 경우에까지 간이절차를 통하여 책임제한명령을 발하는 것은 피해자가 가지는 공정한 재판을 받을 기본적 인권을 해할 여지가 있다는 점도 판시하였다.[30]

3. 우리 법원의 입장

1991.12.31.에 개정된 상법 제879조의2 제1항 단서에 규정된 운송인의 책임제한배제요건은 현행 영국 해상법의 선박소유자 책임제한배제요건과 거의 같다("그 손해"가 생길 개연성에 대한 인식을 요한다는 점에서). 이 규정에 근거하여 운송인의 책임제한을 배제한 사례로는 2006.10.26.에 선고된 대법원 판결(2004다27082)을 들 수 있다. 이 사건 운송인은 갑판적에 대한 특약이 없음에도 임의로 화물 일부를 갑판적으로 운송하였다. 해수 침투로 화물이 손상되자 송하인은 운송인을 상대로 손해 배상을 구하였다. 이에 운송인은 상법 제879조의2 제1항에 규정된 책임제한을 주장하면서, 갑판적을 결정한 자는 운송인 회사(법인)의 관리직 담당 직원 2명(대리, 차장)이었는데, 이들은 회사를 대표할 권한이 없으므로 이들의 행위는 "운송인 자신"의 고의나 무모한 행위가 아니라고 주장하였다. 하급심 법원은 이 주장을 받아

29 *Nugent* (위 각주 22), [2000] 2 Lloyd's Rep. 227.

30 헌법재판소 2007. 8.30. 선고 2004헌가25 결정은 경과실로 인한 실화의 경우 실화피해자의 손해배상청구권을 전면 부정하는 실화책임에 관한 법률의 해당 규정이 위헌임을 선언하였다. 그러나 상법상 선박소유자의 책임제한의 경우에는, 비록 어렵긴 하지만, 그 책임제한을 깨고 모든 책임을 물을 수 있는 가능성을 열어두고 있으므로 실화책임에 관한 법률과는 다른 평가를 받아야 할 것이다.

들이지 않았고, 운송인이 상고하였으나 대법원은 상고를 기각하며 다음과 같이 판시하였다:

> '운송인 자신'은 운송인 본인을 말하고 운송인의 피용자나 대리인 등의 이행보조자에게 귀책사유가 있는 경우에는 [책임제한 배제에 관한] 단서가 적용되지 않는다고 하겠으나, 법인 운송인의 경우에 있어, 그 대표기관의 고의 또는 무모한 행위만을 법인의 고의 또는 무모한 행위로 한정하게 된다면, 법인의 규모가 클수록 운송에 관한 실질적 권한이 하부의 기관으로 이양된다는 점을 감안할 때 위 단서조항의 배제사유는 사실상 사문화되고 당해 법인이 책임제한의 이익을 부당하게 향유할 염려가 있다. 따라서 법인의 대표기관뿐 아니라 적어도 법인의 내부적 업무분장에 따라 당해 법인의 관리 업무의 전부 또는 특정 부분에 관하여 대표기관에 갈음하여 사실상 회사의 의사결정 등 모든 권한을 행사하는 자가 있다면, 비록 그가 이사회의 구성원 또는 임원이 아니더라도 그의 행위를 운송인인 회사 자신의 행위로 봄이 상당하다.

회사를 대표할 권한이 없는 자, 회사의 고위 경영진(이사회 구성원 또는 임원)이 아닌 자라 하더라도, 해당 업무에 관하여 "대표기관에 갈음하여 사실상 회사의 의사결정 등 모든 권한을 행사하는 자"는 "회사 자신"과 동일시 할 수 있다(회사의 또 하나의 분신—alter ego—으로 볼 수 있다)는 우리 대법원의 입장은 Lady Gwendolen 사건에서 영국 법원이 보여준 입장과 대체로 유사한 것으로 보인다.

위 사건(2004다27082)에서 대법원은 원심 법원의 판결을 지지하였는데, 갑판적을 결정한 해당 직원 2명의 행위를 운송인 회사 '자신의 행위'로 보아야 할 이유에 대하여 원심 법원은 다음과 같은 논거들도 제시한 바 있다[31]:

> i) 이 사건 운송인의 의사결정에 관여한 자로서 실제로 갑판적 결정을 한 2인보다 상급 직위에 있는 인물을 찾아볼 수 없다;
> ii) 대표기관이 아니라도 최종적인 의사결정을 한 인물을 운송인 자신과 동일하게 다루지 아니하면, 결국 그 법인의 대표 기관은 그 운송계약에 관하여 구체적 의사결정을 한 바 없어서 직적접인 관련성이 결여되는데, 이처럼 대표기관이 구체적으

31 서울고등법원 2004.5.4. 선고 2003나48176 판결 참조.

로 관련하지 않았다는 이유로 법인인 운송인에 대하여는 책임제한을 인정하면, 개인이 운송인이 되어 운송계약에 관한 구체적인 의사결정을 한 경우에는 책임제한이 배제된다는 점과 비교할 때 균형이 맞지 않는다;

iii) 운송물 선적에 관한 의무는 운송인의 기본적 의무로서 그 이행에 해상운송 고유의 위험이 수반되는 것은 아니고, 선박사용인의 전문적인 판단에 대한 의존도가 비교적 낮고, 운송인이 직접 관여할 수 있는 여지가 크다.

대법원은 원심 법원의 이러한 논거들을 그대로 수용한 것으로 보인다. 그러나 이 사건에서 화물을 갑판에 선적한 행위가 "그 손해가 생길 염려가 있음을 인식하면서 무모하게 한" 행위인지 여부에 대하여 대법원은 구체적 언급을 하지 않고 있으나, 원심인 서울고등법원은 이 점에 대하여 다음과 같이 판시하였다:

> 갑판적 운송은 선창 내 선적에 비하여 강한 파도에 의하여 용기나 화물이 파괴되거나 해수, 우수에 의하여 젖거나 태양열에 의하여 부패되는 등의 위험이 크고, 이러한 위험성으로 인하여 종래 관습 또는 특약이 있는 경우를 제외하고는 금지되어 오기까지 한 사실을 인정할 수 있고, 이 사건 수출화물은 부산항에서부터 타이완의 킬룽항까지 6일 동안 해상으로 운반된 사실, 화주인 엘지전선이 갑판적과 선창 내 선적에 따른 위험의 차이로 인하여 보험금을 지급받지 못한 사실은 앞서 본 바와 같은바, 이러한 사실에 의하면 위와 같이 나무상자로 포장된 로우어 쉘을 6일 동안 갑판적으로 해상을 통하여 운송하는 것은 해상운송에 흔히 수반되고 선창 내 선적으로 피할 수 있는 정도의 해수로 인한 파괴, 침수 등으로 인한 손해발생의 위험조차 감수하여야 하는 행위로서 특별한 사정이 없는 한 위 단서에서 말하는 무모한 행위로 평가받아야 할 것이다.

위 판시는 행위의 "무모성"에 대한 명시적 판단을 담고 있기는 하지만, 그 행위 당시에 "그 손해가 생길 염려가 있음을 인식"하였는지에 대하여는 명백한 언급이 없다. 행위의 "무모성"과 손해 발생 개연성에 대한 "인식"은 개념상 구분되는 것이므로(대법원 2004.7.22. 선고 2001다58269 판결[32]), 서울고등법원의 판시는 일견 미흡한 것처럼 보일 수도 있으나, Saint Jacques II 호사건과 Nugent 사건[33]에서 영국 법원이 거듭 지적한 바와 같이, 이 양자는 현실적으로는 그 운명을 같이 하는 것이므로, 서울고등법원의 판시는 손해발생 위험이 명백하다는 사실에 근거하여, 행위자가 행위 시점에 그 손해 발생의 개연성을 실제로 인식했었다고 "추단"한 것으로 이해할 수 있다. 대법원은 이러한 서울고등법원의 결정을 지지한 것으로 보인다.

최근의 하급심 판례 역시 갑판적이 문제가 된 사례이다. 서울서부지방법원 2007.12.21 선고 2006가합8979판례는 정밀 기계(로봇)를 부산에서 나고야까지 운송하기로 약정한 운송인(동진상선)이 갑판적에 관한 특약이 없음에도 적하를 갑판에 적재하여 운송한 결과 운송물이 해수에 노출되어 손상된 사안을 다루고 있다. 운송인이 상법 제789조의2 에 근거하여 책임제한을 주장하였으므로, 법원은 갑판적에 대한 특약이 없음에도 갑판에 화물을 적재하는 행위가 i) "운송인 자신"의 행위 인지, ii) 그 행위가 "고의 또는 그 손해가 생길 염려가 있음을 인식하면서 무모하게 한" 행위인지를 판단해야 했다.

문제가 된 행위가 과연 운송인 "자신의 행위"로 평가될 수 있는지에 대하여 서울서부지방법원은 갑판적을 결정한 자가 법인인 운송인 자신으로 평가될 수 있는 자(alter ego)였는지, 그의 피용자 또는 보조자인 선장이나 선원이었는지를 분명히 가려내지 아니한 채, "이 사건 정기용선계약에서는 용선자가 화물, 컨테이너에 대한 선적, 적부, 묶기/고정, 풀기/고정시킨 것 제거, 양하 및 검수 작업을 하기로 정하였고, 달리 이 사건 선박의 선장이나 선원이 정기용선자인 피고 … 의 지시에 반하여 독자적으로 이 사건 화물 일부를 갑판적으로 운송하였다고 볼 만한 아무런 증거가 없"다는 이유로, 갑판적 결정이 "운송인 자신"의 행위라고 결론 내린 듯하다. 그러나 이러한 추론방법은 다음과 같은 이유에서 선뜻 지지되기 어렵다고 생각한다.

배상을 구하는 손해가 운송인의 피용자나 보조자가 아니라, "운송인 자신"의 작위 또는 부작위로 인하여 생긴 것이라는 점에 대한 입증 책임은 배상을 청구하는 자에게 있다. 법원은 이 사건 용선계약의 조항이 "용선자[이 사건 운송인]는 자기의 비용으로 선장의 감독에 따라 화물, 컨테이너에 대한 선적, 적부, 묶기/고정, 풀기/고정시킨 것 제거, 양하 및 검수 작업을 하여야 한다"고 되어 있다는 이유로, 갑판적 결정이 "운송인 자신"의 행위였다고 판단하였는데, 이 계약 조항은 운송인의 계약상 채무를 규정하는 것일 뿐, 화물의 선적과 관련된 작위 또는 부작위가 실제로 누구에 의하여 행해졌는지를 판단할 근거가 되지는 못한다. 갑판적 결정

32 위 각주 10 참조.

33 위 각주 22 참조.

을 실제로 누가 하였는지는 계약 문언에 대한 추상적 해석으로 밝혀질 수 있는 문제가 아니라, 증거를 통하여 드러나는 사실관계를 통하여 확정되었어야 할 문제이다.

다만, 갑판적 결정이 전적으로 운송인의 보조자(선장이나 선원)에 의하여 이루어졌음이 증거조사를 통하여 드러났다 하더라도, 운송인이 책임제한을 주장할 수 있다는 결론(운송인 "자신의 행위"가 아니었다는 이유로)이 언제나 가능한 것은 아닐 수도 있다. 이 사건 용선계약상 운송인은 화물의 선적 등 작업을 선장이 제대로 감독하도록 지휘해야 할 계약상 의무가 있었다. 따라서 선장이 화물 선적을 적절히 감독하도록 운송인이 일반적인 수준에서 선장을 지휘해 왔었다면, 운송인은 계약상의 채무를 일응 이행한 것이고, 이 상태에서 선장이 갑판적을 결정하였다면, 이는 운송인의 보조자가 한 행위이지 운송인 자신의 행위라고 할 수는 없다. 따라서 운송인은 책임제한을 주장할 수 있을 것이다. 그러나 만일 운송인이 선장에 대한 어떠한 지휘도 하지 않았다면, 이는 자신의 계약상 의무를 방기하는 부작위이며, 이 부작위는 운송인 자신의 부작위라고 할 수 밖에 없다. 책임제한 배제는 운송인 자신의 '작위' 뿐 아니라, '부작위'로 인하여 손해가 발생한 경우에도 적용이 있다는 점을 주의할 필요가 있다.

다음으로, 갑판적을 하기로 한 행위가 "그 손해가 생길 염려가 있음을 인식"하고 한 무모한 행위인지 여부에 대하여, 법원은 다음과 같이 판시하였다:

> 이 사건 화물은 직교좌표형 로봇으로서 정밀하고 예민한 제품인 점, 이 사건 화물은 부산항에서 나고야항까지 4일 동안 해상으로 운송되었는데 갑판적은 선창 내 적부에 비하여 강한 바람이나 파도, 해수, 우수, 해풍, 직사광선, 태양열, 극심한 온도변화 등에 의하여 용기나 화물이 손상될 위험이 큰 점, 우리 상법도 이를 고려하여 갑판적으로 행하는 운송의 경우 운송인의 의무 또는 책임의 경감 또는 면제에 관한 상법 규정의 강행규정성을 배제하고(상법 제790조 제1항, 제2항), 갑판에 적재한 하물이 손실된 경우 그 가액을 공동해손의 액에 산입하지 아니하도록 규정하고 있는 점(상법 제839조 제1항, 제2항) 등에 비추어 보면, 별도의 갑판적 운송 약정 없이 이 사건 화물 일부를 임의로 갑판적으로 운송한 것은 위 단서에서 말하는 무모한 행위로 평가된다.

앞서 언급한 대법원 판결에서처럼, 이 사건 법원도 그 손해가 발생할 위험이 있었다는 사정으로부터 '손해 발생의 개연성에 대한 인식'이 실제로 있었다고 추단한 듯 하다. 그러나, 앞의 대법원 판결과는 달리, 이 사건 제1심 법원이 거시한 사정만으로 손해 발생 개연성에 대한 인식을 추단할 수 있는지는 의문이다. 법원은 i) 이 사건 적하가 정밀 기계였다, ii) 이 사건 항해가 부산-나고야 간 4일간의 항해였다, iii) 갑판적이 일반적으로 손해 발생 위험을 수반한다, iv) 상법 등의 규정도 갑판적의 일반적 위험을 감안한 규정들을 두고 있다는 네 가지 사정만을 거시하였는데, 갑판적이 일반적으로 위험하다는 뒤의 두 가지 사정은 구체적으로 이 사건 행위자가 "그 손해" 발생 개연성을 "실제로 인식"하였는지를 추단할 근거가 되기는 어렵다. 문제가 된 항해 기간이 단기간이었다거나, 항해 구역, 계절, 당시의 일기 예보 등을 감안할 때 평온한 해역일 것으로 예상되었다거나, 적하의 포장 방법이 어느 정도의 해수 접촉은 통상 견뎌낼 수 있는 수준이었다는 등의 사정이 있었다면, 특약이 없음에도 갑판적을 결정한 것이 비록 중대한 과실이라 평가받을 수 있을지는 몰라도, "그 손해" 발생의 개연성을 "실제로 인식"하고 행한 것이었다고 추단할 수 있는지는 의문이다. 결국, 이 사건 적하가 정밀기계였다, 부산-나고야 간 5일간의 항해(2005.4.1. 선적 - 2005.4.6. 도착) 였다는 두 가지 사정만으로부터, 갑판적을 결정한 자가 "그 손해"가 발생할 개연성을 "실제로 인식"하였다고 보는 것은 선뜻 지지받기 어렵다는 비판이 가능할 수도 있겠다.[34]

4. 이 사건의 경우

예인선단(크레인 부선, 예인선 삼성T-5호, 예인선 삼호T-3호, 투묘작업선 삼성A-1호)의 선박임차인인 삼성중공업이 평소 예인선단 관리 및 운항 업무를 보람(주)와 삼호I&D에 전적으로 일임해 두었다면, "선박소유자 자신"의 고의나 무모한 행위가 있었는지 여부는 오직 보람(주)와 삼호I&D를 기준으로 판단하여야 할 것이다. 즉, 이들의 고의나 무모한 행위가 있었다면 선박소유자는 책임제한을 주장할 수 없게 될 것이다.

이 사건 손해 발생은 충분한 인장강도가 확보되지 않은 예인줄(tug wire)을 구비한 상태로 항해를 개시한 행위, 기상 상태가 나쁜 상황에서 출항을 결정한 행위, 더욱 악화된 기상 상태에서 무모하게 항해를 계속 시도한 행위, 해상 위난 신호에 사용되는 VHF 교신설비를 제대로 사용하지 않은 행위, 충돌을 모면하기 위하여 투묘한 닻의 길이를 잘못 예측하여 정지력을 확보하지 못한 행위 등이 경합하여 발생한 것으로 보인다. 그중, "선주 자신"의 행위로 평

34 김인현, 〈갑판적 운송과 운송인의 책임제한배제〉, 《법률신문》, 판례평석 2008.5.5. 참조. 반면에, 김현, 〈갑판적 자유약관〉, 《법률신문》, 판례평석 2008.4.7.은 이점에 대한 논의가 누락된 듯하다.

가될 여지가 있는 것을 차례로 검토한다.

(1) 예인줄의 인장강도를 확보하지 않은 점

예인줄은 예인선 운항에 필수적인 장비이며, 예인줄의 인장강도가 당해 항해에 필요한 수준으로 확보되지 아니한 상태에서 예인선단을 출항시키는 것은 감항능력이 결여된 선박을 출항시키는 것이다. 이와 관련하여 "Smjeli 호 사건"을 검토할 필요가 있다.[35]

석유 시추 장비를 탑재한 부선을 로테르담에서 유고슬라비아까지 예인하는 항해를 담당한 예인선 Smjeli 호는 예인줄의 일부가 그 항해에 요구되는 인장강도를 구비하지 못한 상태에서, 악천후에도 불구하고 출항하였다. 예인선단이 영국 남동부 Kent 주 연안을 지나갈 무렵 때마침 불어온 강풍으로 예인줄의 연결선(towing hawser)이 끊어졌고, 그 결과 석유 시추 장비를 탑재한 부선이 강풍에 떠밀려 포크스톤(Folkstone) 항구의 시설물을 충격하여 손해를 가하였다. 예인선 운항자는 예인선단의 출항 점검을 Noble Denton이라는 저명한 회사에 의뢰하였는데, 이 회사가 예인줄에 대한 점검을 제대로 하지 않은 채 예인줄 및 연결선이 이 사건 항해에 적합하다는 취지의 확인서를 작성해 주었을 뿐 아니라, 출항시점의 기상이 항해에 적합한 상태로 예보되어 있었다는 점에 대한 확인서 또한, 출항 일자를 공란으로 비워둔 서류에 서명하여 예인선 선장에게 교부함으로써, 선장이 출항 날짜를 채워 넣도록 허용한 사실이 재판을 통하여 드러났다.

고급법원 해사부는 예인줄의 인장강도가 해당 항해에 요구되는 수준으로 확보되어야 한다는 점, 항해에 적합한 기상 상태에서 출항해야 한다는 점은 선박소유자가 직접 부담하는 감항능력 구비 의무라는 점을 재확인하였으나, 그렇다고 해서 이 의무 이행을 선박소유자가 다른 자에게 절대로 위임하지 못한다는 의미는 아니라고 판시하였다.[36] 이 사건 예인선 운항자는 이 의무 이행을 Noble Denton 사에 부탁하였고, 이 회사는 관련 업무 수행에 명성이 있는 자이므로 이 회사가 제대로 임무를 수행할 것으로 믿은 경우라면, 결과적으로 감항능력이 구비되지 못하였다 하더라도 이를 예인선 "운항자 자신"의 잘못으로 평가할 수는 없으므로, 예

35 [1982] 2 Lloyd's Rep. 74.

36 Ibid. 79. "In this case the duty upon the owners of the tug and barge was the common law duty to use reasonable care to send their vessels to sea in a seaworthy condition and at a proper time. In my judgment it cannot be right to say that if the performance of this duty is delegated to a properly qualified subordinate any fault of that subordinate is to be treated as actual fault of the owning company."

인선 운항자는 책임제한을 주장할 수 있다고 판결하였다.

이처럼 Smjeli 호 사건은 예인선 운항자가 항해에 앞서 예인줄 인장강도 점검을 믿을 만한 전문회사에 부탁한 경우이다. 만일 보람주식회사가 이 사건 항해에 앞서 예인줄 인장강도를 직접 점검하거나, 믿을 만한 전문 회사에 점검을 의뢰한 바가 전혀 없다면, 감항능력을 구비하지 않은 예인선을 출항시킨 행위는 보람주식회사 "자신의 행위"로 평가될 여지가 있다. 물론, 이 사건 발생 수일 전에 예인선단은 거제항에서 인천항 간의 항해를 무사히 수행한 바 있다(2007.11.27 – 2007.12.1). 그렇다고 해서 그와 반대 방향의 항해에 대하여 별도의 점검이 필요 없게 되는 것은 아닐 것이다. 출항 전에 예인줄의 인장강도를 보람주식회사의 어느 사원이 '자체 점검'하였다 하더라도 그자가 이러한 업무를 수행할 전문성이 없는 자였다면, 감항능력을 구비할 작위 의무를 선박소유자가 이행하였다고 평가받기는 어려울 것이다. 감항능력과 관련하여 대법원은 "선박은 약정된 항해에서 통상 예견되는 황천(荒天) 기타 기상이변에 대비한 준비가 되어 있어야 할 것인바, 통상 예견할 수 있는 정도의 돌풍이나 삼각파도에 의하여 선체 자체의 손상이나 인명피해 없이 화물창구 덮개의 일부만이 파손되었다면 발항 당시 선박이 불감항의 상태에 있었"다고 판단한 바 있다.[37] 특히 이 사건에서 문제된 화물창고 덮개는 선급규정의 소정 규격을 상회하는 수준으로 제작되었음에도 불구하고, 이러한 판결이 내려졌음을 유의할 필요가 있다. 따라서 예인줄이 그저 '굵고 튼튼했었다'고 해서 감항능력이 구비되었다는 결론이 가능한 것은 아니다. 별다른 이유도 없이 예인줄이 절단되었다면, 이미 그 자체로서 이 예인선은 감항능력이 결여된 상태에서 출항한 것으로 평가될 여지가 많다. 최근의 한 판결에서 서울고등법원은 "원인을 알 수 없는 사정으로" 기관실과 화물칸으로 해수가 유입되어 손해가 생겼다면, 해당 선박은 발항 당시 감하능력(堪荷能力)이 부족하여 불감항의 상태에 있었던 것으로 봄이 상당하다고도 판시하였다. 원인을 알 수 없는 사정으로 예인선의 예인줄이 끊어진 경우도 예인선의 감항능력이 없기는 마찬가지라 할 것이다.[38]

(2) 악천후에서의 출항

출항 약 1시간 전에 보람주식회사 직원은 예인선단 선단장에게 기상 악화를 경고한 것

37 대법원 1998.2.10. 선고 96다45054 판결.

38 서울고등법원 2006.3.16. 선고 2005나72852 판결.

으로 보인다(당일 오후 최대 풍속 13m/s, 파고 1-2m, 다음날 오전 최대 풍속 13m/s, 파고 1.5-2.5m). 이 수준의 기상예보라면 출항 여부를 선장이 적절히 판단하도록 해도 무방한지, 출항 연기를 선박운항자가 직접 결정해야 할 수준인지는 관련 업계의 관행에 비추어 판단되어야 할 것이다. 예인선단 운항자는 악천후를 감안하여 출항을 연기할 필요성와 출항이 연기되었을 때 삼성중공업이 입을 손실(크레인 부선이 삼성조선소에 늦게 도착함으로써 발생하는 조선 공정 지연 등), 그리고 그로 인하여 협력업체인 자신이 입게 될 불이익들 간에 타협을 시도하게 되는데, 이점은 무모한 출항을 조장할 우려가 있는 사정이라 할 수 있다.

만일 이 수준의 기상예보에서는 출항을 연기하는 결정을 했어야 한다면, 그런 조치를 취하는 대신에 휴대폰으로 예인선단 선단장에게 '주의하라'는 취지로 일기 예보만을 문자메시지로 알려주는 데 그친 보람주식회사 직원의 행위가 과연 그 회사 자신의 행위로 볼 수 있는지를 검토해야 한다. 이 문제는 보람주식회사의 규모, 업무 운영 조직, 그 회사의 업무 수행 관행 등을 종합적으로 고려하여 판단하여야 한다. 체계적으로 운영되고 있는 대규모 해운회사의 경우, 출항 결정을 전담하는 직원(흔히, 해사 감독관(Marine Superintendent)이라 불리는 직책의 직원을 말한다)은 그 회사의 여러 규정에 따라 그 업무수행의 범위가 결정되고, 그 자의 업무는 회사가 정한 여러 근무 감독 규정에 따라 통제, 관리될 것이다. 이러한 경우 그러한 직원을 회사 의사를 좌우할 수 있는 자(directing mind)라고 파악할 수는 없다. 회사의 최고 경영진은 회사 내부에서 작동하는 통제, 관리 체계를 신뢰하고 전담 직원에게 해당 업무를 맡기는 것이고, 이러한 전담 직원이 저지른 부작위는 회사의 피용자의 잘못일 뿐, 회사 '자신'의 잘못으로 평가할 수는 없다. 그러나, 만일 보람주식회사가 소규모의 조직이고, 아무런 체계적인 업무 분장도 없고, 전문적인 해사 감독관도 없이, 어느 직원(이 사건 예인선단장이 바로 그 직원일 수도 있다)이 이 사건 예인선단 출항 여부에 관한 결정을 사실상 종국적으로 하는 지위에 있었다면, 비록 그자가 보람주식회사의 대표기관이 아니라 하더라도, 출항을 허락한 그의 결정은 회사와 동일시할 수 있는 자(alter ego)의 행위이므로, '회사 자신'의 행위로 평가될 여지가 없지 않을 것이다.

(3) Towing certificate(예인항행 증명) 구비 여부

제대로 된 예인 항해와 관련하여서는 예인선의 인장강도 점검 등이 출항 전에 이루어졌는지, 악천후를 무릅쓰고 무모하게 출항하였는지 등은 'towing survey report'를 검토하여 판단할 수 있다. 당해 예인 항해에서 발생할 위험에 대하여 보험을 가입하고 예인 항해를 하는 경우였다면, 보험자는 피보험자가 해사 전문 기관에 의뢰하여 예인 항행에 앞서 항해설비, 엔진상태, 통신장비, 예인줄의 인장강도 등을 점검하고, 출항에 적합한 상태인지 여부에 대한 확인서(towing certificate)를 발급받아 제출할 것을 보험금 지급의 전제 조건으로 요구하는 것이 일반적 관행이다(위 Smjeli 호 사건 참조). 예인 항행 증명은 또한 '항행에 적합한 기상상태에서 출항하였는지 여부'도 기재하도록 되어 있다. 따라서, 악천후에서 무모한 출항결정을 하는 경우 'towing certificate'를 확보하기 어렵게 될 것이다. 아무리 보험료를 지불했더라도 'towing certificate' 없이 출항하여 사고가 나면, 보험금을 지급받지 못하게 되므로 이러한 제도는 방만한 운항 결정을 미연에 방지하는 효과가 있다.

그러나, 이 사건에서 삼성중공업은 선박 자체에 생기는 손해만을 커버하는 선복보험(Hull & Machinery)을 들었을 뿐, 예인 항해에서 제3자에게 가하게 될 손해를 배상하는 내용의 보험(Protection and Indemnity Clubs, P&I)은 들지 않은 것으로 보인다.[39] 특히, 이 사건 항해를 개별적으로 커버하는 보험은 전혀 들지 않고 운항하였다면, 'towing certificate'나 'towing survey report' 같은 것은 애초에 존재하지도 않을 것이므로, 무모한 항행결정을 사전에 방지할 기제가 전혀 마련되어 있지 않은 셈이다.

일반적으로, 보험을 들지 않은 경우에 사고가 발생하면 자신이 그 경제적 결과를 모두 떠안게 되므로 좀더 조심할 것이라고 상상해 볼 여지가 없지는 않으나, 선박소유자의 경우는 전혀 다르다. 선박소유자의 책임제한 제도가 있기 때문에 비록 중대한 과실이 있어도 배상책임은 선박의 톤 수에 의하여 제한된다. 특히 예인선은 톤 수가 상대적으로 매우 작으므로, 이 사건에서와 같이 당해 항해를 구체적으로 커버하는 어떠한 보험도 들지 않고 출항하는 관행은 오히려 매우 심각한 수준의 방만함을 노정하는 것으로 평가될 여지가 크다.

(4) VHF 교신설비 사용 및 관리

충돌 사고 발생 1시간40분 전부터 해상교통관제센터 및 충돌 상대 선박인 유조선은 이 사건 예인선단과의 교신을 여러 차례 시도하였다. 그러나 예인선단장이 탑승한 크레인 부선과는 끝내 VHF 교신설비로는 통신이 이루어지지 않았다(VHF 교신시도 시점부터 1시간가량

39 http://stock.moneytoday.co.kr/view/mtview.php?no=2007121013181734802&type=1&TVEC (2007.12.10 자 머니터데이 보도), http://news.chosun.com/site/data/html_dir/2007/12/ 10/2007121000820.html (2007.12.10 자 조선일보 보도) 참조. 다만, 360억 원을 한도로 한 선복 보험 외에 45억 원을 한도로 한 선주배상책임보험을 가입한 것으로 보이는데, 이것은 P&I 와는 다르다.

뒤에 예인선단장의 휴대전화로 비로소 통화가 이루어졌고, 예인선단장은 진행로에 있는 물체가 유조선이라는 점도 이때에 비로소 알게 된 것으로 보인다). 부예인선 삼호T-3호는 충돌 40분 전에 유조선과 VHF 교신을 하였으나, 충돌 방지에 필요한 내용을 제대로 전달하지 못하였다.

해상 위급 구난 신호에 사용되는 VHF 채널16 의 사용법에 대한 교육이 보람주식회사에 의하여 제대로 제공되었음에도 이러한 사태가 발생하였다면, 이러한 사태가 '회사 자신'의 부작위로 인하여 발생하였다고 할 수는 없다. 그러나 만일 VHF 교신설비가 전혀 관리, 수선되지 않고, 그 사용법에 대한 아무런 교육도 이루어지지 않았다면, 그러한 부작위는 회사 자신의 부작위로 평가될 여지가 없지 않다. 이와 관련하여 "Marion 호 사건"[40]을 소개한다.

영국 북동부 티사이드(Teesside) 근해 연안에서 닻을 내리고 정박 중이던 Marion 호의 선장이 그 부근 해상을 지나는 파이프라인이 있다는 사실을 모르고 닻을 올리려 시도하던 중, 파이프라인이 닻에 걸려 손상되어 피해가 발생하였다. 최신판 해도에는 그 일대 해상을 통과하는 파이프라인이 표시되어 있었으나, 선장은 구판 해도를 사용하고 있었으므로 그 사실을 알지 못하여 일어난 사고였다. 선박소유자는 해도를 구입하고 사용하는 문제는 대부분의 선박소유자가 선장에게 일임하는 업무이므로, 선장이 구판 해도에 의존하여 생긴 사고는 '선박소유자 자신'의 잘못이 아니므로 책임제한이 적용되어야 한다고 주장하였으며, 원심은 이 주장을 수용하였다.

그러나 항소법원은 이 사건 손해가 선박의 안전 운항에 중요한 설비(해도)를 선장이 알아서 입수하도록 방치한 선박소유자의 부작위로 발생한 것이라고 파악하고, 이 사건 선박관리를 전담한 회사가 별다른 체계적 통제체제나 업무 분장 및 감독 관리 체계도 없이 특정 직원(전무, operations manager)에게 그 일을 일임하였으므로, 그 직원의 행위는 바로 그 회사 자신의 행위로 평가된다고 보았다. 이러한 지위에 있는 그 직원이 선박 내에 구판 해도가 나돌도록 방치하고, 최신 해도가 비치되고 사용되고 있는지 여부에 대한 점검을 해태한 부작위는 '선박소유자 자신'의 잘못으로 보아야 하므로, 책임제한이 허용되지 않는다고 판시하고, 원심 판결을 파기하였다.

이러한 사례에 비추어 볼 때, VHF 교신설비가 제대로 관리되지 않고 있었다거나, 그 사용법에 대한 교육이 전혀 이루어지지 않은 경우라면, 그러한 부작위는 이 사건 '선박임차인 자

40 [1983] 2 Lloyd's Rep. 156.

신'의 부작위로 평가되어야 할 여지가 있다. 이때에도, 위에서 설명한 바와 같이 보람주식회사의 업무 수행 조직과 업무 처리 관행 등을 자세히 검토한 연후에야 이 문제에 대한 판단이 가능함은 물론이다. 체계적 업무 분장과 각 해당 부서 및 직원에 대한 지휘 감독 체계가 제대로 작동하는 회사 조직이었음이 밝혀진다면, 그 조직 어느 직원의 잘못을 '회사 자신'의 잘못이라 할 수는 없지만, 아무런 관리 체계나 업무 분장 체계 없이 어떤 직원에게 모든 것을 일임해 둔 상황이라면, 바로 그 직원의 행위(작위 또는 부작위)는 회사 자신의 행위로 평가될 여지가 크다.

예인줄의 인장강도 점검, 항행에 적합한 기상 상태하에서 출항하였는지 여부, 통신 설비의 관리 및 사용법 교육 등과 관련하여 위에서 살펴본 사항들은, 구체적 사실관계가 어떻게 드러나는가에 따라서는, 단순히 선박임차인의 피용자나 보조자의 행위가 아니라 '선박임차인 자신'의 작위 또는 부작위로 평가될 여지가 없지 않다. 반면에, 항해 중 기상 상태가 더욱 악화되어 대피하려 하였으나, 그것마저 불가능하게 된 상태에서 무모하게 항해를 계속 시도한 점, 충돌을 모면하려고 투묘한 닻의 길이가 너무 짧아 강풍에 떠밀려 가는 크레인 부선의 정지력을 확보하지 못한 점 등은 '선박임차인 자신'의 작위 또는 부작위로 평가될 수는 없는 사정들이라고 생각한다.

⑸ 인과 관계

감항능력을 구비할 의무, 항해에 적합한 기상 조건에서 예인선단이 출항하도록 결정할 의무, 선박 운항의 안전에 필수적인 설비를 정상 작동 상태로 유지, 관리하고, 그 장비의 사용법에 대한 적절한 교육을 시킬 의무 등은 모두 선박소유자(선박임차인, 또는 이 사건 예인선단 관리 및 운항 업무를 일임 받은 보람주식회사, 삼호I &D)가 법률상, 계약상 부담하는 작위 의무이다. 이러한 작위 의무를 수행하는 데 필요한 업무 수행 조직과 관리 체계가 해당 회사에 제대로 존재하고 기능하는 경우라면, 삼성중공업(또는 보람주식회사)의 고위 경영진은 자신이 가동하는 그러한 조직의 구성원(전담 직원)들에게 각 해당 업무를 수행하도록 하는 것이 적절하므로, 그 상황에서 저질러진 해당 직원의 부작위를 곧바로 '회사 자신'의 부작위라고 평가할 수는 없다는 점은 이미 설명하였다.

그러나, 그 반대의 경우, 즉 선박소유자가 자신의 의무를 이행하는 데 필요한 어떠한 조직, 관리 체계, 업무 수행 체제나 인력도 유지, 운영하지 않음으로써 자신의 의무 이행을 완전히 방기한 경우, 상법 제746조에서 말하는 "선박소유자 자신의 … <u>작위</u>"가 없었으므로 그 책임이 제한되어야 한다는 주장을 펼 근거가 생기는 것은 아니라는 점은 당연하다. 해당 규정은 "선박소유자 자신의 작위" 뿐 아니라, "부작위"로 인하여 손해가 발생한 경우에도 책임제한이 배제됨을 명정하고 있다.

관리 체계나 업무 분장 체계가 존재하기는 하였으나, 매우 허술하고 무원칙하게 운영되어 특정 직원이 사실상 선박소유자 자신의 의무 이행에 필요한 업무를 도맡아 하고 있었다면, 그 직원은 회사의 분신(alter ego)으로 파악되므로 그자의 행위는 '회사 자신의 행위'로 평가받을 여지가 있다는 점도 위에서 설명하였다.

어느 경우든 간에, 이 사건에서 문제가 되는 것은 선박소유자(선박임차인)의 부작위이므로, 그 부작위와 그로 인하여 발생한 손해 간의 인과관계에 대한 검토가 필요하다. 이 문제는 앞서 소개한 Marion 호 사건에서 쟁점으로 되었던 부분이기도 하다. 선장이 최신판 해도를 사용하도록 하는 데 필요한 조치를 취하지 않은 선박소유자의 부작위가 선박소유자 '자신의 잘못'이므로 책임제한이 배제되어야 한다는 주장에 대하여, 선박소유자는 이 사건 발생 당시 Marion 호에는 파이프라인의 정확한 위치가 표시된 수정된 해도가 실제로 비치되어 있긴 했으나, 선장이 이를 모르고 자신이 평소에 사용하던 해도에 의존하였기 때문에 사고가 생겼다는 점을 지적하고, 따라서 이 사건은 선장의 잘못(negligence)으로 발생한 것일 뿐, 선박소유자 자신의 부작위와 이 사건 사고 발생 간에는 인과관계가 없다고 주장하였다. 그러나, 법원은 선장이 구판 해도를 사용하는 사실을 선박소유자가 선장에게 경고했어야 할 뿐 아니라, 구판 해도를 모두 수거하거나, 적절히 수정하여 아예 선장이 부정확한 구판 해도를 사용할 여지가 없도록 했어야 하므로, 선박소유자의 부작위와 이 사건 손해 발생 간에는 인과관계를 인정할 수 있다고 판시하였다.[41]

우리 법원도 불법행위 책임의 성립에 요구되는 인과관계는 가해자의 행위(부작위)가 결과 발생의 배타적 원인이어야 한다거나, 단독적으로 기여한 유일한 원인이어야 하는 것은 아니라는 입장을 견지하고 있다. 대법원은 "불법행위로 인한 손해배상에 있어 가해자의 불법행위만에 의하여 손해가 발생한 것이 아니라 제3자의 행위 기타 귀책사유 등이 경합하여 손해가 발생한 경우에도 가해자의 불법행위가 손해 발생의 한 원인이 되었다면 가해자는 그로 인하여 피해자가 입은 손해를 배상할 책임이 있다"고 판시한 바 있다(밑줄은 필자가 추가).[42]

41 [1983] 2 Lloyd's Rep. 165.

42 대법원 1999.2.23. 선고 97다12082판결.

⑹ 손해발생 개연성에 대한 인식

발생한 손해와의 인과관계를 인정할 수 있는 선박소유자(선박임차인) '자신의 부작위'가 있었다고 해서, 책임제한이 배제되는 것은 아니다. 그러한 부작위가 i) 손해발생의 염려가 있음을 인식하면서 저질러졌다는 점, 그리고 ii) 무모하게 저질러진 부작위라는 점이 모두 입증되어야 책임제한이 배제될 수 있다.

현행 상법상 운송인의 책임제한 규정과는 달리, 선박소유자의 책임제한 규정은 "그 손해"가 아니라, 단순히 "손해발생"의 염려가 있음을 인식하였다는 점을 입증하면 되도록 규정되어 있다. 따라서 삼성중공업으로부터 이 사건 예인선단의 관리 및 운항을 일임받은 보람주식회사가 위에 나열한 부작위를 저지를 당시에 '허베이 스피리트 호와 충돌할 개연성'을 인식했어야 한다는 주장은 입론의 근거가 없다. 반면에 어느 선박이든 '선박'과 충돌할 개연성을 인식했어야 하느냐, 아니면 '물건의 멸실 또는 훼손으로 인한 손해가 발생할 개연성'을 인식하는 것으로 족한지는 논란의 여지가 있는 쟁점이라 생각한다.

그러나, 손해발생 개연성에 대한 '인식'이 있었는지의 문제는 당사자의 주관적 심리상태를 객관적으로 제시된 증거를 통하여 '추단'할 수밖에 없는 문제이므로, 결국은 문제의 부작위로 인하여 손해가 발생할 위험(risk)이 명백할 정도로 매우 높다면 그러한 부작위 시점에 손해발생의 개연성에 대한 인식이 있었다는 점이 증거판단 과정에서 '추단'될 여지가 없지 않다.

만일 재판을 통하여, 보람주식회사가 감항능력이 구비되지 않은 예인선단을, 악천후하에 출항하도록 하였을 뿐 아니라, 해상 구난에 필수적인 VHF 교신설비가 제대로 유지 관리되도록 하지도 않았고, 그 장비의 사용법에 대한 교육도 제대로 실시하지 아니하였다는 점이 모두 입증된다면, 그런 상태로 골리앗 크레인 부선을 그 당시의 기상 조건에서 연안 항로를 통하여 운반하는 결정을 하는 자는 "손해발생"의 개연성을 실제로 인식하였다고 추단하는 것이 오히려 설득력이 있다고 생각한다. 특히 이 사건 개별 항해에 대한 아무런 보험도 들지 않고 운항을 감행하였다면, 그 자체로서 이미 선박임차인의 극단적인 '무모함'과 이른바 '안전 불감증'은 설득력 있게 제시되었다고도 볼 수 있다.

⑺ 책임제한 절차

이 사건 선박임차인이 책임제한절차 개시 신청(상법 제752조)을 하는 경우, 만일 피해자가 이상 설명한 책임제한배제요건이 이 사건의 경우에는 일응 충족될 여지가 있다는 점을 소명하는 경우, 법원은 그 신청을 기각하고 책임제한이 과연 적용될지 여부가 본격적인 손해배상

청구 소송 절차를 통하여 판단받도록 해야 할 것이다. 책임제한이 배제될 일응의 가능성이 있는 경우에까지 간이 절차(책임제한절차)를 통하여 책임제한을 결정하는 것은 피해자가 가지는 공정한 재판을 받을 기본권을 침해하게 될 여지가 없지 않다.

만일 이 사건 선박임차인이 책임제한을 주장할 수 있게 되는 경우, 배상 한도액 계산의 기준이 되는 "그 선박의 톤수"는 크레인 부선만이 아니라 두 척의 예인선들의 톤수까지 합산한 톤수가 되어야 할 것으로 보인다. 그 이유는 이 사건 손해는 예인선 운항자만의 잘못으로 발생한 것이 아니라,[43] 예인선과 부선 운항자 모두의 잘못으로 발생한 것이고, 그 잘못은 항해 중에 선박임차인의 피용자 및 보조자에 의하여 저질러진 부분도 있지만, 출항 당시에 선박소유자(의 피용자 또는 보조자)가 이 사건 예인선의 감항능력, 예인선단 전체의 발항 결정 및 항해 안전에 필수적인 설비에 대한 유지, 관리, 사용법 교육 등에 대한 의무를 해태한 부작위로 인한 것이기도 하기 때문이다.[44]

VI. 방제 비용 상환 채무

이 사건 충돌 사고로 발생한 해양 오염 등에 대하여 해양오염방지법 제50조에 기하여 해양경찰청장이 관계기관의 협조를 얻어 필요한 조치를 취하거나, 해안에 들러붙은 기름에 대하여 그 해안을 관할하는 시장 · 군수 · 구청장이 필요한 조치를 취한 경우, 그 방제 비용은 해상오염방지법 제50조 제2항에 따라 선박소유자에게 부담시킬 수 있다. 이때 선박소유자가 상환해야 할 채무는 손해배상채무와는 성격이 다르다. 방제조치를 취할 법률상의 의무는 기름을 배출한 자와 배출 원인이 되는 행위를 한 자가 부담하는 것이므로(해양오염방지법 제48조 제2항), 행정기관이 이를 대신한 경우에 방제조치 의무자에 대하여 획득하는 구상 채권은 일종의 사무관리로 발생한 채권이라고 보아야 한다.

상법 제746조의 책임제한은 불법행위, 계약위반 기타 청구원인의 여하에 불문하고 동조 제1호 내지 제4호에 규정된 '손해'에 대한 배상 채무에 적용되는 것일 뿐, 사무관리로 인한 '비용' 상환 청구권에 적용되는 것은 아니다. 영국법원도 '손해(loss or damage)'에 대한 배상책

43 그러한 경우에는 예인선만의 톤수를 기준으로 배상 한도액을 산정하는 것이 적절하다. *The Bramley Moore*, [1963] 2 Lloyd's Rep. 429 참조.

44 *The Smjeli* [1982] 2 Lloyd's Rep. 80.

임제한을 규정한 1894년의 해상법을 해석하면서, 이 조항이 '비용' 상환에는 적용되지 않는다는 취지로 판결한 바 있다. 바지선 Stonedale 호가 맨체스터 운하에 침몰하여 운하의 통행을 방해하고 있는 상황에서 운하 관리 회사가 침몰한 바지선을 인양하여 운하의 통행을 가능하게 조치한 다음, 인양 비용의 상환을 바지선 소유자에게 구한 사건에서 영국 최고재판소는 인양 비용은 '손해'라고 볼 수 없으므로 책임제한의 적용을 받지 않는다고 판시하였다.[45]

이러한 해석은 우리 상법의 운용에도 수용될 수 있으며, 대법원 99다9646 판결도 이러한 결론과 충돌하는 것은 아니다. 99다9646 판결은 원고 선박과 피고 선박이 충돌하여 원고 선박의 연료유가 유출되고, 원고 선박에 적재된 컨테이너가 해상에 부유하게 된 사실관계를 전제로 하고 있다. 이 상황에서 부산해양경찰청은 원고에게 그 유류를 제거하고 컨테이너를 수거하라는 명령을 내렸다. 이에 따라 원고의 보험사가 방제 및 컨테이너 인양에 필요한 비용을 지출하고, 피고 선박을 상대로 그 비용의 지급을 구한 사례에서 우리 대법원은 원고가 피고로부터 구하는 액수를 '손해'로 파악하고, 피고는 상법 제746조의 책임제한을 주장할 수 있다고 판시하였다. 얼핏 보면, 이 판례는 방제비용이나 인양비용을 일률적으로 '손해'로 파악해야 한다는 뜻인 것처럼 오해할 수도 있으나, 좀더 자세히 관찰할 필요가 있다.

원고(의 보험사)가 방제비용 및 인양비용을 지출하게 된 이유는 충돌사고로 인하여 방제 및 인양 의무를 부담하게 되었기 때문이다. 즉, 원고가 부담하게 된 방제, 인양 의무와 충돌사고 간에는 상당 인과관계를 인정할 수 있으며, 원고가 자신이 부담하게 된 인양, 방제 의무 이행을 위하여 실제로 지출한 방제비용은 피고의 행위로 발생한(피고 과실 70%) 충돌사고 때문에 원고에게 확정적으로 발생한 '손해'로 파악하는 것이 옳다. 따라서 대법원의 판시는 정당하다.[46]

그러나, 만일 원고가 방제나 인양을 하지 않아 해양경찰청이 방제, 인양에 필요한 비용을 대신 지출한 경우라면, 법적 분석은 달라야 할 것이다. 이러한 경우 해양경찰청이 지출한 비용은 충돌사고로 해양경찰청에게 발생한 '손해'라고 파악하기는 어렵다. 해양경찰청은 충돌사고의 당사자도 아니며, 충돌사고의 피해자도 아니다. 충돌사고로 인하여 해양경찰청이 방제 비용을 지출해야 할 의무를 지게 되는 것도 아니다. 방제 의무는 오염 원인을 제공한 자가

45 *The "Stonedale No. 1"* [1955] 2 Lloyd's Report 9 참조.

46 김인현, 〈난파물제거채권과 책임제한—대법원 판결 2000년8월22일 선고, 99다9646〉, 《법률신문》, 2001.1.15는 다른 견해를 피력하고 있다.

부담하는 것이며, 해양경찰청은 이러한 의무자가 방제를 하지 않는 경우에 그자를 대신하여 방제조치를 취할 권한이 있는 것이지, 의무를 부담하게 되는 것이 아니다. 즉, 해양경찰청이 방제조치를 대신 행하는 경우, 해양경찰청은 지출할 의무가 없는 비용을 지출하는 것이므로 그렇게 지출된 비용을 '손해'로 파악할 여지는 없다. 따라서 해양경찰청이 대신 지출한 방제비용을 방제의무자(충돌사고의 피해자 또는 가해자)로부터 구상하는 경우에는 '손해'에 대한 배상채권이 아니라, 사무관리 '비용'에 대한 상환채권으로 보아야 한다.

요컨데, 해양경찰청은 피해자가 아니라, 사무관리자의 지위에 있는 자이다. 이러한 경우에는 상법 제746조의 책임제한이 적용되지 않는다고 생각한다. 상법 제748조 제4호가 '물건의 인양, 제거, 파괴 또는 무해조치에 관한 채권'에 대하는 책임제한의 적용이 없다고 규정한 것도 바로 이점을 확인하는 것으로 볼 수 있다. 반면에 99다9646 판결의 원고는 충돌사고의 피해자일 뿐 아니라, 그가 지출한 방제 비용은 타인의 의무를 대신 이행하는 데 소요된 비용이 아니라, 가해 선박의 행위로 인하여 자신이 부담하게 된 방제 의무(즉, 자신의 사무)를 이행하는 데 소요된 비용이므로, 사무관리자로서 지출한 비용에 대한 상환청구를 하는 것이 아니라, 충돌사고 때문에 자신에게 생긴 '손해'에 대한 배상청구를 한 것으로 보아야 한다.[47]

행정기관이 방제조치 의무자를 대신하여 지출한 비용에 대하여 방제의무자가 상환해야 할 채무는 쌍방과실로 일어난 선박충돌로 생긴 재산상 손해배상 채무가 분할 채무임을 규정한 상법 제846조 제1항의 적용을 받는 것도 아니다. 방제비용 구상청구는 방제의무자를 상대로 행사하는 것이며, 해양오염방지법이 규정하는 방제의무는 기름 등 배출자와 배출원인 행위를 한자가 연대하여 부담하는 법률상 의무라고 보아야 할 것이므로, 삼성중공업은 행정관청 등이 취한 방제 비용 전액에 대하여 이를 상환할 채무가 있는 것으로 보인다.

VII. 결론

서해안 기름 유출 사고로 생긴 피해는 예인선단과 유조선의 충돌로 발생한 재산상의 손해

47 강위두, 〈난파물을 제거함으로 인한 손해배상채권의 책임제한 여부〉, 《제남 강위두 (姜渭斗) 박사 정년 기념 특집호: 판례회고》, 제4편 해상, 제489면은 "침몰선주가 행정관청에 대하여 부담하는 난파물제거책임과 침몰선주가 가해선주에 대해서 가지는 제거비용채권과는 법적으로 별개의 채권"이라고 설명하고, 전자의 경우에는 책임제한이 적용되지 않고, 후자의 경우에만 책임제한이 적용된다고 설명하고 있으므로, 필자와 유사한 결론에 이르게 된다.

이므로 분할 채무 원칙이 적용된다. 예인선단의 선박임차인인 삼성중공업은 선박소유자와 동일한 배상책임을 부담하게 될 것이므로, 상법상 선박소유자가 누리는 책임제한이 과연 이 사건에도 적용될 수 있는지가 문제로 된다. 예인선이나 크레인 부선은 유류오염손해배상보장법("유배법")이 규정하는 '선박'은 아니므로, 삼성중공업의 손해배상책임과 관련하여 유배법이 적용될 여지는 없다. 그러나 책임제한에 관하여는 유배법 제6조 제1항의 책임제한배제요건과 상법 제746조의 책임제한배제요건이 동일하게 규정되어 있으므로, 이점에 있어서는 양 법률 간에 차이가 없다.

기름 유출 사고로 생긴 손해 역시 불법행위로 인한 손해이므로 가해자의 위법한 행위와 손해 발생 간의 인과관계가 입증되어야 한다. 그러나 가해 '행위'는 작위뿐 아니라, 부작위까지를 포함하는 개념이다. 이 사건의 핵심 쟁점은 i) 삼성중공업 자신의 위법한 부작위가 있었는지, ii) 그러한 부작위가 손해발생의 염려가 있음을 인식하면서 무모하게 저질러진 부작위 인지, iii) 그러한 부작위와 이 사건 손해 발생 간에 인과관계가 인정될지 등이다.

부작위가 위법한 것으로 평가받으려면, 그에 상응하는 작위 의무가 우선 인정되어야 한다. 영국 법원은 선박소유자(선박임차인)의 작위 의무에 관하여, 감항능력이 있는 선박을 항해에 적절한 기상 조건에서 출항시킬 의무, 선박의 안전 운항에 필요한 설비를 유지, 관리하고 그 사용법에 대한 적절한 교육을 시킬 의무 등을 인정하고 있는데, 이러한 의무는 우리 법에서도 인정될 수 있다고 생각한다. 선박소유자가 자신의 이러한 의무를 선박관리인에게 일임한 경우, 선박관리인의 부작위는 곧 선박소유자의 부작위로 평가된다.

그러나, 선박소유자(또는, 그로부터 선박 관리 업무를 일임받은 선박관리자)가 법인인 경우, 누구의 행위를 '법인 자신'의 행위로 볼 것인지가 문제된다. 법인 대표기관의 작위 또는 부작위는 법인 자신의 행위로 평가될 수 있음은 물론이다. 그러나 대표기관이 아닌 피용자의 행위도 경우에 따라서는 법인 자신의 행위와 동일시할 수 있다는 견해는 영국 법원과 우리 법원이 모두 채용되고 있다. 즉, 해당 법인이 선박 운항에 관한 업무 수행 인력과 조직을 평소에 체계적으로 운영하고 관리, 감독해 왔다면, 담당 직원 개인이 그 법인의 의사 결정을 혼자서 좌지우지할 여지가 없을 것이다. 그런 상황에서는 해당 직원의 잘못(작위 또는 부작위)을 그 법인의 행위와 동일시할 수는 없다. 반면에, 체계적인 업무 수행 조직이나, 직원에 대한 관리, 감독 기제가 별로 없이 특정 직원이 선박 운항에 관한 업무를 사실상 전권을 가지고 결정해 왔다면, 비록 그자가 대표기관이 아니라 피용자에 불과하더라도 그자를 회사와 동일시 할 수 있으므로(alter ego), 그자의 작위 또는 부작위는 법인 자신의 행위로 평가될 것이다.

선박소유자 자신의 위법한 부작위뿐 아니라 다른 자(예를 들어, 선장이나 선원)의 잘못된 행위까지 경합하여 손해가 발생한 경우, 선박소유자의 부작위와 손해 발생 간의 인과관계는 양자 간의 상당성이 인정되는 이상 부인할 수 없다. 불법행위 책임에서 문제되는 인과관계는 문제의 행위가 결과 발생에 배타적, 단독적으로 기여한 원인이어야 하는 것은 아니다. 선박소유자의 부작위가 이 사건 충돌 사고 발생의 한 원인을 이루고 있다는 점이 입증되면, 비록 다른 자의 행위까지 경합하여 충돌 사고가 일어났다고 해서 선박소유자가 책임을 면하게 되는 것이 아니다.

해양오염방지법에 기하여 시장 · 군수 · 구청장 등이 지출한 방제 비용에 대한 구상채권은 선박 충돌로 유출된 기름 때문에 발생한 손해에 대한 배상 청구권과는 별개의 문제다. 시장 · 군수 · 구청장 등은 '피해자'도 아니며, 방제비용은 일종의 사무관리로 발생한 '비용'에 대한 상환청구권이므로, '손해'의 배상과 관련하여 선박소유자가 누리는 책임제한 제도의 적용을 받지 않는다. 이러한 결론은 상법 제748조 제4호에 의하더라도 지지될 수 있다.

참고 문헌

강위두, 〈난파물을 제거함으로 인한 손해배상채권의 책임제한 여부〉, 《제남 강위두 (姜渭斗) 박사 정년기념 특집호: 판례회고》, 제4편 해상.

김인현, 〈운송인의 포장당 책임제한이 배제된 해상 사례〉, 《인권과 정의》, 제370호(2007년 6월).

김인현, 〈갑판적 운송과 운송인의 책임제한배제〉, 《법률신문》, 판례평석 2008.5.5.

김인현, 〈난파물제거채권과 책임제한—대법원 판결 2000년8월22일 선고, 99다9646〉, 《법률신문》 2001.1.15.

김현, 〈갑판적 자유약관〉, 《법률신문》, 판례평석 2008.4.7.

이상민, 〈개정된 바르샤바협약 제25조에 정한 책임제한 배제사유의 의미〉, 《대법원 판례해설》 제57호(2006).

Abstract

THE OIL SPILL IN THE WEST SEA OF KOREA AND THE LIABILITIES OF SAMSUNG HEAVY INDUSTRIES

Keechang Kim

This article deals with the question of whether Samsung Heavy Industries (SHI) may limit its liability to compensate for the loss caused by the oil spill in the West Sea of Korea which followed the collision of SHI's crane barge and an oil tanker. Since the crane barge and the tugs are not a 'ship' within the meaning of the Oil Pollution Damage Compensation Act (OPDCA), the OPDCA's limitation of liability clause is not applicable to SHI. But Article 746 of Commercial Code provides a limitation of liability for shipowners in general.

A 'personal act' of the shipowner would include omission as well. In the case of a corporate person, its representative's act would no doubt constitute an act of the corporate person. Under certain circumstance, however, its employee's act may also be regarded as a 'personal act' of the corporate shipowner.

Whether the shipowner had 'actual knowledge' that the loss would probably occur is a matter of the subjective state of mind which can only be inferred from objectively available evidence. If there was an obvious risk that the shipowner's act or omission would cause loss, then it is likely that the court may find, as a matter of inference, that the shipowner had actual knowledge. While the question of recklessness and actual knowledge are conceptually distinct, these two would stand or fall together in practice.

The limitation of shipowner's liability applies only to claims for compensation for a 'loss'. If a third party who has no duty to take measures to neutralize the oil spill had neutralized the oil spill on behalf of the shipowner who has the duty, the third party's claim for reimbursement of expenses for neutralization is not a claim for a 'loss'. With regard to such a claim for reimbursement, the shipowner may not rely on the limitation of liability.

KONINKLIJKE LUCHTVAART MAATSCHAPPIJ M.V. KLM Royal Dutch Airlines Holland v. TULLER

사실관계

KLM 항공사의 비행기는 암스테르담에서 출발하여 아일랜드를 경유해 뉴욕으로 향하던 중, 경유지점인 아일랜드 Shannon 공항에서 이륙한 지 1분 후 공항 활주로의 끝으로부터 7000 피트 떨어진 Shannon 강의 조수지역에 추락하였다. 추락 이후, 비행기의 승무원은 대부분의 승객들을 두 척의 구명정을 이용해 대피시켰으나, 항공기의 뒷 창문을 통해 탈출하여 구명조끼 없이 항공기 후미 측 날개 부분에 서 있던 Tuller 씨는 결국 구조선이 다다르기 전에 익사하였다. 그의 유족은 항공사(KLM)와 그 대리인(SABENA)의 귀책사유로 인해 Tuller가 사망하였음을 주장하며 소송을 제기하였다. 피고는 바르샤바 조약상의 책임제한을 주장하였으나, 원심 배심원단은 피고 측에 '고의 비행'이 있었다고 보아 책임제한을 인정하지 않았고, 이에 따라 콜럼비아 순회지구 연방법원은 $350,000의 보상금을 지급할 것을 판결하였다. 본 사건은 연방법원의 이 판결에 대하여 항공사와 대리인이 항소한 사건이다.

판결 및 쟁점

바르샤바 조약 제25조는 손해가 항공회사 또는 항공회사의 고용범위 안에서 행동한 직원의 '고의 비행'에 의해 발생하는 경우 항공회사의 책임을 75,000달러로 제한하는 동 조약의 조항(제22조)의 적용이 배제된다고 규정한다. 따라서 본 판결에서는 항소인의 행위가 고의 비행에 해당되는지 여부가 주 쟁점이 되었다.

항소법원은 '고의 비행'의 의미에 관하여 '자신의 행위가 피해 또는 손해를 일으킬 수 있다는 사실을 알고 한 의도적 행위' 또는 '행위의 이행이 가져오는 결과에 대한 무모한 경시' 또는 '안전을 위해 필요한 어떠한 의무를 이행하지 않으려는 고의적인 의도'의 의미를 갖는 것으로 본 American Airlines, Inc. v. Ulen의 해석을 받아들였다. 항소법원은 나아가 원심에서 고의 비행으로 다루어진 다음의 네 가지 사실에 대하여 각각이 위와 같이 해석한 '고의 비행'에 해당하는지 여부를 판단하였다.

항소법원은 먼저, (1) 항소인이 구명조끼의 위치와 사용법에 대해 승객들에게 적절한 교육을 하지 않은 점에 대하여, 정황상 그가 승객들에게 구명조끼 사용법과 장소를 알려 주지 않은 것은 '발생 가능한 사고결과를 의도적으로 무시한 의도적 과실'에 해당한다고 볼 수 있으며,

(2) 조난 신호를 보내지 않은 점에 대하여, 단 몇 초였지만 비행기의 상태가 이상해 추락할지도 모른다는 생각을 할 시간적 여유가 있었고 따라서 조난 신호를 보낼 시간이 있었다고 합리적으로 판단할 수 있으며, 조난 신호가 관제탑에 보내졌더라면 관계자들이 항공기 추락에 대해 즉각적인 조치를 취할 수 있었을 것이므로 항소인이 조난 신호를 보내지 않은 것은 고의 비행을 범한 것이라고 볼 수 있으며,

(3) Tuller 씨의 조난 상황을 알고서도 안전한 구조 절차를 밟지 않은 점에 대하여, 이는 '사고 결과를 무모하게 경시한 의식적인 부작위'라고 볼 수 있으며,

(4) SABENA가 항공기와 무전연락의 두절을 알아차리지 못한 것과 신속히 구조 작업을 시작하지 못한 점에 대하여, KLM의 지상 대리인으로서의 SABENA의 의무불이행은 승객의 안전과 직접적인 연관이 있는 '적극적 의무의 의식적인 부작위'에 해당한다고 보아

결론적으로 항소인인 항공사와 대리인에 '고의 비행'이 있었다는 원심 배심원단의 판단은 정당한 것이었으며, 따라서 바르샤바 협정상의 책임제한 규정은 적용되지 않는다고 판결하였다.

Koninklijke Luchtvaart Maatschappij M. V. K. L. M.

Royal Dutch Airlines Holland v. Tuller

292 F.2d 775

United States Court of Appeals District of Columbia Circuit.

KONINKLIJKE LUCHTVAART MAATSCHAPPIJ N.V. KLM ROYAL DUTCH AIRLINES HOLLAND, et al., appellants,

v.

Gertrude Owen TULLER, individually and as Executrix under the will of William Gordon Tuller, deceased, et al., Appellees.

No. 15716.

Argued Oct. 21, 1960.

Decided June 23, 1961.

An action was brought against an airline company and its ground agent for the wrongful death of an airplane passenger, who drowned after the airplane crashed in the tidewaters of a river about 7,000 feet from the end of the airport runway at Shannon, Ireland. The United States District Court for the District of Columbia, McGuire, J., rendered a judgment for $350,000, and the airline and its ground agent appealed. The Court of Appeals, Burger, Circuit Judge, held that the evidence authorized a finding by the jury that the airline company and its ground agent were guilty of willful misconduct, so that the $8,300 liability limitation of the Warsaw Convention was not applicable.

KONINKLIJKE LUCHTVAART MAATSCHAPPIJ M.V. K.L.M

Royal Dutch Airlines Holland v. TULLER

292 F.2d 775 (1961)

콜럼비아 순회지구 항소법원[1]

KONINKLIJKE LUCHTVAART MAATSCHAPPIJ N.V. KLM ROYAL DUTCH AIRLINES HOLIAND, et al., Appellants,

v.

Gertrude Owen TULLER, individually and as Executrix under the will of William Gordon Tuller, deceased, et al., Appellees.

No. 15716.

1960년 8월 21일 심리
1961년 6월 23일 판결

항공사와 대리인을 상대로 불법사망[2]에 관한 소송이 제기되었다. 불법사망한 탑승객은 아일랜드 Shannon 공항의 활주로 끝에서부터 7000피트 떨어진 강의 조수에 항공기가 추락한 후 익사하였다. 콜럼비아 순회지구 연방법원의 McGuire 판사는 $350,000의 보상금 평결을 내렸고 항공사와 대리인은 항소를 제기하였다. 항소법원의 항소심 판사 Burger는 제시된 증거에 비추어 보아 항공사와 대리인들에 고의 비행이 있었다는 배심원들의 판단은 정당한 것이었으며 따라서 바르샤바 협정상의 $8,300 책임제한 규정[3]은 적용되지 않는다고 판결하였다.

1 United States Court of Appeals District of Columbia Circuit. 미국 항소법원은 우리나라 고등법원과 달리 1심 판결에 법률적 문제가 있는지를 살펴 보는 '법률심'이다. 미국 연방법원 시스템 내에서는 1심법원을 지방법원(district court)이라 하는데 바로 위의 항소법원은 순회지구(circuit)을 하나씩 담당하고 있고 그 순회지구 내의 지방법원에서 발생하는 항소를 처리하게 되어 순회지구 항소법원(Circuit Court of Appeals)이라고 부른다. 그 다음의 최후의 항소는 대법원(Supreme Court)으로 제기된다

2 일반적으로 상대방의 귀책사유에 의한 사망사고라고 한다. 상대방의 귀책사유에 의한 사망사고 시 유가족이 피해자의 사망으로 인한 손해배상을 청구할 수 있는데 이를 'wrongful death action'이라고 한다. Wrongful death action으로 청구할 수 있는 금액의 범위는 사망으로 인하여 가족이 받게 되는 정신적, 육체적 고통에 대한 대가까지 포함된다.

Judgment affirmed.

BURGER, Circuit Judge.

This is an appeal from a $350,000 judgment for the appellees in an action for wrongful death. The decedent, William Gordon Tuller, was a passenger on a flight of Koninkijke Luchtvaart Maatschappij N.V. KLM Royal Dutch Airline Holland, (KLM), from Amsterdam to New York which crashed approximately one minute after take-off from its intermediate stop at Shannon, Ireland. The plane crashed in the tidewaters of the Shannon River some 7000 feet from the end of the airport runway. As the wheels of the plane left the ground, the control tower radioed its precise take-off time but the acknowledgement required to complete the take-off procedure was not forthcoming from the plane. Receiving no response, the tower made repeated attempts to mark radio contact, without success. SABENA (Societe Anonyme Belge d'Exploitation De La Navigation Aerienne), KLM's agent and flight representative at Shannon, had a radio capable of monitoring such messages. On this occasion the monitor was turned off immediately after the tower sent its part of the take-off message without awaiting the plane's response. As a consequence SABENA officials were not aware for some time of the failure of the KLM flight to answer. When the tower eventually notified SABENA of the loss of radio contact, SABENA did not advise Aer Lingus, KLM's operational representative, although it was SABENA's duty under its contract to inform Aer Lingus of probable interruptions of service or retarded progress of the flight 'as soon as possible.' In the KIM plane three radio microphones were available to the flight crew, the pilot, co-pilot and radio officer, and each microphone was tuned to the tower frequency. Notwithstanding this, no distress message was transmitted either when the plane began to descend or after the crash. When the plane 'shuddered' in a stall the radio officer primarily charged with radio communications was thrown from his seat because he has failed to fasten his seat belt as required by operating regulations.

After the crash in shallow water, the crew evacuated most of the passengers to two rubber dinghies, which were moved along the side of the plane by means of ropes fastened to the fuselage. Tuller and another passenger made their escape through a rear window and stood on the tail of the airplane without life preservers. When their shouts were heard by the members of the crew in the second dinghy, the crew attempted to maneuver the dinghy around the wing. Finding the tow line too short, they cast off the line and attempted to paddle the dinghy to the tail, but their efforts were unsuccessful due to tide and wind and the inadequate size of the paddles. Additional ropes were available in the cockpit but were not used. The ship's officers made no effort to determine the condition of the passengers on the tail of the plane of to

원심의 판결을 확인한다.

BURGER, 항소심판사

본 소송은 피항소인에게 피항소인의 불법사망에 대해 350,000달러의 판결이 내려진 것에 대한 항소심이다. 고인인 William Gordon Tuller는 암스테르담에서 출발하여 아일랜드를 경유해 뉴욕으로 향하는 KLM 항공사의 승객이었다. 항공기는 경유지점인 아일랜드 Shannon 공항에서 이륙한 지 1분 후 추락했다. 항공기는 공항 활주로의 끝으로부터 7000피트 떨어진 Shannon 강의 조수지역에 추락했다. 항공기가 이륙하자 관제탑은 정확한 이륙시간을 무선으로 통지하였다. 그러나 항공기로부터 이륙을 완전히 마무리하기 위하여 절차상 필요한 보고가 수신되지 않았다. 응답이 없자 관제탑에서는 반복하여 항공기와의 교신을 시도했지만 소용이 없었다. KLM의 지상업무 대리인이자 Shannon 공항 주재 KLM 측 운항대표자인 SABENA(Société Anonyme Belge d'Exploitation de la Navigation Aerienne)[4]가 이러한 메시지를 모니터할 수 있는 장비를 갖추고 있었다. 그러나 그 당시 감시모니터는 관제탑에서부터 이륙 메시지를 전달한 직후 항공기로부터는 응답을 받지 않은 채 꺼졌다. 따라서 SABENA의 관계자는 KLM 항공사와의 교신 상태에 문제가 있다는 것을 얼마간 알지 못했다. 관제탑이 마침내 SABENA에게 항공기와의 교신에 문제가 있다는 것을 알렸을 때에도 SABENA는 KLM의 운항업무 대리인인 Aer Lingus[5] 에게 알리지 않았다. 서비스에 방해가 있거나 비행 과정에 지연이 있을 경우 Aer Lingus 에 '가능한 빨리' 통보하는 것은

3 국제항공운송에 관하여는 1929년 바르샤바 조약을 모체로 한 바르샤바 체제가 확립되어 있다. 1929년 "국제항공운송인의 책임에 관한 일부규칙을 통일하기 위한 바르샤바 협약(Convention for the Unification of Certain Rules relating to International Carriage by Air)"이 제정된 이래, 1955년 헤이그 의정서, 1961년 과다라하라 협약, 1971년 과테말라 의정서, 1975년 몬트리올 제1, 2, 3, 4 추가의정서에 이르기까지 일련의 조약체계를 바르샤바 체제(Warsaw Instrument)라고 한다.
한편 잦은 개정으로 복잡해진 조약체계와 각국의 차이를 통일하기 위하여 1999년 5월 28일에 몬트리올협약이 성립하였고, 2003년 11월 4일부터 발효되고 있다(정식 명칭은 Convention for the Unification of Certain Rules for International Carriage by Air Done at Montreal on 28 May 1999).
그동안 우리나라는 "1955년 헤이그 의정서에 의하여 개정된 바르샤바 조약"에 가입하였으므로 국제항공운송 관련 모든 분쟁들에 대하여 법원은 이와 같이 "개정된 바르샤바 조약"에 의하여 해결하여 왔다(대법원 1986. 7. 22. 선고 82다카1372판결 등에서 확립된 원칙). 그런데 지난 2007. 12.29. 몬트리올협약이 우리나라에서도 발효되었다. 우리나라는 몬트리올 협약의 82번째 당사국으로, 미국, 일본, EU(유럽연합) 등 주요국은 대부분 이에 가입되어 있다.

4 벨기에의 전(前) 국영항공사.

ascertain whether they had life vests.

For over four hours Tuller and his companion remained on the tail in a rising tide. Near dawn, information of the crash and its location finally reached the tower, and a launch was dispatched to the crash scene. Just as the launch approached, with the water by then chest high, Tuller lost his footing and slipped into the water; his body was later recovered. His companion was rescued.

A booklet inserted in the back of each seat of the plane stated that life vests could be found in one of three locations in KLM planes, but at no time was the matter of life vests brought to the attention of the passengers nor had they been told the specific location of the vests in this airplane or how they should be fastened or inflated.

*778**285 The jury was instructed that under the Warsaw Convention, which the court ruled governed the liability of the airlines, the damages were to be limited to $8300 unless the defendants were guilty of 'wilful misconduct,' in which case the $8300 limit did not control.[FN1] The jury returned a verdict for the plaintiff in the amount of $350,000.

FN1. The Warsaw Convention provides:
'(1.) The carrier shall not be entitled to avail himself of the provisions of this convention which exclude or limit his liability, if the damage is caused by his wilful misconduct or by such default on his part as, in accordance with the law of the court to which the case is submitted, is considered to be equivalent to wilful misconduct.' Warsaw Convention, Art. 25, 49 Stat. 3020 (1934).

SABENA의 계약상의 의무였다. KLM 항공사의 항공기 안에는 기장, 부기장, 그리고 무전기사가 사용하는 세 개의 무선 마이크가 있었다. 각각의 무선 마이크는 관제탑의 주파수에 맞춰져 있었다. 그럼에도 불구하고, 항공기가 하강하기 시작했을 때도, 추락한 뒤에도 어떠한 조난 신호도 전송되지 않았다. 항공기가 "요동치며 떨어졌을 때" 일차적으로 무선 통신을 담당하는 무전기사가 운행 규정에 반해 안전띠를 착용하지 않아 자리에서 떨어져 나갔다.

얕은 바다 쪽에 추락한 후에, 승무원은 대부분의 승객들을 항공기 동체에 고정된 로프를 이용해 항공기를 따라 이동된 두 척의 구명정을 이용해 대피시켰다. Tuller 씨와 다른 한 승객은 항공기의 뒷 창문을 통해 탈출했고 구명조끼 없이 항공기 후미 측 날개 부분에 서 있었다. 그들의 도움을 청하는 외침이 두 번째 구명정의 승무원들에게 들리자 승무원들은 구명정으로 날개를 끼고 돌려고 시도했다. 그러나 견인줄이 너무 짧다는 것을 깨닫고 견인줄을 풀고 구명정을 후미 측 날개를 향해 저었다. 그러나 강한 바람과 조수의 영향, 그리고 부적절한 크기의 노 때문에 실패했다. 추가 견인줄이 조종석에 비치되어 있었지만 사용되지 않았다. 구명정에 타고 있던 승무원들은 항공기 후미의 승객들의 상태를 확인하려는 노력을 전혀 하지 않았고 그들이 구명조끼를 가졌는지 여부도 확인하지 않았다.

네 시간이 지나도록 Tuller 씨와 또 다른 한 승객은 밀물에서 항공기 꼬리부분에 남겨져 있었다. 여명에 다다라서야, 조난 소식과 위치가 관제탑에 전달됐고 대형 구조선이 사고 장소에 급파되었다. 구조선이 막 다다랐을 때는 물은 가슴 높이까지 차 있었고 Tuller 씨는 발이 미끄러져 물에 빠졌다. 추후에 그의 시신이 발견되었다. 그와 같이 있던 승객은 구조되었다.

항공기 안의 각각의 자리에 비치되어 있는 책자는 KLM 항공기 내부에 구명조끼가 위치하고 있는 장소 세 군데에 대해 언급이 되어 있었으나 승객들에게는 한 번도 구명조끼에 대한 언급이 없었고 구명조끼의 구체적인 위치, 조끼의 착용법이나 공기 주입법에 대해 아무런 안내가 없었다.

*778 판사는 배심원에게 지시하기를, 동 법원이 항공사의 책임에 적용된다고 정한 바르샤바 조약하에서는, 피고가 '고의 비행(wilful misconduct)'을 저지른 경우를 제외하고서는 손해배상금의 액수가 8,300달러 이내로 제한된다고 하였다.[1] 배심원은 원고에게 350,000달러의 손해배상금을 결정하는 평결을 내렸다.

5 아일랜드의 국영항공사. 일반적으로 국제 항공사들은 각국의 공항에 자기 직원을 두기 어려운 상황에서 각종 대리인(agent)를 둔다. 이 사건에서 네덜란드 항공사인 KLM은 지상업무대리인으로 SABENA를, 운항업무 대리인으로 Aer Lingus를 두었다.

The appeal presents these issues:

(1) Was there sufficient evidence of 'wilful misconduct' to go to the jury?

(2) Was there error in the reception in evidence of

(a) an Irish order pertaining to instruction on use and location of life vests,

(b) pages of a KLM manual relating to ditching procedures,

(c) the contract between KLM and SABENA,

(d) a statement made by the radio operator at a hearing before Irish authorities some twelve hours after the crash?

(3) Was there reversible error in the failure of the trial judge, absent request or objection, to clarify the impact of KLM's negligence on SABENA's liability?

(4) Was there sufficient evidence to support the damage award?

Evidence of Wilful Misconduct

[1][2][3] At the close of the case appellants moved to dismiss the complaint for all amounts in excess of $8300 and for a directed verdict in favor of appellees for $8300 for want of evidence of wilful misconduct under the terms of the Warsaw Convention. In considering whether the appellants were, as they claim, entitled to the relief they sought by their motion we are, of course, obliged to take that view of the evidence most favorable to appellees and give them the benefit of all inferences which might reasonably be drawn from the evidence. Gunning v. Cooley, 1930, 281 U.S. 90, 94, 50 S.Ct. 231, 74 L.Ed. 720.

i 바르샤바 조약은 다음과 같이 규정한다:

(1) 운송업자는 손해가 운송업자 자신의 고의 비행이나 혹은 해당 재판을 관할하는 법원이 적용하는 법에 의하여 고의 비행과 동등한 것으로 평가되는 행위로 인해 발생한 경우, 그의 책임을 배제하거나 제한하는 동 조약 규정의 적용을 받지 아니한다. Warsaw Convention, art, 25, 49 Stat. 3020(1934)

항소의 쟁점은 다음과 같다:

(1) 배심원의 판단을 요할 정도로 충분한 "고의 비행"의 증거가 있었는가?

(2) 다음 나열된 증거의 채택은 올바른가

(a) 구명조끼의 위치와 사용법과 관련된 아일랜드의 훈령

(b) 수면 불시착과 관련된 KLM 매뉴얼의 기록들

(c) KLM 과 SABENA 간의 계약

(d) 항공기 추락 후 12시간이 경과한 후 아일랜드 정부기관이 행한 청문회에서 행해진 무전기사의 진술

(3) 담당판사가 아무런 요청이나 이의를 받지 않은 상황에서 KLM의 과실이 SABENA의 책임에 미치는 영향을 명확히 밝히지 않은 것이 원심파기에 충분한 오류인가?

(4) 손해배상결정을 뒷받침할 증거가 충분했나?

고의 비행의 증거

[1][2][3] 소송이 끝날 무렵에 항소인은 8300달러를 초과한 배상금에 대하여 각하 신청을 하였고 바르샤바 조약상의 '고의 비행'의 증거가 없다는 이유로 피항소인을 위한 $8,300의 직권평결[6]을 신청하였다. 항소인들이 주장하는 것처럼 항소인들이 신청이 받아들여져야 할지를 고려함에 있어서, 마땅히 증거는 피항소인에게 최대한 유리하게 해석되어야 하고 증거들로부터 합리적으로 추론될 수 있는 모든 혜택들이 주어져야 한다. Gunning v. Cooley, 1930,

6 영미법 재판에서는 양측 당사자의 증거가 배심원에게 보여진 후 판사가 판단하기에 배심원의 평결이 필요치 않을 정도로 한쪽의 증거가 우세하거나 법적으로 청구원인의 성립요건이 충족되거나 충족되지 않을 것이 분명한 경우 판사가 배심원을 대신하여 평결을 내리며, 이를 직권평결(directed verdict)이라 한다.

On a motion for a directed verdict, '*** it is well settled that the evidence must be construed most favorably to the plaintiff; to this end he is entitled to the full effect of every legitimate inference therefrom. If upon the evidence, so considered, reasonable men might differ, the case should go to the jury; if, on the other hand, no reasonable man could reach a verdict in favor of the plaintiff, the motion should be granted.' Jackson v. Capital Transit Co., 1938, 69 App. D.C. 147, 148, 99 F.2d 380, 381,certiorari denied, 1939 306 U.S. 630, 59 S.Ct. 464, 83 L.Ed. 1032, quoted in Kendall v. Gore Properties, Inc., 1956, 98 U.S.App.D.C. 378, 384 note 3,236 F.2d 673, 679 note 3.

The jury was instructed that 'wilful misconduct is the intentional performance of an act with knowledge that the *** act will probably result in injury or damage, or *** in some manner as to imply reckless disregard of the consequences of its performance; and likewise, it also means *** failure to act' in such circumstances. This was substantially the charge approved by this court in American Airlines, Inc. v. Ulen, 1949, 87 U.S.App.D.C. 307, 186 F.2d 529, where we also suggested that wilful misconduct means 'a deliberate purpose not to discharge some duty necessary to safety.' Id., 87 U.S.App.D.C. at page 311, 186 F.2d at page 533.

The phrase 'wilful misconduct' occasioned considerable discussion in the drafting of the Warsaw Convention in 1929. Liability was limited to 125,000 French france (then approximately $12,500- and now approximately $8,300) for a single passenger unless Article 25 of *779**286 the Convention applied. See note 1, supra. The United States was not a participant but in the discussions relating to the meaning of the French word 'dol' used in the text of Article 25 the English delegate said 'I wish it to be noted on the record that as a result of the explanations we translate these words as 'wilful misconduct,' a well-understood expression in our law.'[FN2]

FN2.'We have in our country the expression 'wilful misconduct' *** it covers not only acts accomplished with deliberation, but also acts of carelessness without regard

281 U.S. 90, 94, 50 S.Ct. 231, 74 L.Ed. 720

직권평결에 대한 신청에 대하여 '*** 증거는 원고에게 가장 유리하게 해석되어야 한다는 것은 널리 정해진 바이다; 이러한 측면에서 원고는 증거로부터 비롯된 모든 유리한 합법적 추론을 받을 자격이 있다. 합리적인 사람들이 이러한 방식으로 증거를 고려하여 이견이 있을 수 있다면, 배심원단의 평결을 받아야 한다; 반면, 어떤 합리적인 사람도 원고 승소의 판결을 내리지 못할 경우라면 직권평결 신청은 인용되어야 한다.' Jackson v. Capital Transit Co., 1938, 69 App.D.C. 147, 148, 99 F.2d 380, 381,certiorari denied, 1939 306 U.S. 630, 59 S.Ct. 464, 83 L.Ed. 1032, Kendall v. Gore Properties, Inc., 1956, 98 U.S.App.D.C. 378, 384 note 3,에 인용됨236 F.2d 673, 679 note 3.

판사는 배심원에게, '고의 비행은 자신의 행위가 *** 아마도 피해 또는 손해의 결과를 가져올 것이라는 가능성을 인식하면서 한 의도적인 행위의 이행 또는 *** 행위의 이행이 가져오는 결과에 대한 무모한 경시(reckless disregard)이다; 마찬가지로, 이는 또한 그러한 상황하의 행위의 불이행을 의미하기도 한다'고 지시했다. 이것은 실질적으로 우리 법원이 American Airlines, Inc. v. Ulen, 1949, 87 U.S.App.D.C. 307, 186 F.2d 529에서 승인한 배심원지시이며 이 판결에서 법원은 고의 비행은 '안전을 위해 필요한 어떠한 의무를 이행하지 않으려는 고의적인 의도(deliberate purpose)'라고 하였다. 위 문서, 87 U.S.App.D.C. p. 311, 186 F.2d p. 533.

'고의 비행'이라는 용어는 1929년에 바르샤바 조약의 제정 당시 상당한 논란을 일으켰다. 본래, 사고발생 시 책임은, 바르샤바 조약 제25조가 적용되지 않는 한, *779 승객 한 명당 12,500프랑(당시 약 12,500달러—현재 약 8,300달러)으로 제한되었다(각주 i 참고). 미국은 참가국이 아니었지만 제25조에 사용된 프랑스어 'dol' 의 의미에 대한 토의 중 영국 대표는 '설명한 바에 따라 우리는 이 용어를 우리 법에서 잘 이해되고 있는 표현인 '고의 비행'으로 해석한다는 사실을 공식적인 기록에 남기고 싶다'고 말했다.[ii]

ii "우리 나라에서는 '고의 비행'라는 용어를 사용한다 *** 이는 고의적 행위뿐만 아니라 결과를 고려하지 않은 과실 있는 행위도 포함한다." Proces-Verbaux II of the consequences.' Proces-Verbaux II Conference Internationale de Droit Prive Aerien, 4-12 Octobre 1929, Varsovie, p. 40-42, published by the Ministry of Foreign Affairs of Poland, 1930. The declaration of adherence to the Convention as advised by the Senate was accompanied by an English translation which used the words 'wilful misconduct' to translate 'dol.' 49 Stat. 3020 (1934). This was the English translation before the Senate for consideration. 78 Cong.Rec. 11580 (1934).

The alleged wilful misconduct of the appellants in this case resolves itself into four elements: (1) failure to properly instruct passengers of the location of life vests and in their use; (2) failure to broadcast an emergency message; (3) failure to take steps to provide for the safety of Tuller after his peril was known; (4) failure of SABENA to be aware of the loss of radio communication with the plane and to initiate prompt search and rescue operations.

(1) The evidence showed that Tuller was alive within seconds before the rescue launch reached the airplane, but that he lost his footing, fell into the water, and was lost. Since the parties stipulated that Tuller was not injured in the crash, the jury could reasonably have inferred that if Tuller had been wearing a life vest his life could have been saved. Significantly, the crew members, who knew the location of life vests, realized the need and promptly put them on.

There was testimony that no announcements or instructions concerning life vests were made to passengers before take-offs or during flight, and the passenger who stood with Tuller on the tail testified that he did not know where the life vests were located. The descriptive booklets inserted in the back of each seat stated that the life vests could be found in one of three places, but at no time were the passengers informed where they could be found in this particular aircraft. Regulations of the Irish Government do not require life vest instructions unless a flight is more than 30 minutes travel from land. This flight was always within 30 minutes flight from land, provided it maintained normal flying speed- and remained airborne, which of course it did not.

[4][5] In view of the gravity of the harm which would follow an emergency landing on water

Conference Internationale de Droit Prive Aerien, 4-12 Octobre 1929, Varsovie, p. 40-42, Ministry of Foreign Affairs of Poland에 의해 출판, 1930. 선언문에 상원의 조언을 얻어 프랑스어 단어 'dol'을 'wilful misconduct'로 번역해 조항에 덧붙였다. 49 stat.3020 (1934). 이는 상원의 검토를 받기 전의 영문 번역이다. 78 Cong, Rec. 11580(1934)

이 사건에서 항소인의 고의 비행으로 주장되는 행위는 네 가지 요소로 귀착된다: (1) 구명조끼의 위치와 사용법에 대해 승객들에게 적절한 교육을 하지 않은 점; (2) 조난 신호를 보내지 않은 점; (3) Tuller 씨의 조난 상황을 알고서도 안전한 구조 절차를 밟지 않은 점; (4) SABENA가 항공기와 무전연락의 두절을 알아차리지 못한 것과 신속히 수색과 구조 작업을 시작하지 못한 점이 그것이다.

(1) 증거에 의해 Tuller 씨는 대형 구조선이 항공기에 도착하기 전 불과 몇 초 전까지 살아 있었지만 발이 미끄러져 물에 빠졌고 실종됐음을 알 수 있다. 양 당사자는 Tuller 씨가 사고에 의해서는 부상을 입지 않았다는 점에 의견이 합치하였으므로 배심원들은 만일 Tuller 씨가 구명조끼를 입고 있었더라면 구조될 수 있었다고 합리적으로 추리할 수 있었을 것이다. 주목할 만한 점은, 구명조끼의 위치를 알고 있는 승무원들은 구명조끼의 필요성을 인식하고 신속하게 착용했다는 점이다.

증언에 따르면 항공기의 착륙 전이나 비행 도중에 구명조끼에 관한 어떠한 안내나 교육도 이루어지지 않았다. 또한 Tuller 씨와 함께 항공기 후미에 있었던 승객의 증언에 따르면 그도 구명조끼의 위치를 몰랐다고 한다. 각 승객 좌석에 비치되어 있는 설명 책자에는 항공기 내부 구명조끼가 위치한 세 지점이 표시되어 있었지만 해당 항공기에서는 정확히 어디에 구명조끼가 비치되어 있었는지에 대해서는 승객에게 전혀 안내된 바가 없었다. 아일랜드 정부 규정은 30분 미만의 비행시간이 소요되는 항공편에서는 구명조끼에 관한 교육이 필요하지는 않다고 규정한다. 평상시 속도대로 운행되고 공중에 떠 있는 상태가 유지될 경우—이번에는 물론 그러지 못 했지만—에는 이 항공편의 비행시간은 항상 30분 이내였다.

[4][5] 바닷가에 위치한 최소 두 곳의 공항에서 이착륙을 하는 야간 항공편이 수면으로 불시

on a night flight which contemplated landings and take-offs at at least two airports near the sea, the jury could reasonably find that the failure of KLM to establish and execute procedures to instruct passengers as to the location and use of life vests was a conscious and wilful omission to perform a positive duty and constituted reckless disregard of the consequences. We are not bound by the limits of the Irish Government's regulations as to when life vest instructions should be given to fulfill the duty of care owed to passengers. Cf. Horobin v. British Airways Corp. (1952) 2 A.E.R. 1016, 1019 (Q.B.).

(2) A distress message could have been sent merely by uttering the universal distress signal in the words 'King Yoke Mayday' or even 'Mayday.' Immediately before take-off the radio officer was at his desk in the plane with a microphone before him tuned to the tower frequency. But during the descent he was thrown to the floor because he had failed to take his seat and fasten his seat belt. The KLM operations manual required all personnel to have a 'conscious anticipation prior to takeoff of possible failure,' and to send a distress message *780**287 as soon as an emergency arose.[FN3] Regulations of the Irish Government also required public transport aircraft to notify appropriate authorities 'by the quickest means available' of any accident involving the aircraft. The plane was equipped with radio microphones at three positions; the pilot's, the co-pilot's and the radio operator's. Here there was a brief period, even if only seconds, as to which a jury could reasonably find that the behavior of the plane gave notice of a possible crash and time sufficient to utter the distress signal. Furthermore, there was no attempt to send a message after the crash; there was evidence that the electrical system was so organized that the plane's radio would operate from independent power after the main ignition switch was thrown to avoid explosion and fire. In addition there was a portable emergency radio operable by hand crank in the rear of the plane.

FN3. The KLM operating manual, page 36, states:
'Surface stations and ships should be informed of the existence of an emergency as soon as it arises. This should be done even if it is not certain that the airplane will have to be ditched. It is easy enough to cancel the call after the emergency is over.'

[6] Had a message been sent the control tower by any of the available means, the authorities would have been immediately aware of the crash and rescue equipment could have been dispatched promptly rather than some four hours later. Accordingly, the jury was warranted

착할 시 발생할 피해의 심대성을 고려할 때, 배심원들은 합리적으로 KLM이 승객들에게 구명조끼 사용법과 장소를 알려 주지 않은 것은 작위의무에 대한 의식적이고 의도적인 불이행이며 사고결과에 대한 무모한 경시에 해당한다고 판단할 수 있었다. 우리는 언제 구명조끼에 관한 교육이 이루어져야 승객을 위한 주의의무가 충족되는지에 대해서 아일랜드 정부의 규정을 따를 필요는 없다. Horobin v. British Airways Corp. [1952] 2 A. E. R. 1016, 1019 (Q.B.) 참고.

(2) 조난 신호는 단지 국제 무선 구조 신호인 'King York Mayday'[7] 혹은 'Mayday'라는 단어만 언급했어도 보내졌을 것이다. 항공기가 이륙하기 직전까지도 무전기사는 기내에 자기 책상에 앉아 관제탑 주파수에 맞춘 마이크를 앞에 두고 있었다. 그러나 추락 중 그는 안전띠를 착용하지 않은 관계로 바닥으로 떨어져 자리를 지키지 못했다. KLM의 운행 매뉴얼은 모든 직원들이 '이륙 전에 이륙의 실패에 대비한 의식적 준비를 하고' 비상 사태가 발생하면 *780 즉시 조난 신호를 보야 한다고 규정하고 있었다.[iii] 아일랜드 정부의 규정 또한 대중이 이용하는 항공기로 하여금 모든 항공기 관련 사고 소식을 '선택 가능한 가장 신속한 수단'을 이용해 해당 관청에 알릴 것을 요구하고 있었다. 항공기에는 기장, 부기장 그리고 무전기사가 사용할 수 있는 세 대의 무선 마이크가 있었다. 본 사건에서는 배심원이, 항공기의 이상 상태가 추락에 대한 예견을 가능케 하였으며 조난 신호를 보내기에 충분한 시간이었다고 합리적으로 판단할 수 있는, 단 몇 초일지라도 짧은 순간이 있었다. 나아가 추락 후에도 연락의 시도는 없었고; 전자 시스템이 잘 구축되어 있던 관계로, 메인 구동 시스템이 폭발이나 화재를 방지하기 위해 꺼질지라도, 독립된 전원을 사용하여 항공기의 라디오는 작동될 수 있다는 증거가 있었다. 덧붙여 항공기 뒤쪽에 수동으로 작동시킬 수 있는 휴대용 긴급 무전기도 있었다.

> iii KLM 의 운행 지침서는 36페이지에서 다음과 같이 규정한다:
> '긴급상황이 발생할 경우, 해상 관제소와 선박들에 가능한 빨리 긴급상황의 발생을 알려야 한다. 이는 항공기의 불시착 여부가 불투명한 상황에서도 마찬가지다. 긴급상황이 해제된 후에 긴급상황의 보고를 취소하는 것은 어려운 일이 아니다.'

[6] 어떠한 가능한 수단을 통해서든지 조난 신호가 관제탑에 보내졌더라면 해당 관청이 사

7 프랑스어 'M'aidez'(메데)에서 유래한 것으로 선박, 항공기, 우주 비행체에 대한 국제 무선 조난 신호.

in concluding that KLM's agents, in failing to send a distress message, committed wilful misconduct.

(3) After the first dinghy was filled with passengers, the captain instructed the crewman in charge to take it to shore. The captain and radio officer made a final check for passengers in the cabin and then boarded the second dinghy. Shouts were heard from the passengers on the tail, and the crewmen attempted to maneuver the dinghy around the wing with the ropes attached to the fuselage. Finding the rope too short, and fearing to take the dinghy over the sharp edge of the wing, they released the rope and tried to paddle the dinghy. But the round rubber vessel would not respond to their small paddles and instead drifted with the tide toward the shore. The crewmen had no experience in the use of the dinghies except in a large swimming pool.

[7] The crew was aware that it was possible to maneuver the dinghy by ropes attached to the fuselage because they had previously maneuvered it to the main door in that fashion. Moreover, additional lengths of rope sufficient to reach the tail were available in the cockpit. Various alternatives were plainly available: one of the crew could have swum to the tail of the plane with the rope and pulled the dinghy to the men or vice versa, as had been done with respect to moving the dinghy in earlier maneuvering. No effort was made to put a crew member on top of the cabin by use of ropes thrown, or carried by a swimmer, to the opposite wing engines. Had this been done the tail passengers might well have been guided over the top of the cabin to the dinghy. The jury could reasonably find that under these circumstances the failure to take available steps to provide for Tuller's safety was a conscious omission made with reckless disregard of the consequences when it was known he was in a position of peril. There is no suggestion that the departure of the second dinghy without making some effort to provide for Tuller's safety was necessary to protect the lives of the occupants of that dinghy.

(4) As agent for KLM, SABENA was charged by contract[FN4] with checking the *781**288 progress of the flight and notifying Aer Lingus, the operational representative of KLM, in the case of retarded progress of the flight. However, as a result of the switching off of the SABENA monitor radio without waiting for completion of the take-off message and before it

고에 대하여 바로 알 수 있었을 것이고 구조장비는 4시간 이후가 아니라 신속하게 보내졌을 것이다. 따라서, 배심원이 KLM의 대리인이 조난 요청을 보내지 않은 것에 대해 고의 비행을 범했다고 판결한 것은 이유 있다.

(3) 첫 번째 구명정이 승객들로 꽉 찼을 때, 기장은 담당 승무원에게 구명정을 해안으로 몰라고 지시했다. 기장과 무전기사는 객실 내부에 승객이 남았는지를 확인한 후 두 번째 구명정에 탑승했다. 항공기 후미에서 승객의 외침이 들렸고, 승무원들은 구명정을 동체에 부착된 견인줄을 이용해 날개를 끼고 돌려고 시도 했다. 로프가 너무 짧은 것을 발견하고, 구명정을 날카로운 날개의 가장자리 너머로 운행하는 것은 위험하다고 판단, 그들은 견인줄을 풀고 노를 저었다. 그러나 구명정은 그들의 작은 노에 의해 움직이기보다는 조수에 밀려 해안으로 향했다. 승무원은 큰 수영장에서의 연습을 제외하고는 구명정을 사용한 경험이 없었다.

[7] 승무원들은 구명정을 동체에 부착된 견인줄을 이용하여 중앙 출입구로 이동시킨 후였으므로 같은 방법으로 구명정을 이동하는 것이 가능하다는 것을 알고 있었다. 게다가 조종실에는 후미에 다다르기에 충분히 긴 여분의 로프가 있었다. 그 밖에도 많은 대안들이 분명히 존재하고 있었다: 승무원 중 하나가 로프를 가지고 항공기 후미로 헤엄쳐 그 전에 구명정을 움직인 방법으로 그쪽으로 구명정을 당기던가 구명정 쪽으로 사람을 당길 수도 있었을 것이다. 로프를 던지거나 들고 헤엄쳐 반대쪽 날개의 엔진에 로프를 걸어 캐빈 위에 승무원을 올리려는 등의 시도도 없었다. 이 같은 조치가 취해졌더라면 후미의 승객들이 캐빈 위로 인도되어 구명정에 탑승할 수 있었을지도 모른다. 배심원은 이러한 정황을 고려해볼 때 Tuller 씨를 구조하기 위해 취할 수 있었던 조치를 취하지 않은 것은 그가 위험에 처해 있음을 알고 사고 결과를 무모하게 경시한 의식적인 부작위라고 합리적으로 판단할 수 있었다. 두 번째 구명정이 Tuller 씨의 안전을 확보하기 위한 노력을 하지 않고서 떠나버린 것이 그 구명정에 탑승한 승객의 목숨을 보호하기 위해 필요한 조치였다는 증거도 없다.

(4) KLM의 대리인으로서 SABENA는 비행의 *781진행 상황을 확인하고 비행 과정이 늦어질 경우 KLM의 운항 대표자인 Aer Lingus에게 통보할 계약상의 책임이[*iv] 있었다. 그러나 항공기의 이륙완료 신호를 받기도 전에, 그리고 항공기에서 답변이 오지 않았는지 여부를 확인하기 전에 SABENA는 모니터의 전원을 껐고, 이에 더해 그 이후에 SABENA의 직원들

was known whether the airplane had failed to respond together with the absence of SABENA employees from the office at subsequent periods, Aer Lingus was not notified of the loss of communication for several hours, nor was the KLM station manager so notified.[FN5]

FN4. SABENA contracted to 'render *** services to the Carrier's (KLM's) flight operating within the area of responsibility (at Shannon) as described in Paragraph 3 of this Annex thereby maintaining close liaison with the operational representative (Aer Lingus) designated by the Carrier so as to coordinate his requirements.
'Maintain contact with all flights within his area of responsibility noting advanced or retarded progress as compared with flight plan and inform the operational representative (Aer Lingus) designated by the Carrier.
'In the event of an emergency, take action necessary for the safety of the flight being guided by the instructions in the relevant Operations Manual ***.
'Report the complete facts of any incident of a flight operations nature which causes delay or interruption of a flight to the operations department of the Carrier.
'Ensure that probable or known interruptions to schedules for flight operational reasons *** are given as soon as possible to the operational representatives designated by the Carrier.'

FN5. There was evidence that it was the established practice that a radio message was not regarded as complete until acknowledged by the recipient. The tower continued to request acknowledgment of its take-off message.

While the control tower personnel had broad duties with respect to contact with the plane and did in fact remain aware of the plane's failure to respond, SABENA as KLM's agent had contract duties as noted in the margin. But SABENA was seemingly satisfied with the loss of contact with the KLM plane at the critical moments of take-off, landings and take-offs being the most hazardous of their operations. In view of this it is less surprising that the tower personnel did not pursue the matter aggressively. The vital importance of communication between pilot and control tower is suggested by the severe governmental sanctions for failure to perform required acts of communication. The search and rescue organization of the Shannon airport did not have its own planes. As KLM's operational representative, Aer Lingus was the local facility capable of instituting a search. In recognition of this, the contract between KLM and

이 사무실을 비운 결과로 Aer Lingus는 몇 시간 동안 통신 두절 상태를 통보받지 못했으며, KLM의 관제소 담당자도 통보를 받지 못했다.[v]

iv SABENA는 다음을 이행할 계약을 체결하였다:
'책임 지역(Shannon)에서 운행되는 운송사(KLM)의 항공편과 관련하여 이 별지 3문단에서 설명한 바대로의 서비스를 제공하여 운송사가 지정하는 운행대행사(Aer Lingus)와 긴밀한 교신을 유지하여 그가 요청하는 바에 협조해야 한다.
'책임 지역 안에서의 모든 항공편과 연락을 유지하고 비행 계획과 비교하여 진행이 빠르거나 늦는 경우를 모두 확인하여 운송사가 지정하는 운행대행사(Aer Lingus)에게 보고를 하여야 한다.
'비상 시에는 해당 운행 매뉴얼에 명시된 지시 사항에 따라 항공편의 안전을 확보하기 위해 필요한 조치를 취해야 한다 ***.
'비행의 운행과 관련된 사안으로서 비행을 지연시키거나 방해하는 사안의 모든 내용을 운송사의 운행 담당 부서에 통보한다.
'비행 스케줄에 차질을 빚은 알려진 혹은 가능한 비행 운행상의 요인들은 운행사에 의해 지정된 운행 대행사에게 가능한 빨리 통보해야 한다.'

v 수신자의 승인이 있기 전까지 무선교신이 완료되지 않는다고 보는 확립된 관습이 존재한다는 증거가 있다. 관제탑은 이륙 메시지의 수신 확인을 계속하여 요청하였다.

관제탑 직원은 항공기와의 교신과 관련한 많은 일을 담당하고 있었고 실제로 항공기와의 교신에 실패한 것을 알았으며 SABENA도 계약에 근거하여 KLM의 대리인으로서 동등의 책임이 있었다. 그러나 SABENA는 항공기가 운행 중에 가장 위험한 시간이 이착륙 시임에도 불구하고 항공기의 이륙 시의 중요한 순간에 KLM 항공기와 교신이 끊어진 것에 대해 아무런 관심이 없는 듯했다. 이러한 관점에서 보면 관제탑 관계자가 적극적으로 대처하지 않은 것은 그다지 놀랍지 않다. 기장과 관제탑 간 수신의 중요성은 교신을 하지 않는 것에 대한 정부의 엄격한 처벌 규정으로부터 미루어 짐작할 수 있다. Shannon 공항의 수색기관과 구조기관은 자체 소유의 항공기를 보유하고 있지 않았다. KLM의 운항 대표로서 Aer Lingus가 수

SABENA, as we have noted, required SABENA to advise Aer Lingus immediately of any facts related to an interruption of service, and to keep Aer Lingus informed of the movements of the aircraft. Some forty-eight minutes after take-off, a SABENA agent learned from the control tower that radio contact with the plane had ceased shortly after take-off. Nevertheless, Aer Lingus was not notified of this fact for another hour and thirty minutes. Finally aware of loss of contact and the plane's failure to report a safe and completed take-off SABENA as KLM' s representative had a duty to 'take action necessary for the safety of the flight' and press every available inquiry and to initiate through Aer Lingus emergency surface craft investigation in the area of the known take-off pattern.

[8] Here no real effort was made to check on the 'missing' plane until nearly two hours after take-off when the tower sighted flares in the take-off pattern of the KLM plane. Even then no surface craft were dispatched. Later another plane in routine flight sighted the crashed ship in the growing light of dawn and finally surface craft were dispatched. SABENA's failure to inform Aer Lingus of the loss of communication with the plane it was responsible for, plainly delayed emergency search and rescue action which, had it been initiated in these circumstances even as much as five minutes earlier, could have prevented Tuller's death. The defaults of SABENA as KLM's ground agent were conscious omissions of performance of positive duties relating directly to the safety of passengers.

*782**289 We hold that as to each of the categories of alleged wilful misconduct of KLM there was sufficient evidence from which a jury could reasonably find that KLM was guilty of wilful misconduct as that term has been interpreted by this court under the Warsaw Convention; we hold also that there was sufficient evidence from which a jury could reasonably find that SABENA was guilty of wilful misconduct as that term has been interpreted by this court under the Warsaw Convention. There is also evidence from which a jury could reasonably find that as to each category of wilful misconduct the negligence in question contributed proximately to Tuller's death.

Alleged Errors in the Reception of Evidence

[9] (1) Irish order as to life vests. Appellants' objections go solely to the interpretation put

색 활동을 수행할 수 있는 지역 기관이었다. 이것을 감안할 때, SABENA는 위에서 이미 언급한 바대로, KLM과의 계약에 따라 서비스의 장애와 관련된 모든 사항을 즉시 Aer Lingus에 통보해야만 했고 항공기의 움직임에 대해서도 그래야 했다. 이륙 후 48분이 지났을 때 SABENA의 한 직원이 관제탑으로부터 이륙 직후 항공기와의 교신이 두절되었음을 통보받았다. 그럼에도 불구하고 Aer Lingus는 이러한 사실을 그 이후 1시간 30분이 지나도록 통보받지 못했다. 마침내 연락두절과 안전하게 이륙을 완료했다는 보고가 없었음을 깨달았을 때 SABENA는 KLM의 대리인으로서 '비행의 안전을 위해 필요한 조치를 취하고' 가능한 모든 곳을 통해 정보를 얻고 Aer Lingus를 통해 알려진 이륙 항로의 지역에 수상선을 이용한 비상 수색을 벌일 의무가 있었다.

[8] 본 사건에서는 거의 두 시간이 지난 후 관제탑에서 KLM 항공기의 이륙 항로에서 섬광 신호를 발견하기 전까지는 '실종된' 항공기를 찾으려는 실질적인 노력이 전혀 이루어지지 않았다. 그 후에도 수상선은 파견되지 않았다. 후에 해가 뜰 무렵에 다른 항공기가 정기적인 비행 중에 추락한 기체를 발견한 후에만 수상선이 급파되었다. SABENA가 Aer Lingus에 그가 책임이 있는 항공기와의 통신 단절 상태를 통보하지 않은 것은 명백하게 비상 수색과 구조 작업을 지연시켰으며, 해당 상황하에서는 5분만 일찍 시작되었더라면 Tuller의 죽음을 막을 수 있었다. KLM의 지상 대리인으로서의 SABENA의 의무불이행은 승객의 안전과 직접적인 연관이 있는 작위의무의 의식적인 불이행이었다.

*782 우리는 KLM이 범했다고 주장되는 고의 비행의 각 항목에 관하여 배심원이 KLM이 바르샤바 조약에 따라 본 법원이 해석한 의미대로의 고의 비행을 저질렀다고 합리적으로 볼 수 있을 만큼의 증거가 있었다고 판단하는 바이다; 우리는 또한 배심원이 SABENA가 바르샤바 조약에 따라 본 법원이 해석한 의미대로의 고의 비행을 저질렀다고 합리적으로 결정할 수 있을 만큼의 증거가 있었다고도 판단한다. 또한 배심원이 고의 비행의 각 항목에 대하여 문제의 과실이 Tuller 씨의 사망에 상당하게 기여하였다고 판단할 만한 증거도 있다.

증거채택에 관한 항소인 측 항소 이유 판단

[9] (1) 구명조끼에 관한 아일랜드의 훈령. 항소인은 오로지 배심원에 대한 구술변론 과정

upon this order by appellees' counsel in argument to the jury. The applicability of the order was a fair subject of comment in argument and there is no substantial basis for disturbing the verdict on this ground.

[10] (2) KLM manual. Pages of a KLM manual relating to the duties of the radio operator when there is a 'ditching' of the airplane were admitted over objection. The ground of the objection was that the manual applied only to planned and controlled emergency landing on water and not to an involuntary crash landing. As a result of questions by the appellees' counsel, and questions by the trial judge after impeachment of the witness by a prior deposition, a sufficient foundation was laid for the admission of this manual in evidence. The radio operator finally admitted that if a crash occurred it was the duty of the crew to carry out as many as possible of the planned ditching procedures.

[11] (3) KLM-SABENA contract. It is urged as error that the contract between KLM and SABENA was not construed by the trial court and was the subject of argument in appellees' summation. Appellants did not request specific instructions on the meaning of the contract and made no objection after the charge; they are precluded from raising this objection now. Fed. R.Civ.P. 51, 28 U.S.C.

(4) Radio operator's statement. Appellees took the deposition of the KLM radio operator, Oudshorn, after his employment with KLM was terminated. In the deposition, which was received as part of the appellees' case in chief, the radio operator stated that he did not send a distress message before the plane crashed because there was not sufficient time to do so. He was then asked if he had made a statement to the Inspector of Accidents at the Shannon airport some hours after the crash. The witness admitted making statements at the hearing in question, which he said was attended by 'one of our chief flight engineers of KLM *** one of the people of the Dutch CAA' and others. At this point appellees offered and the court received over objection a transcript of the radio operator's statement at the hearing before the Inspector of Accidents. Appellants objected to the proffered transcript of Oudshorn's statement on the ground that 'it is not part of the res gestae,' thus indicating that the statement was challenged as hearsay. After argument the District Court after first indicating that he regarded it as part of the res gestae, then reconsidered and ruled that

에서 피항소인 변호인측에 의해 이뤄진 위 훈령의 해석에 관하여 이의신청을 하였다. 위 훈령의 적용 가능성의 문제는 적절한 논의의 대상이었으며 이를 근거로 평결을 뒤집을만한 실질적인 이유는 없다.

[10] (2) KLM의 매뉴얼. KLM의 매뉴얼 중 항공기 비상 추락 시의 무전기사의 임무에 관한 내용이 들어 있는 부분은 증거기각신청에도 불구하고 증거로서 채택되었다. 증거기각신청의 이유는 매뉴얼은 수상으로의 계획적이고 조정 가능한 긴급착륙 시에만 적용될 수 있는 것이며 우발적인 비상착륙 시에는 적용되지 않는다는 것이었다. 피항소인 측 변호인의 신문과 사전증인신문에 의한 증인탄핵 이후 이뤄진 판사의 신문 결과, 매뉴얼의 해당 부분을 증거로 채택하기에 충분한 근거가 마련되었다. 결국 무전기사도 추락 시에는 미리 계획된 대처법을 가능한 많이 실행하는 것이 승무원의 의무라고 인정하였다.

[11] (3) KLM-SABENA 간의 계약. 항소인은 KLM과 SABENA 사에 체결된 계약이 원심에 의해 해석되지 않았지만 피항소인의 최종변론 내용에 포함된 것은 부당하다고 주장하였다. 그러나, 항소인은 계약상 의미에 대한 특정한 배심원 지시를 내릴 것을 판사에게 요구하지 않았다. 또 배심원 지시가 주어진 이후에도 이에 대한 이의를 제기하지 아니하였다; 따라서 지금에 와서 이의제기를 할 수는 없다. Fed.R.Civ.P. 51, 28 U.S.C

(4) 무전기사의 진술. 피항소인은 KLM의 무전기사, Oudshorn이 KLM에서 해고된 후 그를 사전 신문하였다. 피항소인의 주 변론의 일부로 채택된 사전신문의 내용을 살펴보자면, 무전기사는 신호를 보낼 시간적 여유가 없었기 때문에 항공기가 추락하기 전에 조난 신호를 보내지 않았다고 진술하였다. 그리고 그는 사고 몇 시간 후 Shannon 공항에서 사고조사관에게 진술을 한 적이 있는지에 대한 질문을 받았다. 그 질문에 대해 무전기사는 해당 청문회에서 진술을 하였으며 그곳에는 'KLM의 수석 항공엔지니어 중 한 사람과 *** 네덜란드 CAA[8] 소속의 사람들 중 한 사람', 그리고 그 외에 몇몇 사람들이 있었다고 진술하였다. 이 시점에서 피항소인이 진술서를 제출하였고, 증거기각신청에도 불구하고 사고조사관이 참여한 청문회에서 이루어진 무전기사의 진술을 토대로 작성된 위 진술서는 법원에서 증거로 채택되었다.

8 Civil Aeronautics Administration(민간 항공 관리국).

'The statement refers to the accident, otherwise there would be no purpose in having the statement made. It was made *** at Shannon on the same (488) day of the accident and in response to the particular question as to why he didn't send the message.

'I think it is admissible and I will let it in.'

The pertinent part of the statement made by Oudshorn at that time was

'We were tuned at frequency of 118.7, the tower frequency, and I honestly must say that I did not think when it happened, to take the microphone and tell people there was something wrong on the plane. I *783**290 could tell you that would never happen. You first think of your skin, and then of the microphone. That was my feeling, because it happened so fast.'(Emphasis added.)

The trial judge did not try to limit the effect of this statement in any way. Realistically it could not have been admitted merely for purposes of impeachment in the circumstances shown here. [FN6] The challenged statement must be viewed as an important piece of substantive evidence on the issue of wilful misconduct. As such it disclosed an awareness of the existing risks and had a direct bearing on whether there was reckless disregard of the dangers to which the plane and its passengers were exposed.

FN6. Appellants' contention that the appellees improperly impeached their own witness, Oudshorn, is contradicted in appellants' own brief by the argument that: 'The foregoing statement was actually not a contradiction of Oudshoorn's testimony that the accident happened so fast that there was not time to switch the frequencies

항소인은 제출된 Oudshorn의 진술서에 대해 '이는 이루어진 일(res gestae)의 일부가 아니므로' 그 진술은 전문증거로서 인정될 수 없음을 주장하며 증거기각을 신청하였다. 원심은 이를 이루어진 일(res gestae)의 일부라고 하였다가 논의 후 다시 다음과 같이 재고하여 판단하였다

'그 진술은 사고에 관한 진술이며, 그렇지 않다면 진술을 할 이유가 없다. 이 진술은 *** 사고 당일 (488) Shannon 공항에서 이루어진 것이며 구조 신호를 보내지 않은 이유에 관한 특정한 질문에 응하는 답변이다.

'나는 증거로서 채택 가능하다고 보며 그러하기로 한다.'

당시 진술내용 중 관련성이 있는 부분은 다음과 같다.

'우리는 관제탑 주파수에 해당하는 118.7주파수대에 맞춰놓고 있었고, 솔직히 말하자면 사고 당시 나는 마이크를 잡고 기내의 사람들에게 항공기에 문제가 있다는 점을 말할 생각을 하지 못했다. *783 그런 생각을 먼저 하는 일은 없다고 확신한다. 먼저 자기 안전에 대해 생각하고 마이크는 그 다음이기 마련이다. 사고가 너무 순식간에 일어나서 그때 내 심정은 그랬다.'(강조)

원심판사는 위 진술의 효력을 전혀 제한하려고 하지 않았다. 현실적으로 그 진술이 이와 같은 상황에서 오로지 증인탄핵을 목적으로 채택될 수는 없었을 것이다.[vi] 그 기각신청대상이 된 진술은 고의 비행의 쟁점에 관한 중요한 증거라고 봐야 한다. 존재하는 위험에 대한 인식이 있었음을 설명했고 항공기와 승객이 노출된 위험에 대해 무모한 경시가 있었는지 하는 문제와 직접적인 관련이 있기 때문이다.

vi 피항소인이 그들 자신의 증인인 Oudshorn을 부적절하게 탄핵하였다는 항소인의 주장은 항소인이 변론요지서에서 한 다음과 같이 주장과 모순된다:
'사실상 앞서 언급한 진술은 사고가 너무 순식간에 발생하였기에 조난 신호를 보내기 위해 주파수를 조정하거나 또 이러한 생각을 할 시간조차 없었다고 진술한

in order to send out a message and that he did not think of doing so. The statement made some 12 hours after the accident that at the time of an airplane crash one thinks of one's skin before thinking of a microphone, was no more than a mental reaction at the time it was given- it had no probative value other than to stir up passion, bias and prejudice on the part of the jury and that is exactly the way plaintiffs' counsel used it.'

[12] Appellants argue that the challenged statement does not fall within any of the exceptions to the hearsay rule, pointing out particularly that the hearing at which it was made occurred 8 to 10 hours after the crash. We agree that the utterance was too remote in point of time from the event to sustain its admission as part of the res gestae. However spontaneous in the context of the hearing, it does not meet the standards of res gestae, in relation to the accident.

Appellees contend that Oudshorn's post-accident statement is admissible because it was made while he was an employee of KLM and was his explanation of his performance of duties within the scope of his employment. From this they urge that the utterance is imputable to KLM. In answer to this appellants contend that the radio operator was not a KLM employee when the deposition was taken or when the testimony was read into evidence at trial, and that the radio operator had no duty or authority to make declarations binding on KLM at the hearing of the Inspector of Accidents.

The radio operator was a KLM employee when he uttered the challenged statement. It is true that members of the flight crew of an airline are hired primarily to work for the airline, not to speak for it. But in this context, having in mind the public nature of the duties of a common carrier and the duties of crew members toward common carrier passengers, it was as much a part of the crew's duties to account to public authority for the manner in which those duties were discharged as it would be to account or report to the employer. Whether KLM acquiesced in the inquiry, or whether it had no choice in the matter is not entirely clear from the record; however the record discloses that a KLM representative was present at the hearing and that Oudshorn's statements were recorded without objection.

Oudshorn의 증언에 대한 반박이 아니다. 사고 후 12시간가량이 지난 시점에서 항공기 사고 시에는 사람이 마이크를 잡을 생각을 하기 전에 자기 목숨 생각부터 한다는 내용의 진술은 진술을 할 당시의 심리적 반응에 불과하다. 해당 진술은 배심원으로부터 동정, 편견, 그리고 선입견을 야기하는 외의 다른 증명력이 전혀 없으며 원고 또한 그 진술을 이런 식으로 사용하였다.'

[12] 항소인은 기각신청한 진술에 대해 이는 전문법칙의 예외에 해당되지 않는다고 주장하면서, 특히 사고 이후 8-10시간 경과시점에 이뤄진 청문회에서의 진술이라는 점을 지적하였다. 당 법원은 진술시점이 사고시점과 너무 떨어져 있어서 사실관계 인정에 관련된 증거로서 채택되기는 어렵다는 점에 대해서 동의한다. 전문진술의 전체적인 맥락상 임의성이 인정된다고 하더라도, 사건과의 관련성 측면에서 사실관계와의 관련성 판단기준에 미치지 못한다.

피항소인은 사건 이후의 Oudshorn의 진술은 증거로서 채택되어야 한다고 반박한다. 왜냐하면 이는 그가 KLM과 유효한 고용관계가 존재하던 때에 행해진 진술이며 그러한 고용관계의 범주 내에서 자신이 수행한 업무를 설명하는 내용이었기 때문이다. 이러한 점에서 그 진술은 KLM의 책임하에 이뤄진 것이라고 주장한다. 이에 대해 항소인은 무전기사는 그 진술서가 작성되고 그 진술내용이 공판에서 증거로서 인정되던 당시 KLM의 피고용자가 아니었다는 점, 무전기사는 사고조사관의 청문회에서 KLM을 구속하는 발언을 할 어떠한 의무나 권한이 없었다는 점을 지적하며 다시 반박한다.

그 무전기사는 진술 당시 KLM의 근로자였다. 항공사의 비행근로자를 고용한 목적은 항공기운항을 위한 것이지 항공사의 입장을 표명하기 위해 고용된 것이 아니라는 점은 명백한 사실이다. 그러나 이 상황을 고려할 때, 교통수단의 대중성에 기인한 공적인 의무와 그 교통수단 이용객에 대한 근로자의 의무를 감안한다면, 그러한 의무가 어떻게 이행되었는지에 관하여 공공기관에게 보고할 승무원의 의무는 고용주에게 그를 보고하여야 할 의무와 마찬가지로 중요하다. KLM이 조사 시에 동의를 하였는지 아니면 선택의 여지가 전혀 없었는지는 기록만으로는 알 수가 없다. 그러나 기록에 의하면 KLM의 직원이 그 진술 당시 현장에 있었다는 점과 Oudshorn의 진술이 이의 없이 기록되었음을 알 수 있다.

Many writers on evidence[FN7] have urged that rejecting early post-accident statements of an employee while receiving the employee's considered statements in the courtroom perhaps several years after the event is to give preference to the weaker over the stronger evidence. Had Oudshorn made substantially the same utterance within the hearing of a passenger as he emerged from the cabin of the plane we would permit the passenger to testify to what was said as part of the res gestae; yet the passenger's testimony might well come three or four years after the event and be dependent upon his recollection of the words uttered. That, surely, is not more reliable than Oudshorn's statement, against his interest, uttered and recorded some eight *784**291 hours after the rescue, in a formal process of reporting to the Irish Government concerning the occurrence.

FN7. See McCormick, Evidence, § 244, at 519, (1954).

Apparently with this in mind the proposed Model Code of Evidence rule 508 (a) admits the employee's statement if 'the declaration concerned matter within the scope' of the declarant' s employment. See also Slifka v. Johnson, 2 Cir., 161 F.2d 467, certiorari denied 1947, 332 U.S. 758, 68 S.Ct. 57, 92 L.Ed. 344; Martin v. Savage Truck Line, D.C.D.C.1954, 121 F.Supp. 417. Oudshorn's statement clearly concerned a matter within the scope of the radio operator's employment, since his compliance with undisputed safety regulations was in question.[FN8] Had he been at his assigned post with his microphone at hand and his instruments tuned to the tower frequency, as they were, he could have uttered the 'Mayday' distress signal in a fraction of a second. His explanation of his failure to do this was within the scope of his duties.

FN8. Oudshorn testified:
'Q. Did every member of the flight crew have a seat with a seat belt? A. That's right.
'Q. What is the purpose of seat belts? A. Well, in case of an accident, or in sudden stop or acceleration, that you are not thrown out of your chair.
'Q. And you can continue your duties? A. That's right.
'Q. If you are not thrown out of your chair? A. That's right.
'Q. Is there any regulation requiring that these seat belts be fastened at any particular time? A. Yes, during take off and landing they are supposed to be fastened.
'Q. When you say 'during take off,' how much time does that encompass during take off? A. Well, that means from when you start off blocks until the Captain gives the

증거에 대해 다수 학자들은,[vii] 사건발생 후 몇 년씩이나 흘렀을 즈음에 재판정에서 이뤄지는 근로자의 진술은 받아들이는 반면, 사고발생 직후 이뤄진 진술을 조속히 배제하는 것은, 증명력이 강한 증거보다 증명력이 약한 증거를 우선시하는 것과 다름없다고 주장한다. 만약 Oudshorn이 항공기 조종실에서 나오면서 승객들이 듣는 가운데 동일한 내용을 실체적으로 진술하였다면, 당 법원은 승객이 그 사실을 부대 상황의 일부로서 증언하도록 허용하였을 것이다; 그러나 그 승객의 증언 역시 사고발생 이후 3-4년이 지난 시점에서 이뤄질 수도 있으며 그때는 증언내용도 그 승객의 기억에 의존하게 될 것이다. 이는 Oudshorn이 자신에게 불리한 내용을 구조된 이후 약 8 *784**291 시간이 경과된 시점에서 사고경위에 대해 아일랜드 정부에 보고를 하는 공식적인 자리에서 한 진술보다 신빙성이 없음이 당연하다.

vii McCormick, Evidence, § 244, at 519, (1954) 참고.

제시된 모델증거법(model code of evidence) 508조는 아마도 이러한 점을 고려한 결과 (a) 피고용인의 진술이 피고용인의 고용관계의 '범주 내에 있는 사항에 관련된 것'이었다면 이를 허용하기로 한 것이다. Slifka v. Johnson, 2 cir., 161 F.2d 467, certiorari denied 1947, 332 US 758, 68 S.Ct. 57, 92 L.Ed. 344; Martin v. Savage Truck Line, D.C.D.C.1954, 121F. Supp. 417도 참고. Oudshorn이 명백히 확립된 해당 안전 규정을 준수했는지 여부가 문제되는 상황이었기 때문에 그의 진술은 분명히 무전기사로서의 고용관계의 범주 내의 사항과 관련이 되어 있었다.[viii] 만약 그가 그의 주어진 임무에 충실하게 마이크를 잡고 자기 자리에 관제탑 주파수에 맞춘 장비(장비의 주파수는 그렇게 맞춰져 있었다) 앞에 있었더라면 그는 순식간에 'Mayday' 조난신호를 보낼 수 있었을 것이다. 그렇게 하지 못한 그의 실수에 대한 설명은 그에게 부과된 임무의 범주 내에 있는 것이다.

viii Oudshorn은 다음과 같이 증언하였다.

Q. 항공기 내 모든 직원들은 안전벨트가 장비된 의자를 갖고 있었나요? A. 예, 그렇습니다.

Q. 안전벨트의 용도는 무엇입니까? A. 사고발생시, 급정지, 급가속시 의자에서 튕겨져 나가지 않도록 하기 위한 것입니다.

Q. 그리고 임무를 수행할 있게 되나요? A. 예, 그렇습니다.

command to switch off the sign 'Fasten seat belts.'

'Q. Did you feel at the time you felt this shudder, and when you were thrown out of your seat, (466) that the plane was going to crash? Did you have that sensation, that you were going to crash? A. I, personally, had that sensation when I felt this unusual shudder, and going down, that this was a crash. My personal opinion was that it was that.'

Since reliability is the basic test for the admission of any hearsay statement, the interest of the one who utters it and the one to be charged is always important. That this statement is adverse to the interest of KLM is plain. The statement was also adverse to Oudshorn's personal interests in that it entailed the possible loss of his employment, impairment of his future employment opportunities, possible civil liability for Tuller's death, and even the possibility of criminal sanctions. We think that such a recorded statement meets any reasonable test of reliability. The official nature of the inquiry which elicited the statement, the independent recording of the statement, the source of the utterance, and the interest of the utterer all combine to give the statement the earmarks of reliability absent in Palmer v. Hoffman, 1943, 318 U.S. 109, 63 S.Ct. 477, 87 L.Ed. 645. Surely, it cannot be said, as to the employee who uttered it or the employer who is charged with it, that its 'primary utility is in litigating ***.' Id., 318 U.S. at page 114, 63 S.Ct. at page 481. See Pekelis v. T.W.A., 2 Cir., 187 F.2d 122, 130, 23 A.L.R.2d 1349. Certiorari denied 1951, 341 U.S. 951, 71 S.Ct. 1020, 95 L.Ed. 1374.

The Second Circuit considered the application of the federal shop book rule, 28 U.S.C. § 1732 (1958) to a similar situation in Pekelis v. T.W.A., supra. There reports of an airline accident investigation conducted by the airline for its own purposes were held admissible. Noting that the challenged material was not favorable to the airline's interests, that court gave the interest factor significant weight in determining 'their earmarks of reliability' and in distinguishing Palmer v. Hoffman, supra. We need not reach the question whether the challenged statement

Q. 만약 당신이 의자에서 튕겨나가지 않는다면 말입니까? A. 예, 그렇습니다.
Q. 안전벨트는 반드시 특정시간에 착용해야 한다는 규칙이 있습니까? A. 예, 이착륙시에는 반드시 매도록 규정되어 있습니다.
Q. '이륙 시'라는 말씀을 하셨는데, 완전히 이륙하는 동안 얼마 정도의 시간이 소요됩니까? A. 그것은 활주로를 출발하는 때부터 기장이 안전벨트착용신호를 해지할 것을 명령할 때까지를 의미합니다.
Q. 항공기의 떨림을 느꼈을 때, 그리고 의자로부터 튕겨져 나갔을 때 당신은 항공기가 추락할 것임을 감지했습니까? 추락할 것이라는 느낌이 들었나요? A. 개인적으로 저는 평상시와는 다른 떨림과 고도가 떨어지고 있었음을 느껴 추락할 것임을 감지하였습니다. 제 개인적으로는 추락할 것이라고 생각하였습니다.'

신뢰도가 전문진술의 인용 여부를 판단하는 기본적인 기준이므로, 진술인과 관련 책임자의 이해관계가 항상 중요시된다. 위 진술이 KLM의 이해관계에 배치된다는 사실은 명백하다. 위 진술은 또한 이로 인하여 해고의 위험이 예상되는 점, 향후 고용기회에 장애요인이 발생한다는 점, Tuller의 사망에 대한 민사책임을 질 수 있다는 점, 심지어 형사처벌을 받을 수도 있다는 점 등을 고려할 때, Oudshorn 자신의 이해관계와도 배치된다. 그러한 진술은 신뢰도에 관한 어떠한 엄격한 기준에도 부합된다고 본다. 진술을 유도했던 질문의 공식적 성질, 그 진술을 기록한 제3자, 진술의 근거, 진술자의 이해관계 전부가 합쳐져 진술에 Palmer v. Hoffman, 1943, 318 US. 109, 63 S.Ct. 477, 87 L.Ed. 645에는 결여되었던 신뢰도를 부여한다. 진술을 한 근로자에 대해서든 그로 인해 기소된 고용자에 대해서든 분명히 그 주된 목적이 '법정에서 다투는 ***' 데에 있다고 볼 수 없다. 위 문서, 318 US p. 114, 63 S.Ct. p. 481. Pekelis v. T.W.A., 187 F.2d 122, 130, 23 A.L.R. 2d 1349. Certiorari denied 1951, 341 US 951, 71 S.Ct. 1020, 95 L.Ed. 1374 참고.

제2 순회지구 항소법원은 위에 언급한 Pekelis v. T.W.A라는 유사한 사건에서 28 USC 1782 (1958) 연방상점도서규칙(federal shop book rule)을 적용할지 여부에 대해 심리한 적이 있다. 그 사건에서는 항공사가 회사의 목적을 위해 스스로 수행한 항공기 사고 조사 보고서의 유효성이 인정되었다. 항소법원은 기각신청된 증거들은 항공사에게 유리하지 않다고 지적하면서 '신뢰도의 표지'로서 이해관계라는 요소에 비중을 많이 두었고 또 이를 근거로 앞

here is admissible under the federal shop book rule in light of our holding that it is admissible on other grounds.

We emphasize that we are not here confronted with the problem of the admissibility of opinion evidence. See *785**292New York Life Ins. Co. v. Taylor, 1944, 79 U.S.App.D.C. 66, 147 F.2d 297; Washington Coca-Cola Bottling Works, Inc. v. Tawney, 1956, 98 U.S.App.D.C. 151, 233 F.2d 353. An added distinguishing factor is that KLM had full opportunity to cross-examine Oudshorn when the deposition was taken for the purposes of this case.

We are not unaware of the traditional arguments which can be advanced that exclusion of post-accident statements of this type may have value in that it tends to encourage free and full disclosure of information. See McCormick, Evidence § 78, at 160-61 (1954). But the problem is one of balancing competing considerations and on balance we think the ends of justice are better served by receiving such statements when found to be reliable.

[13] We hold that the statement made by Oudshorn, the KLM radio operator, as part of the authorized inquiry into to the causes of the crash and relating to his duties and acts within the scope of his employment was properly admitted in evidence.

Alleged Errors in Instructions

Appellants' brief does not assert any errors in the trial court's instructions to the jury. However, it is contended that the trial judge precluded exceptions to the charge, and that error occurred in the charge with respect to the liability of SABENA. Appellants' supplemental memorandum suggests that the trial court failed to instruct correctly on the liability of SABENA in that the jury was told that a finding of wilful misconduct by either or both defendants would bring them to the issue of proximate cause. At no point did the court instruct the jury that if the wilful misconduct were committed solely by KLM, the principal, SABENA, the agent, could

서 언급한 Palmer v. Hoffman 사안과 차별화를 하였다. 본 법원은 기각신청이 제기된 진술에 대해 다른 근거로 증거로서 허용 가능하다고 결정하였으므로 연방상점도서규칙의 규율하에서 허용 가능한지에 대해는 판단을 할 필요가 없다고 본다.

우리는 여기서 견해 증거(opinion evidence)의 증거능력을 문제 삼고 있지 않다는 점을 강조한다. *785 Newyork Life Ins. Co. v. Taylor, 1944, 79 US. App.D.C. 66, 147 F.2d 297; Washington Coca-Cola Bottling Works, Inc. v. Tawney, 1956, 98 US.App.D.C.151, 133 F.2d 353 참고. 추가적인 구별 요소로서 이 사건을 위한 사전 신문을 진행하는 동안 KLM이 Oudshorn을 반대 신문할 충분한 기회를 가졌다는 점을 들 수 있다.

본 법원은 이번 사안과 같이 사건 직후의 진술을 배척하는 것은 정보의 자유롭고 완전한 증거공개를 촉진시킨다는 측면에서 의미가 있다는 전통적인 견해에 대해 알고 있다. Mccormick, Evidence 78, at 160-61 (1954) 참고. 그러나 문제는 서로 경합하는 주장들 사이에 균형을 잡는 것이며 우리는 그러한 진술이 신뢰할 만하다고 판단될 때에는 그를 인정하는 것이 정의 실현에 더 도움이 된다고 본다.

[13] 본 법원은 KLM의 무전기사 Oudshorn이 사고의 원인에 대한 공식적인 조사 중에 그 자신의 고용관계의 범주 내에 있는 사항에 대한 진술을 증거로 인정한 원심의 판단은 적합했다고 본다.

배심원 지시에 대한 항소이유

항소인의 변론요지서상 항소인은 원심법원의 배심원지시와 관련하여 아무런 문제점을 제기하지 않았다. 그러나, 항소인은 원심판사가 이의를 제기하지 못하도록 하였고, 이러한 하자가 SABENA의 의무와 관련한 배심원 지시에서 발생하였다고 주장하였다. 추가 항소이유서에서, 항소인은 원심법원이 피고 중 하나나 양자 모두가 고의 비행을 저질렀다고 판단될 시에는 상당한 인과관계의 문제에 대해 판단을 해야 할 것이라고 지시함에 따라 SABENA의 책임과 관련하여 배심원에게 올바른 지시를 내리지 않았다고 주장하였다. 그러나 법원

not be held liable. No such instruction was requested and no objection was taken to the charge in this respect. It should be noted that KLM and SABENA were represented by the same counsel, although obviously at this point their interests inevitably diverged.Rule 51 of the Fed. R.Civ.P. requires that objection be taken to errors in the charge in order to claim error on appeal. Some courts have taken the view that 'the 'plain error' rule may not be utilized in civil appeals to obtain a review of instructions given or refused, where the ground was not raised in the trial court.' Bertrand v. Southern Pac. Co., 9 Cir., 1960, 282 F.2d 569, 572, certiorari denied 1961, 365 U.S. 816, 81 S.Ct. 697, 5 L.Ed.2d 694.

[14] Of course, if the trial court in fact prevented the objection from being made, an inviting case for the application of the 'plain error' rule would be presented. We have examined the portions of the record relied on by appellants to show that the District Judge in some way impeded or prevented the recording of a timely objection. We are satisfied that appellants had full and uninhibited opportunity to object to the charge concerning the liability of SABENA if they desired but failed to do so. The trial of this cause was long and expensive and the contentions underscore the need for strict compliance with the rule which treats as waived that to which no timely objection is made.

The claimed error in the scope of appellees' argument to the jury does not merit comment.

Damages

[15] The jury returned a verdict of $350,000 for the appellees. The evidence on the damage issue showed a life expectancy of 36 1/2 years. Tuller earned a salary of approximately $27,000 or $20,000 a year after taxes as vice-president in charge of engineering at Melpar, a division of Westinghouse Airbrake.[FN9] Besides his widow, Tuller was survived by *786**293 two children then aged four and eight respectively.

은 배심원단에게 만약 고의 비행이 오로지 본인인 KLM에 의해 벌어진 것이라면 대리인인 SABENA 사는 책임이 있을 수 없다고 지시한 적이 없다. 이 점에 대해서는 소송상 아무런 지시가 이뤄지지 않았으며 아무런 이의제기도 이뤄지지 않았다. 이 시점에서는 둘의 이해관계가 갈렸음에도 불구하고 KLM과 SABENA의 소송 대리인이 동일인이었다는 점을 참고할 필요가 있다. Fed. R.Civ.P의 Rule 51은 배심원지시에 대한 항소를 제기하기 위해서는 그 지시에 대해 원심에서 기각신청이 이루어졌어야 한다고 규정하고 있다. 몇몇 법원들은 원심에서 이의를 제기하지 않은 이상 지시된 사항이나 지시가 거부된 사항을 검토할 것을 요청하기 위하여 민사 항소에서 '명백한 하자' 규칙을 적용할 수는 없다고 한다. Bertrand v. Southern Pac. Co., 9 Cir., 1960, 282 F.2d 569, 572, certiorari denied 1961, 365 US 816, 81 S.Ct.697, 5 L Ed.2d 694.

[14] 물론 만일 원심법원이 기각신청을 방해했더라면, '명백한 하자' 규칙을 적용하기에 적합한 사건이 됐을 것이다. 본 법원은, 원심판사가 적시에 이뤄진 기각신청을 방해했는지를 증명하기 위해 항소인이 제출한 기록 부분들을 검토해 보았다. 그리고 본 법원은 항소인들이 원심에서 SABANA의 책임과 관련한 지시 사항에 대해 충분히 기각신청을 할 수 있는 기회가 있었으나 이를 하지 않았음이 분명하다고 판단한다. 이 사안에 대한 재판은 장시간이 소요되고 상당한 비용이 들었으며 실제 이루어진 논쟁이 적절한 시점에 이의 신청을 하지 않을 경우에는 이의 신청할 권리를 포기한 것으로 간주한다는 규칙이 엄격히 지켜져야 하는 이유를 말해 준다.

배심원 앞에서 이뤄진 피항소인의 변론에 관련한 당해 항소이유는 판단할 이유 없다.

손해액

[15] 배심원단은 피항소인에게 $350,000를 배상하라는 평결을 내렸다. 배상액 산정의 증거는 기대 여명을 36.5년으로 표시하고 있었다. Tuller는 Westinghouse Airbrake의 자회사인 Melpar에서 기술 담당 부사장으로 일하면서 연간 약 $27,000, 세금 공제 후 약 $20,000을 벌었다.[ix] 미망인 외에 Tuller는 당시에 각각 4살, 8살이던 *786 두 아이를 남겼다.

FN9. The appellees tendered but the District Court rejected proffered evidence purporting to show that Tuller's income would increase over the full span of life expectancy. Such evidence was relevant and should have been received. O'Connor v. United States, 2 Cir., 1959, 269 F.2d 578

[16][17] The award of $350,000 is attacked as so excessive that it should have been set aside by the District Court. We pointed out in Hulett v. Brinson, 1955, 97 U.S.App.D.C. 139, 142, 229 F.2d 22, 25,certiorari denied 1956, 350 U.S. 1014, 76 S.Ct. 659, 100 L.Ed. 874, 'that the rule in the Federal courts is that an appellate court may reverse, if at all, for excessiveness of verdict only where the verdict is so grossly excessive or monstrous as to demonstrate clearly that the trial court has abused its discretion in permitting it to stand.' See Affolder v. New York, C. & St. L.R. Co., 1950, 339 U.S. 96, 101, 70 S.Ct. 509, 94 L.Ed. 683. On the whole record we cannot say that the action of the District Judge who tried the case and heard the posttrial motions constitutes an abuse of discretion or that appellate action with respect to damages is required.

Affirmed.

ix 피항소인들은 Tuller의 수입이 그의 여생 동안에 증가할 것이라는 증거를 제시하였지만 원심 법원이 받아들이지 않았다. 이러한 증거는 연관성이 있으며 받아들여졌어야 마땅하다. O'Connor v. United States, 2 Cir., 1959, 269 F.2d 578

[16][17] 항소인은 $350,000라는 배상액은 너무 지나치게 과다해 원심법원이 파기했어야 한다고 주장한다. 우리는 Hulett v. Brinson, 1955, 97 U.S.App.D.C. 139, 142, 229 F.2d 22, 25, certiorari denied 1956, 350 U.S. 1014, 76 S.Ct. 659, 100 L.Ed. 874에서 '연방 법원의 규칙상 항소법원은 명해진 배상액이 원심법원이 그러한 액수를 허용하는 것이 재량을 남용했다는 것이 명백하다고 여겨질 정도로 심하게 과할 경우에만 그 판결을 파기할 수 있다'는 점을 지적하였다. Affolder v. New York, C. & St. L.R. Co., 1950, 339 U.S. 96, 101, 70 S.Ct. 509, 94 L.Ed. 683 참고. 전체적으로 보았을 때 우리는 원심 재판을 진행하고 재판 후의 신청에 대해 판단한 원심법원의 판사의 행동이 재량의 남용이라거나 손해액에 대해 항소법원이 조치를 취할 필요가 있다고는 보이지 않는다.

원심을 확인한다.

"The Lady Gwendolen"

사실관계

Arthur Guinness, Son & Co. (Dublin), Ltd가 소유하는 선박 The Lady Gwendolen 호는 1961년 11월 10일 짙은 안개 속에서 Mersey 강의 하구를 최고속도로 항해하다가 정박 중이던 Freshfield 호와 충돌하여 이 선박을 침몰시켰다. 이 사고는 논란의 여지 없이 짙은 안개 속에서 최고속도로 항해를 계속하고 나아가 그 과정에서 레이더 장비를 직접 감시하거나 감시할 사람을 제대로 배치하지 못한 부주의에 의한 것이었다. 당시 선주 회사에서 선박에 관련된 사항은 보조 관리 이사 Mr. Williams가 전담하고 있었고, 그는 회사의 운송 부서 내부의 운송업무 관리자인 Mr. Boucher에게 운송 부서의 경영에 관한 권한을 위임하였으며, 그는 다시 해사 감독관인 Mr. Robbie에게 권한을 넘겨주었다. 그런데 이들은 해사 감독관 이외에는 선박에 관한 실질적인 지식이 없는 자들이었다. 해사 감독관은 사고 발생 전에도 계속하여 선박의 운항에 대한 적절한 감독을 하지 아니하여 왔으나 선주 측의 누구도 그러한 태만을 감지하지 못하던 상태였다.

선주는 그들의 책임을 인정하였으나 1894년 상업운송법 제503조에 의한 책임제한을 주장하였고, 법원은 이 주장을 기각하였다. 본 사건은 이에 대하여 선주가 항소한 사건이다.

판결 및 쟁점

상업운송법 제503조는 선주의 '실제 과오 또는 관여'가 없는 경우 그의 책임을 제한하고 있으므로, 본 판결에서는 선주에게 실제 과오가 있었는지 여부가 쟁점이 되었다.

선주는 사건의 손해가 자신의 피용자들의 과실로 인한 것이며 자신들의 실제 과오 또는 관여에 의한 것이 아니라고 주장하였으나, 원심 법원은 유능한 선장과 해사감독관을 고용하는 것만으로는 선주들의 의무가 면제되지 않으며, 비록 일상적인 항해에 관련된 사항 등은 관리자 혹은 선장에 전적인 위임이 가능하지만, 본 사건에서 문제가 된 안개 속에서의 과속, 레이더의 장착과 사용에 관한 문제는 선주의 특별한 주의가 요구되는, 해상에서의 생명과 재산의 안전에 관한 중요한 사항이라고 한 후, 선장의 과속 습관에 대한 별다른 조치를 취하지 않았으며 레이더와 관련된 주의 사항을 교육하지 아니한 것은 보조 관리 이사인 Mr. Williams의 잘못인데, 그는 비록 회사를 대표할 권한은 없는 자이지만 회사 자신과 동일시될 수 있는 회사의 분신이므로 그의 과오는 회사의 실제 과오를 구성한다고 보았다.

영국 항소법원은 먼저 선주의 주된 사업이 비록 운송업이 아닌 양조사업이라고 하더라도, 그의 선주로서의 행위는 일반적이고 합리적인 선박 소유자의 행동기준에 따라서 평가되어야 한다고 하였다.

나아가 법원은 실제 과오 또는 관여의 존재 여부는 정해진 원칙에 따를 것이 아니라 각 사건마다 사실관계를 살펴서 선주들이 실제로 어떤 작위 또는 부작위를 하였는지를 따져 판단해야 한다고 하였다. 법원은 또한 [1915] A.C. 705. 판결을 인용하여 제503조의 '자신의 실제 과오 또는 관여'는 자신의 행위가 곧 회사의 행위가 되는 자의 과오 또는 관여를 의미하며, 이 역시 각 사건의 구체적 사실관계에 따라 달리 판단되는 것이며, 다만 그 자가 반드시 회사의 이사여야 하는 것은 아니라는 점을 확인하였다. 나아가 본 사건과 같이 선박 운영에 관한 별도의 운송 부서가 있는 경우 그 부서의 책임자이자 선박의 관리자인 Mr. Boucher의 행위는, 비록 그가 이사의 신분은 아닐지라도, 곧 회사의 행위로 간주될 수 있다고 보았다.

또한 법원은 Mr. Boucher 외에도 원심에서 책임을 인정한 Mr. Williams, 해사 감독관인 Mr. Robbie 모두에 선박 운항의 중요한 사항에 대한 관리를 소홀히 한 과오가 있다고 보았으며, 이는 곧 선주의 실제 과오를 구성한다고 보았다. 이에 법원은 책임제한 소송에서 손해가 자신의 실제 과오 또는 관여 없이 발생하였음을 입증할 책임을 지는 선주가 이를 입증하지 못하였으므로 상업운송법 제503조에 따른 책임제한은 불가능하다고 판결, 항소를 기각하였다.

***335 "The Lady Gwendolen"**

[1965] 1 Lloyd's Rep. 335

Court of Appeal

CA

Feb. 15, 16, 17, 18, 19, 22, 23, 24, 1965; April 2, 1965
Before Lord Justice Sellers, Lord Justice Willmer and Lord Justice Winn

Collision between plaintiffs' motor vessel *The Lady Gwendolen* and defendants' anchored motor vessel *Freshfield*, in fog, in River Mersey — Claim by plaintiffs to limit their admitted liability — Contentions by defendants that collision did not occur without plaintiffs' actual fault or privity in that plaintiffs (1) (a) failed to instruct master to place considerations of safety above those of keeping schedule, or to see that such instructions were observed; and (b) failed to instruct master not to proceed at excessive speed in fog or to see that master complied with that instruction; and (2) (a) failed to ensure that master and/or mate were properly instructed in use of radar (including fact that radar did not entitle them to proceed at full speed in fog); and (b) failed to instruct master as to necessity of mate being on bridge when using radar — Evidence that master habitually proceeded at excessive speed in fog; that, at collision, master was alone on bridge with helmsman, with radar switched on; and that vessel was proceeding at full speed (10 knots), with engines on 'stand-by'.

Held, by HEWSON, J.,

(1) that master was not expected by plaintiffs to risk his ship in fog, but they knew of his addiction to speed which they should have restrained; that causes of collision were inadequate use of radar and excessive speed in fog; that, in 1953, when master took command of *The Lady Gwendolen* (which was fitted with radar) he had had no experience in radar and was given no instruct on as to its use or misuse (he attended a radar observer's course at the end of 1954); that

*335 "The Lady Gwendolen"

[1965] 1 Lloyd's Rep. 335

영국 항소법원

CA

1965년 2월 15, 16, 17, 18, 19, 22, 23, 24 **심리, 4월2일 판결**
Lord Justice Sellers, Lord Justice Willmer, Lord Justice Winn**의 심리**

원고의 선박 The Lady Gwendolen 호와 정박되어 있던 피고의 선박 Freshfield 호 사이의 안개 낀 Mersey 강에서의 충돌—인정된 책임을 제한하기 위한 원고의 신청—원고가 (1) (a) 선장에게 안전에 대해 고려를 일정을 지키는 것보다 우선시해야 한다는 것을 지시하지 않았거나, 그러한 지시가 지켜지도록 하지 못하였고, (b) 선장에게 안개 속에서는 과속항해를 하지 말 것을 지시하지 않았거나 그러한 지시가 지켜지도록 하지 못하였고, (2) (a) 선장 그리고/혹은 그의 선원들이 (이것은 레이더를 사용하고 있다는 이유만으로 안개 낀 상황에서 최고속도로 항해하는 것이 허용되지는 않는다는 사실을 포함하여) 레이더를 사용하는 방법에 대하여 적절하게 교육을 받도록 하지 않았고, (b) 선장에게 레이더를 사용할 때에는 선박의 브리지[1]에 다른 선원을 대동할 필요성이 있다는 것을 교육시키지 않았기 때문에, 그러한 충돌이 원고의 실제과오 또는 관여 없이는 일어나지 않았을 것이라는 피고의 항변—선장이 안개 속에서 습관적으로 과속항해를 하였다는 주장, 충돌 당시에 선장은 레이더를 켠 상태로 선박의 지휘소에서 조타수[2]만 대동하고 있었다는 주장, 또한 선박이 엔진을 '대기' 상태로 해 놓고는, 최고속도(10노트)로 운항하고 있었다는 주장.

HEWSON 판사는 다음과 같이 판결하였다.

(1) 원고인 선주들은 선장이 안개 속에서 배를 위험에 노출시킬 것이라는 것을 예상치 못하

1 상갑판의 선장 · 함장 지휘소.

2 키를 잡는 사람.

plaintiffs took no action to direct master to importance of M.O.T. Notice M. 445 (1960); that W. (assistant managing director responsible (inter alia) for plaintiffs' vessels) was the alter ego of plaintiff company and radar problem merited his personal attention; that contributory cause of collision was master's total lack of sense of urgency of problem posed by radar navigation in fog, which should have been instilled in him from highest level; and that, therefore, plaintiffs were guilty of actual fault and were unable to limit their liability.

—Appeal by plaintiffs.

Held, by C.A. (SELLERS, WILLMER, and WINN, L.JJ.),

(1) that, although plaintiffs' main business was that of brewers, in their capacity as shipowners they were to be judged by the standard of conduct of the ordinary reasonable shipowner in the management and control of vessels; that the primary concern of a shipowner was safety of life at sea, and that involved a seaworthy ship, properly manned and safely navigated; that in so far as high speed in fog was encouraged by radar, the installation of radar required particular vigilance of shipowners through the person (in this case, W.) who was responsible, in the capacity of the owners, for the running of the ships; that plaintiffs had failed in that vigilance and had failed to consider or appreciate the problems which had arisen through the use of radar and to impress their master with gravity of risks he was taking; and that that was a contributory cause of the collision that, in this case, breach of M.S.A., 1894, Sect. 419 (requiring that shipowners should obey the Collision Regulations) was not personal negligence showing actual fault or privity; and (3) that plaintiffs had failed to prove that collision occurred without their actual fault or privity; and that, therefore, plaintiffs' appeal should be dismissed.

였으나, 그들이 진작에 저지했어야 할 선장의 속도에 대한 중독을 알고 있었고 충돌의 원인은 부적절한 레이더의 사용과 안개 속에서의 과속인데, 1953년에 선장이 The Lady Gwendolen 호(레이더가 탑재되어 있는)의 지휘를 맡았을 때 그는 이전에 레이더를 사용해 본 경험이 없었고, 레이더의 사용과 오용에 대한 교육도 받지 못하였으며(그는 1954년 말에 레이더 감시자 코스를 수강하였을 뿐이다), 원고들은 선장에게 교통부 지침 Notice. M. 445(1960)의 중요성을 알리기 위한 조치를 취한 바가 없었으며, W[3] (여러 사안들 중 특히 원고의 선박들에 대한 책임이 있는 보조 관리 이사)는 원고 회사의 분신(alter ego)이었으며, 레이더 문제는 그가 직접 주의를 기울여야 할 사안이었고, 안개 속에서 레이더에 의존하여 항해하는 것의 심각성에 대하여 선장이 완전히 무지했다는 사실이 충돌에 기여한 원인인데, 이 심각성은 회사의 최고위층으로부터 선장인 그에게 중요한 사항으로 알려졌어야 하는 사항이었다. 원고들은 '실제과오'의 책임이 있으며 그들의 책임은 제한될 수 없다.

—원고들은 항소하였다.

항소법원은 다음과 같이 판결하였다(SELlERS, WILlMER, WINN 판사).

(1) 원고들의 주된 사업이 비록 양조사업이라고 하더라도, 선주로서의 그들은 선박을 관리하고 통제하는 일반적이고 합리적인 선박 소유자의 행동기준에 따라서 평가되어야 한다. 그리고 선주로서 최우선의 고려 사항은 해상에서의 생명의 안전인데, 그것은 적합한 선원들을 갖추고 안전하게 항해하는, 감항능력이 있는(seaworthy) 선박의 상태를 유지할 것을 포함한다. 그리고 안개 속에서의 과속이 레이더에 의지하였기 때문에 촉진된 것이므로, 레이더를 장착할 경우에는 선주를 대표하여 항해의 책임을 부담하는 자(이 사건의 경우는 W)를 두어 선주가 특별히 주의를 기울이는 것이 필요했다. 그러나 원고들은 그러한 주의를 하지 않았고, 레이더를 사용함에 있어서 발생할 문제를 전혀 고려하지 않았으며, 선장에게 그가 감수하는 위험의 심각성을 알리지 않았고, 이것이 이번 충돌에 기여한 원인이 되었다. 이 사건에서 (선주에게 충돌규칙(Collision Regulations)을 준수할 것을 요구하는) 1894년의 상업운송법(Merchant Shipping Act, 1894) 제419조의 위반은 실제과오 또는 관여를 보여 주는 직접적인 과실(Personal negligence)에 해당하지는 않았다. (3) 그리고 원고들은 충돌이 그들의 실

3 Mr. D. O. Williams이다.

The following cases were referred to:

Admiralty v. Divina (Owners) and Others (the Truculent), [1952] P. 1; [1951] 2 Lloyd's Rep. 308;

Anonity, [1961] 2 Lloyd's Rep. 117;

Asiatic Petroleum Company, Ltd. v. Lennard's Carrying Company, Ltd., [1914] 1 K.B. 419;

Beauchamp v. Turrell, [1952] 2 Q.B. 207; [1952] 1 Lloyd's Rep. 266;

Bolton (Engineering) Company, Ltd. v. T. J. Graham & Sons, Ltd., [1957] 1 Q.B. 159;

Cassidy v. Ministry of Health, [1951] 2 K.B. 343;

Charlotte, (1921) 9 Ll.L.Rep. 341;

Empire Jamaica, [1957] A.C. 386; [1956] 2 Lloyd's Rep. 119;

Everard & Sons, Ltd. v. London and Thames Haven Oil Wharves, Ltd., and Others (the Anonity), [1961] 2 Lloyd's Rep. 117;

Lennard's Carrying Company, Ltd. v. Asiatic Petroleum Company, Ltd., [1915] A.C. 705;

Lochgelly Iron and Coal Company, Ltd. v. M'Mullan, [1934] A.C. 1;

Norman, [1960] 1 Lloyd's Rep. 1;

Northern Fishing Company (Hull), Ltd. v. Eddom and Others (the Norman), [1960] 1 Lloyd's Rep. 1;

Radiant, [1958] 2 Lloyd's Rep. 596;

Rudd v. Elder Dempster & Co., Ltd., [1933] 1 K.B. 566; (1932) 44 Ll.L.Rep. 356;

Standard Oil Company of New York v. Clan Line Steamers, Ltd., [1924] A.C. 100; (1923) 17 Ll.L.Rep. 120;

Truculent, [1952] P. 1; [1951] 2 Lloyd's Rep. 308;

Yuille v. B. & B. Fisheries (Leigh), Ltd., and Bates (the Radiant), [1958] 2 Lloyd's Rep. 596.

This was an appeal by the plaintiffs, Arthur Guinness, Son & Co. (Dublin), Ltd., owners of

제과오 또는 관여 없이 일어났음을 증명하는 데 실패하였기 때문에, 원고의 청구는 기각되어야 한다.

본 판결에는 다음의 판례들이 참조되었다:

Admiralty v. Divina (Owners) and Others (the Truculent), [1952] P. 1; [1951] 2 Lloyd's Rep. 308;

Anonity, [1961] 2 Lloyd's Rep. 117;

Asiatic Petroleum Company, Ltd. v. Lennard's Carrying Company, Ltd., [1914] 1 K.B. 419;

Beauchamp v. Turrell, [1952] 2 Q.B. 207; [1952] 1 Lloyd's Rep. 266;

Bolton (Engineering) Company, Ltd. v. T. J. Graham & Sons, Ltd., [1957] 1 Q.B. 159;

Cassidy v. Ministry of Health, [1951] 2 K.B. 343;

Charlotte, (1921) 9 L1.L.Rep. 341;

Empire Jamaica, [1957] A.C.386; [1956]2Lloyd's Rep.119;

Everard & Sons, Ltd. v. London and Thames Haven Oil Wharves, Ltd., and Others (the Anonity), [1961]2Lloyd's Rep.117;

Lennard's Carrying Company, Ltd. v. Asiatic Petroleum Company, Ltd., [1915] A.C. 705;

Lochgelly Iron and Coal Company, Ltd. v. M'Mullan, [1934] A.C. 1;

Norman, [1960] 1 Lloyd's Rep. 1;

Northern Fishing Company (Hull), Ltd. v. Eddomand Others (the Norman), [1960] 1 Lloyd's Rep.1;

Radiant, [1958] 2 Lloyd's Rep. 596;

Rudd v. Elder Dempster & Co. Ltd., [1933] 1 K.B. 566; (1932) 44 Ll.L.Rep. 356;

Standard Oil Company of New York v. Clan Line Steamers, Ltd., [1924] A.C. 100; (1923) 17Ll.L.Rep. 120;

Truculent, [1952] P. 1; [1951] 2 Lloyd's Rep. 308;

Yuille v. B. & B. Fisheries (Leigh), Ltd., and Bates (the Radiant), [1958] 2 Lloyd's Rep. 596.

이 사건은, 1961년 11월 10일에 The Lady Gwendolen 호와 Mersey 강의 Crosby 운하에

the motor vessel *The Lady Gwendolen*, from a decision by Mr. Justice Hewson ([1964] 2 Lloyd's Rep. 99) dismissing their claim for a declaration limiting their liability for damages arising out of a collision between *The Lady Gwendolen* and the motor vessel *Freshfield* which was at anchor in the Crosby Channel of the River Mersey in thick fog on Nov. 10, 1961.

The facts of the case were that on Nov. 10, 1961, *The Lady Gwendolen*, while in the Crosby Channel in the River Mersey, in the course of a voyage from Dublin to Liverpool, laden with a cargo of stout, collided in thick fog with the *Freshfield*, which was at anchor in the Crosby Channel, in the vicinity of Buoy C.19. In consequence of the collision the *Freshfield* shortly afterwards sank with everything on board her. There was no loss of life or personal injury in consequence of the collision.

The plaintiffs admitted liability for the damage arising out of the collision, but contended that the collision occurred without their actual fault or privity. They accordingly claimed to limit their liability in respect of claims arising out of the collision to the sum of £21,134 19s. 10d., being the aggregate amount of £23 13s. 9 27/32d. for each ton of the tonnage of *The Lady Gwendolen*, together with interest thereon at four per cent. per annum from the date of collision until payment.

The defendants contended that the collision did not occur without the plaintiffs' actual fault or privity in that the plaintiffs (1) (a) failed to instruct the master to place considerations of safety above those of keeping to schedule, or to see that such instructions were observed; and (b) failed to instruct the master not to proceed at excessive speed in fog or to see that the master complied with that instruction; and (2) (a) failed to ensure that the master and/or mate were properly instructed in the use of radar (including the fact that radar did not entitle them to proceed at full speed in fog); and (b) failed to instruct the master as to the necessity of the mate being on the bridge when using radar.

Evidence was given at the trial that the master habitually proceeded at excessive speed in fog; that, at the time of collision, the master was alone on the bridge with the helmsman, with the

서 정박 중이던 Freshfield 호가, 짙은 안개 속에서 충돌하여 발생한 손해에 대한 책임을 제한해 줄 것을 취지로, 원고인 The Lady Gwendolen 호의 선주인 Arthur Guinness, Son & Co.(Dublin), Ltd.가 청구한 소송을 Hewson([1964] 2 Lloyd's Rep. 99) 판사가 기각함에 따라 원고가 항소한 사건이다.

사건의 사실관계는 다음과 같다. 1961년 11월 10일, 짙은 안개가 낀 날씨 속에서 The Lady Gwendolen 호는 흑맥주를 싣고 Dublin에서 Liverpool로 운항하는 도중에, Mersey 강의 Crosby 운하에 정박 중이던 Freshfield 호와 부표 C. 19. 부근에서 충돌하였다. Freshfield 호는 충돌의 결과로 얼마 지나지 않아 모든 선적물들과 함께 침몰하였다. 충돌로 인한 부상자나 사망자는 없었다.

원고들은 충돌로 인하여 발생한 손해에 대한 책임은 인정하였으나, 충돌이 그들의 실제과오 또는 관여와 무관하게 일어났다고 주장하였다. 따라서 그들은 충돌과 관련한 소송상의 배상책임을, 충돌일로부터 지급일까지, 이자 4%를 포함하여, The Lady Gwendolen 호에 실린 화물에 대해, 톤당 £23 13s. 9 27/32d씩 계산하여, 총 £21,134 19s. 10d로 제한하여 달라는 소송을 제기하였다.

피고는, 원고가 (1) (a) 선장에게 안전에 대한 고려를 선박의 운항 일정을 지키는 것보다 우선시하라고 지시하지 않았거나, 그러한 사항이 지켜지도록 감시하지 못한 점; 그리고 (b) 선장에게 안개 속에서는 과속 항해를 하지 않을 것을 지시하지 않았거나, 그러한 지시 사항이 지켜지도록 감시하지 않은 점 (2) (a) 선장 그리고/혹은 선원이 레이더를 사용하는 방법에 대하여 적절하게 교육받도록 하지 않은 점(레이더를 장착하고 있다고 하여, 안개 낀 상황에서 최고속도로 항해를 할 수 있다는 것을 의미하는 것은 아니라는 것을 포함한다), 그리고 (b) 레이더를 사용할 때에는, 선박의 지휘소에 다른 선원을 대동할 필요성이 있다는 것을 선장에게 교육시키지 못하였다는 점에서, 충돌은 원고 자신의 실제과오 또는 관여와 무관하게 일어난 것은 아니라고 주장하였다.

법원에서는, 선장이 습관적으로 안개 속에서 과속 항해를 했다는 증거, 충돌 당시에 선장은 선박의 브리지에서 조타수만 대동하였고, 그 당시에 레이더는 작동하고 있는 상태였다는

radar switched on; and that the vessel was proceeding at full speed (10 knots), with engines on "stand by."

Mr. Justice Hewson, dismissing the plaintiffs' claim, held (1) that the master was not expected by the plaintiffs to risk his ship in fog, but that they knew of his addiction to speed, which they should have restrained; (2) that the causes of the collision were inadequate use of radar and excessive speed in fog; that, in 1953, when the master took command of *The Lady Gwendolen* (which was fitted with radar) he had had no experience in radar and was given no instruction as to its use or misuse (he attended a radar observer's course at the end of 1954); that the plaintiffs took no action to direct the master to the importance of Ministry of Transport Notice No. M.445; that Mr. D. O. Williams (the assistant managing director responsible (*inter alia*) for the plaintiffs' vessels) was the *alter ego* of the plaintiff company and the radar problem merited his personal attention; that a contributory cause of the collision was the master's total lack of a sense of the urgency of the problem posed by radar navigation in fog, which should have been instilled in him from the highest level; and that, therefore, the plaintiffs were guilty of actual fault and were unable to limit their liability.

The plaintiffs appealed on the following grounds:

1. That on the facts proved or admitted at the trial the learned Judge was wrong in holding that the plaintiffs were guilty *337 of actual fault contributing to the collision with the *Freshfield* and/or that his so finding was against the weight of evidence.

2. That the learned Judge was wrong in law:

(a) in holding that the plaintiffs were in breach of any personal or non-delegable duty;

(b) in holding that any personal or non-delegable duties imposed upon the plaintiffs included the duty of impressing upon the master of *The Lady Gwendolen* the importance of matters of which he was aware and which formed part of the professional knowledge of an ordinary master mariner;

증거, 그리고 선박의 엔진이 '대기'의 상태를 유지한 채, 최고속도(10노트)로 항해하고 있었다는 증거가 제출되었다.

Hewson 판사는, 원고의 청구를 기각하며 다음과 같이 판시하였다. (1) 원고인 선주들은 선장이 안개 속에서 배를 위험에 처하게 할 것을 예측하지는 못하였을지 모르나, 그들이 진작에 저지했어야 할 선장의 속도에 대한 중독은 이미 알고 있었고 (2) 충돌의 원인은 레이더의 부적절한 사용과 안개 속에서의 과속인데, 1953년에 선장이 The Lady Gwendolen 호(레이더가 탑재되어 있는)의 선장이 될 당시에, 그는 레이더를 사용해 본 경험이 전혀 없었고, 레이더의 사용과 오용에 대한 교육도 전혀 받지 못한 상태였다(그는 1954년 말에 레이더 감시자 코스를 수강하였을 뿐이다). 또한 원고들은 선장에게, 교통부 지침 No. M. 445의 중요성을 알리기 위한 조치를 취한 바가 전혀 없었으며, Mr. D. O. Williams(무엇보다도 원고 회사의 선박들에 대해 책임을 지고 있는 보조 관리 이사)는 회사의 분신이나 마찬가지인데, 레이더 문제는 그가 직접 주의를 기울였어야 할 사안이었다는 점, 선박들의 충돌이 안개 속에서의 레이더에 의존하여 항해하는 것의 심각성에 대해 선장이 완전히 무지했기 때문에 야기되었다는 점에 비추어, 원고들은 실제과오의 책임이 있고, 그들의 책임은 제한될 수 없다.

원고들은 다음의 사항들을 근거로 항소하였다:

1. 재판에서 증명되거나 인정된 사실에 비추어 보면, 1심 판사가, 원고들이 Freshfield 호와의 충돌을 일으키는 데 실제과오가 있다고 판결한 것은 오류가 있는 것이거나, *337 제시된 증거의 우세에 반하는 것이다.

2. 1심 판사는 법률의 적용에 있어 다음과 같은 점에서 오류를 범하였다:

(a) 원고들이 직접 이행해야 하는 의무나, 위임할 수 없는 의무를 위반하였다고 한 점;

(b) The Lady Gwendolen 호의 선장에게, 그가 이미 알고 있고 다른 선장들도 그들이 선장이라면 이미 알고 있어야 하는 지식에 해당하는 주의 사항들에 관해 환기시킬 의무를, 원고들의 직접 해야 하는 의무나 위임할 수 없는 의무에 포함시킨 점;

(c) in holding that the plaintiffs in the circumstances of this case were not entitled to rely upon a competent subordinate to see that the master of *The Lady Gwendolen* complied with the Collision Regulations;

(d) in failing to give effect to the distinction between "fault" giving rise to liability and "actual fault" affecting the shipowner's right to limit liability.

3. That on the facts proved or admitted at the trial the learned Judge by holding the plaintiffs guilty of actual fault imposed too high a duty of care upon the plaintiffs as to supervision of apparently competent subordinates and/or a duty the extent of which was warranted neither by statute, practice nor authority.

By their respondents' notice, the respondents contended that, if necessary, Mr. Justice Hewson's judgment should be affirmed on the following grounds other than those relied upon by the learned Judge:

(1) That the plaintiffs were guilty of actual fault or privity contributing to the collision in that:

(a) They failed to ensure that the masters of their vessels were subject to effective control and supervision by a person or persons qualified and competent to exercise the same.

(b) They failed in breach of Sect. 419 of the Merchant Shipping Act, 1894, to comply or ensure compliance with Rule 16 of the Collision Regulations, 1954.

(2) That if the plaintiffs could and did delegate to any person or persons below the level of Mr. D. O. Williams the duties of which the learned Judge had found them in breach, then such person was or such persons were by virtue of such delegations the alter ego of the plaintiffs jointly or severally and was or were on the findings of fact of the learned Judge guilty of breach of both those and other duties.

Representation

Mr. J. V. Naisby, Q.C., and Mr. R. J. Collinson (instructed by Messrs. Hill, Dickinson & Co., of

(c) 원고들이 이번 사건의 상황과 같은 상황에서, The Lady Gwendolen 호의 선장이 충돌규칙을 준수하고 있는지에 대해 감시하는 것을 자격을 갖춘 고용인에게 위임하지 못한다고 판단한 점;

(d) 책임 여부를 판단함에 있어, 책임에 관한 사항인 "과오"와 선주의 책임제한에 관한 사항인 "실제과오"를 구별하지 않고 판결을 내린 점.

3. 재판에서 증명되거나 인정된 사실에 근거할 때, 판사가 원고에게 실제과오의 책임을 인정함으로써 원고에게 명백하게 자격을 갖춘 고용인에 대한 불필요한 감시를 너무나 높은 수준으로 요구하고 있는데, 이는 보호의무와 법령, 관습뿐만 아니라 판례에 의해서도 부과되지 않은 의무이다.

피항소인들은 그들의 의견서에서 Hewson 판사의 판결은 그가 판결문에 언급하는 쟁점 외에 다음과 같은 근거에 의해 그대로 확정되어야 한다고 주장하였다:

(1) 원고들은 아래와 같은 이유로 충돌에 기여한 실제과오 또는 관여의 책임이 있다:

(a) 선주들은 자기 선박의 선장들을 자신들의 적절한 통제하에 두지 못하였고, 자격을 갖춘 고용인 혹은 고용인들에 의한 감독을 받도록 하지도 못하였다.

(b) 그들은 1894년의 상업운송법 제419조를 위반하였고, 따라서1954년의 충돌규칙의 규칙 제16조를 지키지 않았다.

(2) 1심 판사가 위반 여부를 확인한 그와 같은 의무를, 원고들이 D. O. Williams보다 낮은 직급의 사람 또는 사람들에게 위임을 하였다면, 그런 사람들은 그러한 위임에 따라 개별적으로 또는 집단적으로 원고들의 분신이 될 것이며, 원고는 1심 판사의 사실에 관한 조사결과에 근거하여, 그 두 의무와 다른 의무들을 위반한 것이 된다.

변호

원고 측 변호인 Mr. J. V. Naisby, Q.C.와 Mr. R. J. Collinson(Liverpool의 Messrs.

Liverpool) appeared for the appellants; Mr. H. V. Brandon, Q.C., and Mr. J. Franklin Willmer (instructed by Messrs. Waltons, Bright & Co., agents for Messrs. Batesons & Co., of Liverpool) represented the respondents.

Judgment was reserved.

Friday, April 2, 1965

JUDGMENT

Lord Justice SELLERS:

The appellants' motor vessel *The Lady Gwendolen* on a voyage from Dublin to Liverpool collided with and sank the defendants' motor vessel *Freshfield* at about 8 a.m. on Nov. 10, 1961, when the *Freshfield* was at anchor near Buoy C.19 in the Crosby Channel, a buoyed approach to the River Mersey. The collision was due to complete and inexcusable negligence of the master of *The Lady Gwendolen* in continuing his course in that channel at full speed in dense fog and further, and while so doing, in failing to have manned or himself effectively to observe and make use of the radar installation with which his ship was equipped and had been since he took over her command in 1953.

The appellants admitted liability and brought this action to limit their liability for the damage caused by the collision. The appellants are entitled by Sect. 503 of the Merchant Shipping Act, 1894, to a decree limiting their liability if they establish that the loss or damage, though caused through the act or omission of any person (whether on board the ship or not) in the navigation or management of the ship, was so caused without their actual fault or privity.

The owners were not on board *The Lady Gwendolen* at the time of the collision. The ship was under the control of the master, who was on the bridge in charge of the navigation with one able-seaman at the wheel. Navigation of a ship at sea is so much in the hands of the master,

Hill, Dickinson & Co.의 지도를 받음), 피고 측 변호인 Mr. H. V. Brandon, Q.C., Mr. J. Franklin Willmer(Liverpool의 Messrs. Waltons, Bright & Co., agents for Messrs. Batesons & Co.의 지도를 받음).

판결은 보류되었다.

Friday, April 2, 1965

판결

SELlERS 판사:

1961년 11월 10일 오전 8시쯤 항소인의 선박인 The Lady Gwendolen 호는, Dublin에서 Liverpool로 향하는 도중, Crosby 운하에서 그곳에 정박 중이던 피고의 선박 Freshfield 호와 Mersey 강으로 들어가는 부표 C. 19. 부근에서 충돌하여 Freshfield 호를 침몰시켰다. 충돌은 변명할 여지없이 The Lady Gwendolen 호의 선장의 부주의, 즉 짙은 안개 속에서 최고 속도로 항해를 계속하고 나아가 그 과정에서 그가 선장이 된 1953년부터 장착되어 있던 레이더 장비를 직접 감시하거나 감시할 사람을 제대로 배치하지 못한 부주의에 의한 것이었다.

항소인들은 그들의 책임을 인정하였고, 충돌로 인하여 발생한 손해에 대한 자신들의 책임을 제한하기 위해 이 항소를 제기하였다. 손해 혹은 손실이 선박의 항해와 관리에 관여한 사람(배에 탑승하고 있었는지의 여부는 상관 없이)의 작위 또는 부작위에 의해 발생하였다 하더라도, 만약 항소인들이 그것이 실제과오 또는 관여와 무관하게 발생하였다는 점을 증명할 경우 그들에게는1894년의 상업운송법 제503조에 의해 책임을 제한하는 명령을 받을 자격이 주어진다.

선주들은 충돌 당시 The Lady Gwendolen 호에 탑승하고 있지 않았다. 그 선박은 근무 중인 선원 한 명에게 키를 맡기고 선박의 브리지에서 항해의 지휘를 담당하고 있었던 선장의 통제하에 있었다. 바다에서의 항해는 전적으로 선장, *338 선원, 승무원의 관리하에 있고, 선

*338 officers and crew and so much out of the control of the owners that the failure of an owner to establish no actual fault or privity in respect of navigation itself is exceptional and striking. Nevertheless, Mr. Justice Hewson, a very experienced Admiralty Judge, has found that the owners have not established that the loss occurred without their actual fault. No question of privity arises.

The owners' claim has been strenuously resisted in both Courts and the case has been fought very largely on express allegations of fault set up by the defence. The learned Judge did not accept all the defendants' submissions, but he refused the owners a decree, as I understand the judgment, on broad grounds. Most if not all the grounds raised by the defence have been renewed and argued on behalf of the defendants, now respondents, in this Court and the hearing has involved the consideration of many aspects of a limitation suit.

The main case made against the owners was that this highly negligent navigation of her master was not an isolated act of negligence, but that over the years of his service in this ship the master had navigated at excessive speed in fog. The voyages to and from Dublin and the Mersey, either Liverpool or Manchester via the Ship Canal, were short and regular. Foggy weather was not infrequently encountered. *The Lady Gwendolen*, according to her logs, had on many occasions maintained full speed in fog, and after a thorough and detailed cross-examination the master admitted that he had done so. The marine superintendent, Mr. Robbie, had perused the logs in the performance of his duty, but failed to detect the master's habit of navigation in such dangerous circumstances, or if he did so, or if he suspected it, failed, as the judgment finds, to warn the master and to seek to deter him from this practice or to take any step to see that the regulations were complied with. He failed to inform his employers, who throughout seem to have been unaware of the risks the master of this ship was taking.

The judgment accepts the repeated disregard of the Regulations and due care in fog by the master and finds negligence of the marine superintendent in not acting so as to discover what was being done and to take effective measures to prevent it. The routine examination of the vessel's logs and the conclusion to be drawn from them seemed to me so clearly for the marine superintendent and his staff and not, so to put it, for the board room that I have felt a strong inclination to the view that the owners were entitled to rely on their servants to perform their respective duties and to report if there was anything wrong. The master was

주의 통제로부터는 너무도 멀리 벗어나 있기 때문에, 선주가 항해 자체에 관한 실제과오 또는 관여가 없음을 증명하지 못하는 것은 매우 예외적인 일일 것이다. 그럼에도 불구하고 해양 관련 재판의 경험이 매우 많은 Hewson 판사는, 선주들이 손해의 발생이 실제과오 없이 일어났다는 것을 증명하지 못하였다고 판단하였다. 관여의 여부는 문제조차 되지 않았다.

선주들의 청구는 양 법원 모두에서 확고하게 거부되었고, 사건의 주요 쟁점은 피고들에 의해 제시된 과실에 대한 주장에 관한 것이었다. 1심 판사는, 피고들의 주장을 모두 인정하지는 않았지만, 내가 판결을 이해한 바에 따르면, 다양한 이유들을 근거로 원고의 청구를 기각하였다. 피고 측이 원심에서 제기했던 주장들은 (이제는 피항소인) 대부분 이 법원에서 다시 제기되었고, 본 사건 청문 절차에서는 책임제한 소송의 많은 측면들이 함께 고려되었다.

선주들에 대해 제기된 주된 주장은 동 사건에서 선장의 매우 부주의한 항해는 단지 이번 한 번뿐 아니라 그가 그 선박에서 근무해 오던 지난 수년간, 안개 속에서 과속 항해를 해왔다는 점이다. 운하를 통한 Dublin과 Mersey 강의 Liverpool이나 Manchester 사이의 항해는 짧고 정기적으로 이루어졌다. 안개 낀 날씨는 자주 접하던 것이었다. The Lady Gwendolen 호의 기록에 따르면, The Lady Gwendolen 호는 자주 안개 속에서 최고속도로 항해했으며, 심도 깊은 대질심문 결과 선장은 그가 그러한 항해를 해 왔다는 것을 인정하였다. 해사 감독관인 Mr. Robbi는 그의 업무상 항해기록을 검토했지만, 선장이 그렇게 위험한 상황에서 그와 같은 항해를 한다는 사실을 발견하지 못하였다. 만약 이를 발견하였거나 의심하였다고 하였더라도, 선장에게 경고하고 그가 앞으로 이러한 항해를 하지 못하도록 하거나 규정이 지켜지도록 하는 조치를 취하지 아니하였다. 그는 이 선박의 선장이 감수하고 있는 위험에 대해 무지했던 것으로 보이는 그의 고용주들에게도 그러한 사실을 알리지 않았다.

원심 판결은 선장이 반복적으로 안개 속에서 지켜져야 할 규정과 주의의무를 위반하였음을 인정하였고, 해사감독관와 관련해서는 문제 상황을 파악하고 이를 방지하기 위한 적절한 조치를 취하지 못한 부작위와 관련하여 과실을 인정하였다. 선박의 기록일지에 대한 일상적인 조사 결과와 그에 근거하여 내리게 되는 결론은, 일반적인 경우에 당연히 감독자와 그의 직원들에게 유리한 것일 테고 이사회 즉 선주들에 유리한 것이 아닐 것이므로, 선주들은 자신들의 고용인들이 각자 할당된 의무를 다하고 문제가 발생했을 때에는 보고하리라는 것을

admittedly a competent and capable master. He held a Mersey Pilot's Certificate. The marine superintendent was criticized because his experience had been in the engine-room and not as a deck officer during his 20 years at sea, but the learned Judge held him to be a competent and suitable superintendent for the owners' purposes. The marine superintendent alone, it seems, made any check at all of the logs. He accepted the entry on the deck log "M.O.T.R. observed", which meant "Ministry of Transport Rules observed", without comparing the deck log with the engine movement book. The judgment finds ([1964] 2 Lloyd's Rep. 99, at p. 109) that the superintendent

... just assumed that the master proceeded at what was a safe speed, and that the master was the proper person to judge what was a safe speed in the conditions ...

The superintendent did not supervise properly, though the Judge was satisfied that he knew enough to enable him to do so.

With the obvious sources of fault lying with the master and the marine superintendent, why has the judgment found actual fault on the owners or at least a failure on their part to establish no actual fault?

It is on account of the introduction of radar and the learned Judge's view of an owner's obligation with regard to the supervision of its use. Reliance on a competent master and an efficient marine superintendent has been held by him not to be enough to exonerate the owners.

I have felt the danger that the learned Judge, so well informed of the troubles as well as the advantages which radar has brought in the navigation of ships, may have attributed his specialized and peculiar knowledge to the average shipowner and had perhaps imposed too high a standard or obligation on owners personally so as not to exonerate them even though they appointed and relied on competent servants.

The basis of the judgment is, I think, to be found in this extract ([1964] 2 Lloyd's Rep., at p. 111): *339

... The vital question, as I have already said, can be summed up in three words —"Radar in fog", and I must be very careful now to analyse what I consider to be the duty of owners in this

신뢰하는 것으로 족하다고 보는 견해에 동조하고 싶은 생각이 드는 것이 사실이다. 이번 사건에서 선장은 충분히 그러한 자격과 능력을 갖춘 자였다. 그는 Mersey Pilot 면허증을 갖고 있었다. 해사감독관의 경우 그의 20년간의 해상 경험이, 선상에서 갑판장교로서의 경험이 아니라 엔진(engine)실에서의 경험이었다는 점이 문제가 되었지만, 1심 판사는 적어도 선주의 입장에서는 그는 유능하고 적절한 감독자라고 판단하였다. 해사감독관은 단독으로 그 배의 모든 기록일지들을 점검했던 것으로 보인다. 그는 갑판의 기록일지와 엔진의 움직임 기록을 비교해 보지도 않고, 교통국의 규제가 준수되었다고 기록하였다. [1964] 2 Lloyd's Rep. 99 판결은 109쪽에서 해사감독관에 관해 다음과 같이 판단하고 있다

…그는 선장이 안전한 속도로 항해하고 있을 것과, 그리고 그 선장이 각 상황에서의 안전한 속도가 어느 정도인지를 판단하기에 적합한 자격을 갖춘 자일 것을 그냥 가정해 버렸다…

해사감독관은, 판사가 판단하기에는 그럴 만한 충분한 능력을 갖추었음에도 불구하고, 적절한 관리감독을 하지 못하였다.

선장과 해사감독관에게 과오가 있음이 명백한데도, 판사는 왜 선주들에게 실제과오가 있다거나, 적어도 선주들이 실제과오 없음을 입증하는 데 실패했다고 판단한 것일까?

그것은 레이더의 장착, 그리고 그 사용에 관한 선주의 관리의무에 대해 1심 판사가 내린 판단과 관련이 있다. 판사는 유능한 선장과 능률적인 해사감독관을 고용하는 것만으로는, 선주들의 의무가 면제되기에 충분하지 않다고 판단하였다.

나는 레이더가 선박의 항해에 어떠한 장점과 문제를 가져올 수 있는지 너무나 잘 알고 있는 1심 판사가, 그의 전문적이고 특별한 지적 수준을, 평범한 지적 수준을 가진 선주에게 요구하고, 어쩌면 너무나 높은 수준의 행위표준 또는 의무를 선주 개인에게 부과하여, 유능한 직원들을 고용하고 신뢰하더라도 면책되지 못하게 한 것이 아닌가 하는 우려를 하게 되었다.

원심 판결의 근거는 아래 부분([1964] 2 Lloyd's Rep., p111)에서 찾을 수 있다: *339

… 이미 언급한 바와 같이 가장 중요한 질문은 다음의 세 단어로 요약될 수 있다—"안개 속에서의 레이더(Radar in fog)". 이와 관련해서, 선주들의 의무가 무엇인지 신중하게 분석해 보도록 한다.

regard.

There is no doubt that the introduction of radar into merchant ships after the last war created a new problem in relation to the navigation of ships in fog. Speaking generally, up to such introduction the situation had been unchanged in that respect for over a century, since the advent of steam and the introduction of the Collision Regulations. In regard to the advent of radar, these Courts and learned Wreck Commissioners have repeatedly and publicly stressed the importance of the observance of Rule 16, especially when ships are fitted with and using radar, and this over the years following the war and before the promulgation of notice M.445, and before this collision in 1961. It was a matter of the greatest importance in the safety of life and property at sea. The transgressions of some masters commanding ships fitted with radar in proceeding at excessive speed in fog was, and is, and should be, a matter within the knowledge and the concern of shipowners. In the relationship between owners and masters there are, of course, many matters of detail which may be and are properly left to the intermediate managers and superintendents, and there are many matters which also are properly left to competent masters themselves, such as which course to take and when, and the general day-to-day incidents of navigation, and so on. These examples by no means exhaust the list.

M.445 was an important document published by the Ministry of Transport in December, 1960. It made recommendations particularly in connection with navigation in fog by ships equipped with radar. It should of itself have been a guide to the master to a similar extent as if it had been one of the regulations with which he was required to conform.

The master had the form. He acquired it from the Customs House himself. I would not condemn the owners for that, but it is a notice which is also directed to shipowners, and the plaintiffs as owners should have seen it and appreciated its importance. If they had done so as responsible owners they should, and no doubt would, have spoken to all their masters and the marine superintendent about it. If the master of *The Lady Gwendolen* had been given some additional warning from managerial quarters about the safe use of radar it might have served to make him more cautious and urged him to comply with the Regulations and advice given as, I think, he recognized in his evidence. This might have been effective even if the master's previous habitual excessive speed in fog had remained undetected by the marine superintendent or anyone else and had not, therefore, been the subject of a warning and reprimand.

마지막 세계대전이 있은 후 상선에 레이더가 장착되기 시작하면서, 안개 속 상선들의 항해와 관련된 새로운 문제들이 생겨난 것은 의심의 여지가 없다. 일반적으로 말해서, 레이더의 도입이 있기 전까지는 증기기관의 출현과 충돌규칙이 도입된 이래로 한 세기가 넘도록 그러한 문제들은 발생하지 않았었다. 레이더가 등장함에 따라 법원들과 침몰처리위원들은 반복적이고 공개적으로, 특히 선박들이 레이더를 장착하고 있는 경우에는 더더욱, 제16조를 준수하는 것의 중요성을 강조하여 왔다. 그 준수는 전쟁 이후 고시 M.445가 반포되기 전에, 또한 1961년에 일어난 당해 충돌이 있기 전부터 강조하여 온 것이다. 그것은 해상에서의 생명과 재산의 안전에 관한 가장 중요한 문제였다. 레이더를 장착한 선박의 선장들이 안개 속에서 과속 항해하는 위반행위는 선주가 알고 우려해야 할 사항이었고, 지금도 그러한 사항이며, 또한 그러한 사항이어야 한다. 물론 선주와 선장의 관계에서는 중간 관리자와 해사감독관에 전적으로 맡길 수 있고 또 그렇게 하는 것이 적절한 세부적인 사항들이 많이 있고, 자격을 갖춘 선장에 전적으로 맡길 수 있는 사항들 역시 다수이다. 가령 언제 · 어떠한 항로를 선택할 것인지의 결정 또는 하루하루의 일상적인 항해에 관한 사항 등등이 그것이며, 그 외에도 전적인 위임이 가능한 사항은 많이 있다.

M. 445는 1960년 12월에 교통국에서 발행한 중요한 문건이다. 그것은 특히 레이더를 장착하고 있는 선박이 안개 속에서 항해하는 것과 관련된 권고 사항들을 담고 있다. 선장은 이 사항들을 그가 의무적으로 준수해야 하는 규제사항과 같은 수준의 지침으로 삼았어야 했다.

이 사건의 선장은 그 문건을 가지고 있었다. 그는 직접 그것을 세관으로부터 입수하였다. 이 점에 관하여 선주들을 비난하진 않겠지만, 그 문건은 선박 소유주들도 대상으로 하고 있는 것이었고, 그렇기에 원고들은 선박 소유주로서 그것을 읽어 보고 그중요성을 인식하였어야만 했다. 만약 그들이 책임감 있는 선주로서 이를 이행하였더라면, 그들은 틀림없이 그들의 선장들과 해사감독관들에게 그것에 대한 언급을 했을 것이다. 만약 관리 담당자들이 The Lady Gwendolen 호의 선장에게 안전한 레이더 사용에 대한 추가적인 주의 사항들을 고지했더라면 그가 관련 법규와 주어진 훈시 사항들을 지키도록 하는 데에 기여하였을 것이다. 이는 선장이 이전에는 안개 속에서의 습관적으로 과속해도 해사감독관이나 다른 사람에게 발각되지 않았기에 경고와 견책의 대상이 되지 않았다고 하더라도 여전히 효과적이었을 것이다.

It is no excuse for the plaintiffs that their main business was that of brewers and that the ownership of three ships was incidental to their business and solely for distributing their product to Liverpool and Manchester.

In their capacity as shipowners they must be judged by the standard of conduct of the ordinary reasonable shipowner in the management and control of a vessel or of a fleet of vessels. A primary concern of a shipowner must be safety of life at sea. That involves a seaworthy ship, properly manned, but it also requires safe navigation. Excessive speed in fog is a grave breach of duty, and shipowners should use all their influence to prevent it. In so far as high speed is encouraged by radar the installation of radar requires particular vigilance of owners.

The learned Judge points out that before 1953, when *The Lady Gwendolen* was first commissioned and was equipped with radar, already cases had been in the Courts involving a false reliance on or misuse of radar, and more cases followed soon after. The common knowledge of the shipowning community can, I think, rightly be attributed as a standard to the plaintiffs, as can the general market knowledge normally be attributed to the members of a market.

The plaintiffs have not shown that they had any knowledge of the dangers of radar, and, as the Judge finds, no steps were taken by them to ensure that their masters used their radar in a proper manner and he adds that the radar problem was one of such serious import as to merit and require the personal attention of the owners. By that the learned Judge did not mean the whole directorate, but the attention of such person who was or persons who were in charge of and responsible, in the capacity of the owners, for the running of the ships.

*340 I would agree with the learned Judge that Mr. D. O. Williams filled that capacity. He gave evidence, and it was largely upon him that the owners rested to establish their claim that the loss was without their actual fault or privity. Mr. D. O. Williams was the assistant managing director of the plaintiff company. He had previously been the head brewer. In January, 1961, he took charge of the traffic department, whose function it was to manage and control the ships owned by the company for the purpose of distributing its product. Mr. D. W. Boucher was the traffic

원고들의 주된 사업은 양조사업이고 그들이 세 척의 선박을 보유하고 있는 것은 그들의 사업에 있어서는 단지 부차적인 것이며 그것은 단지 그들의 상품을 Liverpool과 Manchester로 운송하기 위한 것이었다 하더라도 이로써 원고들이 면책되는 것은 아니다.

선주로서의 그들은 선박을 관리하고 통제하는 일반적이고 합리적인 선박 소유자의 행동기준에 따라서 평가되어야 한다. 선주가 최우선으로 고려해야 할 사항은 해상에서의 인명의 안전이어야 한다. 그것은 감항능력이 있는 선박, 적합한 선원들, 그리고 안전한 항해를 포함한다. 안개 속에서의 과속은 중대한 의무의 위반이고, 선박 소유자들은 이를 방지하는 데 그들의 모든 역량을 기울여야 한다. 레이더의 장착으로 인해 과속 항해가 촉진되기에, 선박에 레이더를 장착하는 것은 선주의 특별한 주의를 요한다.

1심 판사는, The Lady Gwendolen 호가 처음으로 항해하고 레이더를 장착했던 1953년 이전에도 이미 레이더의 오사용, 잘못된 의존과 관련해서 사건들이 있었고, 그 뒤도 더 많은 사건들이 있었다고 지적했다. 나는, 일반 시장의 원리가 그 시장의 구성원들에게도 일반적으로 적용될 수 있는 것과 같이, 선박 소유주 집단의 일반적인 원리가 원고들에게 행동표준으로서 적용될 수 있다고 생각한다.

원고들은 그들이 레이더 사용의 위험성을 어떠한 형태로든 인식하고 있다는 것을 보여 주지 못했다. 판사가 판시하는 바와 같이 그들은 그들의 선장들이 적절한 방법으로 레이더를 사용하게 하기 위한 그 어떠한 조치도 취하지 않았으며, 레이더 문제는 선주가 직접 주의를 기울였어야 할 중요한 사안이었다. 그것은 선주의 개인적인 주의를 요한다고 판단하였다. 1심 판사는 이때 이사회 전체의 주의가 요구되는 것은 아니나, 선주를 대표하여 선박의 운영을 담당하고 또 그에 대한 책임을 부담하는 자의 주의가 요구되는 것이라고 하였다.

*340 나는 1심 판사의, Mr. D. O. Williams가 이와 같은 책임이 있는 사람이라는 의견에 동의한다. 그는 증언을 하였는데, 선주들이 사고가 그들의 실제과오 또는 관여 없이 발생하였다는 주장을 하는 근거들은 대부분 그의 증언에 바탕을 두고 있다. Mr. D. O. Williams는, 원고 회사의 보조 관리 이사다. 그는 이전에 양조 책임자였다. 1961년 1월에 그는, 회사의 상품 운송을 위해 회사 소유의 선박을 관리하고 통제하는 기능을 담당하는 운송 부서의 책임자

manager, but his training and experience had not been with ships but with railways. He was no doubt expert in arranging the dispatch of the cargo. The highest in the management who had any real knowledge of ships was Mr. Robbie, the marine superintendent.

Mr. Williams admitted in his evidence that the master's conduct in habitually navigating at excessive speed in fog was "a lamentable state of affairs," and that he, the witness, had not known of it until after the collision. He did say that he thought the plaintiffs had good, competent management in the traffic department and that the master of *The Lady Gwendolen* was a good and competent master, as were their other commanders, and that he assumed that safety and the proper management of their ships was being looked after well by those below him in the traffic department. But he also said that he had no knowledge of navigation of ships and that he never concerned himself about the safe running of the ships.

Having reviewed the whole of the evidence I find the learned Judge's conclusion justified and unavoidable. The owners, he held, did not consider or appreciate, as their duty and function required, the problems which had arisen through the use of radar; their failure in this respect and their consequent failure to bring home to the master of *The Lady Gwendolen* the gravity of the risks he was running was a contributory cause of the collision.

In so far as the respondents sought to refute the owners' claim to limit on the ground that a breach of statutory duty (that is, to comply with the Collision Regulations as required by Sect. 419 of the Merchant Shipping Act, 1894) was personal negligence and, therefore, showed actual fault or privity, I would reject it. The argument was not, I think, fully sustained, but became weakened and qualified as it was pursued. It confuses, I think, an absolute duty which may be imposed on owners by statute or may be at common law so that liability to a party injured for its breach cannot be evaded with the different inquiry whether a breach of such a duty was brought about or contributed to by some actual fault of the owners. A breach of duty may arise notwithstanding that an owner (or employer) has done all in his power to prevent it.

In Rudd v. Elder Dempster & Co., Ltd., [1933] 1 K.B. 566; (1932) 44 Ll.L.Rep. 356, a case in

가 되었다. Mr. D. W. Bouche는 운송 관리자였으나, 그의 전공과 업무경험은 선박과 관련된 것들이 아니라, 대부분 철도와 관련된 것들이었다. 그는 의심할 여지 없이 화물의 발송에 관한 전문가였다. 선박에 대해 실질적인 지식을 가진 자들 중에서 가장 높은 자리에 있는 사람은 해사 감독관인 Mr. Robbie였다.

Mr. Williams는 법원에서, 습관적으로 안개 속에서 과속으로 항해한 선장의 행위는 '유감스러운 일'이라는 점과, 충돌이 있기 전까지는 그와 같은 사실을 알지 못했다는 사실을 인정하였다. 그는, 원고의 운송 부서가 훌륭하고 유능하게 관리되고 있으며, The Lady Gwendolen 호의 선장은 원고 회사의 다른 선박의 선장들과 마찬가지로 훌륭하고 유능한 사람들이라 생각했다고 하였다. 그리고 그들 회사 선박의 안전과 필요한 관리 역시, 운송 부서에 있는 그의 휘하에 있는 사람들에 의해 잘 이루어지고 있다고 생각했다고 하였다. 그러나 그는, 그가 선박의 항해에 대해서는 아는 것이 전혀 없으며, 그는 선박의 안전한 운행에 대해 생각을 해본 적이 없다고 하였다.

증거들을 전체적으로 검토해 본 결과, 나는 1심 판사의 결론이 정당하고 불가피한 것이라고 판단한다. 그는 선주들이 레이더의 사용으로 인해 발생한 문제들에 대해 제대로 고민하거나 인식하지 못하였고 이는 그들에게 요구되는 의무나 역할을 다하지 못한 것이며, 이러한 측면에서의 그들의 과오와 The Lady Gwendolen 호의 선장에게 그가 감수하는 위험의 중대성을 알리지 못한 추가적 과실이 충돌에 기여한 원인이었다고 판결하였다.

피고들이, 선주들이 제기한 책임제한을 부인하는 근거로서, 원고가 법적 의무(즉, 1894년의 상업운송법 제419조에 의해 요구된 충돌규칙)를 위반한 것은 개인적인 과실이고, 따라서 그것이 바로 실제과오 또는 관여를 보여 준다고 주장한다면 나는 그 주장을 기각할 것이다. 그 주장은 그 전개 과정에서 힘을 잃었다. 이는 법률 혹은 보통법(common law)에 의해 선주들에게 부과되는 절대적인 의무를 이 의무의 위반이 선주의 실제과오에 의한 것이었는가라는 문제와 혼동한 것이다. 이러한 절대적인 의무의 위반은 선주(또는 고용주)가 자신이 할 수 있는 모든 예방적 조치를 취하였다 하더라도 이와 상관없이 인정될 수 있는 것이다.

이와 관련하여, Lochgelly Iron and Coal Company, Ltd. v. M'Mullan, [1934] A.C. 1에

the Court of Appeal which was forestalled in its appeal to the House of Lords by Lochgelly Iron and Coal Company, Ltd. v. M'Mullan, [1934] A.C. 1, was a striking case on its facts. The ship, including all her equipment, was new. The electric winch in use had new ropes. The gang engaged in loading were all very experienced and competent workmen, but because the winchman momentarily allowed too much of the rope to slip too long on the winch drum it became singed and sufficiently burnt to weaken and give away. A Jury found the rope not to be free from patent defect when used in hoisting a load which fell and caused an accident. That was a breach of the Docks Regulations, 1925. Could anyone say there had been anything but the utmost care by the owners to ensure safety?

On this argument I agree with what Mr. Justice Willmer said in The Truculent, [1952] P. 1; [1951] 2 Lloyd's Rep. 308, and would adhere to my application of his views in Beauchamp v. Turrell, [1952] 2 Q.B. 207; [1952] 1 Lloyd's Rep. 266.

I would uphold the judgment on the one ground which was accepted by the learned Judge and would dismiss the appeal.

Lord Justice WILLMER:

In the early morning of Nov. 10, 1961, *The Lady Gwendolen* while proceeding up the Crosby Channel towards Liverpool collided with and sank a vessel called the *Freshfield* which was lying at anchor. The collision occurred during dense fog— which, according to the master of *The Lady Gwendolen*, means visibility in which the forecastle head cannot be seen from the bridge. In spite of the weather *The Lady Gwendolen* was coming up the channel at full speed and was so navigating at the time when the collision happened. *The Lady Gwendolen* is equipped with radar, which *341 at the material time was switched on and working. It was not, however, being continuously manned—the master was merely glancing at it occasionally—so that it was not being effectively used. Nevertheless, in the master's view it was only the possession of radar which justified the vessel being under way at all. He admitted that but for the fact that he had radar he would not have entered the buoyed channel at all, but would have anchored outside.

의해 귀족원[4]에의 상소가 저지당한 항소법원 사건인 Rudd v. Elder Dempster &Co., Ltd., [1933] 1 K.B. 566; (1932) 44 Ll.L.Rep. 356 판결의 사실관계는 가위 인상적이다. 문제의 선박과 그 모든 장비는 새 것이었다. 사용된 전기 윈치의 줄도 새 것이었다. 화물선적에 참여한 사람들은 모두 매우 숙련되고 유능한 일꾼들이었다. 그러나 윈치의 담당자가 순간적으로 로프를 윈치 드럼 위에 너무 길게 풀리도록 하는 바람에 로프가 불에 그을리고 타서 끊어졌다. 배심원은 로프가 화물을 감아 올리는 데 사용되던 중 끊어져 화물의 낙하로 인해 사고가 난 경우, 그 로프는 제조물 흠결의 대상이 된다고 판단하였다. 이러한 제조물의 흠결은 1925년의 부두 규칙(Docks Regulations, 1925)의 위반이다. 그런데 이 사건에서, 그 누가 선주들이 안전을 보장하기 위해 최선의 주의를 기울이지 않았다고 할 수 있겠는가?

이러한 논지에서 나는 Willmer 판사의 The Truculent, [1952] P. 1; [1951] 2 Lloyd's Rep. 308 판결에 동의하는 바이며, 그가 Beauchamp v. Turrell, [1952] 2 Q.B. 207; [1952] 1 Lloyd's Rep. 266에서 취한 입장과 같은 입장을 취하는 바이다.

원심 판사와 동일한 근거로, 원심 판결을 지지하며 항소를 기각한다.

WILLMER 판사:

1961년11월10일의 이른 아침에, Liverpool을 향해 Crosby 운하를 지나가던 The Lady Gwendolen 호는, 정박해 있던 Freshfield 호와 충돌하여 Freshfield 호를 침몰시켰다. The Lady Gwendolen 호의 선장에 따르면, 충돌은 선박의 지휘소에서 갑판의 앞머리가 보이지 않을 정도로 시계(視界)가 제한된 짙은 안개 속에서 발생하였다. 그러한 날씨임에도 불구하고 The Lady Gwendolen 호는 최고속도로 운하를 거슬러 올라가고 있었고, 충돌이 일어났을 때 역시 최고속도로 항해하던 중이었다. The Lady Gwendolen 호는 레이더를 갖추고 있었으며, *341 그 레이더는 그 당시에 켜져 있는 상태로 정상적으로 작동되고 있었다. 그러나 선장은 그 레이더는 가끔씩 들여다볼 뿐이었고, 레이더를 지속적으로 관리하는 사람은 없었

4 House of Lords. 영국 의회의 상원이다(하원은 House of Commons로 지칭). 즉 House of lords 자체는 상원의 역할을 하는 입법기구이나 상원은 입법 기능 외에 영국 내에서의 최고재판소로서의 사법기능도 갖추고 있다. 일반적으로 하급심은 Queen's Bench Division이고 중간항소심은 Court of Appeals가 있다.

It is difficult to imagine a more indefensible piece of navigation. Not surprisingly liability for the collision was quickly admitted by the owners of *The Lady Gwendolen*. The present action has been brought by them for the purpose of obtaining a decree limiting their liability in pursuance of Sect. 503 of the Merchant Shipping Act, 1894. At first sight it may well seem that this is an obvious case for a decree of limitation. The fault which brought about the collision was *prima facie* a fault in navigation, which would ordinarily be regarded as entirely within the province of the master of the ship. Nevertheless, not only have the owners of the *Freshfield* seen fit to oppose the plaintiffs' claim to limit, but they have been held by Mr. Justice Hewson to be entitled to succeed in their opposition, on the ground that the collision is not shown to have occurred without the actual fault or privity of the plaintiffs.

In order to understand the case which was made against the plaintiff company it is necessary to describe briefly its organization and the nature of its business. As is well known, the plaintiffs are primarily brewers; their shipowning activities are merely ancillary to their main business. The plaintiffs' ale is brewed in Dublin, but it has to be distributed all over the British Isles. For some years the plaintiff company has found it advantageous to run its own fleet of ships for this purpose, the ships being used exclusively for the carriage of the plaintiffs' own wares. The company, in fact, owns three ships (of which *The Lady Gwendolen* is one), and from time to time charters a fourth ship when it is necessary to do so for the purpose of replacing one of its own ships while she is laid up for repair or overhaul. *The Lady Gwendolen* is used for the purpose of running a shuttle service between Dublin and the Mersey, going sometimes to Liverpool and sometimes to Manchester. If the vessel goes only to Liverpool she can manage three round trips per week. If Manchester is included it is only possible to complete two round trips per week.

The main business of the plaintiff company is directed by a managing director assisted by three assistant managing directors. Each assistant managing director is responsible for certain

다—즉 레이더는 유용하게 사용되고 있지는 않았다. 그럼에도 불구하고 선장의 관점에서, 선박이 올바른 항로로 항해하고 있다는 것을 확신시켜 주는 것은 '선박에 레이더가 장착되어 있다는 사실'이었다. 그는 레이더가 장착되지 않았었더라면, 부표로 표시되어있던 운하에 들어가지 않고 운하 밖에 배를 정박시켰을 것이라고 인정하였다.

이 사건의 항해보다 더 비난을 받을 만한 항해의 방식은 상상하기조차 힘들다. 따라서 The Lady Gwendolen 호의 선주가 재빨리 충돌의 책임을 인정한 것은 그다지 놀라운 사실이 아니다. 그들은 1894년의 상업운송법 제503조를 적용하여 그들의 책임을 제한하는 명령을 받기 위해 현재의 소송을 제기하였다. 얼핏 보면 이것은 분명히 책임제한명령을 내려야 할 사건인 것처럼 보일 수 있다. 충돌의 원인이 된 것은 분명히, 통상적으로 완전히 선장의 직무범위 내의 일로 여겨지는 '항해상의 과실'이다. 그럼에도 불구하고 Hewson 판사는 The Freshfield 호의 선주들이 원고의 책임제한 주장에 대해 합당하게 이의를 제기할 수 있으며 더군다나 그러한 이의 제기는, 원고 측의 실제과오 또는 관여 없이도 충돌이 일어났을 것이라 보여지지 않으므로 정당하게 받아들여져야 한다고 판단하였다.

회사인 원고를 상대로 제기된 이 사건을 이해하기 위해서는, 회사의 구조와 그 사업의 성격에 대해 간략하게 살펴볼 필요가 있다. 잘 알려져 있듯이, 우선 원고는 원래 양조업자들이고 그들이 선박을 소유하는 것은 단지 그들의 주된 사업의 부수적인 사업을 위해서였다. 원고가 만든 맥주는 Dublin에서 양조되어, 영국 전역에 공급되었다. 몇 년 전, 원고 회사는 이러한 공급을 위해서는 직접 오로지 원고 회사의 물품을 운송하는 선단을 운영하는 것이 유리하다고 판단하였다. 사실, 회사는 3척의 선박을 소유하고 있으며(그중 하나가 The Lady Gwendolen 호다), 가끔 그들 중 하나가 수리되거나 검사를 받기 위해 계선(繫船)하고 있으면 네 번째 선박이 이를 대체하기 위해 이용되었다. The Lady Gwendolen 호는 Dublin과 Mersey 사이, 때때로는 Liverpool 또는 Manchester까지 왕복하는 것을 목적으로 이용되었다. 선박들이 Liverpool까지만 운항할 경우에는, 1주일에 3번까지 왕복 운항을 할 수 있고, Manchester까지 운항을 할 경우에는, 1주일에 2번밖에 왕복 운항을 하지 못하였다.

3명의 보조 관리 이사의 조력을 받는 관리 이사가 원고 회사를 주로 경영한다. 각각의 보조 관리 이사는 사업의 특정한 부서를 책임진다. 사건 당시 운송(선박의 경영을 포함하는)을

specific departments of the business. The assistant managing director responsible for traffic (which included the running of the ships) was at the material time Mr. D. O. Williams, a man whose experience had been on the brewing side of the business and who had no knowledge of shipping. The traffic department itself was under a traffic manager, Mr. Boucher, whose past experience was in railway management rather than with shipping. Mr. Boucher was not a director of the company. In connection with the management of the ships Mr. Boucher was assisted by a marine superintendent, Mr. Robbie, and by Mr. Watson, who was in charge of shipping operations. Mr. Robbie, although discharging the duties of marine superintendent, was not himself a man with navigational experience, but was a marine engineer.

The case set up by the defendants in opposition to the plaintiffs' claim was that the faults in the navigation of *The Lady Gwendolen* which led to the collision (that is, defective radar look-out coupled with excessive speed in fog) were at least partly due to failure on the part of the management to exercise proper control over the masters of their ships. It was contended that that failure of management persisted at all levels, and that Mr. D. O. Williams, the director responsible for the traffic department, was not immune from responsibility. In the circumstances it was impossible, so it was argued, for the plaintiffs to show that the collision happened without their actual fault or privity.

At the trial two main lines of attack were directed against the plaintiffs' management of their ships. First, it was complained that the ships were expected to run to too tight a schedule, which it was practically impossible for the masters to adhere to without sometimes proceeding too fast. A good deal of evidence was directed to this charge, but the learned Judge held that the charge was not proved, and it has not been pressed on appeal. The second charge was that the management had never taken sufficient steps to *342 impress upon the masters of their ships, and in particular the master of *The Lady Gwendolen*, that the possession of a radar set did not make it proper to proceed at excessive speed in fog or absolve the ship from the duty of complying with Rule 16 of the Collision Regulations. It was also complained that no sufficient instructions were given as to the need to have the mate on watch in addition to the master when the ship was navigating in fog with the assistance of radar. At the trial leave was granted to amend by adding a further charge, viz., of failure to ensure that the masters of the company's ships were subject to effective control and supervision by a person or persons qualified and competent to exercise the same.

담당하던 보조 관리 이사는 Mr. D. O. Williams이었는데, 그는 사업의 양조 부서에서 일했었던 자로서, 해운에 대해서는 아는 것이 아무것도 없었다. 운송 부서 내에는 운송 업무의 관리자인 Mr. Boucher가 있었는데, 그는 과거에 해운이 아니라 철도 부문의 경영에 경험이 있었다. Mr. Boucher가 회사의 이사는 아니었다. 그는 선박의 관리와 관련하여 해사감독관인 Mr. Robbie와 해운의 운영을 담당하는 Mr. Watson의 조력을 받고 있었다. Mr. Robbie는 해사감독관의 의무를 맡고 있음에도 불구하고, 직접적인 항해 경험이 없는 선박기술자에 불과했다.

원고의 주장에 대한 피고의 항변은, 충돌을 야기한 The Lady Gwendolen 호의 항해에 있어서의 과실(즉, 안개 낀 날씨에 과속으로 운행하며 레이더를 잘 보지 않았던 것)이 최소한 부분적으로는, 선주들이 그들이 소유한 선박의 선장들에 대해 적절한 통제를 하지 못한 데 있다는 것이었다. 피고는 통제 실패의 책임은 모든 담당자의 각 영역에 걸쳐 있으며, 운송 부서를 담당한 이사 Mr. D. O. Williams 역시 이러한 책임으로부터 자유롭지 못하다고 주장하였다. 나아가 그는 이러한 상황하에서는, 원고가 그들의 실제과오 또는 관여 없이 충돌이 일어났다는 것을 입증하는 것은 처음부터 불가능하다고 주장하였다.

재판에서 피고는 원고의 선박 관리감독에 있어 두 가지 문제점을 지적하였다. 첫 번째는, 선박이 너무 촉박하게 운항하도록 일정이 잡혀 있었기 때문에, 선장이 자주 과속 운행을 하지 않고는 이렇게 예정된 일정을 맞추는 것이 사실상 불가능하다는 점이었다. 이 주장과 관련해서 여러 증거들이 제시되었지만, 1심의 판사는 증거가 불충분하다고 판단하였고, 그 주장은 항소심에서 주장되지 않았다. *342 두 번째는, 회사의 경영진이 회사의 선박을 운항하는 선장들에게, 특히 The Lady Gwendolen 호의 선장에게, 레이더를 장착하고 있다는 사실만으로는 안개 속에서 과속으로 운항하는 것이 정당화되거나 충돌규칙 조항 제16조를 준수할 의무로부터 면제되지 않는다는 점을 인지시키는 조치를 충분히 하지 않았다는 것이다. 또한 레이더를 이용하여 안개 속에서 항해할 때에도, 선장뿐만 아니라 당직 항해사도 같이 지휘소에 배치해야 한다는 것에 대해서 충분한 지시가 없었다는 점도 지적되었다. 재판에서는, 선주가 자격을 갖춘 자로 하여금 선장들에 대해 적절한 통제와 감독을 하도록 하지 못한 점에 대한 추가적인 제소가 허락되었다.

Captain Meredith, the master of *The Lady Gwendolen*, had been her master since her maiden voyage in 1953. The vessel had been equipped with radar throughout her history. Captain Meredith himself had not had any previous experience of radar, but in 1954 he was sent by the plaintiffs on a radar observers' course which was held in Liverpool. Apart from that course, however, he never received any instruction, either from his owners or from anybody else, as to the proper use of radar in connection with navigation in fog. Prior to the collision he had possessed himself of a copy of the Ministry of Transport Notice No. M.445, which was published by the Ministry in December, 1960. This document called attention to the recommendations made by the International Conference on Safety of Life at Sea, 1960, more especially in connection with navigation in fog by ships equipped with radar. The document is described as a "Notice to Shipowners, Masters and Navigating Officers". It is perhaps not altogether without significance that the master obtained his copy for himself through the Customs House in Liverpool; it was not sent to him by his owners, nor did he receive any notice from his owners drawing his attention to it.

In the course of his evidence Captain Meredith was cross-examined at some length on his log records of various previous voyages undertaken in conditions of fog. This led in the end to an admission by Captain Meredith that he had for years habitually navigated his vessel in fog at excessive speed. Mr. Robbie gave evidence to the effect that on a number of occasions he had spoken to Captain Meredith, and to the masters of the other vessels, about the problem of navigation in fog with the aid of radar. This evidence of Mr. Robbie was, however, denied by Captain Meredith, and was disbelieved by the learned Judge. It became quite apparent from the cross-examination of Mr. Robbie that, although all the ships' logs were regularly submitted to him, he had signally failed to check the records contained therein with a view to ascertaining how *The Lady Gwendolen* was being navigated in fog. It would not have required any very detailed examination of the engine-room records in order to ascertain that *The Lady Gwendolen* was frequently proceeding at full speed at times when the deck log was recording dense fog. Yet this fact appeared never to have been detected by Mr. Robbie, and consequently was never brought to the attention of Captain Meredith. It is abundantly clear from the evidence that Mr. Boucher never sought to interfere, or, indeed, displayed any interest, in the navigational questions involved. Still less did Mr. D. O. Williams concern himself with the day-to-day details connected with the management of the vessels; indeed, it appeared that his supervision of the traffic department was limited to one interview with Mr. Boucher per week.

The Lady Gwendolen 호의 Meredith 선장은 그 선박이 1953년에 항해를 시작했을 때부터 그 선박의 선장이었다. 선박은 처음부터 레이더 장비를 장착하고 있었다. Meredith 선장은 이전에 레이더를 다루어 본 적이 한 번도 없었고 1954년에 원고 회사가 Liverpool에서 개최된 레이더 관측 연수에 그를 보낸 것이 전부였다. 그 연수 이외에 그는 선주나 다른 누구로부터도 안개 속에서 운항하는 것과 관련된 레이더의 올바른 사용에 대해 교육을 받지 못하였다. 선박이 충돌하기 전에 그는 1960년 12월 교통부에서 발간한 교통부 공고 No. M. 445의 사본을 가지고 있었다. 이 서류는 1960년 해상에서의 생명안전에 관한 국제회의에 의한 권고를 그 내용으로 하고 있었는데, 이 권고는 특히 레이더가 장착된 선박이 안개 속에서 항해할 때에 주의 사항들에 관한 것이었다. 그 서류는, "선주, 선장 그리고 항해요원들을 위한 고시"라 불린다. 선주가 이를 선장에게 구해 줬다거나 선장에 이러한 고시에 대해 주의를 환기시킨 것이 아니고, 선장이 이 사본을 Liverpool에 위치한 세관에서 직접 수령하였다는 사실은 중요한 의미를 지닐 수 있다.

증언 과정에서 Meredith 선장은, 과거에 안개 낀 상황에서 항해했던 기록들과 관련하여 상당히 길게 대질심문을 받았다. 이를 통해 Meredith 선장은 결국, 그가 수년간 상습적으로, 안개 낀 날씨에 과속으로 선박을 운행하였다는 점에 대해 시인하게 되었다. Mr. Robbie는, 가끔씩 Meredith 선장과 다른 선박의 선장들과 안개 속에서 레이더를 이용하여 항해하는 것의 문제점에 대해 언급했다고 증언을 하였다. 그러나 Meredith 선장은 Mr. Robbie의 이러한 증언을 부인하였고, 판사 또한 이를 믿지 않았다. 모든 선박의 항해일지는 정기적으로 Mr. Robbie에게 제출되었음에도 불구하고, 그가 제출된 항해일지를 점검할 때 The Lady Gwendolen 호가 안개 속에서 어떻게 항해했는지에 대해서는 주목하여 검토하지 않았다는 사실이 대질심문에 의해 꽤 명백하게 밝혀졌다. 엔진실의 기록일지를 아주 자세히 검토해 보지 않아도, 항해일지상 짙은 안개가 낀 것으로 기록된 날에도 The Lady Gwendolen 호가 빈번하게 최고 속도로 항해해 온 것은 쉽게 알 수 있는 사실이었다. 그러나 이러한 사실을 Mr. Robbie는 몰랐던 것으로 보이고, 결과적으로는 Meredith에게도 주의가 주어지지 않았다. 증거들에 비추어 보면, Mr. Boucher가 항해와 관련된 문제들에 대해 간섭하려 하거나, 그 어떠한 관심도 기울이지 않았다는 것은 명백하다. 하물며 Mr. D. O. Williams가 선박의 운영과 관련하여 일상적인 세부 사항들에 관해 관여하였을 리 만무하다. 실제로 운송 부서에 대해 그가 행한 감독은, Mr. Boucher를 일주일에 한 번 인터뷰하는 것뿐이었던 것으로 드러났다.

It resulted from all this that up to the time of the collision there was no effective managerial control whatsoever over the way in which the plaintiffs' ships were navigated by their masters. After the collision it became the practice to send a circular at intervals to all masters headed "Important Notice," in which attention was drawn to the importance of observing Rule 16 of the Collision Regulations and to the necessity for maintaining an adequate look-out, especially during inclement weather and in narrow waters. Captain Meredith was asked in evidence whether he thought that he would have been more careful in his navigation in fog if he had received such a notice at intervals before the collision. His answer was illuminating —namely, "Yes, possibly; probably."

This lack of managerial control over the navigation of the plaintiffs' vessels is to be contrasted with the practice prevailing in other companies, as disclosed in evidence given by independent witnesses on both sides. Captain Melsom and Captain Sherwood, who gave evidence on opposite sides, both made it clear that in their companies the management had evolved an *343 effective system for keeping a check on the way in which the companies' vessels were navigated.

In all the circumstances I think Mr. Brandon was well founded in his contention that the evidence here disclosed a serious failure in management which contributed to the collision. It is abundantly clear that Mr. Robbie must bear a large proportion of the blame for this failure of management. This is what the learned Judge had to say about Mr. Robbie ([1964] 2 Lloyd's Rep., at p. 111):

I agree that it is difficult in practice to investigate every detail of a master's navigation, and too much must not be expected in that regard, but if a marine superintendent is put upon inquiry by an obvious disregard of the regulations, he should take steps about it, and if his steps fail, he must go higher until something is done about it.

In my view, in this case Mr. Robbie should have paid more attention than he did to the navigation in fog by Captain Meredith, and brought his owners' attention to it. Mr. Robbie did not supervise properly, although I am satisfied that he knew enough to enable him to do so.

이러한 사실들로부터 충돌 시까지는 원고들 소유의 선박을 선장들이 어떻게 운항하였는지에 대해서 그 어떠한 형태로도 적절한 관리상의 통제가 없었다는 결론이 도출된다. 사고가 발생하고 나서야, 모든 선장들에게 정기적으로 충돌에 관한 규칙 제16조 준수의 중요성이나 필요성에 대해 강조하는 "중요한 고시"라는 제목의 공시를 회람시키는 관행이 정착되었다. 그리고 이러한 공시는, 궂은 날씨 혹은 좁은 해협에서의 선박 항해와 관련된 적절한 주의에 관해 특별히 강조하였다. Meredith 선장은 증언 시에, 사고가 나기 전에 정기적으로 이와 같은 사항에 관해 고지를 받았더라면, 안개 속에서 항해할 때 조금 더 주의를 기울여서 항해를 했을 것 같느냐는 질문을 받았다. 그의 "네. 아마도 그랬겠죠"라는 대답은 결정적이었다.

원고 선박의 항해와 관련하여 관리상의 통제가 결여되었다는 사실은, 원·피고 양측과 독립된 증인이 제시한 증거에서 드러난, 다른 회사의 일반적인 관행과 대조된다. *343 각각 원고와 피고의 편에서 증거를 제시한 Mesolm 선장과 Sherwood 선장은, 그들 회사의 경영관리 부서에서는, 회사 선박들의 항해가 어떻게 이루어지는지를 지속적으로 관리할 수 있는 효율적인 시스템을 개발하였다고 분명히 말하였다.

이러한 정황을 고려해 볼 때 Mr. Brandon의 '증거에 의하면 회사가 경영관리에 있어서 심각하게 부주의하였고 그러한 부주의가 사고에 기여했다'는 주장은 타당하다. Mr. Robbie가 이러한 관리의 실패에 대해 중대한 책임을 져야 한다는 것은 아주 명백하다. 1심 판사는 Mr. Robbie에 대해서 다음과 같이 언급하였다([1964] 2 Lloyd's Rep. 의 p. 111):

나는 선장의 항해에 대해 모든 세부적인 사항들을 조사하는 것이 실질적으로 어렵고, 그러한 측면에 관해 너무 많은 바를 기대해서는 안 된다는 생각에 동의한다. 그러나 해사감독관은, 규정의 명백한 위반을 접한 경우 그에 관해 조치를 취해야 하고, 만약 그가 취한 조치들이 효과적이지 않을 경우에는, 그것에 대해 적절한 조치가 취해질 때까지 더 높은 지위의 사람에게 보고해야 한다.

내가 보기에, 이 사건에서 Mr. Robbie는 Meredith 선장이 안개 속에서 항해하는 것에 더 많은 주의를 기울였어야 했고, 그것과 관련해서 선주들이 주의를 환기시켜야 했다. Mr. Robbie은, 내가 판단하기에는 그럴 만한 충분한 능력을 갖추었음에도 불구하고, 적절한 관리감독을 하지 못하였다.

This criticism, though in my opinion abundantly justified, is in no sense, of course, decisive. For, as forcibly pointed out by Mr. Naisby in the course of his reply, even assuming faulty supervision on the part of Mr. Robbie, that is not sufficient to involve the plaintiffs as owners in actual fault or privity, since Mr. Robbie was only a servant for whose faults the owners had merely a vicarious responsibility. I confess that this argument does not strike me as coming very well from the plaintiffs, on whom lies the burden of proof, for when asked for further and better particulars of the negligent navigation upon which they relied, the plaintiffs delivered voluminous particulars of various acts of negligence on the part of those on board *The Lady Gwendolen*, which they alleged were the sole cause of the collision. They did not see fit to allege that there was any fault on the part of Mr. Robbie contributing to the collision.

In seeking to show that the failure of management proved against the plaintiffs necessarily involved actual fault or privity on their part as owners of *The Lady Gwendolen*, Mr. Brandon revived in a somewhat modified form the argument which was advanced but rejected in The Truculent, [1952] P. 1; and in Beauchamp v. Turrell, [1952] 2 Q.B. 207; [1952] 1 Lloyd's Rep. 266. It is true that these were both decisions at first instance, but they were approved by this Court in F. T. Everard & Sons, Ltd. v. London and Thames Haven Oil Wharves, Ltd., and Others (the Anonity), [1961] 2 Lloyd's Rep. 117; see per Lord Justice Holroyd Pearce (as he then was), at p. 123. What was argued was that where an employer is under a duty which is personal to him, in the sense that responsibility for the performance of it cannot be evaded by delegation, whether that duty is imposed by statute or arises at common law, in the event of its breach the employer must *eo ipso* be guilty himself of actual fault. In the present case it was said that the plaintiffs as owners came under just such a duty at common law because of the supreme importance, well known to shipowners, of securing safe navigation in fog. It was further said that the plaintiffs were also under a statutory duty by reason of Sect. 419 of the Merchant Shipping Act, 1894, which requires that owners as well as masters shall obey the Collision Regulations. Mr. Brandon conceded that shipowners could not be held personally guilty of breach of statutory duty in respect of every breach of the Collision Regulations; he excepted, for instance, those Regulations relating purely to navigation by those on board the ship. He contended, however, that in the case of Rule 16 of the Collision Regulations both shipowners and masters had their part to play. He accordingly argued that a breach of Rule 16 necessarily involved personal fault on the part of the shipowners concerned, so that any loss resulting therefrom could not be said

이러한 판단은, 내 관점에서는 충분히 정당해 보이나, 결코 확정적인 것은 아니다. 가령 Mr. Naisby는 그의 답변서에서, 비록 Mr. Robbie에 부주의한 관리감독의 책임이 있었다고 가정하더라도, Mr. Robbi는 피용자이고 선주는 그의 책임에 관해 단지 사용자책임을 질 뿐이므로, 그것만 가지고 선주인 원고들에게 실제과오 또는 관여를 인정하기에는 불충분하다고 강력하게 주장한다. 솔직하게 말해서, 나는 이 주장이, 입증에 관한 책임이 있는 원고들로부터 자연스럽게 나오는 주장이라는 생각이 들지 않는다. 왜냐하면 법원이 원고들에게 그들이 주장하고 있는 부주의한 항해의 책임소재에 관해 더 구체적인 증거를 제출할 것을 요청하였을 때, 원고들은 The Lady Gwendolen 호에 탑승하고 있던 자들의 다양한 과실에 관한 방대한 세부 사항들을 제출하였을 뿐이기 때문이다.[5] 그들은 단지 이러한 선원들이 과실이 충돌의 유일한 원인이었으며, Mr. Robbie는 충돌에 기여한 과실이 없다고 주장하였다.

관리감독의 실패가 필연적으로 The Lady Gwendolen 호의 선주의 실제과오 또는 관여를 의미한다는 것을 입증하고자 한 Mr. Brandon은 The Truculent, [1952] P. 1과 Beauchamp v. Turrell, [1952] 2 Q.B. 207; [1952] 1 Lloyd's Rep. 266사건에서 전개되었으나 기각 당한 주장을 다소 수정된 형식으로 재개하였다. 두 판결 모두 1심 판결이었던 것은 사실이나, 이 판결들은 F. T. Everard &Sons, Ltd. v. London 판결과 Thames Haven Oil Wharves, Ltd.판결, 그 외에도 다른 판결들(가령 Anonity 사건, [1961] 2 Lloyd's Rep. 117)에서 동 법원에 의해 인정되었다. Lord Justice Holroyd Pearce p. 123 참조. 논란이 되었던 것은, 고용주가 타인에 그 이행을 위임할 수 없는 성격의 개인적 의무를 지는 경우, 그러한 의무가 법령에 의해 부과된 것이든 보통법에 의해서 부과된 것이든, 그 의무를 위반한 고용주는 그 위반 자체로 실제과오의 책임을 지는 문제였다. Mr. Brandon은 이 사건에서 선주들에게 잘 알려져 있는 바와 같이 안개 속에서의 안전한 항해가 매우 중요하기 때문에, 선주인 원고들은 보통법에 의해 위와 같은 의무를 지게 된다고 주장되었다. 그는 나아가 원고들이 선주들뿐만 아니라 선장들도 충돌규칙 조항을 준수할 것을 요구하는 1894년 상업운송법 제419조의 해석에 의한 법령적 의무도 진다고 주장하였다. Mr. Brandon은 선주가 모든 종류의 충돌규칙 조항의 위반에 있을 때 예외 없이 법적 의무 위반의 개인적인 책임을 지는 것은 아니라고 주장하였다.

5 즉 자신들의 실제과오나 관여가 없었다는 것을 입증하는 대신에 배에 타고 있었던 자들에 과실이 있다는 점만을 주장하였다는 의미.

to have occurred without their actual fault.

In support of this argument reliance was placed on the decision of the House of Lords in Standard Oil Company of New York v. Clan Line Steamers, Ltd., [1924] A.C. 100; (1923) 17 Ll.L.Rep. 120, and particularly on a passage in the speech of Viscount Haldane in that case. That case related to a ship of unusual construction, in that in certain conditions of loading she was not stable when her ballast tanks were pumped out. The owners were aware of this peculiarity, but the master was not. The owners had left it to their engineer, a Mr. Lyall, to instruct the master, but Mr. Lyall had omitted to do *344 so. A casualty having occurred because the master, in his ignorance, caused the ballast tanks to be pumped out, it was held that the owners were not only liable for the loss, but were not entitled to limit their liability. With regard to the latter point Viscount Haldane said this (ibid., at pp. 113 and 122 of the respective reports):

… Now, even on the assumption that the late Mr. Lyall was fully directed to instruct the master on this point, and that the failure to do so was his fault, the owners are surely not discharged from responsibility. For their personal duty was to provide a seaworthy ship, and the ship was not seaworthy if the master was not instructed on the special matter in question. That they left their duty to be discharged by Lyall, as their servant or agent, therefore does not relieve the owners of blame. Their responsibility as regards seaworthiness was an individual one of which they could not divest themselves, and when they left its discharge to Lyall they did so at their own risk. I am well aware of the magnitude and seriousness of the consequences of this conclusion to the respondents, but I am unable to see how what they did divested their breach of duty of those consequences …

그는, 예를 들어 순전히 배에 승선하여 있는 사람들의 항해와 관련된 규칙들의 경우 선주에게는 적용되지 않는다고 하였다. 그러나 그는 충돌에 관한 규칙 제16조와 관련해서는, 선주와 선장 모두 책임을 져야 할 영역이 있다고 주장하였다. 그에 따라 그는, 제16조의 위반은 필수적으로 관련된 선주의 책임에 대한 직접적인 과오와 연관이 있기에, 그것으로부터 비롯된 그 어떠한 손실도 그들의 실제과오 없이 발생하였다고는 말할 수 없다고 주장했다.

이러한 논증을 뒷받침하기 위한 자료로 Standard Oil Company of New York v. Clan Line Steamers, Ltd., [1924] A.C. 100; (1923) 17 Ll.L.Rep. 120에 대한 귀족원의 결정, 특히 그 사건에 대한 Viscount Haldane의 발언 중 한 단락이 제시되었다. 이 사건은 비정상적인 구조의 선박과 관련이 있었는데, 그 선박은 하역 시에 특정 조건하에서 밸러스트 탱크의 배수가 안정적으로 이루어지지 못하였다. 선주들은 이러한 특이 사항에 관해 알고 있었으나 선장은 이를 몰랐다. 선주들은 엔지니어인 Mr. Lyall로 하여금 선장에게 이러한 사실을 알리도록 하였으나, Mr. Lyall 은 그렇게 하지 않았다. *344 따라서 그러한 사실을 알지 못한 선장은 밸러스트 탱크의 배수를 하였고 이때 사고가 발생하였다. 법원은 이에 대해 선주들이 손실에 대해 책임이 있을 뿐만 아니라, 그들의 책임이 제한될 여지도 없다는 판결을 내렸다. 책임제한을 배제한 판단과 관련해서 Haldane 자작(子爵)은 다음과 같이 말하였다 (113과122페이지에서):

… Mr. Lyall에게 이와 같은 사실들을 선주들에게 알려야 하는 책임이 있었고 이를 이행하지 않은 잘못이 있었다고 하더라도, 선주들이 면책되는 것은 아니다. 왜냐하면 그들이 직접적으로 지고 있었던 의무는 선박이 감항능력이 있도록 하는 것이었는데, 만약 선장이 문제가 되는 이와 같은 사항에 관해 아무런 말도 듣지 못했다면 그 선박은 감함능력이 없는 선박이 되기 때문이다. 그들의 피고용인 또는 대리인(agent)인 Lyall로 하여금 그들의 의무를 대신 이행하도록 하였다는 사실만으로 선주들이 책임으로부터 자유로워지는 것은 아니다. 선박을 감항능력이 있는 상태로 만드는 것은 선주들의 개인적인 의무였다. 이것은 타인에게 이전시킬 수 없는 의무였고, 그와 같은 의무의 이행을 임의로 Lyall에게 이전시켰을 때에는, 그들 스스로 책임을 질 것을 여전히 감수하고 이전을 한 것이다. 나의 이와 같은 결론이 피고인에게 어느 정도로 중대하고 심각한 영향을 끼칠지에 대해 잘 알고 있다. 하지만, 항소인이 의무의 이행을 이전하였다고 하여 자신들 고유의 의무까지 이전이 되었다고는 볼 수 없다.

The Earl of Birkenhead was content merely to express his agreement with Viscount Haldane. The other two members of the House delivered speeches agreeing with the result arrived at, but without expressing any view on the ground of decision on which Viscount Haldane had based himself. It can be said, therefore, that what Viscount Haldane said in the passage quoted was not strictly necessary for the decision of the case. But I do not think that upon any view the Clan Line Case, *sup.*, can be taken as authority for the broad proposition contended for. The Clan Line Case, sup., arose out of a claim in contract for the loss of a cargo which had been shipped under a charter-party which incorporated the American Harter Act. This Act provided that if the shipowners exercised due diligence to make their ship seaworthy they should not be responsible for loss resulting from faults in navigation. But since it was the master's ignorance which rendered the ship unseaworthy, and since this ignorance was due to the owners' failure to inform him, the owners were not unnaturally held to be in breach of their duty under the contract to exercise due diligence—and in the circumstances it almost necessarily followed that this breach of duty on their part involved that they were guilty of actual fault. The case was, therefore, a very special one, and I cannot regard it as laying down any such broad general principle as has been contended for. For my part I stand by what I said in the case of The Truculent, *sup.*, at pp. 19 and 317 of the respective reports, viz.:

... I do not read this decision [—that is, that in the Clan Line Case, *sup.*—] as any authority for the proposition that where shipowners delegate the performance of a duty imposed on themselves they can in no case limit their liability.

It is fair to say that as the argument developed Mr. Brandon somewhat limited the breadth of his proposition. The decision in the Clan Line Case, *sup.*, he finally contended, shows at least that there can be a duty laid upon shipowners which is so important that they cannot, by delegating performance of it, escape being held guilty of actual fault if the duty is not performed. But for my part I do not think that even this limited proposition can be accepted. I think the true view is that where shipowners delegate the performance of a duty of the kind conveniently described as "non-delegable" they are held constructively guilty of fault of its non-performance. This means that so far as liability is concerned they cannot escape. But such fault falls short, in my view, of what is meant by "actual fault" within the meaning of Sect. 503

Birkenhead 백작은 Haldane 자작의 의견에 동의한다고 하는 데에 그쳤다. 다른 두 의원들은 판결의 결론에는 동의하였지만, Haldane 자작의 주장의 기초가 된 결정의 근거에 대해서는 그 어떠한 언급도 하지 않았다. 그러므로 Haldane 자작이 위에 인용된 문단에서 말한 내용이 이 사건의 결론을 위해 반드시 필요한 것이라고는 말할 수 없다. 그러나 나는 어떠한 측면에서도 이 Clan Line 사건이 피고 측이 주장과 같이 일반적으로 적용 가능한 선례는 아니라고 생각한다. Clan Line 사건은, 용선 당사자의 휘하에서 운송된 화물의 손실에 대한, 미국 하터법(American Harter Act)상의 계약상 손해배상을 청구하는 소송에서 나온 사례이다. 이 법에서는, 만약 선주들이 그들의 선박이 감항능력이 있도록 할 의무를 충분히 수행하였다면, 그들은 선박의 항해상의 잘못으로부터 생긴 손실에 대한 책임이 없다고 규정하고 있다. 그러나 선장의 무지로 선박이 감항능력이 없게 되었고, 그러한 무지가 선장인 그에게 정보를 제공할 선주의 잘못으로부터 비롯된 것이기 때문에, 선주들이 계약상 상당한 주의를 다하지 않았다고 볼 수 있다. 그리고 이와 같은 상황에서 그들에 이러한 의무위반이 있다는 사실은 필연적으로 그들에게 실제과오 역시 있었다는 것을 의미한다. 그러므로 이 사건은 매우 특별한 사건이었으며, 피고 측의 주장과 같이 어떠한 보편적인 원리가 내재해 있는 사건이라고 볼 수 없다. 나는 The Truculent(19, 317 페이지에서) 판결에서 이미 다음과 같이 밝힌 나의 입장을 고수하고자 한다:

… Clan Line 사건에서의 결정이 '선주들이 그들에게 직접적으로 부과된 의무의 이행을 타인에게 위임한 경우에는, 그 어떠한 경우에도 그들의 책임제한을 주장 할 수 없다' 라는 일반적인 원칙을 제시하는 선례라고는 볼 수 없다.

논의가 전개됨에 따라 Mr. Brandon 역시 그의 주장을 다소 제한시켰다고 판단된다. 그는 결국에는, Clan Line 사건에서 내려진 결정은 최소한, 선주들에게 부과되는 의무 중에는, 단지 이행의 위임만으로는 그 의무가 불이행되었을 때 발생하는 실제과오의 책임을 면하지 못하게 되는, 매우 중대한 의무가 있을 수 있다는 점을 보인다고 주장하였다. 그러나 나는 이같이 제한된 주장조차 받아들여질 수 없다고 생각한다. 나는, 선주들이 이른바 "위임할 수 없는" 종류의 의무를 위임한 경우에, 그들은 그러한 의무의 불이행에 대한 의제과오(법정과오)가 있다고 보는 것은 옳다고 생각한다. 이것은 적어도 책임의 문제에 있어서, 선주들이 면책받지는 못한다는 의미이다. 그러나 위의 법 제503조에서 말하는 "실제과오"에 해당되기 위

of the Act. Constructive fault goes only to liability, and leaves untouched the question whether there is such actual fault on the part of the shipowners themselves as will defeat their right to limitation. This seems to me to accord with the view expressed by Lord Justice Buckley in Asiatic Petroleum Company, Ltd. v. Lennard's Carrying Company, Ltd., [1914] 1 K.B. 419, at p. 432, as follows:

The words "actual fault or privity" in my judgment infer something personal to the owner, something blameworthy in him, as distinguished from constructive fault or privity such as the fault or privity of his servants or agents ···

It follows that in my view the question of actual fault or privity cannot be determined on the artificial basis contended for by the defendants. On the contrary, I think it is necessary to examine in detail the facts of each particular case in order *345 to see what, in fact, the shipowners did, or omitted to do, which could fairly be said to constitute actual fault on their part. Where, as here, the owners are a limited company, it is almost inevitable that difficult questions will arise. It is necessary to look closely at the organization of the company in order to see of what individual it can fairly be said that his act or omission is that of the company itself. The decision in Lennard's Case, *sup.*, of course, affords valuable guidance in the conduct of this inquiry. Thus, in the Court of Appeal, Lord Justice Hamilton, sup., at p. 437, said:

In the case of a company, the "owners" within the meaning of the section must be the person or persons with whom the chief management of the company's business resides ...

This question was dealt with somewhat more fully by Viscount Haldane, L.C., in his speech in the House of Lords, [1915] A.C. 705. This speech is so well known and has been cited so often that I hesitate to quote from it again. I will confine myself to two sentences only. At p. 713 of the report, Viscount Haldane, L.C., said, of a company:

... its active and directing will must consequently be sought in the person of somebody who for some purposes may be called an agent, but who is really the directing mind and will of the corporation, the very ego and centre of the personality of the corporation ...

Later on the same page he said this:

... It must be upon the true construction of that section in such a case as the present one that the fault or privity is the fault or privity of somebody who is not merely a servant or agent for whom the company is liable upon the footing respondeat superior, but somebody for whom the company is liable because his action is the very action of the company itself ...

해서는 그와 같은 과오를 저지른 것만으로는 부족하다. 의제과오는 오로지 책임의 문제일 뿐이며 선주들 자신에게 실제과오가 있어 책임을 제한할 권리가 배제될 것인지와는 다른 문제이기 때문이다. 이런 결론은 Asiatic Petroleum Company, Ltd. v. Lennard's Carrying Company, Ltd., [1914] 1 K.B. 419사건의 p. 432에서 Buckley 판사가 언급한 다음의 관점과 부합하는 것으로 보여진다:

내 생각에 "실제과오 또는 관여"는, 선주에게 직접적으로 관련된 문제, 즉 선주 자신에게 비난 가능성이 있는 일을 가리키는 것이며 그것은 선주의 피고용인 혹은 수임인의 과오나 관여에서 비롯한 의제과오와는 구별되어야 한다…

결국, 실제과오 또는 관여의 문제는 피고인들이 제시하는 인위적인 이론에 근거하여 판단되어서는 안 된다. 오히려 반대로, 각 사건마다 사실관계를 자세히 살펴서 *345 선주들이 실제로 어떤 행위를 했고, 어떤 행위를 하지 못하였고, 그중 어떤 행위가 실제과오를 구성하는 것인지를 판단해야 할 것이다. 이 사건에서와 같이 선주들이 유한회사인 경우에는, 이와 같은 판단을 내림에 있어 반드시 복잡한 문제들이 발생할 것이다. 이러한 경우에는, 누구의 작위 혹은 부작위가 그 회사 자신의 작위 혹은 부작위와 동일한 것으로 간주될 수 있는지에 대한 판단을 공정하게 하기 위하여, 그 회사의 조직구성을 자세히 살펴보는 것이 필수적이다. 위에서 언급한 Lennard 판결은 이것과 관련하여 중요한 지침을 제공하고 있다. 동 판결 437쪽에서, 항소법원의 Hamilton 판사는 다음과 같이 말했다:

회사가 관련된 사건의 경우, '선주들'이란, 경제활동의 부분에서 회사의 주된 경영을 담당하는 사람 혹은 사람들을 의미한다…

이 문제는 귀족원의 [1915] A.C. 705. 판결에서 Haldane 자작이 한 발언에서 좀 더 분명하게 다루어졌다. 이 발언은 굉장히 유명하고 인용 또한 많이 되었기 때문에, 내가 그 발언을 다시 인용하는 것은 불필요하게 느껴진다. 따라서 여기서는 다음의 두 문장만 인용하도록 한다. 713쪽에서, Haldane 자작은 회사에 대해 다음과 같이 언급하였다:

… 회사의 유효한 지휘 주체에 관한 판단은, 결국 해석상 '대리인'이라고 불릴 수 있는 자를 기준으로 하여 내려질 것이다. 하지만 실제로 회사의 지휘 주체와 의지, 즉 회사 인격 자신이자 핵심이라고 볼 수 있는 자는 과연 누구일까 …

동일한 페이지의 뒷부분에서 그는 이렇게 말했다:

… 이번 사건과 같은 사건에서 그 조항의 올바르게 해석하면 다음과 같다. 즉 과오 또는 관

In the same case, Lord Dunedin, *ibid.*, at p. 715, expressed the opinion that the question will be found always to depend upon the particular facts of the case. In the circumstances of the particular case before them the House of Lords had no difficulty in concluding that Mr. Lennard, who was himself a director of the plaintiff company and was also managing director of the company which acted as ships' managers for the plaintiff company, was such a person whose action was the very action of the company itself. But neither in the Court of Appeal nor in the House of Lords was it said that a person whose actual fault would be the company's actual fault must necessarily be a director. Where, as in the present case, a company has a separate traffic department, which assumes responsibility for running the company's ships, I see no good reason why the head of that department, even though not himself a director, should not be regarded as someone whose action is the very action of the company itself, so far as concerns anything to do with the company's ships. In the present case Mr. Boucher was not only the head of the traffic department, but he was also the registered ships' manager. In the case of The Charlotte, (1921) 9 Ll.L.Rep. 341, Mr. Justice Hill had to deal with the case of a vessel owned by a French company but managed by a firm consisting of two partners. What he said, as reported at p. 342, was:

... The owners are a company. The ship is managed by a firm of two partners, M. Leroux and M. Heuzey. The company acts by those gentlemen, and there was actual fault or privity of the company if there was actual fault or privity of M. Leroux or M. Heuzey. That I take it to be the whole effect of Asiatic Petroleum Co. v. Lennard's Carrying Company [*sup.*].

Useful guidance on how the mind and will of a company may be manifested is also to be found in the judgment of Lord Justice Denning (as he then was) in H. L. Bolton (Engineering) Company, Ltd. v. T. J. Graham & Sons, Ltd., [1957] 1 Q.B. 159, at pp. 172 and 173. The learned Lord Justice there said:

... A company may in many ways be likened to a human body. It has a brain and nerve centre which controls what it does. It also has hands which hold the tools and act in accordance with directions from the centre. Some of the people in the company are mere servants and agents

여란 회사의 단순한 피고용인이나 대리인으로서 그의 행위로 인해 회사가 고용자 책임의 원칙에 따라 책임을 지는 자의 과오 또는 관여를 가리키는 것이 아니라, 자신의 행위가 곧 회사의 행위가 되므로 이에 따라 회사가 책임을 지게 되는 자의 과오 또는 관여로 인해 회사가 책임을 지는 것을 가리킨다…

Dunedin 경은 같은 사건의 문건 715쪽에서, 위와 같은 문제는 항상 각 사건의 구체적인 사실관계에 따라 달라지게 될 것이라고 하였다. 동 사건에서 귀족원은 원고 회사의 이사이자 회사 선박들의 관리를 책임지는 회사의 경영책임자였던 Mr. Lennard가, 그의 행위가 바로 회사의 행위라고 여겨질 수 있는 사람이라는 결론에 쉽게 도달할 수 있었다. 그러나 항소법원과 귀족원 그 어디에서도, 개인의 실제과오가 회사의 실제과오로 인정되기 위해서 그가 회사의 이사여야 한다고 명시하지는 않았다. 나는 본 사건과 같이 회사 내에 회사의 선박 운영에 관해 책임을 맡고 있는 별도의 운송 부서가 있는 경우에 이 운송 부서의 책임자는, 비록 이사의 신분은 아닐지라도, 적어도 회사의 선박들과 관련하여 그가 어떠한 행위를 하였을 경우에 그의 행동이 곧 회사의 행동으로 간주되는 자로 여겨지지 않을 이유는 없다고 생각한다. 이 사건에서 Mr. Boucher는 수송 부서의 책임자일 뿐만 아니라, 선박들의 관리자이기도 하였다. The Charlotte, (1921) 9 Ll.L.Rep. 341 사건에서 Hill 판사는, 프랑스 회사가 소유하지만 두 명의 파트너로 구성된 회사가 관리하는 선박에 관하여 재판을 하였다. 342쪽에도 볼 수 있듯이, 그는 다음과 같이 말했다:

… 선박의 소유자는 회사이다. 선박은 M. Leroux와 M. Heyzey라는 두 파트너로 구성된 회사가 관리한다. 그리고 회사는 그 둘에 의해 운영된다. 따라서 M. Leroux 또는 M. Heyzey의 실제과오 또는 관여가 있었다면, 회사의 실제과오 또는 관여 또한 있었다고 보아야 한다. 나는 이것이 Asiatic Petroleum Co. v. Lennard's Carrying Company 판결의 요지에 부합하는 것이라고 본다.

회사의 주체와 의지를 어떻게 판단할 수 있는지에 대한 좋은 본보기는 H.L. Bolten Company v. T.J. Granham & Sons 사건에서 Denning 판사가 쓴 판결문의 172-173쪽에서 찾아볼 수 있다. 그는 거기에서 다음과 같은 말을 하였다:

… 회사는 여러 가지 면에서 사람의 신체에 비유될 수 있다. 거기에는 자신의 행동을 조종하는 뇌와 신경센터가 있다. 또한 손도 있는데, 이 손은 도구를 사용하고 신경센터로부터 전달되는 명령에 따라 행동을 하기도 한다. 회사의 어떤 사람들은 단순히 회사의 피용자나 대

who are nothing more than hands to do the work and cannot be said to represent the mind or will. Others are directors and managers who represent the directing mind and will of the company, and control what it does. The state of mind of these managers is the state of mind of the company and is treated by the law as such. So you will find that in cases where the law requires personal fault as a condition of liability in tort, *346 the fault of the manager will be the personal fault of the company. That is made clear in Lord Haldane's speech in Lennard's Carrying Co. Ltd. v. Asiatic Petroleum Co. Ltd ...

A little later Lord Justice Denning said:

So here, the intention of the company can be derived from the intention of its officers and agents. Whether their intention is the company's intention depends on the nature of the matter under consideration, the relative position of the officer or agent and the other relevant facts and circumstances of the case ...

On the principles stated in these cases I should be disposed to say that actual fault on the part of Mr. Boucher, as registered ship's manager and head of the traffic department, would be sufficient in the particular circumstances of the present case to constitute actual fault or privity of the company. But I do not find it necessary to reach any final conclusion upon this point—for it seems to me that in the particular circumstances of this case all concerned, from the members of the board downwards, were guilty of actual fault, in that all must be regarded as sharing responsibility for the failure of management which the facts disclose. Certainly I would not dissent from the view expressed by the learned Judge that Mr. D. O. Williams, the responsible member of the board, must be regarded as guilty of actual fault.

The following are the considerations which impel me to that conclusion. I agree with the submission made on both sides that the test to be applied in judging whether shipowners have been guilty of actual fault must be an objective test. A company like the plaintiff company, whose shipping activities are merely ancillary to its main business, can be in no better position than one whose main business is that of shipowning. It seems to me that any company which embarks on the business of shipowning must accept the obligation to ensure efficient management of its ships if it is to enjoy the very considerable benefits conferred by the statutory right to limitation.

In the case of Yuille v. B. & B. Fisheries (Leigh), Ltd., and Bates (the Radiant), [1958] 2 Lloyd'

리인으로서 '손'의 기능만 하는데, 이들은 회사의 주체나 의지를 대표한다고 할 수 없다. 다른 사람들은 이사들과 경영자들인데, 이들은 회사의 지휘 주체와 의지를 반영하고 회사의 행위를 조종한다. 이러한 경영자들의 정신상태가 회사의 정신상태이고, 법적으로도 그렇게 취급된다. 그러므로 법이 불법행위법상의 책임을 지우기 위해 개인적인 책임을 요구할 경우에, *346 경영자들인 이들의 잘못이 결국은 회사 자신의 잘못이 되는 것을 알 수 있다. 이 점은 Haldane 경의 Lennard's Carrying Co. Ltd. v. Asiatic Petroleum Co. Ltd. 사건에서의 발언에 명시되어 있다 …

조금 뒷부분에서 Denning 판사는 다시 다음과 같이 말했다:

그러므로 여기에서는, 회사의 의도는 임원들과 대리인들의 의도로부터 유추될 수 있다. 그들의 의도가 회사의 의도인지의 여부는 임원들이나 대리인들의 상대적인 지위, 관계된 다른 사실관계들과 상황 등을 고려하여 결정되어야 한다 …

이 사건들에서 언급된 원리들에 비추어 보면, 선박의 등기된 관리자인 동시에 운송 부서의 장인 Mr. Boucher의 실제과오만으로도 이번 사건의 사실관계를 고려해 보았을 때 회사의 실제과오 혹은 관여를 구성하기에 충분하다고 말할 수 있을 것이다. 그러나 나는 현시점에서는 그 어떠한 최종적인 결론도 내리지 않겠다. 왜냐하면, 이번 사건의 특수한 상황에서는 이사진을 비롯하여 그 아래에 있는 사람들 모두에 실제과오가 있었으며 그들 모두가 경영에 있어서의 실패에 관한 책임을 같이 져야 할 것이기 때문이다. 어찌되었든 이사진의 총책임자인 Mr. D. O. Williams가 실제과오와 관련해서 책임을 져야 한다고 판결한 1심 판사의 판단에는 분명 이의를 제기할 수 없다.

이하의 내용은, 나의 위와 같은 결론의 근거들이다. 나는 원 · 피고 양측 모두에 의해 주장된, '실제과오의 책임'을 지우게 하기 위한 기준은 객관적이어야 한다는 의견에 동의한다. 원고의 회사처럼 선박운송이 기업의 주된 활동의 부수적인 업무에 불과한 경우라 할지라도, 그 회사는 선박운송을 회사의 주 업무로 하는 다른 회사에 비해 유리한 취급을 받을 이유가 없다. 나는 법적으로 보장되는 책임제한이라는 매우 큰 혜택을 누리기 위해서는, 선박운송과 관련된 영업을 하는 모든 회사가 그 회사 소유의 선박들에 대해 적절한 관리를 해야 하는 의무를 준수하여야 한다고 생각한다.

Yuille v. B. & B. Fisheries (Leigh), Ltd., and Bates (the Radiant), [1958] 2 Lloyd's Rep.

s Rep. 596, where the question was as to the right of a company owning a fleet of small fishing vessels to limit its liability in respect of a casualty to one of its vessels, I am reported (ibid., at p. 615) as having said in relation to the behaviour of the managing director,

The fundamental fault in respect of which I am disposed to blame Mr. Bates is that he never had any proper comprehension of what his duty as managing director of a fleet of this sort was …

It seems to me that very much the same applies to the plaintiff company in this present case. Mr. Williams, who had himself no knowledge of the business of shipowning, was content to leave virtually the whole of the management of the traffic department to Mr. Boucher, whom he normally saw only about once a week. Mr. Boucher in turn had no personal knowledge of the business of shipowning, and appears to have left everything to Mr. Robbie, the marine superintendent, whose only professional qualification was that of marine engineer. In the whole of the organization dealing with the shipowning side of the plaintiff company's business there was nobody with any knowledge of navigation or of the business of shipowning. The result was that when Mr. Robbie failed, as he clearly did fail, to exercise proper supervision over the manner in which *The Lady Gwendolen* was being navigated, his failure went undetected, for the reason that there was nobody whose business it was to take any interest in the matter. This seems to me the negation of good management, and I do not see how it is possible to say that it occurred without actual fault on the part of the company.

It seems to me that the truth of the matter emerges all too clearly from certain answers given by Mr. Williams and Mr. Boucher in the course of their evidence. Thus, at Day 2, p. 46, Mr. Williams admitted that until he heard the evidence in Court he had never before known that Captain Meredith was habitually navigating his vessel in fog at full speed. Having heard that evidence he admitted that it disclosed "a lamentable state of affairs". At p. 48, he was asked if he did not think something went wrong at the managerial level to allow Captain Meredith to get away with navigation like that, and he answered, "If navigation was bad, then something did go wrong." At p. 51, he was asked if he did not think it would have been desirable if a notice, such as that which was sent to the various masters after the collision, had been sent out before the collision. He replied that it would have been very desirable. Finally, at p. 52, *347 there is a series of answers given to questions put by the learned Judge himself which I think it is desirable to quote *in extenso*. These are all questions by the Judge:

596사건에서는, 소규모 선단을 소유하고 있는 기업이, 그 기업 소유의 어선 중 한 척에 대해 생긴 손해와 관련해서 자신의 책임을 제한하는 권리를 가질 수 있는지가 문제되었다. 나는 이 사건에서 보조 관리 이사의 행동과 관련해서 다음과 같이 언급하였다 (p. 615):

내가 Mr. Bates의 근본적인 과오라고 판단하는 부분은 그는 그가 이러한 종류의 선단의 경영이사로서 어떠한 의무를 지고 있는지에 대해서 애초에 이해한 적이 없었다는 점이다 …

나에게는 이번 사건의 원고 회사가 이와 거의 유사한 상황에 놓여 있다고 보인다. 선박소유와 관련된 사업에 관해 아무런 지식도 없었던 Mr. Williams는, 보통 일주일에 한번밖에 만나지 않는 Mr. Boucher에게 운송 부서의 경영에 관한 사실상의 모든 권한을 넘겨주었다. Mr. Boucher 또한 선박소유와 관련된 사업에 관해 아무것도 아는 것이 없었고 다시 해상 엔지니어의 자격밖에 갖추지 못한 해사 감독관인 Mr. Robbie에게 모든 권한을 넘겨주었다. 원고 회사의 선박소유와 관련된 사업조직 전반적으로, 항해나 선박의 소유에 관한 지식을 가진 사람은 아무도 없었다. 그 결과 Mr. Robbie가 The Lady Gwendolen 호의 항해와 관련해 선박이 제대로 항해하고 있는지에 대한 적절한 감독을 하지 못하였음에도 불구하고 누구도 그러한 태만을 감지하지 못하였다. 그와 관련된 사항을 담당하는 사람이 전무했기 때문이다. 이것은 적절한 경영이 결여된 것이고, 이는 회사의 실제과오가 분명히 있음을 보이는 것이다.

이 사건에서의 진실은 Mr. Williams와 Mr. Boucher의 몇몇 증언들을 통해 명확하게 드러난다. 즉 Mr. Williams는 심리 두 번째 날에, 46쪽에서, 그가 법정에서 증언을 듣기 전까지는 Meredith 선장이 습관적으로 안개 낀 날씨에 그의 선박을 최고 속도로 항해하는 것에 대해 전혀 알지 못했다는 사실을 인정했다. 그러한 증언을 들은 후 그는, 그것이 "비판받아 마땅한 상황"을 드러낸 것이라고 시인했다. 48쪽에서는, 그에게 Meredith 선장이 그와 같은 항해를 하고도 무사할 수 있도록 방치한 관리자 차원에서의 책임은 없다고 생각하는지에 대해 질문하자, 그는 "만약 잘못된 항해가 이루어져 왔다면, 무엇인가는 잘못된 거죠"라고 답변을 하였다. 51쪽에서, 그는 만약 충돌 사고 후에 모든 선장들에게 발송된 것과 같은 공지사항이 충돌 사고 전에 발송되었더라면 더 바람직하지 않았겠느냐는 질문을 받았다. 그는 그랬다면 매우 바람직했을 것이라고 답했다. 마지막으로, 52쪽에는, *347 1심의 판사가 직접 행한 질문들에 관한 일련의 답변들이 있는데, 나는 이것들을 상세하게 인용하는 것이 바람직하다고 본다. 아래는 1심 판사가 했던 질문들이다:

Mr. Justice HEWSON: Mr. Williams, you have made it very clear that you have no knowledge of navigation or things along those lines. A.: Yes, my Lord.

Q.: Even so, I feel pretty sure that in the course of your life you must have heard, as a matter of general knowledge, about ships getting and coming into trouble in fog? A.: Yes.

Q.: Having collisions with other ships because of excessive speed? A.: Yes.

Q.: You must have read it? A.: Yes, my Lord.

Q.: Heard it on the wireless or on something. Did it never cross your mind, "I wonder what our ships are up to"? A.: I do not think it did, my Lord, no. I thought that we had good, competent management of the department, and I knew that when there was bad fog, our ships were delayed.

Q.: I suppose you realized that if there was a collision between one of your ships and something else, a great deal of damage could be done and lives could be lost? A.: Yes, my Lord.

Q.: Yet as Assistant Managing Director, the member of the Board responsible for all forms of transport, you never concerned yourself about what I put in a general way; the safety of your ships and the lives of the men on board? A.: No, I did not, my Lord.

Q.: It follows from that: nor of the safety of other ships with which they might come in contact? A.: It does.

Q.: Do you not think it is an important part of your work? A.: I had assumed, my Lord, that it was being looked after well by those below me.

Q.: Yet as I understand it, in the whole of the Guinness Dublin organization there is not a seaman among them? A.: Among the Board, my Lord.

Q.: Or among the managers? A.: That is true.

Mr. Boucher, at Day 3, p. 15, admitted that he could not recall ever having seen the Ministry Notice No. M.445 before; but he knew that the company's ships were frequently navigating with radar in reduced visibility, he knew that there were a great many collisions occurring through ships navigating with radar in fog at excessive speeds, and that this constituted a serious problem. At p. 17, he admitted that it would have been better if an instruction, such as

Hewson 판사: Williams 씨, 당신은 당신이 항해 또는 그와 관련이 있는 분야에 대해 그 어떠한 지식도 없다는 것을 분명하게 밝히셨습니다. A: 네, 판사님.

Q: 그렇지만, 저는 당신이 삶을 살아오면서 일반적인 상식만으로도, 선박들이 안개 속에서 항해를 할 때면 많은 문제들에 직면한다는 것에 대해 들어 보셨으리라 확신하는데요? A: 네,

Q: 가령 과속으로 인하여 다른 선박들과 충돌하는 문제에 대해 들어 보셨겠지요? A: 네.

Q: 그것에 대해 읽어 보신 적은요? A: 네, 있습니다. 판사님.

Q: 무전이나 다른 어떤 매체를 통해 그와 같은 사고에 대해 들으셨을 때, 한번도 "지금 우리 선박들의 상태는 어떠한가?"라는 질문이 떠오르지 않았나요?

A: 아니오. 판사님, 저에게는 그러한 질문들이 떠오르지 않았던 것 같습니다. 저는 저희 회사가 운송 관련 부서를 훌륭히 관리하고 있다고 생각했었습니다. 또한 저는 안개가 심할 경우는 저희 회사 선박들의 운항이 연기되어 온 사실을 알고 있었습니다.

Q: 당신 회사의 선박들 중 한 척과 다른 무엇인가가 충돌을 하면, 엄청난 손실이 발생하고, 생명들의 손실이 있을 수도 있다는 것에 대해서는 알고 있었겠지요? A: 네, 알고 있었습니다. 판사님.

Q: 그럼에도 불구하고, 모든 운송과 관련해서 책임을 지고 있는 위원회의 일원이며, 보조 관리 이사로서, 당신은 한 번도, 당신 회사 선박들의 안전과 그 선박들에 승선하고 있는 사람들의 생명에 대해 주의를 기울여 본 적이 없다는 말입니까? A: 네, 주의를 기울인 적이 없습니다.

Q: 그럼 그것의 연장선상에서, 당신 회사의 선박들과 충돌할 수도 있는 다른 선박들의 안전에 대해서도 생각을 해 본 적이 없었습니까? A: 네, 없었습니다.

Q: 당신은 그것이 당신 업무의 중요한 부분이라고 생각하지 않았습니까? A: 저는 제 부하 직원들에 의해 그러한 문제들이 잘 처리되고 있는 줄 알았습니다.

Q: 그런데 제가 이해하는 바에 따르면, Guiness Dublin이라는 회사에는 선원 출신의 직원이 한 명도 없지요? A: 위원회에는 없습니다, 판사님.

Q: 관리자들 중에도 없지 않나요? A: 네, 없습니다.

Mr. Boucher는 셋째 날에, 15쪽에서, 그 전에는 한 번도 교통부 지침 No. M. 445를 본 적은 없지만, 회사의 선박들이 시계(視界)가 제한된 상태에서 레이더를 켠 채로 자주 운항을 하고 있었다는 것을 알고 있었으며, 안개가 낀 날씨에 레이더를 켠 채로 과속운항을 하는 선박들로 인해 상당히 많은 충돌 사고들이 발생하며 또한 이것이 심각한 문제를 야기한다는 것에

that which was sent to the masters of the company's vessels after the collision, had been sent out earlier, long before the collision. At p. 19, he admitted that if it was the fact that Captain Meredith had for years been navigating at full speed in fog he, Mr. Boucher, as traffic manager, should have known about it. Finally, at p. 20, he agreed that, in view of the importance of safe navigation in fog, checks should have been made, long before this collision, to see that the masters of the company's vessels were obeying the Collision Regulations; and particularly so in the case of Captain Meredith, who was at any rate suspect as regards taking chances.

These answers, to my mind, throw a flood of light on the degree of care bestowed by those responsible for the direction of the plaintiff company on the management of their ships. The effect of these answers may be contrasted with that of the evidence given by Captain Melsom and Captain Sherwood as to the methods adopted in their respective companies.

The learned Judge summarized his views as follows ([1964] 2 Lloyd's Rep., at p. 112):

In my view, the radar problem was one of such serious import as to merit the personal attention of what I will call the owners. It was the duty of Mr. D. O. Williams and his predecessor, as well as of those under them, so to do. I think I have said enough.

The proper function and the proper use of radar in fog were never considered by Mr. Williams or anyone else, and no steps were taken to impress these upon Captain Meredith. After weighing up this case and the evidence and the circumstances with what I hope is all the care of which I am capable, I am driven to the conclusion that a total lack of a sense of the urgency of the problem posed by radar navigation in fog in Captain Meredith was a contributory cause of this collision, and this sense of urgency and importance should have been instilled in him from the highest level.

I find it impossible to disagree with the view there expressed by the learned Judge. It follows that in my view the *348 plaintiff company never succeeded in discharging the burden of proving that this collision happened without their actual fault or privity, and I would accordingly dismiss the appeal.

대해 알고 있었음을 시인하였다. 17쪽에서, 그는 만약 사고가 발생하기 전에, 사고가 발생한 이후에 회사 선박의 선장들에게 송부된 것과 같은 지시 사항의 전달이 있었더라면 상황은 개선되었을 것이라고 인정하였다. 19쪽에서는, 만약 Meredith 선장이 수년간 안개 속에서 최고속도로 운항을 하였다는 것이 사실이라면, 운송 부서의 장으로서 자신, 즉 Mr. Bouche는 그러한 사실을 당연히 알았어야 했다고 인정하였다. 마지막으로 20쪽에서 그는, 안개 속에서의 안전한 운항의 중요성에 비추어 볼 때, 이번 충돌이 있기 훨씬 전부터 선박의 선장들이 충돌 관련 규정들을 준수하고 있는지에 대한 '점검'이 이루어져야 했으며, 특히 그와 같은 규정을 위반할 가능성이 높다고 의심되어 왔던 Meredith 선장의 경우에는 더욱 그러했다는 점에 동의하였다.

이러한 답변들은 원고 회사의 선박 경영과 관련하여 지시 · 감독에 책임이 있는 자들이 어느 정도의 주의를 기울였는지에 대해 짐작할 수 있게 해 준다. 이러한 증언들은, Melsom 선장과 Sherwood 선장이 그들의 회사에서 각각 취하고 있는 조치들이라고 한 증언들과 비교해보면 좋은 대조를 이룬다.

1심 판사는 자신의 견해를 다음과 같이 요약했다 ([1964] 2Lloyd's Rep. p112) :

레이더 문제는 내가 선주들이라고 부를 사람들이 직접적으로 주의를 기울였어야 할 만큼 아주 중요한 문제 중 하나였다. Mr. D. O. Williams와 그의 전임자들뿐만 아니라 그의 밑에 있는 사람들 또한 그 문제에 대해 직접적으로 주의를 기울였어야 했다. 나는 이 점에 관해서는 충분한 설명이 있었다고 생각한다.

안개 낀 날씨에서의 선박 운항 시에, 레이더의 적절한 작동이나 적절한 사용에 관해서는 Mr. Williams를 비롯하여 그 누구도 신경을 쓰지 않았다. 그리고 이와 같이 적절한 작동이나 사용에 대해 Meredith 선장에게 고지하는 그 어떠한 조치도 취해지지 않았다. 이 사건의 모든 상황과 증거를 가능한 한 모든 주의를 다하여 총체적으로 판단해 보면, 안개 속에서의 레이더 항해와 관련해서 발생하는 문제들의 긴박함에 대한 Meredith 선장의 완전한 무지는 이번 충돌의 발생에 기여한 원인이었으며, 이와 같은 문제들의 긴박성과 중요성은 회사의 최고위층이 그에게 직접 알렸어야 하는 것이었다.

따라서 나는 1심 판사의 의견에 동의하는 바이다. 내가 보기에, *348 원고 회사는 이번 충돌이 자신들의 실제과오 또는 관여 없이 발생하였다는 것을 입증하는 데 실패하였다. 따라서

Lord Justice WINN:

The appellants seek a declaration, which they were refused by the learned trial Judge, of limitation of their liability for a collision which occurred on Nov. 10, 1961, between their motor vessel *The Lady Gwendolen* and another vessel, the *Freshfield*: the latter sank, fortunately without loss of life or personal injury. So long ago as Dec. 5, 1961, the appellants admitted liability for the damage so occasioned, the amount of which greatly exceeds the £21,000 odd which a limitation decree would leave them bound to pay.

It has been common ground throughout the action that the said collision was directly caused by the negligent navigation of the master of *The Lady Gwendolen*, who was at the material time proceeding in the Crosby Channel in the River Mersey at a speed which was grossly excessive having regard to the density of the fog prevailing. It is unnecessary to say anything about the details of the collision or of the events which immediately preceded it beyond stating that *The Lady Gwendolen* was fitted with a radar set.

The sole issue between the parties is whether the plaintiffs should be regarded as having established, the burden of proof being admittedly upon them, that the said collision occurred without their actual fault or privity within the meaning of those words in Sect. 503 of the Merchant Shipping Act, 1894.

Having been greatly assisted by thorough analyses by learned Counsel, to whom I express my indebtedness, of all the authorities in which in a number of different sets of circumstances and situations Courts have determined the presence or absence of such actual fault or privity, it appears to me that two guiding principles are plain:

First: an owner who seeks to limit his liability must establish that, although for the immediate cause of the occurrence he is responsible on the basis of *respondeat superior*, in no respect which might possibly have causatively contributed was he himself at fault. An *established* causative link is an essential element of any *actionable* breach of duty: therefore, "actual fault" in this context

나는 이번 항소를 기각한다.

WINN 판사:

항소인들은, 자기 소유의 선박인 The Lady Gwendolen 호와 타인 소유의 선박인 Freshfield 호 간의 1961년 11월 10일 충돌사고로 인해 발생한 손해에 대한 배상책임의 제한을 인정하는, 원심 판사가 거절한 결정을 다시금 구하고 있다. The Freshfield 호는 침몰하였으나, 다행히도 사망자나 부상자는 없었다. 1961년 12월 5일에 원고들은 그 사고로 인해 발생한 손해에 대한 책임을 인정하였는데, 그가 인정한 실제 손해액은 책임제한 명령이 있을 경우 그들이 실제 배상해야 할 21,000여 파운드를 훨씬 상회하는 금액이었다.

앞에서 언급된 충돌이 The Lady Gwendolen 호 선장이 짙은 안개 속에서 과도한 속도로 Mersey 강의 Crosby 운하를 운항한 부주의한 항해를 직접적인 원인으로 발생하였다는 것은 이 소송을 통해 이미 일반적으로 인정된 사실이다. The Lady Gwendolen 호에 '레이더 설비'가 장착되어 있었다는 것 이외에는, 충돌사고의 세부 사항들이나 그 사고가 발생하기 직전의 상황에 대해 언급하는 것은 무의미하다.

원고 · 피고 양자 간 다툼의 핵심적인 쟁점은 원고 측이, 1894년에 공표된 상업운송법 제503조의 문언상의 의미 내에서, 앞에서 언급된 충돌이 그들의 실제과오 혹은 관여 없이 일어난 것이라는 것에 대해, 그들에게 부과된 입증책임을 다하였다고 볼 수 있는지의 여부였다.

다양한 상황하에서 실제과오 또는 관여의 존재 혹은 부존재에 대해 판단을 내린 법원들의 모든 판결을 상세하게 분석한 변호사들의 도움을 받은 결과, 다음과 같은 두 가지의 지도원리가 분명하게 드러난다:

첫째: 자신의 책임에 제한을 구하는 선주는, 자신이 비록 '고용자 책임의 원칙'에 근거해서, 사고발생의 원인에 대해 상관으로서의 책임을 지는 경우라 하더라도 사건의 발생에 직접 원인적으로 기여한 바가 전혀 없다는 점을 입증하여야 한다. '확실한 인과관계의 증명'은, 어떠한 의무위반의 소를 제기한다고 하여도 반드시 갖추어야 되는 요소이다. 따라서 이 사건에서

does not invariably connote actionable breach of duty.

Second: an owner is not himself without actual fault if he owed any duty to the party damaged or injured which (a) was not discharged; (b) to secure the proper discharge of which he should himself have done but failed to do something which in the given circumstances lay within his personal sphere of performance.

The matter is not determined by any discrimination between duties arising at common law and duties arising under a statute. Although an owner owed a duty which was not performed, nevertheless he may in any given case have delegated to another performance of his own duty; and if he has acted reasonably and with all proper care in making that delegation, and taking no action himself, he may be free from any actual fault, albeit not from liability where his delegate has been negligent. (Cf. The Empire Jamaica, [1957] A.C. 386; [1956] 2 Lloyd's Rep. 119; The Truculent, [1952] P. 1, at p. 18; [1951] 2 Lloyd's Rep. 308, at p. 317; Beauchamp v. Turrell, [1952] 2 Q.B. 207, at p. 212; [1952] 1 Lloyd's Rep. 266, at pp. 269 and 270; and The Anonity, [1961] 2 Lloyd's Rep. 117.)

The concept of a personal duty to do something oneself arising from circumstances, for example, the possession of specific information affecting the safety of a piece of plant or of an operation has been succinctly described as a "duty-situation"; the character of such a situation may and often will provide not only definition of the scope of duty, but also a guide to decision whether a breach of it is actual fault of the party owing the duty: cf. Standard Oil Company of New York v. Clan Line Steamers, Ltd., [1924] A.C. 100; (1923) 17 Ll.L.Rep. 120.

Where no more is in issue than the existence or absence of tortious liability it is seldom important in modern times, since the abolition of the doctrine of common employment, to defeat which the Courts were ingenious in discovering personal breach of duty by employers, to distinguish between mere vicarious liability and personal tortious negligence. It is doubtful whether apart from the field of nuisance there is in the general field of tort any substantial difference between the two propositions:

의 '실제과오'가, 언제나 '소송 가능한 의무위반'이라는 의미를 포함하고 있는 것은 아니다.

둘째: 선주가 피해자 혹은 부상자 측에 대해 어떠한 의무를 지고 있는데 (a) 그 의무를 이행하지 아니한 경우 (b) 그 이행을 보장하기 위해서는 주어진 상황에서 그의 개인적 범주에 속하는 어떠한 행위를 했어야 하는데 그러하지 못한 경우, 선주 자신은 '실제과오'로부터 자유로울 수 없다.

이 문제가 보통법에서 유래하는 의무와 법령에서 유래하는 의무 사이의 구별에 의해 해결되는 것은 아니다. 비록 선주가 자신이 부담하는 의무를 직접 이행하지 아니하였다 하더라도, 실제 사건에서 그는 어떻게든 자신의 의무의 수행을 다른 이행인에게 위임할 수 있고, 만약 그가 위임을 함에 있어 이성적으로 또한 모든 적절한 주의를 기울여 행동하였다면 그 스스로 어떤 행동도 취하지 않았다고 하더라도 '실제 과오'로부터 자유로울 수 있다. 그러나 설사 그렇다고 하여도, 그는 그의 피위임자의 과실에 대해서는 책임을 져야 한다(The Empire Jamaica, [1957] A.C. 386; [1956] 2 Lloyd's Rep. 119; The Truculent, [1952] P. 1의 p. 18; [1951] 2 Lloyd's Rep. 308, 의 p. 317; Beauchamp v. Turrell, [1952] 2 Q.B. 207, 의 p. 212; [1952] 1 Lloyd's Rep. 266, 의 pp. 269 과 270; The Anonity, [1961] 2 Lloyd's Rep. 117 참고).

각 상황에 따라 발생하는 개인적 의무의 개념은, 예를 들어 어떠한 장비나 작업의 안전에 영향을 끼칠 수 있는 특별한 정보의 보유는, "의무가 있는 상황"이라고 간략하게 설명될 수 있다. 그와 같은 상황의 특징은 그 의무의 범위를 규정할 수 있게 해 줄 뿐만 아니라, 그것의 위반이 그 위무를 부담하고 있는 당사자의 실제과오에 해당하는지 여부에 대해 판단을 내릴 수 있게 해 주는 지침이 될 수도 있다. Standard Oil Company of New York v. Clan Line Steamers, Ltd. 1924. A.C. 100(1923) 17 L1.L.Rep. 120 참고.

불법행위에 대한 책임의 존재 혹은 부존재만이 이슈가 되는 요즘과 같은 시대에는, 일반적 고용의 원리가 사라졌기 때문에, 과거에 법원이 잘 하였던 '고용주들의 직접적인 의무 위반 발견'을 반박하는 것이나, 단순한 대리에 대한 책임과 직접적인 '불법행위적인 부주의'를 구별하는 것이 별로 중요하지 않게 되었다. 불법방해의 영역을 제외하고, 불법행위의 일반적인 영역에 있어 다음의 두 제시문 사이에 근본적인 차이가 있는지는 의문이다:

*349 A. X owes his neighbour Y a duty to conduct his potentially harmful activities through his servants with all reasonable care for Y's safety; and

B. X is liable to Y if his servants in the course of their employment injure Y by failing to exercise all reasonable care.

In particular instances, however, especially where there is room for dispute whether the actual tortfeasor was the servant of another person, it may be vital to decide which of those formulations should be applied. The criterion appears to be whether the undertaking or activities of X were of such a character that a reasonable person in his position should have realized that informed control and supervision involving active care on his own part were required to safeguard Y.

It would be otiose to load this judgment with references to the sequence of actions against hospitals in which the extent of responsibility for the acts or omissions of consultant and other surgeons was extensively canvassed, but for the present purpose the following passage from the judgment of Lord Justice Denning in Cassidy v. Ministry of Health, [1951] 2 K.B. 343, at p. 363, is in point:

I take it to be clear law, as well as good sense, that, where a person is himself under a duty to use care, he cannot get rid of his responsibility by delegating the performance of it to someone else ...

and further, at p. 364:

The truth is that, in cases of negligence, the distinction between a contract of service and a contract for services only becomes of importance when it is sought to make the employer liable, not for a breach of his own duty of care, but for some collateral act of negligence of those whom he employs ...

The duty of governors, or of the management committee, of a hospital to take care of their patients derives from the simple fact that they—laymen as they or most of them will be, ignorant alike of medicine and surgery—are bound as normally intelligent men to appreciate that lack of proper care of patients is likely to injure them; the standard is objective inasmuch as they are

*349 A. X는 그의 이웃인 Y에 대해, 그의 피고용인을 통해 Y에게 잠재적으로 유해한 행위를 할 때 Y의 안전과 관련되는 모든 합리적인 주의를 다할 의무를 부담한다. 또한,

B. X는, 그의 피고용인이 업무상 행위 중 모든 합리적인 주의를 다하지 못하여 Y에게 해를 입힌 경우, Y에 대해 책임을 질 의무가 있다.

그러나 구체적인 경우에 있어서, 특히 실질적인 불법행위자가 피고용인인지 아니면 제3자인지에 대해 분쟁의 소지가 남아 있는 경우에는, 위에서 언급된 설명방식들 중에서 어떤 방식을 적용할지를 결정하는 것이 매우 중요할 것이다. 이때의 판단기준은 X의 지위가, 같은 지위의 합리적인 일반인이라면 자신의 직접적이고 능동적인 관리와 감독이 요구된다는 점을 당히 인식할 수 있다고 볼 수 있을 정도의 지위인지 여부가 될 것이다.

이러한 판단을 내리는 데에 병원의 컨설턴트들과 다른 외과 의사들의 작위 혹은 부작위의 책임의 정도가 심도 있게 다루어진 병원 관련 소송들을 언급하는 것은 무익할 것이다. 그러나 만약, 다음에 나오는 문단을 이번 사건의 취지와 관련 지어 살펴보면, Danning 판사의 Cassidy v Ministry of Health, [1951] 2 K.B. 343 판결 중 363쪽의 다음 문단은 본 사건과도 관련성이 있다:

나는 어떤 사람이 직접 주의를 기울일 의무가 있는 경우에, 그가 다른 사람에게 그의 의무를 위임하는 행위를 함으로써 그의 의무를 면할 수는 없다고 하는 것이 건전한 상식일 뿐만 아니라 법에도 명시되어 있다고 본다 …

더 나아가, 364 페이지에서는:

사실, 의무태만과 관련된 사건에서, '용역의 이행계약(a contract of services)'과 '용역을 위한 계약(a contract for services)'의 구분은, 자신의 주의의무 위반과 관련해서 고용주에게 책임을 물을 때 중요시되는 것이 아니라, 고용주에 의해 고용된 피고용인의 의무태만에 관한 고용주의 부수적인 의무 위반을 따져서 고용주에게 책임을 물을 때 중요시되는 것이다 …

병원의 장(長)들이나 운영위원회가, 그들의 환자들을 보살필 의무는 그들이—그들 혹은 그들 대부분은 의학에 관한 한 비(非)전문가로서, 의약품이나 수술에 대해 똑같이 무지할 것인데—일반적인 지식을 갖춘 사람으로서 환자를 적절하게 돌보지 않으면 그들에게 해를 입

bound to foresee what a properly competent board or committee would foresee. Equally, in my judgment, the board of directors of a company such as Arthur Guinness. Son & Co. (Dublin), Ltd., owning ships and putting them to sea among marine traffic, must appreciate that a ship's excessive speed in any conditions, and more particularly in fog or low visibility, involves danger to others. The law must apply a standard which is not relaxed to cater for their factual ignorance of all activities outside brewing; having become owners of ships they must behave as reasonable shipowners.

On this basis the appellants owed a duty to all ships and persons who might be affected by the navigation of their own ships the content of which was that all concerned in any capacity with the navigation of those ships should exercise such care as a reasonable person would exercise in that capacity. The proposition brought into focus is that the appellants at all times material to the occurrence of the collision between their *The Lady Gwendolen* and the *Freshfield* owed to the owners of the latter a duty to take reasonable care to obviate such an incident in all respects in which they themselves, as owners, should have taken any action.

It may be accepted that it would be not merely unreasonable conduct on the part of a shipowner but arrant folly to interfere with the discretion of a qualified and experienced master in controlling one of their ships in relation to weather or traffic encountered; in respect of such matters and of other maritime hazards their responsible function may be limited to supplying relevant information and, for example, charts or notices. (Cf. Northern Fishing Company (Hull), Ltd. v. Eddom and Others (the Norman), [1960] 1 Lloyd's Rep. 1.)

It is a different matter when any question of policy is involved in which the owner realizes or should realize that there is implicit an effect or potential effect upon the safety of his vessel or of other property or persons; multiple instances not of present relevance could be mentioned such as the adequacy of equipment for fire precautions or escape in case of wreck. Seaworthiness and all such matters can here be ignored in favour of concentration upon the matter of speed. Any determination of a speed at which their ships are to travel or which they are not to exceed,

힐 수 있다는 점을 인식해야 한다는 간단한 사실로부터 도출된다. 그들에게 요구되는 인식의 수준은 적절한 자격을 갖춘 위원회라면 인식할 수 있으리라고 생각되는 정도이므로, 이런 기준은 객관적인 기준이다. 마찬가지로, 내 판단으로는, 선박을 소유하고 그러한 선박을 해상교통의 수단으로 바다에 내보내는 Arthur Guinness Son & Co. (Dublin) , Ltd.와 같은 회사의 이사회는, 어떠한 상황에서도 선박의 과속이, 특히 안개가 끼거나 시계 거리가 짧은 경우에는 더욱, 다른 사람들에게 위험을 불러온다는 것을 인식해야 한다. 법은 양조활동 이외의 모든 활동에서의 그들이 사실상의 무지했다고 하여 달리 적용되지 않는 확고한 기준을 적용해야 한다. 그들은 선박을 소유한 선주들이 되었기에, 다른 합리적인 선주들과 같이 처신해야 하는 것이다.

이것을 근거로 하여 보면, 항소인들은 그들이 소유하는 선박들의 항해에 의해 영향을 받을 수 있는 모든 선박들과 사람들에 대해 자신의 선박들의 항해와 관련된 모든 사람들이, 그러한 위치에 있는 이성적인 사람이라면 행사했을 것과 같은 정도의 주의를 행사해야 한다는 의무를 부담하고 있었다. 집중적으로 부각된 문제는, The Lady Gwendolen 호와 Freshfield 호의 충돌 사고와 관련하여 가장 중요한 인물들이라고 여겨지는 항소인들이, Freshfield 호의 선주들에 대해 그와 같은 사고를 미연에 방지할 합리적인 주의 의무를 지고 있었다는 점이다.

유능하고 경험이 많은 선장이 그들의 선박을 운항하고 있을 때, 그들이 마주치게 되는 날씨 혹은 교통과 관련된 상황들에 대처하는 선장의 자유로운 결정권을 방해하는 것은, 단지 선주로서의 비합리적인 행동일 뿐만 아니라, 완전히 터무니없는, 어리석은 일이 될 것이다. 그런 문제들과 다른 해상의 위험요소들과 관련해서 그들이 책임을 져야 하는 부분은 아마도 관련된 정보, 가령 차트들이나 공지 사항 등을 제공하는 것에 제한 될 수 있다(Northern Fishing Company (Hull), Ltd. v. Eddom and Others (the Norman), [1960] 1 Lloyd's Rep. 1. 참고).

그러나, 선주가 알거나 알았어야 할, 선박이나 다른 사물 혹은 사람의 안전에 함축적 혹은 잠재적인 영향을 미치는 어떤 정책상의 사항들의 경우는 다른 문제가 된다. 그 예로 현 사안과 관련은 없지만, 화재예방이나 배가 난파되었을 경우 탈출을 위한 장비들의 적합성에 관한 것 등이 있을 수 있다. 감항능력을 비롯한 그와 유사한 문제들은 모두, 속도에 관한 문제를 집중적으로 논하기 위해서 무시될 수 있다. 선박이 어느 정도의 속도로 항해를 해야 하는지 혹

whether general or related to specific circumstances, and whether explicit or implicit in wider instructions, appears in all common and commercial sense to be a responsibility of owners.

*350 With regard to such a responsibility and its discharge owners would no doubt in normal practice perform their duty of reasonable personal care if they appreciated that they must sufficiently inform themselves of the factors affecting the sea routes upon which they were setting their ships and engaged a relevantly qualified adviser to explain these to them either as an ad hoc consultant or as an employee. For example, they would need to know, and be bound to appreciate that they needed to know, the distance between any two ports to which they intended to ply, by a route safe for a vessel of the relevant draught, and the number of days or hours which the vessel, having regard to her range of speed, would require to make the journey in favourable conditions of weather and tides. Similarly, they would or should have regard to the known incidence of hazards such as hurricanes, gales, ice or fog. Owners so adequately informed would be able in compliance with their duty to draw up and promulgate to their masters and their traffic managers a working schedule of anticipated sailings and arrivals, in estimating which ship movements would be calculated, no doubt, at less than full potential speed; it would nevertheless in the very nature of marine travel be inevitable that adverse weather conditions and in particular fog would interfere with any such schedule. This poses for any owner who is reasonably alive to his duty the dilemma whether he shall, for commercial or other practical reasons, require his masters, expressly or by more covert hints, to keep so near as ever may be to the schedule or whether, cost what it may in convenience and profits, he shall make it plain to them that they should make safety the first consideration and feel secure that there will be no recrimination or loss of standing with the management.

It is somewhat idle to discuss in the present case what an owner of a ship or ships properly should do and if he failed to do it would be at fault; the appellants did *nothing*. Their attitude, adopted by their board of directors, was that they had acquired and for some 50 years had used ships of their own merely because it was commercially preferable to transport their stout from Dublin to Liverpool and Manchester in those ships, whereas to Glasgow and other places they would ship it in vessels of other companies, and within Ireland deliver it by rail or lorry. All this

은 어느 정도의 속도를 초과하면 안 되는지에 대한 결정은, 그러한 속도의 지침이 일반적인 경우 혹은 특수한 경우를 가정한 것인지, 혹은 명백하게 지시되었는지 암시적으로 지시되었지 상관없이 모두, 보편적이고 상업적인 측면에서 볼 때 선주들의 책임이다.

*350 그러한 책임과 그 이행에 관하여, 선주는 그들 선박의 항로를 결정하는 데에 영향을 미칠 수 있는 요소들에 대해 충분히 알아야만 한다는 점을 인식하고 나아가 특별 고문으로서나 피고용인으로서 이러한 요소들에 대해 설명을 해 줄 적임의 고문을 고용하였더라면, 통상의 영업에 있어 합리적인 개인적 주의의무를 이행하였을 것은 당연하다. 예를 들어 그들은 그들의 선박을 왕래시키고자 하는 모든 항구 간의 거리, 당해 선박의 흘수(吃水)를 고려했을 때 안전한 항로는 어디인지, 그리고 날씨와 조류가 항해를 하기에 적합한 상태에 있을 때 선박이 낼 수 있는 속도를 감안하면 항해를 하기 위해 얼마만큼의 시간이 필요한지 등과 관련한 사항들을 알아야 하고 알아야 한다는 사실을 인식하고 있어야 한다. 마찬가지로, 그들은 허리케인, 강풍, 빙하, 안개 등의 위험한 요소들에 관해 고려해야만 한다. 그와 같이 적절하게 정보를 인식한 선주들은, 그들의 의무에 따라 출항과 입항 계획을 세우고 그것들을 선장들과 그들의 운수과장들에게 공표할 수 있게 된다. 물론 선박과 관련된 산술적인 계산을 할 때에는, 그 선박이 낼 수 있는 최대속도보다는 낮은 속도를 바탕으로 계산이 이루어진다. 그럼에도 불구하고, 그와 같이 계획된 일정들은 해상운송의 성질상 부득이하게 험난한 기상 상황, 특히 안개가 끼는 상황에 의해 차질을 빚게 된다. 이것은 합리적으로 그의 의무를 인식하고 있는 모든 선주들에게 딜레마를 불러일으킨다. 그 딜레마는, 선주들이 상업적 혹은 다른 실질적인 이유들 때문에 그를 위해 일하고 있는 선장들에게 분명히 혹은 암시를 통해, 무슨 수가 있더라도 계획대로 운항할 것을 요구할 것인지 아니면 불편하고 비용이 많이 들더라도 선장들에게 안전이 최우선 고려사항이고, 그와 관련해서는 그 어떤 비난이나 신분상의 불이익도 없을 것이라는 것을 분명히 할 것인지 사이의 딜레마이다.

이번 사건에서 선박 혹은 선단의 소유주가 어떤 적절한 조치를 취해야 하는지 혹은 그가 그와 같은 조치를 취하지 않았을 때 어떠한 잘못이 있는지에 대해서 논하는 것은 일종의 시간 낭비이다. 왜냐하면 항소인들은 아무런 조치도 취하지 않았기 때문이다. 그들은, 자신들이 선박을 소유하고 소유 선박을 지난 50여 년간 이용하여 온 것은, 오로지 자기 회사의 맥주를 Dublin으로부터 Liverpool과 Manchester까지 자기 회사의 선박으로 운반하는 것이 상업적

was a function of trade delivery to be dealt with by their traffic department, and they saw no more occasion to think about the ships or their movements than about their lorries.

The board of the appellant company, as a board, did not concern itself at all with the ships, though it is important to note that it retained the power to appoint or to dismiss their masters. Under Art. III of the Articles of Association the directors were empowered to entrust any of their powers to a managing director or assistant managing director; it is clear from the existence of an article in those terms that the board could not appoint any other individual, such as an employee, to exercise or discharge the powers and responsibility of the board of directors. Nor did the board attempt to do so; it merely allocated—as Dr. Mill, the managing director, put it—without any formal resolution and as a matter of business, the management of the section into which fell all matters of dealing with ships to an assistant managing director, who was at the material time Mr. D. O. Williams. He appears to have had no knowledge of or interest in ships and was primarily responsible for obtaining supplies of raw materials, such as barley and malt; the whole business of delivery of the manufactured product was left to the traffic department under a manager, Mr. Boucher, subject to general supervision exercised by a weekly meeting with Mr. Boucher. The latter was experienced only in handling railway traffic, and during his 19 years with the Great Western Railway had had nothing to do with the running of any ship. Neither before nor, even more surprisingly, since the *Freshfield* collision did the board concern itself at all with any problem or question relating to safe navigation; it took no action whatever with the object of improving safety in navigation.

Since neither the board nor their representative, Mr. D. O. Williams, either paid attention to or directed any employee to pay attention to any consideration affecting safe navigation, it is less surprising than shocking to find that their three ships engaged in carrying stout from Dublin to Liverpool were expected normally to accomplish that passage in 12 hours or little more. The operational speed of *The Lady Gwendolen* was 10 knots; the distance was 122.4 nautical miles. Ignoring all difficulties of clearing harbour or of final approach it is manifest that a speed in *351 excess of 10 knots was implied. Mr. D. O. Williams did not know the maximum speed

으로 더 이윤이 되기 때문이라는, 회사 이사회의 입장을 견지하였다. 반면 그들은 Glasgow와 다른 장소들로는 다른 회사들의 선박을 이용해 운송하였고 Ireland 내에서는 기차 혹은 화물차로 운반했다. 이 모든 것들은 그들의 운송 부서에서 다루어져야 하는 무역운송과 관련된 사항들이었고, 그들은 그들의 선박이나 그 항해에 대해 특별히 더 많은 신경을 쓰지 않고 있었다.

항소를 제기한 회사의 이사회는, 선장들을 임명하고 해고할 권한을 보유하고는 있었으나 선박들과 관련해서는 전혀 신경을 쓰지 않고 있었다. 회사의 정관 제3조에 따라 이사들은 그들의 그 어떠한 권한도 임의로 관리 이사나 보조 관리 이사에게 위임할 권리가 있었다. 이러한 조항의 해석상, 이사회가 앞의 두 사람 이외의 사람에게, 예를 들어 일반 피고용인과 같은 사람에게, 자신의 권한이나 책임을 이행하도록 위임하는 것이 허락되지 않음은 명백했다. 이사회는 그와 같이 허용되지 않는 위임을 한 것은 아니었다. 관리 이사인 Dr. Mill의 증언에서 알 수 있듯이, 이사회는 공식적인 결의 없이 경영상 방침으로, 선박과 관련된 모든 사무를 당시의 보조 관리 이사였던 Mr. D. O. Williams에게 할당하였다. 그는 선박에 대한 지식이나 관심이 전혀 없는 자였으며, 보리와 맥아 등과 같은 원자재 조달을 주된 임무로 하고 있었다. 완제품의 운송과 관련된 모든 사항들은 Mr. Boucher가 총책임자로 있는 운송 부서가 담당하였고, Mr. Boucher는 주 1회 있는 미팅을 통해 일반적인 감독을 받았다. Mr. Boucher는 철도 교통을 통제하는 것과 관련해서만 업무의 경험이 있었고, 그가 Great Western Railway에서 19년 동안 한 일은 선박을 운영하는 것과는 전혀 상관이 없는 업무였다. 충돌이 있기 전뿐만 아니라, 더욱 놀랍게도 Freshfield 호와의 충돌이 있은 후에도, 이사회는 항해 시의 안전과 관련해 자신들에게 어떠한 문제나 의문점이 있다는 생각을 전혀 하지 않았다. 이사회는 항해 시의 안전을 향상시키는 것과 관련된 그 어떠한 조치도 취하지 않았다.

이사회나 이사회의 대리인인 Mr. D. O. Williams 모두 항해의 안전에 영향을 끼치는 요인들에 신경을 쓰거나 피고용자들에게 주의를 기울일 것을 지시하지 않았다는 점을 고려한다면 그들 소유의 세 척의 선박들이, 흑맥주를 Dublin에서 Liverpool까지 12시간 혹은 그보다 조금 더 걸리는 시간 내에 운송하도록 예정되었었다는 사실은 놀라운 일이라기보다는 충격적인 일이었다. The Lady Gwendolen 호의 일반적 운항속도는 10노트였고, 운항거리는 122.4 해상 마일이었다. 따라서 항구를 비워 주는 것과 관련한 모든 어려운 사항들 혹은 마

of the vessel and hazarded that it might be 10/12 knots. Mr. Boucher thought this timing, and even the 13 hours substituted after the collision, "a tight fit." It was quite unnecessary even to suggest such a timing since the vessels could leave Dublin at any time appropriate to enable them to catch the tide at Liverpool which would bring them to berth for unloading at 8 a.m. It would be wholly unfair to the appellants and their staff to suggest that any pressure was exerted upon masters to make these voyages in 12 hours or any such time, although, in fact, a few trips were accomplished in less than 12 hours. Nor did Mr. Justice Hewson base his finding against them on any such ground. The learned Judge expressly found that Captain Meredith was never urged, encouraged or expected by his superiors to risk his ship in fog or other difficult conditions. Captain Meredith said expressly in evidence that it was left to him to decide when to sail from Dublin and that he had never been "hauled over the coals" for missing a tide, though he had from time to time been asked what happened to delay him. On the other hand, Captain Meredith said that the basis on which the owners were operating was that it took a ship 12 hours to get from Dublin to Liverpool and 18 hours to Manchester and that "Naturally they wanted the schedule kept." After the Freshfield collision the appellants adopted the practice of sending to each of their masters at intervals of six months a notice headed "Important Notice" drawing attention to Rule 16 of the Collision Regulations and the importance of observing its directions. Captain Meredith, when asked (Day 2, p. 13):

Q.: Do you think, if you had been receiving these notices every six months during the period from 1954 to 1961 you might have been more careful in fog?

replied: "Yes, possibly; probably."

He also said that if his owners had made it clear to him that they had supplied radar to help him and did not expect him just because he had radar to go faster in fog than was safe, it was "rather difficult" to say whether that would have had an effect in relieving his mind. Although the witness may not have made it so clear in words as the whole realities of the matter make it that he was going so fast as he was at the time of the collision because he did not feel justified,

지막 순간의 감속을 무시한다고 하여도, 10노트를 초과하는 속도*351로 항해하였다는 것은 간접적으로 증명될 수 있다. Mr. D. O. Williams는 선박의 정확한 최고속도도 알지 못한 채, 다만 10에서 12노트일 것이라고 어림잡아 대답했다. Mr. Boucher는 이 12시간이, 그리고 충돌이 있은 후에는 13시간으로 바뀐 운항시간 역시, '빡빡하게 들어맞는 운항시간'이라고 생각했다. 선박들은, 오전 8시에 정박하여 하역을 하는 그들의 일정에 맞출 수 있도록 Liverpool에서 조수를 탈 수 있는 적절한 시간에 언제든 Dublin을 떠날 수 있었기 때문에, 그런 운항시간을 제시하는 것은 불필요하였다. 실제로 몇 번의 항해는 12시간 이내로 이루어지기는 하였지만, 항소인과 회사의 임원들이 선장들에게 12시간 내로 항해를 마치라고 압력을 행사하였다고 보는 것은 완전히 부당한 일이 될 것이다. Hewson 판사의 판결 역시 이와 같은 가정을 바탕으로 한 것은 아니었다. 판사는, Meredith 선장이 안개가 낀 상황이나 항해시의 어려운 상황에서 위험을 감수하고 선박을 운항하라는 압력을 받거나, 그러한 운항이 조장되거나 기대된 적은 없다는 것을 분명히 밝혔다. Meredith 선장은 그의 증언에서, 그가 Dublin에서 언제 출항할지에 대해서는 전적으로 자신에게 결정권이 있었으며, 그가 예정보다 늦게 도착을 하면, 가끔씩 무엇 때문에 늦었는지에 대해 질문은 받았을지언정 심하게 문책을 당한 적은 한 번도 없었다는 것을 분명히 하였다. 한편 Meredith 선장은, 선주들의 운항이 기본적으로 Dublin에서 Liverpool까지는 12시간, Manchester까지는 18시간이 걸린다는 것을 전제로 이루어졌으며, "선주들은 당연히 일정대로 운항이 이루어지기를 원했습니다." 라고 했다. Freshfield 호와의 충돌사고가 있은 후, 항소인들은 그들의 모든 선장들에게, 6개월 간격으로 "중요한 공지사항"이라는 제목의 공지를 보내는 것을 관행으로 만들었다. 그 공지는 충돌규칙 제16조를 강조하고, 그 규제의 지시 사항들을 따르는 것의 중요성을 강조하였다. Meredith 선장은 다음의 질문을 받았을 때 (Day 2, 13쪽):

Q.: 당신은, 당신이 이와 같은 공지사항들을, 1954년부터 1961년까지의 기간 동안, 6개월 간격으로 받았더라면, 안개 속에서 운항을 할 때 더 많이 조심했을 것이라고 생각하십니까?

그는 이렇게 대답했다: "네, 아마도 그랬겠죠."

또한 그는, 만약 선주들이 선박에 레이더를 장착하여 준 것은 단지 그의 항해에 도움을 주기 위한 것이고, 선박에 레이더를 장착하였다고 하여 선주인 그들이 안전속도보다 더 빠른 속도로 선장이 항해하기를 기대하지는 않는다는 것을 선주들이 분명히 밝혔다고 하여도, 그러한 선주들의 말이 선장인 실제로 심리적인 압박을 덜어주는 데에 기여하였는지의 여부를

being equipped with radar, in falling down on the published E.T.A., he actually stated that had he had no radar he would have anchored.

In or about the year 1953 the appellants installed radar in their ships. Mr. D. O. Williams was not personally aware of any safety problem associated with the availability of radar, such as any risk either of excessive confidence arising in the mind of a master or, on the other hand, of his feeling timid lest by slowing down or anchoring despite the radar assistance he might seem excessively cautious. I share the view of the learned Judge that such matters ought to be appreciated by shipowners. However, I am disposed rather than imputing such knowledge to these owners to say that if they had instituted any reasonable system for controlling the navigation of their ships they would, in fact, either have thereby acquired this knowledge or would have ensured that a knowledgeable delegate took precautions appropriate in the light of it on their behalf. Mr. D. O. Williams, without taking any special interest as a shipowner, was alive in a general way to the fact that ships do collide in fog. He confessed, however, "I did not concern myself about the safety of my ships and the lives of the men on board or that of other ships." He was not morally culpable in this respect since it never occurred to him that he should so concern himself.

It transpired that there was not a single seaman in the whole of the Guinness Dublin organization, either on the board or among the managers, though it is true that the marine superintendent, Mr. Robbie, who was an engineer entrusted with keeping the ships at sea as some other person kept the lorries on the road, had served for 20 years at sea.

Naturally Mr. D. O. Williams had no sufficient interest in Ministry of Transport notices to owners, masters or mariners to read them himself, nor did he appreciate the desirability or at any rate do anything to improve the likelihood that such notices would be read with care and respect by the masters. A particular notice, M.445, did, in fact, come to the notice of Captain

밝히기는 상당히 어려울 것이라고 하였다. 비록 증인이 사고 당시 과속운행을 한 것은 레이더가 장착된 배로 항해하는 이상 도착 예정 시간을 지키지 못하면 안 된다는 압박감을 느껴서라고 분명하게 밝힌 바는 없지만, 그는 만약 그 당시에 그의 선박에 레이더가 장착되어 있지 않았다면 선박을 운항하지 않고 정박하였을 것이라고 진술하였다.

1953년 혹은 그때쯤에, 항소인들은 그들의 선박에 레이더를 장착하였다. Mr. D. O. Williams는 레이더의 사용으로 인해 발생할 수 있는 안전과 관련된 문제, 가령, 선장이 레이더의 장착으로 인해 운항에 대해 과도한 자신감을 가질 위험이나, 반대로 자신이 레이더의 도움을 받아 항해를 함에도 불구하고 감속운항 혹은 정박을 지나치게 소심한 것으로 비치지 않을까 생각하게 될 위험 등에 대해 개인적으로는 아는 것이 아무것도 없었다. 나는 그와 같은 문제들은 선주들이 인식하여야 하는 문제라는 판사의 의견에 동의한다. 그러나 나는 이와 같은 사항들을 인식할 책임을 단순히 선주들의 책임으로 돌리기보다, 만약 선주들이 그들의 선박을 관리하는 어떠한 합리적인 시스템을 구축하였더라면, 사실상 그들은 인식했어야 할 이러한 사항들에 관해 이미 인식을 하고 있었거나, 인식했어야 할 사항들과 관련해서 그러한 사항들을 이미 인식하고 있는 대리인이 그들을 대신하여 적절한 사전조치들을 취하는 것을 확실히 할 수 있었을 것이라는 점을 지적하고 싶다. Mr. D. O. Williams는, 비록 선주로서는 선박의 운항에 관해 특별한 관심이 없었을지 모르나, 일반적으로 선박들이 안개 낀 날씨에 운항을 하면 충돌할 수 있다는 것은 알고 있었다. 그러나 그는 “나는 내 선박들의 안전과 내 선박에 승선하고 있는 사람들이나 다른 선박에 승선하고 있는 사람들의 생명에 관한 고려를 해 본 적이 없었다”라고 진술하였다. 이것과 관련해서 그가 도덕적으로 비난을 받을 이유는 없다. 왜냐하면, 그는 그가 그러한 고려를 직접 해야 한다는 생각조차 못 해 봤기 때문이다.

Guinness Dublin의 구성을 전반적으로 살펴보았을 때, 심지어 이사회나 이사들을 통틀어 봐도, 선원 출신은 단 한 명도 없었다. 해사감독관인 Mr. Robbie는, 육상에서 다른 누군가가 화물차들을 관리하듯이, 해상에서의 선박에 관한 관리권한을 가진 ‘기관사’에 불과하였다. 비록, 그가 바다에서 20년간 일을 했다는 것은 사실일지 몰라도 말이다.

당연히 Mr. D. O. Williams는 교통부에서 선주, 선장, 선원들을 대상으로 공지한 사항들을 자신이 직접 읽어 볼 정도로는 공지사항에 주의를 기울이지는 않았다. 이와 더불어 그는 그와 같은 공지의 필요성이라던가, 그러한 공지가 선장들에 의해 주의 깊게 그리고 존중되어

Meredith, but no credit for this was due to any system or forethought of the appellants or any representative of their company.

In the present case there is no room for doubt that the fault of total neglect to take any thought at all about safety in *352 navigation of the appellants' ships and the consequent total neglect of all measures of control over or influence upon the speed at which masters sailed was actual fault of the appellants; the board of directors never entrusted the relevant sphere of management to anyone other than Mr. D. O. Williams. No case has been made against either Mr. Boucher or Mr. Robbie of breach of any duty of a relevant character actually imposed upon him or delegated to him. In so far as Mr. Robbie attempted to assert that to some extent he not only accepted but discharged the duty of controlling the navigation of masters his evidence was rejected by the learned Judge. Accordingly, I find it unnecessary upon the view already expressed to say more about the reported decisions, based in some instances, it seems to me, rather upon admissions than argument, as to whether a given fault is merely that of a servant or also that of an owner, than that in my opinion wherever the fault either occurs in a function or sphere of action which the owner has retained for himself or is that of a manager independent of the owner to whom the owner had surrendered all irrelevant powers of control, it is actual fault of the owner within the meaning of the section.

The present case is one where such management of the ships as there was was carried out by employees of the owners. I appreciate that in such a situation it is as essential as it may be difficult not to allow a *respondeat superior* responsibility to assume the guise of a retained responsibility for a transferred function of management.

The speech of Viscount Haldane, L.C., in the case of Lennard's Carrying Company, Ltd. v. Asiatic Petroleum Company, Ltd., [1915] A.C.705,at p.713, is a *locus classicus* in which is expounded the doctrine that a corporation can only be guilty of actual fault where there is fault of its board of directors or of some person who "is really the directing mind and will of the corporation, the very ego and centre of the personality of the corporation." Viscount Haldane, L.C., said:

… That person may be under the direction of the shareholders in general meeting; that person may be the board of directors itself, or it may be, and in some companies it is so, that that

읽혀질 수 있는 가능성을 높일 수 있는 방법에 대해서 그 어떠한 고민도 하지 않았다. 사실 M. 445와 같은 특별한 공지사항은 Meredith 선장에게 전달이 되기는 하지만, 항소인들의 시스템이나 기획 혹은 그들 회사의 대리인 등 그 누구에게도 주목을 받지는 못하였다.

이번 사건에서는, 항소인들 선박의 항해 시에 그들이 그들 선박의 *352 안전에 대해 그 어떠한 조치도 하지 않는 부주의의 과오, 그리고 그러한 부주의의 결과 선박의 속도에 관해 전혀 통제를 하지 못한 잘못 등이 항소인들의 '실제과오'라는 것은 의심의 여지가 없다. 이사회는 이와 관련된 일들을 전부 Mr. D. O. Williams에게 위임하였다. Mr. Boucher나 Mr. Robbie에 대해서는, 그들에게 이와 같은 의무가 위임되었고 그들이 그 의무를 위반하였다는 주장이 제기되지 않았다. Mr. Robbie가 자신은 일정한 정도까지 선장들의 항해를 통제하는 의무를 받아들였을 뿐 아니라 이행하였다고 한 주장을 1심 판사는 인정하지 않았다. 따라서 나는, 위에서 이미 나타난 관점에 비추어, 쟁점이 되었다기보다는 일방에 의해 인정된 내용에 기반한 공표된 판결들과 관련하여, 과오가 순전히 피용자에게만 있었는지 선주에게도 과오가 있었는지에 관한 언급을 추가적으로 하는 것이 불필요하다고 생각하며, 다만 과오가, 선주가 스스로 권한을 보유하고 있는 행위와 관련해서 발생한 것인지 선주와는 독립된 관리자에 관련된 모든 권한을 완전히 넘겨주었는데 이때 발생한 것인지와 관계없이 모두 해당 법률 조항의 의미 내에서는 선주의 실제과오로 인정된다는 점을 언급하는 것으로 족하다.

이번 사건은, 선주들의 피고용인들에 의해 선박의 경영이 이루어졌던 사건이다. 나는 그러한 상황에서, 경영기능을 타인에 이전함에 따라 겉으로만 책임을 가지는 자에게, '상사로서의 책임'을 묻지 않는 것이 필수적이기는 하지만 자연스럽지 않을 수 있다는 점을 알고 있다.

Lennard's Carrying Company. Ltd. v. Asiatic Petroleum Company. Ltd [1915] A.C. 705 사건과 관련해, 713페이지에서, 회사는 그 이사회의 잘못이 있는 경우 또는 어느 한 개인이 "실질적으로 회사의 행위를 지시하는 주체이며 의지, 즉 그 회사의 실질적인 자아인 동시에 회사 인격의 중심을 이루는 자"인 경우에만 책임이 있다는 원칙을 상술하고 있는 Haldane 자작의 발언은 자주 인용되는 명구(名句)이다. 그는 다음과 같이 말했다:

… 그러한 '개인'은 주주총회에서 주주들의 지시를 받는 사람일 수도 있고; 이사회 그 자신일 수도 있으며, 실제로 몇몇 회사에서는 그러하듯이, 이사회와 동등한 권한을 가진 사람일

person has an authority co-ordinate with the board of directors ...

Undoubtedly in the present case Mr. D. O. Williams satisfied this test so far as all matters of control of the appellants' ships were concerned; indeed, Mr. Naisby so conceded. Since in my judgment, concurring with that of the learned Judge, Mr. D. O. Williams, the responsible director, was in actual fault or guilty of actual fault, it is immaterial to consider whether it would be possible to hold the appellants to be in actual fault or guilty of actual fault by reason of the plain failures in management, of which Mr. Boucher, the traffic manager, and Mr. Robbie, the marine superintendent, were guilty. I think such a contention has considerable cogency. Notwithstanding the stringency of the language of Viscount Haldane, L.C., the substantial decision in Lennards' Case, *sup.*, was that Mr. J. M. Lennard's personal fault was fault of the carrying company *because* he was the "very ego" or "*alter ego*" of John M. Lennard & Sons, Ltd., another company to which the management of the ships had been entrusted, and it is to be observed that at first instance it had been agreed by Counsel that "the fault of the managing owners is the fault of the owners." Similarly in The Charlotte, (1921) 9 Ll.L.Rep. 341, Mr. Justice Hill said, at p. 342:

... The owners are a company. The ship is managed by a firm of two partners, M. Leroux and M. Heuzey. The company acts by those gentlemen, and there was actual fault or privity of the company if there was actual fault or privity of M. Leroux or M. Heuzey. That I take it to be the whole effect of [Lennards' Case] ...

The substance of the present case is that Mr. D. O. Williams and through him the appellant company were not free from actual fault because they failed to set Mr. Boucher or Mr. Robbie or anyone else, properly or at all, to the task of ensuring that their ships were navigated with due caution.

The evidence in this case established, and indeed Captain Meredith admitted that from 1953 to 1961 he had "habitually" proceeded too fast in fog. This fact was not known to Mr. Boucher or to Mr. D. O. Williams because there was no system in operation which could have brought it to their notice. Mr. Boucher agreed in evidence that it was "not satisfactory" that such

수도 있다 …

실제로 Mr. Naisby가 시인한 바와 같이, 이번 사건에서 Mr. D. O. Williams는 항소인들의 선박에 관한 지휘 문제와 관련된 이와 같은 기준들을 충족시키는 것에는 의심의 여지가 없다. 1심 판사의 판단과 마찬가지로, 나도 이사인 Mr. D. O. Williams에 '실제과오'가 있거나 '실제과오로 인한 책임'이 있다고 판단하는데, 그렇다면 운송 관련 이사인 Mr. Boucher와 해사감독관인 Mr. Robbie의 경영상의 과오를 근거로 하여 항소인들에 실제과오가 있거나 실제과오로 인한 책임을 인정하는 것이 가능한지를 고려할 실익은 없어진다. 나는 이와 같은 의견이 상당한 설득력이 있다고 생각한다. Lennard 사건에서의 주된 판결은, Haldane L.C. 자작이 판단의 기준을 설정하는 데에 사용한 단어들의 엄격한 의미와는 상반되게, Mr. J. M. Lennard의 직접적인 과오가 그가 회사의 선박과 관련된 경영을 맡았던 또 다른 회사John M. Lennard & Sons, Ltd.의 "바로 그 자신" 혹은 "분신"이었기 때문에 운송회사의 과오가 된다는 것이었다. 또한 대리인이 1심에서 "경영자들의 과오는 선주들의 과오다"라는 것에 동의하였다는 점 역시 주목하여야 한다. 유사하게 The Charlotte, (1921) 9L1.L.Rep. 341 사건에서 Hill 판사는, 342쪽에서 다음과 같이 말했다

… 선박의 소유주는 회사이다. 선박은 M. Leroux와 M. Heuzey 두 명의 파트너로 구성된 회사에 의해 관리되고 있었다. 회사는 그 두 명에 의해 자신의 행위를 하며, 따라서 만약 Mr. Leroux나 M. Heuzey에게 실제과오 혹은 관여가 있었다면 회사에게도 실제과오 혹은 관여가 있었다고 보아야 한다. 나는 이것이 Lennard 판결의 전반적인 결과라고 생각한다 …

본 사건의 요지는 Mr. D. O. Williams와 항소인 회사는 실제 과오로부터 자유롭지 못하다는 것이다. 왜냐하면 그들은 Mr. Boucher 혹은 Mr. Robbie 혹은 또 다른 누구에게도 그들의 배가 적당한 주의하에 항해하고 있다는 것을 보장하는 업무를 이행하도록 하지 않았기 때문이다.

이번 사건에서 제시된 증거들에 의해, 그리고 Meredith 선장이 시인한 바와 같이, 1953년부터 1961년까지 Meredith 선장이 '습관적으로' 안개가 낀 상황에서 과속운항을 한 것은 입증되었다. 이러한 사실은 Mr. Boucher 나 Mr. D. O. Williams에게 알려지지 않았는데, 그

navigation of one of the company's ships could have occurred *353 without anybody in the management part of the business being aware of it. If he had known of it, he said, he would have instructed the marine superintendent to tell the master to stop the practice and would have instituted a system of checks. He also agreed that it would have been better if such a notice as was sent out after the collision had been sent to masters long before.

For such a state of basic lack of administration and of undistributed and undefined responsibilities in relation to the navigation of their ships the appellants have failed to satisfy me as they failed to satisfy Mr. Justice Hewson that they were free from actual fault which contributed or may have contributed to cause the collision.

I would dismiss the appeal.

Mr. WILLMER: My Lords, I ask your Lordships to dismiss the appeal with costs.

Mr. COLLINSON: My Lord, I clearly cannot say anything about dismissing the appeal with costs. I do, however, ask your Lordships, with some diffidence in view of your Lordships' unanimity on the subject, for leave to appeal to the House of Lords in this matter.

Lord Justice SELLERS: Perhaps it is not quite the same, but is it not the equivalent of concurrent findings of fact? I seem to remember having been to the House of Lords when there have been the findings of two Courts below and I was confronted with "Why is not this a case of concurrent findings of fact, with which the House of Lords very rarely if ever interferes?" Perhaps it is not quite the same.

것은 그들이 그와 같은 사실을 알 수 있게 해 줄 만한 경영 시스템이 갖추어지지 않았었기 때문이다. Mr. Boucher는 회사의 경영진들 중 그 누구도 모르게 회사 선박의 그와 같은 항해가 자행되어 왔다는 *353 사실은 "만족스럽지 못한 일"이라고 증언하였다. 만약 그가 그와 같은 사실에 대해 알았더라면, 그는 해사감독관으로 하여금 선장에게 더 이상 과속운항을 하지 말 것을 당부하도록 지시하였을 것이고, 관리감독이 이루어질 수 있는 시스템을 도입하였을 것이라고 하였다. 또한 그는 만약 충돌이 있은 후에 선장들에게 보내지기 시작한 것과 같은 공문들이, 충돌이 있기 훨씬 전부터 선장들에게 보내졌었더라면 더 좋았을 것이라는 점에 동의했다.

그들 소유의 선박 항해와 관련된 경영에 있어서의 일반적인 관리 부족, 그리고 책임이 불분명하게 분배되고 그 소재 또한 막연한 상황을 고려한다면, 항소인들은 사고의 발생에 기여하였거나 기여했을 소지가 있는 실제과오를 저지르지 아니하였다는 점에 관하여 1심 판사인 Hewson 판사를 납득시키지 못한 것과 마찬가지로 나 또한 납득시키지 못하였다.

따라서 나는 항소를 기각한다.

Mr. Willmer: 동료 판사님들, 저는 판사님들께서 항소를 기각해 주시고 원고에 소송비용을 부담시킬 것을 요청하는 바입니다.

Mr. Collinson: 재판장님. 확실히 저는 항소가 기각되고 소송비용을 부담하는 것에 대해서는 할 말이 없습니다. 그러나 저는, 비록 이 사건의 쟁점에 관해 판사님들 전원의 의견이 합치하고 있기는 하지만, 이 사건을 귀족원에서 심의할 수 있도록 해 주시기를 부탁 드립니다.

Sellers 판사: 아마 완전히 같지는 않겠지만, 그것은 동일한 사실관계에 대한 심사에 해당하지 않나요? 저는 두 개의 하급심 법원에서 평결이 내려진 사건이 귀족원에서 심사된 경우를 기억하고 있는데, 그때 "이 사건은 귀족원에서 거의 다루어지지 않는, 동일한 사실관계에 관한 심사에 해당하지 않는가?"라는 질문에 직면했었습니다. 이번 경우와 완전히 동일하지 않을 수도 있기는 하지만 말입니다.

Mr. COLLINSON: If it be concurrent findings of fact, the concurrent findings of fact, with the greatest respect to your three Lordships and Mr. Justice Hewson, are not altogether the same.

Lord Justice SELLERS: They are, on one topic.

Mr. COLLINSON: Merely that I have failed.

Lord Justice SELLERS: No; I really meant on the radar.

Mr. COLLINSON: On the radar; but this matter of the extent to which shipowners must take personal, shall I put it, interest, in the actual navigation of their ships, albeit they may not be seamen themselves, is in my submission clearly a matter of great importance to the shipowning community. It is, in my submission, a matter which should be defined as closely and as accurately as possible in the circumtances. The reason I press the matter is that in the first instance Mr. Justice Hewson put the matter on a general principle as to which I think it was Lord Justice Willmer who said that he did not quite appreciate—or it may have been your Lordship—that the matter could be put on a general principle of that sort.

Lord Justice SELLERS: I think we are all agreed about the question of breach of statutory duty.

Mr. COLLINSON: Your Lordship, Lord Justice Sellers, dismissed my appeal in effect on the basis that I as owner ought to have appreciated and done something about Notice No. M.445.

Lord Justice SELLERS: Among other things.

Mr. COLLINSON: Among other things, but that was the matter that your Lordship felt impelled to mention.

Mr. Collinson: 세 판사님과 Hewson 판사님에 대한 존경을 표하며 말씀드리지만 만약 그것이 동일한 사실문제에 대한 심사라면 그 심사가 완전히 같지는 않은 것 같습니다.

Sellers 판사: 하나의 문제와 관련해서는 일치합니다.

Mr. Collinson: 단순히 제가 패소했다는 점에 관해서는 그렇지요.

Sellers 판사: 아니오. 저는 레이더에 대해 말하고 있었습니다.

Mr. Collinson: 레이더에 대한 거라고 말씀은 하시지만, 선주들이 그들의 선박을 실질적으로 운항시킬 때에, 그들이 비록 선원은 아닐지라도, 어느 정도까지 개인적인 관심을 가졌어야 하는지는 선주들에게는 분명히 아주 중요한 문제입니다. 제 생각에, 그것은 각 사건의 상황에 따라 최대한 자세하게 그리고 정확하게 명시되어야 할 문제입니다. 제가 이 문제를 제기하는 이유는 1심에서 Hewson 판사님이 이 사안에 관해 일반적인 원칙을 적용하여 판결을 내리셨는데, 제 기억이 맞는다면, Willmer 판사님께서는—아니면 지금 제 앞에 계시는 Sellers 판사님께서는—그 사안이 그와 같은 종류의 일반적인 원칙을 적용하여 판결을 내릴 수 있는 사안이라는 의견에 동의하지 않는다고 하셨기 때문입니다.

Sellers 판사: 저는 법령에 의거한 의무의 위반과 관련된 문제에 관해서는 이미 모두 합의를 본 것으로 알고 있습니다.

Mr. Collinson: 재판장님, 재판장님께서는 제가 선박의 소유주로서 지침 M.445를 인지했어야 하며, 그에 관해 어떠한 조치를 취했어야 한다는 것을 근거로 제 항소를 사실상 기각시켰습니다.

Sellers 판사: 기각을 시킨 다른 사유들 중에 하나였지요.

Mr. Collinson: 다른 사유들도 있었다고는 하시지만, 제가 말씀 드린 사유가 판사님께서 언급하셨던 사유였습니다.

Lord Justice SELLERS: Yes. It is a notice to shipowners, and the shipowners in this case had never seen it and they made no provision for seeing it.

Mr. COLLINSON: But, of course, we had employed a marine superintendent, who, I think it was Lord Justice Winn observed, was not a seaman, but who Mr. Justice Hewson (and I think your Lordship did not disagree with Mr. Justice Hewson) had held could have done better—in other words, knew enough to do what he did not do. The issue, in my submission, that arises, both throughout your Lordships' judgment and Mr. Justice Hewson's judgment, and the issue which in my submission is of such importance, is how far I as a shipowner am entitled to expect people whom I employ, if I know nothing, to tell me what I ought to know. It is on that basis, my Lord, and on the ground that it is that which is of such particular importance—albeit I appreciate your Lordships' points on the objectiveness of the test that must be applied—to small shipowners and shipowners like myself who are only ancillary shipowners, that I submit this would be a proper case in which the matter should have further consideration before the House of Lords. I do not think I can put it any higher.

Lord Justice SELLERS: What do you say, Mr. Willmer?

Mr. WILLMER: My Lords, it is, of course, true that some of the issues raised in this case have been of fairly wide importance; *354 but as against that your Lordships have in the end determined this as a question of fact; and on the point on which the learned Judge dismissed the plaintiffs' action your Lordships have affirmed it. In those circumstances I apprehend that it is a matter of some difficulty.

Lord Justice WILLMER: Certainly it is open to the argument that, although we have dismissed it as a question of fact the facts we selected are not relevant facts.

Sellers 판사: 맞습니다. 그것은 선주들에 대한 지침이었는데, 이 사건에서 선주들은 그러한 공지사항을 읽은 적이 한 번도 없었으며, 그것을 읽을 예정인 것도 아니었습니다.

Mr. Collinson: 그러나 저희는 해사감독관을 고용하였습니다. 제 생각에는 Winn 판사님께서 말씀하신 바와 같이 그는 선원은 아니었으나, Hewson 판사의 판단으로는 (그리고 제 생각으로는 판사님께서도 Hewson 판사님의 의견에 동의하시는 것 같습니다) 일을 더 잘 할 수 있었던 사람이었습니다. —달리 말하면, 그는 그가 빼먹은 일이 무엇인지를 잘 알 수 있는 사람이었습니다. 제 생각에 판사님과 Hewson 판사님의 판결 과정에 있어 공통적으로 제기되는 문제는, 그리고 제가 생각하기에 아주 중요한 문제는, 제가 아무것도 아는 것이 없다고 가정했을 때, 제가 선주로서 저의 피고용인들이 제가 알고 있어야 할 사항들에 관해 보고할 것에 어느 정도까지 의지할 수 있는 것인지의 문제입니다. 이러한 문제를 근거로, 또한 이러한 문제가 특히—물론 재판관님께서 점검 절차에 적용되어야만 하는 객관성에 대한 지적은 염두에 두고 있는 바이지만—작은 선박의 소유주들과 저와 같이 사업상 부수적으로 선박을 소유한 소유주들에게 아주 커다란 중요성을 지닌다는 점을 근거로 하여, 저는 이 사건이 귀족원에서 더 자세히 다루어질 만한 가치가 있는 사건이라고 말씀드리고 싶습니다. 귀족원이 제가 생각할 수 있는 가장 최상의 법원입니다.

Sellers 판사: Mr. Willmer께서는 어떻게 생각합니까?

Mr. Willmer: 판사님들, 물론 이 사건에서 제기된 몇몇의 사안들이 아주 중요했던 것은 사실입니다. *354 그러나 그것과는 반대로, 판사님 여러분들은 마지막에 이 사건이 사실에 관한 문제라고 결론을 내리셨습니다. 그리고 여러분들은 1심 판사가 원고의 신청을 기각한 근거가 되는 내용을 확인해 주셨습니다. 이런 상황에서 저는 상원에 회부하는 것이 다소 어려운 문제가 아닐까 생각합니다.

Willmer 판사: 물론, 우리가 사실관계의 문제로 인해 청구를 기각하긴 하였지만, 그럼에도 불구하고 우리가 선택한 사실들이 그 문제에 대하여 과연 주요 사실로서 적절한가 하는 문제는 분명히 또다시 논쟁의 대상이 될 수 있는 문제입니다.

Mr. WILLMER: I suppose it is open to that argument, and inevitably in a case of this sort it is sometimes difficult wholly to distinguish between fact and law. I am not instructed to take any very strenuous opposition to this, but—

Lord Justice SELLERS: What is the total loss?

Mr. WILLMER: My Lord, in the region of £120,000 for all the claims which have been put forward. It is quite true that there is a large amount of money in issue in that the difference between the limitation, if found, and the total of the claims put forward is very nearly £100,000.

(*Their Lordships conferred.*)

Lord Justice SELLERS: Well, I do not doubt that this is an important case—it is an important case—but I see no reason to give leave to appeal to the House of Lords. When I say "I," I speak on behalf of my brethren.

Mr. Willmer: 제 생각에도 그 점에 관해서는 논란에 여지가 남아 있는 것 같습니다. 그리고 불가피하게 이러한 종류의 사건에서는 사실관계와 법률관계를 완전히 구분하는 것이 힘들 때가 있습니다. 저는 이에 대해 아주 강한 이의를 제기하지는 않을 것입니다. 그러나 —

Sellers 판사: 총 피해액은 얼마입니까?

Mr. Willmer: 판사님, 제기된 모든 손해배상청구의 액수를 합치면 약 120,000파운드입니다. 만약 이 사건에서 손해배상액제한이 인정된다면, 손해배상청구총액과 배상액제한에 따른 배상총액 사이에는 거의 100,000 파운드 가까이 차액이 생기기 때문에, 거액의 돈이 걸려 있다고 볼 수 있겠습니다.

(판사들이 협의를 하였다.)

Sellers 판사: 저는 이 사건이 중요한 사건이라는 것을 믿어 의심치 않습니다. —이 사건은 분명히 아주 중요한 사건입니다.— 그러나 저는, 항소인들이 이 사건을 귀족원에 제소할 수 있도록 허가를 내주어야 할 이유는 발견하지 못하였습니다. 제가 "저는"이라고 말할 때는, 제 동료 판사들을 대표해서 말하는 것입니다.

Matter of Oil Spill by the Amoco Cadiz off the Coast of France on March 16, 1978

사실관계

1978년 3월 16일 아침 대형 유조선인 Amoco Cadiz 호가 거센 폭풍우로 인해 침몰하여 프랑스 Brittany 해안에 22만 톤의 원유가 유출되었다. 이 침몰은 역사상 가장 큰 규모의 기름유출을 초래하였으며, 프랑스의 중요한 관광지와 낚시 명소 중 하나의 해안을 180마일에 걸쳐 손상시켰다. 사건의 선박은 Astilleros 사와 Standard 사 사이의 협상에 의해 건조되었으며, Amoco International Oil Company('AIOC')의 자회사인 Transport 사가 선박의 소유자였고, 이 선박의 운항 즉 선박의 정비와 보수 및 선원의 훈련은 AIOC가 책임을 지고 있었다. 이 중 AIOC와 Standard 사, Transport 사는 하나의 당사자(Amoco)로 소송을 진행하였다. 또한 사고 당시 Amoco Cadiz 호는 Shell International Petroleum 사에 용선계약으로 임대 중이었다.

Amoco Cadiz 호의 침몰은 다음의 여러 가지에 기인한 것이었다. 먼저 사고 이전부터 선박의 유압식 조타 시스템의 피스톤과 부싱, 그리고 방향키 등에는 기계적인 결함이 있었으며, Amoco 측은 이를 제조사로부터 고지를 받아 알고 있었고, 나아가 선박 부품들의 적절한 정비를 지시한 제조사의 권고 사항에 따르지 않았다. 또한 선박의 선원은 조타 기어 시스템의 정비, 가동, 검사 및 수리에 관하여 제대로 훈련받지 못했다는 사실이 밝혀졌다. 나아가 보통 선박은 일정 기간마다 건선거에서 정비를 받아야 하는데, 선박이 용선계약 중일 경우 선박 수리 기간과 같이 선박이 사용되지 않는 기간에는 임대료의 지급이 정지되므로 Amoco 측은 이러한 손실을 최소화하기 위해 Amoco Cadiz 호의 건선거에서의 정비를 고의적으로 연기하였다.

사고 이후 프랑스와 다수의 지방자치단체들, 그 밖에 기름유출로 피해를 입은 개인과 사업자 및 단체들, 원유의 손실을 입은 Shell 사가 손해배상을 청구하는 등 여러 당사자들을 포함하는 많은 소송들이 제기되었고, 이들의 심리가 일리노이 주의 북부 1심 법원에서 병합되어 진행되었다. Amoco 측은 1851년 미 연방 책임제한법에 근거한 책임제한을 주장하였고, 법원은 이를 기각하였으며 Amoco 측과 제조사인 Astilleros 사의 책임을 인정하였다. 본 사건은 그 1심 법원의 판결에 대하여 양 당사자들이 항소한 사건이다.

판결 및 쟁점

항소법원에서는 관할권, 손해배상의 산정방법 등 여러 문제가 다루어졌지만 특히 인과관계와 관련 당사자들이 선주인지 여부, 선주라면 책임제한법에 따라 책임을 제한받을 수 있는지 여부가 쟁점이 되었다.

먼저 인과관계와 관련하여 항소법원은 선박의 침몰이 Amoco 측과 Astilleros 사의 과실에 의한 것이라는 1심의 결론을 지지하였다. 항소법원은, Amoco 측인 선박의 선주와 관련 당사자들은 선박을 감항능력이 있도록 유지하도록 하는 정상적이고 합리적인 조치를 취할 의무를 다하지 못하였다는 점, 즉 선박의 여러 결함들을 인지하고 있었으면서도 아무 조치를 취하지 아니하였고, 제조사의 지시를 무시하여 예측이 가능한 위험을 발생시켰으며 조타 시스템이 고장날 경우 키를 통제할 수 있는 보충 수단을 구비하지 아니하였고, 선원을 훈련하거나 긴급 상황의 대처에 대한 교육을 하지 않았다는 점에서 기름 유출 피해에 책임이 있다고 보았다. 또한 Astilleros 사는 조타 기어와 압력완화밸브를 적합하지 않게 설계 및 제조했고, 못과 플랜지 조합도 세부 설계내역과 법정 요건을 준수하지 않았다고 판시하였다.

다음으로, 책임제한과 관련하여, 미 연방 책임제한법은 선주의 '인식 또는 관여' 없이 발생한 손해에 관한 선주의 책임을 선박에 대하여 선주가 가지는 이익의 가치와 당시 수송 중이던 화물의 가치로 제한하는데, 원심은 Amoco 측 당사자들 중 AIOC와 Standard 사는 책임제한법상의 선주가 아니라는 이유로 그들에 대한 책임제한을 거절하였고 이에 대하여 Amoco 측은 원심이 선주의 의미를 너무 좁게 해석하였다면서 이의를 제기하였다. 그러나 항소법원은 책임제한법상 선주란 선박에 대한 소유, 운영 및 조작상의 통제를 가진 자를 의미한다는 원심의 입장을 유지하면서 본 사건에서 선박의 정비와 조작을 위한 궁극적인 권한은 오직 Transport 사만이 가지고 있어 추가적 입증이 없는 이상 Amoco 당사자 중 오직 Transport 사만이 선주에 해당한다고 보았으며, 선박의 정비와 조작에 관하여 조언하고 도움을 주는 것으로는 선주로 추정되지 않으며, 따라서 Standard 사와 AIOC에 관련된 책임제한신청에 대한 기각은 적합한 것이라고 판시하였다. 나아가 항소법원은, 비록 AIOC와 Standard 사를 선주로 인정한다고 하더라도, 선박의 조작, 정비, 수선, 선원의 관리에 대한 책임이 있는 AIOC와 선박의 설계, 건조, 조작, 정비 및 보수에 대해 일차적인 책임이 있는 Standard 사는 선박의 침몰에 대하여 책임제한법상의 '인식 또는 관여'가 없었음을 입증하지 못하는 이상 책임제한을 받을 수 없다고 판시하였다.

마지막으로 항소법원은, Standard 사나 AIOC와는 다르게 Transport 사는 책임제한법상의 선주이지만, 그 역시 사고를 일으킨 과실에 대해 관여하고 이를 인식하였기 때문에 책임제한을 주장할 수 없다고 한 원심의 판결을 유지하였다. Amoco 측은 선주가 '오직 손실을 초래한 과실이나 감항능력의 부재를 실제로 알거나 그 생성에 기여하였거나, 보통의 주의만 기울였더라도 그러한 상황을 알 수 있었을 경우'에만 선주의 '관여 또는 인식'이 있는 것이라고 주장하며 Transport 사에는 '인식 또는 관여'가 없었음을 주장하였으나, 항소법원은 Tug Ocean Prince, Inc. v. United States 사건을 인용하여 책임제한이 배제되는 선주의 '관여 또는 인식'은 실제의 인식이나 직접적인 인과관계를 의미하는 것이 아니며 선주가 '선행하는 작위나 부작위에 의해 사고의 즉각적이거나 근접한 원인은 아니더라도 이에 기여하는 원인에 해당하는 일련의 상황들을 초래한 경우'에 해당한다고 하였다. 나아가 항소법원은, Transport 사는 선박의 감항능력을 확인하고 그 대리인인 AIOC를 통제하고 감독할 '위임 불가능한'(위임함으로써 책임을 회피하지 못하는) 의무를 지기 때문에, Amoco Cadiz 호의 정비에 있어서의 과실과 선원들에 대한 적절한 훈련을 실시하지 못한 점에 대해 직접적인 책임은 AIOC의 피고용인들에 있었을지 몰라도, 정비와 훈련에 있어서의 하자에 대한 그 피고용인들의 인식을 근거로 Transport 사의 책임을 인정할 수 있다고 하였다. 따라서 항소법원은, 책임제한을 위한 소송절차에서 '인식 또는 관여'가 없었다는 점에 대한 궁극적인 증명책임은 선주에게 있으므로, Transport 사가 달리 선박 침몰을 초래한 과실에 대한 '인식 또는 관여'의 결여를 입증하지 못하는 한 책임제한법에 의한 책임제한을 주장할 수 없다고 판시하였다.

이러한 판결을 내림에 있어 항소법원은 최근의 사법 동향은, 지위가 낮은 직원들의 관여 또는 인식을 근거로 회사에게 책임을 지우고, 선주에게 보다 높은 정도의 감독과 검사를 할 것을 요구하며, 인식 또는 관여가 없었다는 점에 대한 무거운 증명책임을 선주들에게 지우며, 선주의 선박의 감항능력을 보장할 의무를 위임 불가능한 것으로 파악하며, 책임제한법에 의해 책임이 면제될 잠재적 피고들의 범위를 좁히는 등의 방법으로 선주의 '인식 또는 관여'에 해당하는 행동들의 범위를 확장하고 있다고 하였다.

Matter of Oil Spill by the Amoco Cadiz off the Coast of France on March 16, 1978

C.A.7 (Ill.), 1992.

954 F.2d 1279

United States Court of Appeals, Seventh Circuit.

In the Matter of OIL SPILL BY THE AMOCO CADIZ OFF THE COAST OF FRANCE ON MARCH 16, 1978.

Nos. 90-2832 to 90-2841, 90-2857 and 90-2946 to 90-2954.

Argued June 12, 1991.
Decided Jan. 24, 1992.

Cases arising from oil spill occurring when supertanker grounded off coast of Brittany were consolidated in Northern District of Illinois by Judicial Panel on Multidistrict Litigation. The District Court, Charles R. Norgle, Sr., J., entered final judgment, and several parties appealed. The Court of Appeals held that: (1) law of case established on interlocutory appeal from default judgment on issue of liability precluded shipbuilder from contesting in personam jurisdiction on appeal from final judgment; (2) evidence supported determination that oil spill was result of negligence, inter alia, on part of shipowner and related entities that rendered vessel unseaworthy and caused its grounding; (3) neither shipowner nor related entities were entitled to limitation of liability under Limitation of Liability Act; (4) French entities were entitled to award for costs public agencies incurred on land as well as sea in responding to spill; (5) French government was entitled to award for costs incurred by French navy in responding to spill; (6) claim reduction rule for dealing with contribution claims would not be adopted in case; (7) French syndicates, but not French trade associations had standing to assert claims on behalf of private businesses; (8) French communes could not recover damages, separate and apart from private businesses who recovered lost profits, for reputational damage in absence of proof of specific loss to communes themselves; (9) by bringing action for limitation of liability, shipowner did not surrender arguments based on foreign law regarding computation of damages for loss of cargo; (10) value of cargo was to be based on its value at intended destination, such that appropriate

Matter of Oil Spill by the Amoco Cadiz off the Coast of France on March 16, 1978

C.A.7 (Ill.), 1992.

954 F.2d 1279

미국 제7 순회지구 항소법원[1]

Nos. 90-2832 to 90-2841, 90-2857 and 90-2946 to 90-2954.

1991년 6월 12일 심리
1992년 1월 24일 판결

대형 유조선이 Brittany 해안에 침몰함으로 인해 발생한 기름유출에서 비롯된 사건들의 심리가 복수 지역 소송에 대한 사법위원단[2]에 의해 일리노이 주의 북부 1심 법원에서 병합되었다. 그 1심 법원의 법관인 Charles R. Norgle은 판결을 선고하였고, 여러 명의 당사자들이 이에 대해 항소하였다. 항소법원은 이에 다음과 같이 판시하였다:

(1) 결석재판에 대한 중간항소(interlocutory appeal)[3]에서 형성된, 책임 쟁점과 관련된 법리에 의해 이 사건의 선박 제조자는 판결에 대한 항소심에서 인적 관할권 유무에 대해 다투지 못한다.

(2) 기름유출이 과실에 의한 것이었고, 그중에서도 특히 당해 선박을 감항능력이 없도록

1 미국 항소법원은 우리나라 고등법원과 달리 1심 판결에 법률적 문제가 있는지를 살펴 보는 '법률심'이다. 미국 연방법원 시스템 내에서는 1심법원을 지방법원(district court)이라 하는데 바로 위의 항소법원은 순회지구(circuit)를 하나씩 담당하고 있고 그 순회지구 내의 지방법원에서 발생하는 항소를 처리하게 되어 항소순회지구법원(Circuit Court of Appeals)라고 부른다. 그 다음의 최후의 항소는 대법원(Supreme Court)으로 제기된다.

2 Judicial Panel on Multidistrict Litigation. 이는 미 의회가 1968년 설립한 미 연방 법원 체계상 특수한 조직인데, 복수 지역에서의 유사한 소송들을 하나의 관할로 다룰 수 있는 권한을 지닌다.

3 소송절차상의 문제로, 1심에서 재판이 아직 끝나기 전에 항소를 하는 것을 의미한다.

measure of costs of transport was market price, rather than "transfer price" shipper charged to its purchasing subsidiaries; (11) reduction for shrinkage was improperly made; (12) damage award for shipper's subrogee should not have been converted from dollars to pounds sterling, where parties to transaction dealt in dollars; (13) French parties were entitled to prejudgment interest computed at market rate for period prior to conclusion of litigation rather than at rates applicable postjudgment; and (14) award of prejudgment interest to British subrogee of shipper was properly computed under British law without compounding.

Affirmed in part, reversed in part, and remanded for entry of judgment.

(unseaworthy) 만들어서 결국 침몰을 초래한 선박소유주와 관련 당사자들의 과실에 의한 것이었다는 결정은 증거에 의해 뒷받침된다.

(3) 선박소유주와 관련 당사자들 중 누구도 책임제한법(Limitation on Liability Act)에 의한 책임제한을 받을 자격이 없다.

(4) 프랑스의 당사자는 기름유출에 대응하여 바다에서뿐 아니라 육지에서 공공기관이 들인 비용에 대하여도 이를 보상받을 권리가 있다.

(5) 프랑스 정부는 기름유출에 대응하여 프랑스 해군이 들인 비용에 대하여 이를 보상받을 권리가 있다.

(6) 구상 청구(contribution claims)를 다루기 위한 청구축소 원칙(claim reduction rule)은 이 사건에 적용되지 않는다.

(7) 프랑스 기업연합(프랑스 무역협회를 제외한)은 사기업을 위한 청구를 주장함에 있어 원고적격을 갖는다.

(8) 프랑스 자치구들은 그 자신들의 특별한 손해를 입증하지 않는 한, 손실된 이익을 보상받은 사기업들과 별도로 평판의 손상으로 인한 손배배상을 주장할 수 없다.

(9) 책임제한을 위한 소를 제기함으로써, 선주는 화물의 손실로 인한 손해의 산정과 관련된 외국의 법에 근거한 주장을 포기하지 않았다.

(10) 화물의 가치는 본래 의도된 목적지에서의 가치에 의해 측정되어야 하는데, 운송비용의 적정한 측정은 하주(荷主)가 자신의 판매상들에게 청구하는 "양도 가격"보다는 시장 가격에 의해야 한다.

(11) 파운드의 화폐 단위로 감소된 몫에 따른 기름값의 보상이 부적절하게 이루어졌다.

(12) 거래의 당사자들이 달러로 거래를 하였을 경우, 하주의 대위자를 위한 손해배상액이 달러에서 영국 파운드로 전환되지 말았어야 했다.

(13) 프랑스 당사자들은 판결 후에 적용 가능한 이율보다는 소송의 종결 이전의 기간 동안 시장에서의 이율을 근거로 산정된 판결 전 이자를 청구할 권리가 있다.

(14) 영국인인 하주의 대위자를 위한 판결 전 이자액이 영국 법에 의해 복리이자를 인정하지 않고 산정된 것은 적절하다.

부분 인용, 부분 파기, 그리고 판결선고를 위하여 환송.

*1285 Frank Cicero, Jr., Richard C. Godfrey, Roger L. Taylor, Kirkland & Ellis, Chicago, Ill., for Amoco parties.

T. Barry Kingham, Curtis, Mallet-Prevost, Colt & Mosle, New York City, for Cotes-du-Nord parties.

Hill, Betts & Nash, Christopher B. Kende, Holtzmann, Wise & Shepard, New York City, for Republic of France.

Warren J. Marwedel, Keck, Mahin & Cate, Chicago, Ill., for Republic of France and Cotes-du-Nord parties.

Jeffrey D. Colman, Jenner & Block, Chicago, Ill., Joseph C. Smith, Burlingham, Underwood & Lord, New York City, for Petroleum Ins., Ltd. (Shell).

Michael J. Murphy, Lord, Day & Lord, Barrett Smith, New York City, Gerald G. Saltarelli, Butler, Rubin, Newcomer, Saltarelli & Boyd, Chicago, Ill., for American Bureau of Shipping.

Joseph Keig, Jr., James E. Betke, McDermott, Will & Emery, Chicago, Ill., for Astilleros Espanoles, S.A.

Elizabeth W. Walker, Christopher Heckman, Sterns, Smith & Walker, San Francisco, Cal., Paul McCambridge, Keck, Mahin & Cate, Chicago, Ill., for S.A. Les Grand Viviers de Porsguen: Yves-Marie Gac (d/b/a Sport Mer).

Charles Krause, Speiser, Krause & Madole, San Antonio, Tex., Susan P. Malone, John J. Kennelly, Chicago, Ill., for Hotel claimants.

Michael A. Snyder, Michael A. Snyder & Assoc., Chicago, Ill., for Bugsier Reederei und Bergungs, A.G.

Frank J. McGarr, Special Master, Phelan, Pope & John, Ltd., Chicago, Ill.

Before BAUER, Chief Judge, EASTERBROOK, Circuit Judge, and FAIRCHILD, Senior Circuit Judge.

PER CURIAM.

On the morning of March 16, 1978, the supertanker AMOCO CADIZ broke apart in a

*1285 Amoco 측의 변호인: Frank Cicero, Jr., Richard C. Godfrey, Roger L. Taylor, Kirkland & Ellis, Chicago, Ill.

Côtes-du-Nord 측의 변호인: T. Barry Kingham, Curtis, Mallet-Prevost, Colt & Mosle. New York City

프랑스 측의 변호인: Hill, Betts & Nash, Christopher B. Kende, Holtzmann, Wise & Shepard, New York City.

프랑스와 Côtes-du-Nord 측의 변호인: Warren J. Marwedel, Keck, Mahin & Cate, Chicago, Ill.

Petroleum Ins., Ltd.(Shell) 측의 변호인: Jeffrey D. Colman, Jenner & Block, Chicago, Ill., Joseph C. Smith, Burlingham, Underwood & Lord, New York City.

American Bureau of Shipping 측의 변호인: Michael J. Murphy, Lord, Day & Lord, Barrett Smith, New York City, Gerald G. Saltarelli, Butler, Rubin, Newcomer, Saltarelli & Boyd, Chicago, Ill.

Astilleros Espanoles, S.A. 측의 변호인: Joseph Keig, Jr., James E. Betke, McDermott, Will & Emery, Chicago, Ill.

S.A. Les Grand Viviers de Porsguen: Yves-Marie Gac (d/b/a Sport Mer) 측의 변호인: Elizabeth W. Walker, Christopher Heckman, Sterns, Smith & Walker, San Francisco, Cal., Paul Mccambridge, Keck, Mahin & Cate, Chicago, Ill.

Hotel 측의 변호인: Charles Krause, Speiser, Krause & Madole, San Antonio, Tex., Susan P. Malone, John J. Kennelly, Chicago, Ill.

Bugsier Reederei und Bergungs, A.G. 측의 변호인: Michael A. Snyder, Michael A. Snyder & Assoc., Chicago, Ill.

Frank J. McGarr, Special Master, Phelan, Pope & John, Ltd., Chicago, Ill.

재판장 BAUER, EASTERBROOK 판사, FAIRCHILD, 판사의 심리

법원에 따르면(PER CURIAM)[4]

1978년 3월 16일 아침에 대형 유조선인 AMOCO CADIZ 호가 거센 폭풍우로 인해 침몰

severe storm, spewing most of its load of 220,000 tons of Iranian crude into the seas off Brittany. The wreck resulted in one of the largest oil spills in history, damaging approximately 180 miles of coastline in one of the most important tourist and fishing regions in France. The clean up took more than six months and involved equipment and resources from all over the country. The disaster has had lasting effects on the environment, the economy, and the people of Brittany, and has resulted in numerous lawsuits. Thirteen years later, the matter is before us. In this consolidated appeal, we are asked to resolve a myriad of issues involving jurisdiction, liability, and damages. Before we begin, a brief history of the litigation and its cast of characters is in order.

I.

A.

The origins of the AMOCO CADIZ are not difficult to trace. The vessel was born of discussions that began in Madrid, Spain in May 1970 between Astilleros Espanoles, S.A., the shipbuilder who constructed the fleet in which Columbus voyaged to the New World, and Standard Oil Company of Indiana ("Standard") (now called Amoco), an Indiana corporation having its principal office and place of business in Chicago, Illinois. The latter was represented by Robert S. Haddow, vice president in charge of marine operations at Amoco International Oil Company ("AIOC") and chairman of Amoco Tankers and Amoco Transport. (For simplicity's sake, we generally will refer to Amoco and its various subsidiaries-Amoco Tankers, Amoco Transport, and AIOC-as "the Amoco parties" or "Amoco.") Astilleros previously had contracted to build two megatankers for Amoco; Haddow wanted two more. The Madrid meeting covered all the essentials: technical specifications, delivery date, and price. Further negotiations took place in New York and Chicago. On May 30, Astilleros confirmed the content of the negotiations*1286 and submitted a bid to build two ships, the AMOCO CADIZ and the AMOCO EUROPA. Amoco accepted the bid by letter on June 18, and the parties signed off on the final contract and ship specifications in Chicago on July 31, 1970.

하였는데, 이 과정에서 Brittany 해안에 22만 톤의 이란산 원유가 유출되었다. 이 침몰은 역사상 가장 큰 규모의 기름유출을 초래하였으며, 프랑스에서 가장 중요한 관광지와 낚시 명소 중 하나의 해안을 180마일에 걸쳐 손상시켰다. 그 방제작업에는 6개월 이상의 시간이 소요되었으며 전 세계 각국에서 설비와 자원이 동원되었다. 그 재앙은 피해지역의 환경, 경제 그리고 Brittany 지역 주민에게 지속적으로 영향을 주었으며 수많은 소송을 야기하였다. 13년이 지나, 이제 그 문제는 우리 앞에 놓여지게 되었다. 수 개의 소송이 병합된 이 항소심 심리에서 우리는 관할권, 책임, 그리고 손해배상 등을 포함한 여러 가지 쟁점들에 대해 판단을 내릴 것이다. 시작하기에 앞서, 본 소송의 간략한 역사와 관련 당사자들에 대한 설명을 하고자 한다.

I.

A.

AMOCO CADIZ 호의 기원을 추적하는 것은 어렵지 않다. 이 선박은 스페인의 마드리드에서 1970년 5월에 시작된 Astilleros Espanoles, S.A.와 Standard Oil Company of Indiana(이하에서는 "Standard")(현재는 Amoco라 불리움) 사이의 협상에 의해 건조되었는데, 전자는 콜럼버스가 신세계 개척을 위해 사용하였던 배를 건조한 바 있는 선박 제조회사이며, 후자는 일리노이 주의 시카고에 본사를 두고 있는 Indiana 회사이다. 이 회사는 Robert S. Haddow에 의해 대표되었는데, 그는 Amoco International Oil Company("AIOC")에서 해사 업무를 담당하고 있는 부사장이며, 동시에 Amoco Tankers와 Amoco Transport의 의장을 역임하고 있었다(명료성을 기하기 위하여, Amoco와 그 자회사들—Amoco Tankers, Amoco Transport, 그리고 AIOC 등—을 "Amoco 당사자들" 또는 "Amoco"로 통칭하도록 한다). Astilleros 사는 Amoco를 위해 두 척의 초대형 유조선을 건조하기로 계약을 맺은 적이 있었고, Haddow는 두 척을 더 원했다. 마드리드에서의 협상에서 모든 본질적인 부분들이 다루어졌는데, 기술적인 세부 사항, 운송 기일, 가격 등이 그러한 사항들이다. 이후의 협

4 판결문을 어느 한 명의 판사의 것으로 국한하지 않고 모두의 것이라고 하는 경우 이렇게 표시함. 영문으로 직역하면 'by the court'가 된다.

The contract required that the ship be built according to the American Bureau of Shipping's ("ABS") Rules for Building and Classing Steel Vessels. The ABS is a not-for-profit maritime classification society headquartered in New York that promulgates rules and sets standards for shipbuilding, design, and seaworthiness. The ABS's technical staff in London reviewed Astilleros's proposed plan for the AMOCO CADIZ to ensure that it complied with the ABS's Rules. The ABS examined the "general arrangement" plans-plans featuring the layout and list of components used in the various parts of the ship-as well as drawings related to the detailed design of the ship. (By "detailed design," we mean items as small as nuts and bolts.) The ABS stamped the plans and drawings with its Maltese cross emblem to signify its approval. The Amoco-Astilleros contract incorporated the general arrangement plans and required Astilleros to submit them to Amoco for acceptance prior to construction. Astilleros did so, but did not pass along to Amoco its detailed design drawings, calculations, or fabrication drawings showing the mechanical details of the steering mechanism's component parts. Amoco reviewed the design of the steering gear system and approved it on October 19, 1971. Amoco later made two modifications to the system: it designed a low fluid level alarm for the replenishment gravity tank and increased the size of the rudder. It chose not to include an optional hand charging pump. Astilleros's representatives came to Chicago for a two-day meeting in June 1972 to firm up technical details.

Pursuant to the contract, Astilleros built the behemoth at its shipyards in Cadiz, Spain. It took four years to complete the job. Throughout the construction process, both Amoco and the ABS had representatives on the scene at the shipyard. The Amoco representatives were concerned with deadlines and whether construction conformed to the contract specifications

상은 뉴욕과 시카고에서 진행되었다. *1286 5월 30일에 Astilleros 사는 협상의 내용을 확정하였고, AMOCO CADIZ 호 와 AMOCO EUROPA 두 척의 선박을 건조하기 위하여 입찰하였다. Amoco는 6월 18일에 서면을 통해 그 입찰을 받아들였고, 양자는 1970년 7월 31일에 시카고에서 최종 계약서와 선박에 대한 세부 사항에 대하여 서명하였다.

그 계약은 당해 선박이 American Bureau of Shipping("ABS")의 철강선박의 건조 및 분류에 대한 규정(Rules for Building and Classing Steel Vessels)에 따라 지어질 것을 요구하였다. ABS는 뉴욕에 본사를 두고 있는 비영리의 해사에 관한 등급 분류 단체로서, 선박의 건조, 의장, 그리고 감항능력(seaworthiness)에 대한 규정을 정하고 표준을 마련하는 업무를 주로 담당한다. 런던에 있는 ABS의 기술 요원이 Astilleros 사의 AMOCO CADIZ 호의 건조 제안서를 검토하였는데, 이는 그 선박이 ABS의 규정을 따르고 있는지 여부를 확인하기 위함이었다. ABS는 그 선박의 세부 의장과 관련된 도면들 이외에도, 선박의 설계와 선박의 각 부분에서 사용된 부품들의 목록 등을 설명하는 "일반적 계획안"에 대하여도 검토하였다("세부 의장"은 볼트와 너트와 같이 작은 부품들을 의미한다). ABS는 그 계획안과 도면에 대한 승인을 표시하는 의미에서 그 위에 자신들의 몰타어로 된 십자가 문양의 휘장을 스탬프로 찍었다. Amoco와 Astilleros 사 간의 계약에 의해 그 일반적 계획안이 효력을 갖게 되었으며, Astilleros 사는 선박의 건조를 시작하기 전에 그 계획안을 Amoco에 제출하여 승인을 받을 의무를 부담하게 되었다. Astilleros 사는 Amoco에 그 계획안을 제출하긴 했으나, 타륜(舵輪)의 작동과 관련된 부품의 기계적인 세부 사항을 보여 주는 세부 의장이나 각종 계산사항, 제조 도면 등은 제출하지 않았다. Amoco는 타륜의 기어 시스템의 도안을 검토한 후 1971년 10월 19일에 이를 승인하였다. Amoco는 이후에 그 전동장치 구조에 대해 두 가지 수정을 가하였는데, 보충 중력 탱크를 위해 저용량 경보장치를 설계하였고, 방향키(rudder)의 크기를 늘렸다. 수동 펌프를 추가적으로 설치하는 것은 채택하지 않았다. 1972년 6월에는 Astilleros 사의 대표자들이 시카고에 와서 이틀 동안의 회의를 통해 기술적인 세부 사항을 확정하였다.

그 계약에 따라, Astilleros 사는 스페인의 Cadiz에 위치한 자사의 선박건조장에서 그 커다란 선박을 제조하였다. 작업을 마치는 데 4년이 소요되었다. 제조 과정 내내 Amoco와 ABS의 대표들이 선박건조 현장에 체류하였다. Amoco의 대표들은 건조 기한과 선박의 건조가 계약상의 세부 사항 및 일반적 계획안의 도면에 부합하게 이루어지는지 여부에 중점을 두어

and general arrangement drawings. They also were present to witness tests of equipment and gear and to catch any problems that might have been missed in the plan approval process. The ABS representatives monitored the progress of the ship to ensure that construction was in conformity with the ABS's Rules. The Amoco representatives deferred to the ABS representatives' technical and engineering expertise in evaluating whether construction was proceeding as it should.

At long last, the vessel was finished. It measured 1095 feet long and 167 feet wide-the size of three football fields-and weighed 230,000 deadweight tons. It was powered by a 30,000 horsepower diesel engine driving a single screw and was equipped with a single rudder driven by a hydraulic steering engine. It had a hydraulic steering gear with movement of the rudder controlled by two pairs of rams contained in four cylinders that were filled with hydraulic fluid. The four rams were made of rolled steel and their heads were cast steel. Ram isolation valves controlled the flow of oil through the passages in the distribution block. These valves were a critical safety component. They could capture the remaining hydraulic fluid in the rams in the event of a rupture in the piping. The valves also could be closed to isolate the various lines from the rest of the system or to block the passage of oil to or from the cylinder.

The AMOCO CADIZ's steering system was supposed to work in the following manner. When the helmsman turned the steering wheel or when the ship operated on autopilot, an electronic signal was generated. In response to the signal, hydraulic fluid was moved by a series of pumps, which in turn moved the rams and, eventually, the rudder. The hydraulic fluid in the cylinders kept the rudder restrained and in the desired position by exerting pressure against the rams. There was no device aboard that could be used to steer the ship if the primary system failed. The ship was not equipped with twin screws, twin rudders, *1287 or bow thrusters that could be used to steer in an emergency. The anchor was underdesigned and could not be used as a stopping device in a crisis situation.

The ABS certified the ship-and its steering gear-as being in compliance with the ABS's Rules. Even after delivery, the ABS periodically conducted inspections of the AMOCO CADIZ to

관찰하였다. 그들은 또한 설비와 전동장치 구조의 시험을 지켜보고 선박건조계획 승인 과정에서 누락되었을지도 모를 문제점들을 찾아내기 위해 그 현장에 머물러 있었다. ABS의 대표들은 선박의 건조가 ABS의 규정을 따르고 있는지를 확인하기 위해 선박 건조 과정을 살펴보았다. Amoco의 대표들은 선박의 건조가 제대로 진행되는지 여부에 대한 평가를 ABS사의 대표들의 기술 및 공학 전문가들에게 일임하였다.

오랜 시간이 지나, 선박이 완성되었다. 그 길이는 1095피트에 폭은 167피트에 달하였으며—미식축구 경기장 세 개의 규모—, 무게는 230,000톤에 이르렀다. 그 동력은 하나의 스크루를 움직이는 30,000마력의 디젤엔진이었으며 유압식 조타 엔진에 의해 작동되는 하나의 방향키를 장착하였다. 그 선박은 방향키의 움직임이 유압액을 채운 네 개의 실린더에 포함되어 있는 두 쌍의 피스톤에 의해 통제되는 수압식 타륜 구조를 가지고 있었다. 그 네 개의 피스톤들은 형강(形鋼)으로 만들어졌으며 그 머리 부분은 주강(鑄鋼)이었다. 피스톤 격리 밸브가 오일이 분배 블록 안에 있는 통로를 따라 흐르는 것을 통제하였다. 이러한 밸브들은 핵심적인 안전장치였다. 이 밸브들에 의해 송유관이 파열될 경우에 피스톤에 남아 있는 유압액을 포착할 수 있으며, 이 밸브들은 또한 수 개의 경로들을 전체체계의 나머지 부분들과 격리하거나 오일이 실린더에 이르거나 실린더로부터 나오는 통로를 막기 위해 봉쇄될 수 있었다.

AMOCO CADIZ 호의 조타 구조는 다음과 같은 방식으로 작동되기로 설계되어 있었다. 조타수가 배의 타륜을 돌리거나 그 선박이 자동으로 운항될 경우에는 전자 신호가 발생한다. 그 신호에 대응하여, 일련의 펌프들에 의해 유압액이 운반되어 피스톤을 움직이고 결국에는 방향키를 움직인다. 실린더 안에 있는 그 유압액은 피스톤에 압력을 가함으로써 방향키를 조정하여 그것이 의도된 자리에 위치하도록 한다. 그 선박에는 이러한 주요 작동체계가 손상되었을 경우에 배의 방향을 조종할 수 있는 장치가 없었다. *1287 그 선박은 비상사태에 배의 방향을 조종할 수 있는 선수(船首) 추진기나 두 개의 스크루, 두 개의 방향키 등을 갖추고 있지 않았다. 그 선박의 닻은 불충분하게 설계되어 있었고 위기 상황에서 배를 멈추게 하는 장치로 사용될 수 없었다.

ABS는 그 선박과 그 조타 기어가 ABS의 규정에 부합하는 것으로 승인하였다. 심지어는 선박이 건조되어 운송된 후에도 그 선박이 감항능력을 갖추었는지 여부를 결정하기 위해 정

determine if it still was in seaworthy condition. Three times-June 1975, April 1976, and May 1977-the ABS inspected the steering gear and pronounced it in working order.

B.

Amoco Tankers ("Tankers"), a Liberian corporation all of whose stock was owned by Standard through a chain of wholly owned subsidiaries, took delivery of the AMOCO CADIZ on May 11, 1974. Two weeks later, Tankers sold the vessel to Amoco Transport ("Transport"), a Liberian corporation with its principal place of business in Bermuda. Transport was a subsidiary of AIOC. In June 1974, Transport entered into a consulting agreement with AIOC. The agreement provided that AIOC was responsible for the operation of the AMOCO CADIZ, including maintenance, repair, and training of its crew. Transport remained the owner of the vessel. Long after delivery, in August 1975, representatives from Astilleros met with Amoco in Chicago to discuss contract guarantee terms. Similar discussions were held in New York in 1976. Just like a home appliance, the AMOCO CADIZ came with a one-year guarantee. Astilleros agreed to repair or replace any defects in the ship or its equipment during its first year of operation, 1974-75. Consequently, during that first year, the ship always had on board an engineer from Astilleros who was attuned to any problem that arose. After the one-year guarantee period had expired, AIOC took care of maintenance problems.

In June 1974, the AMOCO CADIZ was chartered to Shell International Petroleum. "Charter hire" is the expense charterers pay owners of vessels per long ton per day. During off-hire periods, such as when the vessel is in for repairs, charter hire payments stop. It thus is in the pecuniary interest of a chartered ship's owner to keep the vessel running. The Amoco-Shell time charter required annual drydocking of the tanker for maintenance, but for reasons of economy, Amoco unilaterally lengthened the interval between drydockings to eighteen months and made plans to extend the interval to two years. (A two-year interval would save the company $1,250,000 in shipyard costs and $200,000 per year in off-hire losses.) The ABS rules required two-year intervals between drydockings unless the owner received special permission from the

기적으로 점검을 실시하였다. ABS는 세 번—1975년 6월, 1976년 4월, 1977년 5월—에 걸쳐 조타 기어를 점검하였고 그 선박이 항해 가능한 상태에 있다고 선언하였다.

B.

모든 주식이 Standard 사에 의해 소유된 자회사인 라이베리아 국적의 회사인 Amoco Tankers 사(이하에서는 "Tankers")가 1974년 8월 11일에 AMOCO CADIZ 호를 배송받았다. 두 주 후에 Tankers 사는 그 선박을 버뮤다에 주 영업소를 가지고 있는 라이베리아 국적의 회사인 Amoco Transport 사(이하에서는 "Transport")에 매각하였다. Transport 사는 AIOC 사의 자회사였다. 1974년 6월, Transport 사는 AIOC 사와 컨설팅 계약을 맺었다. 그 계약에 따르면, AMOCO CADIZ 호의 운항에 대해서는 AIOC 사가 책임을 지는데, 그 내용으로는 선박의 정비와 보수 및 선원의 훈련 등이 포함되어 있었다. Transport 사는 그 선박의 소유주로 남아 있었다. 선박이 배송된 지 오랜 후인 1975년 8월에, Astilleros 사의 대표들이 시카고에서 Amoco의 대표들을 만나 계약의 보증 조항에 대해 협상을 하였다. 1976년 뉴욕에서도 비슷한 협상이 이루어졌다. 일반 가재도구와 마찬가지로, AMOCO CADIZ 호도 1년의 보증기간이 인정되었다. Astilleros 사는 그 선박의 운항 첫 해인 1974년에서 1975년 사이에 발생하는 선박 또는 그 설비의 하자에 대하여 이를 수리하거나 교체해 주기로 약정하였다. 그 결과, 그 첫 해 동안 그 선박에는 항상 Astilleros 사에서 파견된 기술자가 탑승해 있었고, 그는 발생하는 모든 문제에 주의를 기울였다. 그 1년의 보증기간이 지난 후, AIOC 사가 선박의 정비 책임을 맡게 되었다.

1974년 6월, AMOCO CADIZ 호는 Shell International Petroleum 사(이하에서는 "Shell")에 용선계약(charter)에 의해 임대되었다. "용선 계약"은 임차인이 선박의 소유주에게 날마다 선박의 톤수마다 비용을 지불하는 계약이었다. 선박수리기간과 같이 선박이 사용되지 않는 기간 동안에는 임대료의 지급이 정지되었다. 그러므로 그 선박이 운항을 계속하게 하는 것이 임대된 선박 소유주에게는 금전적으로 이익이었다. Amoco와 Shell 사의 용선계약에 따르면, 정비를 위해 매년 유조선을 건선거(乾船渠)에 넣을 것이 요구되었지만, 경제적인 이유로, Amoco는 일방적으로 그 간격을 18개월로 늘렸으며, 다시 2년으로 늘릴 계획을 세웠다(그 간격이 2년이 될 경우, 그 회사는 선박건조장 비용으로 들어갈 1,250,000달러와 임대운항을

ABS. By January 1976, Amoco decided that time-chartered vessels would be drydocked every two and one-half years.

C.

In February 1978, the fully-staffed AMOCO CADIZ took on a load of crude oil at Kharg Island, Iran, and Ras Tanura, Saudi Arabia, destined for Rotterdam around the Cape of Good Hope. The Italian crew was experienced and the officers all were properly licensed. With regard to training, Captain Pasquale Bardari and his officers and crew participated in on-shore classes and on-board safety exercises. The latter were conducted by representatives of Marine Safety Services, a British organization. In addition, the ship's library contained a collection of films, videos, and technical information pertaining to ship operations.

As the tanker approached western Europe, it sailed into a storm. Retired Royal Navy officer Leslie Maynard, an on-board representative of Marine Safety Services, later testified that he had seen worse weather only once, during a typhoon. The AMOCO CADIZ had the capacity to weather severe storm conditions and heavy seas if she was in seaworthy condition. Buffeted by the rough seas and high winds, the ship rolled heavily on March 15 and through the night of March 16. Despite the bad weather, the helmsman reported no difficulty with the steering mechanism. During their normal inspection rounds, the crew members reported no abnormalities in the steering room.

*1288 In the morning, while the AMOCO CADIZ was approximately nine miles off the French island of Ushant, its steering gear completely failed. The helmsman informed Captain Bardari, who broadcast a message to nearby ships giving the AMOCO CADIZ's position and a caution to stay clear. The crew raised "not-under-command" flags as an additional warning. Almost immediately, the ship's engineers examined the steering gear only to find that the "De" flange, which had held a pipe that carried oil from the port steering gear pump to the hydraulic

하지 못하여 발생할 일년의 200,000달러 상당의 금액을 절약하게 된다). ABS의 규정에 따르면 선박소유주가 ABS로부터의 특별한 허가를 받지 못하는 한, 선박을 건선거에 넣는 시기 사이의 간격은 2년이어야 한다. 1976년 1월까지, Amoco는 그 기간 임대된 선박을 매 2년 반마다 건선거에 넣기로 결정하였다.

C.

1978년 2월, 모든 승무원들을 태운 AMOCO CADIZ 호는 이란의 Kharg 섬과 사우디 아라비아의 Ras Tanura에서 원유를 싣고 희망봉을 돌아 Rotterdam을 목적지로 하여 항해를 하고 있었다. 이탈리아인 선원들은 경험이 풍부했고 선원들은 모두 적절히 면허를 갖추고 있었다. 선장인 Pasquale Bardari와 그의 선원들은 해안에서의 강의와 선상에서의 안전훈련 등에 참여했다. 후자의 훈련은 영국의 기관인 해상안전서비스의 대표들에 의해 이루어졌다. 이에 더하여, 선박의 도서관에는 선박의 운항에 대한 필름, 비디오 및 기술적 정보들이 구비되어 있었다.

그 유조선이 서부 유럽을 향해 항해하고 있을 때, 그 배는 폭풍을 만나게 되었다. 은퇴한 해상안전서비스의 선상 대표로 탑승하고 있던 은퇴한 왕실 해군 장교인 Leslie Mayland는 후에 증언하기를, 그 당시의 폭풍보다 더한 악천후는 태풍 때 오직 한 번 경험했었다고 하였다. AMOCO CADIZ 호는 감항능력이 있을 경우에는 심한 폭풍과 무거운 파도를 이겨낼 수 있는 능력을 갖추고 있었다. 거친 파도와 강한 바람에 부대끼면서, 그 선박은 3월 15일과 3월 16일 새벽 사이 내내 심하게 흔들렸다. 그러한 악천후에도 불구하고 조타수는 조타상의 어려움을 보고하지 않았다. 통상적인 점검 시간 동안 조타실의 선원들은 어떠한 이상도 보고하지 않았다.

*1288 아침에, AMOCO CADIZ 호가 프랑스의 Ushant 섬에서 대략 9마일가량 떨어진 곳에 위치해 있을 때, 조타 기어가 완전히 말을 듣지 않게 되었다. 조타수는 선장에게 알렸고, 그는 근처의 선박에게 무전으로 연락을 하여 AMOCO CADIZ 호의 위치를 알리고 근처에 다가가지 말 것을 경고했다. 선원들은 "통제불능" 깃발을 올려서 경고의 표지로 삼았다. 즉시 선박의 기술자들이 조타 기어를 점검했고, 선박 좌현의 조타 기어 펌프에서 유압액 분배 블

oil distribution block, had come off. Oil was spurting everywhere.

The crew members discovered that five of the six steel studs holding the De flange and pipe to the distribution block had broken; no other studs had failed in the system. The failure of the studs allowed the rapid escape of hydraulic fluid out of the steering system and the immediate entry of air. One of the engineers futilely tried to stop the flow of oil by closing the port steering gear pump and the isolation valves on the distribution block. The chief engineer tried to replenish the system by adding hydraulic fluid to the steering gear gravity replacement tank, but the fluid level in the gravity tank did not drop as it should have if the steering mechanism had been functioning normally.

Because of the lack of hydraulic pressure, the rudder was unrestrained. Some of the crew unsuccessfully tried to control the swinging rudder with a block and tackle, while others tried to repair the flange connection and purge the air from the system. As the crew worked, a relief valve pipe blew off, and oil hit the ceiling of the steering compartment. With the relief valve blown, the rudder's unchecked movement became more violent until it crashed into its stops, breaking apart the steering gear and hurling metal parts in every direction. The chief engineer ordered an evacuation of the compartment after one of the crewmen was struck in the head with a piece of metal. The chief engineer then reported to Captain Bardari that the steering gear could not be repaired.

About two hours after the steering failure, Captain Bardari called for salvage tugboats. In response, the PACIFIC, a salvage tug in the fleet of Bugsier Reederei und Bergungs, A.G., a corporation organized under the laws of the then Federal Republic of Germany, arrived on the scene. Bugsier undertook salvage jobs only under a "Lloyd's Open Form" ("LOF") "No-Cure-No Pay" salvage contract. The tug did not begin operations immediately because Bardari had to call Chicago to find out if he could enter into such a deal. While the AMOCO CADIZ foundered, Amoco and the tug's captain, Hartmut Weinert, haggled over the LOF. Finally, Amoco and Captain Weinert came to terms. By then, the island of Ushant was less than six miles dead ahead, the shallow Chenal du Four on the port bow, and the rocky Finistère coast on the port beam. The wind was fierce, the seas high, and the AMOCO CADIZ pitched so wildly

록까지 오일을 나르는 파이프를 지탱하는 "De" 플랜지가 떨어져 나갔음을 알게 되었다. 기름이 사방에서 유출되고 있었다.

선원들은 De 플랜지와 분배 블록으로 이어지는 파이프를 지탱하던 여섯 개의 철재 볼트 중 다섯 개가 부서졌고, 전체 전동장치 구조 안에 있는 다른 볼트들은 이상이 없는 것으로 확인하였다. 그 볼트들의 손상으로 인해 유압액이 빠른 속도로 조타 기관에서 유출되었고 즉시 공기가 유입되었다. 기술자 중 한 명이 좌현의 조타 기어 펌프를 봉쇄하고 분배 블록의 격리 밸브를 잠금으로써 오일의 유출을 막기 위한 노력을 했으나 헛된 것이었다. 책임 기술자는 방향키 조타 기어의 중력대체탱크에 유압액을 더함으로써 유출을 보충하려 했지만, 중력탱크의 수압액의 수면은 조타 구조가 적절히 작용할 때와는 달리 낮아지지 않았다.

유압의 부족으로 인해, 방향키가 통제되지 않았다. 몇몇 선원들은 요동치는 방향키를 몸으로 막아 보려 했고 다른 선원들은 플랜지의 연결을 수리하려 하거나 조타 시스템에서 공기를 제거하려 하였으나 모두 역부족이었다. 그 선원들이 분투하고 있을 때, 완화 밸브의 파이프가 날아갔고 이어서 기름이 방향키 구획의 천장을 향해 치솟았다. 완화 밸브가 날아가자 방향키의 요동은 더욱 심해졌고 결국 조타 기어가 산산조각 나며 금속 파편을 사방에 흩뿌리고 난 후에야 부숴지면서 그 요동을 멈추었다. 선원 중 한 명이 머리에 그 금속 파편을 맞게 되자 책임 기술자는 그 구획에서의 대피를 명하였다. 그는 그 후 선장에게 방향키 기어의 수리가 불가능함을 보고하였다.

방향키가 손상된 지 두 시간 후에 선장은 예인선의 구조를 요청했다. 이에 대한 응답으로 독일 법에 의해 설립된 회사인 Bugsier Reederei und Bergungs, A.G. 소속의 구조 예인선인 PACIFIC 호가 그 현장에 도착하였다. Bugsier 사는 오직 "Lloyd's Open Form"("LOF") "성과 없으면 대가 없는" 구조 계약에 근거하여 구조 작업을 수행하였다. 그 예인선은 구조 작업을 즉시 시작하지는 않았는데, 이는 선장인 Bardari로서는 그러한 거래를 할 수 있는지 여부를 확인하기 위해 시카고에 전화를 해야 했기 때문이다. AMOCO CADIZ 호가 침몰하고 있는 동안에 Amoco와 예인선의 선장인 Hartmut Weinert는 LOF상의 구조비용에 대해 실랑이를 계속하고 있었다. 마침내 Amoco와 Weinert 선장은 합의에 이르렀다. 그때까지, Ushant 섬은 6마일도 채 떨어지지 않은 곳에서 흐릿하게 앞에 있었고, 얕은 Chenal du Four는 좌현

that her bow repeatedly plunged beneath the surface.

The PACIFIC approached and secured a fairlead on the bow of the AMOCO CADIZ intending to turn the ship to her starboard, head her out to sea, and then tow her in to shore. In hindsight, this strategy proved unfortunate. The PACIFIC was incapable of turning a ship the size of the AMOCO CADIZ into the wind and the towing chain broke. The PACIFIC made a second tow attempt by connecting to the stern of the tanker. By then, tidal currents and heavy winds had carried the AMOCO CADIZ dangerously close to the rocky and irregular Finistère coastline. The tanker continued to roll on the rocks and sink into the shoals. As the PACIFIC continued its futile maneuvers, its captain received the following message from Marine Safety Services representative Leslie Maynard, "Sir, we are grounded." The AMOCO CADIZ began tearing in two and the PACIFIC lost contact altogether. Soon, the telltale odor of oil filled the air. Fifteen million gallons spilled into the sea during the first night alone.

D.

The resulting oil slick was eighteen miles wide and eighty miles long, one-fourth of *1289 the Breton coast. Over the weeks following the grounding of the AMOCO CADIZ 4,400 men and 50 vessels (which included ships and personnel from the British Royal Navy) were dispatched to aid in the clean up operations at sea. France sought more than 30 million francs for the cost of the clean up at sea (*see infra* section V.). The clean up on land took over six months and involved the participation of the French army. Heavy machinery and volunteers were recruited from all over France. Approximately 220,000 tons of oily waste the color and consistency of chocolate mousse were recovered from the beaches along the Côtes du Nord. The infusion of oil upset the delicate ecosystem along the coastline, destroying algae and ruining oyster and lobster beds. Especially hard hit was the Breton economy. Brittany is France's second most important tourist region after the Riviera. The claimed overall cost to France was an estimated $100,000,000 at the 1978 rate of exchange.

의 전방에 있었으며, 바위투성이의 Finistère 해안은 좌현 옆 앞쪽에(port beam) 있었다. 바람은 사나웠고 파도는 높았으며 AMOCO CADIZ 호가 너무 거칠게 곤두박질쳐져서 그 선수(船首)가 계속해서 해수면 아래로 잠기곤 했다.

PACIFIC 호가 다가와서 AMOCO CADIZ 호의 선수에 도삭기(導索器)를 고정시켰는데, 이는 그 선박을 우현으로 돌려서 해안으로 끌고 가기 위함이었다. 돌아보면, 그 전략을 택한 것은 불운한 일이었다. PACIFIC 호는 AMOCO CADIZ 호와 같은 대규모 선박을 바람 속으로 돌려놓을 만한 능력이 없었고, 예인 체인은 부러졌다. PACIFIC 호는 유조선의 선미(船尾)에 연결을 함으로써 두 번째 예인 시도를 하였다. 그때까지 조수의 흐름과 강한 바람은 AMOCO CADIZ 호를 바위가 많고 불규칙적인 Finistère 해안에 위험스러우리만치 가깝게 옮겨 놓았다. 그 유조선은 바위에 닿기를 계속했고 여울 속으로 가라앉아 갔다. PACIFIC 호가 헛된 작전을 계속하고 있을 때, 그 선장은 해상안전서비스의 대표인 Leslie Mayland로부터 다음과 같은 연락을 받았다. "우리 배는 침몰했습니다." AMOCO CADIZ 호는 두 갈래로 찢어지기 시작하였고 PACIFIC 호와의 연결은 끊어졌다. 곧, 기름의 악취가 공기를 가득 메웠다. 첫날 밤에만 1500만 갤런의 원유가 바다로 유출되었다.

D.

이러한 유출로 초래된 기름의 매끈매끈한 표면은 폭이 18마일에 달했으며, *1289 길이는 Breton 해안의 4분의 1인 80마일에 이르렀다. AMOCO CADIZ 호의 침몰이 있은 후 수주 동안 4,400명의 사람들과 50척의 선박들(영국 왕실 해군의 선박과 인원을 포함하여)이 바다에서의 방제 작업을 위해 투입되었다. 프랑스는 방제 비용으로 3천만 프랑 이상의 금액을 지출하였다. 육지에서의 방제 작업은 6개월 이상의 시간이 소요됐으며 프랑스 육군도 참여하였다. 중장비들과 자원봉사자들이 프랑스 전역에서 몰려들었다. 대략 220,000톤의 초콜릿 무스와 같은 색깔과 농도의 기름기 있는 폐기물들이 Côtes du Nord를 따라 위치하는 해변가들에서 수거되었다. 기름의 유입은 해조류를 괴멸시키고 굴과 바닷가재의 양식장을 폐허로 만들며 해안가를 따라 발달한 섬세한 생태계를 파괴하였다. 특히 Breton의 경제가 큰 타격을 입었다. Brittany는 Riviera를 이어 프랑스에서 두 번째로 중요한 여행지였다. 소송에 의해 프랑스에 지불될 것이 청구된 제반 비용은 1978년 환율에 의하면 100,000,000달러이다.

II.

In the aftermath of the environmental disaster, various parties brought lawsuits. The Republic of France ("France") sued Amoco to recover for pollution damages and clean up costs. Similar actions were brought by the French administrative departments of Côtes du Nord and Finistère ("the Côtes du Nord parties"), numerous municipalities called "communes," and various French individuals, businesses, and associations, including hoteliers and fisherman who lost business as a result of the oil spill ("the French claimants"). The Côtes du Nord parties and the French claimants charged Astilleros with negligence in designing and constructing the tanker. The lawsuits were filed in Illinois and New York. Astilleros appeared and moved to dismiss the claims against it for lack of personal and subject matter jurisdiction and for *forum non conveniens*. Both the Côtes du Nord parties and Amoco sued Bugsier, the owner of the tug PACIFIC, claiming that it was negligent in attempting to tow the AMOCO CADIZ. The Bugsier suits were stayed pending arbitration in London. Bugsier filed a limitation action in the lawsuits which the Côtes du Nord parties were claimants.

Amoco brought several actions in federal district court in Chicago. It filed a complaint for exoneration from or limitation of liability pursuant to the United States Limitation of Liability Act of 1851, 46 U.S.C.App. §§ 181-196 ("Act"). In addition, the Amoco parties filed a third-party claim and cross-claims against Astilleros. Amoco filed for contribution from the ABS to the extent that the grounding was caused by ABS's negligence and breach of contract in approving the vessel design, inspecting it, and certifying its seaworthiness. The Côtes du Nord parties and French claimants also sued the ABS. The ABS settled these claims and sued the Amoco parties in New York, seeking reimbursement for expenses in connection with the settlement. Amoco removed the matter to federal court and counterclaimed. Petroleum Insurance Limited ("PIL"), Royal Dutch Shell's subrogee, sought to recover from Amoco for loss of the oil cargo, claiming loss occurred through Amoco's lack of due diligence in making the vessel seaworthy and through Amoco's breach of the charter contract.

II.

그러한 환경적 재앙이 있은 후에, 여러 명이 소를 제기하였다. 프랑스 공화국(이하에서는 "프랑스")은 Amoco를 상대로 소를 제기하여 환경오염으로 인한 손해배상과 복구비용을 상환할 것을 청구하였다. 프랑스 Côtes du Nord와 Finistère의 행정기관(이하에서는 "Côtes du Nord parties")과 "코뮌"이라 불리우는 다수의 지방자치단체들과 기름 유출로 인해 사업장을 잃게 된 숙박업자와 어민들을 포함한 개인과 사업자 및 단체들(이하에서는 "프랑스 측 청구인들")에 의해 유사한 소가 제기되었다. Côtes du Nord parties와 프랑스 측 청구인들은 Astilleros 사를 상대로 유조선의 설계와 건조상의 과실을 근거로 소를 제기하였다. 그 소장은 일리노이 주와 뉴욕 주에서 접수되었다. Astilleros 사는 이에 응소하였고 인적 관할권과 물적 관할권의 흠결과 "부적절한 법원"[5]임을 근거로 소의 각하를 신청하였다. 또한 Côtes du Nord parties와 Amoco 모두 예인선인 PACIFIC 호의 소유주인 Bugsier 사를 상대로 AMOCO CADIZ 호를 인양하는 과정에 있어서의 과실을 주장하며 소를 제기하였다. Bugsier 사를 상대로 한 소송은 런던에서 진행되고 있던 중재절차에 의해 보류되었다. Bugsier 사는 Côtes du Nord parties가 제기하여 진행되고 있던 소송에서 책임을 제한하기 위한 소송을 제기하였다.

Amoco는 시카고의 연방 1심 법원에 수 개의 소를 제기하였다. Amoco는 소장에서 면책(exoneration) 또는 1851년 미 연방 책임제한법[6](이하에서는 "법")에 근거한 책임제한을 주장하였다. 이에 더하여, Amoco는 Astilleros 사를 상대로 제3당사자 소송과 교차청구 소송을 제기하였다. Amoco는 ABS를 상대로, 당해 선박의 설계에 대한 승인, 선박에 대한 점검, 그리고 그 감항능력의 인정에 있어 ABS가 저지른 과실과 계약위반이 선박의 침몰에 기여한 정도만큼 구상할 것을 청구하였다. Côtes du Nord parties와 프랑스 측 청구인들 또한 ABS를 상대로 소를 제기하였다. ABS는 이러한 소송에서 원고들과 소송 외 타협을 하고 Amoco를 상대로 뉴욕에서 그 타협(settlement)과 관련하여 소요된 비용의 상환을 청구하였다.

5 "forum non conveniens." 대개 보통법 국가의 법원들이 가지는 재량권으로, 소송이 제기되었을 때 이를 심리할 보다 적절한 법원이 있음을 근거로 그 심리를 거절하는 것을 말한다.

6 United States Limitation of Liability Act of 1851, 46 U.S.C.App. §§ 181-196)

The various federal actions were bifurcated and brought before Judge Frank J. McGarr of the Northern District of Illinois. After consolidating the liability issues, Judge McGarr opened the bench trial on May 4, 1982. The liability phase would not end until late November of the same year. In an April 18, 1984 opinion, the court held Amoco Corporation, Astilleros (who neither participated in discovery nor in the trial), and Amoco Production Company jointly and severally liable to France, the Cotes du Nord parties, the French claimants, and to PIL. The court denied Amoco's petition for limitation of liability. Bugsier was exonerated on the claims brought against it by the Côtes du Nord parties. (Amoco's claims against Bugsier eventually were resolved in the London arbitration.) Because of its settlement with France and the Côtes du Nord parties, the ABS did not participate in the liability trial. It still is part of a pending "tag-along" action in federal district*1290 court in Chicago in which Amoco is seeking contribution from the ABS.

The court subsequently held a second bench trial on the consolidated damages issues. That trial lasted from April 1986 to June 1987. On October 5, 1987, the court awarded PIL 11,212,349.50 pounds sterling for the loss of Shell's oil cargo. The court also awarded PIL prejudgment interest, but denied its request for compounded interest. Subsequently, the court amended its opinion by awarding PIL statutory costs and by setting the annual prejudgment interest rate at 7.22 percent. The final award to PIL was 21,215,054.68 pounds sterling. With regard to the other plaintiffs' damages, on January 11, 1988, the district court applied French law and ordered an award to cover costs of clean up and restoration incurred by France, the Côtes du Nord parties, and the French claimants. The court awarded statutory costs as well as compound prejudgment interest at an annual rate of 7.22 percent for a total of nearly 600 million French francs.

When Judge McGarr retired in late January 1988, the case was reassigned to Judge Charles R.

Amoco는 그 사안을 연방법원으로 이송하고 반소를 제기하였다. Royal Dutch Shell 사의 대위자인 Petroleum Insurance Limited 사(이하에서는 "PIL 사")는 원유 화물의 손실에 대한 배상을 청구하며 그 손실이 Amoco의 선박의 감항능력을 갖추도록 하는 데 있어서의 부주의와 용선계약의 위반에 의해 발생하였다고 주장했다.

다양한 연방소송이 제기되었고 일리노이 주 북부 지방법원의 법관인 Frank J. McGarr이 담당하게 되었다. 책임유무 쟁점에 대한 심리를 동시에 진행시킨 후에 McGarr 판사는 1982년 5월 4일에 배심원 없이 진행하는 심리를 진행하였다. 책임유무를 결정하는 일은 같은 해 11월말까지 끝나지 않았다. 1984년 4월 18일에 법원은 Amoco Corporation, Astilleros 사(이 회사는 증거확인절차와 심리에 참여하지 않았다.), Amoco Production이 공통으로 또 개별적으로 프랑스 측 청구인들과 PIL에 대하여 책임을 져야 한다고 판시하였다. 법원은 Amoco의 책임제한 신청을 기각하였다. Bugsier 사는 Côtes du Nord parties에 의해 제기된 청구에 대하여 면제를 받았다(Bugsier 사를 상대로 한 Amoco의 청구는 런던에서 중재에 의해 해결되었다). ABS는 프랑스, Côtes du Nord parties와 화해를 했기 때문에 책임유무를 묻는 심리에 참여하지 않았다. *1290 그 심리는 현재 시카고 연방 1심 법원에서 Amoco가 ABS에 대한 구상을 청구하기 위해 진행되고 있는 부수적인 소송의 한 부분이다.

법원은 이어서 두 번째의 배심원 없이 진행하는 심리를 열어 손해배상 관련 쟁점들에 대한 심리를 병합하여 진행하였다. 그 심리는 1986년 4월부터 1987년 6월까지 계속되었다. 1987년 10월 5일, 법원은 Shell 사의 원유의 손실을 이유로 PIL 사에 11,212,349.50 파운드의 손해배상청구권을 인정하였다. 동 법원은 PIL에게 판결 전 이자에 대한 권리를 인정하였으나, 복리이자에 대한 신청은 기각하였다. 그 후 동 법원은 PIL 사에 적법하게 소요된 비용에 대한 권리를 인정하고 판결 전 이자의 연간 이율을 7.22%로 정함으로써 그 견해를 수정하였다. 다른 원고들의 손해배상 청구에 대해, 동 1심 법원은 1988년 1월 11일에 프랑스법을 적용하여 프랑스 정부와 Côtes du Nord parties, 프랑스 측 당사자들에 대하여 방제비용과 복구비용을 지불할 것을 판시하였다. 동 법원은 6억 프랑에 가까운 원금에 대한 연 7.22% 복리의 판결 전 이자 외에 적법하게 소요된 비용을 지불할 것을 명하였다.

1988년 1월 말에 McGarr 판사가 퇴직하자, 그 사건은 Charles R. Norgle, Sr. 판사에게 다

Norgle, Sr., who appointed Judge McGarr as a Special Master to resolve any remaining issues. Special Master McGarr issued his Final Report and Recommendations on October 31, 1989. Pursuant to Rule 53 of the Federal Rules of Civil Procedure, the Amoco Parties, France, the Côtes du Nord parties, Astilleros, and PIL filed objections. In March 1990, a hearing was held on those objections. Following the hearing, the district court adopted all of the Special Master' s Recommendations relating to liability and damages and, on July 24, 1990, issued four separate final judgments awarding claimants damages in French francs and pounds sterling against the Amoco parties and Astilleros, jointly and severally. These consolidated appeals followed.

III.

Astilleros was named as a defendant or third-party defendant by Amoco, the Republic of France, the Côtes du Nord parties, and the French claimants in cases filed in both Illinois and New York. The Illinois and New York cases were consolidated in the Northern District of Illinois by the Judicial Panel on Multidistrict litigation.[FN1] Three of the judgments now on appeal were entered in Illinois cases (Nos. 78 C 3693, 79 C 3548, and 79 C 3761) and one in a New York case (No. 79 C 2774). Astilleros contends that neither Illinois nor New York courts had personal jurisdiction over it.

FN1. The cases remain consolidated. The New York case was not remanded to New York for trial because the Illinois district court ordered the New York cases to be transferred to Illinois for trial pursuant to 28 U.S.C. § 1404(a). (Order 13); *see* Rule 14(b) of the Rules for Multidistrict Litigation.

[Omitted: The court rejects that Astillero's contentions.]

시 배당되었고, Charles R. Norgle 판사는 McGarr 판사를 수명판사(Special Master)로 임명하였다. 수명판사 McGarr는 1989년 10월 31일에 그의 최종보고서와 권고안을 제출하였다. 연방민사소송규칙 Rule 53에 근거하여 Amoco, 프랑스 정부, Côtes du Nord parties, Astilleros 사, 그리고 PIL 사는 이의신청을 하였다. 1990년 3월, 그러한 이의신청에 대한 심리가 진행되었다. 그 심리 이후에, 1심 법원은 수명판사의 과책과 손해배상에 관련된 권고안을 모두 수용하여, 1990년 7월 24일에 네 개의 판결)을 통해 Amoco와 Astilleros 사가 원고들에게 공동으로 그리고 개별적으로 영국 파운드와 프랑스 프랑으로 손해배상할 것을 판시하였다. 이에 대한 항소들은 병합되어 진행되었는데, 그 내용은 아래와 같다.

III.

Astilleros 사는 Amoco, 프랑스 공화국, Côtes du Nord parties, 프랑스 측 당사자들에 의해 일리노이 주와 뉴욕 주에서 제기된 소송에서 피고 또는 제3피고로 명명되었다. 일리노이 주와 뉴욕 주에서 진행된 소송들은 복수 지역 소송에 대한 사법위원단에 의해 일리노이 주 북부지방법원에서 병합되어 진행되게 되었다.[i] 현재 항소가 진행 중인 1심 판결들 중 셋은 일리노이 주의 사건으로 등록되었고(Nos. 78 C 3693, 79 C 3548, and 79 C 3761), 하나는 뉴욕 주의 사건으로 등록되었다(No. 79 C 2774). Astilleros 사는 일리노이 주와 뉴욕 주 중 어느 곳도 인적 관할이 없다고 주장하였다.

i 이 사건들은 항소심에서도 계속 병합되었다. 뉴욕 주의 사건은 심리를 위해 뉴욕 주로 환송되지 않았는데, 이는 일리노이 주 1심 법원이 28 U.S.C. § 1404(a)에 근거하여 그 사건이 일리노이 주로 이전될 것을 명령(명령 제13호)하였기 때문이다(the Rules of Multidistrict Litigation의 Rule 14(b) 참조).

[생략: 법원은 Astilleros 사의 그러한 주장을 받아들이지 않았다.]

IV.

Having found that Astilleros is subject to the jurisdiction of American courts, we turn to the question of liability. What caused the steering system to fail and whose fault was it? As one can well imagine, in answering these questions, Judge McGarr braved a task akin to the seven labors of Hercules. Faced with a mountain of evidence, much of it highly technical, the district court did a remarkable job of factfinding. To summarize, it found that the failure of the steering gear system of the AMOCO CADIZ was proximately caused by a number of factors, including Amoco's (specifically, AIOC's) negligence in failing reasonably to perform its obligations to repair and maintain the steering gear, properly train its crew, provide the vessel with a redundant steering system or other means to steer the vessel in the event of a complete failure of the hydraulic system, and fulfill its duty as the party who supervised and approved the design to ensure that the design and construction properly were carried out. *Amoco Cadiz*, 1984 A.M.C. at 2154-61. Contesting jurisdiction, Astilleros chose not to defend itself against the various lawsuits filed by the Amoco parties, the Côtes du Nord parties, and the French claimants. The district court entered default judgments against the shipbuilder. The district court found that Astilleros improperly designed and built the steering gear and pressure relief valves and that the stud and flange assembly did not conform to specification or code requirements. *Id.* at 2162. In particular, the court found that the flange assemblies installed by Astilleros did not meet code requirements for high pressure systems.

Our standard of review is highly deferential. We are bound by the district court's findings of fact unless they are clearly erroneous. *See Anderson v. City of Bessemer City*, 470 U.S. 564, 573-76, 105 S.Ct. 1504, 1511-12, 84 L.Ed.2d 518 (1985); *Insurance Corp. of Ireland, Ltd. v. Board of Trustees of Southern Illinois University and Richard Moy, M.D.*, 937 F.2d 331 (7th Cir.1991); *Riviera v. Benefit Trust Life Ins. Co.*, 921 F.2d 692, 696 (7th Cir.1991); Fed.R.Civ.P. 52(a). A finding is "clearly erroneous" when, "although there is evidence to support it, the reviewing court on the entire evidence is left with a definite and firm conviction that a mistake has been made." *United States v. United States Gypsum Co.*, 333 U.S. 364, 395, 68 S.Ct. 525, 542, 92 L.Ed. 746 (1948); *see also E.E.O.C. v. Sears Roebuck & Co.*, 839 F.2d 302, 309 (7th Cir.1988). The clearly erroneous rule applies "even when the district court's findings do not rest on credibility determinations, but are based instead on physical or documentary evidence or inferences from other facts." *Anderson*, 470 U.S. at

IV.

Astilleros 사가 미국 법원의 관할권에 속한다는 점을 확인한 후, 우리는 이제 책임의 문제를 살펴보기로 한다. 무엇이 조타 시스템을 고장나게 하였고, 누구에게 그 잘못이 있는가? 예상할 수 있듯이, 이러한 문제에 대한 답을 구하면서 McGarr 판사는 엄청난 과제를 수행하였다. 대부분이 고도로 기술적인 증거들에 직면해서, 1심 법원은 사실확정에 있어 주목할 만한 일을 해냈다. 요약하자면, 법원은 몇 가지 요소가 AMOCO CADIZ 호의 조타 기어 시스템의 고장과 상당한 인과관계를 가지고 있음으로 확인하였는데, 조타 기어를 보수하고 정비하고, 배의 선원들을 적절하게 훈련시키며, 예비 조타 시스템이 갖추어진 배 또는 만약 유압식 시스템이 완전히 고장 났더라도 배를 조종할 수 있는 다른 도구들을 제공해야 하고, 감독과 의장과 건조가 적합하게 시행되었는지 보증할 만한 설계를 증명해야 할 당사자로서의 의무를 다하여야 한다는 배의 조종 규칙을 합리적으로 이행하지 못한 Amoco의(구체적으로는, AIOC의)과실이 포함된다. Amoco Cadiz, 1984 A.M.C. 2154-61 참고. Astilleros 사는 관할권의 부재를 주장하며 Amoco와 Côtes du Nord, the French claimants 등으로부터 제기된 다양한 소송에 응하지 아니하였다. 1심 법원은 선박제조사에 대하여 결석판결을 내렸다. 1심 법원은 Astilleros 사가 조타 기어와 압력완화밸브를 적합하지 않게 설계 및 제조했고, 못과 플랜지 조합도 세부 설계내역과 법정 요건을 준수하지 않았다고 판단하였다. 위 판결 2162 참고. 구체적으로, 법원은 Astilleros 사가 설치한 플랜지 조합이 고압시스템에 요구되는 법정 요건을 준수하지 않았다고 판단하였다.

우리의 판단기준은 1심 법원의 판단에 대한 최대한의 존중을 기반으로 한다. 우리는 1심 법원의 사실확정이 명백하게 잘못된 것이 아닌 이상 그것에 구속된다. Anderson v. City of Bessemer City, 470 U.S. 564, 573-76, 105 S.Ct. 1504, 1511-12, 84 L.Ed.2d 518(1985); Insurance Corp. of Ireland, Ltd. v. Board of Trustees of Southern Illinois University and Richard Moy, M.D., 937 F.2d 331(7th Cir.1991); Riviera v. Benefit Trust Life Ins. Co., 921 F.2d 692, 696(7th Cir.1991); Fed.R.Civ.P. 52(a)의 판결을 참조. "비록 그 결정을 입증하는 증거들이 있음에도, 증거 전체를 가진 재검토를 담당한 상급심 법원이 볼 때 명백하고 확고한 실수가 있었다는 확신이 있는" 경우라면 그 결정은 "명백하게 잘못된" 것이라 할 수 있다. United States v. United States Gypsum Co., 333 U.S. 364, 395, 68 S.Ct. 525,

574, 105 S.Ct. at 1511-12; *see also Mucha v. King*, 792 F.2d 602, 605 (7th Cir.1986). In order for us to determine *1296 whether the district court's findings of fact are clearly erroneous, we must spend some time examining the arcane workings of the steering systems of "VLCCs"-very large crude carriers.

A.

From the beginning, there were mechanical problems with the hydraulic steering system rams and bushings on the AMOCO CADIZ and her sister ships. The rams are pistons; the bushings are the metal linings that protect the rams. The bushings on the four Amoco supertankers were constructed of cast iron, which was much harder than the rams themselves. When dirt particles are present, metal rams become scored, meaning they are marred or scratched because of close contact with something having a "plowing" effect. Ram scoring and defective bushings are especially serious because they contribute to the loss of pump efficiency and impair the reliability of the steering system. Scoring forms projections on the ram's surface, tearing the packing around the "gland," the ram casing. When the packing is torn, its sealing effect is destroyed and oil seeps through. It is good practice to change the packing every two years during drydocking or when a problem arises.

Amoco accepted the AMOCO CADIZ with the cast iron bushings and acknowledged the defect upon delivery. During the AMOCO CADIZ's sea trials in May 1974, an Amoco representative reported to AIOC vice-president Robert Haddow that there were problems with the hydraulic steering gear rams and bushings. Three of the ship's four rams were scored. Subsequent inspections of the tanker revealed that the scoring problem had worsened. Astilleros prepared a list of "Exceptions and Extras Not Completed for the AMOCO CADIZ." One of the items on the list stated, "Present rams are scored and cause rapid packing wear and leak oil excessively, resulting in excessive cleaning and expenditure for replacement oil. Repair satisfactorily or replace." *Id.* at 2168-69. Astilleros offered to repair or replace the scored

542, 92 L.Ed. 746 (1948); 또한 E.E.O.C. v. Sears Roebuck & Co., 839 F.2d 302, 309 (7th Cir.1988)의 판결 참조. 이러한 명백하게 잘못된 판단의 규칙은 "심지어 1심 법원의 사실확인이 진실한 결정에 의거하지 않고, 대신에 물리적 또는 서류상의 증거 혹은 다른 사실로부터의 추측에 기초한 경우에도" 적용될 수 있다. Anderson, 470 U.S.의 574, 105 S.Ct.의 1511-12; Mucha v. King, 참조 792 F.2d 602, 605 (7th Cir.1986). 1심 법원의 사실확인이 *1296 명백히 잘못된 것인지 아닌지를 판단하기 위해서는 VLCcs—초대형 유조선—의 조타 시스템의 심원한 운용을 검토해야만 한다.

A.

처음부터 AMOCO CADIZ 호와 그 자매선[7]들의 유압식 조타 시스템의 피스톤과 부싱들에는 기계적인 결함이 있었다. 부싱은 피스톤을 보호하는 구멍 속에 끼우는 금속통이다. 네 대의 Amoco 소속의 초대형 유조선들의 부싱은 피스톤보다 훨씬 단단한 주철로 건조되었다. 먼지 입자들이 있을 때, 금속 피스톤은 "생기질" 효과를 가진 것과 밀접하게 접촉하기 때문에 손상되고 긁히게 된다. 피스톤에 생채기가 나고 부싱에 결함이 생기는 것은 특히 심각하다. 이는 펌프의 효율성과 방향 제어 시스템에 대한 신뢰도를 저해하기 때문이다. 균열은 피스톤의 표면에 돌출부가 생기게 해서 양수기의 외피인 "패킹누르개" 주위의 패킹을 찢어버리게 된다. 패킹이 찢어지면, 그것은 밀봉하는 기능을 다하지 못하게 되어 기름이 새어나오게 된다. 따라서 문제가 발생했을 때, 혹은 건선거(乾船渠)에 정박 중일 때 매 2년마다 패킹을 교환하는 것이 바람직하다.

Amoco는 AMOCO CADIZ 호가 주철 부싱으로 된 상태에서 이를 인도받았고, 운송을 받자마자 결함이 있음을 인지하였다. AMOCO CADIZ 호의 해사재판이 계속 중이던 1974년 5월, Amoco의 대표는 AIOC의 부회장 Robert Haddow에게 조타 기어 피스톤과 부싱에 결함이 있음을 보고하였다. 세 척의 배에서 4개의 피스톤에 생채기가 있었다. 뒤이은 유조선 점검에서 긁힌 부분이 더 악화되었음이 밝혀졌다. Astilleros 사는 "AMOCO CADIZ 호에 갖추어지지 않은 예외 및 특별사항"의 목록을 작성했다. 목록의 항목 중 하나는, "현재의 피

7 같은 설계로 건조된 동형(同型)선.

rams and even supplied bronze replacement bushings. At the time of the wreck, a spare set of uninstalled bronze bushings was on board. Amoco had taken a cash credit from Astilleros in lieu of repair.

After visiting the ship in Genoa in March 1975, Transport marine engineer Giuseppe Ciaramaglia reported, "The rams were carefully inspected and found worse conditions since last inspection. Namely the four rams are heavily scored in the bottom side and near the bush. Particularly the ram in the position port-fore is in really bad condition and some dressing should be carried out next drydocking." Claimants' Exhibit 424. Although Amoco immediately changed the bushings on two of the AMOCO CADIZ's similarly constructed sister ships, the AMOCO MILFORD HAVEN and the AMOCO EUROPA, it took no action with regard to the AMOCO CADIZ's bushings. Unlike the AMOCO CADIZ, the repaired vessels were not on a time charter.

Robert J. Zimmerman, an AIOC ship superintendent, visited the ship in late January 1976 and inspected the steering gear rams. Zimmerman acknowledged the scoring problem, but recommended a polishing measure in lieu of more permanent repair, which would have required two weeks in drydock. Zimmerman wrote to company officials, "Rams are deeply scored and will continue to cut packing but oil loss cost minimal against extended time required to carry out the replacement of bushings ..." *Id.* at 2169.

The specifications for the 1976 drydocking of the ship in Lisnave, Portugal included changing the ram packing material. Amoco later canceled this item to save time during the overhaul period. No work was performed during the 1976 drydock to polish out the scoring on the existing rams, change the bushings, or repack the glands. Over the next few months up until the grounding, the AMOCO CADIZ suffered leakage from the steering gear rams, the main hydraulic system of the steering gear, the small packing gland at the lower part of the level gauge indicator, and the mechanical seal of the main shaft of both main steering gear pumps at a rate

스톤에는 생채기가 있고 패킹이 빠르게 마모되게 하며 기름이 과도하게 새도록 하여 기름 대체를 위한 과도한 청소와 비용 지출을 초래한다. 만족할 수준으로 수리하거나 교체하라"고 적고 있었다(위의 문서 2168-69). Astilleros 사는 손상된 피스톤을 수리하거나 교체해 줄 것을 제안했고 심지어 청동으로 된 대체 부싱을 공급하기도 하였다. 침몰 당시, 설치되지 않은 청동 부싱의 여분 세트가 배에 있었다. Amoco는 Astilleros 사로부터 실제의 수리를 대신하여 현금 신용장만을 받았다.

1975년 5월 제노아에서 배를 점검한 후, 해상운송 엔지니어 Giuseppe Ciaramaglia는 수압펌프들을 세심하게 점검한 결과 지난 번 점검 때보다 상태가 더 악화된 것을 발견했다고 보고했다. 즉, 4대의 피스톤은 밑바닥과 부싱 근처가 매우 손상되었으며, 특히 좌현 앞쪽에 위치한 피스톤은 심각하게 상태가 좋지 않았고 다음 번 건선거에의 정박시 어떤 조치가 필요하다고 하였다. 원고제출 증거 424호 참조. 비록 Amoco가 즉시 AMOCO CADIZ 호와 비슷하게 건조된 그 자매함들, AMOCO MILFORD HAVEN호와 AMOCO EUROPA호의 부싱을 교체하였지만, AMOCO CADIZ 호의 부싱에 대하여는 어떠한 조치도 취하지 않았다. AMOCO CADIZ 호와 달리 수리된 배들은 정기용선계약 중이 아니었다.

AIOC의 해사 감독관인 Robert J. Zimmerman은 1976년의 6월말경에 배를 조타 기어의 피스톤을 조사했다. Zimmerman은 균열 문제를 인지하였으나, 건선거에서 2주가 소요되는 영구적인 수리 대신에 균열을 닦아서 없애는 방법을 추천했다. Zimmerman은 회사 간부들에게 보내는 서한에서 "피스톤에 깊은 생채기가 있고 따라서 패킹을 계속하여 손상시킬 것이지만 부싱을 대체하는 데 요구되는 장기간의 시간에 비하면 기름의 유출은 비용은 무시할 수 있는 정도라고 썼다(위의 문서 2169).

1976년 포르투갈의 Lisnave에 위치한 건선거에의 정박에 관련된 세부 내역 중에는 피스톤 패킹의 원재료를 바꾸는 것이 포함되어 있었다. Amoco는 정밀검사에 드는 시간을 단축하기 위해 이 항목을 취소했다. 1976년의 건선거 기간 중에는 피스톤의 생채기를 제거하고, 부싱을 교체하거나, 패킹 누르개를 교체하기 위한 어떤 작업도 이루어지지 않았다. 침몰할 때까지의 몇 달 동안, AMOCO CADIZ 호의 조타 기어 피스톤, 조타 기어의 주된 유압 시스템, 계측기 밑부분의 작은 패킹 누르개, 양쪽의 주된 조타 기어 시스템의 주 샤프트의 기계적 봉

far in excess *1297 of that which normally would occur with a properly maintained system. The AMOCO CADIZ was losing seven to twelve liters of hydraulic fluid per day in leakage. The acceptable quantity of leakage should have been no more than a few drops per day.

There were problems with the rudder, too. During trials in Lisbon on May 14, 1974, the rudder stuck in hard starboard position. On June 15, 1974, during maneuvering at Mina al Ahmadi, the rudder again stuck in the hard starboard position. In both cases, it was necessary to stop one of the two running pumps in order to return the rudder to normal position. There were other difficulties with the rudder as well. In port, the AMOCO CADIZ and her sister ships experienced as much as 15 degrees rudder movement when the system was shut down. To prevent the unwanted movement, Amoco ordered that one steering gear pump always be kept running. Amoco hired an independent marine hydraulics expert to investigate the problem, and he recommended that, as a first step in the investigation of the source of the problem, the company should check all valves in the distribution block, including relief valves and their springs. Amoco wrote a specification for the disassembly of the distribution block relief valves and associated repairs for the AMOCO CADIZ and her sister ships. Although the work called for in the specification was performed on the AMOCO MILFORD HAVEN and the AMOCO EUROPA in 1977, the work was not performed on either the AMOCO CADIZ or the AMOCO SINGAPORE, both of which were on time charter to Shell.

Another problem was that the ship's steering gear gravity tank, which held hydraulic fluid used to replenish fluid losses in the system, often would overflow when the starboard gear pump was activated. The overflow prevented the hydraulic steering gear pumps from being changed over every twenty-four hours, as required by the hydraulic system manufacturer in its steering gear manual (the "Manises Steering Gear Manual") and Amoco's own instructions. The system would have had to be shut down in order to locate the problem. In fall 1977, an Amoco inspector recommended that repairs concerning the overflow be deferred until the next drydocking. The repairs never were done. Also, Amoco failed to renew the leather belts used to drive the evacuation and replenishing pumps of the steering gear after they slipped on two occasions. Such slippage contributes to an imbalance in the system and has been associated with gravity tank overflow.

인으로부터 누수가 있었는데, *1297 그 누수의 정도는 적절한 보수가 이루어지는 선박에 있어서의 그것을 훨씬 초과한 것이었다. AMOCO CADIZ 호에서는 하루에 7에서 12리터의 유압액이 누출되고 있었다. 수인 가능한 누수의 양은 하루에 고작 몇 방울 정도였다.

방향키에도 또한 결함이 있었다. 1974년 5월 14일 리스본에서 재판이 진행 중인 동안에, 키는 우현으로 돌아간 채로 고정되어 있었다. 1974년 6월 15일 Mina al Ahmadi에서의 운항 중에, 방향키는 다시 우현으로 고정되었다. 두 경우 모두 방향키를 다시 정상 위치로 되돌리기 위해서 두 개의 가동 중인 펌프 중 하나를 정지시켜야만 했다. 이 외에도 방향키와 관련된 다른 어려움들이 있었다. AMOCO CADIZ 호와 자매선들은 항구에 정박 중 기관이 작동을 멈췄을 때에도 15도 정도의 키 이동을 경험하였다. 이러한 의도적이지 않은 키의 이동을 막기 위해 Amoco는 하나의 조타 기어 펌프는 항상 가동하도록 명하였다. Amoco는 이 문제를 조사하기 위해 독립적인 해상 유압식 기관 전문가를 고용하였고, 그는 그 문제의 근원적 이유를 밝히는 첫 단계로 회사가 감압밸브와 스프링을 포함한 분배 블록의 모든 밸브를 체크할 것을 건의하였다. Amoco는 AMOCO CADIZ 호와 자매선들의 분배 블록의 구획감압밸브의 분해와 수리를 위한 세부설계내역을 썼다. 세부설계내역에서 요구된 작업들은 비록 AMOCO MILFORD HAVEN 호와 AMOCO EUROPA 호에서는 1977년에 이행되었으나, Shell과 정기용선 계약 중이었던 AMOCO CADIZ 호와 AMOCO SINGAPORE 호에서는 이행되지 않았다.

또 다른 결함은 기름이 그 시스템에서 유출된 경우에 이를 보충해 주는 유압액을 보관하는 조타 기어의 중력탱크가, 우현의 기어펌프가 활성화될 때 종종 넘치곤 하는 것이었다. 그 범람으로 인해 조타 기어펌프를 매 24시간마다 교체하는 것이 불가능하였는데, 이는 유압 시스템 제조사의 조타 기어 매뉴얼("Manises 방향키 기어 매뉴얼")과 Amoco 자신의 지시 사항에 어긋나는 것이었다. 문제점을 찾기 위해서는 시스템의 작동을 멈추어야만 했다. 1977년 가을, Amoco의 조사관은 범람과 관련된 수리를 다음에 선박을 건선거에 넣을 때까지 보류하기를 권했다. 그러나 수리는 전혀 행해지지 않았다. 또한, Amoco는 두 번이나 이탈한 적이 있는, 조타 기어의 배출과 보충을 담당하는 펌프를 움직이는 가죽 벨트들을 새 것으로 바꾸지 않았다. 그러한 이탈은 시스템의 불균형을 초래하는 것이었고 이는 중력탱크의 범람과도 연관되어 있는 문제였다.

B.

In addition to-and perhaps contributing to-these mechanical shortcomings, Amoco failed to adhere to manufacturer recommendations regarding proper maintenance of the ship' s components. The instructions required that the isolation valves-the operation of which could have stabilized or immobilized the AMOCO CADIZ's rudder on the night of March 16, 1978-be opened, closed, and lubricated periodically to prevent their sticking as a result of being stationary for a long time or from being covered with foreign material. When the cylinder isolation valves were recovered after the wreck, they were found to have paint on the stem threads: they had been painted over with the valves in the open position. Tests performed on the valves showed that they could not be closed completely because of the paint. Had the isolation valves been totally closed when the steering gear failed, the hydraulic fluid in the cylinders could have acted as a "brake" on the rudder.

The manufacturer also recommended that the hydraulic fluid be kept free of contamination for proper operation of the hydraulic system. The Manises Steering Gear Manual stated: "The slightest impurity can bring about great damage on account of the narrowness of the channels in the Nanauer Pittler pumps ... The exact fulfillment of this operating instruction is the condition for a good performance of the pumps." Contamination creates an imbalance between the rate oil is removed from the main system and the rate of replenishment. Further, impurities in the oil cause wear on the internal parts of the main pumps, clogging of the filters, failure of *1298 seals, and scoring of the rams. Particulate matter in hydraulic systems acts like a grinding compound between points with close running tolerances. The manufacturer recommended that the shipowner avoid contamination of the hydraulic fluid by using clean oil filters and by filtering the oil through muslin as it is put into the system. The function of the oil filters is to strain the oil entering the system via the replenishing pump. The oil filters must be checked periodically and changed often to make sure they are clean. Checking the filters requires shutting down the system. The Manises Steering Gear Manual suggested a complete oil change after each 1,000 hours of operation for the first three oil changes and after every 3,000 hours thereafter, and periodic cleaning of filters. On each oil change, the tank must be drained in order to be kept free of sludge.

B.

이에 더하여 Amoco는 선박 부품들의 적절한 정비를 위한 제조사의 권고 사항에 따르지 않았는데, 이는 아마도 이러한 기계적 결함들의 유발에 기여한 요인이 될 수 있다. 그 지침은 고립 밸브들—3월 16일의 밤에 제대로 작동했더라면 AMOCO CADIZ 호의 방향키를 안정시키거나 고정시키는 기능을 할 수 있었던—이 오랜 기간 정지 상태에 있거나 외부의 물질에 덮여 달라붙는 것을 방지하기 위하여 정기적으로 열고 닫고, 기름칠을 할 것을 요구 사항으로 명시하고 있었다. 난파 후 실린더 고립 밸브를 회수하여 살펴보니 나사산에 페인트가 칠해져 있었다. 밸브를 연 상태에서 나사산들에 페인트 칠을 한 것이다. 실험 결과 이 페인트 때문에 벨브가 완전히 닫히지 못함이 입증되었다. 만약 조타 기어가 고장났을 때 고립 밸브가 완전히 닫혀 있었더라면 실린더 안의 유압액이 방향키에 "브레이크"로서 작용할 수 있었을 것이다.

또한, 선박 제조사는 유압시스템의 올바른 작동을 위해서는 유압액이 다른 물질로 오염되지 않아야 한다고 주의했다. Manises 조타 기어 매뉴얼은 다음과 같이 적시하고 있다: "불순물도 아주 조금만 섞여도 Nanauer Pittler 펌프의 통로는 매우 좁기 때문에 큰 손상을 초래할 수 있다… 이 작동 설명서의 정확한 이행은 펌프가 원활하게 작동하기 위한 필요조건이다." 불순물이 섞이게 되면 주요 시스템으로부터 제거된 오일의 비율과 보충되는 비율 사이의 불균형을 초래한다. 나아가, 오일 속의 불순물은 주 펌프의 내부 부속 마모, 필터의 막힘, 봉인의 실패, *1298 그리고 피스톤의 균열을 초래한다. 유압 기관의 미립자 물질은 지점 사이를 좁은 오차 내에서 운동하는 분쇄 화합물처럼 작용한다. 제조사는 선주에게 깨끗한 오일 필터를 사용하고 오일을 기관에 넣을 때 모슬린을 통해 여과함으로써 유압액의 오염을 방지할 것을 권고했다. 오일 필터의 기능은 공급 펌프를 통해 기관에 유입되는 오일을 거르는 것이다. 오일 필터가 깨끗이 유지되기 위해서는 주기적으로 점검되어야만 하고, 종종 교체되어야만 한다. 필터들을 점검하기 위해서는 기관 작동을 멈춰야 한다. Manises 조타 기어 매뉴얼은 처음 3번은 매 1,000시간 운용마다 오일을 완전히 교체하고, 그 후에는 매 3,000시간마다 오일 교체를 할 것과, 주기적으로 필터를 청소할 것을 제안했다. 각 오일의 교체 시마다 불순물의 유입을 막기 위해 탱크는 비워져야만 한다.

Amoco failed to follow these recommendations. It neither periodically replaced the oil in the hydraulic system of the steering gear with new oil, nor removed, strained, purified, or treated the oil prior to the wreck. The hydraulic fluid in the steering system was not filtered or changed between September 1977 and March 1978, and no steps ever were taken to check for contaminants. The drums containing hydraulic fluid were stored on the open deck. They were not covered over with tarpaulins. When the drums expanded and contracted because of temperature changes, the rainwater, dirt, soot, and sea spray that collected in the recessed drum heads was sucked in around the head of the drum.

In addition, Amoco utilized improper procedures in refilling the gravity replenishment tank, which it had to do more frequently than normal because of the leakage problem. On the AMOCO CADIZ, the gravity tank was not filled with a hand pump-storage tank. Instead, refilling was done in a rudimentary way. Crewmen would climb a ladder and pour a plastic bucket of hydraulic fluid into the tank without filtering. The bucket used to replenish the hydraulic fluid was kept uncovered in the steering gear room, which was dirty and moist. The various steam pipes that ran through the room all leaked. Transport marine engineer Ciaramaglia wrote several memoranda decrying conditions in the steering gear room. In a report describing his visit to the ship in October 1974, he stated that inspection of the rudder carrier bearing was impossible because the steering gear room was full of sea water.

The bucket method of pouring fluid into the gravity tank produced agitation that would cause air bubbles to enter the system. The steering system never was purged to remove entrapped air, a standard "good housekeeping" measure. Also, the fluid's exposure to air, which naturally contains moisture and contaminants, allowed foreign matter to enter the system. Water contamination decreases the lubricity of hydraulic fluid, which exacerbates the wear on closely moving parts and accelerates the growth of harmful bacteria. What's worse, the gravity tank on board the AMOCO CADIZ never was cleaned.

When the one of the valves of the AMOCO CADIZ-the # 9 valve located in the P loop-was recovered from the wreck and tested by the French National Testing Laboratory, it was found

Amoco는 이러한 권고들을 따르지 않았다. 조타 기어의 유압 시스템 안의 오일을 주기적으로 새로운 오일로 교체, 제거하거나 거르거나 정화하지도 않았고, 다른 방식으로 처리하지도 않았다. 조타 시스템의 유압 오일은 1977년 9월과 1978년 3월 사이에 걸러지거나 바뀌지 않았으며, 오염 여부를 확인하고자 하는 어떠한 절차도 시행되지 않았다. 유압액을 저장하는 드럼은 배의 옥외 갑판에 보관되어 있었다. 그것들은 방수포로 덮여 있지 않았다. 드럼통이 온도변화 때문에 팽창하거나 수축할 때, 드럼통의 움푹 패인 입구 부분에 고인 빗물, 먼지, 유연(油煙) 및 바닷물 등이 안으로 빨려 들어갔다.

나아가 Amoco는, 누수 문제 때문에 보통보다 더 빈번하게 행하여졌던 중력탱크를 다시 채우는 일을 적합한 방법으로 수행하지 않았다. AMOCO CADIZ 호에서 중력탱크는 수동 펌프-저장 탱크를 사용하여 채워지지 않았다. 대신에, 재충전은 기초적인 방법으로 행해졌다. 선원들은 사다리를 타고 올라가 탱크 안으로 플라스틱 양동이에 들어 있는 유압액을 여과 없이 쏟아 붓곤 했다. 유압액를 보충하는데 이용됐던 통은 더럽고 축축했던 조타 기어실에 덮이지 않은 채로 보관되었다. 그 방을 통해 지나는 다수의 증기파이프들에서는 모두 누수가 되고 있었다. 수송 해상 기술자인 Ciaramaglia는 조타 기어실의 상황의 문제점을 지적하는 몇 개의 메모를 작성했다. 그는 1974년 10월 선박을 조사한 후 그 결과를 보고한 보고서에, 조타 기어실이 바닷물로 가득 차 있었기 때문에 방향키 운반 베어링의 검사가 불가능했다고 밝혔다.

양동이를 사용하여 중력탱크 안으로 유압액을 쏟아 붓는 방식은 기관으로 유입되는 기포의 발생 원인이 될 수 있는 동요를 일으켰다. 유입된 공기를 제거하기 위한 조타 시스템의 정화작업 역시 이행된 적이 없었는데, 이는 올바른 내부 관리의 수준에 미치지 못하는 것이었다. 유압액이 당연히 습기와 불순물을 포함하는 공기에 노출됨에 따라 기관에는 외부 물질이 유입되었다. 불순물의 유입은 유압액의 윤활력을 감소시켜 근접하여 돌아가는 부품의 마모를 격화시키고 유해한 박테리아의 성장을 가속화시킨다. 더욱 심각한 사실은, AMOCO CADIZ 호의 중력탱크는 한 번도 청소된 적이 없다는 것이다.

AMOCO CADIZ 호의 밸브 중 하나인 P 고리에 위치한 9번 밸브를 침몰 후 회수하여 프랑스 국립 검역소에서 검사한 결과, 그것은 부분적으로 막혀 있었다. 9번 밸브가 제대로 작동하

to be partially blocked. A properly functioning # 9 valve would have allowed the fluid level in the gravity tank to drop after rupture of the flange. The hydrocarbons removed from the valve were the sort that might be expected if significant quantities of oil or rubber oxidation residue had existed, clear physical evidence of contamination in the hydraulic fluid.

C.

The ram scoring, leakage, unwanted rudder movement, and contaminated hydraulic fluid were clear signs of trouble that foreshadowed the breakdown of the steering gear. Apart from these mechanical and maintenance problems, a significant cause of the grounding of the AMOCO CADIZ was that its crew was trained improperly with respect to the maintenance, operation, inspection, and repair of the steering gear system. This lapse in training contributed *1299 to the failure of the steering gear system and the inability of the crew to reestablish steering control after the rupture of the De flange studs. The crew was not instructed as to the acceptable level of hydraulic fluid consumption of the steering gear. Amoco never directed the crew to clean the filters or change the hydraulic fluid in the steering gear, as required by the manufacturer' s manual. Although it was critical to keep the hydraulic fluid uncontaminated, Amoco never told the crew to take samples of steering gear hydraulic fluid to test for purity. The crew was not instructed to clean out the bottom casing of the steering gear pumps or the sediment in the bottom of the gravity tank. Amoco never advised the AMOCO CADIZ crew of emergency procedures to be followed in the event of a steering gear breakdown, a critical lapse given that such drills could have familiarized the crew with emergency procedures so that they would have acted more decisively in the face of a crisis. Emergency drills also would have provided the perfect opportunity to "dry-run" emergency equipment. The crew did not practice blocking the rudder using the cylinder isolation valve as described in the steering gear manual, or using a two-ram mode of operation.

V.

Why did these deficiencies occur? The record is replete with references to the fact that it was Amoco's deliberate policy to defer drydocking and repairs in order to minimize the loss of charter hire that would be incurred by taking the ship out of service during the charter period.

였더라면 플랜지가 파열된 후에 중력탱크의 유압액 수면을 낮추는 기능을 했을 것이다. 밸브에서 제거된 탄화수소는, 상당한 양의 오일 또는 고무 산화 잔류물이 있을 때 발생하는 종류의 것으로, 유압액 오염의 명백한 물질적 증거였다.

C.

피스톤에 난 생채기, 누수, 방향키의 통제되지 않은 움직임 그리고 유압액의 오염 등은 조타 기어의 고장을 암시하는 명백한 표식이었다. 이러한 기계적인 정비 문제를 떠나서, AMOCO CADIZ 호의 침몰의 중요한 원인은 선박의 선원이 조타 기어 시스템의 정비, 가동, 검사 및 수리에 관하여 제대로 훈련받지 못했다는 것이다. 이러한 훈련의 부재는 *1299 조타 기어 시스템의 고장과 De 플랜지 스터드의 파열 후 조타를 통제하지 못한 선원의 무능력에 기여했다. 선원들은 조타 기어의 유압 오일 소비의 적정 수준에 관해서 모르고 있었다. Amoco는 선원에게 제조자가 요구한 바와 같이 필터를 청소하거나 조타 기어의 유압액을 교체할 것을 지시하지 않았다. 유압액에 불순물이 섞이지 않도록 하는 것은 매우 중요했음에도, Amoco는 선원들에게 조타 기어의 유압액의 샘플을 채취하여 그 순도를 테스트할 것을 지시한 적이 없었다. 선원들은 조타 기어 펌프의 바닥을 닦거나 중력 탱크의 바닥에 있는 침전물을 청소하도록 지시받지 않았다. Amoco는 AMOCO CADIZ 호의 선원들이 조타 기어가 고장났을 때 따라야 하는 응급 절차에 대해서 조언하지 않았다. 이는, 그러한 훈련이 선원들로 하여금 응급상황 시 따라야 할 절차를 숙지하여 실제 위기상황에서 좀더 단호히 대처하도록 할 수 있다는 점에서 중대한 실책이었다. 응급상황 훈련은 또한 응급 장비를 미리 써 보는 좋은 기회를 마련했을 것이다. 선원들은 조타 기어 안내서에 쓰여진 대로 실린더 고립 밸브나 2-피스톤 모드 작동을 사용하여 방향키를 고정시키는 절차를 시행하지 못했다.

V.

이러한 실책들은 무엇에 기인한 것일까? 증거를 살펴보면, 많은 자료들이 Amoco가 정기용선 기간 중에 배를 용역에서 뺌으로써 생기는 정기용선 계약상의 손실을 최소화하기 위해 건선거에서의 정비를 고의적으로 연기하는 정책을 취했다는 사실을 지시하고 있다. 1976년

Item 3 on a January 2, 1976 list of specifications for repairs of outstanding guarantee items contained an order for replacement of existing bushings for steering gear rams. Someone had written on the list the following note: "Take credit and do after charter expires." Following his January 1976 visit to the AMOCO CADIZ, AIOC ship superintendent Robert J. Zimmerman wrote his superiors that Amoco should turn down Astilleros's offer of replacement parts, take a cash credit, and defer repair until after the time charter expired.

In a March 10, 1976, memorandum from Chester J. Bysarovich, head of marine engineering for AIOC and a director of Tankers, to Tankers director Claude D. Phillips, Bysarovich emphasized the importance of keeping the AMOCO CADIZ out of drydock for "obvious reasons":

Realizing the importance of minimizing off-hire time, ... we have arranged to meet with Lisnave personnel at this vessel's discharge port at Genoa to go over the entire specification item by item, for the purpose of properly scheduling and organizing each item of work; and to cancel or accomplish by riding crews these items that are not absolutely necessary so that we can keep the ship's off-hire time down to 8 calendar running days.

Amoco later decided that eight running days would be the limit. Bysarovich telexed the drydocking site: "Amoco is extremely concerned over the possibility that this vessel will be delayed from sailing as scheduled and agreed. This vessel is committed to a charter and any delays could result in a severe penalty to Amoco." During the 1976 drydocking, Amoco canceled the renewal of bushings and packings because the job would have taken more than fourteen working days of two shifts per day.

In May 1977, Bysarovich wrote Phillips: "The AMOCO SINGAPORE and AMOCO CADIZ are planned for maximum allowable time without drydocking because these two vessels are on time charter." In an August 23, 1977, memorandum, Bysarovich informed Phillips of their 1978 goal:

The primary goal for 1978 is to keep the AMOCO CADIZ and the AMOCO SINGAPORE operating without any downtime that would put these two chartered-out vessels offhire. These two vessels will not be scheduled for their drydockings and biennial repair period until the

2월 2일 3번 증거로 제출된 두드러지는 보증 품목의 수리사항을 나열한 세부목록은, 현재 조타 기어의 피스톤에의 부싱들의 대체를 주문하는 사항을 포함하고 있다. 누군가는 그 목록에 다음과 같은 기록을 남겼다: "일단 신용을 받고, 용선계약 만료 후에 하라." AIOC의 선박 감독관인 Robert J. Zimmerman은 1976년 AMOCO CADIZ 호를 조사한 후, Amoco는 부품 교체에 대한 Astilleros 사의 제안을 거절하고 현금 신용장을 받은 후 정기용선 계약이 만료될 때까지 정비를 연기할 것을 그의 상관에게 건의했다.

1976년 3월 10일, AIOC의 해상 엔지니어링의 총괄자이며 유조선 디렉터인 Chester J. Bysarovich가 유조선 관리자 Claude D. Phillips에게 보낸 메모에서 Bysarovich는 다음의 "명백한 사유"를 들어 AMOCO CADIZ 호를 건선거에 들이지 않는 것의 중요성을 강조하였다:

비고용 기간의 최소화의 중요성을 인식하며, …. 우리는 일의 각 품목을 계획하고 편성하기 위한 목적으로 전체 세부 사항을 하나하나 살펴보기 위하여, 나아가 절대적으로 필요한 것이 아닌 품목은 취소하거나 인원을 배정하여 마무리지어서 비고용 기간을 8 운영일로 줄일 수 있도록, Genoa 소재의 동 선박 양륙항에서 Lisnave 사원과 만날 계획을 잡았다.

Amoco는 나중에 8 운영일이 한계라고 판단했다. Bysarovich는 건선거 측에 다음과 같은 내용을 텔렉스로 보냈다: "Amoco는 이 선박이 계획된 일정에 맞추어 항해하지 못할 것을 걱정하고 있습니다. 이 선박은 정기용선 계약 중에 있어서 어떠한 지연이든지 Amoco에게 심각한 불이익을 초래할 수 있습니다." 1976년의 건선거에서의 정비 중에, Amoco는 부싱들과 패킹 등의 교체를 취소했다. 왜냐하면 그 일에는 1일당 2교대의 14 작업일 이상이 소요될 것이었기 때문이다.

1977년 5월, Bysarovich는 Phillips에게 다음과 같이 썼다. "AMOCO SINGAPORE 호와 AMOCO CADIZ 호는 모두 정기용선 중이었기 때문에 건선거에서의 정비 없이 가능한 최장 기간 가동할 것을 계획했다." 1977년 8월 23일, Bysarovich가 Phillips에게 보낸 메모에는 그들의 1978년 목표에 관한 다음과 같은 언급이 있다:

1978년의 가장 중요한 목표는 현재 용선 계약 중인 AMOCO CADIZ 호와 AMOCO SINGAPORE 호를 가동 휴식 기간 없이 운용을 유지하는 것이다. 이 두 척의 선박에 관해서

expiration of the charters. This will mean doing various surveys during cargo operations. The charter hire of $28,000 per day vessel multiplied by the estimated time in the shipyard of 30 days per vessel is *1300 equal to $1,680,000 of incoming money that otherwise would not be realized.

Phillips responded in a handwritten note: "Very good! Hope we can reach this goal."

Amoco tries to confuse matters by arguing that, in finding that AIOC's negligence rendered the AMOCO CADIZ unseaworthy and caused its grounding, the district court improperly applied the admiralty doctrine of unseaworthiness, which imposes strict liability in favor of crew and cargo owners. Amoco points out that the category of individuals protected by this doctrine does not include the plaintiffs in this case. Amoco mischaracterizes the court's holding. Specifically, the court held that "AIOC negligently performed its duty to ensure that the AMOCO CADIZ in general and its steering gear in particular were seaworthy, adequately maintained and in proper repair." *Amoco Cadiz*, 1984 A.M.C. at 2191. Although the district court did indeed use the word "seaworthy," it was not applying the admiralty doctrine of unseaworthiness. "[L]iability based upon unseaworthiness is wholly distinct from liability based on negligence." *Usner v. Luckenbach Overseas Corp.*, 400 U.S. 494, 498, 91 S.Ct. 514, 517, 27 L.Ed.2d 562 (1971). The unmistakable basis for the district court's decision that AIOC was liable was that its *negligence* caused the unseaworthy condition of the AMOCO CADIZ. The court stated, "The *negligence* of AIOC in failing reasonably to perform its obligations of maintenance and repair of the steering gear system was a proximate cause of the breakdown of the system on March 16, 1978, the grounding of the vessel and the resulting pollution damage." *Id.* 1984 A.M.C. at 2192 (emphasis added). The ship's "unseaworthy" condition, then, was the direct result of the failure to exercise reasonable care in the maintenance and operation of the vessel.

Amoco next assails the district court's concept of negligence; specifically, the court's use of the word "ensure." The court stated, "AIOC negligently performed its duty to ensure that the AMOCO CADIZ in general and its steering gear in particular were seaworthy, adequately

는 용선 계약의 만료까지 건선거에서의 정비나 격년의 수리 기간이 계획되지 않을 것이다. 이것은 화물 운용 중에 다양한 조사가 행해져야 함을 의미할 것이다. 그렇게 하지 않는다면, 한 척당 일일 23,000달러의 용선 계약 액수에 배가 조선소에 있을 것으로 추정되는 30일을 *1300 곱하면 대략 1,680,000달러의 수입이 현실화되지 않을 것이다.

Phillips는 손으로 쓴 메모를 통해 대답했다: "아주 좋아! 우리가 이 목표를 달성하길 희망한다."

Amoco는 AIOC의 과실이 AMOCO CADIZ 호의 감항능력의 부재와 이로 인한 선박의 침몰을 야기시켰고 1심 법원이 선원과 화물소유자에 대해 엄격한 책임을 부과하는 해사에서의 감항능력 부재의 원칙(doctrine of unseaworthiness)을 잘못 적용했다고 주장하면서 문제의 본질을 흐리고 있다. Amoco는 이 원칙에 의해 보호되는 개인은 이 사건에서는 원고적격이 없다고 지적한다. Amoco는 법원의 결정을 잘못 해석하였다. 특히, 법원은 "AIOC에는 AMOCO CADIZ 호가 전체적으로, 특히 조타기어와 관련하여 감항능력이 있고 적절한 수선을 통해 적합하게 유지될 것을 보장하는 의무를 수행하는 데 있어 과실이 있었다"고 판결했다(Amoco Cadiz, 1984 A.M.C. 2191). 비록 1심 법원이 실제로 "감항능력"이라는 단어를 사용하기는 하였으나, 법원이 해사에서의 감항능력 부재의 원칙을 적용한 것은 아니다. "감항능력의 부재에 근거한 책임은 과실에 근거한 책임과 완전히 구별된다"(Usner v. Luckenbach Overseas Corp., 400 U.S. 494, 498, 91 S.Ct. 514, 517, 27 L.Ed.2d 562 (1971)). 1심 법원 결정의 주요한 근거는 AIOC의 과실이 AMOCO CADIZ 호의 감항능력 부재의 상태를 발생시킨 원인이므로 AIOC가 책임이 있다는 것이다. 동 법원은, "AIOC가 조타 기어 시스템의 유지와 보수를 적합하게 실행하지 못하게 한 과실은, 선박이 1978년 3월 16일 침몰하여 오염을 일으키게 한 기관 고장의 근인(近因)이었다"라고 언급했다. 앞의 판결. 1984 A.M.C. 2192. 선박의 감항능력 부재의 상태는, 선박의 유지와 운용에 합리적인 보수가 이행되는 것이 실패함에 따른 직접적인 결과였다.

Amoco는 다음으로 1심 법원의 과실에 대한 개념, 특히 법원의 "보장(ensure)"이라는 단어의 사용에 항변한다: 법원은, "AIOC에는 AMOCO CADIZ 호가 전체적으로, 특히 조타기어와 관련하여 감항능력이 있으며 적절한 수선을 통해 적합하게 유지될 것을 보장하는 의무를

maintained and in proper repair." *Id.* at 2191. Contrary to Amoco's contention, the district court's use of the word "ensure" did not create a new legal standard beyond the due diligence required of shipowners to take normal and reasonable precautions to make the ship seaworthy, something that Amoco failed to do before the AMOCO CADIZ's last voyage. *Cf. Hercules Carriers, Inc. v. Claimant State of Fla.*, 768 F.2d 1558, 1577 (11th Cir.1985) ("Taken in context, it is obvious that the court was not using the word insure in the sense of requiring [the shipowner] to be an absolute insurer of all acts by its crew, but in the context of 'to make sure' that [its] responsibilities as owner were fulfilled, that is; exercising due diligence to furnish a competent, trained crew, provided with necessary information.").

[6] Amoco also protests that the district court improperly expanded the due diligence requirement to include safeguarding against unknown, latent defects. Amoco contends that, in so doing, the district court overlooked a number of critical factors, such as the fact that Amoco chose a highly reputable shipbuilder and enlisted the expert services of the ABS. According to Amoco, the court also ignored the supertanker's past track record for safe trips and the unforeseeable nature of the steering gear failure. It is apparent to us (though not to Amoco) that the district court both considered and rejected these factors. Astilleros may have been a reputable shipbuilder, but the fact remains that it built the AMOCO CADIZ with certain defects. Fully aware of these deficiencies, Amoco failed to correct them purely for economic advantage. The fact that the ABS repeatedly vouched for the AMOCO CADIZ's seaworthiness does not relieve Amoco of liability either. When a shipowner has prior knowledge of its vessel' s defects, certification by a classification society does not establish the seaworthiness of a ship or the lack of negligence on the part of a shipowner. *See Complaint of Ta Chi Navigation (Panama) Corp. S.A.*, 574 F.Supp. 418, 428 (S.D.N.Y.1983); *Navegacion Castro Riva v. The M.S. Nordholm*, 178 F.Supp. 736, 741 (E.D.La.1959) ("It has *1301 been this Court's experience that classification societies often continue vessels in class long after their highest and best use would be as scrap."), *aff'd*, 287 F.2d 398 (5th Cir.1961). Amoco's argument that the AMOCO CADIZ performed well during its four-year history with no suggestion of any malfunction that could have led to the steering gear failure on March 16, 1978, completely ignores the scored rams, excessive oil leaks, and unexplained rudder movements-of which Amoco was well aware-that hinted of future trouble.

수행하는 데 있어 과실이 있었다"라고 언급했다(앞의 판결 2191). Amoco의 주장과는 달리, 1심 법원이 사용하는 "보장"이라는 단어가 선주들에게 본래 요구되는 상당한 주의의무, 즉 선박을 감항능력이 있도록 유지하도록 하는 정상적이고 합리적인 조치를 취할 의무 외에 어떤 새로운 법적 기준을 새로이 만들어 낸 것은 아니다. Amoco는 AMOCO Cadiz 호가 사고가 나기 전에 바로 이러한 상당한 주의의무를 이행하지 못한 것이다. Hercules Carriers, Inc. v. Claimant State of Fla., 768 F.2d 1558, 1577 (11th Cir.1985) 참고("전후 상황에서, 법원은 그 단어를 [선주가] 선원에 의해 행해지는 모든 행위에 대한 절대적 보증인이 된다는 의미로 사용한 것이 아니고, 선주로서의 책임, 즉 필요한 정보를 숙지한 유능하고 훈련된 선원을 배치할 상당한 주의를 기울일 책임의 이행을 '확실히 해야 한다'는 의미로 사용한 것이다.").

[6] Amoco는 또한 1심 법원이 미지의 잠재적인 결함에 대한 안전조치를 포함하는 것으로 상당한 주의의 요건을 부당하게 확장했다고 비판한다. Amoco는, 그렇게 함으로써, 1심 법원이 가령 Amoco가 높은 평가를 받는 선박제조사를 선택하였고 ABS의 전문 서비스를 채택하였다는 점 등 많은 긴요한 요소를 간과했다고 주장했다. Amoco에 따르면, 법원은 또한 동 초대형 유조선의 안전 운항의 과거 실적과 예측이 불가능한 조타 기어 고장의 본질을 무시했다고 한다. 하지만 1심 법원이 이러한 요소들을 고려하고 거절했다는 것은, Amoco에는 어떨지 몰라도 우리에게는 명백하다. Astilleros 사는 좋은 평판을 가진 선박제조사일지 모르지만, AMOCO Cadiz 호가 몇 가지 결함이 있는 채로 건조되었다는 사실은 변함없다. 이러한 결함을 완전히 인지하면서도, Amoco는 순전히 경제적인 이유 때문에 그것들을 개선하지 않았다. ABS가 AMOCO CADIZ 호의 감항능력을 반복적으로 보증하였다는 사실 역시 Amoco의 책임을 경감시키지는 않는다. 선주가 선박의 결함을 이미 인식하고 있는 경우, 선급(船級) 협회[8]가 보증을 한다고 하여 선박의 감항능력이 인정되거나 또는 선주의 과실이 사라지지는 않는다(Complaint of Ta Chi Navigation (Panama) Corp. S.A., 574 F.Supp. 418, 428 (S.D.N.Y.1983); Navegacion Castro Riva v. The M.S. Nordholm, 178 F.Supp. 736, 741 (E.D.La.1959) 참조). ("*1301 동 법원의 경험상 선급협회는 종종 선박이 잘해 봤자 고철로 쓰일 지경이 된 지 한참이 지나더라도 등급을 조정하지 않는다"), 287 F.2d 398 (5th Cir.1961)). AMOCO CADIZ 호가 4년의 기간 동안 1978년 3월 16일의 조타 기어의 고장을

8 상선의 선급을 결정하는 민간 조직.

[7] Faced with the overwhelming amount of evidence establishing its negligence, Amoco tries to get off the hook by spending a great deal of time and energy in this appeal challenging the district court's use of the "Free-Stroke/Torque Reversal" causation theory as an explanation for the failure of the steering mechanism. Amoco contends that the theory is but a highly imaginative by-product of inference piled upon inference as to what might have happened. Parenthetically, the district court rejected as "speculative" and not supported by the evidence Amoco's theory that the disaster was caused by improperly designed relief valves oscillating under pressure, thus producing repeated loads of pressure on the system and subjecting the studs to low cycle fatigue. *Amoco Cadiz*, 1984 A.M.C. at 2164-65. *Cf. The West Arrow*, 80 F.2d 853, 856 (2d Cir.1936) ("Neglecting precautions, which might have been taken if the instructions of the manufacturer had been carried out, makes the ship responsible for the resulting damage without clearer proof than was presented here that the accident was caused by a failure of performance which sprang from a latent defect.").

The basic idea of the "Free-Stroke/Torque Reversal" causation theory is that, as a result of Amoco's shoddy maintenance practices, void spaces were present in the steering gear hydraulic system. The presence of these voids effectively impaired the two-sided restraint of the movable parts of the steering gear. A high pressure surge originated with unintended rudder movement induced by wave action and sea forces acting upon the unrestrained rudder. Sea forces caused the movable parts to develop momentum, thereby creating an intense surge of high pressure transmitted through the hydraulic system that generated a force sufficient to break the studs of the De flange. Adopting this theory, the district court concluded that "a wave generated a pressure peak of whatever magnitude sufficient to rupture an underdesigned, below-specification, badly maintained hydraulic steering system." *Id.* 1984 A.M.C. at 2165.

A significant weakness in the "Free-Stroke/Torque Reversal" theory is that the expert who proposed it believed that it could account for about 330 to 450 bars of pressure on the studs, while metallurgists testified that 800 bars (Munse) and 1,200 bars (Silkiss) would have been

암시하는 어떤 장애도 없이 잘 운행해 왔다는 Amoco 측의 주장은, Amoco가 잘 알고 있었던 피스톤에 난 생채기와 과도한 기름 누수, 그리고 원인 없는 키의 움직임이 미래의 사고를 암시해 왔다는 점을 철저히 무시하는 주장이다.

[7] Amoco는 자신의 과실을 입증하는 많은 양의 증거에 직면해서, 책임을 면하고자 많은 시간과 노력을 들여 1심 법원이 조타기관의 고장을 설명하는 데 사용하는 "Free-Stroke/Torque Reversal" 원인 이론을 반박한다. Amoco는 그 이론이 무엇이 일어날지에 대한 추정에 바탕한 또 한 번의 추정으로, 단지 상상력의 부산물에 불과하다고 주장한다. 덧붙여, 1심 법원은 사고가 부적합하게 디자인된 완화 밸브가 압력을 받아 흔들림에 따라 시스템에 반복적으로 과부하가 걸리게 되고 스터드의 기능이 정지한 데에서 기인했다는 Amoco 측의 주장은 너무 "이론적"이고 증거가 뒷받침되지 않았다는 이유로 기각했다(Amoco Cadiz, 1984 A.M.C. 2164-65. The West Arrow, 80 F.2d 853, 856 (2d Cir.1936) 참고)("제조자의 지시사항을 따랐더라면 이행할 수 있었던 예방 조치를 취하지 않은 것으로 선주에는 책임이 있고, 이를 부정하기 위해서는 사고가 잠복성의 결함에 의한 작동상 문제로 발생하였다는 점이 현재 제출된 것보다 명확한 증거로 입증되어야 한다").

"Free-Stroke/Torque Reversal" 원인 이론의 기본적 개념은, Amoco의 부실한 유지정비 관행의 결과로, 조타 기어 유압 시스템에 빈 공간이 존재한다는 것이다. 이러한 빈 공간의 존재가 조타 기어의 운동 부분의 양면의 억제력을 심각하게 손상시켰다. 파도 효과와 억제되지 않는 키에 작용하는 파력에 기인한, 의도와 상관없는 키의 움직임과 함께 높은 압력의 동요가 생성되었다. 파력은 운동 부속이 타력(惰力)을 늘리게끔 하여 유압 시스템을 통하여 전달되어 De 플랜지의 스터드를 끊기에 충분한 힘을 발생시킨 압력의 동요를 생성하였다. 이 이론의 적용을 통해, 1심 법원은 "그 파도는 부적절하게 디자인되고 기준에 맞지 않는, 또한 부적절하게 유지된 유압식 조타 시스템을 파열시키기에 충분한 압력을 발생시켰다"고 결론지었다(위의 판결. 1984 A.M.C. 2165).

"Free-Strock/Torque Reversal" 이론의 심각한 약점은 그 이론을 제안한 전문가들은 동 이론이 스터드에 330에서 450바[8]의 압력이 가해지는 경우를 설명할 수 있다고 생각했으나, 야금학자들은 스터드를 파열시키기 위해서는 800바에서 1200바의 압력이 필요하다고 증언하

required to rupture them.

Assuming, however, that the evidence does not support the conclusion that Amoco negligence caused the rupture, there was adequate evidence that Amoco negligence caused the grounding and ultimate spill by making the crew unable to get the rudder back under control after the rupture occurred. Consider: the studs failed because Astilleros built them improperly-as the district court found. Amoco's part lay in its failure to correct the ensuing leak. Two principal problems led to the inability to get the rudder back under control, to the point where the AMOCO CADIZ could use its engine to assist the PACIFIC. First, there was an inability to close the pressure isolation valve because its threads were painted. Second, there was the crud in the hydraulic oil, which a court could properly determine contributed to the failure of the # 9 valve to supply essential oil to replenish the system so that after isolation the rudder would have been stable. Even this is an iffy sequence. Stabilizing the rudder would have let the tanker assist the tug, but maybe this would not have been enough. Nonetheless, given deferential review, this sequence is adequate to support the district court's judgment. Thus, even without a "Free-Stroke/Torque Reversal" theory to explain the cause of the wreck, the district court's ultimate conclusion that *1302 the grounding of the AMOCO CADIZ was caused by the negligence of the Amoco parties and Astilleros was not clearly erroneous.

The evidence establishes that the grounding of the AMOCO CADIZ was a disaster waiting to happen. Amoco was aware of the ship's various problems-any one of which could have led to the failure of the steering system-yet chose to do nothing. The ship's high pressure hydraulic system needed to be kept fully-charged, free of contamination, and properly maintained. Amoco ignored manufacturers' instructions and failed to maintain the system in a reasonable manner, thus creating a foreseeable risk that the disaster would occur. If that were not enough, the oil giant allowed the AMOCO CADIZ to sail without a backup means of controlling the rudder in the event of a complete failure of the steering system. Apart from the initial failure of the steering gear system, the failure to train and instruct the crew in emergency procedures and to keep the isolation valves in working order are sufficient to hold Amoco liable for the damages caused by the oil spill. *Cf. Cerro Sales Corp. v. Atlantic Marine Enterprises Inc.*, 403 F.Supp. 562, 567 (S.D.N.Y.1975) (Although equipment functioned properly, ship unseaworthy because crew

였다는 점이다.

그러나, Amoco의 과실이 스터드의 파열을 초래했다는 결론을 뒷받침하는 증거가 불충분하다고 가정하더라도, Amoco가 선원들이 파열 후 방향키를 통제하도록 하지 못한 과실 때문에 배의 침몰과 결과적으로 기름의 유출을 초래하였다는 증거는 충분히 있다. 다음을 고려해 보라. 1심 법원이 판단한 바와 같이, 스터드는 Astilleros 사가 부적합하게 만들었기 때문에 고장이 났다. Amoco의 잘못은 계속된 누수를 고치지 못한 측면에 있다. 두 가지의 주요한 문제 때문에 선원들은 키를 통제하지 못하였고 따라서 AMOCO CADIZ 호는 PACIFIC 호를 원조하기 위해 엔진을 가동하지 못하였다. 첫째로, 압력 고립 밸브의 나사산에 페인트칠이 되어 있었기 때문에 밸브를 닫을 수 없는 문제가 있었다. 둘째로, 유압액에 불순물이 있었는데, 법원은 이것이 기관을 보충하는 필수적인 오일을 공급하여 고립 후 방향키가 안정되도록 하는 9번 밸브의 고장에 기여했다고 판단하였다. 이것 역시 사고의 명확한 경로는 아니다. 키를 안정화시키는 것은 유조선으로 하여금 예인선을 원조할 수 있도록 했을 것이지만, 그것으로 사고발생을 막을 수 있었는지는 의문이다. 그럼에도 불구하고, 이러한 일련의 과정은 1심 법원의 결정을 지지하는 데 충분하다. 따라서 침몰의 원인을 설명함에 있어 "Free-Stroke/Torque Reversal" 이론을 굳이 사용하지 않더라도, *1302 AMOCO CADIZ 호의 침몰이 Amoco와 Astilleros 사의 과실에 의한 것이라는 1심의 궁극적인 결론에는 명백한 오류가 없다.

제출된 증거들은 AMOCO CADIZ 호의 좌초가 예고된 재앙임을 보인다. Amoco는 선박의 여러 결함들, 그것도 하나하나가 조타 시스템의 고장을 초래할 수 있는 결함들을 인지하고 있었으면서도 아무 조치를 취하지 않았다. 선박의 고압 유압 기관은 가득 찬 상태를 유지할 필요가 있었고, 오염이 되지 말았어야 하며, 적합하게 유지되었어야 한다. Amoco는 제조사의 지시를 무시했고 합리적인 방법으로 시스템을 유지하지 못하였으며, 그리하여 재앙을 초래할 것으로 예측이 가능한 위험을 발생시켰다. 그 거대 석유 회사는 여기서 그치지 않고, AMOCO CADIZ 호가 조타 시스템이 완전히 고장날 경우 키를 통제할 수 있는 보충 수단을 구비하지 못한 채 항해하는 것을 허락하였다. 조타 기어 시스템의 최초의 고장과는 별

9 기압의 단위. =1000hPa

inadequately trained to handle an emergency.)

VI.

[8] Moving beyond causation issues, we next address the district court's denial of the Amoco parties' petition asserting a right to limited liability in the event that they were found to be legally responsible for the grounding of the AMOCO CADIZ. The Limitation of Liability Act of 1851 ("the Act") was enacted to protect the American maritime industry by severely limiting shipowners' personal liability. It provides:

The liability of the owner of any vessel, whether American or foreign, for any ... loss ... done, occasioned, or incurred, without the privity or knowledge of such owner or owners, shall not ... exceed the amount of value of the interest of such owner in such vessel, and her freight then pending.

46 U.S.C.App. § 183(a). The district court dismissed the petition to limit liability as to AIOC and Standard on the ground that they were not "owners" of the AMOCO CADIZ pursuant to the Act. *See In re Oil Spill by the Amoco Cadiz off the Coast of France on March 16, 1978*, 1979 A.M.C. 1018, 1024 (N.D.Ill.1979). (If the petition had been granted, Amoco's liability would have been limited to $700,000, the value of the AMOCO CADIZ after sinking.) Amoco argues that the district court incorrectly assumed that only the registered owner of the AMOCO CADIZ, Amoco Transport, could claim ownership status under the Act. Amoco claims that the term "owner" should be interpreted more liberally. Amoco has misstated the basis of the district court's dismissal. The court interpreted the term "owner" under the Limitation of Liability Act to mean "persons whose degree of possessory, managerial, and operational control, and relationship to the titleholder of the vessel justifies the inference of their being 'owners.' " *Amoco Cadiz*, 1979 A.M.C. 1017, 1021 (N.D.Ill.1979). The court found that AIOC and Standard failed to plead sufficient facts to show that they had "the requisite possessory, managerial, and

개로, 선원을 훈련하고 긴급 상황 대처에 대한 교육을 하지 않았으며, 고립 밸브를 정상 가동으로 유지하는 데 실패한 것은, Amoco가 기름 유출 피해의 책임자라고 보기에 충분한 근거가 된다. Cerro Sales Corp. v. Atlantic Marine Enterprises Inc., 403 F.Supp. 562, 567 (S.D.N.Y.1975) 참고(비록 장비들이 제대로 기능하였다 하더라도, 선원들에게 긴급상황의 대처법을 적절하게 교육시키지 않았으므로 선박을 감항능력이 부재하는 것으로 보았다).

VI.

[8] 인과관계의 쟁점을 넘어서, 우리는 이제 다음으로 Amoco가 제기한, 만약 자신들이 AMOCO CADIZ 호의 침몰에 법적인 책임이 있는 것으로 인정되었을 경우에 그 책임을 제한받을 권리를 주장하는 신청을 1심 법원이 기각한 문제를 다루도록 한다. 책임제한법(이하 "법")은 선주의 책임을 엄격하게 제한함으로써 미 해운 산업을 보호하기 위해 제정되었다. 동법은 다음과 같이 규정한다:

선주 또는 선주들의 관여 또는 인식 없이 발생한 손해에 관해서는 선주—그가 미국인이든 아니든—의 책임은 그 선박에 대하여 선주가 가지는 이익의 가치와 당시 수송 중이던 화물의 가치를 초과하지 않아야 한다.

46 U.S.C.App. §183(a). 1심 법원은 AIOC와 Standard 사가 AMOCO CADIZ 호의 책임제한법상의 선주가 아니라는 이유로 그들에 대한 책임제한 신청을 기각했다(In re Oil Spill by the Amoco Cadiz off the Coast of France on March 16, 1978, 1979 A.M.C. 1018, 1024 (N.D.Ill.1979) 참조). (만약 그 신청이 받아들여졌다면, Amoco의 책임은 AMOCO CADIZ 호가 침몰한 후의 가치인 70만 달러로 제한되었을 것이다.) Amoco는 1심 법원이 AMOCO CADIZ 호의 등록된 선주인 Amoco Transport 사만이 법에 의해 인정되는 선주의 지위를 주장할 수 있다고 부정확하게 추측했다고 주장했다. Amoco는 "선주"라는 용어가 좀더 광의로 해석되어야 한다고 주장했다. Amoco는 1심 법원의 기각의 근거를 잘못 이해하였다. 법원은 책임제한법상 "선주"라는 용어를 "당해 선박에 대한 소유, 운영 및 조작상의 통제의 정도와 선박의 직함 소유자(titleholder)와의 관계에 의해 '소유자'로 추정되는 것이 정당화되는 사람"을 의미한다고 해석했다(Amoco Cadiz, 1979 A.M.C. 1017, 1021 (N.D.Ill.1979)). 법

operational control of the AMOCO CADIZ to justify even a preliminary finding that they were 'owners.' " *Id.* at 1024. Instead, they sought to establish ownership status based upon the allegations of the complaints filed in the civil action in which they are defendants. The court rejected this strategy for the reason that, although the complaints "contain language which avers some degree of their ownership of and control over the vessel ... [s]uch allegations are not incontrovertible admissions of indisputable fact." *Id.* at 1023.

What the actual facts reveal is that, pursuant to the Consulting and Chartering Agreements between Amoco Transport and AIOC, the latter was brought in to assist and advise Transport with regard to the maintenance and operation of the ship. Ultimate authority for maintenance and operation of the AMOCO CADIZ, however, remained with Transport alone. In addition, *1303 the Consulting Agreement expressly designated AIOC to be an agent of Transport, and not the owner itself. Only Transport had the requisite degree of "possessory, managerial, and operational control" of the AMOCO CADIZ. Thus, dismissal of the petition to limit liability with regard to Standard and AIOC was appropriate.

[9] Despite Amoco's protests to the contrary, it was not contradictory for the district court to deny Standard and AIOC the right to rely upon the Limitation Act on the theory that they were corporate entities legally separate from Amoco Transport and later, in the damages phase of the proceedings, refuse to recognize separateness between Standard and its subsidiaries. In dismissing the limitation petition, the district court held only that there existed "no set of facts which, if proved, would establish the right of [AIOC and Standard] to limit their liability." *Amoco Cadiz*, 1979 A.M.C. at 1021. Liability for damages is another matter completely. The district court determined liability from facts showing that AIOC-the party in charge of the operation, maintenance, and repair of the AMOCO CADIZ and the selection of its crew-shared liability for the negligently designed, maintained, and operated steering gear. Standard-the entity that exercised control over AIOC and Transport and that initially was responsible for the design, construction, operation and management of the AMOCO CADIZ-was liable for its own negligence as well as that of AIOC with respect to the design, operation, maintenance, repair, and crew training of the AMOCO CADIZ. These two liability determinations do not

원은 나아가 AIOC와 Standard 사가 그들이 "자신들이 AMOCO CADIZ 호의 소유자들이었다는 예비적인 사실확인(preliminary finding)을 정당화할 만한 동 선박에 대한 소유, 운영 및 조작상의 통제"를 보여 줄 만한 충분한 사실을 입증하는 데 실패했다고 판시했다(앞의 판결 1024). 그들은 대신에 그들이 피고로 참가한 민사소송에서의 소장에서의 주장에 근거하여 선주 지위를 입증하려고 노력했다. 법원은 이러한 전략을 다음과 같은 이유로 기각하였는데, 비록 그 소장이 당해 선박에 대한 일정 정도의 그들의 소유권이나 통제를 증명해 주는 내용을 포함하고 있더라도 … 그러한 주장으로 다툴 수 없는 명백한 사실의 증명이 이루어진 것은 아니다(앞의 판결 1023).

사실에 의해 밝혀진 바는, Amoco Transport 사와 AIOC 사이의 상담 및 특허 협정에 의해, 후자가 선박의 정비와 조작에 관하여 Transport 사에게 조언하고 도움을 주는 식으로 참여하게 되었다는 것이다. 그러나, AMOCO CADIZ 호의 정비와 조작을 위한 궁극적인 권한은 오직 Transport 사만이 갖고 있었다. 게다가 *1303 동 협정은 AIOC가 Transport 사의 대리인이며 그 자신이 선주는 아님을 명백히 하였다. 오직 Transport 사만이 AMOCO CADIZ 호의 선주로서 요구되는 정도의 "소유, 운영 및 조작상의 통제"를 가졌다. 이런 이유에서, Standard 사와 AIOC에 관련된 책임제한신청에 대한 기각은 적합한 것이었다.

[9] 1심 법원이 Standard 사와 AIOC가 Amoco Transport 사와 법적으로 별개인 회사법인이어서 그들이 책임제한법상의 권리를 주장할 수 없다고 결정한 것과, 손해배상에 대한 절차에서 Standard 사와 그 자회사들을 법적으로 분리해서 취급하기를 거부한 것은, Amoco가 주장하는 바와 같이 모순인 것이 아니다. 책임제한 신청을 기각하면서, 1심 법원은 "입증이 될 경우 AIOC와 Standard 사의 책임제한을 성립할 수 있게 하는 어떠한 일련의 사실들도" 존재하지 않았다고 판시하였다(Amoco Cadiz, 1979 A.M.C. 1021). 손해배상책임은 완전히 다른 문제이다. 1심 법원은 AIOC—AMOCO CADIZ 호의 조작과 정비, 수선, 선원 선발을 담당하는—가 과실에 의해 설계, 정비, 조작된 조타 기어에 대한 책임을 공유하고 있음을 보여 주는 사실을 근거로 AIOC의 책임을 인정했다. AIOC와 Transport 사를 통제하고 AMOCO CADIZ 호의 설계, 건조, 조작, 정비 및 보수에 대해 일차적인 책임이 있는 Standard 사는 AMOCO CADIZ 호의 설계, 조작, 보수 및 선원 선발에 대한 AIOC의 과실뿐 아니라 그 자신의 과실에 대하여도 책임이 있다. 이 두 가지 책임에 대한 법원의 결정은

conflict with the court's decision to deny these parties the benefits of the Act on the ground that they were not "owners." Even if AIOC and Standard were "owners," they cannot prove their freedom from privity or knowledge of the negligence that caused the grounding. The structure of Standard was so highly integrated, each of its subdivisions was a mere instrumentality of the parent corporation.

[10][11] Unlike Standard or AIOC, Amoco Transport, the registered owner of the AMOCO CADIZ, was found to be an "owner" within the meaning of the Limitation Act. Nevertheless, the district court held that Transport was not entitled to limit its liability because it had "privity" and "knowledge", 46 U.S.C.App. § 183(a), of the negligence that caused the casualty. In limitations proceedings, the ultimate burden of proving lack of privity or knowledge is on the shipowner. *See Coryell v. Phipps*, 317 U.S. 406, 409, 63 S.Ct. 291, 292, 87 L.Ed. 363 (1942) (burden of establishing lack of privity and knowledge is on those who seek the benefit of the Act). Amoco attempts to shift focus away from Transport by arguing that a shipowner has privity or knowledge "only when it actually knows of or participates in creating causal negligence or unseaworthiness or where, in the use of ordinary care, it should have known of such conditions." Consolidated Opening Brief of Amoco Parties at 91 (citations omitted).

Not so. Privity or knowledge is not tantamount to actual knowledge or direct causation. All that is needed to deny limitation is that the shipowner, "by prior action or inaction set[s] into motion a chain of circumstances which may be a contributing cause even though not the immediate or proximate cause of a casualty ..." *Tug Ocean Prince, Inc. v. United States*, 584 F.2d 1151, 1158 (2d Cir.1978), cert. denied,440 U.S. 959, 99 S.Ct. 1499, 59 L.Ed.2d 772 (1979). The recent judicial trend has been to enlarge the scope of activities within the "privity or knowledge" of the shipowner, including imputing to corporations knowledge or privity of lower-level employees, *see Silver Line, Ltd. v. United States (The Silver Palm)*, 94 F.2d 776, 780 (9th Cir.1937); *Complaint of Delphinius Maritima, S.A. Etc.*, 523 F.Supp. 583, 594 (S.D.N.Y.1981); requiring shipowners to exercise an ever-increasing degree of supervision and inspection, *see Spencer Kellogg & Sons v. Hicks*, 285 U.S. 502, 511, 52 S.Ct. 450, 452, 76 L.Ed. 903 (1932); imposing a heavy burden on shipowners to prove their lack of privity or knowledge, *see Coryell*, 317 U.S. 406, 63 S.Ct. 291; rendering the shipowner's duty to ensure the seaworthiness of the ship nondelegable, see

당해 선박의 "선주"가 아니었다는 이유로 이들이 책임제한법상의 이익을 향유하는 것을 거부한 법원의 결정과 상충되지 않는다. AIOC와 Standard 사를 "선주"로 인정한다 할지라도, 그들은 선박의 침몰을 초래한 과실에 대한 그들의 관여나 인식이 없었음을 입증할 수 없다. Standard 사의 내부 기업구조는 고도로 조직되어 있었기 때문에 각각의 자회사들은 단지 모회사의 도구에 불과했다.

[10][11] Standard 사나 AIOC와는 다르게 AMOCO CADIZ 호의 등록된 선주인 Amoco Transport 사는 책임제한법상의 "선주"라는 사실이 확인되었다. 그럼에도, 1심 법원은 Transport 사가 사고를 일으킨 과실에 대해 관여하고 이를 인식하였기 때문에(46 U.S.C.App. § 183(a)) 책임제한을 주장할 수 없다고 결정했다. 책임제한을 위한 소송절차에서, 관여나 인식이 없었다는 점에 대한 궁극적인 증명책임은 선주에게 있다(Coryell v. Phipps, 317 U.S. 406, 409, 63 S.Ct. 291, 292, 87 L.Ed. 363 (1942) 참조)(관여나 인식이 없었다는 점에 대한 증명책임은 책임제한법상의 이익을 향유하려는 자에게 있다). Amoco는 선주가 "오직 손실을 초래한 과실이나 감항능력의 부재를 실제로 알거나 그 생성에 기여하였거나, 보통의 주의만 기울였더라도 그러한 상황을 알 수 있었을 경우"에만 선주의 관여나 인식이 있는 것이라고 주장하며 Transport 사에 대한 책임추궁을 피하려 했다. Amoco 측의 병합된 모두(冒頭) 적요 91(인용 생략).

그러나 이는 그렇지 않다. 선주의 관여 또는 인식은 실제의 인식이나 직접적인 인과관계와 동일한 것이 아니다. 책임제한을 거부하기 위해 요구되는 것은 선주가 "선행하는 작위나 부작위에 의해 사고의 즉각적이거나 근접한 원인(immediate or proximate cause)은 아니더라도 이에 기여하는 원인(contributing cause)에 해당하는 일련의 상황들을 초래한 경우"이어야 함이다. Tug Ocean Prince, Inc. v. United States, 584 F.2d 1151, 1158 (2d Cir.1978), cert. denied,440 U.S. 959, 99 S.Ct. 1499, 59 L.Ed.2d 772 (1979). 최근의 사법 동향은 다음과 같은 방법으로 선주의 "관여 또는 인식"에 해당하는 행동들의 범위를 확장하고 있다. 즉, 지위가 낮은 직원들의 관여 또는 인식을 근거로 회사에게 책임을 지우고(Silver Line, Ltd. v. United States (The Silver Palm), 94 F.2d 776, 780 (9th Cir.1937); Complaint of Delphinius Maritima, S.A. Etc., 523 F.Supp. 583, 594 (S.D.N.Y.1981) 참조), 선주에게 지속적으로 증가하는 정도의 감독과 검사를 할 것을 요구하고 있으며(Spencer Kellogg & Sons v.

*1304*Federazione Italiana die Corsorzi Agrari v. Mandask Compania de Vapores, S.A. (The Perama)*, 388 F.2d 434, 439 ("The corporate owner's duty to make the vessel seaworthy, at least to the point of providing it with sufficient integrity to meet the ordinary perils of the sea, is not delegable to anyone."), *cert. denied*, 393 U.S. 828, 89 S.Ct. 92, 21 L.Ed.2d 99 (1968); and narrowing the group of potential defendants eligible for exoneration under the Act, *see Waterman S.S. Corp. v. Gay Cottons*, 414 F.2d 724, 733-35 (9th Cir.1969). *See generally*, Van Hanswyk, *The 1984 Protocols to the International Convention on Civil Liability for Oil Pollution Damages and the International Fund for Compensation for Oil Pollution Damages: An Option for Needed Reform in United States Law*, 22 Int'l Lawyer 319, 332 (1988).

Transport was not entitled to limit its liability pursuant to the Act because it did not meet its burden of proving its lack of privity or knowledge of the negligence that led to the ship' s grounding. Although AIOC's employees might have been directly responsible for the negligent maintenance of the AMOCO CADIZ and the failure to train the crew properly, their knowledge of the defects in maintenance and training was attributable to Transport, which had a non-delegable duty to ensure a seaworthy vessel and a duty to control and supervise AIOC, its agent. *See Federazione Italiana dei Cors*, 388 F.2d at 439; *Cerro Sales Corp.*, 403 F.Supp. 562 at 567 (owner cannot escape liability by delegating managerial duties).

Two of the AMOCO CADIZ's inspectors were Transport employees, thus Transport was well aware of the problems with ram scoring, leakage, hydraulic fuel contamination, unwanted rudder movement, and negligent maintenance. Transport's own ship inspectors included descriptions of the AMOCO CADIZ's problems in written reports sent to company offices in Bermuda. Instead of seeing to it that essential repairs were made, Transport employees charged with that responsibility kept the vessel out of drydock in order to squeeze more profit out of the time charter. "Neglect to take adequate precautions after a faulty condition has been revealed

Hicks, 285 U.S. 502, 511, 52 S.Ct. 450, 452, 76 L.Ed. 903 (1932) 참조), 관여나 인식이 없었다는 점에 대한 무거운 증명책임을 선주들에게 지우고 있으며 (Coryell, 317 U.S. 406, 63 S.Ct. 291 참조), 선주의 선박의 감항능력을 보장할 의무를 위임 불가능한 것으로 보고 있으며 *1304 (Federazione Italiana die Corsorzi Agrari v. Mandask Compania de Vapores, S.A. (The Perama), 388 F.2d 434, 439 참조) ("회사 소유주의 선박이 감항능력이 있도록 하여 적어도 보통의 해상 위험에 대응할 정도의 완전성을 갖추도록 해야 할 의무는 타인에 위임할 수 없는 것이다") (cert, denied, 393 U.S. 828, 89 S.Ct. 92, 21 L.Ed.2d 99 (1968)), 책임제한법에 의해 책임이 면제될 잠재적 피고들의 범위를 좁히고 있다(Waterman S.S. Corp. v. Gay Cottons, 414 F.2d 724, 733-35 (9th Cir.1969) 참조)(이 논점과 관련해서 전반적으로, Van Hanswyk, The 1984 Protocols to the International Convention on Civil Liability for Oil Pollution Damages and the International Fund for Compensation for Oil Pollution Damages: An Option for Needed Reform in United States Law, 22 Int'l Lawyer 319, 332 (1988) 참조).

Transport 사는 선박 침몰을 초래한 과실에 대한 관여 또는 인식의 결여를 입증하지 못했기 때문에 책임제한법에 의한 책임제한을 주장할 권리가 없다. AMOCO CADIZ 호의 정비에 있어서의 과실과 선원들에 대한 적절한 훈련을 실시하지 못한 점에 대해 직접적인 책임은 AIOC의 피고용인들에 있었을지 몰라도, 정비와 훈련에 있어서의 하자에 대한 그 피고용인들의 인식을 근거로 Transport 사의 책임을 인정할 수 있다. 이는 Transport 사가 선박의 감항능력을 확인하고 그 대리인인 AIOC를 통제하고 감독할 위임 불가능한 의무를 지기 때문이다. Federazione Italiana dei Cors, 388 F.2d의 439; Cerro Sales Corp., 403 F.Supp. 562의 567 참조(선주는 관리 의무를 위임함으로써 책임으로부터 도피할 수 없다).

AMOCO CADIZ 호의 두 명의 조사관들은 Transport 사의 피고용인들이었으므로, Transport 사는 피스톤 균열, 누수, 유압 연료의 오염, 원하지 않은 키 이동, 그리고 정비상의 과실에 대해 잘 인지하고 있었다. Transport 사의 선박 조사관들은 AMOCO CADIZ 호의 결함들을 묘사한 보고서를 작성하여 버뮤다에 있는 회사 사무소로 보냈다. 이에 따른 필수적인 수리를 하는 대신에, 그런 수리를 할 책임을 지니는 Transport 사의 피고용인들은 정기 용선 계약으로부터 더 많은 이익을 얻기 위해 선박을 건선거에 두지 않았다. "선박의 잘못된 상

by a misadventure, or made known by a warning, has been held to amount to privity, if indeed it does not amount to knowledge." *Benedict on Admiralty* § 5.19 (1990).

[Omitted: The court deals with and rejects Amoco's challenges on admissibility of evidence and computation of damages.]

VIII.

The case is remanded for the entry of judgment in accordance with this opinion.

태가 우발적으로 드러나거나 경고에 의해 알려진 경우에 적절한 예방조치를 태만히 한 것은, 혹 인식에 이르지 않는다 하더라도 관여에 해당한다." Benedict on Admiralty § 5.19 (1990).

[생략된 부분: 법원은 증거능력과 손해배상액 산정에 관한 Amoco의 주장을 다룬 후 이를 기각하였다.]

VIII.

사건은 상기 의견과 일치되도록 환송한다.

Commissioner of Police of the Metropolis Appellant v. Caldwell

사실관계

피고인은 자신이 과거에 근무하였던 10여 명의 손님이 숙박 중이던 호텔에 그 소유주에 대한 원한을 품고 방화하였다. 불은 곧 발견되어 심각한 피해가 발생하기 전에 소화되었다. 피고인은 범행 당시 술에 취해 호텔에 생명이 위태로워질 수 있는 손님들이 있을 수 있다는 생각을 전혀 하지 못하였다고 진술하였다.

피고인은 1971년 형사손괴법의 제1조 (1)항(고의로 혹은 무모하게 타인의 재물을 손괴한 행위)과 보다 중한 죄인 제1조 (2)항(타인의 재물을 손괴하였으며 고의로 혹은 무모하게 그 손괴행위로 인하여 타인의 생명에 위험을 초래한 행위) 두 가지 방화죄로 기소가 되었다. 피고인은 (1)항의 죄는 유죄를 인정하였으나 가중범인 (2)항의 죄에 대하여서는 사건 당시 너무나 취해 있어서 호텔에 누군가 묵고 있을 거라는 생각을 해 본 적이 없다고 항변하였다. 1심 재판관은 배심원 지도를 함에 있어 제2항의 죄에 대하여 자의로 초래한 명정상태는 유효한 항변이 되지 않는다고 하였고, 피고인은 징역 3년을 선고받았다. 항소법원은 1심을 파기하였다. 본 사건은 이에 대하여 런던 경찰국장이 귀족원에 상소한 사건이다.

판결 및 쟁점

귀족원에서는 형사손괴법 제1조 (2)항의 '무모함'의 의미, 즉 "스스로 초래한 명정상태에서 위험을 인식하지 못하고 행위한 사실이 타인의 생명에 위험을 초래할 것에 대한 '무모함'에 대한 항변이 될 것인지"가 쟁점이 되었다(참고로 본 사건과 Regina v. G and Another 사건은 형사사건으로, 형사상의 '무모함'의 기준은 민사상의 '무모함'보다 높은 것이 보통이다).

귀족원의 판사 Diplock 경은 2인이 찬동하고 2인은 반대하여 다수의견이 된 판결문을 쓰면서 '무모함'에는 자신의 행동과 관련해 존재한다고 인식한 유해한 결과에 대한 위험을 무시하기로 하는 것뿐 아니라 그 문제에 대해 생각을 했으면 당연히 그러한 위험의 존재를 인식했을 상황에 그 위험을 인지조차 하지 못한 경우도 포함이 된다고 보았다. 나아가 이러한 관점에서 행위자가 자신의 행위로 인해 발생할 결과에 대하여 무모했는지의 여부를 결정하기 위해서는 '보통의 신중한 개인'의 심리상태를 고려하는 것이 필요하다고 보았다. 그리하여 만일 같은 상황에서 보통의 신중한 개인도 그러한 유해한 결과가 발생할 것이라는 생각을 못했을 것이라면 피의자가 그 가능성을 인식하지 못했다고 해서 '무모'했다고 여겨지지 않을 것이며, 유해한 결과가 발생할 위험이 미미해서 보통의 신중한 개인도 그 위험을 고려해 보고서 대수롭지 않게 여길 것이라 생각되는 경우에는 피의자가 그 위험을 고려하고 무시하기로 결정했다고 해서 '무모'했다고 할 수 없다고 보았다.

이에 귀족원은 사안의 경우 피고인이 스스로 명정상태가 되어 호텔 숙박객들의 생명에 초래될 위험을 인식하지 못하였다는 사정은, 그가 정상의 상태였다면 그 위험을 명백히 인식하였을 것이라고 인정되는 이상, 정당한 항변이 되지 못한다고 결론지었다. 따라서 귀족원은 자의의 명정상태에서의 인식 없는 행위라는 사정이 제1조 (2)항에서 고의를 조각하기는 하지만 무모함의 인정에는 영향을 미치지 못한다고 판시하고, 항소를 기각하였다.

***341 Commissioner of Police of the Metropolis Appellant v. Caldwell Respondent**

[1981] 2 W.L.R. 509

House of Lords

HL

Lord Wilberforce , Lord Diplock , Lord Edmund-Davies, Lord Keith of Kinkel and Lord Roskill.

1980 Dec. 10, 11;
1981 March 19

[On Appeal from Regina v. Caldwell]

By section 1 of the Criminal Damage Act 1971:
"(1) A person who … destroys or damages any property belonging to another intending to destroy or damage any such property or being reckless as to whether any such property would be destroyed or damaged shall be guilty of an offence. (2) A person who … destroys or damages any property … (a) intending to destroy or damage any property or being reckless as to whether any property would be destroyed or damaged; and (b) intending by the destruction or damage to endanger the life of another or being reckless as to whether the life of another would be thereby endangered; shall be guilty of an offence. …"

The defendant set fire by night to a residential hotel where he had been employed and against the proprietor of which he bore a grudge. According to his evidence he was so drunk at the time that it did not occur to him that there might be people there whose lives might be endangered. He pleaded guilty to a charge under section 1 (1) of the Act of 1971 but not guilty to a charge under section 1 (2) of intending to damage property intending to endanger life or being reckless as to whether life was endangered. The trial judge directed the jury that self-induced drunkenness was no defence to the charge under subsection (2) and he was convicted and sentenced to three years' imprisonment. The Court of Appeal (Criminal Division) quashed

*341 Commissioner of Police of the Metropolis Appellant v. Caldwell

[1981] 2 W.L.R. 509

귀족원[1]

Wilberforce 경, Diplock 경, Edmund-Davies 경, Keith of Kinkel 경, Roskill 경의 판결

1980년 12월 10, 11일 심리
1981년 3월19일 판결
[Regina v. Caldwell의 항소심]

1971년 형사손괴법 제1조에 의거:

"(1) … 고의로 혹은 무모하게 타인의 재물을 손괴 또는 파괴한 행위는 유죄이다.[2]

(2) … 타인 혹은 자신의 재물을 손괴 또는 파괴한 행위 중에서 (a) 고의로 혹은 무모하게 그 손괴 또는 파괴 행위를 하였으며 (b) 고의로 혹은 무모하게 그 손괴 또는 파괴 행위로 인하여 타인의 생명에 위험을 초래한 행위는 유죄이다… "

피고인은 소유주에게 원한을 품고 야간에 자신이 과거에 근무하였던 숙박용 호텔에 방화

1 House of Lords(귀족원) : 영국 의회의 상원이다(하원은 House of Commons로 지칭). 즉 House of lords 자체는 상원의 역할을 하는 입법기구이나 상원은 입법 기능 외에 영국 내에서의 최고재판소로서의 사법기능도 갖추고 있다. 상원의원들의 일부는 이 기관에서 직업법관으로서 임명직을 가진다. 이들을 Law Lords라고 지칭한다. 역사적으로 귀족원에서는 탄핵 재판 등도 맡아 했으나 지금은 하급심에서의 항소 사건만을 맡고 있다. 하지만 2005년 제정된 Constitutional Reform에 따라 상원의 사법기능은 2009년 새로 생기는 영국의 Supreme Court로 이전될 예정이다.

2 직역하자면, "합법적인 이유 없이 타인의 재물을 손괴하되 그 재물의 손괴에 관하여 의도적이었거나 혹은 그 재물이 손괴될 것이라는 점에 관해 무모한 태도를 가진 경우 유죄이다."

the conviction, but in respect of the charge to which the defendant had pleaded guilty imposed the same sentence of three years' imprisonment pronounced by the trial judge.

On appeal:—

Held, dismissing the appeal, that if a charge under section 1 (2) of the Act was so framed as to charge the defendant only with the intent to endanger life, evidence of self-induced drunkenness could be relevant as a defence, but (Lord Wilberforce and Lord Edmund-Davies dissenting) not when the charge included a reference to being reckless as to whether life would be endangered (post, pp. 354G - 355D, 356C-E, 361G, 362D-F).

Reg. v. Majewski [1977] A.C. 443, H.L.(E.) and Reg. v. Orpin [1980] 1 W.L.R. 1050, C.A. considered.

**342* *Per* Lord Diplock, Lord Keith of Kinkel and Lord Roskill."Reckless" as used in the new statutory definition of the mens rea of these offences is an ordinary English word. The label of "objective" or "subjective" solves nothing. It is a statement of the obvious, mens rea is by definition a state of mind of the accused himself at the time he did the physical act that constitutes the actus reus of the defence; it cannot be the mental state of some non-existent hypothetical person (post, pp. 353G-354B). Classification into offences of "specific" and "basic" intent is irrelevant where being reckless as to whether a particular harmful consequence will result from one s act is a sufficient alternative mens rea (post, p. 356A-B).

Decision of the Court of Appeal (Criminal Division) (1980) 71 Cr.App.R. 237 affirmed.

하였다. 피고인의 증거에 따르면 피고인은 범행 당시 (술에 취해) 명정상태에 있어 범행 현장에 생명이 위태로워질 수 있는 사람들이 있다는 인식을 하지 못하였다. 피고인은 1971년 형사손괴법 제1조 제1항에 의거한 혐의를 인정하였지만, 제1조 제2항의 고의로 재물을 손괴하면서 고의 또는 무모하게 타인의 생명을 위험케 한 죄와 관련하여서는 혐의를 인정하지 아니하였다. 1심 재판관은 배심원단에게 제2항에 대하여 자의로 초래한 명정상태는 혐의에 대한 유효한 항변이 되지 않는다고 지도를 하였고, 피고인은 징역 3년을 선고받았다. 항소법원 형사부는 1심 판결을 파기하였으나, 피고인이 인정한 혐의에 대하여는 1심 재판관이 선고한 것과 같은 3년 형을 선고하였다.

항소심[3]에서:

항소를 기각하며 다음과 같이 판시한다. 1971년 형사손괴법 제1조 제2항하의 혐의가 고의로 생명을 위태롭게 한 행위에 대해서만 적용되는 구조를 취했더라면 자의로 초래한 명정상태가 적절한 항변이 될 수도 있겠지만(Wilberforce 경과 Edmund-Davies 경은 반대) 혐의가 무모하게 생명을 위태롭게 한 행위를 포함하는 경우에는 그러지 아니하다(post, pp. 354G-355D, 356C-E, 361G, 362D-F).

Reg. v. Majewski [1977] A.C. 443 , H.L.(E.)와 Reg. v. Orpin [1980] 1 W.L.R. 1050, C.A. 참조

*342 Diplock 경, Keith of Kinkel 경, Roskill 경 들에 따르면: 이 범죄의 범의에 대한 새로운 제정법적 정의에서 "무모함"은 일반적인 영어단어의 뜻 그대로 사용된 것이다. "객관적"이거나 "주관적"이라는 구분은 아무런 도움이 되지 않는다. 범의의 정의는 피고인이 범죄의 행위 요건을 구성하는 물리적 행위를 했을 당시의 정신적 상태이지, 존재하지도 않는 가설적 인물의 정신적 상태가 아니라는 것은 명백한 사실이다(post, pp. 353G-354B). 피고인의 행위로 인하여 특정 유해한 결과가 야기될 것에 관하여 무모하게 행위한 것이 범의요건을 충분히 충족하는 경우, "특정" 고의범죄와 "기본" 고의범죄로 분류하는 것은 무의미하다(post, p. 356A-B).

3 동 사건은 중간 항소심인 Court of Appeals에서 항소를 기각당한 피고인이 다시 항소하여 최고재판소인 귀족원에 판단하게 된 사건이다(주 1 참고). 영미법에서는 보통 항소와 상고의 용어를 구분하여 쓰고 있지 않으므로 여기서도 그대로 '항소'의 용어만을 쓰기로 한다.

The following cases are referred to in their Lordships' opinions:

Lederer v. Hitchins [1961] W.A.R. 99 .

Reg. v. Briggs (Note) [1977] 1 W.L.R. 605; [1977] 1 All E.R. 475, C.A..

Reg. v. Cunningham [1957] 2 Q.B. 396; [1957] 3 W.L.R. 76; [1957] 2 All E.R. 412, C.C.A..

Reg. v. Majewski [1977] A.C. 443; [1976] 2 W.L.R. 623; [1976] 2 All E.R. 142, H.L.(E.).

Reg. v. O'Driscoll (1977) 65 Cr.App.R. 50, C.A..

Reg. v. Orpin [1980] 1 W.L.R. 1050; [1980] 2 All E.R. 321, C.A..

Reg. v. Parker (Daryl) [1977] 1 W.L.R. 600; [1977] 2 All E.R. 37, C.A..

Reg. v. Stephenson [1979] Q.B. 695; [1979] 3 W.L.R. 193; [1979] 2 All E.R. 1198, C.A..

Reg. v. Venna [1976] Q.B. 421; [1975] 3 W.L.R. 737; [1975] 3 All E.R. 788, C.A..

The following additional cases were cited in argument:

Allan v. Patterson, 1980 S.L.T. 77; [1980] R.T.R. 97.

Attorney-General for Northern Ireland v. Gallagher [1963] A.C. 349; [1961] 3 W.L.R. 619; [1961] 3 All E.R. 299, H.L.(N.I.).

Brennan v. H.M. Advocate, 1977 J.C. 38.

Director of Public Prosecutions v. Beard [1920] A.C. 479, H.L.(E.).

Director of Public Prosecutions for Northern Ireland v. Lynch [1975] A.C. 653; [1975] 2 W.L.R. 641; [1975] 1 All E.R. 913, H.L.(N.I.).

Jaggard v. Dickinson [1981] Q.B. 527; [1981] 2 W.L.R. 118; [1980] 3 All E.R. 716, D.C..

Leary v. The Queen (1977) 74 D.L.R. (3d) 103 .

Reg. v. Clancy [1979] R.T.R. 312, C.A..

Reg. v. Davis (William) [1979] R.T.R. 316, C.A..

Reg. v. Eatch [1980] Crim.L.R. 650.

Reg. v. Hoof (1980) 72 Cr.App.R. 126, C.A..

Reg. v. Hyam [1975] A.C. 55; [1974] 2 W.L.R. 607; [1974] 2 All E.R. 41, H.L.(E.).

Reg. v. Lawrence (Stephen) [1980] R.T.R. 443, C.A..

항소법원의 결정(1980) 71 Cr.App.R. 237을 인용한다.

재판관들의 판결에는 다음의 판례들이 참조되었다:

Lederer v. Hitchins [1961] W.A.R. 99 .

Reg. v. Briggs (Note) [1977] 1 W.L.R. 605; [1977] 1 All E.R. 475, C.A. .

Reg. v. Cunningham [1957] 2 Q.B. 396; [1957] 3 W.L.R. 76; [1957] 2 All E.R. 412, C.C.A. .

Reg. v. Majewski [1977] A.C. 443; [1976] 2 W.L.R. 623; [1976] 2 All E.R. 142 , H.L.(E.).

Reg. v. O'Driscoll (1977) 65 Cr.App.R. 50, C.A. .

Reg. v. Orpin [1980] 1 W.L.R. 1050; [1980] 2 All E.R. 321, C.A. .

Reg. v. Parker (Daryl) [1977] 1 W.L.R. 600; [1977] 2 All E.R. 37, C.A. .

Reg. v. Stephenson [1979] Q.B. 695; [1979] 3 W.L.R. 193; [1979] 2 All E.R. 1198, C.A. .

Reg. v. Venna [1976] Q.B. 421; [1975] 3 W.L.R. 737; [1975] 3 All E.R. 788, C.A. .

다음 판례들은 변론 중에 인용되었다:

Allan v. Patterson, 1980 S.L.T. 77; [1980] R.T.R. 97.

Attorney-General for Northern Ireland v. Gallagher [1963] A.C. 349; [1961] 3 W.L.R. 619; [1961] 3 All E.R. 299, H.L.(N.I.).

Brennan v. H.M. Advocate, 1977 J.C. 38 .

Director of Public Prosecutions v. Beard [1920] A.C. 479 , H.L.(E.).

Director of Public Prosecutions for Northern Ireland v. Lynch [1975] A.C. 653; [1975] 2 W.L.R. 641; [1975] 1 All E.R. 913, H.L.(N.I.).

Jaggard v. Dickinson [1981] Q.B. 527; [1981] 2 W.L.R. 118; [1980] 3 All E.R. 716, D.C..

Leary v. The Queen (1977) 74 D.L.R. (3d) 103 .

Reg. v. Clancy [1979] R.T.R. 312, C.A..

Reg. v. Davis (William) [1979] R.T.R. 316, C.A..

Reg. v. Eatch [1980] Crim.L.R. 650.

Reg. v. Hoof (1980) 72 Cr.App.R. 126, C.A..

Reg. v. Lipman [1970] 1 Q.B. 152; [1969] 3 W.L.R. 819; [1969] 3 All E.R. 410, C.A..

Reg. v. Morgan [1976] A.C. 182; [1975] 2 W.L.R. 913; [1975] 2 All E.R. 347, H.L.(E.).

Reg. v. Murphy (William) [1980] Q.B. 434; [1980] 2 W.L.R. 743; [1980] 2 All E.R. 325; [1980] Crim.L.R. 309, C.A..

Reg. v. O'Connor (1980) 29 A.L.R. 449 .

**343* Appeal from the Court of Appeal (Criminal Division).

This appeal by the Commissioner of Police for the Metropolis was brought with the leave of the Appeal Committee of the House of Lords granted on July 3, 1980. The Court of Appeal (Lord Widgery C.J., Eveleigh L.J. and O'Connor J.) had previously certified, pursuant to section 33 of the Criminal Appeal Act 1968, that its order in this matter involved a point of law of general public importance. By that order the Court of Appeal allowed the appeal of the present respondent, James Caldwell, against a conviction at the Central Criminal Court (Recorder: Jean Southworth Q.C.) on May 24, 1979, of arson with intent to endanger life but substituted a verdict of guilty of arson and passed an identical sentence to that imposed on the respondent at the Central Criminal Court, namely, imprisonment for a term of three years.

The facts, stated by Lord Diplock, were as follows: The respondent had been doing work for the proprietor of a residential hotel. He considered that he had a grievance against the proprietor. One night he got very drunk and in the early hours of the morning he decided to revenge himself on the proprietor by setting fire to the hotel, in which some 10 guests were living at the time. He broke a window and succeeded in starting a fire in a ground floor room; but it was discovered and the flames were extinguished before any serious damage was caused At his trial he said that he was so drunk at the time that the thought that there might be people in the hotel whose lives might be endangered if it were set on fire had never crossed his mind.

He was indicted at the Central Criminal Court upon two counts of arson under section 1 (1) and (2) respectively, of the Criminal Damage Act 1971. That section read as follows:

"(1) A person who without lawful excuse destroys or damages any property belonging to

Reg. v. Hyam [1975] A.C. 55; [1974] 2 W.L.R. 607; [1974] 2 All E.R. 41 , H.L.(E.).

Reg. v. Lawrence (Stephen) [1980] R.T.R. 443, C.A..

Reg. v. Lipman [1970] 1 Q.B. 152; [1969] 3 W.L.R. 819; [1969] 3 All E.R. 410, C.A..

Reg. v. Morgan [1976] A.C. 182; [1975] 2 W.L.R. 913; [1975] 2 All E.R. 347 , H.L.(E.).

Reg. v. Murphy (William) [1980] Q.B. 434; [1980] 2 W.L.R. 743; [1980] 2 All E.R. 325; [1980] Crim.L.R. 309, C.A..

Reg. v. O'Connor (1980) 29 A.L.R. 449 .

*343 항소법원(형사부)에서의 항소심에서.

런던 경찰국장에 의한 이 항소는1980년 7월 3일에 승인된 귀족원의 항소위원회의 허가로 제기되었다. 항소법원(재판장 Widgery경, 판사 Eveleigh, 판사 O'Connor)은 1968년 형사항소법 제33조에 의거, 이 문제에 있어서의 그들의 명령은 대중적으로 중요한 법적 쟁점을 포함하고 있다고 사전에 확인한 바 있다. 그 명령에 의해 항소법원은 1979년 5월 24일 중앙형사법원에서 '고의로 생명에 위험을 발생케 한 방화죄'로 판결된 것(재판관: 왕실 고문 변호사 Jean Southworth)에 반하여 현재 피고인 James Caldwell의 항소를 받아들이고, 죄목만 방화죄로 대체하고 중앙형사법원에서 선고 받은 동일한 형량, 즉 징역 3년을 선고하였다.

사실관계는 Diplock 경에 따르면 다음과 같다: 피항소인은 주거용 호텔의 소유주에 고용되어 일해 오며 소유주에게 불만을 품고 있었다. 어느 날 밤 피항소인은 술에 취해 새벽에 당시 10여 명의 손님이 숙박 중이던 호텔에 방화하여 소유주에 복수하기로 결심하였다. 그는 창문을 부수고 1층에 불을 지르는 데에 성공하였다; 그러나 불은 곧 발견되어 심각한 피해가 발생하기 전에 소화되었다. 재판 시 피항소인은 범행 당시 너무나 취해 있어 당해 호텔에 방화로 인해 생명이 위태로워질 수도 있는 손님들이 있을 수 있다는 생각을 전혀 하지 못하였다고 진술하였다.

피항소인은 중앙형사법원에서 1971년 형사손괴법 제1조 제1항과 제1조 제2항에 의거하여 방화죄의 두 가지 죄목으로 기소되었다. 그 조항은 다음과 같다:

(1) 고의로 혹은 무모하게 타인의 재물을 손괴 또는 파괴한 행위는 유죄이다.

another intending to destroy or damage any such property or being reckless as to whether any such property would be destroyed or damaged shall be guilty of an offence. (2) A person who without lawful excuse destroys or damages any property, whether belonging to himself or another — (a) intending to destroy or damage any property or being reckless as to whether any property would be destroyed or damaged; and (b) intending by the destruction or damage to endanger the life of another or being reckless as to whether the life of another would be thereby endangered; shall be guilty of an offence (3) An offence committed under this section by destroying or damaging property by fire shall be charged as arson.

Count 1 contained the charge of the more serious offence under section 1 (2) which required intent to endanger the life of another or recklessness as to whether the life of another would be endangered. To this count the respondent pleaded not guilty. He relied upon his self-induced drunkenness as a defence, on the ground that the offence under subsection (2) was one of specific intent in the sense in which that expression was used in speeches in the House of Lords in Reg. v. Majewski [1977] A.C. 443 Count 2 contained the lesser offence under section 1 (1) to which the respondent pleaded guilty.

The recorder directed the jury that self-induced drunkenness was **344* not a defence to count 1, and the jury convicted him on this count. The recorder sentenced him to three years imprisonment on count 1 but passed no sentence on count 2, the lesser offence, to which he had pleaded guilty. On appeal the Court of Appeal held that her direction to the jury as to the effect of self-induced drunkenness on the charge in count 1 was wrong. They set aside the conviction on that count; but left the sentence of three years imprisonment unchanged as they considered it to be an appropriate sentence on count 2.

The question of law certified for the opinion of the House of Lords was:

"Whether evidence of self-induced intoxication can be relevant to the following questions — (a) Whether the defendant intended to endanger the life of another; and (b) Whether the defendant was reckless as to whether the life of another would be endangered, within the meaning of section 1 (2) (b) of the Criminal Damage Act 1971 ."

Neil Denison Q.C. and *Rosamond Blundell-Jones* for the appellant. This appeal involves the distinction between basic intent and specific intent. Lack of intent caused by self-induced

(2) 타인 혹은 자신의 재물을 손괴 또는 파괴한 행위 중에서 (a) 고의로 혹은 무모하게 그 손괴 또는 파괴 행위를 하였으며 (b) 고의로 혹은 무모하게 그 손괴 또는 파괴 행위로 인하여 타인의 생명에 위험을 초래한 행위는 유죄이다.

(3) 동조의 손괴 또는 파괴 행위(전 2항의 행위)를 소훼(燒燬)의 방식으로 한 자는 방화의 죄를 묻도록 한다.

첫 번째 죄목은 고의로 타인의 생명에 위험을 발생케 하거나 타인의 생명에 위험이 발생하는 것에 관하여 무모한 행위를 요하는, 제1조 제2항의 보다 중한 범죄의 혐의를 포함하고 있다. 이 죄목에 대해 피항소인은 무죄의 항변을 하였다. 피항소인은 제2항에서의 범죄는 Reg. v. Majewski [1977] A.C. 443 사건에서의 귀족원의 의견에서 사용된 의미의 '특정고의 범죄'라는 점을 근거로 하여 자의로 초래한 명정상태를 항변으로 원용하였다. 두 번째 죄목은 제1조 제1항의 보다 경한 범죄 혐의를 그 내용으로 하고 있었는데 피항소인은 이에 대해 유죄를 인정하였다.

중앙형사법원의 판사는 배심원단에게 자의로 초래한 명정상태는 *344 첫 번째 죄목에 대한 항변이 되지 못한다고 지시하였고, 배심원단은 피항소인에 대해 첫 번째 죄목에 대하여 유죄 결정을 내렸다. 판사는 피항소인에게 첫 번째 죄목에 대하여 3년형을 선고하였으나, 피고인이 유죄를 인정한 보다 경한 범죄인 두 번째 죄목에 관하여는 형을 선고하지 않았다. 항소심에서 항소법원은 첫 번째 죄목의 혐의에 대해 자의로 초래한 명정상태가 끼치는 영향에 대한 중앙형사법원 판사가 배심원단에게 지시한 사항은 부적절했다고 보았다. 항소법원은 첫 번째 죄목에 대한 판결은 파기하였으나, 선고된 형 자체는 두 번째 죄목에 대한 형량으로 적절하다고 보아 징역 3년은 유지하였다.

귀족원의 의견을 위해 제기된 법률문제는 다음과 같다:

"자의로 초래한 명정상태의 증거가 다음 사항과 연관이 되는지 여부—(a) 피고인이 타인의 생명에 위험을 초래할 고의가 있었는지 여부 (b) 피고인이 타인의 생명에 위험이 발생할 것에 대해 1971년 형사손괴법 제1조 제2항(b)에서 사용된 의미에 따른 무모함이 있었는지 여부."

항소인 측 변호인 왕실 고문 변호사 Neil Denison과 Rosamond Blundell-Jones. 이 항소는 기본고의와 특정고의의 구분과 관련이 있다. 자의로 초래한 명정상태로 인해 고의가 결여된

drunkenness is relevant only to specific intent. The question here is whether there was arson with intent to endanger life. Arson contrary to section 1 (1) of the Criminal Damage Act 1971 is a crime of basic intent where the mental element is satisfied by the recklessness of the offender: Glanville Williams, Textbook of Criminal Law (1978), p. 431. The answers to the two questions certified for the opinion of the House should be (a) Yes and (b) No.

In the authorities the starting point is Director of Public Prosecutions v. Beard [1920] A.C. 479, 500-501, 501-502 (expressing the important conclusion in that appeal), 504. That case was applied in Reg. v. Lipman [1970] 1 Q.B. 152, 159. In *Beard's* case Lord Birkenhead L.C. did not distinguish between basic and specific intent. That distinction starts to be defined in Director of Public Prosecutions for Northern Ireland v. Lynch [1975] A.C. 653, 698 and Reg. v. Morgan [1976] A.C. 182, 218.

The leading authority is Reg. v. Majewski [1977] A.C. 443, 457, 474- 475, 476, 480-481, 483, 487, 498, 499. The strictly logical approach to the present problem of abandoning the distinction between crimes of basic intent and crimes of specific intent would involve overruling this case and other authorities since the early 19th century including *Beard's* case [1920] A.C. 479. Accordingly the distinction should be retained defining a crime of basic intent as one in which the mental element is satisfied by the offender's recklessness, while in a crime of specific intent the mental element requires a positive intention on the part of the accused. In the case of the former when the accused as a result of voluntary intoxication fails to appreciate a risk he would have appreciated if sober, that lack of appreciation should be disregarded. In the case of the latter the voluntary intoxication should be taken into account in estimating whether he had the intention necessary to constitute the mental element of the offence.

In Reg. v. Majewski [1977] A.C. 443 when the defendant took the alcohol and the drugs he had no idea of committing a crime. This was unlike Attorney-General for Northern Ireland v. Gallagher [1963] A.C. 349. The view expressed by Lord Elwyn-Jones L.C. in Reg. v. Majewski **345* [1977] A.C. 443, 476 is largely based on policy. It is equally applicable to the present case where recklessness in regard to danger to life was alleged in a case of criminal damage. It would

것은 오직 특정고의에서만 문제가 된다. 여기에서 문제는 생명을 위태롭게 할 고의가 있는 방화 행위가 있었는지 여부이다. 1971년 형사손괴법 제1조 제1항과는 달리 방화죄는 범죄자의 무모함으로 범죄의 주관적 구성요건이 충족되는 기본고의 범죄이다: Glanville Williams, Textbook of Criminal Law (1978), p. 431. 상기 두 가지 법률문제에 대한 귀족원의 의견은 (a)에 대하여 '그렇다', 그리고 (b)에 대하여는 '아니다'가 되어야 할 것이다.

참고 판례는 Director of Public Prosecutions v. Beard [1920] A.C의 479 , 500-501, 501-502(당해 항소심의 중요한 결론을 기술하고 있다), 504부터 검토를 시작하도록 한다. 이 사건은 Reg. v. Lipman [1970] 1 Q.B. 152, 159에 적용되었다. Beard's 사건에서 Birkenhead L.C. 경은 기본고의와 특정고의를 구분하지 않았다. 그 구분은 Director of Public Prosecutions for Northern Ireland v. Lynch [1975] A.C. 653 , 698 그리고 Reg. v. Morgan [1976] A.C. 182 , 218에서 정의되기 시작하였다.

주요한 참고 판례는 Reg. v. Majewski [1977] A.C. 443, 457, 474-475, 476, 480-481, 483, 487, 498, 499이다. 기본고의와 특정고의의 범죄를 구분짓는 것을 포기하려는 현 사안에 대한 엄밀하고 논리적인 접근방식은 이 사건과 Beard's case [1920] A.C. 479을 포함해 19세기 초반 이후의 다른 판례들을 파기하는 것을 의미한다. 따라서 그러한 구분은, 기본고의 범죄에서는 주관적 구성요건이 범죄자의 무모하게 충족되지만, 특정고의 범죄에서는 주관적 구성요건이 피고인의 명백한 고의를 요한다고 정의함으로써 존속되어야 할 것이다. 전자의 경우에 있어서 피고인이 만약 명정상태가 아니었으면 인식을 했을 위험을 자의로 야기한 명정상태로 인해 인식하지 못하였다면, 그와 같은 인식의 결여는 무시되어야 할 것이다.[4] 후자의 경우에 있어서의 자의로 초래한 명정상태는 피고인이 범죄의 주관적 구성요건에 해당하는 고의를 가지고 있었는지 여부를 판단하는 데 고려되어야 할 것이다.

Reg. v. Majewski [1977] A.C. 443에서 피고인은 음주와 마약을 하는 시점에서는 범죄를 저지를 생각이 전혀 없었다. 이는 Northern Ireland v. Gallagher [1963] A.C. 349 사건의 경우와는 다르다. Reg. v. Majewski *345 [1977] A.C. 443, 476에서 Elwyn-Jones L.C.경의 견

4 즉, 범의가 있는 것으로 판단해야 할 것이다.

be absurd if a man charged with arson in setting fire to an empty garden shed could not rely on the defence of absence of intent through voluntary intoxication, while a man who had set fire to an hotel on purpose and was charged with arson could rely on it. Recklessness can lie in the very act of getting drunk. Manslaughter, rape and assault are all crimes of basic intent. When an offence can be committed either with intent or recklessly, intoxication is one of the factors to be taken into account in considering intent, but in considering whether the accused acted recklessly intoxication can be ignored because self-induced intoxication is itself reckless and only where purpose is required should intoxication be taken into account. There is no purposive element in recklessness.

The law of Scotland does not allow self-induced intoxication as a defence to a criminal charge: Brennan v. H.M. Advocate, 1977 J.C. 38, 47, 51. Canadian law rejects the distinction between "general intent" and "specific intent": Leary v. The Queen (1977) 74 D.L.R. (3d) 103, 104-105. In Australia, Reg. v. Majewski [1977] A.C. 443 was criticised and not followed in Reg. v. O' Connor (1980) 29 A.L.R. 449, 459-460, where its difficulties were pointed out. In considering the question of intention the Australian judges applied a purposive test looking to the defendant s intent to get a particular result.

In Reg. v. O'Driscoll (1977) 65 Cr.App.R. 50, 55, Waller L.J. distinguished what was said in Reg. v. Majewski [1977] A.C. 443, 474- 475, to the effect that the taking of drink or drugs causing a man to cast off the restraints of reason and conscience supplied the evidence of mens rea; said that the position would have been different if the intent had involved the question of danger to the life of others. If a drunk man sets fire to a building and death results, then on a charge of manslaughter, a "basic intent" crime, the drunkenness can be ignored, but if a charge of arson with intent to endanger life is a case of "specific intent" the drunkenness must be taken into consideration.

Suppose a drunk man recklessly sets fire to a haystack in which, unknown to him, a tramp is asleep, then, if the tramp wakes and escapes, the crime would be simple arson, a case of basic intent in which the intoxication can be ignored. But suppose the drunk man set fire recklessly to the haystack, knowing that it was regularly used by tramps for shelter, then that would be aggravated arson and the intoxication would have to be considered. If a tramp died, that would be manslaughter, a case of basic intent and the intoxication should be ignored.

As to the definition of recklessness a man is reckless when he carries out a deliberate act knowing that there is some risk of damage resulting from it. Reg. v. Briggs (Note) [1977] 1 W.L.R. 605, 607-608 and Reg. v. Parker (Daryl) [1977] 1 W.L.R. 600, 603-605. Reg. v. Stephenson [1979] Q.B. 695, 700, 703 was not concerned with self-induced intoxication. Reg. v. Orpin [1980] 1 W.L.R. 1050 was wrongly decided. In Jaggard v. Dickinson [1981] Q.B. 527, 531-532 it was held

해는 대체적으로 정책적 측면에 근거를 두고 있다. 형사 피해 사건에서 생명에 위험을 발생케 하는 데 있어 무모함이 있었는가 하는 문제를 포함하는 현 사건에도 똑같이 적용 가능하다. 빈 정원 창고에 방화하여 기소된 자가 자의로 초래한 명정상태에서 고의가 없음을 항변하지 못하는데, 고의로 호텔에 방화하여 기소된 자가 같은 이유로 고의가 없었음을 항변할 수 있다면 이는 불합리한 일일 것이다. 무모함은 음주를 하는 행위 자체에 있을 수 있는 것이다. 과실치사, 강간, 폭행은 모두 기본고의 범죄이다. 범죄가 고의나 무모하게 범해질 수 있다면 명정상태는 고의를 평가하는 데 고려되어야 할 요소이다. 그러나 피고인이 무모하게 행위를 하였는지 여부를 평가하는 데 있어서는 명정상태는 무시될 수 있는데, 이는 자의로 명정상태를 초래하는 것 자체가 무모한 행위이며 목적성이 요구되는 행위에 대해서만 명정상태가 고려되어야 하는데 무모함에는 목적성이라는 요소가 없기 때문이다.

스코틀랜드 법은 자의로 초래한 명정상태를 형사범죄에 대한 항변으로 허용하지 않는다: Brennan v. H.M. Advocate, 1977 J.C. 38, 47, 51. 캐나다 법은 일반고의와 특정고의의 구분을 하지 않는다: Leary v. The Queen (1977) 74 D.L.R. (3d) 103, 104-105. 호주에서는 Reg. v. Majewski [1977] A.C. 443 사건이 비판을 받았고, 이 사건의 문제점이 지적된 Reg. v. O'Connor (1980) 29 A.L.R. 449 , 459-460사건에서는 판사들은 그 판결을 따르지 아니하였다. 고의를 평가하는 데 있어서 호주의 판사들은 특정 결과를 의도한 피고인의 고의가 있었는지를 평가하는 목적적 평가를 적용한다. Reg. v. O'Driscoll (1977) 65 Cr.App.R. 50, 55 에서 Waller L.J. 는 Reg. v. Majewski [1977] A.C. 443 , 474-475에서 언급된 부분을 음주와 마약이 인간의 이성과 양심의 자제력을 잃게 하여 범의의 증거를 충족한다는 취지로 강조하고, 만약 고의가 타인의 생명에 위험을 발생케 하는 문제와 관련된 경우라면 상황은 달랐을 것이라 하였다. 명정상태에 있는 자가 건물에 방화를 하여 타인을 사망에 이르게 한 경우라면 기본고의 범죄인 과실치사의 경우에는 명정상태는 무시됐을 것이다. 그러나 타인의 생명에 위험을 발생케 할 고의가 있는 방화죄는 특정고의 범죄이고 명정상태는 분명 고려되어야 할 것이다.

어느 방랑자가 그 건초더미에 잠들어 있음을 인식하지 못하고 명정상태에 있는 자가 무모하게 그 건초더미에 방화를 하였다고 할 때, 그 방랑자가 깨어나 도망하게 되면, 명정상태는 무시해도 되는 고의 범죄인 단순 방화죄가 성립될 것이다. 그러나 통상 방랑자들의 은신처인 건초더미임을 알고 명정상태에 있는 자가 무모하게 그 건초더미에 방화하였다고 할 때에는 가중 방화죄가 성립되며 명정상태는 고려해야 할 것이다. 방랑자가 사망에 이르게 되면, 기

that an intoxicated defendant could rely on section 5 (2) of the Act of 1971, but that defence *346 does not apply to offences involving intent to endanger life. See also Reg. v. Hoof (1980) 72 Cr.App.R. 126 and Reg. v. Eatch [1980] Crim.L.R. 650 .

It is desirable that the word reckless should, if possible, bear the same meaning (a) in different branches of the criminal law and (b) in different jurisdictions where the same statutes apply. Recent cases on reckless driving indicate that this is not so. In Reg. v. Clancy [1979] R.T.R. 312 the subjective test was approved. In Reg. v. Davis (William) [1979] R.T.R. 316 and Reg. v. Murphy (William) [1980] Q.B. 434 the court did not decide between the subjective and the objective tests: see the editorial comment on the latter decision [1980] Crim.L.R. 309, 311. In Allan v. Patterson 1980 S.L.T. 77 the court in Scotland applied the objective test, distinguishing between a reckless person and a reckless way of driving — a distinction without a difference. In Reg. v. Lawrence (Stephen) [1980] R.T.R. 443, 447, the Court of Appeal deplored the difference between the English and Scottish approaches. On the subjective test it would not be a defence that the accused had drunk so much that he was wholly oblivious as to any contemplation of risk; there self-induced intoxication was an exception to the ordinary rule.

The Butler Committee on Mentally Abnormal Offenders (1975) (Cmnd. 6244) proposed "that it should be an offence for a person while voluntarily intoxicated to do an act ... that would amount to a dangerous offence if it were done ... with the requisite state of mind for such offence" (paragraph 18.54).

The 14th Report of the Criminal Law Revision Committee on Offences against the Person (1980) (Cmnd. 7844) recommended that the common law rules should be replaced by a statutory provision (derived from article 2, section 2.08 (2), of the American Model Penal Code) along the following lines: "(1) that evidence of voluntary intoxication should be capable of negativing the mental element in murder and the intention required for the commission of any other offence; and (2) in the offences in which recklessness constitutes an element of the offence, if the defendant owing to voluntary intoxication had no appreciation of a risk which he would have appreciated had he been sober, such lack of appreciation is immaterial." (paragraph 267).

In paragraph 274 the committee commented: In substance our recommendations reproduce the common law as laid down by Reg. v. Majewski [1977] A.C. 443 and, we consider, strike a fair balance between the need to protect society and the desirability on occasions of distinguishing the intoxicated offender from the man who commits an offence while sober. The recommendation in effect states the law as it is now.

The only workable test of specific intent is the purposive test, the intention to cause a particular result. If that be right, offences in which the mental element can be satisfied by the

본고의 범죄인 과실치사죄가 적용되며 명정상태는 무시하게 된다.

무모함의 정의는 어떤 사람이 그로 인한 피해가 야기될 위험이 있음을 인식하고 의도적인 행위를 하였을 때 무모하다고 한다. Reg. v. Briggs (Note) [1977] 1 W.L.R. 605, 607-608 그리고 Reg. v. Parker (Daryl) [1977] 1 W.L.R. 600, 603-605. Reg. v. Stephenson [1979] Q.B. 695, 700, 703은 자의로 초래한 명정상태에 관해 다루고 있지 않다. Reg. v. Orpin [1980] 1 W.L.R. 1050 판결은 잘못된 결정을 내렸다. Jaggard v. Dickinson [1981] Q.B. 527, 531-532에서는 명정상태의 피고인에게는 section 5 (2) of the Act of 1971을 적용할 수 있으나 그 항변은 *346 생명에 위험을 발생케 하는 고의를 포함한 범죄에 대해서는 적용될 수 없다고 하였다. Reg. v. Hoof (1980) 72 Cr.App.R. 126 그리고 Reg. v. Eatch [1980] Crim.L.R. 650 참조.

가능하다면 무모함의 의미가 (a) 각기 다른 영역의 형법 분야에서 (b) 같은 법규가 적용되는 다른 관할구역에서 같은 의미로 사용되는 것이 바람직하다. 최근 무모한 운전에 관한 사건들은 그렇지 않다는 것을 보여 주고 있다. Reg. v. Clancy [1979] R.T.R. 312에서 주관적 평가법이 승인되었다. Reg. v. Davis (William) [1979] R.T.R. 316 그리고 Reg. v. Murphy (William) [1980] Q.B. 434에서 법원은 주관적 평가법과 객관적 평가법 사이에서 결정을 내리지 않았다: 후자에 대한 편집자주 [1980] Crim.L.R. 309, 311참조. Allan v. Patterson 1980 S.L.T. 77에서 스코틀랜드 법원은 무모한 사람과 무모한 운전법을 구분하는 객관적 평가법을 적용하였는데, 그 구분에는 차이가 없었다. Reg. v. Lawrence (Stephen) [1980] R.T.R. 443, 447에서 항소법원은 잉글랜드와 스코틀랜드의 접근 방식이 다른 것을 한탄했다. 주관적 평가법에서는 피고인이 만취하여 위험을 발생시킬 가능성을 전혀 생각지 못했다는 점이 항변이 되지 못할 것이며 그 경우에 자의로 초래한 명정상태는 해당 원칙에 대한 예외였다.

The Butler Committee on Mentally Abnormal Offenders (1975) (칙령서. 6244)는 "자의로 명정상태를 야기하여 위험한 범죄 행위에 해당하는 행위를 그 범죄를 행하는 데 필수적인 정신적 상태로 행한 경우라면 범죄가 성립된다"(18.54 문단)라고 제시하였다.

The 14th Report of the Criminal Law Revision Committee on Offences against the Person (1980) (칙령서. 7844)은 보통법 원칙은 다음의 내용과 같은 성문법 조항으로 대체되어야 한다고 권고했다(미국모범형법(American Model Penal Code) 제2조 2.08항 (2)에서 유래됨) : "(1) 자의로 초래한 명정상태에 대한 증거는 살인죄에 있어서의 주관적 구성요건과 어느 범죄든 그 구성요건을 충족하는 고의를 부정할 수 있고 (2) 무모함이 구성요건에 해당

offender's recklessness are offences of basic intent. Therefore, (1) in crimes which can be committed recklessly self-induced intoxication should be disregarded; (2) in cases which require a positive intent self-induced intoxication is a factor to be considered in deciding whether the intent has been proved; (3) where the crimes can be committed either intentionally or recklessly the indictment should contain two counts as different considerations apply.

The appellant's submissions as to the state of the law get rid of **347* uncertainties and anomalies, are in accordance with Reg. v. Majewski [1977] A.C. 443, properly understood, are in line with the recommendations of the Criminal Law Revision Committee, satisfy the demands of public policy relating to the protection of citizens from drunken offenders and go some way towards resolving the question whether the test of recklessness is subjective or objective.

Martin Thomas Q.C. and *D. E. Thomas* for the respondent. The certified question is concerned only with section 1 (2) (b) of the Criminal Damage Act 1971, but behind it there is a basic issue: to what extent may evidence of self-induced intoxication be admissible to establish the mental state in fact of the accused? Historically self-induced intoxication was irrelevant. That was a matter of public policy which grew up side by side with the concept of actus reus and mens rea: see Beard's case [1920] A.C. 479, 494-495, citing *Hale's Pleas of the Crown*.

It is not unjust in the modern view to impute to a drunken man a state of mind which makes him responsible for actions he actually commits so that, if he hits someone, he is held responsible for hitting him. But it would offend current concepts of justice to impute to such a man intentions or foresight which go beyond the acts which he commits, i.e., imputing a mental element which he does not possess. Suppose he had no intention to endanger life and

하는 범죄에서 피고인이 자의로 초래한 명정상태로 인해 평소라면 인식했을 위험을 인식하지 못하였을 경우 그러한 인식의 결여는 무의미하다”(267문단).

The Butler Committee는 274문단에서 다음과 같이 말하였다: 사실상 우리의 권고는 Reg. v. Majewski [1977] A.C. 443에서 얘기하는 보통법의 성문화이며 우리가 생각하기에는, 사회 보호의 필요성과 명정상태의 범죄자를 그렇지 아니한 상태에서의 범죄를 범하는 자와 구분해야 할 필요성 사이에서 적절한 균형을 이룬다고 본다. 권고 사항은 실제로는 현재의 법을 다시 선언하는 것이다.

특정고의에 관한 유일한 유용한 평가는 특정 결과를 도출해 내려는 의도를 평가하는 목적적 평가법이다. 그것이 맞는다면, 주관적 구성요건이 피고인의 무모함으로 충족되는 범죄는 기본고의의 범죄이다. 그러므로 (1) 무모하게 범할 수 있는 범죄의 경우에는 자의로 초래한 명정상태는 무시되어야 하며. (2) 명확한 고의가 요구되는 경우에는 자의로 초래한 명정상태는 고의의 입증 여부를 결정하는데 있어서 고려할 사항이다. (3) 범죄가 고의 또는 무모하게 범해질 수 있는 경우에는 각기 다른 판단을 해야 하기 때문에 두 가지의 죄목으로 기소되어야 한다.

항소인의 법의 현 상황에 관한 항소 사항은 *347 불확실성과 변칙들을 제거하고, Reg. v. Majewski [1977] A.C. 443와 조화를 이루며 , 제대로 이해되며, 형사법개정위원회(Criminal Law Revision Committee)의 권고 사항과 일치하며, 명정상태의 범죄자로부터 시민을 보호하려는 관련한 공공 정책상의 요구를 충족하고, 무모함에 대한 평가법이 주관적인지 객관적인지 하는 문제를 해결하는 데 일조한다.

피항소인 측 변호인 왕실 고문변호사 Martin Thomas와 D. E. Thomas. 법원에 제기된 문제는 오로지 1971년 형사손괴법의 제1 조 제2항 (b)에 관련한 것이나, 그 배경에는 근본적인 문제가 있다: 피고인의 실제 정신상태를 판단하는 데 있어서 자의로 초래한 명정상태에 대한 증거는 어느 범위까지 인정될 것인가? 역사적으로 자의로 초래한 명정상태는 관련이 없는 것이었다. 그것은 위법한 행위와 범의의 개념과 함께 조금씩 발전해 온 공공 정책에 관련한 문제였다: Beard's case [1920] A.C. 479 , 494-495, citing Hale's Pleas of the Crown 참조.

근대적 시각에서는 명정상태의 자에게 그가 실제 행한 행위에 대해 책임을 지도록 책임 있는 정신상태로 보아 예컨대 타인을 폭행한 경우 폭행에 대한 책임을 지도록 하는 것은 부당한 일이 아니다. 그러나 그와 같은 자에게 그가 범한 범죄 이상의 고의 또는 예측 가능성을 지

no foresight that it might be endangered, believing that the hotel was empty. It would be unjust that he should be able to rely on his drunkenness to escape liability for what he had actually done in setting fire to the hotel, but it would be equally unjust that he should be punished on the basis of a state of mind which he did not possess, i.e., for the aggravated offence of being reckless in endangering life, even though in fact he did not intend to endanger life.

As to the question whether the test of recklessness is subjective or objective, if it is subjective, then it is as much a state of mind as intention. Suppose an 18 year old, who had never drunk alcohol before, drank it and became unconscious of what he was doing, he would not be reckless in relation to the actions he did while in that state. In Reg. v. Stephenson [1979] Q.B. 695, 703-704, a case under section 1 (1) of the Criminal Damage Act 1971, Geoffrey Lane L.J. indicated that a man is reckless if he carries out the deliberate act appreciating that there is a risk that damage may result from his act. To adopt the subjective test is to say that there is no criminal responsibility unless the defendant has adverted to the consequences of the risk and has nevertheless taken them. Thus if a self-intoxicated defendant sets fire to an hotel, whether occupied or not, and does not have the intention to endanger life or the foresight to know that it is endangered, it would be unjust to punish him for endangering life, though he should be punished for the damage he did to the property. Similarly such a man who did not mean to kill or cause serious injury but performed the physical act of killing should be punished for manslaughter but not for murder, which depends on an intention which he did not have and for which it would be unjust to punish him.

Despite what Glanville Williams says in his *Textbook of Criminal Law*, p. 430, there is a coherent approach in the distinction between basic and specific intent.

One should punish a man by the test of what his state of mind was, **348* not what one thinks it ought to have been. One should not punish him for negligence, a sin of omission, on the same basis as for a sin of commission; there is a difference of moral blame. Take by analogy the case of shoplifting. Goods in a supermarket may be taken by someone who means to take them or by an old person whose mind is in a state of confusion and who does not appreciate the quality of his act. A person may be reckless or he may be muddled. It is wrong to punish a person on the basis of a state of mind which he does not in fact have. A person setting fire to an hotel should be prosecuted under section 1 (1) of the Criminal Damage Act 1971, but it does not follow that, his state of mind being the same, he should be prosecuted under section 1 (2) (b). Lord Widgery C.J. in the court below made it clear that it is for the jury to consider the explanation given by the defendant and find whether or not he appreciated the consequences of his actions. There is an issue whether the defendant intended the particular consequences of his actions or assumed the risk of the particular consequences.

워 책임을 묻는다면, 즉 그가 가지고 있지 않던 주관적인 요소에 의거하여 책임을 묻는 것은 현대적 정의의 개념에는 어긋날 것이다. 타인의 생명을 위태롭게 할 고의가 없었고, 호텔이 비어 있을 것이라 예상하여 그런 결과가 발생할 것을 예측하지도 못했다고 가정해 보자. 그 호텔에 방화를 했다는 그가 실제 행한 행위에 대한 책임을 피하기 위해 그의 명정상태를 항변으로 취할 수 있다면 그것은 부당하지만, 그가 가지고 있지 않았던 정신적 상태에 근거하여 처벌을 받게 되는 것, 즉 타인의 생명을 위태롭게 할 의도가 없었다 할지라도 무모하게 타인의 생명을 위태롭게 한 데에 결과적 가중법으로 규율하여 더 중한 죄로 처벌받는 것 역시 부당한 것이다.

무모함에 대한 주관적 평가와 객관적 평가 중 선택하는 문제에 대해서는 주관적 평가가 맞다고 한다면 고의만큼이나 정신적 상태가 중요하다. 단 한 번도 술을 마셔본 적이 없는 18살의 아이가 술을 마시고 그의 행동을 의식을 못 하게 되었다면, 그러한 상황에서 한 자신의 행동에 대해서는 무모함이 없다고 할 것이다. 1971년 형사손괴법의 제1조 제1항에 관련된 사건인 Reg. v. Stephenson [1979] Q.B. 695, 703-704에서 Geoffrey Lane L.J.는 자신의 행위로 위험이 발생할 수 있다는 것을 인식하고 고의적인 행위를 했을 때 무모하다고 하였다. 주관적 평가를 적용한다는 것은 피고인이 위험의 결과를 인식했음에도 그러한 위험 있는 행위를 했을 때만 형사 책임을 진다고 하는 것과 같다. 따라서 자의로 명정상태를 야기한 피고인이 호텔에 방화를 하였다면, 빈 호텔인지 여부를 떠나서 피고인이 타인의 생명을 위태롭게 할 고의가 없었거나 또는 그렇게 되리라는 예견을 하지 못하였다면, 그가 재물에 끼친 손해에 대해서는 처벌을 받아야겠지만 타인의 생명에 위험을 발생케 한 것에 대해 그를 처벌하는 것은 부당할 것이다. 같은 맥락에서 타인을 살해하거나 상해를 할 목적이 없이 살해 행위를 한 자는 고의가 없었으므로 살인죄가 아닌 과실치사죄로 처벌되어야 하며, 고의가 없음에도 살인죄로 처벌하는 것은 부당한 것이다.

Glanville Williams가 그의 저서 *Textbook of Criminal Law*, p. 430에서 기술한 것과는 달리 기본고의와 특정고의를 구분하는 데에는 공통의 접근법이 있다.

누군가를 처벌함에 있어 정신적 상태가 실제 어땠는지를 판단하여 처벌을 해야지 *348 정신상태가 어땠어야 했다는 판단에 의거하여 처벌할 수는 없다는 것이다. 부작위의 죄인 무모하게 인한 행위를 작위로 인한 죄와 같은 근거로 처벌해서는 안 된다. 둘 사이에는 도덕적 비난의 정도가 다르기 때문이다. 좀도둑질의 경우를 생각해 보자. 슈퍼마켓의 상품들은 그것을 가져갈 의도가 있는 사람이 가져갈 수도 있지만, 심리상태가 불안정하여 자신의 행위를

There is no opposition between intention and recklessness; the only point is the foresight. It is a question of degree whether the risk is 40, 50, 80 or 90 per cent.

Offences of arson and arson with intent to endanger life are analogous to unlawful wounding and wounding with intent to do grievous bodily harm under section 18 of the Offences against the Person Act 1861. In both cases the more serious crimes require an ulterior intent which goes beyond the actus reus. In both cases the additional requirement aggravates the offence and exposes the defendant to more severe punishment. In both cases self-induced intoxication is no defence to the less serious offence and so damage to property or persons is punishable notwithstanding drunkenness. Intoxication could be a defence to the more serious offence of wounding with intent to do grievous bodily harm and also to the offence of arson with intent to endanger life.

The same applies to offences of dishonesty. Asportation by a drunken man may be a trespass, but, unless he has the intention to deprive the owner of the property he will not be guilty of theft. In handling stolen goods a drunken man might be guilty of conversion, but to establish the offence of handling stolen goods knowledge that they were stolen would be required: see *Glanville Williams, Textbook of Criminal Law*, p. 428. A defendant may adduce evidence of self-induced intoxication to establish that at the time of the action he was in such a mental state as to negative the intention, foresight, knowledge and belief which would have aggravated his action into a more serious criminal offence. The categories of crime where a special intent is pleaded indicate where the line is to be drawn, murder and manslaughter, wounding and wounding with intent, grievous bodily harm and grievous bodily harm with intent, offences of theft and handling stolen goods and attempts.

This has been the policy of English law over the centuries. The law is not to be more retributive now than it was when Kenny's Outlines of Criminal Law, 1st ed. (1902), p. 147 stated that malice must be taken as requiring either an actual intention to do a particular kind of harm or recklessness as to the harm which it was likely might be done: see the rephrasing of this statement at p. 186 of the 16th ed. (1952). The trend **349* of English law has been to get away from an objective approach, to deal with an individual as he exists and as he explains himself and to punish him in the light of what he is and not of what he ought to be.

One should not equate recklessness in drinking with recklessness in relation to mens rea. If recklessness is ignoring foresight of the consequences of one's actions, when a man drinks so that he does not foresee the consequences he does not commit a crime. Foresight of the consequences of drinking depends on the individual. In some cases people under the influence of drink appreciate what they are doing and the jury must decide whether or not a particular defendant was virtually an automaton. If the jury think the defendant did not know what he was

바르게 판단할 수 없는 어떤 노인이 가져갈 수도 있다. 사람은 과실이 있을 수도 있고 사고가 흐릴 수도 있다. 누군가가 사실상 가지고 있지도 않은 심리상태를 근거로 처벌하는 것은 잘못된 일이다. 호텔에 방화한 자는 1971년 형사손괴법 제1조 제1항에 의거 기소되어야 하지만 그의 심리상태가 동일하다고 하여도 당연히 제1조 제2항 (b)에 의해 기소되는 것은 아니다. 하급법원에서 Widgery C.J.경은 피고인의 진술을 고려하여 피고인이 자신의 행위로 인한 결과를 인식했는지의 여부를 결정하는 것은 배심원단의 몫이라는 것을 명확히 했다. 피고인이 고의로 그의 행위로 인한 특정 결과를 야기했는지 또는 특정 결과의 위험성을 용인했는가의 문제가 있다.

과실과 고의 사이에 상반되는 요소는 없으며 예견 가능성만이 문제가 된다. 이는 위험성의 정도가 40, 50, 80, 또는 90%인지의 여부를 가리는 문제이다.

방화와 고의로 타인의 생명에 위험을 발생케 하는 방화는 불법적 상해와 1861년 사람에 대한 범죄행위법 제18조하에서의 고의로 중상해를 입히는 것과 유사하다. 두 경우 모두 중한 죄는 위법한 행위의 범위를 넘어선 내심의 의도를 요구한다. 두 경우 모두 부가적인 요소들이 죄질을 무겁게 하고 피고인에게 중한 형을 선고하게 한다. 두 경우 모두 경한 죄에 대하여 자의로 초래한 명정상태는 유효한 항변이 되지 못하므로, 명정상태라 할지라도 재물이나 사람에 대한 손괴 또는 상해로 처벌 가능할 것이다. 명정상태는 고의로 중상해를 입히는 경우와 고의로 타인의 생명을 위태롭게 하는 방화와 같이 중한 죄에 대해서는 항변으로 사용될 수 있을 것이다.

부정 행위에 대해서도 같은 논리가 적용된다. 명정상태에 있는 자의 재물의 이동행위는 불법침입이 될 수 있다. 그러나 그가 소유주의 재물에 절도의 고의가 있지 않았다면 절도로 인정되지 않을 것이다. 장물을 점유함에 있어 명정상태에 있는 자가 횡령죄로 인정될 수도 있지만 도품 횡령이 성립되려면 그것이 도품이라는 사실에 대한 인식이 필요하다: Glanville Williams, *Textbook of Criminal Law*, p. 428 참조. 피고인은 행위 시에 고의, 예견, 인식, 확신 등 자신의 행위를 더 중한 죄로 규정할 요소들이 결여된 정신적 상태였음을 입증하기 위해 자의로 초래한 명정상태를 증거로 사용할 수도 있다. 살인과 과실치사, 상해와 고의적 상해, 중상해와 고의적 중상해, 절도와 장물 점유와 미수 등 특정고의가 요구되는 범죄의 종류가 경계를 어떻게 지어야 하는지를 보여 주고 있다.

이것은 지난 몇 세기 동안의 영국 법 정책이다. Kenny's *Outlines of Criminal Law*, 초판 (1902), p. 147에서 범의란 어떠한 피해를 발생시키려는 실질적 고의거나 발생 가능할지도

doing and did not foresee or intend the consequences of his act, he should not be punished for a state of mind or for an intent or foresight of danger to life which he did not have. One must not presuppose that when he was getting drunk the defendant foresaw that he would commit the offence of endangering life by arson. Getting drunk is reckless, but not the same recklessness as relates to mens rea.

The appellant argued that the only workable test of specific intent is the purposive test, a positive intention to cause a particular result. That is an unhappy test. Some murders can be committed recklessly: Reg. v. Hyam [1975] A.C. 55, 79, and this is an exception to the appellant' s rule. In the case of handling stolen goods the mental state is belief that the goods were stolen and, if handling is made a question of basic intent, the defendant could not be heard to say that he was drunk and did not know the goods were stolen. If one applied the concept of ulterior intent to section 1 (2) (b) of the Criminal Damage Act 1971 the ulterior intent to endanger life would go beyond the actus reus. One should not alter the line of responsibility to drag in the other half of the section, applying different constructions to the two halves. A man should be punished for what he did even though he was drunk, but not in addition for an intention which he did not have. That is as far as one can go in protecting the public from drunk persons.

Thomas following. It is not in dispute that Caldwell set fire to the hotel, that by the objective test he was reckless and that the jury, if properly divested, could have convicted him of the more grievous offence. Should there be an objective or a subjective test of recklessness? What the man on the Clapham omnibus would cali reckless or what the accused in his own mind thought? The distinction between basic and specific intent is well established. An offence is an offence of basic intent (a) where recklessness suffices and (b) where only the contemplation of the actus reus is involved. The present is an offence of specific intent. There is statutory authority that the general test of recklessness must be subjective: see section 8 of the Criminal Justice Act 1967, Reg. v. Majewski [1977] A.C. 443, 475-476, and Reg. v. Morgan [1976] A.C. 182, 226, 239. It is an element of recklessness that the accused knew that there was a risk. Apart from a few exceptional cases mens rea must be proved. In the present case of criminal damage the test of recklessness is subjective. The distinction between basic and specific intent is now accepted doctrine in English law and this is a case of specific intent. The distinction can be traced in Lynch's case [1975] A.C. 653 and Reg. v. Morgan [1976] A.C. 182 . In Reg. v. **350* Majewski [1977] A.C. 443, 478, what Lord Simon of Glaisdale said was that ulterior intent is one of a category of offences of specific intent and involves contemplating the consequences. A state of mind contemplating consequences comprises recklessness as to some further ulterior consequence of the actus reus. Ulterior or purposive intent is malice aforethought, which is analogous to recklessness. It is the state of mind, the mens rea, which creates the offence. A defendant is

모르는 피해에 관해 무모함이라 기술되어 있던 때에 비해 현행 법의 보복적인 성향이 강해서는 안 된다: 제16판(1952)의 p. 186에서 동 문구를 재표현한 부분 참조. 영국 법의 경향은 *349 객관적 접근법과는 거리가 멀어져 개인을 대할 때 그가 존재하는 그대로, 그가 해명을 하는 바대로 판단을 하고 그가 어땠어야 한다는 당위적인 측면이 아닌 실제 어떠했다는 것을 근거로 처벌하는 것이었다.

음주에 있어서의 무모함을 범의와 관련된 무모함과 동일시해서는 안 된다. 무모함이 행위의 결과에 대한 예견을 무시하는 것이라면, 결과를 예견하지 못할 정도로 음주를 한 자는 범죄를 저지르지 않는 것이 된다. 음주의 결과에 대한 예견 가능성이란 개인마다 차이가 있는 것이다. 어떤 경우에는 음주로 인해 자신의 행위를 인식하는 경우도 있어, 배심원단이 피고인이 실제 자의적으로 행동한 것인지 여부를 판단해 내야 한다. 피고인이 자신의 행위를 인식하지 못하였고 그 행위의 결과를 예견하지 못했거나 고의가 없었다고 배심원이 결정을 내리면, 피고인은 정신적 상태를 이유로 또는 자신이 가지고 있지도 않았던 생명에 위험을 발생케 하려는 고의나 그러한 예견을 근거로 처벌받지 않아야 한다. 피고인이 음주를 할 당시에 방화로 타인의 생명을 위태롭게 할 범죄를 저지를 거라 예견했을 것이란 추정을 해서는 안 된다. 명정상태에 이르는 것은 무모한 행위지만, 범의에 관련된 무모함과는 다른 것이다.

항소인은 특정고의에 대해 적용할 수 있는 유일한 평가는 특정 결과를 의도한 피고인의 고의가 있었는지 평가하는 목적적 평가라고 주장하였다. 그것은 적절하지 못한 평가이다. 어떤 살인은 무모하게 행하여질 수 있으며: Reg. v. Hyam [1975] A.C. 55, 79, 이는 항소인의 원칙에 예외이다. 장물을 거래하는 사건에서는 주관적 구성요건이 장물임을 아는 것이다. 도품 거래가 기본고의의 문제라면, 피고인은 그가 명정상태였었고 장물이었음을 몰랐다고 항변할 수 없다. 1971년 형사손괴법 1조 (2)(b)의 '내심의 의도'라는 개념을 적용한다면, 타인의 생명을 위험케 하려는 '내심의 의도'는 위법한 행위의 수준을 넘어서는 것이다. 조항의 전단, 후단의 구조가 다르기 때문에, 전단에서의 책임의 정도를 이 조항 후단에까지 확대 적용할 수 없다.[5] 사람은 그가 비록 취중이었다고 하더라도 그의 행동으로 인해 처벌받아야 하지만, 그가 가지고 있지도 않았던 의도로 인해 처벌을 받아야 하는 것은 아니다. 이것이 술에 취

5 1971년 형사손괴법 1조 2항은 (a)와 (b)로 나누어 재산상 손해를 입히는 경우를 규정하고 있는데 (a)에서는 재산이 파괴 또는 손상될지 여부를 알면서 고의 혹은 부주의로 손해를 입히는 경우를, (b)에서는 파괴나 손상으로 생명을 위협하는 것이 의도되거나 부주의로 다른 이의 생명이 위험에 처하게 될 때를 규정지으면서 이 두 요건이 모두 성립할 경우 재산상 손해를 입히는 것으로 볼 수 있다고 언급하고 있다.

entitled to say that, though he did the act, he never applied his mind to the question whether it would cause the victim's death. He must be allowed to say what his state of mind was. Setting fire to the hotel was a matter of intent. The mens rea did not go beyond the criminal damage because that was what was intended. Reliance is placed on the authorities as they stand and have been understood: see Archbold Criminal Pleading Evidence & Practice, 40th ed. (1979), para. 1448a. Arson with intent requires a specific intent as to the consequence beyond the actus reus, i.e, damage to property. What matters is the intention. Negligence in civil cases is not the same as recklessness in criminal cases.

Denison Q.C. in reply. What test should be applied as to the category in which this offence falls? The test should be simple, logical and in accordance with the public view. If a defendant has drunk himself into a state in which he does not know what he is doing and then commits a crime, the ordinary man would say that he had been reckless, and as a matter of policy he should be held to have been reckless. It is conceded that murder cannot be fitted into this test and that it cannot be committed recklessly. In Reg. v. Hyam [1975] A.C. 55, 79 proposition 1 (iii) is concerned with intent and not with recklessness. One can separate intention and recklessness. One should avoid different interpretations of recklessness in different parts of section 1 of the Criminal Damage Act 1971. In considering intention and recklessness different considerations apply.

Their Lordships took time for consideration.

한 사람으로부터 공중을 보호하는 최대범위이다.

(Thomas가 이어서 계속) 피고인이 호텔에 방화하였다는 것과 객관적 평가에 따르면 피고인이 무모하게 행위하였다는 것과 배심원단이 지시 사항이 없었다면 피고인이 더 중대한 범죄에 대해 유죄라는 내릴 수 있었다는 사실은 분명하다. 무모함을 판단함에 있어 객관적 평가가 필요한가 아니면 주관적 평가가 필요한가? 이성적으로 교육을 받은 지성인이라면 무모함이라고 여겼을 것이 기준이 되어야 하나 실제로 피고인이 생각한 것이 기준이 되어야 하나? 기본고의와 특정고의를 구별하는 법은 이미 잘 정립되어 있다. 기본고의 범죄란 (a) 무모하게 주관적 구성요건이 충족되고, (b) 위법한 행위에 대한 고려만이 관련된 위법행위이다. 현 사안은 특정고의에 관한 범죄다. 무모함을 판별할 일반적인 평가법은 반드시 주관적이어야 한다는 법적 선례가 있다: 1967년 형사정의법(Criminal Justice Act) 제8조, Reg. v. Majewski [1977] A.C. 443 , 475-476, Reg. v. Morgan [1976] A.C. 182 , 226, 239 참조. 피고인이 위험 여부를 사전에 알고 있었다는 것은 무모함의 기본 요건이다. 몇몇 예외적인 사례를 제외하면 범의가 있었다는 것이 반드시 증명되어야 한다. 형사 손해에 관한 이 사건에서 무모함에 관한 검토는 주관적으로 해야 한다. 기본고의와 특정고의를 구별하는 것은 현재 영국 법에서 수용하는 원칙이고 이번 사건은 특정고의에 해당한다. 이러한 구별은 Lynch's case [1975] A.C. 653 에서, 그리고 Reg. v. Morgan [1976] A.C. 182에서 찾을 수 있다. Glasdale의 Simon경은 Reg. v. *350 Majewski [1977] A.C. 443, 478에서, 내심의 의도가 특정고의의 범주에 속하며 결과에 대한 고려를 수반한다고 말하였다. 결과를 신중히 고려하는 정신적 상태는 범죄 행위의 추가적인 결과에 대한 무모함을 구성한다. 숨겨진 혹은 목적을 가진 고의는 계획적으로 악의적인 것으로, 무모함과 유사하다. 마음의 상태, 즉 범의가 범죄를 만들어낸다. 피고인은 비록 자신이 범죄를 저지르기는 했지만 그 행위가 피해자의 목숨을 앗아갈 것인가의 문제에 대해서는 전혀 생각해 보지 않았다고 변론할 수 있다. 그는 자신의 정신적 상태가 어떠했는지 말하도록 허용되어야 한다. 호텔에 방화하는 것은 고의의 문제다. 이 사건에서 형사 손해가 의도된 것이었기 때문에 피고인의 범의는 형사 손해의 범위를 넘지 않았다. 선례가 확립되었고 그렇게 이해되고 있기 때문에 이를 신뢰하도록 한다; Archbold Criminal Pleading Evidence & Practice, 제40판. (1979), 1448a 문단 참조. 고의가 있는 방화는 위법한 행위를 넘어서는, 즉 재산상 손해 발생 이상의 결과에 대한 구체적 고의를 요구한다. 중요한 것은 '고의'이다. 민사사건에서 과실은 형사사건에서의 무모함과 다르다.

(왕실 고문 변호사 Denison의 답변) 이 범죄가 어느 범주에 속하는지 판단하기 위해 어떤

March 14. LORD WILBERFORCE.

My Lords, I would dismiss the appeal and answer the certified questions as suggested by my noble and learned friend, Lord Edmund-Davies.

LORD DIPLOCK
stated the facts and continued:

My Lords, the question recognises that under section 1 (2) (b) there are two alternative states of mind as respects endangering the life of another, and that the existence of either of them on the part of the accused is sufficient to constitute the mens rea needed to convert the lesser offence under section 1 (1) into the graver offence under section 1 (2). One is intention that a particular thing should happen in consequence of the actus reus, viz., that the life of another person should be endangered (this was not relied on by the prosecution in the instant case). The other is recklessness as to whether that particular thing should happen or not. The same dichotomy of mentes reae, intention and recklessness, is to be found throughout the section; in subsection (1) and paragraph (a) of subsection (2) as well as in paragraph (b); and reckless as descriptive of a state of mind must be given the same meaning in each of them.

My Lords, the Criminal Damage Act 1971 replaced almost in their **351* entirety the many and

평가법을 적용해야 하는가? 그 평가는 단순하고 논리적이고 공공의 관점과 부합하여야 한다. 피고인이 자신이 하는 일을 알지 못할 정도의 명정상태를 스스로 야기하고 그 상태에서 범죄를 저질렀다면, 보통 사람들은 그가 무모했다고 말할 것이고 형사정책적으로도 그가 무모했다고 판단해야 한다. 살인죄는 이 기준에 부합될 수 없으므로 무모하게 범해질 수 없다고 이해된다. Reg. v. Hyam [1975] A.C. 55, 79에서 제안 1호 (iii)은 무모함과 관련된 것이 아니라 고의와 관련되어 있다. 고의와 무모함은 구분될 수 있다. 형사손괴법 제1조의 각 항에 따라 '무모함'을 각기 다르게 해석하는 일은 피해야 한다. 고의와 무모함을 판단할 때는 각각 다른 기준이 적용되어야 한다.

재판부는 시간을 들여 검토를 하였다.

3월 14일 Wilberforce 경.

동료 재판관 여러분, 나는 항소를 기각하는 한편 존경스럽고 높은 식견을 지닌 Edmund-Davies 경께서 제시하는 바와 같이 제기된 쟁점에 대하여 답변하고자 한다.

Diplock 경

사실 관계 서술 후 다음과 같이 계속하였다:

동료 재판관 여러분, 이 질문은 제1조 제(2)항 (b)에 의거하여 다른 사람의 생명을 위험하게 하는 것에 관한 두 가지 심리상태를 전제하고, 그들 중 어느 하나라도 피고인 측에 존재하면 제1조 제(1)항에 의거한 더 경한 범죄를 제1조 제(2)항에 의거한 더 중한 범죄로의 전환을 하는데 필요로 하는 범죄의사가 충족됨을 인정하고 있다. 하나는, 범법행위로 특정한 결과가 발생하는 고의로, 바꿔 말하면, 다른 사람의 생명을 위험에 처하게 하려는 고의이다(이 사건의 경우에는 이를 근거로 하지 않았음). 다른 하나는 특정 결과의 발생 여부에 관한 무모함이다. 범법의도를 이와 같이 고의와 무모함으로 양분하는 태도는 제(1)항 그리고 제(2)항의 (a)와 (b)에 걸쳐 이 조항에 전반적으로 적용되고 있으며 심리상태로서의 무모함은 각 부분에 있어 똑같은 의미로서 해석되어야 한다.

동료 재판관 여러분, 1971년 형사손괴법은 *351 1861년 악의적 행위에 의한 손해배상법

detailed provisions of the Malicious Damage Act 1861. Its purpose, as stated in its long title, was to *revise* the law of England and Wales as to offences of damage to property. As the brevity of the Act suggests, it must have been hoped that it would also simplify the law.

In the Act of 1861, the word consistently used to describe the mens rea that was a necessary element in the multifarious offences that the Act created was "maliciously" — a technical expression, not readily intelligible to juries, which became the subject of considerable judicial exegesis. This culminated in a judgment of the Court of Criminal Appeal in Reg. v. Cunningham [1957] 2 Q.B. 396, 399 which approved, as an accurate statement of the law, what had been said by Professor Kenny in the first edition of his *Outlines of Criminal Law* published in 1902:

"In any statutory definition of a crime, malice must be taken ... as requiring either (1) an actual intention to do the particular kind of harm that in fact was done; or (2) recklessness as to whether such harm should occur or not (i.e., the accused has foreseen that the particular kind of harm might be done and yet has gone on to take the risk of it)".

My Lords, in this passage Professor Kenny was engaged in defining for the benefit of students the meaning of "malice" as a term of art in criminal law. To do so he used ordinary English words in their popular meaning. Among the words he used was "recklessness," the noun derived from the adjective "reckless," of which the popular or dictionary meaning is: careless, regardless, or heedless, of the possible harmful consequences of one's acts. It presupposes that if thought were given to the matter by the doer before the act was done, it would have been apparent to him that there was a real risk of its having the relevant harmful consequences; but, granted this, recklessness covers a whole range of states of mind from failing to give any thought at all to whether or not there is any risk of those harmful consequences, to recognising the existence of the risk and nevertheless deciding to ignore it. Conscious of this imprecision in the popular meaning of recklessness as descriptive of a state of mind, Professor Kenny, in the passage quoted, was, as it seems to me, at pains to indicate by the words in brackets the particular species within the genus reckless states of mind that constituted "malice" in criminal law. This parenthetical restriction on the natural meaning of recklessness was necessary to an explanation of the meaning of the adverb "maliciously" when used as a term of art in the description of an offence under the Malicious Damage Act 1861 (which was the matter in point in Reg. v. Cunningham [1957] 2 Q.B. 396); but it was not directed to and consequently has no bearing on the meaning of the adjective "reckless" in section 1 of the Criminal Damage Act 1971. To use it

(Malicious Damage Act)의 상세한 규정들을 거의 전적으로 대체한 것이다. 그것의 목적은 긴 제목에서 나타난 대로 재산상 손해를 입히는 범죄와 관련한 잉글랜드와 웨일즈의 법을 개정하는 것이다. 그 법의 간결함에서 볼 수 있듯이 법을 간소화하려는 의도도 있었던 것 같다.

1861년의 법에서 다양한 범죄의 필수적 요소인 범의를 설명하기 위해 법에서 만들어서 계속적으로 사용된 단어는 "악의적"(maliciously)이다. 이는 기술적인 용어로서 배심원들이 쉽게 이해하지 못하는 것으로, 사법적 해석의 주 대상이 되었다.

이는 Reg. v. Cunningham [1957] 2 Q.B. 396, 399 판결에서 최고점에 달했는데, 여기서 Kenny 교수가 1902년 발행된 그의 저서 *Outlines of Criminal Law* 초판에서 언급했던 다음과 같은 개념을 정확한 사법적 해석으로 승인하였다.

"범죄를 규정한 모든 법규정에서 악의는 다음과 같이 해석되어야 한다: (1)실제로 일어난 특정한 해로운 결과를 일으키려 했던 실제 의도 혹은 (2) 해로운 결과가 발생하는지 여부에 대한 무모함(즉, 피고인은 특정한 종류의 해로운 결과가 일어날지도 모른다는 것을 예견했으나 그 위험을 감수하고 행위를 했다는 것)."

동료 재판관 여러분, 이 부분에서 Kenny 교수는 학생들을 위해 '악의'를 형법상의 전문 용어로서 정의하고자 하였다. 그러기 위해 그는 보통의 영어 단어들을 일반적인 의미 그대로 사용하였다. 이때 그가 사용한 단어 중에 자신의 행위로 인해 발생 가능한 유해한 결과에 대해 부주의한, 무성의한, 내지는 경솔한 이라는 의미를 가진 '무모한'이라는 형용사에서 파생된 '무모함'이라는 명사가 있었다. 이 말은 행위자가 행위를 하기 전에 그에 대해 생각을 하였더라면 그 행위로 인해 유해한 결과가 발생할 것이라는 점을 행위자가 인식하였을 것이라는 점을 전제한다. 그러나 이러한 의미의 무모함은 그러한 유해한 결과가 발생할지 여부에 대해 아예 생각조차 않는 것부터 그러한 위험의 존재는 인식하면서도 무시하기로 결정하는 것에 이르기까지 다양한 정신상태를 포함한다. 정신상태를 설명하는 데 사용된 무모함이라는 단어의 이러한 일반적 의미를 의식한 Kenny 교수는 제가 보기에 괄호 안의 단어들을 사용해 그러한 의미를 한정짓고 형법상의 "악의"를 구성하는 정신상태만을 설명하려고 애를 쓴 듯하다. 1861년의 악의적 행위 손해배상법상의 범죄를 설명하기 위한 전문 용어로 이용된 '악의적'이라는 말을 설명하기 위해서는 이렇듯 무모하다는 말의 원래 의미를 제한할 필요가 있었으나(Reg. v. Cunningham [1957] 2 Q.B. 396에서는 이것이 주요 쟁점이었다) 이러한 정의는 1971년의 형사손괴법에 적용되는 사항이 아니었으며 따라서 거기서 사용된 '무모함'의

for that purpose can, in my view, only be misleading.

My Lords, the restricted meaning that the Court of Appeal in Reg. v. Cunningham had placed upon the adverb maliciously in the Malicious Damage Act 1861 in cases where the prosecution did not rely upon an actual intention of the accused to cause the damage that was in fact done, called for a meticulous analysis by the jury of the thoughts that passed *352 through the mind of the accused at or before the time he did the act that caused the damage, in order to see on which side of a narrow dividing line they fell. If it had crossed his mind that there was a risk that someone's property might be damaged but, because his mind was affected by rage or excitement or confused by drink, he did not appreciate the seriousness of the risk or trusted that good luck would prevent its happening, this state of mind would amount to malice in the restricted meaning placed upon that term by the Court of Appeal; whereas if, for any of these reasons, he did not even trouble to give his mind to the question whether there was any risk of damaging the property, this state of mind would not suffice to make him guilty of an offence under the Malicious Damage Act 1861.

Neither state of mind seems to me to be less blameworthy than the other; but if the difference between the two constituted the distinction between what does and what does not in legal theory amount to a guilty state of mind for the purposes of a statutory offence of damage to property, it would not be a practicable distinction for use in a trial by jury. The only person who knows what the accused's mental processes were is the accused himself — and probably not even he can recall them accurately when the rage or excitement under which he acted has passed, or he has sobered up if he were under the influence of drink at the relevant time. If the accused gives evidence that because of his rage, excitement or drunkenness the risk of particular harmful consequences of his acts simply did not occur to him, a jury would find it hard to be satisfied beyond reasonable doubt that his true mental process was not that, but was the slightly different mental process required if one applies the restricted meaning of "being reckless as to whether" something would happen, adopted by the Court of Appeal in Reg. v. Cunningham.

My Lords, I can see no reason why Parliament when it decided to revise the law as to offences of damage to property should go out of its way to perpetuate fine and impracticable distinctions such as these, between one mental state and another. One would think that the sooner they were got rid of, the better.

When cases under section 1 (1) of the new Act, in which the prosecution's case was based upon the accused having been "reckless as to whether ... property would be destroyed or damaged," first came before the Court of Appeal, the question as to the meaning of the expression"reckless" in the context of that subsection appears to have been treated as soluble simply by posing and answering what had by then, unfortunately, become an obsessive question

의미는 이와 같이 해석될 것이 아니다. 그러한 목적으로 사용하는 것은 내 생각에 적절치 않을 것 같다.

동료 재판관 여러분, Reg. v. Cunningham에서 항소법원이 실제로 발생한 손해에 대해 피의자가 실제로 그러한 손해를 가할 고의가 있었다고 검사 측이 주장하지 않는 사건들에 있어 1861년의 악의적 행위 손해배상법상의 '악의 있는'이란 단어에 적용시킨 제한적인 의미는 배심원들로 하여금 피의자가 해당 행위를 했을 당시나 하기 전에 *352 피의자가 속으로 했을 생각을 세세히 분석할 것을 요구하였다. 만일 피의자의 머릿속에 타인의 재산에 손해가 가해질 것이라는 생각이 스치기는 했지만 분노나 흥분으로 인해, 또는 취기로 혼란스러워서 그러한 위험의 정도를 제대로 파악하지 못했거나 행운이 따라서 그러한 결과가 발생하지 않을 것이라고 믿었다면 이러한 정신상태는 항소법원이 적용한 제한적인 의미상의 악의에 해당될 것이다. 반면에 방금 언급한 그러한 이유들로 피의자가 재산에 손해가 가해질지조차도 생각을 하지 않았을 경우에는 그러한 정신상태는 1861년의 악의적 행위 손해배상법상의 범죄의 구성요건을 충족시키지 못할 것이다.

어느 쪽의 정신상태도 비난 가능성이 덜하다고 보이지는 않지만 둘 사이의 차이가 무엇이 재산상의 손해 발생을 요건으로 하는 법정 범죄에 해당하는 유죄의 정신상태인지 아닌지에 대한 법률적 판단을 내리게 하는 근거라면 이는 배심원에 의한 재판에서 사용하기에는 실용적이지 못한 구분일 것이다. 피의자의 정신 작용을 알 수 있는 사람은 피의자 자신밖에 없으며 그마저도 행위 당시에 느꼈던 흥분이나 분노가 가시거나 마셨던 술이 깨면 기억을 못 할지도 모른다. 만일 피의자가 분노, 흥분, 또는 취기로 인하여 자신의 행동의 유해한 결과를 아예 인식하지 못했다는 증거를 제시하게 되면 배심원은 피의자의 정신상태가 확실히 그와는 달랐다고 판단하기는 어려울 것이며 나아가 무슨 결과에 대해 "무모한" 것에 대해 항소법원이 Reg. v. Cunningham에서 적용한 제한적 의미대로 피의자가 주장하는 정신상태와 미묘하게 다른 상태에 있었다고 판단하는 것은 더욱 어려울 것이다.

동료 재판관 여러분, 나는 의회가 손괴에 관한 범죄에 대한 법률을 개정하면서 정신상태와 관련하여 굳이 일부러 이렇게 실용적이지 못하고 애매한 구분을 유지하는 쪽으로 빗나갔는지 그 이유를 모르겠다. 그러한 구분은 빨리 없앨수록 좋다고 생각된다.

새로운 법의 1조 제1항에 따른 사건 중 검사 측이 피의자가 "재산이 손괴될 것인가에 관해 무모했다"는 점을 근거로 드는 경우가 처음 항소법원에 올라왔을 때 법원은 해당 항의 맥락에서 "무모함"이라는 말의 뜻을 판단함에 있어서 하나의 질문만 하면 된다고 생각한 것 같다.

among English lawyers: Is the test of recklessness "subjective" or "objective"? The first two reported cases, in both of which judgments were given off the cuff, are first Reg. v. Briggs (Note) [1977] 1 W.L.R. 605 which is reported in a footnote to the second, Reg. v. Daryl Parker [1977] 1 W.L.R. 600. Both classified the test of recklessness as "subjective." This led the court in Reg. v. Briggs (Note) [1977] 1 W.L.R. 605, 608 to say: "A man is reckless in the sense required when he carries out a deliberate act knowing that there is some risk of damage resulting from that act but nevertheless continues in the performance of that act." This leaves over the question whether the risk of damage may not be so slight that even the most prudent of men would feel justified *353 in taking it, but it excludes that kind of recklessness that consists of acting without giving any thought at all to whether or not there is any risk of harmful consequences of one's act; even though the risk is great and would be obvious if any thought were given to the matter by the doer of the act. Reg. v. Daryl Parker [1977] 1 W.L.R. 600, 604, however, opened the door a chink by adding as an alternative to the actual knowledge of the accused that there is some risk of damage resulting from his act and his going on to take it, a mental state described as"closing his mind to the obvious fact" that there is such a risk.

Reg. v. Stephenson [1979] Q.B. 695, the first case in which there was full argument, though only on one side, and a reserved judgment, slammed the door again upon any less restricted interpretation of "reckless" as to whether particular consequences will occur than that originally approved in Reg. v. Briggs (Note) [1977] 1 W.L.R. 605. The appellant, a tramp, intending to pass the night in a hollow in the side of a haystack, had lit a fire to keep himself warm; as a result of this the stack itself caught fire. At his trial, he was not himself called as a witness but a psychiatrist gave evidence on his behalf that he was schizophrenic and might not have had the same ability to foresee or appreciate risk as a mentally normal person. The judge had given to the jury the direction on the meaning of reckless that had been approved in Reg. v. Daryl Parker [1977] 1 W.L.R. 600. The argument for the appellant on the appeal was that this let in an objective test whereas the test should be entirely "subjective." It was buttressed by copious citation from previous judgments in civil and criminal cases where the expressions "reckless" or "recklessness" had been used by judges in various contexts. Counsel for the Crown expressed his agreement with the submissions for the appellant. The judgment of the court contains an analysis of a number of the cited cases, mainly in the field of civil law. These cases do not disclose a uniform judicial use of the terms; and respects judicial statements made before the current vogue for classifying all tests of legal liability as either "objective" or "subjective" they are not easily assignable to one of those categories rather than the other. The court, however, reached its final conclusion by a different route. It made the assumption that although Parliament in replacing the Act of 1861 by the Act of 1971 had discarded the word "maliciously"

무모함의 판단은 "주관적" 평가법에 따라야 하나 "객관적" 평가법에 따라야 하나? 즉석으로 판결이 내려진 최초의 2 사건은 먼저 Reg. v. Briggs (Note) [1977] 1 W.L.R. 605인데 이 사건은 두 번째 사건인 Reg. v. Daryl Parker [1977] 1 W.L.R. 600의 주석으로 보고되었다. 두 경우 모두 무모함의 평가 기준을 "주관적"이라 구분하였다. 이에 따라 법원은 Reg. v. Briggs (Note) [1977] 1 W.L.R. 605 , 608 "사람은 어떠한 행위로부터 발생할 수 있는 위험이 있다는 것을 인식하면서도 의도적으로 그 행위를 계속할 때에 법적으로 무모하다"고 말하기에 이른다. 이는 해당 위험이 너무나 희박한 정도여서 가장 신중한 사람들조차도 *353 그 위험을 감수하는 것이 정당하다고 느낄 때는 어떤지의 문제를 남기지만 위험이 지대하고 그에 대해 조금이라도 생각을 했으면 당연히 인식을 할 수 있었을 경우에 그에 대해 아무런 생각을 해 보지 않은 종류의 무모함은 제외시킨다. 그러나 Reg. v. Daryl Parker [1977] 1 W.L.R. 600 , 604에서 피의자가 행위를 계속함으로 인해 손해가 발생할 위험이 있다는 것을 실제로 인식하고 행동하는 경우 외에 그러한 위험이 있다는 "당연한 사실에 대해 생각을 닫는다"고 묘사되는 상태를 추가함으로써 조금 더 문을 넓혔다.

한쪽뿐이지만 처음으로 완전한 의견 표명이 있었고 판단을 유보한 Reg. v. Stephenson [1979] Q.B. 695에서는 특정한 결과가 발생할 것이라는 점에 대해 "무모"했는지와 관련하여 Reg. v. Briggs (Note) [1977] 1 W.L.R. 605에서 원래 내린 정의보다 개방적인 정의는 내릴 수 없도록 다시 논의의 문호를 닫아버렸다. 항소인인 부랑자는 건초더미에서 밤을 보낼 생각으로 따뜻하게 지낼 수 있게 불을 피웠는데 건초더미 자체에 불이 붙었다. 재판 시에 그가 직접 증인으로 나서지는 않았지만 정신과 의사가 대신 나와 부랑자가 정신분열증이 있으며 정상인보다 위험을 예측하거나 인식하는 능력이 떨어진다고 증언하였다. 판사는 Reg. v. Daryl Parker [1977] 1 W.L.R. 600에서 승인된 무모함의 정의에 대해 배심원들에게 지시를 하였다. 항소인의 주장은 이 지시로 인해 객관적인 평가가 이루어졌는데 완전히 "주관적"인 평가가 이루어졌어야 했다는 것이다. 판사들이 다양한 맥락으로 "무모함"이란 말을 사용한 선결 민사나 형사 판례들을 이용해 주장을 뒷받침했다. 왕실 변호인은 항소인의 주장에 동의한다는 의사를 표시했다. 법원의 판단에는 인용된 사건 몇 개에 대한 판단이 포함되어 있는데 주로 민사 사건에 대한 판단이다. 이 사건들은 해당 용어를 일관적으로 사용하고 있지 않으며 현재처럼 모든 법적 책임의 평가를 "객관적" 또는 "주관적"이라고 구분짓기 전의 법적 견해들을 참고하고 있다. 그러나 법원은 다른 방법으로 결론을 내렸다. 법원은 의회가 1861년의 법을 1971년 법으로 대체하면서 재산에 손해를 끼치는 범죄 행위의 범의를 설명하는 "악

as descriptive of the mens rea of the offences of which the actus reus is damaging property in favour of the more explicit phrase "intending to destroy or damage any such property or being reckless as to whether any such property would be destroyed," it nevertheless intended the words to be interpreted in precisely the same sense as that in which the single adverb "maliciously" had been construed by Professor Kenny in the passage that received the subsequent approval of the Court of Appeal in Reg. v. Cunningham [1957] 2 Q.B. 396.

My Lords, I see no warrant for making any such assumption in an Act whose declared purpose is to revise the then existing law as to offences of damage to property, not to perpetuate it. "Reckless" as used in the new statutory definition of the mens rea of these offences is an ordinary English word. It had not by 1971 become a term of legal art with some more limited esoteric meaning than that which it bore in ordinary speech — a meaning which surely includes not only deciding to ignore a risk of **354* harmful consequences resulting from one's acts that one has recognised as existing, but also failing to give any thought to whether or not there is any such risk in circumstances where, if any thought were given to the matter, it would be obvious that there was.

If one is attaching labels, the latter state of mind is neither more nor less "subjective" than the first. But the label solves nothing. It is a statement of the obvious; mens rea is, by definition, a state of mind of the accused himself at the time he did the physical act that constitutes the actus reus of the offence; it cannot be the mental state of some nonexistent, hypothetical person.

Nevertheless, to decide whether someone has been "reckless" as to whether harmful consequences of a particular kind will result from his act, as distinguished from his actually intending such harmful consequences to follow, does call for some consideration of how the mind of the ordinary prudent individual would have reacted to a similar situation. If there were nothing in the circumstances that ought to have drawn the attention of an ordinary prudent individual to the possibility of that kind of harmful consequence, the accused would not be described as "reckless" in the natural meaning of that word for failing to address his mind to the possibility; nor, if the risk of the harmful consequences was so slight that the ordinary prudent individual upon due consideration of the risk would not be deterred from treating it as negligible, could the accused be described as "reckless" in its ordinary sense if, having considered the risk, he decided to ignore it. (In this connection the gravity of the possible harmful consequences would be an important factor. To endanger life must be one of the most grave.) So to this extent, even if one ascribes to "reckless" only the restricted meaning, adopted by the Court of Appeal in Reg. v. Stephenson [1979] Q.B. 695 and Reg. v. Briggs (Note) [1977] 1 W.L.R. 605, of foreseeing that a particular kind of harm might happen and yet going on to take the risk of it, it involves a test that would be described in part as "objective" in current legal

의적으로"라는 표현을 버리고 더 명확한 "그러한 재물을 손괴 또는 파괴할 고의가 있거나 그러한 재산이 파괴될 것이라는 점에 관해 무모한"이라는 표현을 택했지만 그래도 해당 부분에 대한 해석은 Reg. v. Cunningham [1957] 2 Q.B. 396에서 항소법원이 승인한 Kenny 교수의 '악의적으로'라는 단어에 대한 해석과 동일하게 해석할 것을 요구했다고 추정하였다.

동료 재판관 여러분, 재산에 대한 손해에 관한 범죄에 대한 법률을 개정할 목적으로 입안된 법률에 대해 그러한 추정을 할 이유가 없다고 생각한다. 이러한 범죄의 범의를 정의하기 위해 사용된 "무모한"이라는 말은 보통의 영어 단어이다. 이는 1971년까지는 법률 전문 용어로써 일반적인 의미보다 제한적인 특유의 의미를 갖는 단어가 아니었다. 그리고 이 일반적인 의미에는 자신의 행동과 관련해 *354 존재한다고 인식한 유해한 결과에 대한 위험을 무시하기로 하는 것뿐 아니라 그 문제에 대해 생각을 했으면 당연히 그러한 위험의 존재를 인식했을 상황에 그 위험을 인지조차 하지 못한 경우도 포함이 된다.

굳이 분류를 하고자 해도 후자의 경우가 전자보다 조금도 더 "주관적"이거나 덜 "주관적"이지 않다. 그러나 이러한 분류 자체도 아무런 도움이 되지 않는다. 이는 당연한 사실의 진술일 뿐이다. 범의라는 말의 정의 자체가 행위자가 범죄를 구성하는 물리적 행위를 했을 당시에 가지고 있던 정신상태이지 존재하지 않는 가정의 인물의 정신상태일 수는 없다.

그럼에도 불구하고, 어떤 사람이 그의 행동으로 인해 유해한 결과가 발생할 것인지에 관해 "무모하게" 행동했는지를 실제로 그러한 유해한 결과를 의욕한 경우와 구분하여 판단하기 위해서는 비슷한 상황에서 보통의 신중한 개인이 어떻게 행동했을지도 고려를 해 보아야 할 것이다. 만일 그 상황에서 보통의 신중한 개인도 그러한 유해한 결과가 발생할 것이라는 생각을 못 했을 것이라 인정되면 피의자도 그 가능성을 인식하지 못했다고 해서 "무모"했다고 여겨지지 않을 것이며, 유해한 결과가 발생할 위험이 너무 미미해서 보통의 신중한 개인도 그 위험을 고려해 보고서 대수롭지 않게 여길 것이라 생각되는 경우에 피의자가 그 위험을 고려하고 무시하기로 결정했다고 해서 "무모"했다고 할 수 없다(이렇게 생각한다면 발생 가능한 유해한 결과의 경중의 정도가 중요한 요소가 될 것이다. 생명을 위태롭게 하는 것은 가장 중한 축에 속할 것이다). 따라서 이러한 관점에서는 Reg. v. Stephenson [1979] Q.B. 695와 Reg. v. Briggs (Note) [1977] 1 W.L.R. 605에서 항소법원이 한 것과 같이 특정한 위험을 예측하고서도 그 위험을 용인한다는 제한적인 의미로만 "무모함"을 해석하더라도 요즘의 법률 용어로 "객관적"이라고 할 수 있는 기준을 부분적으로 적용하는 것이다. 형사 책임의 문제는 판단기준이 주관적이냐 객관적이냐라는 문제만 해결한다고 해서 해결되지 않는다.

jargon. Questions of criminal liability are seldom solved by simply asking whether the test is subjective or objective.

In my opinion, a person charged with an offence under section 1 (1) of the Criminal Damage Act 1971 is "reckless as to whether any such property would be destroyed or damaged if" (1) he does an act which in fact creates an obvious risk that property will be destroyed or damaged and (2) when he does the act he either has not given any thought to the possibility of there being any such risk or has recognised that there was some risk involved and has nonetheless gone on to do it. That would be a proper direction to the jury; cases in the Court of Appeal which held otherwise should be regarded as overruled.

Where the charge is under section 1 (2) the question of the state of mind of the accused must be approached in stages, corresponding to paragraphs (a) and (b). The jury must be satisfied that what the accused did amounted to an offence under section 1 (1), either because he actually intended to destroy or damage the property or because he was reckless (in the sense that I have described) as to whether it might be destroyed or damaged. Only if they are so satisfied must the jury go on to consider whether the *355 accused also either actually intended that the destruction or damage of the property should endanger someone's life or was reckless (in a similar sense) as to whether a human life might be endangered.

Turning now to the instant case, the first stage was eliminated by the respondent's plea of guilty to the charge under section 1 (1). Furthermore he himself gave evidence that his actual intention was to damage the hotel in order to revenge himself on the proprietor. As respects the charge under section 1 (2) the prosecution did not rely upon an actual intent of the respondent to endanger the lives of the residents but relied upon his having been reckless whether the lives of any of them would be endangered. His act of setting fire to it was one which the jury were entitled to think created an obvious risk that the lives of the residents would be endangered; and the only defence with which your Lordships are concerned is that the respondent had made himself so drunk as to render him oblivious of that risk. If the only mental state capable of constituting the necessary mens rea for an offence under section 1 (2) were that expressed in the words "intending by the destruction or damage to endanger the life of another," it would have been necessary to consider whether the offence was to be classified as one of "specific" intent for the purposes of the rule of law which this House affirmed and applied in Reg. v. Majewski [1977] A.C. 443; and this it plainly is. But this is not, in my view, a relevant inquiry where "being reckless as to whether the life of another would be thereby endangered" is an alternative mental state that is capable of constituting the necessary mens rea of the offence with which he is charged.

The speech of Lord Elwyn-Jones L.C. in Reg. v. Majewski [1977] A.C. 443, 475, with

내 생각으로는 1971년의 형사손괴법 제1조 제1항으로 기소된 피고인이 "그러한 재산이 훼손되거나 파괴될 것이라는 점에 대해 무모한" 경우란 (1) 그가 해당 재산이 훼손되거나 파괴될 명백한 위험을 초래하는 행위를 하였으며, (2) 그가 그 행위를 함에 있어 그러한 위험이 존재할 가능성을 전혀 생각지 아니하였거나 혹은 그 위험을 인식하기는 하였지만 그럼에도 불구하고 그 행위를 한 경우를 의미한다. 이것을 판단하게 하는 것이 배심원 지도의 올바른 방향이며, 이와 다른 내용의 항소법원 판결은 번복된 것으로 간주해야 할 것이다.

제1조 제2항에 따라 기소된 경우에는 (a) 문단과 (b) 문단에 맞추어서 피의자의 정신상태 문제에 대해서도 단계를 나누어 살펴야 한다. 배심원은 피의자가 실제로 재산을 훼손하거나 파괴할 고의가 있거나 그에 대해 무모해서(제가 설명한 의미대로) 제1조 제1항에 따른 범죄행위에 해당한다고 판단을 해야 한다. 그렇게 판단을 한 후에만 *355 피의자가 재산에 대한 손괴 행위가 타인의 생명에 위험을 초래하는 것에 대해 고의가 있었거나 무모했는지(비슷한 의미로)의 문제에 대해 판단을 할 수 있는 것이다.

이제 해당 사안을 살펴보자면, 첫 단계는 피고인이 제1조 제1항에 대해 유죄를 인정함으로써 해결이 되었다. 또한 그 자신이 자기의 실제 의도가 주인에게 복수를 하기 위해 호텔을 손괴하려는 의도였다는 증거를 제시하였다. 제1조 제2항에 따른 죄목에 관하여는 검사 측이 피고인에게 실제로 호텔 숙박객들의 생명을 위태롭게 하려는 의도가 있었다고 주장하지 않고 그들의 생명이 위험해질 수도 있다는 점에 관해 피고인이 무모하였다고 주장한다. 불을 지른 그의 행동은 배심원단이 숙박객의 생명을 명백히 위험하게 하는 행동이라고 판단해도 무방한 행동이었으며 재판관들께서 신경을 써야 할 유일한 항변은 그러한 위험을 인식하지 못할 정도로 피고인이 스스로 만취 상태를 야기하였다는 것이다. 만일 제1조 제2항의 범죄에 필요한 주관적 구성요건을 충족시킬 수 있는 유일한 정신상태가 "손괴나 파괴로 인해 타인의 생명을 위태롭게 할 고의가 있는" 경우뿐이라면 본원이 Reg. v. Majewski [1977] A.C. 443에서 확인하고 적용한 법률 원칙을 적용하기 위해 해당 범죄가 특정고의 범죄에 해당하는지를 살펴볼 필요가 있었을 것이고 거기에 해당한다는 결론이 나왔을 것이다. 그러나 해당 범죄의 주관적 구성요건을 충족할 수 있는 대체적 정신상태로 "그로 인해 타인의 생명이 위험해질 수 있는 것에 대해 무모한"이라는 경우가 규정된 상황에서는 이는 고려할 사항이 아니라고 본다.

Reg. v. Majewski [1977] A.C. 443, 475에서 Elwyn-Jones L.C 경이 선언하고 Simon of Glaisdale 경, Kilbrandon 경, 그리고 제가 동의한 판결이 무모함이 주관적 구성요건을 충족하는 범죄에 있어서는 스스로 유발한 명정상태가 유효한 항변이 되지 못한다는 것에 관한 선

which Lord Simon of Glaisdale, Lord Kilbrandon and I agreed, is authority that self-induced intoxication is no defence to a crime in which recklessness is enough to constitute the necessary mens rea. The charge in Majewski was of assault occasioning actual bodily harm and it was held by the majority of the House, approving Reg. v. Venna [1976] Q.B. 421, 428, that recklessness in the use of force was sufficient to satisfy the mental element in the offence of assault. Reducing oneself by drink or drugs to a condition in which the restraints of reason and conscience are cast off was held to be a reckless course of conduct and an integral part of the crime. The Lord Chancellor accepted at p. 475 as correctly stating English law the provision in section 2.08 (2) of the American Model Penal Code :

"When recklessness establishes an element of the offence, if the actor, due to self-induced intoxication, is unaware of a risk of which he would have been aware had he been sober, such unawareness is immaterial."

So, in the instant case, the fact that the respondent was unaware of the risk of endangering lives of residents in the hotel owing to his self-induced intoxication, would be no defence if that risk would have been obvious to him had he been sober.

My Lords, the Court of Appeal in the instant case regarded the case as turning upon whether the offence under section 1 (2) was one of "specific" intent or "basic" intent. Following a recent decision of the Court of Appeal by which they were bound, Reg. v. Orpin [1980] 1 *356 W.L.R. 1050, they held that the offence under section 1 (2) was one of"specific" intent in contrast to the offence under section 1 (1) which was of basic intent. This would be right if the only mens rea capable of constituting the offence were an actual intention to endanger the life of another. For the reasons I have given, however, classification into offences of "specific" and "basic" intent is irrelevant where being reckless as to whether a particular harmful consequence will result from one's act is a sufficient alternative mens rea.

My Lords, the learned recorder's summing up was not a model of clarity. Contrary to the view of the Court of Appeal she was right in telling the jury that in deciding whether the respondent was reckless as to whether the lives of residents in the hotel would be endangered, the fact that, because of his drunkenness, he failed to give any thought to that risk was irrelevant; but there were other criticisms of the summing up made by the Court of Appeal which your Lordships very properly have not been invited to consider, since it makes no practical difference to the respondent whether the appeal is allowed or not. Since it is not worth while spending time on going into these criticisms, I would dismiss the appeal.

I would give the following answers to the certified question: (a) If the charge of an offence under section 1 (2) of the Criminal Damage Act 1971 is framed so as to charge the defendant

례가 된다. Majewski의 경우에는 죄목이 실제 신체적 해를 끼치는 폭행이었고 법원이 Reg. v. Venna [1976] Q.B. 421 , 428를 승인하면서 폭력을 행사할 경우에는 무모함만으로도 폭행의 주관적 구성요건이 충족된다고 보았다. 술이나 마약을 복용하여 이성과 의식으로 스스로를 제어할 수 없는 상태를 자발적으로 유발하는 것은 무모한 행동이며 범죄의 필수적인 구성부분으로 여겨졌다. Chancellor 경은 p. 475에서 미국모범형사법 제2.08조 제(2)항이 영국법을 정확하게 표현하고 있다고 하였다.

"무모함이 범죄의 요소일 경우 행위자가 스스로 유발한 명정상태로 인하여 정신이 멀쩡했더라면 인식했을 위험을 인식하지 못한 때에는 그러한 인식의 결여는 무의미하다."

따라서, 이 사건에서는 피항소인이 자의로 초래한 명정상태에 빠져 호텔에 숙박한 이들의 생명이 위험에 처하게 될 위험성을 인지하지 못했다는 사실은 그가 술 취하지 않았더라면 위험성을 명백히 인지했을 것이므로 유효한 변론이 되지 못한다.

동료 재판관 여러분, 이 사건에 관해서 항소심은 이 사건의 결론이 제1조 제2항의 특정고의와 기본고의 중 어느 것에 해당하는지에 달려 있다고 보았다. 구속력 있는 최근 Reg. v. Orpin [1980] 1 *356 W.L.R. 1050 사건의 항소심 판결에 따르면 제1조 제2항의 범죄는 특정고의 범죄이고 반면 제1조 제1항의 범죄는 기본적 고의 범죄에 해당한다고 한다. 이는 이 범죄를 구성하는 범의가 타인의 생명을 실제로 위험에 처하게 하려는 의도만을 가리킬 경우에는 맞는 말이었을 것이다. 그러나 내가 제시한 이유들을 근거로, 특정 결과의 발생에 대해 무모하게 행동하는 것이 범죄의 주관적 구성요건을 충족하는 경우에는 특정고의와 기본고의로 범죄를 구별하는 것이 무의미하다고 본다.

동료 재판관 여러분, 존경하는 지방법원 판사님의 판결은 명료하지 못하다. 항소심의 입장과는 달리, 그는 배심원들이 (1)피고인이 무모했는지, (2)호텔 숙박객들의 생명이 위험에 처하게 했는지를 판단함에 있어 피고인이 명정으로 인해 발생할 수 있는 위험을 간과했다는 점은 무시해도 된다고 알려준 점에서 타당했다. 그러나 항소의 허가 여부가 피고인에게 실제적으로 영향을 미치지 못하기 때문에 판사님들이 제대로 고려하지 않은 부분에 대한 비판도 있다. 그 비판들에 대해 시간을 투자할 필요가 없기 때문에 나는 항소를 기각한다.

나는 요청된 질문에 다음과 같이 답하겠다. (a)1971년 형사손괴법 제1조 제2항의 범죄가 오직 "타인의 생명을 위태롭게 하는 [또는 재산] 손괴 또는 손실에 대한 의도"를 가진 피고인만 처벌하는 규정이라면 자의로 초래한 명정상태에 빠지게 했다는 증거가 피고인의 변론에

only with "*intending* by the destruction or damage [of the property] to endanger the life of another," evidence of self-induced intoxication can be relevant to his defence. (b) If the charge is, or includes, a reference to his "being reckless as to whether the life of another would thereby be endangered," evidence of self-induced intoxication is not relevant.

LORD EDMUND-DAVIES.

My Lords, I respectfully concur in holding that this appeal must be dismissed. I nevertheless consider that one of the certified questions should be answered in a manner contrary to that favoured by a majority of your Lordships. And I believe that the reason for my arriving at a different conclusion is of some importance and that it should be explored.

We are concerned with a charge of arson in contravention of section 1 (2) of the Criminal Damage Act 1971, which needs to be seen in its statutory setting. [His Lordship read section 1 and continued:] In considering the section, there are two matters of particular importance: (1) What constitutes "recklessness" in the criminal law? (2) What is the mens rea of the offence commonly (and understandably) known as "aggravated arson" in section 1 (2) (b)? I turn to these questions forthwith.

(1) Recklessness

The words "intention" and "recklessness" have increasingly displaced in statutory crimes the word"maliciously," which has frequently given rise to difficulty in interpretation. In Reg. v. Cunningham [1957] 2 Q.B. 396, Byrne J. in the Court of Criminal Appeal cited with approval at pp. 399-400 the following passage which has appeared in Kenny's Outlines of Criminal Law from its first edition in 1902 onwards: **357*

"In any statutory definition of a crime, malice must be taken not in the old, vague sense of wickedness in general, but as requiring either (1) an actual intention to do the particular kind of harm that in fact was done; or (2) recklessness as to whether such harm should occur or not (i.e., the accused has foreseen that the particular kind of harm might be done and yet has gone on to take the risk of it). It is neither limited to nor does it indeed require any ill will towards the person injured."

Byrne J.'s comment at p. 400 was laconic and unqualified: "We think that this is an accurate statement of the law ... In our opinion the word 'maliciously' in a statutory crime postulates foresight of consequence."

My Lords, my noble and learned friend, Lord Diplock, somewhat dismissively describes

있어 중요하다. (b)그러나 "타인의 생명이 위태롭게 될 수 있는 무모함"에 관한 참고적 규정 또는 이를 포함하는 규정이라면 자의로 명정상태에 빠지게 했다는 증거는 중요하지 않다.

EDMUND-DAVIES 경.

동료 재판관 여러분, 나는 이 항소가 기각되어야 함에 정중하게 동의하는 바이다. 그러나 나는 제기된 쟁점 중 하나는 재판부 다수 의견에 반하는 쪽으로 답변되어야 한다고 생각한다. 그리고 제가 다른 결론에 이르게 된 이유는 그 자체로 의미를 가지며 검토되어야 한다고 생각한다.

우리는 법령에 따라 검토되어야 할 1971년 형사손괴법 제1조 제2항에 위반하는 방화죄 혐의에 주목한다. [경은 제1조를 읽고 계속했다:] 이 조항을 고려할 때, 두 개의 특별히 중요한 사실이 있다: (1) 형사법에서 "무모함"을 구성하는 것은 무엇인가? (2) 흔히 통용되는 제1항 제2조의 (b)의 "가중방화죄"라 알려진 죄의 범의는 무엇인가?

(1) 무모함

"고의"와 "무모함"이라는 단어들은 제정법적 범죄의 "악의적"이라는 말을 대체하는 경우가 많아져, 종종 해석의 어려움을 주었다. Reg. v. Cunningham [1957] 2 Q.B. 396 사건에서는 형사항소법원의 Byrne판사가 399-400쪽의 다음 단락을 승인, 인용하였다. 이는 1902년 Kenny의 *Outlines of Criminal Law* 초판과 그 이후에도 계속 등장했다: *357

"어떤 범죄의 제정법적 정의라 해도, 범의는 통상의 예전의 막연한 불의가 아니라, (1)실제로 행해진, 특정한 해를 범하려는 실제 고의와 (2)어떤 피해가 생길 것인지 아닌지에 대한 무모함(즉, 피고인이 특정한 피해가 생길 수도 있음을 알고 있음에도, 그 위험을 감수하기로 하고 진행하는 것) 중 하나를 요한다. 피해자에 대한 악의를 요하지도 않고 이에 한정되지도 않는다.

400쪽의 Byrne 판사의 발언은 지나치게 간결했고 적절치 못하였다. "우리는 이것이 정확한 법의 해석이라고 생각한다… 우리 생각에 법정 범죄에 있어 '악의적으로'라는 말은 결과에 대한 예견 가능성을 요구한다." 동료 재판관 여러분, 존경스럽고 높은 식견을 지닌 나의 동료 Diplock 경은 Kenny 교수에 대해 약간은 부정적으로 말을 하며 그가 "학생들을 위해 '악의'를 형법상의 전문 용어로 정의하려고만 했다"고 말한다(p. 351D-G).

"그러기 위해 그는 보통의 영어 단어들을 일반적인 의미 그대로 사용하였다. 이때 그가 사

Professor Kenny as having been "engaged in defining for the benefit of students the meaning of 'malice' as a term of art in criminal law," adding, ante, p. 351D-G.

"To do so he used ordinary English words in their *popular* meaning. Among the words he used was 'recklessness,' the noun derived from the adjective 'reckless,' of which the popular or dictionary meaning is: careless, regardless, or heedless, of the possible harmful consequences of one's acts. It presupposes that *if* thought were given to the matter by the doer before the act was done, it would have been apparent to him that there was a real risk of its having the relevant harmful consequences. ... [The] parenthetical restriction on the natural meaning of recklessness was necessary to an explanation of the meaning of the adverb 'maliciously' when used as a term of art in the description of an offence under the Malicious Damage Act 1861 (which was the matter in point in Reg. v. Cunningham [1957] 2 Q.B. 396); but it was not directed to and consequently has no bearing on the meaning of the adjective'reckless' in section 1 of the Criminal Damage Act 1971." (Emphasis added).

I have to say that I am in respectful, but profound, disagreement. The law in action compiles its own dictionary. In time, what was originally the common coinage of speech acquires a different value in the pocket of the lawyer than when in the layman's purse. Professor Kenny used lawyers' words in a lawyer's sense to express his distillation of an important part of the established law relating to mens rea, and did so in a manner accurate not only in respect of the law as it stood in 1902 but also as it has been applied in countless cases ever since, both in the United Kingdom and in other countries where the common law prevails: see, for example, in Western Australia, Lederer v. Hutchins [1961] W.A.R. 99, and, in the United States of America, Jethro Brown's General Principles of Criminal Law, 2nd ed. (1960), p. 115. and it is well known that the Criminal Damage Act 1971 was in the main the work of the Law Commission, who, in their Working Paper No. 31, Codification of the Criminal Law, General Principles, The Mental Element in Crime (issued in June 1970), defined recklessness by saying, at p. 52:

"A person is reckless if, (a) knowing that there is a risk that an event may result from his conduct or that a circumstance may exist, he takes **358* that risk, and (b) it is unreasonable for him to take it, having regard to the degree and nature of the risk which he knows to be present."

It was surely with this contemporaneous definition and the much respected decision of Reg. v. Cunningham [1957] 2 Q.B. 396 in mind that the draftsman proceeded to his task of drafting the Criminal Damage Act 1971.

It has therefore to be said that, unlike negligence, which has to be judged objectively, recklessness involves foresight of consequences, combined with an objective judgment of the reasonableness of the risk taken. and recklessness in vacuo is an incomprehensible notion. It *must* relate to foresight of risk of the particular kind relevant to the charge preferred, which, for

용한 단어 중에 자신의 행위로 인해 발생 가능한 유해한 결과에 대해 부주의한, 무성의한, 내지는 '경솔한'이라는 의미를 가진 '무모한'이라는 형용사에서 파생된 '무모함'이라는 명사가 있었다. 이 말은 행위자가 행위를 하기 전에 그에 대해 생각을 하였더라면 그 행위로 인해 유해한 결과가 발생할 것이라는 점을 행위자가 인식하였을 것이라는 점을 전제한다. … 1861년의 악의적 행위 손해배상법상의 범죄를 설명하기 위한 전문 용어로 이용된 '악의적'이라는 말을 설명하기 위해서는 무모하다는 말의 원래 의미를 제한할 필요가 있었으나(Reg. v. Cunningham [1957] 2 Q.B. 396에서는 이것이 주요 쟁점이었다) 이러한 정의는 1971년의 형사손괴 법에 적용되는 사항이 아니었으며 따라서 거기서 사용된 '무모함'의 의미는 이와 같이 해석될 것이 아니다" (강조).

그러한 의견을 존중하지만 저는 동의하지 않는다. 법은 적용이 되면서 고유의 사전을 만들어가게 된다. 시간이 지나면 법률가가 쓰는 단어들은 일반인이 사용하는 것과 다른 의미를 갖게 된다. Kenny 교수는 범의에 관한 확립된 법의 중요한 부분에 대한 자신의 생각을 표현하기 위해 법률가의 말을 법률가가 사용하는 의미대로 사용하였고 그 해석은 1902년의 법제하에서 정확했을 뿐 아니라 그 이후에 영국과 보통법이 적용되는 여러 다른 나라에서 수많은 사건에도 적절한 해석으로써 적용된 바 있다. 예컨대 서(西)호주의 Lederer v. Hutchins [1961] W.A.R. 99과 미국의 Jethro Brown의 *General Principles of Criminal Law*, 제2판 (1960), p. 115. 그리고 1971년의 형사손괴법이 법률위원회의 주도로 만들어진 법임은 잘 알려진 사실인데 이 위원회가 Working Paper No. 31, Codification of the Criminal Law, General Principles, The Mental Element in Crime(작업 문서 제31번, 형법의 성문화, 일반원칙, 범죄의 주관적 요소)의 52쪽에서 무모함을 다음과 같이 정의하였다:

"사람은 다음과 같은 경우에 무모하다. (a) 자신의 행위로부터 어떠한 결과가 발생하거나 어떤 상황이 생길 위험이 있다는 것을 인식하고서도 그 위험을 용인하고 *358 행위를 하고 (b) 그가 인식하고 있는 위험의 정도나 성질로 인해 그러한 위험을 용인하는 것이 비합리적일 때."

입법자가 1971년의 형사손괴법을 입안했을 때에는 이러한 현대적 정의와 존중되고 있는 Reg. v. Cunningham [1957] 2 Q.B. 396 판결을 염두에 두고 있었음이 분명하다.

따라서 객관적으로 판단되어야 할 과실과는 달리 무모함의 경우에는 결과에 대한 예측과 용인한 위험의 합리성에 대한 객관적 평가가 결합이 되어야 하며 사실과 관계가 없는 무모함이라는 것은 생각할 수 없는 개념이다. 반드시 해당 범죄와 관련된 특정한 위험의 예측과 연결이 되어야 하며 제1조 제(2)항의 경우에는 생명을 위태롭게 하는 것이 그 위험이고 다른 것

the purpose of section 1 (2), is the risk of endangering life and nothing other than that.

So if a defendant says of a particular risk, "It never crossed my mind," a jury could not on those words alone properly convict him of recklessness simply because they considered that the risk *ought* to have crossed his mind, though his words might well lead to a finding of negligence. But a defendant's admission that he "closed his mind" to a particular risk could prove fatal, for, "A person cannot, in any intelligible meaning of the words, close his mind to a risk unless he first realises that there is a risk; and if he realises that there is a risk, that is the end of the matter": see *Glanville Williams, Textbook of Criminal Law* (1978), p. 79.

In the absence of exculpatory factors, the defendant's state of mind is therefore all-important where recklessness is an element in the offence charged, and section 8 of the Criminal Justice Act 1967 has laid down that:

"A court or jury, in determining whether a person has committed an offence, — (a) shall not be bound in law to infer that he intended or foresaw a result of his actions by reason only of its being a natural and probable consequence of those actions; but (b) shall decide whether he did intend *or foresee* that result by reference to all the evidence, drawing such inferences from the evidence as appear proper in the circumstances."

My Lords, it is unnecessary to examine at length the proposition that ascertainment of the state of mind known as "recklessness" is a *subjective* exercise, for the task was expansively performed by Geoffrey Lane L.J. in Reg. v. Stephenson [1977] Q.B. 695. And, indeed, that was the view expressed by the learned recorder herself in the instant case when, citing Reg. v. Briggs (Note) [1977] 1 W.L.R. 605, 608, she directed the jury at one stage in these terms:

"It may be the most useful function that I can perform if I read to you the most recent (I hope) definition of 'recklessness' ... by a superior court. ... 'A man is reckless ... when he carries out a deliberate act, knowing that there is some risk of damage resulting from that act, but nevertheless continues in the performance of that act' ... That came, in fact, in a case of straight arson and damage to property, but in this case you would probably feel that you had to add after the words to fit this section of the Act, 'some risk of damage to life,' ... because that is what we are concerned with. I see both counsel nod assent to that. So, we can stay on common ground. ..."

**359*

은 여기에 해당하지 않는다. 따라서 피고인이 특정한 위험에 대해 "전혀 생각해 보지 못했다"고 말한다면 배심원들은 피고인이 그 위험을 생각했어야 했다고 여겨 그 말만을 근거로 피고인이 무모했다고 판단해서는 안 된다. 같은 경우에 피고인의 그러한 말은 과실이 있었다는 결론으로 이어질 수는 있다. 그러나 "사람은 단어 자체의 정의상 특정한 위험을 인식하기 전에는 그 특정한 위험에 대해 생각을 닫을 수가 없고 이미 위험을 인식한 시점에서 문제는 끝이기 때문에" 피고인이 특정 위험에 대해 "생각을 닫았다"고 인정하는 것은 치명적일 수 있다 Glanville Williams, *Textbook of Criminal Law*(1978), p. 79 참조.

따라서 무죄를 증명할 요소가 없는 상황에서는 무모함이 기소된 범죄의 요소일 경우에는 피고인의 정신상태가 매우 중요하고 1967년의 Criminal Justice Act는 "법원이나 배심원은 피의자가 범죄를 범했는지를 판단함에 있어서 (a) 단순히 특정한 위험이 그러한 행위의 자연스럽고 있음 직한 결과라는 이유만으로 피의자가 자신의 행위의 결과를 예측하였거나 의도하였다고 추정하도록 법적으로 요구받아서는 안 되며, (b) 피의자가 결과를 의도하거나 예측하였다는 추정은 증거를 참고하여서 하도록 하여 상황에 맞게 증거에 의거하여 판단을 하도록 한다"고 규정하고 있다.

동료 재판관 여러분, "무모함"이라는 정신상태를 확인하는 것이 주관적인 작업이라는 주장에 대해서는 길게 살펴볼 필요가 없다. 그 작업은 Geoffrey Lane 재판장이 Reg. v. Stephenson [1977] Q.B. 695에서 심도 있게 연구한 바 있다. 그리고 이것이 판사가 Reg. v. Briggs (Note) [1977] 1 W.L.R. 605, 608를 인용하며 다음과 같이 배심원단에게 지시를 내릴 때 표명한 견해이기도 하다.

"제가 당신들에게 가장 도움이 될 수 있는 방법은 가장 최근에(아마도) 상급 법원에 의해 내려진 '무모함'의 정의를 읽어 주는 것일지도 모르겠습니다. '누군가가 특정한 행위로 인해 어떠한 피해가 발생할 위험이 존재한다는 것을 인식하고도 의도적으로 그 행위를 수행할 때 그는 무모하다.' … 그 정의는 보통의 방화와 재산에 대한 손해가 발생한 사안에서 나온 것이지만 이 경우에는 해당 법조에 맞추기 위해 '생명에 위해를 가할 위험'이라는 단어들을 더할 필요가 있다고 느끼셨을 겁니다. 양쪽 대리인이 동의의 표시로 고개를 끄덕이는군요. 그럼 모두 같은 생각이라고 판단해도 될 것 같습니다. …"

*359

(2) *The "mens rea" of aggravated arson*

The first count charged the respondent with "Arson contrary to section 1 (2) and (3) of the Criminal Damage Act 1971," and the particulars of the offence were in the following terms:

"James Caldwell on December 23, 1978, without lawful excuse you damaged by fire a window frame and curtains at the Hydro Hotel ... belonging to another intending to damage the said property or being reckless as to whether any such property would be damaged and intending by the said damage to endanger the life of another or being reckless as to whether the life of another would be thereby endangered."

My Lords, the very layout of section 1 makes clear that a state of mind over and beyond that essential for a conviction under section 1 (1) has to be established before the graver crime created by section 1 (2) can be brought home. The latter has features both of an offence against property *and* an offence against the person, and a special "intent" or a special "recklessness" is involved, a state of mind "ulterior" to the "basic" intent or recklessness which is sufficient for section 1 (1). and "intention" and "recklessness" are more than birds of a feather; they are blood-brothers; so much so that Austin included "recklessness" within the term"intention": *Jurisprudence*, 4th ed. (1879), vol. 1, pp. 436, 441, 442. As James L.J. said in Reg. v. Venna [1976] Q.B. 421, 429C. "In many cases the dividing line between intention and recklessness is barely distinguishable." So in Reg. v. O'Driscoll (1977) 65 Cr.App.R. 50, where the charge was one of manslaughter caused by setting fire to a house, Waller L.J., giving the judgment of the Court of Appeal (Criminal Division) said, at p. 55:

"... we are of the opinion in this case that the unlawful act relied on by the learned judge of damaging the building of another by fire involved a basic intent. ... It would have been different in our view if the intent had involved the question of danger to the life of others, as in subsection (2) of section 1 of the Criminal Damage Act 1971, because that would not be inherent in the actus reus if there was an intention to endanger the life of another or recklessness as to whether the life of another would be endangered or not. As I have already stated, in our view this was a crime of basic intent ... and therefore the defence of drunkenness does not avail at all: see Reg. v. Majewski [1977] A.C. 443 ."

and in Reg. v. Stephenson [1979] Q.B. 695, to which I have already referred, where the charge was laid under section 1 (1), Geoffrey Lane L.J. said, at p. 704:

"There is no doubt that the subjective definition of 'recklessness' does produce difficulties. One of them which is particularly likely to occur in practice is the case of the person who by self-induced intoxication by drink or drugs deprives himself of the ability to foresee the risks

(2) 가중 방화의 "범의"

피고인에 대한 첫 번째 죄목은 "1971년의 형사손괴법 제1조 제(2)항과 제(3)항에 따른 방화"였으며 상세한 내용은 다음과 같다:

"James Caldwell. 당신은1978년 12월 23일에 법적인 근거 없이 다른 이의 소유인 Hydro Hotel에 해당 재산을 손괴할 의도를 가지고 또는 그러한 손해가 발생할 것이라는 점에 대해 무모하게 불을 질러 창틀과 커튼을 손괴하였고 그러한 행위로 인해 다른 이의 생명을 위태롭게 할 고의나 그 점에 대한 무모함이 있었다."

동료 재판관 여러분, 제1조의 구조 자체가 피고인이 제1조 제(1)항의 죄에 대한 유죄 판결을 받기 위해 필요한 정신상태 이상의 정신상태에 있어야만 제1조 제(2)항의 중한 범죄가 성립될 수 있다는 점을 분명히 하고 있다. 후자는 재산에 대한 범죄이자 사람에 대한 범죄이며 특정한 "고의" 내지는 특정한 "무모함"을 요구하는데 이러한 정신상태는 제1조 제(1)항의 요건을 충족하는 "기본적" 고의나 무모함보다 더 "깊은" 정신상태를 말한다. 그리고 "고의"와 "무모함"은 피를 나눈 형제만큼이나 연관이 깊어서 Austin이 "무모함"을 "고의"라는 용어에 포함시키기도 했다. *Jurisprudence*, 제4판(1879), vol. 1, pp. 436, 441, 442. James 재판장이 Reg. v. Venna [1976] Q.B. 421 , 429C에서 말했듯이 "많은 경우에 고의와 무모함을 구분하는 선은 거의 눈에 보이지도 않을 정도"이다. 따라서 주택에 방화를 하여 과실치사의 죄를 범한 혐의로 기소가 이루어진 Reg. v. O'Driscoll (1977) 65 Cr.App.R. 50에서 Waller 재판장은 항소법원(형사부)의 결정을 표명하며 다음과 같이 말했다:

"… 이 사건에 있어 우리는 고명한 판사가 타인의 건물을 손괴한 행위라고 파악한 불법행위가 기본고의에 의한 범죄라고 생각한다. 우리 생각에 고의가 1971년의 형사손괴법 1(2)조의 경우에서와 같이 타인의 생명에 관한 문제와도 관련이 있었으면 경우가 달랐을 것이다. 이는 이 경우에는 위법 행위 자체만으로 타인의 생명을 위태롭게 할 고의나 그러한 결과가 발생할 것이라는 점에 대해 무모했는지 여부가 드러나지 않을 것이기 때문이다. 이미 말한 바와 같이 이 사건 범죄 행위는 기본고의 범죄라고 본다. 따라서 명정상태였다는 항변은 받아들여질 수 없다. Reg. v. Majewski [1977] A.C. 443 참조."

그리고 이미 참조한 Reg. v. Stephenson [1979] Q.B. 695에서 Geoffrey Lane 재판장은 704쪽에서 다음과 같이 말하였다:

"무모함"에 대한 주관적인 정의로 인해 어려움이 발생한다는 것은 분명하다. 실무에서 특

involved in his actions. Assuming that by reason of his intoxication he is not proved to have foreseen the relevant risk, can he be said to have been 'reckless'? Plainly not, unless cases of self-induced *360 intoxication are an exception to the general rule. In our judgment the decision of the House of Lords in Reg. v. Majewski [1977] A.C. 443 makes it clear that they are such an exception. Evidence of self-induced intoxication such as to negative mens rea is a defence to a charge which requires proof of a 'specific intent,' but not to a charge of any other crime. The Criminal Damage Act 1971, section 1 (1) involves no specific intent: see Reg. v. O'Driscoll, 65 Cr.App.R. 50, 55. Accordingly, it is no defence under the Act of 1977 for a person to say that he was deprived by self-induced intoxication of the ability to foresee or appreciate an obvious risk."

That Geoffrey Lane L.J. was referring in his final sentence only to section 1 (1) of the Act is made clear by its context, and in Reg. v. Orpin [1980] 1 W.L.R. 1050, 1054 Eveleigh L.J. said:

"The mental element 'intention or recklessness' in the second part of section 1 (2) is an aggravating circumstance which adds to the gravity of the actus reus which is defined in the first part of that subsection. Although the proof of that additional element will often involve evidence as to possible or actual danger to life, the additional aggravating factor lies in the mind. It is the mental attitude to the consequences of an actus reus. It goes beyond the actus reus itself, and is therefore to be treated as a specific intent which has to be established as an ingredient of the offence. That being so, evidence of intoxication is relevant as one of those matters to be taken into consideration whether or not the necessary mental element existed. There is nothing inconsistent in treating an offence under subsection (1) as a crime of basic intent and an offence under subsection (2) as one of specific intent. It is only the second part of subsection (2) which introduces a specific intent. The same words are used to denote the attitude of mind, but in the one case there is an act stipulated corresponding to the mental state and manifesting its existence, whilst in the other there is no such act."

But the trial judge here unfortunately failed to differentiate between the different types of arson embraced by section 1 of the Act of 1971 by directing the jury without qualification that "Arson is an offence of basic intent." This led her, in purported pursuance of Reg. v. Majewski

히 많이 발생할 경우는 술이나 마약을 이용해 스스로 명정상태를 야기해 그의 행동과 관련된 위험을 예견할 능력을 스스로 없애는 경우이다. 명정상태로 인해 피고인이 관련 위험을 예측했다고 증명하지 못했을 때 '무모했다'고 말할 수 있을까? 스스로 야기한 *360 명정상태가 일반 원칙에 대한 예외가 아닌 이상은 그럴 수 없을 것이다. 우리가 판단하기에는 Reg. v. Majewski [1977] A.C. 443에서 귀족원이 내린 결정이 그러한 경우는 예외에 해당한다는 점을 명백히 하고 있는 듯하다. 자발적인 명정상태의 증거는 '특정고의'의 증명을 요구하는 범죄의 경우에는 범의를 상쇄하는 항변이 되지만 다른 종류의 범죄에 있어서는 그렇지 않다. 1971년의 형사손괴법 1(1)1조는 아무런 특정고의를 요구하지 않는다. Reg. v. O'Driscoll, 65 Cr.App.R. 50 , 55 참조. 따라서, 1977년의 법에 의하면 어떠한 사람이 그가 자의로 초래한 명정상태로 인해 당연한 위험을 예상하거나 식별할 능력을 상실했다는 것은 어떠한 변호도 되지 않는다."

Geoffrey Lane L.J.이 그의 마지막 문장에서 오직 법규의 제1조 제1항에 대해서만 말하고 있음은 문맥상 명백하고, Eveleigh L.J.는 Reg. v. Orpin [1980] 1 W.L.R. 1050, 1054 사건에서 다음과 같이 말하였다:

"제1조 제2항의 두 번째 부분의 주관적 요소인 '고의 또는 무모함'은 그 조항의 첫 부분에서 정의되고 있는 위법한 행위를 더 중하게 하여 죄를 무겁게 하는 요소이다. 비록 그 추가 요소의 증명이 가능하고 실질적인 생명에 대한 위협의 증거와 연관되는 경우가 많다 할지라도, 추가적 요소는 정신에 존재한다. 그것은 위법한 행위의 결과에 대한 심적 태도이다. 그것은 위법한 행위 자체를 넘어서고, 따라서 범죄의 요소로 증명되어야만 하는 특별한 의도로 다뤄져야 한다. 그렇다면, 명정의 증거는 요구되는 주관적 구성요건이 존재하였는지와 관련해 고려해 보아야 한다. 제1항의 범죄를 기본고의 범죄로 다루고 2항의 범죄를 특정고의 범죄로 다룬다고 해서 일관성이 없다고 볼 수는 없다. 제2항의 후단이 특정고의 요소를 도입하는 것이다. 심리상태를 표현하기 위해 같은 단어가 사용되고 있지만 심리상태에 대응하고 그 심리상태를 구체화시키는 행위가 규정되어 있는 부분이 있는가 하면 다른 부분에는 그와 같은 행위가 규정되어 있지 않다."

그러나 여기 판사는 불행하게도 배심원단에게 "방화는 기본고의에 의한 범죄이다"라고 일러줌으로 1971년 형사손괴법의 제1조에 나온 다른 종류의 방화를 구분하는 데 실패하였다. 이것은 그녀가 Reg. v. Majewski [1977] A.C. 443에 따라 다음과 같은 결론을 내리게 했다:

[1977] A.C. 443, to conclude that:

"It is no defence for the accused, by reason of self-induced intoxication, to say that he was senseless and so had neither'intent' nor'recklessness' with regard to what he was doing. ... One basic, simple act of setting fire to the curtains, with a view to igniting the building, is what is relied upon for the commission of the offence If a person ... sets out with intent to set fire to something, that is a positive, basic act, and he has with him the equipment to do it, he cannot then be allowed to say, 'Well, yes, I meant to set fire to *that*, but that's all'."

In my judgment, the Court of Appeal (Criminal Division) were right in holding that this direction contained two errors. In the first place, **361* despite her earlier, correct directions as to the subjective nature of the "recklessness" test, the learned recorder invited the jury to hold recklessness established if *they* considered that it was "a fair likelihood that, ... if the wind was in the right direction, perhaps, to fan the flames rather than peter them out, it might have got a good hold of the furniture in the room ..." That was undoubtedly a direction that the "recklessness" of the accused's action was to be judged objectively. And the second error lay in directing the jury without qualification that (a) all arson is an offence of basic intent and, consequently, that (b) since Reg. v. Majewski [1977] A.C. 443 it matters not if, by reason of the defendant's self-intoxication, he may not have foreseen the possibility that his admittedly unlawful actions endangered life.

Something more must be said about (b), having regard to the view expressed by my noble and learned friend, Lord Diplock, ante, p. 355D-E, that the speech of Lord Elwyn-Jones L.C. in Reg. v. Majewski "is authority that self-induced intoxication is no defence to a crime in which recklessness is enough to constitute the necessary mens rea." It is a view which, with respect, I do not share. In common with all the noble and learned Lords hearing that appeal, Lord Elwyn-Jones L.C. adopted the well-established (though not universally favoured) distinction between basic and specific intents. Reg. v. Majewski [1977] A.C. 443 related solely to charges of assault, undoubtedly an offence of basic intent, and the Lord Chancellor made it clear that his observations were confined to offences of that nature; see pp. 473B-C and G-H, 474H - 475E, and 476A-D. My respectful view is that *Majewski* accordingly supplies no support for the proposition that, in relation to crimes of specific intent (such as section 1 (2) (b) of the Act of 1971) incapacity to appreciate the degree and nature of the risk created by his action which is attributable to the defendant's self-intoxication is an irrelevance. The Lord Chancellor was dealing simply with crimes of basic intent, and in my judgment it was strictly within that framework that he adopted the view expressed in the American Penal Code quoted at p. 475D,

"자의로 초래한 명정상태를 이유로, 그가 지각 없고 그가 하는 행동에 대해 '고의'와 '무모함' 모두가 없었다는 것은 피고인의 변호가 되지 못한다. … 건물에 불을 지른다는 의도로, 커튼에 불을 지르는 하나의 기본적이고 간단한 행위가 손해를 낳는 행위이다. 만약 어떤 사람이… 어떠한 것에 불을 지르려는 의도로 그 행위를 한다면 그것은 적극적이고 기본적인 행위이며, 그가 그 행위를 할 도구를 가지고 있다면 그는 '뭐, 그래요, 내가 그것에 불을 지르려고는 했죠. 하지만 그게 다예요'라고 말할 수는 없다."

나의 판단으로는, 항소법원 형사부에서 이 방향이 두 개의 문제점을 내포하고 있다고 한 것이 옳았다고 생각한다. 먼저, *361 판사가 전에 "무모함"의 평가기준의 주관적 성질에 대해 올바른 지도를 했음에도 불구하고, 만약 배심원단이 " … 바람이 불길을 사라지게 하기보다는 부채질을 하는 데 적절한 방향으로 불고 있었다면 그것이 방에 있는 가구에 제대로 불을 붙였을 가능성이 상당하다"라고 생각했다면 판사는 배심원단이 무모함의 요건이 충족된 것으로 판단하도록 유도한 것이다. 그것은 확실히 피고인의 행위의 "무모함"이 객관적으로 판단되도록 하는 지도였다. 그리고 두 번째 문제점은 배심원단에게 근거 없이 (a) 모든 방화는 기본고의 범죄이며 (b) Reg. v. Majewski [1977] A.C. 443 사건 이후로 피고인의 자의로 초래한 명정상태로 인해 범죄 행위가 생명에 위험을 초래할 것이라는 가능성을 예상하지 못했다는 점은 무시해도 된다고 지시를 했다는 것이다.

나의 훌륭하고 높은 식견을 지닌 친구 Diplock 경이 Reg. v. Majewski 사건의 Elwyn-Jone 경의 의견이 "자발적으로 초래한 명정이 무모함만으로 주관적 구성요건이 충족되는 범죄의 경우에는 유효한 항변이 되지 못한다는 점에 대한 선례가 된다"고 한 앞의 저서 355쪽 D-E의 견해와 관련하여 (b)에 대해서 조금 깊이 살펴보아야 할 것이다. 나는 그 견해를 존중하지만 그에 동의하지는 않는다. 그 항소를 다룬 모든 재판관들과 마찬가지로 Elwyn-Jones L.C.경은 기본고의와 특정고의를 구분하는 확립된(그러나 보편적으로 인정받고 있지는 않은) 방법을 적용하였다. Reg. v. Majewski [1977] A.C. 443는 의심의 여지 없이 기본고의 범죄에 해당하는 폭행의 죄에 대해서만 다루고 있으며 Chancellor 경이 그의 의견은 그러한 성질의 범죄에 대해서만 적용된다고 명백하게 밝혔다. 473쪽 B-C와 G-H, 474쪽 H-475쪽E와 476쪽 A-D 참조. 이에 따라 저는 Majewski는 특정고의 범죄(1971년의 법 제1(2)(b)와 같은)의 경우에 스스로 유발한 명정상태로 인하여 자기의 행위로 인해 실현되는 위험의 정도와 성질을 인식하지 못하는 것이 아무 관련성이 없다는 주장을 뒷받침하는 사건이 되지 못한다고

and recklessness as an element in crimes of specific intent was, I am convinced, never within his contemplation.

For the foregoing reasons, the Court of Appeal were in my judgment right in quashing the conviction under section 1 (2) (b) and substituting a finding of guilty of arson contrary to section 1 (1) and (3) of the Act of 1971. It follows, therefore, that I agree with learned counsel for the respondent that the certified point of law should be answered in the following manner:

Yes, evidence of self-induced intoxication can be relevant both to (a) whether the defendant *intended* to endanger the life of another, and to (b) whether the defendant was *reckless* as to whether the life of another would be endangered, within the meaning of section 1 (2) (b) of the Criminal Damage Act 1971.

My Lords, it was recently predicted that, "There can hardly be any doubt that *all* crimes of recklessness except murder will now be held to be crimes of basic intent within *Majewski*": see Glanville Williams, Textbook of Criminal Law, p. 431. That prophecy has been promptly fulfilled by the majority of your Lordships, for, with the progressive displacement of **362* "maliciously" by "intentionally" or "recklessly" in statutory crimes, that will surely be the effect of the majority decision in this appeal. That I regret, for the consequence is that, however grave the crime charged, if recklessness can constitute its mens rea the fact that it was committed in drink can afford no defence. It is a very long time since we had so harsh a law in this country. Having revealed in Reg. v. Majewski [1977] A.C. 443, 495B-497C my personal conviction that, on grounds of public policy, a plea of drunkenness cannot exculpate crimes of basic intent and so exercise unlimited sway in the criminal law, I am nevertheless unable to concur that your Lordships' decision should now become the law of the land. For, as Eveleigh L.J. said in Reg. v. Orpin [1980] 1 W.L.R. 1050, 1054:

"There is nothing inconsistent in treating intoxication as irrelevant when considering the liability of a person who has willed himself to do that which the law forbids (for example, to do something which wounds another), and yet to make it relevant when a further mental state is postulated as an aggravating circumstance making the offence even more serious."

본다. Chancellor 경은 단순히 기본고의 범죄에 대해서만 다루고 있었고 그 범위 내에서만 위 475쪽 D에서 인용한 미국 형법과 같은 내용의 견해를 표명하였다고 보며 특정고의 범죄의 요소로서의 무모함은 전혀 고려된 바가 없다고 나는 확신한다.

그러한 연유로 제 판단에는 항소법원이 1971년의 법 제1조2항(b)에 의거한 유죄 판결은 파기하고 동법 제1조 1항과 3항에 위반한 방화의 죄에 대한 유죄 판결로 이를 대처함에 있어 옳았다고 생각한다. 따라서 문제의 법적 쟁점에 대해 다음과 같이 답을 내려야 한다는 점에 있어 저는 피고인의 변호인의 생각에 동의한다:

스스로 명정상태를 유발하였다는 증거는 (a)피고인이 타인의 생명을 위험에 빠뜨릴 고의가 있었던 경우와, (b) 1971년의 형사손괴법 제1조 2항의 b와 관련하여 피고인이 타인의 생명이 위험이 빠질 것이라는 점과 관련해 무모하게 행동한 경우 양쪽 모두에 있어 유의미하다.

동료 재판관 여러분, 최근에 "살인을 제외한 모든 무모함의 범죄가 Majewski 사건에 따라 기본고의 범죄로 분류될 것이라는 점에 의심에 여지가 없다"고 예견된 바 있다. Glanville Williams, *Textbook of Criminal Law*, p. 431 참조. 이 예측은 재판관님들의 과반수에 의해 이렇게나 금방 실현되었다. 진보적인 견지에서 법정 범죄에 대해 *362 "악의적으로"라는 용어를 "의도적으로" 또는 "무모하게"로 대체함에 따라 본 항소에 대한 다수 의견은 그러한 결과를 가져올 것이다. 이로 인해 범죄가 얼마나 심각한 것이든지 간에 무모함이 범죄의 주관적 구성요건을 충족시킬 수만 있다면 범죄가 명정상태에서 저질러졌어도 그것은 아무런 항변이 되지 못하게 되기 때문에 나는 그러한 다수 의견이 실망스럽다. 이 나라에서 그렇게까지 엄한 법률이 시행되는 것은 아주 오랜만이다. Reg. v. Majewski [1977] A.C. 443, 495B-497C에서 공공정책을 근거로 명정상태였다는 항변은 기본고의 범죄의 책임을 면하게 해주어 형법에서 제한이 없는 영향력을 행사하는 항변이 될 수 없다는 소신을 밝힌 바 있는 나는 그럼에도 불구하고 재판관님들의 이번 결정이 이 나라의 법이 되어서는 안 된다고 생각한다. 왜냐하면, Eveleigh L.J가 Reg. v. Orpin [1980] 1 W.L.R. 1050, 1054에서 말한 바와 같이:

"법이 금지하는 일(예컨대 다른 이에게 상처를 주는 행위)을 하고자 의도한 자의 책임을 고려함에 있어 명정상태를 무의미하다고 치부하면서 추가적인 정신상태에 대한 요건이 더 중한 범죄를 구성하는 요건이 되는 경우에는 명정상태를 유의미하게 취급하는 것은 일관성이 없는 일이 아니"기 때문이다.

By way of a postscript I would add that the majority view demonstrates yet again the folly of totally ignoring the recommendations of the Butler Committee (Report of the Committee on Mentally Abnormal Offenders (1975) (Cmnd. 6244), paras. 18, 53-58).

My Lords, I would dismiss the appeal.

LORD KEITH OF KINKEL.

My Lords, I am in entire agreement with the reasoning contained in the speech of my noble and learned friend, Lord Diplock, which I have had the benefit of reading in draft. I would answer the certified questions in the manner which he proposes, and dismiss the appeal.

LORD ROSKILL.

My Lords, I had prepared an opinion of my own in this appeal but, having the advantage of reading in draft the speech of my noble and learned friend, Lord Diplock, I am satisfied that no useful purpose would be served by delivering that speech. I agree in every respect with what my noble and learned friend has said in his speech and with his proposed answers to the questions certified. For the reasons he gives I agree that this appeal should be dismissed.

Representation

Solicitors:Solicitor, Metropolitan Police ;Gordon & James Morton .

Appeal dismissed. (F. C.)

또한 다수 의견이 또 한번 Butler Committee(Report of the Committee on Mentally Abnormal Offenders (1975) (Cmnd. 6244), 18, 53-58문단)의 권고를 완전히 무시하는 어리석음을 범하는 것이라는 말을 덧붙이고자 한다.

동료 재판관 여러분, 나는 항소를 기각하자는 의견이다.

KEITH OF KINKEL 경.

동료 재판관 여러분, 나는 나의 존경스럽고 높은 식견을 지닌 동료인 Diplock 경이 표명한 견해에 전적으로 동의한다. 그 견해를 미리 읽을 기회가 있었던 나로서는 해당 쟁점들에 대해 그가 주장하는 바대로 답변을 하고 항소를 기각하자는 의견이다.

ROSKILL 경.

동료 재판관 여러분, 나는 이 항소에 대해 나 자신의 의견을 준비했었지만 나의 동료 Diplock 경의 견해를 읽어 볼 기회가 생긴바, 나의 의견을 따로 표명하는 것은 의미가 없을 것이라고 판단하였다. 나는 나의 존경스럽고 높은 식견을 지닌 동료의 판결과 제시된 쟁점에 대한 그의 대답의 모든 면에 대하여 동의하는 바이다. 그가 제시한 바와 같은 이유로 항소가 기각되어야 한다는 데에 동의한다.

변호

변호인: Solicitor, Metropolitan Police; Gordon & James Morton.

항소를 기각한다. (F. C.)

The "Smjeli"

사실관계

1977년 1월 13일, 예인선 Smjeli 호가 석유 시추 장비를 실은 부선 Transporter III 호를 로테르담에서 유고슬라비아로 예인하던 중 예인줄이 끊어졌고 부선은 강풍에 의해 Kent 주 연안으로 밀려갔다. 같은 날 20:00경에 부선은 좌초하였고 이 과정에서 Shepway의 지방의회 소유인 방파제를 손상시켰다. 선주는 예인선단의 출항 점검을 Noble Denton이라는 회사에 위임하고 있었는데, 이 회사는 예인줄에 대한 점검을 제대로 하지 않은 채로 예인줄의 적격에 대한 승인을 내려 줬으며 출항시점의 기상상태가 항해에 적합한 상태인지를 기재하는 승인 증명서를 발급함에 있어서도 출항 일자를 공란으로 비워 두어 선장이 임의로 날짜를 기입하도록 하였다. 또한 예인선의 선장은 출항 당시 강도가 적합하지 않은 수치를 예인줄이 사용되었음을 보고받았음에도 별다른 조치를 취하지 아니하였다.

원고 Shepway 지방의회는 예인선과 부선의 소유자인 Brodospas에 손해배상을 청구하였고, 본 사건은 원심의 판결에 대하여 피고인 선주가 항소한 사건이다. 피고는 책임을 인정하면서 다만 본 사건의 손해가 자신들의 실제 과오 또는 관여 없이 발생하였으므로 자신의 책임은 제한되어야 한다고 주장하였다.

판결 및 쟁점

1894년의 상업운송법 제503조는 선주의 '실제 과오'가 없는 경우 그의 책임을 제한하고 있으므로, 본 판결에서는 선주에게 실제 과오가 있었는지 여부가 쟁점이 되었다. 법원은 선주가 예인선단의 출항 점검을 의뢰받은 회사의 승인과 예인선 선장을 신뢰한 것은 정당하므로 발생한 손해는 선주의 실제 과오 또는 관여 없이 발생한 것으로써 선주는 제503조의 책임제한을 받을 수 있다고 판결하였다.

법원은 이러한 판결을 내림에 있어, 먼저 피고인 선주는 선박을 적절한 시기에, 그리고 감항능력이 있는 상태로 출항시키기 위한 상당한 주의를 기울여야 할 의무를 진다고 보았다. 원고는 Standard Oil Co. of New York v. Clan Line Steamers Ltd. 판결은 인용하며 선박을 감항능력이 있는 상태로 출항시킬 선주의 위와 같은 책임은 전적인 위임이 불가능한 것이므로 수임인이 적합하게 업무를 수행하지 못한 경우 선주는 직접 책임을 져야 한다는 주장을 하였다.

그러나 법원은 선주의 의무가 위임된 경우라 하더라도 그것만으로 그 수임인이 업무를 적합하게 수행하지 못한 경우 선주의 책임제한이 배제되는 것은 아니라는 점을 확인하고, 나아가 본 사건에서 선주가 숙련된 선장과 관련 업무 수행에 명성이 있는 Noble Denton 사를 신뢰한 것은 정당했다고 판단하였다. 즉 법원은 선주가 자신의 의무의 이행을 '적절한 자격이 있는 보조자'에 위임한 경우에는 그의 과오를 선주의 실제 과오로 볼 수 없다고 판시하였고 이에 제503조에 따른 선주의 책임제한을 인정하였다.

***74 The "Smjeli"**

Queen's Bench Division (Admiralty Court)

QBD (Admlty)

Mar. 22, 23, 24, 25 and 29, 1982; Apr. 27, 1982
Before Mr. Justice Sheen

The defendants were the owners of the tug *Smjeli* and the dumb barge *Transporter III.* On Dec. 27, 1976, the defendants entered into a contract of towage with the cargo-owners, for the towage of certain platform supporting towers from Rotterdam to Yugoslavia using for that purpose *Transporter III.*

The cargo-owners instructed Noble Denton (Captain Noble-Smith) who also acted on behalf of the defendants to approve the stowage of the load, the tug and barge to be used and the towing hawser.

On Jan. 4 or 5 Noble Denton discussed with the master of *Smjeli* the details of the towing hawser. The master was requested to include in the towing connections 10 metres of wire rope of 4 1/2 in. circumference (the fuse wire). The intention was that this wire should have a breaking strain of about 10 per cent. less than the breaking strain of the main towing wire so that if the strain upon the towing connection was too great it would part in this short length of wire. The breaking strain of the fuse wire was 69.4 tonnes while that of the main towing hawser was 92.9 tonnes. Normal good practice however required the use of a towing wire with breaking strain more than twice the bollard pull of the tug, and since the bollard pull of *Smjeli* was 40 tonnes it was not in accordance with good practice to use a towing wire with a breaking strain of less than 80 tonnes and both the master and Captain Noble-Smith knew or ought to have known that.

*74 The "Smjeli"

영국 여왕좌 법원(해사 재판소)[1]

QBD (Admlty)

1982년 3월 22, 23, 24, 25 과 29일 심리, 1982년 4월 27일 판결
Sheen 판사의 심리

피고들은 예인선 Smjeli와 부선(艀船) Transporter III의 소유자들이다. 1976년 12월 27일에 피고들은 화물 소유자와 계약을 체결하여 로테르담에서 유고슬라비아까지 특정 플랫폼 지지 타워를 Transporter III 호를 이용하여 운송하기로 하였다.

화물 소유자들은 피고의 대리이기도 한 Noble Denton(Captain Noble-Smith)에게 화물의 적재, 사용할 예인선과 부선, 그리고 예인줄을 확인할 것을 지시하였다.

1월 4일이나 5일에 Noble Denton은 Smjeli의 선장과 예인줄에 대한 상세 내용을 상의하였다. 선장은 예인 연결부에 원주가 4 1/2인치인 로프 10미터(퓨즈 와이어)를 포함시킬 것을 요청받았다. 이러한 요청의 의도는 이 로프가 주 예인 와이어보다 약 10% 낮은 파괴 스트레인 값을 가져서 예인 연결부에 가해지는 부하가 과다할 경우 이 짧은 로프에 그 힘이 분산되도록 하려는 것이었다. 퓨즈 와이어의 파괴 스트레인은 69.4톤이었고 주 예인줄의 파괴 스트레인은 92.9톤이었다. 그러나 보통의 관행은 예인선의 볼라드 풀[2]보다 2배 이상의 파괴 스트레인 값을 가진 예인 와이어를 사용하도록 요구하였으며 Smjeli의 볼라드 풀은 40톤이었으므로 파괴 스트레인이 80톤 이하인 예인 와이어를 사용하는 것은 관행에 어긋나는 행위였으

1 Queen's Bench Division(Admiralty Court). 여왕좌 법원은 영국 고등법원(High Court of Justice)의 일부로, 해사 재판소 외에 상사 재판소(Commercial Court)와 행정 재판소(Administrative Court)를 포함한다.

2 선박의 당기는 힘을 비교 가능케 하는 단위.

In due course Captain Noble-Smith approved the use of the wire without taking any steps to find out its breaking strain and without having seen any test certificates and before *Smjeli* and the barge left Rotterdam the master had received the test certificate in respect of the fuse wire which stated that the breaking strain of the wire was 69.4 tonnes.

On Jan. 13, 1977 *Transporter III*, laden with several sections of a steel oil rig was being towed by *75 *Smjeli* from Rotterdam to Yugoslavia when seven miles east of Dungeness the towing hawser parted. *Transporter III* was driven by a southerly gale towards the coast of Kent. She took the ground westward of Folkestone pier causing damage to some groynes which were the property of the District Council of Shepway, and consequential loss and damage in respect of which the plaintiffs claimed damages.

The plaintiffs issued a writ in rem against both vessels. The defendants admitted liability in so far as the damage had been caused by the sole and exclusive negligence of the master but sought to limit their liability under s. 503 of the Merchant Shipping Act, 1894 as amended on the ground that the liability had arisen without their actual fault or privity. The defendants further contended that the limit of their liability was to be calculated by reference to the tonnage of *Smjeli* alone. The plaintiffs however agreed that if the defendants were entitled to limit their liability such liability ought to be calculated by reference to the tonnages of both vessels.

Held, by Q.B. (Adm. Ct.) (SHEEN, J.), that

(1) the duty upon the defendants here was the common law duty to use reasonable care to send their vessels to sea in a seaworthy condition and at a proper time; it could not be said that if this duty was delegated to a properly qualified subordinate, any fault of the subordinate was to be treated as actual fault of the owning company (*see* p. 79, col. 2);

(2) the defendants were justified in placing reliance upon Noble Denton's approval of the arrangements for the towage and upon the master who was an experienced tug-master and who had a test certificate for the fuse wire; the defendants were also entitled to rely upon Captain Noble-Smith ensuring that a period of suitable weather had set in before giving a certificate of approval for the departure of the tug and tow and, since the defendants were justified in relying

며 선장과 Captain Noble-Smith는 이 사실을 알았거나 알았어야 한다.

절차가 진행됨에 따라 Captain Noble-Smith는 와이어의 파괴 스트레인을 알아보기 위한 조치를 취하지 않고 어떠한 실험 증명서도 보지 않고서 와이어의 사용을 승인하였고 Smjeli와 부선이 로테르담을 떠나기 전에 선장은 퓨즈 와이어와 관련한 실험 증명서를 받았으며 여기에는 와이어의 파괴 스트레인이 69.4톤이라고 되어 있었다.

1977년 1월 13일에 강철 석유 굴착 장치의 부품 수 개를 실은 Transporter III를 *75 Smjeli가 로테르담에서 유고슬라비아로 예인해 가던 중에 Dungeness에서 동쪽으로 7 마일 지점에서 예인줄이 끊어졌다. Transporter III는 거센 남풍에 의해 Kent 해안으로 밀려갔다. 선박은 이내 Flkestone 항구 서쪽에 좌초하였으며 Shepway의 지방의회 소유인 방파제를 손상시켰고 원고가 이에 따른 손해배상을 청구하였다.

원고들은 양 선박에 대해 대물 명령을 발부받았다. 피고들은 선장의 단독적이고 배타적인 과실에 의해 발생한 손해에 대해서는 책임을 인정하였으나 책임이 그들의 실제 과오 또는 관여 없이 발생하였다는 점을 근거로 들어 1894년의 상업운송법 제503에 따라 자신들의 책임을 제한하고자 하였다. 피고들은 더 나아가 자신들의 책임의 한도는 Smjeli의 용적톤수만을 근거로 계산되어야 한다고 주장하였다. 이에 대해 원고들은 피고들의 책임이 제한될 수 있다면 그 책임의 한도는 양 선박 모두의 용적톤수를 기준으로 계산되어야 한다고 반박하였다.

Q.B. (Adm. Ct.) (SHEEN 판사)는 다음과 같이 판결하였다.

(1) 본 사안에 있어서 피고들이 부담하는 의무는 자신의 선박을 적절한 시점에 감항능력이 있는 상태로 출항시키기 위해 상당한 주의를 기울여야 할 보통법상의 의무이다. 이러한 의무의 이행을 적절한 자격 있는 보조자에게 위임한 경우 그 보조자의 모든 과오를 소유 회사의 실제 과오로 보아서는 안 되는 것이다(p. 79, col. 2 참고);

(2) 피고들이 예인과 관련한 준비 사항에 대한 Noble Denton의 승인을 신뢰한 것과 숙련된 예인선 선장이며 퓨즈 와이어에 대한 실험 증명서를 보유한 선장을 신뢰한 것은 정당하다. 또한 피고들이 Captain Noble-Smith가 예인선과 끌리는 배의 출항을 승인하는 증명서를 발급하기 전에 적절한 기후가 일정 기간 지속될 것임을 보증할 것이라고 기대한 것도 정당하며

upon Noble Denton to ensure that the tug and tow took departure from Rotterdam at a suitable moment and with a towing hawser of adequate strength, the damage occurred without the actual fault or privity of the defendants and they were not liable in damages beyond the limits prescribed by s. 503 of the Act (*see* p. 79, col. 2);

(3) if the plaintiffs' claim had depended solely upon the allegation that the master was negligent in the navigation of the tug the limit of the defendants' liability would have been calculated by reference to the tug alone (*see* p. 79, col. 2; p. 80, col. 1);

(4) the plaintiffs' cause of action against *Transporter III* arose out of the negligent acts or omissions which occurred when making the arrangements for the towage of the barge when she left Rotterdam; a claim for damages would have been successful if a servant of the barge-owner was guilty of those acts or omissions regardless of who owned the tug; and although the owners of the barge were not liable to damages beyond an amount calculated by reference to her tonnage, i.e., £62,078, there was no reason why that liability should be limited to a lesser sum because the owners of the barge also owned the tug (*see* p. 80, col. 2);

(5) the plaintiffs also had a cause of action against *Smjeli* in that the master was negligent in his navigation of *Smjeli* in causing or allowing the fuse wire to part and in failing to seek shelter towards North Foreland and instead attempting to hold the tow in the Dover Strait and the defendants' liability would be limited to £23,602 (*see* p. 80, col. 2; p. 81, col. 1).

Judgment for the plaintiffs for £85,680.

The following cases were referred to in the judgment:

Bramley Moore, The, (C.A.) [1963] 2 Lloyd's Rep. 429; [1964] p. 200;

Lady Gwendolen, The, (C.A.) [1965] 1 Lloyd's Rep. 335; [1965] p. 294;

Sir Joseph Rawlinson, The, [1972] 2 Lloyd's Rep. 437; [1973] 1 Q.B. 285;

Standard Oil Co. of New York v. Clan Line Steamers Ltd., (H.L.) (1923) 17 Ll.L.Rep. 120 [1924] A.C. 100.

피고들이 예인선과 끌리는 배가 적절한 시점에 적절한 강도를 지닌 예인줄을 장착하고 로테르담에서 출항할 것을 Noble Denton이 보증할 것이라고 신뢰한 점이 정당하므로 발생한 손해는 피고들의 실제 과오 또는 관여 없이 발생한 것으로서 그들은 법 제503조에서 정하고 있는 범위의 손해 이상의 손해에 대해서는 배상책임을 지지 않는다(p. 79, col. 2 참고);

(3) 만일 원고의 배상 청구가 예인선의 운항과 관련하여 선장의 과실이 있었다는 주장만을 근거로 하였다면 피고들의 배상액은 예인선의 용적톤수만을 기준으로 하여 계산되었을 것이다 (p. 79, col. 2; p. 80, col. 1 참고);

(4) Transporter III를 상대로 한 원고들의 소송원인은 부선이 로테르담에서 출항할 준비를 하는 과정에서 있었던 과실 있는 행위 내지는 부작위를 근거로 한 것이다. 예인선의 소유자가 누구인가와 상관없이 부선 소유자의 피용자가 그러한 행위나 부작위에 대해 책임이 있었다면 손해배상 청구는 받아들여졌을 것이다. 그리고 부선의 소유자들의 배상책임은 부선의 용적톤수에 따라 계산된 금액(예=£62,078) 내로 한정될 수 있다고 하는 경우에도 소유자들이 부선 외에 예인선도 같이 소유하고 있다고 하여 그러한 배상책임의 한도가 더 적어져야 할 이유는 없다(p. 80, col. 2 참고);

(5) 원고들에게는 또한 Smjeli의 선장이 항해 중에 퓨즈 와이어의 분절을 일으키거나 방치한 것에 대해 과실이 인정되고 North Foreland 쪽으로 피신하지 않고서 끌리는 배를 도버 해협에 유지시키려고 한 점에 대해서도 과실이 인정된다는 점을 근거로 한 소송원인이 있었고 이에 따른 배상책임은 £23,602로 제한된다(p. 80, col. 2; p. 81, col. 1 참고).

원고승소판결, £85,680 배상명령.

본 판결에는 다음의 판례들이 참조되었다:

Bramley Moore, The, (C.A.) [1963] 2 Lloyd's Rep. 429; [1964] P. 200;

Lady Gwendolen, The, (C.A.) [1965] 1 Lloyd's Rep. 335; [1965] P. 294;

Sir Joseph Rawlinson, The, [1972] 2 Lloyd's Rep. 437; [1973] 1 Q.B. 285;

Standard Oil Co. of New York v. Clan Line Steamers Ltd., (H.L.) (1923) 17 Ll.L.Rep. 120 [1924] A.C. 100.

This was an action in rem by the plaintiffs, the District Council of Shepway against the defendants, Brodospas, the owners of the tug *Smjeli* and the dumb barge *Transporter III* for damage caused by the vessels to groynes owned by the plaintiffs. The defendants admitted liability but contended that the damage had been caused without their actual fault and privity and they were therefore entitled to limit their liability pursuant to s. 503 of the Merchant Shipping Act, 1894 as amended by the Merchant Shipping (Liability of Shipowners and Others) Act, 1958.

Representation

Mr. David Steel, Q.C. and Mr. Charles Hadden-Cave (instructed by Messrs. Sinclair Roche & Temperley) for the plaintiffs; Mr. Gerald Darling, Q.C. and Mr. Geoffrey Kinley (instructed by Messrs. William A. Crump & Son) for the defendants.

The further facts are stated in the judgment of Mr. Justice Sheen.

Judgment was reserved.

Thursday, Apr. 27, 1982

JUDGMENT

Mr. Justice SHEEN:

On Jan. 13, 1977, the dumb barge *Transporter III*, laden with several sections of a steel oil rig, was being towed by the *76 tug *Smjeli* from Rotterdam to Yugoslavia, and had reached a position about seven miles east of Dungeness when the towing hawser parted. *Transporter III* was then driven by a southerly gale towards the coast of Kent. At about 20 00 that day the barge took the ground about eight cables westward of Folkestone pier. It caused damage to some groynes, which are the property of the District Council of Shepway, and consequential loss and damage, in respect of which the plaintiffs claim damages.

본 안은 원고인 Shepway의 지방의회에 의한 대물 소송으로서 피고인 예인선 Smjeli와 부선 Transporter III의 소유자인 Brodospas에 대해 해당 선박들이 원고 소유의 방파제에 끼친 손해를 배상받고자 제기한 소송이다. 피고들은 책임은 인정하면서도 손해가 자신들의 실제 과오 또는 관여 없이 발생하였으며 따라서 1958년의 상업운송법(선박소유자 등의 책임)에 따라 개정된 1894년의 상업운송법 제503조에 따라 책임을 제한할 권한이 있다고 주장하였다.

변호

원고 측 변호인 Mr. David Steel, Q.C.와 Mr. Charles Hadden-Cave (Messrs. Sinclair Roche & Temperley의 지도를 받음); 피고 측 변호인 Mr. Gerald Darling, Q.C.와 Mr. Geoffrey Kinley (Messrs. William A. Crump & Son의 지도를 받음)

이상의 사실관계는 Sheen 판사의 판결문에 적시되어 있다.

판결은 유보되었다.

1982년 4월 27일, 목요일

판결

SHEEN 판사:

1977년 1월 13일에 강철 석유 시추 장비의 부품을 수 개 실은 부선 Transporter III가 *76 예인선 Smjeli에 의해 로테르담에서 유고슬라비아로 예인되고 있었으며 Dungeness 동쪽 7마일 지점에 다다랐을 때 예인줄이 끊어졌다. 그리고 Transporter III는 거센 남풍에 의해 Kent 해안으로 밀려갔다. 같은 날 20:00경에 부선은 Folkestone 항구에서 서쪽으로 8케이블 지점에 좌초하였다. 이 과정에서 Shepway의 지방의회 소유인 방파제를 손상시켰고 원고는 이에 대한 손해배상을 청구한 것이다.

The plaintiffs issued a writ in rem against the tug *Smjeli* and against the dumb barge *Transporter III*. Both of those vessels are ships within the meaning of Part VIII of the Merchant Shipping Act, 1894 (hereinafter "the Act") as amended in 1921. Both ships are owned by a Yugoslav towing and salvage organization known as "Brodospas", who are the defendants in this action.

On Feb. 16, 1982, the defendants' solicitors served an admission of liability by the defendants in the following terms:

We, the undersigned Solicitors for the Defendants hereby admit liability on their behalf for the damage … insofar as the said damage, loss and expense suffered by the plaintiffs was caused by the sole and exclusive negligence of the Defendants' servant or agent Captain Vukusic …, Master of the Defendants' tug SMJELI. In the premises it is admitted that the Plaintiffs are entitled to judgment against the Defendants together with interest and costs under head (i) of the prayer of the amended statement of claim. … This admission of liability is entirely without prejudice to the Defendants' contentions in paragraph 10 of the re-amended defence (a) that the said liability arose without the Defendants' actual fault or privity and that in consequence they are entitled to limit their liability under section 503 of the Merchant Shipping Act 1894 as amended and extended; (b) that the limit of their liability is to be calculated by reference to the tonnage of the tug SMJELI alone; (c) that their liability is thus limited to the sum of £23,602 …

The prayer of the amended statement of claim reads as follows:

And the Plaintiffs claim: (1) Judgment against the SMJELI and TRANSPORTER III and/or the Defendants and/or their bail for the damage sustained together with interest and costs.

Thus the defendants admitted that the plaintiffs are entitled to judgment against both *Smjeli* and *Transporter III* and/or their bail in respect of negligence by Captain Vukusic.

The relevant words of s. 503 of the Act as amended by the Merchant Shipping (Liability of Shipowners and Others) Act, 1958, are:

(i) The owners of a ship, British or Foreign, shall not, where all or any of the following occurrences take place without their actual fault or privity; (that is to say,) (d) Where any loss

원고들은 예인선 Smjeli와 부선 Transporter III에 대해 대물 명령을 발부받았다. 두 개의 선박 모두 1921년 개정된 1894년의 상업운송법(이하 '법'이라 함) 제8장의 정의에 포함된다. 두 선박은 모두 "Brodospas"라는 이름의 유고슬라비아 예인 · 인양 회사의 소유이며 이 회사가 본 소송의 피고이다.

1982년 2월 16일에 피고의 변호인들은 다음과 같은 내용으로 책임을 인정하는 내용의 문서를 제출하였다:

아래에 서명을 한 우리 피고인의 변호인은 피고인을 대리하여 발생한 손해, 손실, 그리고 비용이 피고의 피용인 내지는 대리인이자 피고의 예인선 SMJELI의 선장인 Vukusic 선장의 단독적이고 배타적인 과실에 의해 일어난 한도에서는 그에 대한 책임을 인정한다. 원고가 피고를 상대로 수정된 청구권의 진술서상의 요청의 (i)항에 다른 배상액과 이자, 그리고 비용을 받을 권한이 있음을 인정한다. … 본 책임의 인정은 제10절에서 언급하고 있는 피고인의 재수정된 항변의 주장 내용, 즉 (a) 해당 배상책임은 피고의 실제 과오 또는 관여 없이 발생하였으며 따라서 피고는 1894년의 상업운송법 503조의 개정 내용에 따라 자신의 책임을 제한할 수 있다는 주장과 (b) 제한된 책임의 범위는 예인선 SMJELI의 용적톤수만을 기준으로 계산한다는 주장, 그리고 (c) 이에 따라 계산된 배상액은 £23,602이라는 주장에 대해서는 아무런 영향을 미치지 아니한다.

수정된 청구권의 진술서의 내용은 다음과 같다:

그리고 원고는 다음을 청구한다: (1) SMJELI와 TRANSPORTER III 그리고/또는 피고인 그리고/또는 그들의 예치금에 대해 발생한 손해와 이자, 그리고 비용의 지급을 명하는 판결.

따라서 피고는 원고가 Vukusic 선장의 과실과 관련하여 Smjeli와 Transporter III 양자 그리고/또는 그들의 예치금으로부터 손해배상을 받을 수 있음을 인정하였다.

1958년 상업운송법(선박 소유자 등의 책임)에 따라 개정된 법 제503조의 유관한 부분은 다음과 같다:

(i) 영국이나 외국 선박의 소유자들은 자신의 실제 과오 또는 관여 없이 다음과 같은 일이 발생하는 경우에; (즉,) (d) 선박의 항해나 관리 … 와 관련하여 누군가(선박에 탄 사람이든

or damage is caused to any property ... or any rights are infringed through the act or omission of any person (whether on board the ship or not) in the navigation or management of the ship ... be liable to damages beyond the following amounts; (that is to say,) (ii) in respect of such loss, damage or infringement as is mentioned in paragraph ... (d) ... an aggregate amount not exceeding an amount equivalent to one thousand gold francs for each ton of their ship's tonnage.

The plaintiffs contend (1) that in the circumstances of this case the defendants are not entitled to limit their liability, (2) alternatively, that if the defendants are entitled to limit their liability the amount for which they are liable is to be calculated by reference to the aggregate tonnage of both vessels, which would result in their not being liable in damages beyond £ 85,680, and (3) in the further alternative, that the amount of damages for which the defendants are liable is to be calculated by reference to the tonnage of the ship *Transporter III*, which would produce a limitation fund of £62,078.

There is no dispute as to the amount of each of the three possible limitation funds.

On Mar. 2, 1982, a third amendment was made to the defence. By that amendment to par. 7 of the defence the defendants pleaded:

It is admitted that the Defendants' servant or agent Captain Vukusic, Master of the Defendants' tug SMJELI was solely and exclusively negligent in or about his navigation or management of the SMJELI and/or in or about his navigation or management of the TRANSPORTER III.

The plaintiffs requested particulars of this plea. In answer to that request the defendants, by a pleading dated Mar. 9, 1982, pleaded:

Captain Zdravko (meaning Vukusic) was negligent in or about his navigation or management of both the SMJELI and the TRANSPORTER III in the respects alleged under heads (iv), (ix), (x) and (xiii) of the particulars under paragraph 7 of the re-amended Statement of Claim. By reason of the said acts of negligence the loss in question was caused.

*77 In accordance with R.S.C., O. 35, r. 7 (6), the defendants claimed the right to begin on the grounds that the burden of proof of all the issues in the action lay upon them. It was agreed

아니든)의 작위나 부작위에 의해 재산에 대한 손실 또는 손해가 발생한 경우 … 또는 타인의 권리가 침해된 경우 다음의 금액을 초과하는 손해액에 대해서는 책임을 지지 않는다; (즉,) (ii) (d)항에서 말하는 손실, 손해, 또는 침해에 대해 선박의 용적톤수에 일천 골드 프랑을 곱한 금액.

원고들은 (1) 본 사건의 경우에는 피고들은 책임을 제한할 수 없으며, (2) 그렇지 않을 경우, 피고가 책임을 제한할 수 있다고 하면 피고가 배상해야 할 금액은 두 개의 선박의 용적톤수를 합한 톤수를 기준으로 계산되어야 하며 이에 따라 피고는 £ 85,680 이상의 금액에 대해서는 책임을 지지 않고, (3) 이도 인정되지 않을 경우, 피고가 배상하여야 할 금액의 한도는 Transporter III의 용적톤수를 기준으로 계산되어야 하며 이에 따라 피고의 책임의 한도는 £ 62,078가 될 것이라고 주장한다.

가능한 세 가지 경우의 배상액의 한도 금액 자체에 대해서는 이론이 없다.

1982년 3월 2일에 피고인의 항변이 세 번째로 수정되었다. 피고의 항변의 7장에 대한 해당 수정 사항을 통해 피고는 다음과 같이 주장하였다:

피고의 피용인 내지는 대리인인 예인선 SMJELI의 선장 Vukusic이 SMJELI와 TRANSPORTER III 관리와 운항, 그리고 관련 사항에 대하여 단독적, 배타적으로 과실이 있었음을 인정한다.

원고는 이 주장에 대한 세부적인 내용을 요청하였다. 이러한 요청에 대한 답변으로 피고는 1982년 3월 9일자 답변서로 다음과 같이 답하였다:

재수정된 청구권의 진술서 제7문단의 (iv), (ix), (x), (xiii)항에서 주장하고 있는 점들과 관련하여 Zdravko 선장(Vukusic를 의미)이 SMJELI와 TRANSPORTER III의 운항이나 관리 행위 그 자체 또는 그와 관련된 행위에 대해 과실이 있었다. 해당 과실 있는 행위로 인해 문제의 손해가 발생하였다.

*77 R.S.C., O. 35, r. 7 (6)에 따라 피고는 소송의 모든 쟁점들에 대한 입증책임을 그들이 지고 있으니 먼저 변론할 권리가 자신들에게 있다고 주장하였다. 선임변호사들 사이에서도

between leading Counsel that the defendants had that right, as indeed they had on the state of the pleadings as they stood throughout the trial until after Mr. Steel, Q.C., for the plaintiffs, had finished his final speech. When Mr. Darling, Q.C. had nearly completed his speech for the defendants he made an application to make a further amendment to the defence and to the particulars dated Mar. 9, 1982, and for an adjournment of the trial to enable the amendments to be prepared. I granted an adjournment until the following Monday. At the resumed hearing Mr. Hadden-Cave opposed the application to amend. There was great force in his submission that Counsel for the plaintiffs would have conducted the trial differently if at the commencement of the trial the pleadings had been in the form now proposed. In the course of his submissions he submitted that there would be no injustice in holding the defendants to their admissions because they were validly made. With some hesitation I came to the conclusion that even at that very late stage of the trial I ought to grant the application. No application was made by the defendants to withdraw the formal admission of liability made on their behalf on Feb. 16, 1982.

I must now turn to consider the evidence in relation to those limited areas in which the facts are in dispute, and make my findings thereon. *Smjeli* is a single screw tug of 946 g.r.t. She has a length of 62.46 metres overall and a beam of 11.75 metres. She is powered by diesel engines of 4000 i.h.p. which drive a single screw and give her a bollard pull of 40 tons. I note that Noble Denton recorded her bollard pull as 45 tons.

Transporter III is a dumb barge of 1545 g.r.t. She was built in 1973, and is 54 metres in length and 20.726 metres in beam and 4.95 metres in depth.

On Dec. 27, 1976, Brodospas entered into a contract with INA-Naftaplin, the Yugoslav Oil and Natural Gas Exploitation and Exploration Enterprise, for the towage of certain platform supporting towers from Rotterdam to Yugoslavia, using for that purpose the barge *Transporter III.* It was agreed that Brodospas would take the barge to Rotterdam for embarcation and that INA-Naftaplin would organize the preparation of the structure for loading. It was further agreed that the tying, securing and welding of the load carried out on the barge deck and any work done at the request of the insurer's authorized expert would be charged to INA-Naftaplin and would be done to the satisfaction of Brodospas. It was also agreed that Brodospas was responsible for insuring, at its own expense, the tug and the barge with an appropriate insurance organization, while INA-Naftaplin was responsible for insuring the load. It is a common

피고가 그와 같은 권리가 있다고 합의하였고, 원고 측 변호사인 Steel Q.C 씨가 그의 최종변론을 마친 후까지 그들이 변론상황에 대해 합의하였었던 것과 마찬가지이다. Darling, Q.C 씨는 피고를 위한 변론을 거의 마칠 시점에 1982년 3월 9일자 항변에 대해 추가적으로 수정을 할 수 있게 허가해 줄 것과 그러한 수정 사항을 준비할 수 있도록 휴정을 할 것을 요청하였다. 나는 그 다음 월요일까지 휴정을 허락하였다. 계속된 재판에서 Hadden-Cave 씨가 수정 요청에 반대하였다. 수정된 내용이 상당하여 재판 시작 시점에 현재 제시한 내용대로의 변론을 하였다면 원고의 변호인이 재판을 다르게 진행하였었을 것이라는 얘기였다. 그는 변론을 펼치면서 피고의 책임 인정이 유효하게 이루어졌으므로 그를 (철회에도 불구하고) 인정하는 것이 불합리하지 않다고 주장하였다. 약간의 망설임이 있었지만 나는 재판이 상당히 진행된 그 시점에서도 요청을 허용해야 한다고 결정하였다. 피고는 그들이 1982년 2월 16일에 제출한 책임을 인정하는 진술을 철회하려고는 하지 않았다.

이제 다툼의 여지가 있는 몇몇 부분에 관한 증거를 살펴보고 그에 대한 판단을 하고자 한다. Smjeli는 946g.r.t의 단일 스크류 예인선이다. 선박의 전체 길이는 62.46 미터이며 선폭은 11.75미터이다. 단일 스크류를 작동시키는 4000 i.h.p.의 디젤 엔진들을 달고 있으며 볼라드 풀이 40톤이다. Noble Denton은 볼라드 풀이 45톤이라고 한 점을 짚고 넘어가기로 한다.

Transporter III는 1545 g.r.t.의 부선이다. 이 선박은 1973년에 건조되었고 길이는 54미터, 선폭은 20.726미터, 그리고 깊이는 4.95미터이다.

1976년 12월 27일에 Brodospas는 유고슬라비아의 석유와 천연 가스 개발과 탐사 기업인 INA-Naftaplin과 Transporter III를 사용하여 로테르담에서 유고슬라비아까지 특정 플랫폼 지지 타워를 예인하기로 하는 내용의 계약을 체결하였다. 당사자들은 Brodospas가 적재를 위해 부선을 로테르담으로 가져가고 INA-Naftaplin이 선적에 필요한 구조를 준비시키기로 합의하였다. 또한 부선 갑판에서 이루어지는 선적 화물의 매듭, 고정, 그리고 용접과 보험자의 승인된 전문가의 요청에 따라 이루어지는 작업에 대해서는 INA-Naftaplin이 비용을 부담하고 일의 내용은 Brodospas의 기준에 맞게 수행하기로도 합의하였다. 또한 Brodospas가 자신의 비용으로 적합한 보험 단체를 이용해 예인선과 부선을 보험에 가입시킬 책임을 부담하고 INA-Naftaplin은 선적 화물에 대한 보험을 들 책임을 부담하기로 합의하였다. 화물

practice for underwriters of cargo to stipulate in the insurance policy that a recognized expert in such matter should approve the tug and tow, the securing of the load and also the composition of the towage connection. INA-Naftaplin and the Croatia Insurance Co. of Zagreb instructed the firm of Noble Denton and Associates Ltd. (hereinafter "Noble Denton") to act on behalf of cargo-owners to approve the stowage of the load and the tug and barge to be used and also the towing hawser. I understand that the cargo underwriters were not liable upon the policy of insurance unless a certificate of approval from Noble Denton had been obtained. Noble Denton were also acting on behalf of Brodospas. Mr. Mateljan, who is the director of the salvage and towing department of Brodospas, knew Noble Denton and had considerable faith in representatives of that company. The events which gave rise to this action have probably caused Mr. Mateljan to revise his assessment of Noble Denton.

On Dec. 29, 1976, there was a meeting in London attended by four representatives of Brodospas, including Mr. Mateljan and Captain Biocic, and four representatives of Noble Denton, including Captain D. R. Noble-Smith. At that meeting there were discussed, among other matters, the arrangements for the towage of *Transporter III* from Rotterdam to Split. Mr. Mateljan told the Noble Denton representatives that the tug-master would use the same towing hawser as he had used for the towage from the Mediterranean to Rotterdam. The Noble Denton representatives said that they would discuss the towing hawser with the tug-master and advise whether they agreed with it. Mr. Mateljan took the view that this was a matter which he could safely leave to the master of the tug and a representative of Noble Denton. After that meeting Mr. Mateljan went to Rotterdam to visit *Smjeli*, and on the following day he left Rotterdam and returned to Yugoslavia.

On Jan. 4 or 5, 1977, Captain Goldsmith of Noble Denton discussed with Captain Vukusic the details of the towing hawser to be used. He requested Captain Vukusic to include in the towing connection 10 metres of wire rope of 4 1/2 inch circumference. His intention was that this wire should have a breaking strain about 10 per cent. less than the breaking strain of the main towing wire, so that if the strain upon the towing connection was too great it would part in this short length of wire. For this reason it was referred to as a "fuse wire".

의 보험업자들 사이에서는 해당 분야의 승인된 전문가가 예인선과 끌리는 배, 선적 화물의 고정, 그리고 예인 연결부의 구성을 확인하기로 한다는 내용을 보험 증권상에 명시하는 것이 관행이다. INA-Naftaplin과 자그레브의 Croatia Insurance Co.는 회사 Noble Denton and Associates Ltd.(이하 "Noble Denton"이라 함)에게 화물 소유자를 대리하여 선적 화물의 적재물과 사용할 예인선과 부선, 그리고 예인줄을 확인하도록 지시하였다. Noble Denton으로부터 확인 증서를 받기 전까지는 화물의 보험업자들은 보험 증권에 따른 책임을 지지 않기로 되어 있었다. Noble Denton은 또한 Brodospas를 대리하고 있기도 했다. Brodospas의 인양과 예인 부서의 부장인 Mateljan 씨는 Noble Denton을 알고 있었으며 해당 회사의 대표자들에 대한 상당한 신뢰를 가지고 있었다. 본 소송을 제기하게 만든 사건들로 인해 Mateljan 씨의 Noble Denton에 대한 평가는 변했을 것이라 생각한다.

1976년 12월 29일 런던에서 Mateljan 씨와 Captain Biocic을 포함한 Brodospas의 대표 4인과 D. R. Captain Noble-Smith를 포함한 Noble Denton의 대표자 4인이 참석한 회의가 열렸다. 이 회의에서 다른 사안들과 함께 Transporter III를 로테르담에서 Split까지 예인하기 위한 준비 문제도 논의가 되었다. Mateljan 씨는 Noble Denton의 대표자들에게 예인선 선장이 지중해에서 로테르담까지 선박을 예인하는 데 사용한 것과 같은 예인줄을 사용할 것이라고 알렸다. Noble Denton의 대표자들은 예인줄에 관한 문제를 예인선 선장과 상의하고 이에 대해 동의하는지 여부를 알려줄 것이라고 하였다. Mateljan 씨는 이 문제가 예인선의 선장과 Noble Denton의 대표자에게 안전하게 위임할 수 있는 문제일 것이라고 생각하였다. 이 회의 후에 Mateljan 씨는 Smjeli를 방문하기 위해 로테르담으로 갔고 그 다음 날에 그는 로테르담을 떠나 유고슬라비아로 돌아갔다.

1977년 1월 4일이나 5일에 Noble Denton의 Captain Goldsmith는 사용될 예인줄에 대하여 Vukusic 선장과 논의를 하였다. 그는 Vukusic 선장에게 예인 연결부에 원주가 4 1/2인치인 와이어 밧줄 10미터를 포함시킬 것을 요청하였다. 이러한 요청의 의도는 이 로프가 주 예인 와이어보다 약 10% 낮은 파괴 스트레인 값을 가져서 예인 연결부에 가해지는 스트레인이 과다할 경우 이 짧은 밧줄에 그 힘이 분산되도록 하려는 것이었다. 이러한 연유로 이 밧줄을 "퓨즈 와이어"라고 불렀다.

*78 A 4 1/2 in. circumference wire has a diameter of 36 mm. The main towing hawser of the tug Smjeli has a diameter of 40 mm. Thus the diameter of the fuse wire was 10 per cent. less than the diameter of the main towing wire, but the area of the cross-section would be about 19 per cent. less than the cross-section of the main hawser. The effect of that reduced cross-section was that its strength was substantially less than it ought to have been. Test certificates on the two wires show that the breaking strain of the main towing hawser was 92.9 metric tonnes and the breaking strain of the fuse wire was 69.4 tonnes. This is a reduction in strength of about 25 per cent.

Normal good practice requires the use of a towing wire with a breaking strain more than twice the bollard pull of the tug. The bollard pull of *Smjeli* was 40 tons. Therefore it was not in accordance with good practice to use a towing wire with a breaking strain of less than 80 tons. Captain Vukusic and Captain Noble-Smith knew, or ought to have known, that. As I have already stated, the fuse wire in fact had a breaking strain of under 70 tons.

Captain David Noble-Smith, who is a director of Noble Denton, was called as a witness for the defendants. He had visited Rotterdam for the purpose of reviewing the towing arrangements for *Transporter III*. He visited her on Jan. 6, 7 and 8, 1977. On Jan. 8 the fuse wire arrived. Captain Noble-Smith told me that he measured the diameter of the fuse wire and found that it was 1 1/2 in. or 38 mm. and that he referred to a book which showed that a wire of that diameter had a breaking strain of 82 1/2 tonnes. His evidence was that on the basis of that information he approved the use of the fuse wire without having called for or seen any certificate of tests of examination of that wire. He told me that subsequently he realized that his measurement of the wire rope was incorrect. Captain Noble-Smith also told me that he obtained a weather forecast from Scheveningen and, after consultation with the master, decided that the forecast was not sufficiently good for the flotilla to sail. The cargo underwriters required him to issue a certificate approving the towage arrangements and stating that departure from Rotterdam was taking place in fine weather upon receipt of a favourable weather forecast. The underwriters required that this certificate be given on the day of departure. Captain Noble-Smith had work to do in Norway before returning to England. He was anxious to leave Rotterdam, and he was not willing to remain there until the weather improved sufficiently for him to certify that the tug and tow could safely depart. Accordingly he signed a certificate of approval on which the space for the date was left blank, so that it could be filled in by the master on the day of departure. I regard such behaviour as a breach of faith with the owners

*78 원주가 4 1/2 인치인 와이어는 지름이 36mm이다. 예인선 Smjeli의 주 예인 와이어의 지름은 40mm이다. 따라서 퓨즈 와이어의 지름이 주 예인 와이어의 그것보다 10% 짧았지만 횡단면의 면적은 주 밧줄의 그것보다 19% 정도 작았을 것이다. 이와 같이 횡단면의 넓이가 작았기 때문에 와이어의 힘이 실제 요구된 힘보다 상당히 약했다. 두 와이어에 대한 실험 증명서는 주 예인줄의 파괴 스트레인은 92.9톤, 퓨즈 와이어의 파괴 스트레인은 69.4톤임을 나타낸다. 이는 강도가 약 25% 감소했음을 보여 주는 것이다.

정상적인 관행에 따르면 파괴 스트레인이 예인선의 볼라드 풀보다 두 배 이상인 예인 와이어를 사용하여야 한다. Smjeli의 볼라드 풀은 40톤이었다. 따라서 파괴 스트레인이 80톤 이하인 예인 와이어를 사용하는 것은 관행에 어긋나는 것이었다. Vukusic 선장과 Captain Noble-Smith는 내가 이미 말한 바와 같이 퓨즈 와이어가 실제로는 70톤 이하의 파괴 스트레인 값을 갖고 있다는 사실을 알았거나 알았어야 한다.

Noble Denton의 이사인 Captain David Noble-Smith가 피고를 위한 증인으로 불려 나왔다. 그는 Transporter III의 예인 준비 상황을 검토하기 위하여 로테르담을 방문하였다. 그는 해당 선박을 1977년 1월 6, 7, 8일에 방문하였다. 퓨즈 와이어는 1월 8일에 도착하였다. Captain Noble-Smith는 나에게 그가 퓨즈 와이어의 지름을 측정하였고 그 지름이 1 1/2인치, 즉 38mm였다고 얘기하였다. 그는 또한 그러한 지름을 가진 와이어의 파괴 스트레인이 82 1/2톤이라고 명시된 책을 참조하였다고 한다. 그는 그러한 정보를 바탕으로 해당 와이어에 대한 실험 증명서나 조사 결과를 기다리지 않고서 퓨즈 와이어의 사용을 승인하였다는 내용의 증언을 하였다. 그는 또한 추후에 와이어 로프의 측정을 잘못했음을 깨달았다고 나에게 말했다. Captain Noble-Smith는 또한 그가 Scheveningen으로부터 기상 예보를 받았고 선장과 상의를 한 결과 소형 선대를 항해시키기에는 부적절한 기상이라고 판단하였다고 나에게 말했다. 화물 보험업자들은 그로부터 예인 준비를 승인하고 좋은 기상 예보를 받은 후에 선박이 좋은 기상 조건하에 로테르담에서 출항할 것이라는 내용의 증명서를 발급해 줄 것을 요구하였다. 보험업자들은 출항하는 날짜에 이 증명서가 발급될 것을 요구하였다. Captain Noble-Smith는 영국으로 돌아가기 전에 노르웨이에서 해야 할 일이 있었다. 그는 로테르담을 서둘러 떠나고 싶어하였으며 예인선과 끌리는 배가 안전하게 출항할 수 있음을 확인할 수 있도록 날씨가 좋아지기를 기다리고 싶어하지 않았다. 이에 따라 그는 승인 증명서를 발급하

of cargo who had employed him, because his certificate of approval was not signed on the day of departure as, on its face, it purported to have been and as it should have been. Not only did Captain Noble-Smith attempt to deceive the underwriters in this manner, but he came to Court and told me a false story about having measured the diameter of the wire. I am quite satisfied that he did not attempt to measure that wire. He did not carry out his job as he should have done and he has attempted to cover up his dereliction of duty by telling an untruthful story. If when he was in Rotterdam he wanted to know the strength of the fuse wire, which had been purchased in Rotterdam, he could have asked the suppliers for this information by telephone. He could and should have asked to see the test certificate, but he did not do so. According to his evidence, which I do not believe, he measured the wire and made an error in that measurement of 2 mm. He then looked in a book, which he carried in his pocket, to find out from a table the strength of the wire. He told me that this satisfied him that the breaking load was about 82 1/2 tonnes. But he did not use that table correctly. That table gave the strength of a wire made up with a wire main core. The fuse wire had a natural fibre core, which reduced its strength by about 10 per cent., as is stated on the page which Captain Noble-Smith says he consulted. Not long before the trial he was asked by solicitors about the strength of the wire and he made a calculation to find the answer. If in fact he had looked it up in a book at the time, that calculation would have been unnecessary. I am quite satisfied that Captain Noble-Smith approved the use of a 4 1/2 in. wire without taking proper steps to find out what was its breaking strain.

Mr. Mateljan told me that after his return to Yugoslavia Captain Vukusic telephoned him and told him that a representative of Noble Denton had approved the towing arrangements which he, the master, had suggested except that Noble Denton wanted the fuse wire inserted in the towage connection. Captain Vukusic does not mention this telephone conversation in his evidence, which was put before me in the form of a written statement. Mr. Steel invited me to infer that the master asked Mr. Mateljan to give his approval to the use of a fuse-wire. The evidence of Mr. Mateljan is that the master informed him that he, the master, did not object to this form of towing connection and was not prepared to override the recommendation of Noble Denton. Whatever words were used in that telephone conversation, I am satisfied that

면서 선장이 출항하는 날에 날짜만 기입하면 되도록 날짜 칸을 비워 놓았다. 이 승인 증명서는 그 증명서에 명시되어 있듯이, 그리고 마땅히 그랬어야 했듯이 출항하는 날에 서명이 이루어지지 않았기 때문에 나는 이러한 행위가 그를 고용한 화물의 소유자의 신뢰를 위반한 행위라고 본다. Noble-Smith은 이런 식으로 보험업자들을 속이려고 하였을 뿐 아니라 법원에 출석하여 나에게 와이어의 지름을 측정하였다는 거짓된 증언을 하였다. 나는 그가 와이어의 지름을 측정하지 않았다고 믿는다. 그는 그의 직무를 적절히 수행하지 않았고 그러한 직무 유기 행위를 숨기기 위하여 거짓된 증언을 하였다. 그가 로테르담에 있을 때에 로테르담에서 구매한 퓨즈 와이어의 지름을 알고 싶어했더라면 그는 전화로 제조업자에게 이 정보를 요청했을 수도 있었다. 그는 실험 증명서를 요청할 수 있었고 마땅히 요청하였어야 했음에도 그리하지 않았다. 그의 증언을 믿지는 않지만 그에 의하자면 그는 와이어를 측정하였고 이때 2mm의 오차가 발생했다고 한다. 그리고 그 후에 그는 자기가 주머니에 가지고 다니는 책을 꺼내어 와이어의 강도를 알아보기 위해 표를 참조하였다고 한다. 그는 나에게 그 정도 노력이 충분하다고 느꼈고 파괴 하중이 82 1/2톤 정도였다고 했다. 그러나 그는 표를 올바로 사용하지 않았다. 그 표는 와이어 메인 코어가 있는 와이어의 강도를 나타내는 것이었다. 퓨즈 와이어는 자연 화이버 코어를 가지고 있었으며 Captain Noble-Smith가 자신이 참조했다고 주장하는 페이지에 따르자면 이 경우 강도는 10% 정도 감소한다고 한다. 재판이 있기 얼마 전에 변호사들이 그에게 와이어의 강도에 대해 물었으며 이때 그는 답을 알아내기 위한 계산을 하였다. 그가 당시에 실제로 책을 참조하였다면 그러한 계산은 불필요했을 것이다. 나는 Captain Noble-Smith가 4 1/2인치 와이어의 파괴 스트레인을 알아보기 위한 적절한 절차를 거치지 않고서 그 사용을 허가했다고 믿는다.

Mateljan 씨는 그가 유고슬라비아로 돌아간 이후에 Vukusic 선장이 그에게 전화를 걸어 선장인 자신이 제안한 예인 준비 사항을 Noble Denton의 대표자가 승인하였으나 그 외에 Noble Denton은 예인 연결부에 퓨즈 와이어를 집어넣기를 원한다고 전했다고 나에게 말했다. Vukusic 선장은 서면으로 나에게 제출된 그의 진술에서는 이 통화 내용을 언급하지 않고 있다. Steel 씨는 나에게 선장이 Mateljan 씨에게 퓨즈 와이어의 사용 승인을 요청했다고 유추할 것을 제안하였다. Mateljan 씨의 증언에 의하면 선장은 자신은 이러한 예인 연결부에 대하여 이의가 없었으며 Noble Denton의 그러한 권고 사항을 번복할 생각이 없었다고 보고하였다고 한다. 전화 통화 중에 정확히 어떠한 표현이 사용되었던지 간에 Mateljan 씨가 *79

the substance of it was that Mr. Mateljan *79 approved the use of whatever towing connection was recommended by Noble Denton not because he Mr. Mateljan, satisfied himself about the strength of the pennant but because he relied upon the ability of Noble Denton.

Before *Smjeli* and her tow left Rotterdam Captain Vukusic had received the test certificate in respect of the fuse wire. That certificate showed that its breaking strain was 69.4 kgs. That information should have told Captain Vukusic that it would not be in accordance with proper practice to use it. The defendants admit that the master was negligent in this respect.

Mr. Steel submitted that the defendants are not entitled to limit their liability because damage was caused as a result of their actual fault or by reason of a fault to which they were privy. There is no dispute between the parties that, in considering whether the defendant company was guilty in this respect, it is right to consider the conduct of Mr. Mateljan, who is to be regarded as the directing mind of the company. Mr. Steel put his case in two ways. Firstly, he says that it was the duty of the owners to send their tug and tow to sea in a seaworthy condition and that this duty is "non-delegable", so that even if Mr. Mateljan delegated the task he would be held to be personally at fault if his delegate failed to perform it. Mr. Steel relied upon a passage in the speech of Viscount Haldane in Standard Oil Co. of New York v. Clan Line Steamers Ltd., (1923) 17 Ll.L.Rep. 120; [1924] A.C. 100 at pp. 122 and 112, in which he said:

... even on the assumption that the engineer was fully directed to instruct the Master on the point, and that the failure to do so was his fault, the owners surely are not discharged from responsibility, for their personal duty was to provide a seaworthy ship, and the ship was not seaworthy if the Master was not instructed on the special matter in question. That they left their duty to be discharged by their servant or agent, therefore, does not relieve the owners of blame. Their responsibility as regards seaworthiness was an individual one of which they could not divest themselves, and when they left its discharge to their engineer they did so at their own risk.

The Earl of Birkenhead concurred.

스스로 짧은 밧줄의 강도를 확인하였기 때문이 아니라 Noble Denton의 능력을 신뢰하였기 때문에 Noble Denton이 제안한 예인 연결부가 무엇이든 그 사용을 승인하였다는 것이 그 내용이었으리라 믿는다.

Smjeli와 그의 끌리는 배가 로테르담을 떠나기 전에 Vukusic 선장은 퓨즈 와이어에 대한 실험 증명서를 받았다. 그 증명서에는 와이어의 파괴 스트레인이 69.4kgs이었음을 나타내고 있었다. Vukusic 선장은 그 정보를 받고서 해당 와이어를 사용하는 것이 적절한 관행에 어긋난다는 사실을 알았어야 했다. 피고인들은 선장이 이 부분에 대해 과실이 있었음을 인정한다.

Steel 씨는 손해가 피고인의 실제 과오 또는 관여의 결과로 발생하였기 때문에 피고는 자신의 책임을 제한할 권한이 없다고 주장하였다. 피고 회사가 이 점에 대해 유죄인지 여부를 판단함에 있어 회사의 지휘 주체(directing mind)로 보아야 할 Mateljan 씨의 행위를 고려하여야 한다는 점에 대해서는 당사자들이 동의한다. Steel 씨는 두 가지 방식으로 주장을 폈다. 우선 그는 소유자들이 자신의 예인선과 끌리는 배를 감항능력이 있는 상태로 출항시킬 책임을 진다고 하며 이러한 책임은 "위임 불가"하다고 한다. 따라서 Mateljan 씨가 해당 작업을 위임하였다고 하더라도 수임인이 작업을 수행하지 못했을 경우에는 직접 책임을 져야 한다는 것이다. Steel 씨는 Standard Oil Co. of New York v. Clan Line Steamers Ltd., (1923) 17 Ll.L.Rep. 120; [1924] A.C. 100 p. 122와 112에서 찾을 수 있는 Viscount Haldane의 다음과 같은 말에서 그 근거를 찾았다:

…엔지니어가 선장에게 그 부분에 대한 지시를 하도록 명령을 받았으며 그러한 지시를 하지 않은 점이 엔지니어의 잘못이었다고 가정을 하더라도 이 경우에도 소유자들은 감항능력이 있는 상태의 선박을 제공할 의무가 있으며 선장이 이 경우와 같은 특수한 문제에 대한 지시를 받지 못한 이상은 선박이 감항능력이 있는 상태가 될 수 없으므로 소유자들의 책임이 면제되는 것은 아니다. 따라서 자신의 의무를 부하나 대리인이 이행하게끔 한 행위는 소유자의 책임을 조각시키지 않는다. 감항능력이 있는 상태로 선박을 제공할 의무는 그들이 스스로 포기할 수 없는 개인적인 의무이며 그러한 의무의 이행을 엔지니어에게 위임한 행위에 따른 위험은 소유자들 본인이 부담한다.

Earl of Birkenhead도 이에 동의하였다.

That case arose out of a claim in contract for the loss of a cargo which had been shipped under a charter-party which incorporated the American Harter Act. In The Lady Gwendolen, [1965] 1 Lloyd's Rep. 335; [1965] p. 294 at pp. 345 and 342 Lord Justice Willmer said:

I stand by what I said in The Truculent, viz. "I do not read this decision (the Clan Line case) as any authority for the proposition that where shipowners delegate the performance of a duty imposed on themselves they can in no case limit their liability".

In this case the duty upon the owners of the tug and barge was the common law duty to use reasonable care to send their vessels to sea in a seaworthy condition and at a proper time. In my judgment it cannot be right to say that if the performance of this duty is delegated to a properly qualified subordinate any fault of that subordinate is to be treated as actual fault of the owning company.

Mr. Steel contended that, if I do not accept his submission that the defendants could not delegate their duty of care, I should hold that the damage was caused by negligence on the part of Mr. Mateljan, which would be "actual fault" of the defendants, or by negligence to which Mr. Mateljan was privy. The negligence alleged against Mr. Mateljan was (1) that he knew that the fuse wire was being used and he showed an indifference to the question of its strength, so that he should be held to have been privy to sending the flotilla to sea with an inadequate towing connection, (2) that he was at fault because he did not arrange for the provision of three-day weather forecasts, and (3) that there was, in effect, an abandonment of the managerial role.

As to the first of these criticisms it seems to me that Mr. Mateljan was justified in placing reliance upon Noble Denton's approval of the arrangements for the towage, and upon Captain Vukusic, who was an experienced tug-master and who had a test certificate for the wire. As to the second criticism, it seems to me, likewise, that Mr. Mateljan was entitled to rely upon Captain Noble-Smith ensuring that a period of suitable weather had set in before giving a Certificate of Approval for the departure of the tug and tow. If I am right in my view that Mr. Mateljan was justified in relying upon Noble Denton to ensure that the tug and tow took departure from Rotterdam at a suitable moment and with a towing hawser of adequate strength, there is no substance in the submission that Mr. Mateljan abandoned his managerial role. Accordingly it

해당 사건은 미국의 Harter Act를 적용시키는 용선 계약에 따라 운송한 화물의 손실에 대한 계약책임을 묻는 것이었다. The Lady Gwendolen, [1965] 1 Lloyd's Rep. 335; [1965] 294쪽, 345쪽과 342쪽에서 Justice Willmer 경은 다음과 같이 말하였다:

나는 내가 The Truculent에서 "나는 이 판결(Clan Line 사건)을 선박 소유자들이 자신이 지는 의무의 이행을 타인에게 위임할 경우에는 절대로 자신의 책임을 제한할 수 없다는 주장의 근거로 받아들일 수 없다"고 한 입장을 재차 확인한다.

본안의 경우 예인선과 부선의 소유자들이 지는 의무는 그들 소유의 선박을 적절한 시점에 감항능력이 있는 상태로 출항시키기 위해 상당한 주의를 기울일 보통법상의 의무이다. 내 판단에는 이러한 의무의 이행이 적절한 자격을 갖춘 보조자에게 위임될 경우 그 보조자의 모든 과오를 소유 회사의 실제 과오로 보는 것은 옳지 않다고 생각한다.

Steel 씨는 만일 내가 피고들이 자신들의 주의의무를 위임할 수 없다는 자신의 주장을 받아들이지 않을 경우 발생한 손해가 피고들의 "실제 과오"로 보아야 하는 Mateljan 씨의 과실 또는 Mateljan 씨가 인식한 과실로 인해 발생하였다고 판단하여야 한다고 주장하였다. Mateljan 씨의 과실이라고 주장되는 내용은 (1) 그가 퓨즈 와이어가 사용되고 있다는 점을 알았고 그 강도에 대해서는 무관심하였기 때문에 선대를 부적합한 예인 연결부를 지닌 채로 출항시킨 것에 대해 관여했다고 보아야 한다는 것, (2) 3일짜리 기상 예보의 제공을 준비하지 않았기 때문에 과오가 있었다는 것, 그리고 (3) 실질적으로 관리자적 역할을 유기하였다는 것이다.

첫 번째 내용에 대해서는 나는 Mateljan 씨가 Noble Denton에 의한 예인 준비의 승인과 숙련된 예인선 선장이자 와이어에 대한 실험 증명서를 소지한 Vukusic 선장을 신뢰한 것이 정당하다고 생각한다. 두 번째 내용에 대해서는 마찬가지로 Captain Noble-Smith가 예인선과 끌리는 배에 대한 출항 승인 증명서를 발급하기 전에 적절히 기상 정보를 확인했으리라고 신뢰한 점도 정당하다고 본다. Mateljan 씨가 예인선과 끌리는 배가 로테르담에서 적절한 시점에, 적절한 강도의 예인줄을 장착하고 출항할 것이라는 점에 대해 Noble Denton을 신뢰한 것이 정당하다는 내 견해가 옳다고 볼 경우 Mateljan 씨가 그의 관리자적 역할을 유기하였다는 세 번째 주장은 근거 없다. 따라서 손해가 피고의 실제 과오 또는 관여 없이 발생하였다고

follows that the damage occurred without the actual fault or privity of the defendants, and that they are not liable in damages beyond the limits prescribed by s. 503 of the Act.

If the plaintiffs' claim depended solely on an allegation that Captain Vukusic was negligent in his navigation of the tug I should be bound to hold, in conformity with the decision of the *80 Court of Appeal in The Bramley Moore, [1963] 2 Lloyd's Rep. 429; [1964] p. 200, that the limit of the defendants' liability must be calculated by reference to the tonnage of the tug alone. Lord Denning, M.R., said (at pp. 436 and 217):

... and in a case where those on the tug are negligent, and those on the barge are not, the cause of the damage is in truth the improper navigation of the tug, not the improper navigation of the barge. It is the tug which is the cause of the trouble.

In the last sentence of that passage Lord Denning, M.R., has personified the tug, as is customary in the Admiralty Court. But those words mean that in that case, which arose out of a collision, it was the negligence of the tug-master which was the foundation of the cause of action. The barge *Millett* merely followed in the wake of the tug, and if the tug proceeded too fast, so also did *Millett.* There was but one cause of action. Applying the words of s. 503, the Court of Appeal held that the tug-owners could limit their liability by reference to the tonnage of their tug. That decision was followed by Mr. Justice Kerr in The Sir Joseph Rawlinson, [1972] 2 Lloyd's Rep. 437; [1973] 1 Q.B. 285, because he found himself bound thereby, but clearly he would have decided The Sir Joseph Rawlinson differently if he had been free to do so. When referring to The Bramley Moore, Mr. Justice Kerr said (at pp. 445 and 297):

It seems to me that on the basis of that passage the only causative negligence, which is the negligence to which one must look, must in cases such as this be regarded as negligence in the navigation of the tug, and not negligence in the navigation of the tow or negligence in the navigation of both tug and tow. Accordingly, whilst it is apparently still correct to say that a person who negligently navigates a tug towing something may be negligent in the navigation both of the tug and the tow ... the causative negligence is in such cases to be treated as negligence in the navigation of the tug alone.

It seems to me that the first question is: What acts or omissions give rise to liability in damages? Then follows the second question: Has a limit been set upon the damages payable

보아야 하며 그들은 법 제503조에서 정하고 있는 한도 이상의 손해에 대해서는 배상책임이 없다.

만일 원고의 배상 청구가 Vukusic 선장이 예인선의 항해와 관련하여 과실이 있었다는 주장만을 그 근거로 한다면 나는 *80 항소법원의 The Bramley Moore, [1963] 2 Lloyd's Rep. 429; [1964] P. 200에서의 결정에 따라 피고의 책임 한도는 예인선의 용적톤수만을 기준으로 계산되어야 한다고 판단할 수밖에 없다. Denning, M.R. 경은 다음과 같이 말했다(p. 436과 217에서):

…예인선에 승선한 이들은 과실이 있고 부선에 승선한 이들은 과실이 없는 경우에 손해발생의 원인은 실제로 예인선의 부적절한 운항이지 부선의 부적절한 운항이 아니다. 문제를 일으킨 것은 예인선이다.

이 문단의 마지막 문장에서 Denning, M.R. 경은 해사법원의 관례대로 예인선을 의인화하였다. 그러나 그 표현은 선박의 충돌이 있었던 당 사건에서는 예인선 선장의 과실이 소송 원인의 근거였음을 뜻하는 것이다. 부선 Millett은 단순히 예인선의 항적을 따라갔을 뿐이고 예인선이 과속을 하였으면 Millet도 마찬가지였다. 소송원인은 하나뿐이었다. 제503조를 적용하면서 항소법원은 예인선 소유자들이 예인선의 용적톤수를 기준으로 배상액을 제한할 수 있다고 판단하였다. Justice Kerr 씨도 The Sir Joseph Rawlinson, [1972] 2 Lloyd's Rep. 437; [1973] 1 Q.B. 285도 선례에 구속되어 그 결정을 따랐지만 할 수만 있었다면 Sir Joseph Rawlinson 판결을 달리 내렸을 것이라는 점은 명백하다. Bramley Moore 사건을 언급하며 Justice Kerr 씨는 다음과 같이 말했다(pp. 445와 297에서):

해당 판결 부분에 따르자면 이러한 사건 같은 경우에는 우리가 살펴보아야 할 유일한 원인적 과실은 예인선의 운항상의 과실이고 끌리는 배의 운항상의 과실이나 끌리는 배와 예인선 모두의 운항상의 과실이 아니다. 따라서 무언가를 예인하는 예인선을 부주의하게 운항하는 사람은 예인선과 끌리는 배 모두의 운항에 대해 과실이 있다고 보는 것은 옳은데도 이러한 사건에서의 원인적 과실은 예인선의 운항상의 과실뿐이라고 보아야 한다는 것이다.

내 생각에 처음 해결해야 할 의문점은 다음과 같다: 손해배상책임을 발생시키는 행위나 부작위는 무엇인가? 그 다음에 두 번째 의문점이 뒤따른다: 불법행위자가 부담하여야 할 배상

by the tortfeasor? Applying those questions to the "tug and tow" cases, if a barge has been brought into collision by reason of the negligent conduct of the tug-master (even if he is guilty of several faults) the totality of his negligence gives rise to one cause of action. It does not assist to describe the act or omission in the navigation of the tug also as "negligent navigation of the tow" because s. 503 does not provide a statutory cause of action, it prescribes a limit to the amount of damages payable. One cause of action gives rise to one (limited) liability. However, this case does not arise out of a collision, and there is more than one distinct cause of action. The defendants are liable in damages for acts of negligence which occurred before the flotilla left Rotterdam, and they are admittedly liable in negligence for negligence which occurred at sea.

The writ is a writ in rem against two ships. Two separate writs could have been issued, one against *Transporter III* and the other against *Smjeli*. My judgment does not depend upon any procedural point. I mention this only to give emphasis to the point that the defendants are liable to the plaintiffs on two unconnected causes of action.

The damage was done by *Transporter III* striking the groynes. The prayer in the statement of claim includes a prayer for judgment against that ship and her bail for the damage sustained. The defendants admitted liability for the negligence of Captain Vukusic. In the further and better particulars of the defence they admitted that they were negligent in departing from Rotterdam at a time when there was unfavourable and/or unsettled weather forecasted. By the last minute amendment, to which I have referred, that admission was withdrawn. Nevertheless the evidence satisfied me that the defendants were negligent in this respect. I am also satisfied that it was negligent of the defendants to allow *Transporter III* to leave Rotterdam in tow by means of a towage connection which had a breaking strain less than twice the bollard pull of the tug. Accordingly the defendants are liable in damages for negligence which is properly described as "improper management of TRANSPORTER III".

The plaintiffs' cause of action against *Transporter III* arises out of negligent acts or omissions which occurred when making the arrangements for the towage of the barge before she left Rotterdam. A claim for damages would have been successful if a servant of the barge-owners

액의 한도가 정해져 있는가? 이 질문들을 "예인선과 끌리는 배" 사건들에 적용시키자면 부선이 예인선 선장의 부주의한 행위로 인해(선장이 수 개의 잘못을 저지른 경우에도) 무언가에 충돌할 경우 그의 과실의 전체가 하나의 소송원인이 된다. 제503조는 법정 소송원인을 제공하는 것이 아니라 배상액의 한도를 정하고 있는 것이기 때문에 예인선의 운항과 관련한 행위나 부작위도 언급하는 것은 도움이 되지 않는다. 한 개의 소송원인은 한 개의 (제한된) 배상책임을 발생시킨다. 그러나 본 사건은 충돌의 문제가 아니며 뚜렷이 구별되는 소송원인이 하나 이상이다. 피고들은 선대가 로테르담을 떠나기 전에 이루어진 부주의한 행위에 대해서도 책임이 있으며 피고들 자신이 인정하듯 해상에서 발생한 과실있는 행위에 대해서도 책임이 있다.

당 명령은 두 개의 선박에 대한 대물 명령이다. Transporter III에 대한 명령과 Smjeli에 대한 명령을 따로따로 발부하였어도 됐을 것이다. 내가 내리는 판결은 어떠한 절차적인 문제를 대상으로 하지 않는다. 내가 이 부분을 언급하는 이유는 피고들이 원고에 대해 두 개의 독립적인 소송원인에 따른 책임을 진다는 점을 강조하기 위해서이다.

손해는 Transporter III가 방파제에 충돌하여서 발생한 것이다. 이 청구권 진술서에는 해당 선박과 그의 예치금에 대해서 하는 손해배상청구도 포함된다. 피고들은 Vukusic 선장의 과실에 대한 책임을 인정하였다. 추가적인 항변의 세부 수정사항을 통해 그들은 바람직하지 못한 시기에, 그리고/또는 불안한 기상예보에도 불구하고 로테르담에서 출항한 점에 대해 자신들이 과실이 있었다는 것도 인정하였다. 앞에서 언급한 막판에 수정한 내용을 통해 이 부분에 대한 책임 인정은 철회되었다. 그럼에도 불구하고 증거에 따라 피고들이 이 부분에 대해서도 과실이 있었음이 인정된다. 또한 피고들이 Transporter III를 예인선의 볼라드 풀의 두 배가 안 되는 파괴 스트레인 수치를 가진 예인 연결부에 의해 예인되는 상태로 로테르담에서 출항하게 둔 점에 대해서도 과실이 있었다고 인정된다. 따라서 피고들은 "TRANSPORTER III의 부적절한 관리"라고 표현할 수 있는 과실 있는 행위에 따른 손해를 배상할 책임이 있다.

Transporter III를 상대로 한 원고의 소송원인은 부선이 로테르담을 떠나기 전에 그의 예인과 관련한 준비를 하는 과정에서 발생한 과실 있는 행위와 부작위에서 비롯한 것이다. 예인선의 소유자가 누구인가와 상관없이 부선 소유자의 피용자가 그러한 행위나 부작위에 대해

was guilty of those acts or omissions regardless of who owned the tug. The owners of the barge are not liable to damages beyond an amount calculated by reference to her tonnage, namely £62,078. I can see no reason why that liability should be limited to a lesser sum because the owners of that barge also own the tug.

The plaintiffs also have a cause of action against *Smjeli*. It is admitted in the amended further and better particulars of the fifth and final version of the defence that Captain Vukusic was negligent in his navigation of *81 Smjeli in causing or allowing the fuse wire to part and in failing to seek shelter towards North Foreland and instead attempting to hold the tow in the Dover Strait. For these acts of negligence the defendants have admitted liability in damages limited to the sum of £23,602.

Accordingly, I give judgment for the plaintiffs for the sum of £85,680 and interest thereon.

책임이 있었다면 손해배상청구는 받아들여졌을 것이다. 부선의 소유자들은 부선의 용적톤수를 기준으로 한 금액, 구체적으로는 £ 62,078 이상을 배상할 책임은 없다. 부선의 소유자들이 예인선도 소유하기 때문에 이 책임 한도가 줄어야 한다고 볼 이유는 없다고 생각한다.

원고들은 또한 Smjeli에 대해서도 소송원인이 있다. 5번째와 최종 항변의 추가적 세부 수정사항을 통해 피고는 Vukusic 선장이 *81 Smjeli 운항과 관련하여 퓨즈 와이어의 분절을 일으킨 점과 예인선을 North Foreland 쪽으로 피신시키지 않고서 도버 해협에 유지시킨 점에 대해 과실이 있었음을 인정하였다. 이러한 과실 있는 행위에 따라 피고들은 자신들에게 £ 23,602의 금액을 배상할 책임이 있음을 인정하였다.

이에 따라 원고 승소 판결을 선고하며 피고가 금 £ 85,680과 그에 대한 이자를 원고에게 지급할 것을 명한다.

Grand Champion Tankers Ltd. Appellants v. Norpipe A/s and Others Respondents (The "Marion")

사실관계

리베리아 국적의 선박 Marion 호는 영국 북동부 Teeside 근해 연안에서 닻을 내리고 정박 중이었고, 1977년 3월 18일 닻을 올리던 중 닻이 해저의 송유관과 충돌하여 송유관이 손상되었다. 이는 Marion 호의 선장이 송유관의 위치가 표시되어 있지 아니한 구판 해도를 사용한 결과였다. 선주는 Marion 호의 관리를 Fairfield-Maxwell Services Ltd.라는 회사에 일임하고 있었고, 그 회사의 관리 이사인 Downard 씨는 해도의 갱신 등 해도에 관련된 모든 사항을 선박의 선장에게 맡겨 두었고, 이에 관한 지시 및 감독을 전혀 하지 아니하였다.

송유관의 손상으로 손해를 입은 정유회사들이 선주를 상대로 손해배상을 청구하였다. 선주는 손해에 대한 책임은 인정하였지만, 해도를 구입, 사용하는 문제는 대부분의 선박소유자가 선장에게 일임하는 것이 관행화된 업무이므로 손해는 1894년의 상업운송법 제503조의 (선주의) '실제 과오' 없이 발생한 것이며 따라서 자신의 책임은 동 조항에 의하여 제한된다고 주장하였고, 원심은 이를 받아들였다. 본 사건은 원심의 이러한 책임제한 인정의 판결에 대하여 정유회사 측이 항소한 사건이다.

판결 및 쟁점

상업운송법 제503조는 선주의 '실제 과오'가 없는 경우 그의 책임을 제한하고 있으므로, 본 판결에서는 선주에게 실제 과오가 있었는지 여부가 쟁점이 되었다. 이에 관하여 법원은 해도의 갱신을 지시 감독 없이 선장에게 전부 일임하는 관행이 있어 왔다 하더라도 이는 적절한 관행이 아니며, 선박의 관리를 담당하는 회사가 해도의 갱신에 관한 지시 및 감독을 이행하지 않은 부작위는 그 회사의 실제 과오를 구성한다고 보고, 이는 곧 선주의 실제 과오가 되므로 선주는 책임제한을 받지 못한다고 판결하였다.

법원은 이러한 판결을 내림에 있어, 먼저 선주가 선박의 관리를 다른 회사에 일임한 경우 그 회사(Fairfield-Maxwell Services Ltd.)를 기준으로 선주의 실제 과오 여부를 판단한다고 보았다. 즉 관리 회사의 이사인 Downard 씨에게 과오가 있다면 이는 곧 관리 회사의 과오이며, 관리 회사의 과오는 다시 선주의 과오가 된다고 보았으며, 따라서 해도의 갱신에 관한 지시 및 감독을 이행하지 아니한 Downard 씨에게 실제 과오가 있으므로 선주에게도 실제 과오가 있는 것으로 보았다.

나아가 법원은 책임제한 소송에서 입증책임은 책임제한을 주장하는 선주 측에 있으므로, 그가 위의 실제 과오가 송유관의 손상에 기여하지 않은 점을 입증하지 못하는 한 손해가 실제 과오 없이 발생하였다는 점을 입증하지 못한 셈이고, 따라서 책임제한은 불가능하다고 보았다.

***563 Grand Champion Tankers Ltd. Appellants v. Norpipe A/s and Others Respondents**

[1984] 2 W.L.R. 942

House of Lords

HL

Lord Diplock, Lord Scarman, Lord Roskill, Lord Brandon of Oakbrook and Lord Brightman

1984 April 2, 3, 4, 5, 9; May 17

[On Appeal from the Marion]

The anchor of a vessel fouled an oil pipeline on the sea-bed causing severe damage to the pipeline. Several oil companies who suffered loss thereby commenced an action against the shipowners seeking damages for negligence. The shipowners admitted that the damage was caused by the negligence of the ship's master who was navigating with the aid of an obsolete chart on which the position of the pipeline was not marked. However, they sought a decree limiting their liability on the ground that the incident causing the damage occurred "without their actual fault" within the meaning of section 503 of the Merchant Shipping Act 1894, [FN1] as amended, since the managing director of the company to whom the shipowners had delegated the management and operation of their vessel had made the master solely responsible **564* for ensuring that the current charts for the ship's voyages were on board and were kept up to date at all times. The judge, granting the decree, held that in the light of all the evidence a prudent shipowner was entitled to regard the provision and maintenance of charts as the responsibility of the master. The Court of Appeal, however, did not accept that that view was justified by the evidence and concluded that if there was a practice of leaving the correction of charts wholly to the master without supervision it was not consistent with the high standard of care which the judge had held was owed by shipowners in relation to charts. They held that the management company had failed to operate a proper system for keeping the charts up to date and that the company's director was at fault in failing to ensure that a marine inspectorate's report drawing attention to the deplorable state of the ship's charts was brought to his attention and they

*563 Grand Champion Tankers Ltd. Appellants v. Norpipe A/s and Others Respondents (The Marion)

[1984] 2 W.L.R. 942

귀족원[1]

Diplock 경, Scarman 경, Roskill 경, Brandon of Oakbrook 경, Brightman 경

1984년 4월 2, 3, 4, 5, 9일 심리
5월 17일 판결

[Marion 측의 항소[2]에 의하여]

선박의 닻이 해저의 송유관에 충돌하여, 송유관이 크게 손상되었다. 이로 인해 손해를 입은 정유회사들은 선주를 상대로 과실에 대한 손해배상책임을 묻는 소를 제기했다. 선주는 그 손해가, 유효기간이 지나서 송유관의 위치가 표시되어 있지 않은 해도에 의지해 항해하던 선장의 과실로 인한 것임을 인정했다. 그러나 선주 측에서는 그 손상의 원인이 된 사고가, 1894년 상업운송법의 개정법 제503조[*i]의 "그들[선주]의 실제 과오 없이" 발생하였다는 이유를 들어 자신들의 책임을 제한하는 명령을 내려줄 것을 신청했다. 왜냐하면 선주는 Marion 호의 관리와 운항을 타 회사에 위탁하였고 그 회사의 관리 이사는, *564 최신 운항 해도를 탑재하고 이를 계속 갱신하는 일에 대해 오직 선장만이 책임을 지도록 했기 때문이었다. 원심 판사

1 House of Lords. 영국 의회의 상원이다(하원은 House of Commons로 지칭). 즉 House of lords 자체는 상원의 역할을 하는 입법기구이나 상원은 입법 기능 외에 영국 내에서의 최고재판소로서의 사법기능도 갖추고 있다. 상원의원들의 일부는 이 기관에서 직업법관으로서 임명직을 가진다. 이들을 Law Lords라고 지칭한다. 역사적으로 귀족원에서는 탄핵 재판 등도 맡아 했으나 지금은 하급심에서의 항소 사건만을 맡고 있다. 하지만 2005년 제정된 Constitutional Reform에 따라 상원의 사법기능은 2009년 새로 생기는 영국의 Supreme Court로 이전될 예정이다.

2 동 사건은 중간항소심인 Court of Appeals에서 항소를 기각 당한 피고가 다시 항소하여 최고재판소인 귀족원에 판단하게 된 사건이다(각주1 참고). 영미법에서는 보통 항소와 상고의 용어를 구분하여 쓰고 있지 않으므로 여기서도 그대로 '항소'의 용어만을 쓰기로 한다.

allowed the oil companies' appeal.

FN1 Merchant Shipping Act 1894, as amended, s. 503: "(1) The owners of a ship, British or foreign, shall not, where all or any of the following occurrences take place without their actual fault or privily; (that is to say) ... (d) where any loss or damage is caused to any property ... through the act or omission of any person ... in the navigation or management of the ship ... he liable in respect of damages beyond the following amounts ..."

On appeal by the shipowners: —

Held, dismissing the appeal, that the appointment of a competent master was no longer a sufficient discharge of a shipowner's responsibility in relation to safe navigation and the provision and updating of the relevant charts; that the failure of the director of the management company to provide an adequate degree of supervision of the ship's master to ensure the provision and maintenance of up-to-date charts was a breach of duty constituting in law actual fault on the part of the shipowners as was the director's failure to arrange to be informed of the marine inspectorate's adverse report; that, since the shipowners were unable to prove that those two faults had not contributed to the damage to the pipeline, they were unable to show that the loss or damage had not occurred without their actual fault and therefore were not entitled to limit their liability in the action (post, pp. 569H - 570B,572D-E,573D-E,576H - 577C,579B - 580A).

Dictum of Sir Gordon Willmer in Rederij Erven H. Groen v. The England (Owners) [1973] 1 Lloyd's Rep. 373, 383, C.A.; The The Lady Gwendolen [1965] P. 294, C.A. and Northern Fishing Co. (Hull) Ltd. v. Eddom (The Norman) [1960] 1 Lloyd's Rep. 1, H.L.(E.) approved.

Decision of the Court of Appeal [1983] 2 Lloyd's Rep. 156 affirmed.

는, 모든 증거에 비추어 볼 때, 주의력 있는 선주는 해도의 준비와 유지 관리를 선장의 책임으로 간주할 수도 있다고 하여 그 주장을 받아들였다. 그러나, 항소법원은 이 주장이 증거에 의해 정당화되지 않으며, 만약 해도의 갱신을 지시감독 없이 선장에게 전부 일임하는 '관행'이 있다 해도 이는 해도에 관련되어 선주로부터 요구되는 주의의무의 높은 기준에 부합되지 않는다고 판단하였다. 항소법원은 관리회사가 해도를 갱신하는 적절한 시스템을 운용하지 않았으며 이 회사의 이사는 그 선박의 해도의 유감스러운 상태를 지적하는 해상 감독인의 보고서를 전달받도록 하는 데 실패했다고 판시했다. 항소법원은 정유회사들의 항소를 허가하였다.

> i 1894년 상업운송법 개정법 제503조: "(1) 영국이나 외국 선박의 소유자들은 자신의 실제 과오 또는 관여 없이 다음과 같은 일이 발생하는 경우에;(즉) … (d) 선박의 관리나 항해와 관련하여 누군가의 작위나 부작위에 의해 재산에 대한 손실 또는 손해가 발생한 경우 … 그는 다음의 금액을 초과하는 손해액에 대해서는 책임을 지지 않는다 …"

선주에 의한 항소심에서:

항소를 기각하며, 다음과 같이 판결하였다. 적임의 선장을 임명하는 것만으로는, 안전한 항해와 이에 관련된 해도의 구비 및 갱신에 관한 선주의 책임을 충실히 이행한 것으로 볼 수 없으며; 관리회사의 이사가 최신 해도의 준비와 유지에 대해 선장을 적절히 감독하지 않은 것은 의무불이행으로서 법률상 선주의 실제 과오를 구성하며, 해상 감독인의 불리한 보고서가 자신에게 전달되도록 하지 않은 것도 마찬가지이며; 선주가 이 두 가지 과오가 송유관의 손상에 기여하지 않았음을 증명할 수 없기 때문에, 손실과 손해가 그들의 실제 과오 없이 발생하였다는 점을 보여 주지 못하고 이에 따라 선주는 이 소송에서 자신들의 책임을 제한받을 수 없다(post, pp. 569H-570B,572D-E,573D-E,576H-577C,579B-580A).

Rederij Erven H. Groen v. The England (Owners) [1973] 1 Lloyd's Rep. 373, 383, C.A에서의 Gordon Willmer 경의 판결; The Lady Gwendolen [1965] P. 294, C.A. 그리고 Northern Fishing Co. (Hull) Ltd. v. Eddom (The Norman) [1960] 1 Lloyd's Rep. 1, H.L.(E.)이 확인되었다.

항소법원의 결정 [1983] 2 Lloyd's Rep. 156을 인용하였다.

The following cases are referred to in the opinion of Lord Brandon of Oakbrook:

Northern Fishing Co. (Hull) Ltd. v. Eddom (The Norman) [1960] 1 Lloyd's Rep. 1, H.L.(E.)

Rederij Erven H. Groen v. The England (Owners) (The England) [1973] 1 Lloyd's Rep. 373, C.A.

The Lady Gwendolen, The [1965] P. 294; [1965] 3 W.L.R. 91; [1965] 2 All E.R. 283; [1965] 1 Lloyd's Rep. 335, C.A.

The following additional case was cited in argument:

Garden City, The [1982] 2 Lloyd's Rep. 382

APPEAL from the Court of Appeal.

This was an appeal by the owners of the vessel *Marion*, Grand Champion Tankers Ltd., from a decision of the Court of Appeal (Sir John Donaldson M.R., Dunn and Purchas L.JJ.) dated 20 May 1983 [1983] 2Lloyd's Rep. 156 **565* allowing an appeal by the oil companies, Norpipe A/S, the Royal Ministry of Oil and Energy, Den Norske Stats Oljeselskap A/S, Phillips Petroleum Co. Norway, American Petrofina Exploration Company of Norway, Norske Fina A/S, Norsk Agip A/S, Elf Aquitaine Norge A/S, Norsk Hydro A/S, Total Marine Norsk A/S, Eurofrep Norge A/S, Coparex Norge A/S, Cofranord A/S and all other persons claiming or being entitled to claim damages by reason of or arising out of damage caused to the Tees-Ekofisk oil pipeline by the anchor of the vessel in March 1977, from a decision of Sheen J. who on 30 March 1982 granted the shipowners a decree limiting the amount of their liability in damages to the sum of £982,292.06.

The Court of Appeal refused the shipowners leave to appeal. On 20 October 1983 the Appeal Committee of the House of Lords (Lord Roskill, Lord Brandon of Oakbrook and Lord Brightman) allowed a petition by the shipowners for leave to appeal.

The facts are stated in the opinion of Lord Brandon of Oakbrook.

Anthony Clarke Q.C. and *Jeremy Russell* for the shipowners. The issue which arises on this appeal is whether the incident which gave rise to the damage was caused by the actual fault of the shipowners. The shipowners admit that the immediate cause was the negligence of their master who was navigating with the aid of a chart which was hopelessly out of date. The shipowners also accept that the burden of proof rests on them in an action to limit their liability

귀족원의 Brandon of Oakbrook 경의 의견서에는 다음 판례들이 인용되어 있다:

—Northern Fishing Co. (Hull) Ltd. v. Eddom (The Norman) [1960] 1 Lloyd's Rep. 1, H.L.(E.)

—Rederij Erven H. Groen v. The England (Owners) (The England) [1973] 1 Lloyd's Rep. 373, C.A.

— The Lady Gwendolen, The [1965] P. 294; [1965] 3 W.L.R. 91; [1965] 2 All E.R. 283; [1965] 1 Lloyd's Rep. 335, C.A.

다음 사건은 변론 중에 인용되었다:

—Garden City, The [1982] 2 Lloyd's Rep. 382

항소법원으로부터의 항소[3]

이것은 선박 Marion 호의 선주인 Grand Champion Tankers Ltd.가, 1983년 5월 20일에 항소법원이 정유회사들의 항소를 *565 인용한 결정에 대해 제기한 항소였다. 그리고, 이 항소는 1977년 3월 선박의 닻에 의한 Tees-Ekofisk 송유관의 손상으로 인해 손해를 입은 정유회사들 및 이 손해에 대해 손해배상을 청구할 권한이 있는 사람들[4]이 제기한 항소로서, Sheen 법관이 선주들의 손해배상책임액수를 £982,292.06로 제한한 1982년 3월30일의 원심 결정에 대한 항소였었다.

항소법원(John Donaldson과 Duun, 그리고 Purchas 판사)은 선주의 항소 신청을 거절하였다. 1983년 10월 20일에 귀족원의 항소위원회(Roskill 경, Brandon of Oakbrook 경, Brightman 경)는 선주들의 항소 청원을 받아들였다.

사건의 사실관계는 Brandon of Oakbrook 경의 견해에 진술되어 있다.

선주 측의 변론(Anthony Clarke Q.C.와 Jeremy Russell은 선주 측 변호인들이다.)

이 항소의 쟁점은, 손해를 일으킨 사고의 원인이 선주의 실제 과오에 의한 것인지 여부이

3 각주 2 참고.

4 Norpipe A/S, the Royal Ministry of Oil and Energy, Den Norske Stats Oljeselskap A/S, Phillips Petroleum Co. Norway, American Petrofina Exploration Company of Norway, Norske Fina A/S, Norsk Agip A/S, Elf Aquitaine Norge A/S, Norsk Hydro A/S, Total Marine Norsk A/S, Eurofrep Norge A/S, Coparex Norge A/S, Cofranord A/S and all other persons.

to prove absence of "actual fault" within the meaning of section 503 of the Merchant Shipping Act 1894. It is common ground that the actual fault of the company to whom the shipowners had delegated the management of the vessel, Fairfield-Maxwell Services Ltd., (FMSL) would be the actual fault of the shipowners and that the actual fault of the managing director of FMSL for the time being would be the actual fault of FMSL.

FMSL's system for the supply and correction of charts was to give responsibility to the master to decide when he wanted a new chart and then either to order it from FMSL or to buy it. The master was also given the responsibility of supervising the correction of charts on board the vessel by the appropriate officer. FMSL regularly sent to the vessel British Admiralty Weekly Notices to Mariners and British Nautical Instruments Trade Association tracings. They also supplied charts and other publications which were requested by the master. Further FMSL were aware of how the vessel was being operated. They employed a superintendent, a qualified engineer, who visited the vessel frequently and had responsibility for both deck and engine room matters although it was not a specific part of his duty to supervise the master's chart correction system.

Some aspects of navigation are properly left to the master as a responsible, qualified and experienced professional man. As Sheen J. concluded, those should include the question of what charts to order and the supervision of chart correction. The shipowners must take reasonable care to ensure that the supply and correction of charts was being properly carried out, the relevant standard being the standard of the reasonably prudent shipowner. If the standard at FMSL fell below that, the shipowners would be actually at fault. The system operated by FMSL was a **566* proper one. Sheen J. decided the case on the totality of the evidence he had heard and was satisfied that a prudent shipowner could delegate the responsibility for charts to the master.

FMSL replied promptly to requests for charts and had every reason to believe that the master was performing his duties properly because of the many chart requisitions received. It was not a case where they put equipment on board and took no further interest. They got plenty of feedback which led them to believe that the master was discharging his responsibility.

The basis of the decision of the Court of Appeal was that there was failure to supervise. The Court of Appeal thought that the master's system of chart requisition should have been subject to checking by a person with appropriate deck qualifications but Sheen J. did not think that was necessary. Sheen J.'s view is right in principle and supported by the evidence of practice which was put before him. The evidence suggests that very few shipowners sent someone to check charts and if they did, it was done in a very perfunctory manner. The shipowners say they acted reasonably in the light of the evidence of the practice of other shipowners.

다. 선주들은, 선장이 유효기간이 많이 지난 해도에 의존해 항해한 과실이 사고의 직접적인 원인이라는 점은 시인했다. 선주들은 또한 자신들의 책임을 제한하는 소송에서 1894년 상업 운송법 제503조상의 실제 과오의 부존재를 입증할 책임이 자신들에게 있다는 점도 인정했다. 선주가 선박의 관리를 위탁한 회사인 FMSL의 "실제 과오"가 곧 선주의 "실제 과오"이며, FMSL의 관리 이사의 "실제 과오"가 곧 FMSL의 "실제 과오"라는 점에 대해서도 의견이 일치한다.

FMSL의 해도 공급과 수정 시스템은 언제 새로운 해도가 필요한지 결정할 책임 및 해도를 FMSL로부터 주문하거나 구매할 책임을 선장에게 부과하고 있다. 선장에게는 또한 적절한 항해사가 선박에 비치된 해도를 수정하도록 감독할 책임도 주어졌다. FMSL은 규칙적으로 선박에 영국항해 선원주보와 영국항해기기산업협회가 제공하는 투사지 서비스[5]를 보냈다. 그들은 또한 선장의 요구가 있을 때마다 해도와 기타 출판물을 공급했다. 이에 더해서, FMSL은 현재 선박이 어떻게 운영되고 있는가에 대해 인식하고 있었다. 그들은 자격 있는 엔지니어를 감독인으로 고용하였으며 그에게 선장의 해도 갱신 시스템을 관리할 구체적인 책임을 부여하지는 않았지만, 자주 선박을 방문해서 조종실과 엔진실 관련 사안들에 대한 임무를 수행했다.

항해에 있어 몇몇 부분은 책임감 있고, 자격 있고, 경험 많은 전문가인 선장에게 맡겨지는 것이 적절하다. Sheen 판사의 결정대로, 여기에는 어떤 해도를 주문할 것인가와 해도 수정의 관리가 포함된다. 선주는 해도의 공급과 수정이 원활하게 실행되었는가를 보장하기 위한 합리적 주의를 기울여야 하며, 이때 이 주의의무는 합리적으로 주의력 있는 선주의 기준이다. 만약 FMSL의 기준이 이 기준보다 낮다면, 선주들은 실제 과오를 범한 것이다. 그러나 FMSL에 의해 운용되는 시스템은 *566 적절한 수준의 것이었다. Sheen 판사는 자신이 조사한 증거 전부에 비추어, 주의력 있는 선주는 선장에게 해도에 대한 관리책임을 맡길 수 있다고 결론지었다.

FMSL은 해도의 요청에 대해 신속히 대응했고, 해도에 대한 많은 요청이 있었기에 FMSL은 선장이 그의 의무를 적절하게 수행하고 있다고 믿을 만한 충분한 이유를 가지고 있었다. 선주들이 필요한 도구를 배에 탑재하고 더 이상 관심을 가지지 않았던 것이 아니었다. 선주

5 해도 연구자들 및 항해사들이 실제 항해 중에 해도에서 잘못된 부분이나 해저면이 변화된 부분 등을 발견하여 보고하면 이를 모아서 해도에서 변경되어야 할 부분을 투사지에 표시하여 기존의 해도 위에 겹쳐서 사용할 수 있도록 하는 서비스.

Shipowners are not permitted to wash their hands of all matters of navigation and leave everything to the unassisted discretion of the master: see Rederij Erven H. Groen v. The England (Owners) [1973] 1 Lloyd's Rep. 373, where the Court of Appeal held that the shipowner was at fault in failing to ensure that there was a copy of the River Thames bye-laws on board; but it was not held that there should have been a check on the master. It would have been sufficient for the shipowner to instruct the master to obtain the bye-laws. In that case the shipowners did nothing whereas in the present case FMSL issued specific written instructions to the master and sent him Notices to Mariners and other navigational information.

In Northern Fishing Co. (Hull) LTD. v. Eddom (The Norman) [1960] 1 Lloyd's Rep. 1 which was the only case to come before the House of Lords, it was held that where vital information which could be important for the safety of the ship became known to the shipowners after the vessel had sailed, it was their duty to transmit that information to the vessel. That case was not concerned with the supervision of the master at all but was about causation. So far as the question of actual fault goes it does not provide a statement of principle.

In The Lady Gwendolen [1965] P. 294 the Court of Appeal held that the shipowners had a duty to ensure that their ships were navigated at a moderate speed in fog and they had done nothing to discharge that duty. That decision was about radar in fog and was therefore a different problem from that in the present appeal. Sheen J. correctly drew a distinction between radar and charts. Radar is a trap which encourages the master to go faster and remains a trap even though no longer a novelty. Moreover in The Lady Gwendolen Hewson J. rejected the contention that the shipowners ought to have employed a marine superintendent with deck qualifications. FMSL were professional ship managers who employed men with considerable experience in shipping.

In The Garden City [1982] 2 Lloyd's Rep. 382 Staughton J. followed The Lady Gwendolen, but he was concerned with a collision in fog and **567* not with the issue in the present appeal. However, Staughton J. was of the opinion that it was sufficient for a shipowner in some circumstances to tell the master and crew to do their duty.

The authorities do not say what shipowners should do in a particular case. Some matters must be left to the master and the owner must trust the master to do his duty. Reliance must inevitably be placed on subordinates. Even if there had been a marine superintendent he might have been slapdash and therefore it was all a matter of degree. The question was where the line should be drawn. Sheen J. applied principles which were consistent with the authorities.

The shipowners contend that on the question of causation their faults did not contribute to the casualty which gave rise to the damage.

들은 선장으로부터 많은 피드백을 받고 있었고 이 때문에 그가 임무를 다하고 있다고 믿게 된 것이다.

항소심 결정의 근거는 '감독을 하지 않았다'는 것이다. 항소법원은 선장의 해도 요청 관행이 조종실 관련 자격이 있는 사람에 의해 검토되었어야 한다고 생각했지만 Sheen 판사는 그런 것이 필요하지 않다고 보았다. Sheen 판사의 견해는 법리상 정당하고, 판사에게 제시된 관행에 대한 증거에 의해 뒷받침된다. 증거에 의하면, 매우 적은 수의 선주들만이 해도검사를 위해 사람을 파견하고, 그런다고 해도 매우 형식적인 것에 그친다고 한다. 이에 선주들은 다른 선주들 간의 관행에 비추어 합리적으로 행동했다고 주장한다.

물론 선주들이 항해의 모든 부분에 대해 선장의 독립된 재량에 맡기고 방임하는 것은 허락되지 않는다: Rederij Erven H. Groen v. The England (Owners) [1973] 1 Lloyd's Rep. 373 사건을 참조하면, 항소법원은 템스 강의 정관 사본을 비치하지 않은 것은 선주의 과실이라고 판시하였다. 그러나 항소법원은 이때도 선주가 선장을 감독해야 한다고 하지는 않았으며, 선주는 선장에게 정관을 비치하라고 지시하는 것만으로 충분하다고 하였다. FMSL이 구체적인 설명서를 선장에게 발행하고 "선원주보"와 항해 정보들을 보낸 당해 사건에 비하면, 이 사건에서 선주는 아무것도 하지 않았다.

Northern Fishing Co. (Hull) Ltd. v. Eddom (The Norman) [1960] 1 Lloyd's Rep. 1 사건은 귀족원까지 간 유일한 사건이었는데, 배의 안전에 있어 치명적이라고 보여지는 중요한 정보가, 선박이 출항하고 난 뒤 선주에게 알려진 경우, 선박에게 그러한 정보를 보내는 것이 그들의 의무라는 것을 판시한 사건이다. 이 사건은 선장의 관리감독에 대해서가 아닌, 인과관계에 대한 것일 뿐이며 '실제 과오'의 문제에 관한 한 어떤 원칙도 제공하지 않는다.

The Lady Gwendolen [1965] P. 294 사건에서 항소법원은 선주들에게 그들의 선박이 안개 속에서 신중한 속도로 항해하게 할 의무가 있으며, 그들은 그 의무를 이행하기 위해 아무것도 하지 않았다고 판시했다. 이 결정은 안개 속에서의 레이더에 관한 것이었고 현재 항소와는 다른 문제이다. Sheen 판사는 온당하게도 레이더와 해도를 구분했다. 레이더는 선장이 더 빨리 가도록 유도하는 덫이며 이제는 일반적으로 쓰이는 것이라 할지라도 덫으로 기능한다. 그런데다 The Lady Gwendolen 사건에서 Hewson 판사는 선주가 자격이 있는 해상 감독인을 고용해야 한다는 주장을 받아들이지 않았다. 이에 비해 FMSL은 선박운항에 상당한 경험이 있는 자를 고용한, 전문적인 선박 관리자들이다.

The Garden City [1982] 2 Lloyd's Rep. 382는 The Lady Gwendolen 사건의 결론을 따른

A.G.S. Pollock Q.C. and *David Steel Q.C.* for the oil companies. It is true to say that the authorities which deal with the limitation of a shipowner's liability rarely lay down statements of general principles of law. However, it does not follow that those cases are not of importance. They set the trend as to how shipowners should carry out their duties. Although Northern Fishing Co. (Hull) LTD. v. Eddom (The Norman) [1960] 1 Lloyd's Rep. 1 does not set out principles, it set the tone on the duty of the prudent shipowner — he must not take risks. That was followed in The Lady Gwendolen [1965] P. 294.

A shipowner has to exercise a three-fold duty. (1) He must ask himself if there is a problem he should be thinking about. (2) If there is, he must find an adequate system of dealing with it, and then, (3) he must decide on a degree of supervision of that system.

In the real world the image of the bluff, reliable master is far from the truth. Therefore it is recognised that it is no longer sufficient that having appointed a competent master, a shipowner can then turn his back on all matters of navigation. That trend has continued since The Norman. The shipowners in the present case are trying to reverse that by leaving to the master all matters relating to charts, which are one of the most important factors in navigation.

The burden of proof in establishing lack of actual fault is on the shipowners and they have not discharged that burden. If there are gaps in the evidence or lack of proof it is the shipowners who suffer. This was a case in which the basic facts were not in dispute. Therefore there is a role for inference to play and many of the judge's findings are based on inference. Since the shipowners were seeking to prove a negative, they cannot merely call evidence and leave the judge to infer a negative from that.

사건이지만, 재판관인 Staughton J.의 고려대상은 안개 속의 충돌이었고 *567 현재 사건의 쟁점과는 무관하다. 그러나, Staughton J.는 어떤 상황에서는 선주가 선장과 선원들에게 그들의 의무를 다하기를 촉구하는 것만으로 충분하다는 견해였다.

위 판례들은 선주들이 구체적인 상황에서 무엇을 해야 하는지를 말해 주고 있지 않다. 어떤 문제들은 선장의 책임 범위에 속할 것이고 선주는 이에 대해서는 선장이 그의 의무를 다할 것을 믿는 것으로 족할 것이다. 어느 정도는 불가피하게 부하 직원에게 의지할 수밖에 없을 것이다. 해상 감독인이 있었다 할지라도 그는 무모한 행위를 했을 수 있고, 따라서 이는 정도의 문제이다. 문제는, 그 선을 어디에 그어야 하느냐이다. Sheen 판사는 판례의 견해와 일치하는 법리를 적용했다.

선주들은 그 손상을 불러일으킨 사고와 자신들의 행위와는 인과관계가 없다고 주장한다.

정유회사 측의 변론(A.G.S. Pollock Q.C.와 David Steel Q.C. 정유회사의 변호인들이다.)

선주의 책임의 제한을 다루는 판례들이 일반적인 법원리를 거의 설시하지 않는 것은 사실이다. 그러나 이들 선례의 가치가 중요하지 않다는 것은 아니다. 판례는 선주가 그들의 의무를 어떻게 이행해야 하는지 경향을 수립했다. 비록 Northern Fishing 사건이 법리를 명시하지는 않았지만, 주의력 있는 선주의 의무—그는 위험을 감수해서는 안 된다는—에 대한 개괄적 방향을 제시했다. 이것은 The Lady Gwendolen 사건에서도 294쪽에서 준수되었다.

선주는 다음과 같은 3중의 의무를 이행해야 한다. (1) 그는 그가 고려해야만 하는 문제점이 존재하는지, 스스로에게 질문을 던져야 한다. (2) 만약 있다면, 그는 그것을 다룰 만한 충분한 시스템을 찾아야 하고, (3) 그는 그러한 시스템의 관리의 정도를 결정해야 한다.

묵묵히 일하는 신뢰할 만한 선장의 이미지는 현실과는 동떨어진 것이다. 따라서 자격 있는 선장을 고용하였다고 하여 선주가 항해의 모든 문제들에 무심해질 수 있는 것은 아니라고 판단된다. 이러한 경향은 The Norman 사건 때부터 계속된 것이다. 이번 사건의 선주들은 항해에서 가장 중요한 사항 중의 하나인, 해도와 관련된 모든 사항들을 선장에게 떠넘김으로써 이 경향을 거스르려고 하고 있다.

'실제 과오'의 결여를 증명하기 위한 입증책임은 선주에게 있고 그들은 이 책임을 이행하지 못하였다. 증거상에 허점이 있거나 입증부족이 있다면, 그것은 선주 측이 그 불이익을 감당해야 한다. 이 사건은 기초적인 사실관계가 쟁점이 되는 사건이 아니었다. 따라서 추정이 중요한 역할을 하고, 재판관이 판시한 많은 부분은 바로 이 추정에 근거한 것이다. 선주들은 소

The issue in this case turns on the supply and correction of charts. It is common ground that the vessel had a dangerous and inadequate chart library because it was outdated and the master had allowed it to remain so. The master had navigated on those outdated charts. The vice in this case was that the master did not care about the accuracy of the charts and therefore the junior officers did not care. That is seen in the state of the chart library where most of the charts were too old to be in a correctable state or had not been corrected. It was the normal practice for the master to navigate by reference to an uncorrected chart and therefore this vessel was simply an accident waiting to happen.

568 The judge found severe negligence on board the vessel and the decision of the Court of Appeal gives further examples of negligence. These are the basis for the inference that the master was incompetent and was not a man whom any prudent shipowner would knowingly employ. There is a difference between an isolated act of negligence and one which is repeated over and over again. No one in management knew what went on on the vessel. There was a practice regarding charts but no system. The fact that the vessel was navigated for 11 years by an incompetent master and officers is the gravamen of the oil companies' submission. If there was a competent system for getting up-to-date charts it could not be said that the shipowners were negligent. The "actual fault" was in failing to detect that over 11 years they were employing an incompetent master.

Up-to-date corrected charts are one of the most basic tools of navigation. That is so fundamental that a prudent shipowner should not have left it to the master because of the level of risks involved. A system which gives sole and total responsibility to one individual, the master, is potentially dangerous especially when it involves safety to such a degree. The need for a system is compelling when it is seen that the lack of it could involve casualties.

The mere fact of proving a common practice among other shipowners is not the starting point if that practice is wrong when analysed as a matter of common sense: see The Norman [1960] 1 Lloyd's Rep. 1, 10. Besides, Sheen J. was wrong in finding that "a large majority of shipowners of high reputation regard the provision of charts and their maintenance as matters which are quite properly left to the responsibility of the master". That finding is not supported by the evidence called and is based upon a misunderstanding of the nature of the evidence. The judge omitted some of the evidence, left out certain provisos and did not give effect to the totality of the evidence. In any event, a practice which leaves to the master alone, unchecked and unsupervised, the whole responsibility for the adequacy of a vessel's charts is necessarily subject to an unacceptable degree of risk because it makes no allowance for human error.

Swift, effective action and discipline should be the essence of any system which places responsibility on the master. It was also essential for such a system that there should be a

극적인 명제를 증명했어야 하므로, 단순히 증거를 제시하고 재판관이 알아서 소극적 명제를 유추하도록 기대해서는 안 된다.

이 사건의 쟁점은 해도의 공급과 수정에 관한 것으로 환원된다. 선박에 유효기간이 지났기 때문에 위험하고 부적당한 해도 자료집을 비치해 둔 것과 선장이 그렇게 내버려 둔 사실에 대해서는 이견이 없다. 선장은 이러한 오래된 해도에 의존해 항해했다. 이 사건에 있어서 패악은 선장이 해도의 정확도에 대해 신경 쓰지 않았고 그래서 2등 항해사들도 신경 쓰지 않았다는 것이다. 해도 자료실의 상태를 보면 해도의 대부분이 너무 오래되었거나 수정되지 않은 것들이었다. 선장에게는 수정되지 않은 해도의 지시에 따라 항해하는 것이 습관이 되어있었고 따라서 이 선박은 그저 사고가 일어나기를 기다리고 있었던 것이나 다름없었다.

*568 재판관은(1심) 선박의 조종실에서의 중대한 과실을 인정했고, 항소법원의 결정은 더 심각한 과실의 예시들을 제시했다. 예를 들어, 선장은 부적당한 사람이었고 어느 주의력 있는 선주라도 이를 알았다면 고용하지 않았을 것이라 추정을 하기에 충분한 근거가 있다. 과실 있는 행위가 한 번 이루어진 것과 이런 행위가 계속적으로 반복되었다는 것에는 차이가 있다. 임원 중 아무도 선박에서 어떤 일이 일어나고 있었는지 알지 못했다. 해도에 대한 관행은 있었으되 (이를 관리할) 시스템이 없었다. 선박이 11년간 이러한 부적당한 선장과 항해사들에 의해 항해되었다는 사실이 정유회사들의 의견서의 요지였다. 만약 해도의 갱신에 관한 적당한 시스템이 있었다면 선주들에게 과실이 있었다고 할 수는 없었을 것이다. 그들의 "실제 과오"는 11여 년간이나 그들이 부적당한 선장을 고용하고 있다는 사실을 감지해 내지 못한 것이었다.

최신으로 갱신된 해도는 항해에 있어 가장 기본적인 도구이다. 그것은 너무나 기본적인 것이어서, 발생 가능한 위험의 수준에 비추어, 주의력 있는 선주라면 선장에게 전담시켜서는 안 되는 것이었다. 선장 개인 한 명에게 독립적이고도 전권적인 책임을 지우는 것은, 특히 그것이 안전에 그러한 정도로 영향을 줄 때에 매우 위험하다. 시스템의 결여가 인명사고의 가능성을 내포하고 있다는 점을 고려한다면 시스템의 필요성은 절실하다.

만약 그러한 관행이 상식적으로 잘못이라면, 그것이 다른 선주들 사이에서는 일반적인 관행이라는 단순한 입증은, 올바른 출발점이 아니다: The Norman [1960] 1 Lloyd's Rep. 1사건을 참조. 게다가 Sheen 판사가 말한 "대다수의 좋은 평판을 받는 선주들은 해도의 공급과 유지가 선장의 전적인 책임으로 남겨져야 하는 것으로 간주한다"라는 사실인정은 잘못된 것이다. 이러한 사실인정은 제출된 증거에 의해 뒷받침되는 것이 아니고 증거의 성질에 대한 오

continuity of good officers. FMSL had no system of discipline and there was no continuity of officers. There had been 10 third officers in 4 years. The shipowners turned a blind eye to the master's activities in order to avoid any claim for exemplary damages.

In April 1976 FMSL received a copy of a report from the Liberian authorities on their safety inspection of the vessel. That report stated "Navigational charts for trade of vessel corrections omitted for several years". The shipowner should therefore be taken to have known that there was a particular problem as shown by that report. FMSL's response to the report was wholly inadequate. The managing director of FMSL was not informed of the report and remained totally ignorant of it until after the casualty. In the ensuing year FMSL made no inspection of the chart portfolio. Nor did they determine the extent of the master's responsibility for the state of the chart library or seek any explanation. They took no steps to discipline or even reprimand the master although it was clear that **569* he was incompetent in a real and dangerous sense. There was also a failure to refer the report to the managing director who was absent from the office when it arrived. The managing director had not fulfilled his obligation to leave adequate instructions as to matters which should be drawn to his attention. The report was a specific warning of the practice of the vessel being navigated by reference to outdated charts.

FMSL's approach is wholly at odds with the authorities to date. It is impossible to say that a prudent shipowner could leave matters entirely to the master. A system which relies on the master to secure safe navigation is not acceptable. The alter ego must manage the vessel and that requires him to take some steps to secure safe navigation and at the very least to inform himself of the situation on the vessel. FMSL assumed that all was well on the vessel but it is not permissible for shipowners to make that assumption: see Northern Fishing Co. (Hull) LTD. v. Eddom (The Norman) [1960] 1 Lloyd's Rep. 1, 9.

Some matters are of such serious import that the owner ought to make it his business to become aware of them: see The Lady Gwendolen [1965] P. 294. That applies also to navigating without up to date charts. The shipowners should have appreciated the importance of the Liberian report and taken action on it. The Lady Gwendolen cannot be distinguished from the present case on the ground that in the former case the shipowners took no action. The owners of The Lady Gwendolen had in fact sent the master on a radar course.

If the shipowners are correct Rederij Erven H. Groen v. The England (Owners) [1973] 1 Lloyd's Rep. 373 was wrongly decided. The manager of a ship must play a role in its operation and should not leave all matters to the master.

In The Garden City [1982] 2 Lloyd's Rep. 382 it was accepted that The Lady Gwendolen concerned the special problem of radar but by 1982 radar was no longer a novelty. However, it was held that it was still essential for the shipowner to ensure that log books etc. were

해에 기초한 것이다. (1심) 재판관은 증거의 어떤 것은 누락했고, 어떤 단서들은 빠뜨려서 전체 증거에 효력을 부여하지 못했다. 어떤 경우에도, 관리도 감독도 없이 선장 혼자 선박의 해도에 대한 모든 책임을 지게 하는 관행은 필연적으로, 수인할 수 없는 위험성이 있다. 그 사람의 오류 가능성에 대한 배려가 없기 때문이다.

선장에게 책임을 두는 어떤 시스템이라도, 즉각적이고 효과적인 반응과 징계가 필수적으로 있어야 할 것이다. 또한 그러한 시스템에는 좋은 항해사들의 지속적인 확보가 역시 필수적이다. FMSL는 징계를 위한 어떤 제도도 갖추지 않았고 항해사들을 지속적으로 공급하지도 않았다. 4년 동안 10명의 3등 항해사만을 공급했을 뿐이었다. 선주는 징벌적인 손해배상[6]에 대한 어떤 소송도 피하기 위해, 선장의 행위를 못 본 체했다.

1976년 4월 FMSL은 배에 대해 안전을 점검한 리베리아 당국의 보고서의 사본을 받았다. 그 보고서는 "무역선박의 항해도의 수정은 몇 년간 누락되었다"고 기술했다. 따라서, 선주는 그때 그 보고서가 언급한 대로 특정한 문제점이 있음을 알았을 것이다. 보고서에 대한 FMSL의 대응은 완전히 부적당한 것이었다. FMSL의 관리 이사는 보고서에 대해 보고받지 않았고 사고가 일어난 후에야 비로소 알게 되었다. 보고받은 이듬해 FMSL은 해도의 포트폴리오에 대한 감독을 전혀 하지 않았다. 그들은 또한 선장의 해도 라이브러리 상태에 대한 책임의 범위를 결정하거나 해명을 요구하지도 않았다. 그들은 *569 선장이 실제 위험 상황에서 대처능력이 없음이 분명함에도 불구하고 규율하거나 또는 징계하는 어떤 절차도 밟지 않았다. 또한 보고서가 도착했을 때 사무실에 부재 중이었던 관리 이사에게 보고서를 전달하지도 않았다. 관리 이사는 자신에게 보고되어야 할 문제들에 관하여 적절한 지침을 남겨야 하는 그의 의무를 다하지 않았다. 그 보고서는 선박이 유효기간이 지난 해도를 참조하여 항해하는 관행에 대한 구체적인 경고였다.

FMSL의 접근방법은 최근 선례의 경향과는 동떨어진 것이다. 주의력 있는 선주라면 어떠한 문제를 선장에게 전적으로 맡길 수 있다고 볼 수는 없다. 안전한 항해를 확보하는 일을 선장에게 전적으로 의존하는 시스템은 받아들여질 수 없다. 법인의 대표자는 선박을 관리해야 하고, 그가 안전한 항해를 확보하는 데 몇 가지 절차를 밟을 것이 요구되며, 최소한 선박의 상태에 대해 인식할 것이 요구된다. FMSL은 선박의 모든 것이 잘 돌아가고 있다고 속단했지

6 Punitive damages를 영국에서는 exemplary damages라고 부름. 징벌적 손해배상이란 실제 손해에 대한 배상이 아니고 가해자 측이 의도적으로 또는 손해발생 가능성을 인지하면서 어떤 과오를 저질러 손해를 발생시켰을 경우, 그와 같은 행위의 재발을 막기 위해 실제 손해액보다 훨씬 더 높게 부과되는 배상을 말한다.

maintained.

The prudent shipowner should have had a system of shore supervision of the master. In modern conditions it is not acceptable for the purposes of section 503 of the Merchant Shipping Act 1894 that the shipowner relies entirely on the master.

Clarke Q.C. in reply. If a strong body of shipowners even though not "a large majority" left the provision and maintenance of charts to the master, that would support the shipowners' case because it shows that it was a permissible system. If one changed "large majority" in the judge's conclusion to "many" one would still arrive at the same conclusion as the judge. An appellate court is not in as good a position as the judge to evaluate the evidence and should therefore be careful in rejecting the judge's main conclusion and in deciding what to substitute for it. The judge looked at the matter step by step and not in the blinding light of hindsight.

Their Lordships took time for consideration.

만 그러한 속단은 선주에게는 허용될 수 없는 것이다. Northern Fishing Co. (Hull) Ltd. v. Eddom (The Norman) [1960] 1 Lloyd's Rep. 1, 9 사건을 참조.

그러한 어떤 사항들은 너무나 중요해서, 선주는 그 사항들에 대해 인식하는 것을 그의 주무(主務)로 삼아야 한다. The Lady Gwendolen [1965] P. 294 사건 참조. 이것은 최신의 해도 없이 항해하는 사항에도 마찬가지로 적용된다. 선주는 리베리아 당국의 보고서의 중요성에 대해 알아채야 하고 그것에 대하여 조치를 취했어야 했다. The Lady Gwendolen 사건은 선주가 아무 조치를 취하지 않았다는 점에서 현재 사건과 다를 바가 없다. The Lady Gwendolen 호의 선주들은 사실상 선장이 레이더에 의존한 항해를 하도록 내버려 두었다.

선주들의 의견은, Rederij Erven H. Groen v. The England (Owners) [1973] 1 Lloyd's Rep. 373 사건의 결정과 배치되는 것이다. 배의 관리자는 그것의 항해에 대해 특정한 역할을 맡아야 하며, 선장에게 모든 것을 맡겨서는 안 된다.

The Garden City [1982] 2 Lloyd's Rep. 382사건에서는 법원이 The Lady Gwendolen 사건이 레이더라는 특별한 문제점에 대한 것으로 해석하였지만, (이 사건의 판결이 이루어진) 1982년에는 레이더는 더 이상 새로운 것이 아니었다. 그럼에도 불구하고, 여전히, 선주가 항해 일지 등의 유지를 보장하는 것이 여전히 중요하다는 결정이 내려졌다.

주의력 있는 선주는 선장을 육지에서 감독하는 시스템을 갖춰야만 했다. 현대의 상황에서, 제503조의 목적하에서는 선주가 선장에게 모든 것을 맡기는 것은 받아들일 수 없다.

선주 측의 항변 (Clarke 변호사가 항변했다)

만약 상당한 수의 선주들이—"대다수"는 비록 아닐지라도—해도의 준비와 유지를 선장에게 맡겼다면, 그것은 허용될 만한 제도라는 사실을 보여 주므로 선주들의 주장을 뒷받침한다. 만약 누군가가 재판관의 결정 중 "대다수(large majority)"를 "많은(many) 선주들"로 바꾼다 하더라도, 재판관과 같은 결론에 이를 것이다.

항소심은 증거를 조사하기에 원심만큼 적절하지 않기 때문에, 따라서 항소심에서는 원심의 결론을 거부하는 데에 그리고 무엇으로 대신할 것인가를 결정하는 데 대해 신중해야만 한다. 1심 판사는 사실문제를 차근차근 검토했고 결과론적인 시각에 경도되지도 않았다.

재판관들은 시간을 들여 검토하였다.

17 May. LORD DIPLOCK.

My Lords, I have had the advantage of reading in draft the speech of my noble and learned friend, Lord Brandon *570 of Oakbrook. I agree with it, and for the reasons which he gives I would dismiss this appeal.

LORD SCARMAN.

My Lords, I have had the advantage of reading in draft the speech to be delivered by my noble and learned friend, Lord Brandon of Oakbrook. I agree with it, and for the reasons he gives, I would dismiss the appeal with costs.

LORD ROSKILL.

My Lords, I have had the advantage of reading in draft the speech to be delivered by my noble and learned friend, Lord Brandon of Oakbrook. I agree with it and for the reasons which he gives I would dismiss this appeal.

LORD BRANDON OF OAKBROOK.

My Lords, on 12 March 1977 the Liberian tanker *Marion*, owned by the appellants, left Hamburg for Teesside in order to load a cargo there. On 14 March 1977 the *Marion* arrived near the entrance to the Tees Fairway, but, because there was no loading berth immediately available for her, she was obliged to come to anchor and wait. The place where her master, Captain Potenza, chose to anchor her was off Hartlepool about 2.7 miles east of The Heugh and about one mile from the Tees Fairway buoy. Four days later, on 18 March 1977, a loading berth having become available for her, the *Marion* tried to weigh anchor so as to enable her to proceed inward to that berth. Her efforts to do so, however, failed because her anchor had fouled a pipeline on the sea-bed which carries oil from the Ekofisk Field through Tees Bay to Teesside. As a result of the anchor of the *Marion* so fouling the pipeline, and of her efforts to haul it up after that had happened, the pipeline was severely damaged.

On 27 September 1977 the 13 named respondents, all of whom are oil companies of one kind or another, brought an action against the appellants in the Admiralty Court in which they alleged that the fouling of the pipeline by the anchor of the *Marion*, and the damage to the pipeline resulting from such fouling, had been caused by the negligence of the servants or agents of the appellants on board that ship. The amount of the damages claimed in the action exceeded U.S.$25,000,000.

On 23 July 1981 the appellants formally admitted liability for the fouling of the pipeline and

5월 17일, Diplock 경

나는 나의 고결하고 학식있는 동료인, *570 Brandon of Oakbrook 경의 판결의 초안을 읽어 보았다. 나는 그의 의견에 동의하며, 또한 그가 제시한 이유로써 이 항소를 기각하는 바이다.

Scarman 경

나는 나의 고결하고 학식있는 동료인, Brandon of Oakbrook 경의 판결의 초안을 읽어보았다. 나는 그의 의견에 동의하며, 또한 그가 제시한 이유로써 항소를 기각하며 소송비용은 패소자가 부담할 것이다.

Roskill 경

나는 나의 고결하고 학식있는 동료인, Brandon of Oakbrook 경의 판결의 초안을 읽어 보았다. 나는 그의 의견에 동의하며, 또한 그가 제시한 이유로써 이 항소를 기각하는 바이다.

Brandon of Oakbrook 경

1977 3월 12일 항소인들 소유인, 리베리아 국적의 선박 Marion 호는 Teeside에서 화물을 싣기 위해 Hamburg를 떠나 그곳으로 향했다. 1977년 3월 14일에 Marion 호는 Tees Fairway의 항구 근처에 다다랐다. 그러나 즉시 적하를 위해 정박할 수 있는 곳이 없었던 까닭에, 배는 닻을 내리고 기다려야만 했다. 선박의 선장인 Captain Potanza는 Heugh의 동쪽으로부터 2.7마일이 떨어진, Tees 부표로부터 1마일 정도 떨어진 Hartlepool에 닻을 내리기로 결정했다. 4일 후인 1977년 3월 18일에 적하를 위한 정박지가 자리가 나서, 그곳으로 향하기 위해 Marion 호는 닻을 끌어올리려고 했다. 그러나, 그 닻이 Ekofisk에서부터 Tees Bay를 지나 Teesside까지 기름을 운반하는 해저의 송유관과 충돌하는 바람에 이는 좌절되었다. 마리온 호의 닻이 송유관에 부딪친 충격과, 충돌 후 닻을 끌어올리려는 시도에 의해, 송유관은 심각하게 손상되었다.

1977년 9월 27일 13인의 기명된, 모두 정유회사인 피항소인들이 해사법원에 항소인들에 대해 소송을 제기했다. 그들은 닻에 의한 송유관의 충돌과 충돌에 의해 야기된 송유관의 손상이 선상에 있었던 항소인의 종업원 또는 직원의 과실에 의해 야기됐다고 주장했다. 소송에서 주장된 손해의 액수는 US $ 25,000,000를 초과하였다.

1981년 7월 23일에 항소인들은 공식적으로 송유관의 충돌과 이에 수반된 손해에 대한 책

the consequential damage done to it. On the following day, 24 July 1981, the appellants began an action of their own in the Admiralty Court against the 13 named respondents and all other persons having claims in respect of the damage to the pipeline, in which they claimed a decree that they were entitled to have their total liability in respect of such damage limited to the sum of £982,292.06, pursuant to the relevant provisions of the Merchant Shipping Acts 1894-1979.

The limitation action was tried by Sheen J. over a period of 32 days in January, February and March 1982. On 30 March 1982 the learned judge, in a reserved judgment [1982] 2 Lloyd's Rep. 52, decided the action in favour of the appellants and granted them the decree of limitation of liability which they sought.

By notice of appeal dated 10 May 1982 the 13 named respondents appealed to the Court of Appeal against the decision of Sheen J. The **571* appeal was heard by a division of the Court of Appeal consisting of Sir John Donaldson M.R. and Dunn and Purchas L.JJ. over a period of seven days in April and May 1983. On 20 May 1983 the Court of Appeal, in reserved judgments, unanimously allowed the appeal, ordered that the appellants be refused a decree of limitation of liability, and refused them leave to appeal to your Lordships' House. Leave for the appellants to do so was later given by the Appeal Committee.

My Lords, the issues between the parties have fortunately been considerably narrowed since the lengthy hearing of the action before Sheen J. The following matters of fact and law, or of mixed fact and law, were common ground before your Lordships. Firstly, that, if the appellants are entitled to limit their liability, the sum of £982,292.06 referred to earlier is the correct amount of their limited liability. Secondly, that the immediate cause of the damage to the pipeline was the negligence of the master of the *Marion*, Captain Potenza, in navigating by reference to a long obsolete chart on which the pipeline was not shown, leading him to let go his anchor in a place where, if he had been aware of the presence of the pipeline, as he would have been if he had navigated by reference to an up-to-date chart, he would never have done. Thirdly, that, having regard to the express terms of section 503 of the Merchant Shipping Act 1894, as amended by the Merchant Shipping (Liability of Shipowners and Others) Act 1958, the material parts of which are to be found set out in full in the judgment of Sheen J., the appellants are only entitled to have their liability limited if they can prove that the damage to the pipeline occurred without actual fault on their part. Fourthly, that, on the true construction of the statutory provisions referred to above, the burden of proving (a) that there was no actual fault of the appellants, and (b) that, if there was any such actual fault, it did not contribute to the damage to the pipeline, is in either case upon the appellants. Fifthly, that, since the appellants had delegated the management and operation of the *Marion* wholly to an English company, Fairfield-Maxwell Services LTD. (FMSL), the person whose fault would constitute, as a matter of law, the actual

임을 인정했다. 다음 날인 24일에 항소인은 해사법원에서 13인의 기명된 피고인들과 손상과 관련해서 주장한 사람들에 대해 그들의 독자적인 소송을 제기했다. 그들은 그곳에서 상업운송법 관련 규정에 의거하여 손해와 관련된 자신들의 책임범위가 £982,292.06만큼으로 제한될 수 있다고 주장했다.

책임제한 소송은 원심인 Sheen 판사에 의해 진행되었다. 1982년 1월부터 2월을 거쳐 3월까지 32일 이상의 기간이 소요되었다. 3월 30일에 원심은 항소인들에게 승소 결정을 내렸고 그들에게 책임제한을 인정했다.

1982년 5월 10일의 항소에 의하여 13인의 기명 피고인들은 항소법원에 Sheen 판사의 결정에 대해 항소했다. *571 항소심리는 John Donaldson과 Duun, 그리고 Purchas 판사로 구성된 항소법원 재판부에 의해 4월과 5월에 걸친 7일의 기간에 걸쳐 진행되었다. 1983년 5월 20일에 항소법원은 추후 통지된 판결에서 만장일치로 항소를 인정하여 항소인들에게 책임제한이 적용되는 것이 거부되며, 귀족원에 항소하는 것도 거부된다는 주문을 내렸다. 항소의 허가는 후에 항소위원회로부터 주어졌다.

동료 재판관 여러분, 원고와 피고 사이의 쟁점은 Sheen 판사의 오랜 심리 덕분에, 다행히도 상당히 폭이 좁아졌다. 다음의 사실인정과 법률해석은, 여러분의 견해가 일치된 사항이다. 첫째, 만약 항소인들이 그들의 책임을 제한받는다면, 언급된 £982,292.06만큼의 손해배상액이 이에 부합하는 액수가 될 것이다. 둘째, 손해의 직접적인 인과관계는 송유관이 표시되어 있지 않은 유효기간이 지나 뒤처진 해도에 의존하여 항해한 Marion 호의 Potenza 선장의 과실이다. 만약 그가 최신의 해도에 의존하여 항해했다면 그의 닻을 내리게 만든 장소에 있는 송유관의 존재를 알았을 것이고, 그는 절대로 그곳에 가지 않았을 것이었다. 셋째, 상업운송법 제503조의 의미의 표현을 고려했을 때, 증거의 주요 사실 부분이 Sheen 판사의 판결에서 자세히 수립된 바에 따르면, 항소인들은 그저 그들이 "실제 과오" 가 없음을 증명했을 때에 책임을 제한받을 수 있을 뿐이다. 넷째로, 위에 언급한 법률규정의 구조상, (a) 항소인들이 실제 과오가 없다는 사실과 (b) 만약 조금이라도 실제 과오가 있다면, 그것이 송유관의 손해에 기여한 바가 없다는 사실 이 두 가지가 항소인들의 입증 대상이다. 다섯째, 항소인들이 Marion 호의 관리감독과 항해를 영국 회사인 FMSL(Fairfield-Maxwell Services Ltd.)에 전부 위탁했기 때문에, FMSL의 관리 이사인 Downard 씨의 과오가 법률상 항소인들의 실제 과오로 추정된다. 여섯째, FMSL이 세 명의 다른 사람에게 운영권한을 부여하였지만,—즉 항해 운영자인 Lowry 씨, 보조 항해운영자인 Graham 씨 그리고 감독자인 엔지니

fault of the appellants, is the managing director of FMSL, Mr. Downard. Sixthly, that, whereas FMSL employed three other persons in a managerial capacity, namely Mr. Lowry as operations manager, Mr. Graham as assistant operations manager and Mr. Martinengo (an engineer) as superintendent, no faults of theirs, if they occurred, could constitute, as a matter of law, the actual fault of the appellants.

There were two main respects in which it was contended for the 13 named respondents that the appellants had failed to discharge the burden of proving that there had been no fault on the part of Mr. Downard which contributed to the damage to the pipeline. First, it was said that the appellants had not proved that Mr. Downard had a proper system for ensuring that the charts and other nautical publications on board the *Marion* (a) were not obsolete or superseded, or (b), if still current, were kept corrected up-to-date at all times. Secondly, it was said that the appellants had not proved that there had been no fault of Mr. Downard in failing to ensure that there was brought to his notice a document received by FMSL from the Liberian Marine Inspectorate on 28 April 1976 and known as a Safety Inspection Report, relating to an inspection **572* of the *Marion* in February of that year. That report stated among other things "Navigational charts for trade of vessel corrections omitted for several years", and it was said that, if Mr. Downard had seen that report and read that statement, he would, on his own admission, have taken immediate and radical steps, which his subordinates did not take, to put matters right.

It will be necessary later to examine the evidence, and the findings of the two courts below, with regard to the two criticisms of Mr. Downard referred to above. Before doing that, however, it will, I think be helpful to indicate the approach which courts have in recent years adopted to questions of actual fault on the part of shipowners or ship managers in contested limitation actions.

The question whether, where damage had been done by a ship, such damage occurred without the actual fault of her owners or managers is primarily one of fact, to be decided by reference to all the circumstances of any particular case. Such a question involves nevertheless an element of law, in that the answer to it must depend, in part at least, on what approach courts dealing with contested limitation actions adopt, in relation to safety of navigation, to the responsibilities of masters on the one hand and shipowners or ship managers on the other.

There was a time when courts dealing with contested limitation actions considered that shipowners or ship managers sufficiently discharged their responsibilities if they appointed a competent master and thereafter left all questions of safe navigation, including the obtaining at their expense of all necessary charts and other nautical publications, entirely to him. That former approach of such courts has now been out of date for more than 20 years, as appears

어 Martinengo 씨를 선임하였지만—이들의 과오는 법적으로 항소인들의 실제 과오를 구성할 수 없다.

13인의 기명된 피고(피항소인)들은 주로 다음의 두 가지 측면에서 항소인들이 송유관의 손상에 기여한 Downard 씨의 과오의 부존재에 대한 입증책임을 다하지 못했다고 주장하였다. 먼저, 항소인들이 Downard 씨가 선박에 탑재된 해도와 항해서류들이 (a) 오래된 것 혹은 폐기된 것이 아니거나, (b) 만약 아직 유효한 것이라면, 언제나 최신의 것으로 갱신되도록 보증하는 적절한 시스템을 구비하였음을 입증하지 못했다는 주장이다. 두 번째로, 항소인들이 Downard 씨가 리베리아 해상 사찰단에서 1976년 4월 28일에 보내고 FMSL이 수령한 보고서, 즉 그해 2월에 이루어진 Marion 호의 시찰 *572 과 관련한 보고서인 "Safety Inspection Report"가 자신에게 전달되도록 하지 않은 것이 Downard 씨의 과오가 아니라는 것을 입증하지 못하였다는 주장이다. 그 보고서는 특히 "선박의 항해도의 갱신은 수년간 누락되었다"고 지적했고, 만약 Downard 씨가 이 보고서를 보고 그 지적사항을 읽었다면, 그는 그의 권한상, 문제사항을 적합하게 수정하는, 그의 부하들이 처리하지 않은 즉각적이고 근본적인 절차를 밟아 일을 바로잡았을 것이라는 주장이 제기되었다.

위에서 언급한 Downard 씨에 대한 두 비판에 대하여 증거와 두 하급법원의 결론들을 검증하는 것이 필요하다. 그러나, 그 전에, 나는 우리 법원이 책임제한 소송에서 선주나 선박 관리자의 "실제 과오"의 문제에 대하여 최근 몇 년간 채택한 접근방식을 살펴보는 것이 도움이 될 것이라 생각한다.

손해가 그 배의 선주나 관리자의 실제 과오 없이 일어났는지 여부는, 구체적 사건의 모든 정황을 참조하여 결정될 문제이다. 그럼에도 불구하고 그 질문은 그에 대한 답이 적어도 부분적으로는 법원이 항해의 안전에 관한 책임제한 소송에서 한편으로는 선장의 책임과 다른 한편으로는 선주와 감독인의 책임에 대하여 어떤 접근방법을 선택하느냐에 좌우된다는 점에서 법의 해석 문제를 수반한다.

하급 법원들이 책임제한 소송을 다룰 때, 선주나 관리자가 만약 그들이 적격의 선장을 선임하고 이에 따라 안전한 항해의 문제(모든 필요한 해도와 항해적인 출판물에 대한 비용을 획득하는 것을 포함해서)를 모두 그에게 맡겨 버리더라도, 선주나 감독인이 충분히 그들의 책임을 이행했다고 간주되던 때가 있었다. 그러나 Rederij Erven H. Groen v. The England (Owners) (The England) [1973] 1 Lloyd's Rep. 373 사건에서 항소법원의 결정에서 보이는 것처럼, 이러한 이전의 접근방법은 현재로서는 20년 전의 예전 것이 되었다.

from the decision of the Court of Appeal in Rederij Erven H. Groen v. The England (Owners) (The England) [1973] 1 Lloyd's Rep. 373.

The issue in that case was whether Mr. Groen, the owner of a motor coaster which traded frequently to the port of London without the assistance of a pilot, was guilty of actual fault contributing to a collision between his ship and another in the River Thames, in that he had failed to take any, or any proper, steps to ensure that the master of his ship had on board, and available for his use, a copy of the latest Port of London River Byelaws. It was held by the Court of Appeal, reversing the Admiralty judge, that Mr. Groen had been guilty of actual fault in this respect, and that it had not been proved that such fault did not contribute to the collision.

In relation to that issue, Sir Gordon Willmer, who was the acknowledged master of Admiralty law in his time, said at P. 383:

"It may be that 20 years ago what Mr. Groen did and did not do might have passed muster; but the decision of the House of Lords in the case of The Norman [1960] 1 Lloyd's Rep. 1, seems to me to have thrown quite a fresh light on the extent of the managerial duties of owners and managers, especially in relation to the supply of navigational information and publications to their vessels. It seems to me that it is no longer permissible for owners or managers to wash their hands so completely of all questions of navigation, or to leave everything to the unassisted discretion of their masters. This relatively *573 new approach, as I think it is, was well illustrated by the decision of this court in The Lady Gwendolen [1965] P. 294. I am not going to go into the details of that case, the facts of which were very different from those of the present case, but I venture to quote two sentences from the judgment which I myself delivered in that case. ... On P. 345 of the ... report I am reported as saying: '... It seems to me that any company which embarks on the business of shipowning must accept the obligation to ensure efficient management of its ships if it is to enjoy the very considerable benefits conferred by the statutory right to limitation.'

"Then, after referring to another case called The Radiant [1958] 2 Lloyd's Rep. 596, where again the facts were quite different from those of the present case, I proceeded to quote a sentence which I had used in delivering judgment in that case, and which again I think is appropriate to this case: '... The fundamental fault in respect of which I am disposed to blame Mr. B. [— that is the manager —] is that he never had any proper comprehension of what his duty as managing director of a fleet of this sort was. ...' It appears to me that Mr. Hendrikus Groen was very much in the same position as the managing owner in that case."

My Lords, I am of the opinion that what Sir Gordon Willmer there described as "this relatively new approach", begun by your Lordships' House in Northern Fishing Co. (Hull) v. Eddom (The Norman) [1960] 1 Lloyd's Rep. 1 and continued by the two subsequent decisions

이 사건에서 문제된 것은, 도선사(導船士)의 도움 없이 런던 항구에서 빈번하게 오가던 모터 해안선이 템스 강에서 다른 배와 충돌하였고, 선주인 Groen 씨가 충돌에 기여한 "실제 과오"를 저질렀는지 여부였다. 그는 배의 선장이 볼 수 있도록 최신의 Port of London River 조례의 사본을 배에 비치하는 것을 확보하는 어떤 조치도 취하지 않았다.

항소법원은 원심 해사법원의 견해를 뒤집으며 Greon 씨가 "실제 과오"를 범하였고 이러한 과오가 충돌 사건에 기여하지 않았음이 입증되지 않았다고 판시하였다.

그 사건에 관련하여 그 당시 해사법 전문가로 정평이 있던 Gordon Willmer 경은 383쪽에서 이렇게 말했다:

"20년 전이었다면, Groen 씨의 행위는 별 문제가 없을 것이다; 그러나 The Norman [1960] 1 Lloyd's Rep.1 사건에서 귀족원의 판결은 선주와 감독관들의 감독의무에 대해, 특히 그들의 선박에 항해 정보와 서류를 제공하는 것에 관하여 참신한 설명을 한 것으로 보인다. 선주나 관리자가 항해 관련 문제에 대해 완전히 손을 떼거나 모든 것을 선장의 자유 재량에 맡기는 것은 더 이상 허용될 수 없다고 보아야 한다. '비교적 새로운 이러한 접근 방법'은 이 법원의 The Lady Gwendolen [1965] p. 294 판결에서도 잘 드러나 있다. 현재 사건과 사실 관계가 매우 다르기 때문에 이 판결에 대해서는 자세히 설명하지 않을 것이지만, 그 사건에서 내가 직접 이끌어 낸 이 판결에서 두 문장을 과감히 인용해 보도록 하겠다. … 그 사건의 345쪽을 보면 나는 이렇게 말한 바가 있다: '…선박 소유업에 종사하는 어떤 회사도, 그들이 책임제한의 법적 권리로 인한 이익을 향유하기 위해서는 그들의 선박에 대한 효과적인 감독을 할 의무를 져야만 한다.'

"그 다음에, 역시 현 사건과 사실관계가 상당히 다른 The Radiant [1958] 2 Lloyd's Rep. 596 사건을 언급한 후, 계속해서 이 사건에 적합하다고 생각되는 그 사건에 대한 판결을 내릴 때 사용하였었던 한 문장을 인용했다: '…내가 비난하고자 하는 B(관리 이사의 이름이다)의 근본적인 과오는 그가 이런 선단의 관리 이사로서 그의 의무가 무엇인지에 대한 제대로 된 이해가 애초에 전혀 없었다는 것이다…' Hendrikus Groen 씨는 방금 인용한 사건의 관리 이사와 매우 비슷한 지위에 있는 것으로 보인다."

동료 재판관 여러분, 귀족원의 Northern Fishing Co.(Hull) v. Eddom(The Norman) [1960] 1 Lloyd's Rep. 1 사건에서부터 시작되고 항소법원의 The Lady Gwendolen [1965] p. 294 사건과 The England [1973] 1 Loyd's Rep. 373 사건에서 유지된, Gordon Willmer 경이 말하듯 *574 "이 비교적 새로운 접근 방법"은 이제 선주나 관리자들의 실제 과오에 대한 책임제한 소

of the Court of Appeal in The Lady Gwendolen [1965] P. 294 and The England [1973] 1 Lloyd's Rep. 373 should now be regarded as the correct approach in law to the problem of actual fault of shipowners or ship managers in contested limitation actions. It follows that I regard it as right to apply that approach to the facts of the present case.

I shall consider first the criticism of Mr. Downard that he had no proper system for ensuring that the charts on board the *Marion* (a) were not obsolete or superseded, or (b), if still current, were kept corrected up-to-date. It was not, and could not sensibly, have been disputed that, in order to ensure the safe navigation of a ship on the voyages undertaken by her, three requirements with regard to charts have to be fulfilled. The first requirement is that she should have on board, and available for use, the current versions of the charts necessary for such voyages. The second requirement is that any obsolete or superseded charts, which might formerly have been proper for use on such voyages, should either be destroyed, or, if not destroyed, at least segregated from the current charts in such a way as to avoid any possibility of confusion between them. The third requirement is that the current charts should either be kept corrected up-to-date at all times, or at least that such corrections should be made prior to their possible use on any particular voyage.

Mr. Downard took over as managing director of FMSL in the summer of 1975, and he was assisted, as I have already indicated, by three subordinates with managerial responsibilities, Mr. Lowry as operations manager, Mr. Graham as assistant operations manager, and Mr. Martinengo as superintendent. His system with regard to charts was to make **574* the master of the *Marion* solely responsible for ensuring, with the aid of one or more of his deck officers, that the three requirements referred to above were fulfilled. The master indented for the charts which he thought necessary and FMSL paid the bill for them. FMSL also continued a practice, which had been begun in December 1974, before Mr. Downard took over as managing director, of sending to the *Marion* on a regular basis all weekly Admiralty Notices to Mariners and all chart correction traces relating to Admiralty charts. Mr. Downard, deliberately and as a matter of considered policy, did not either himself, or through Mr. Lowry or Mr. Graham, exercise any supervision of any kind over the way in which the master of the *Marion*, who was ordinarily for many years Captain Potenza, performed the responsibilities with regard to charts which had been assigned to him. The criticism made of this system is that it provided no means by which Mr. Downard could know whether those responsibilities were being discharged properly or not. In fact, Captain Potenza had for years a curious propensity for using out-of-date or uncorrected charts in preference to current and corrected charts, of which, because of the absence of any supervision in this field, Mr. Downard remained blissfully unaware.

In considering whether this lack of supervision was a fault on Mr. Downard's part, the

송 문제에 대해 옳은 접근 방법으로 여겨져야 한다.

이에 따라 나는 현 사건의 사실관계에 대해 위와 같은 접근을 하는 것이 옳다고 생각한다. 나는 우선, Downard 씨가 Marion 호에 있던 해도가 (a) 구식이거나 대체할 필요가 있었는지 혹은 (b) 만약 신식이었다면 해도가 제대로 갱신되고 있었는지를 확인할 수 있는 시스템을 구비하지 않고 있었다는 비판을 참작하도록 하겠다.

선박이 안전하게 항해할 수 있기 위해 해도에 대한 다음과 같은 세 가지 조건이 충족되어야 한다는 것은 한 번도 이의가 제기되거나 될 수 있던 적이 없다. 첫 번째 조건은 선박에 항해에 필요한 최신 판의 해도들이 구비되어 사용 가능한 상태에 있어야 한다는 것이다. 두 번째 조건은 이전에 공식적으로 유통되던 해도였다 하더라도, 유효기간이 지났거나 대체가 필요한 해도들은 폐기하거나, 그렇지 않을 경우 현재 사용 중인 해도와 헷갈리지 않도록 격리 보관해야 한다는 것이다. 세 번째 조건은 사용 중인 해도가 항상 새것으로 갱신되어 있어야 하거나, 적어도 어떤 특정 항해를 하기 전에는 반드시 갱신되어야 한다는 것이다.

Downard 씨는 1975년 여름 FMSL의 경영관리자를 맡게 되었으며, 이미 이야기한 바와 같이 항해 감독인 Lowry 씨, 항해 감독 보조인 Graham 씨, 그리고 총감독인 Martinengo 씨 이렇게 세 명의 관리 의무를 가진 부하 직원들의 보조를 받았다. *574 해도에 관한 그의 시스템은 Marion 호의 선장 단독으로, 고작 한두 명의 항해사의 도움을 받아, 앞서 언급한 세 가지 조건을 충족시키고 책임지게 하는 것이었다. 선장은 그가 필요하다고 생각하는 해도들을 신청하였고 FMSL은 그 해도들의 값을 지불했다. FMSL은 또한 Downard 씨가 경영관리자 직을 인계받기 전인 1974년 12월부터, 선원들의 해상법 통지들이라는 주간지와 해군 해도에 따른 해도 정정 투사지서비스를 Marion 호에 정기적으로 보내오던 관행을 계속 행했다. Downard 씨는 Marion 호를 수년간 통상 맡아 온 Potenza 선장이 해도에 관한 그의 의무를 다 하는지를 직접 혹은 Lowry 씨나 Graham 씨를 통하여서도 전혀 감독하지 않았다. 이 시스템의 문제점은 Downard 씨가 그런 의무들이 제대로 시행되고 있는지를 알 길이 없다는 데 있다. 사실, Potenza 선장은 수년간 유효기간이 지났거나 갱신되지 않은 해도를 새롭게 갱신된 해도보다 선호하는 이상한 경향을 보여 왔다. 이 분야에 대한 감독이 없기에 Downard 씨는 이 사실에 대해 아무 것도 모른 채 안전하다고만 믿고 있었다.

Downard 씨의 책임부분에 있어 관리감독의 결여가 잘못에 해당하는지 여부를 고려할 때, 다른 평판 좋은 선주들의 비슷한 관행은 분명히 관련이 있지만, 이러한 관행의 증거가 하나의 방향, 적어도 거의 하나의 방향을 제시하지 않는 한 결정적이라고 할 수가 없을 것이다.

practices of other reputable shipowners at or about the same time is clearly relevant, although, unless the evidence of such practices is all one way, or nearly all one way, it cannot be decisive. The parties adduced before Sheen J. at the trial a whole mass of evidence, both oral and written, with regard to the practices of other reputable shipowners. He expressed his conclusions about this evidence in a paragraph which reads [1982] 2 Lloyd's Rep. 52, 64:

"The totality of the evidence has left me in no doubt that a large majority of shipowners of high reputation regard the provision of charts and their maintenance as matters which are quite properly left to the responsibility of the master. In the light of all the evidence which I have heard I am quite satisfied that a prudent shipowner is entitled to regard the provision of charts as the responsibility of the master unless he has good reason to think that the master is not carrying out his responsibility. In that event further action is required. It may even become necessary to relieve the master of his command."

If the first sentence of this paragraph with regard to the totality of the evidence relating to practice had been justified, it would have represented a finding of fact by the trial judge which, though not in theory decisive in showing that Mr. Downard was not in fault for using the system which he did use, would in practice have gone a long way in that direction. The Court of Appeal, however, did not accept that either the finding of fact, or the conclusion drawn from it by Sheen J., were justified by the evidence. From the report [1983] 2 Lloyd's Rep. 156 it appears that the leading judgment was, at the request of Sir John Donaldson M.R., delivered by Dunn L.J. Dunn L.J., after referring to the passage from the judgment of Sheen J. set out above, said, at P. 164: **575*

"I am bound to say, having been taken through the relevant transcripts of evidence of the expert witnesses, that I am very doubtful if I would have come to the same conclusion as the learned judge."

Although Dunn L.J. does not there say in terms that he would, in the light of the evidence, have reached a conclusion about its overall effect contrary to that reached by Sheen J., I think it is clear from other parts of his judgment that that is indeed what he would have done.

Be that as it may, at the hearing of this appeal before your Lordships, you were, very sensibly, referred to only comparatively small parts of the vast mass of evidence on practice. Instead, counsel for the 13 named respondents placed before your Lordships, in the form of two schedules, the contents of which were not seriously challenged by counsel for the appellants, a summary of the essential evidence of practice adduced on either side. Those schedules show, as counsel for the appellants had no alternative but to admit, that the finding of Sheen J. that, on the totality of the evidence, a large majority of shipowners of high reputation regard the provision of charts and their maintenance as matters which are quite properly left

당사자들은 1심재판에서 다른 평판 좋은 선박업자들의 관행에 대해 구두로 그리고 서면으로 된 다량의 증거들을 내놓았다. 1심법관은 [1982] 2 Loyd's Rep. 52, 64에 이 증거들에 대한 그의 결론을 이와 같이 표명했다.

"이 모든 증거들은 대부분의 높은 평판을 갖고 있는 선주들이 해도의 공급과 유지를 사실상 선장의 책임 아래에 둔다는 것을 확신케 하였다. 내가 들은 증거들의 취지는, 신중한 선주라면 그가 선장이 그 책임을 다하지 않는다고 생각할 만한 이유가 있지 않는 한 해도의 공급과 그 유지를 선장의 책임으로 여길 권한이 있음을 보여 준다. 만약 선장이 책임을 다하지 않는다고 생각할 경우 선주는 후속 조치를 해야만 하는데, 선장을 해임하는 것도 필요하다면 할 수 있다."

만약 관행과 관련한 증거에 대한 위 문단의 첫 번째 문장이 옳다면, Downard 씨가 그의 앞서 언급한 시스템을 사용한 것이 문제되지 않는다는 견해에 결정적이지는 않더라도 그러한 주장에 도움이 되는 사실인정이었을 것이다. 하지만 항소법원은 그러한 사실인정이나 Sheen 판사가 내린 결론이 증거에 의해 정당화될 수 없다고 하였다. [1932] 2 Lloyd's Rep. 156 report을 보면, John Donaldson M.R.의 요청에 따라 Dunn 판사가 Sheen 판사의 위 판결에 쓰인 구절을 참조한 뒤 내린 주 판결은, 164쪽에 이와 같이 나와 있다. : *575

"전문가 증인의 증언기록을 검토한 결과, 원심 판사와 같은 결론에 이를 수 있을지에 대해 심히 의문이 든다."

비록 Dunn 판사는 증거의 취지에 비추어, Sheen 판사와 전반적으로 반대의 결론에 도달했을 것이라는 표현을 쓰지는 않았지만, 그의 판결의 다른 부분을 보면 그랬을 것임이 명백하다.

재판관 여러분은 항소의 변론절차에서 관행에 대한 수많은 증거 중에 비교적 적은 부분만을 접할 수밖에 없었다. 대신 귀족원에 출석한 13인의 피항소인의 변호인은 항소인의 변호인으로부터 별다른 이의가 없던 두 개의 별지로 된 양쪽이 내놓은 관행에 대한 주요 증거들의 요약을 제출했다. 그 두 별지는, 항소인 측의 변호인도 시인할 수밖에 없었던 바와 같이 대다수의 높은 평판을 얻고 있는 선주들이 선주나 관리자의 감독 없이 해도의 공급과 유지를 선장의 전적인 책임으로 간주한다는 원심의 사실인정은 옳지 않음을 시사한다.

이 두 별지는 세 가지 중요 문제를 서술하고 있다. 두 별지로 시사되는 첫 번째 문제는, 상당한 수의 평판이 좋은 선주들이 해도를 구하는 것과 유지하는 것을 오직 선장의 손에 맡겨 놓는다 하더라도, 선장에 대한 어떠한 감독을 하지 않는 것에 대해서는 대다수의 선주들이 이러한 시스템이나 시스템이 없는 것에 대해 불만을 표시한다는 것이다. 주로 선장에게 해

to the responsibility of the master, without any supervision by owners or their managerial representatives, cannot be supported.

The schedules instead are indicative of three main matters. The first matter indicated by them is that, while a substantial number of reputable shipowners do rely solely on their masters for obtaining and maintaining charts, without exercising any supervision over them in this respect, a majority of such shipowners are not content with such a system or lack of system. That majority, while relying primarily on their masters for obtaining and maintaining charts, exercise a degree of supervision over them in order to satisfy themselves that they are carrying out properly their duties in that field. The forms of supervision used vary considerably, depending no doubt on the size of the companies concerned, the number and types of ships which they operate, and the trades in which such ships are employed. The forms of supervision used, however, include, first, regular or random checks by marine superintendents or other qualified managerial staff when ships are visited by such persons in port; secondly, the complete overhaul, in the form of inspection and checking of chart rooms and their contents, at regular or irregular intervals; and, thirdly, the complete landing of the contents of chart rooms for inspection and checking, again at regular or irregular intervals.

The second main matter which the schedules indicate is that the practice of relying solely on the master, without exercising any supervision over him, is characteristic mainly of shipowners in the U.S.A. It further appears, from some of the evidence, that one reason for this sole reliance is, as one witness very frankly put it, that some shipowners "do not want to know." That deliberate ignorance may well be attributable to the fear of the award of punitive damages by juries in the U.S.A. in the event of marine casualties caused by the use of obsolete or uncorrected charts of which, if shipowners did exercise supervision, they might be found to have been actually or constructively aware.

The third matter which the schedules indicate is that, during the last 20 years or so, an increasing number of shipowners have adopted a system *576 involving at least some degree of supervision of their masters in relation to charts.

The *Marion* operated under the Panamanian flag until 1975, when, following her purchase by the appellants, she changed to operating under the Liberian flag. On that change it became the appellants' duty to pay regard to Liberian Notices to Mariners issued not only after, but also before, her change of flag.

In March 1972 the Bureau of Maritime Affairs of the Republic of Liberia had issued a Marine Notice, addressed to shipowners, masters and officers of merchant ships, informing them that an amendment adopted by the I.M.C.O. Assembly should from then onwards apply to all Liberian ships. That notice stated:

도를 구하고 유지하게끔 하는 대다수는 어느 정도 선장에 대한 감독을 시행하고 있으며 이는 그들의 분야에 대한 책임을 다 하고 있다는 만족감을 준다. 선장에 대한 감독의 형태는 매우 다양한데, 이는 회사의 크기에 따라 차이가 나는 것은 물론이며 그들이 관리하는 선박의 종류와 수, 그리고 그 배들이 사용되는 무역의 종류에도 따라 달라진다. 그러나 몇 가지로 분류해 보자면, 쓰이는 감독 형태는 첫째로 배가 항구에 왔을 때 선박 감독이나 다른 적격의 감독 직원의 정기적이거나 비정기적인 감독이 있다; 둘째로, 배를 완전 검사하는 것으로, 이는 정기적으로나 비정기적으로 해도가 비치된 방이나 그 내용을 정밀 검사하는 방법이 있으며, 그리고 셋째로, 해도가 비치된 선실에 있는 내용물을 모두 지상으로 가져와 정밀 검사하는 방법이 있는데 이 또한 정기적 혹은 비정기적으로 한다.

별지가 시사하는 두 번째 중요 문제는 선장을 감독하지 않고 모든 것을 선장에게 맡기는 관행은 미국 선박회사만의 전형적인 특징이라는 것이다. 더 나아가 몇몇 증거들에서 보여지는 바와 같이, 이렇게 한 사람에게 책임을 전가하는 이유는, 한 증인이 매우 솔직하게 답변한 것처럼, 어떤 선주들은 "그것에 대해 알고 싶지 않"기 때문이라는 것이다. 이런 고의적인 부지는 오래되거나 갱신이 되지 않은 해도를 가지고 항해할 때 사고가 발생할 경우, 선주들이 관리감독을 한 사실을 통해 이런 일에 대해 실제로 혹은 구조적으로 알 수 있었음이 추정되어, 미국 배심원들로부터 징벌적 손해배상금을 부과받을 수 있다는 두려움 때문이라 할 수 있겠다.

별지가 지적하는 세 번째 문제는, 지난 20여 년간 *576 해도에 관해 선장을 어느 정도 감독하는 시스템을 구비하기 시작한 선주들의 수가 증가해 왔다는 것이다.

Marion 호는 1975년까지 파나마 국적으로 운영되다가 항소인들이 배를 사들이면서 리베리아의 것으로 옮겼다. 선박 국적의 변동으로 인해, 항소인들은 배의 국적이 바뀐 후뿐만 아니라 그 전에도, 발행된 리베리아 해사 공지사항의 지시 사항을 고려해야 할 의무가 생겼다.

1972년 3월 리베리아 공화국의 해사국은 무역선적의 선주들과 상선의 선장과 직원들에게 I.M.C.O. 의회에서 새로 채택된 개정안이 리베리아 국적의 모든 배에 적용된다는 통지를 보냈다. 그 통지는 아래와 같다:

"모든 선박은 적합하고 최신의 해도, 항해 방향, 등대 목록, 항해 지침, 조류 시간표와 기타 항해에 필요한 항해 관련 출판물들을 구비하고 있어야 한다."

1972년 8월 리베리아 당국은 이에 뒤따르는 통지를 보냈다. "해도와 간행물 그리고 항해 지침"이라고 표제를 단 이 통지는 선주들과 선장들 그리고 무역 선박의 항해사들 앞으로 되어 있었다. 통지 전문은 Dunn L.J. [1983] 2 Lloyd's Rep. 156, 163 판결문에 나와 있다. 현재의 논

"All ships shall carry adequate and up-to-date charts, sailing directions, lists of lights, notices to mariners, tide tables and all other nautical publications necessary for the intended voyage."

In August 1972 a further Marine Notice was issued by the Liberian authorities. It was addressed to shipowners, masters and officers of merchant ships and it expressly described its subject-matter as "Navigational Charts, Publications and Notices to Mariners." The full text of the notice is set out in the judgment of Dunn L.J. [1983] 2 Lloyd's Rep. 156, 163. For present purposes it is sufficient to say that it included the following significant passage:

"Reports on investigations of strandings and other navigational casualties continue to show an alarming increase in the number of such accidents wherein the direct or proximate cause has been attributed to failure to have on board up-to-date charts, publications, notices and similar navigational data."

My Lords, I quoted earlier a passage from the judgment of Dunn L.J., ante P. 575A, in the Court of Appeal dealing with the evidence of practice, and expressing a doubt, which the schedules placed before your Lordships amply justify, about the conclusion reached by Sheen J. on that evidence. It now becomes apposite to set out a further passage from the judgment of Dunn L.J. which follows immediately after the passage quoted earlier. The learned Lord Justice continued, still at P. 164, as follows:

"It seems to me, in the light of the Liberian Marine Notices, that the practice, if it be a practice, of leaving the correction of charts wholly to the master without even knowing what if any system was in operation on board the vessel, and without any supervision of the master and his officers, was fraught with danger, and not consistent with the high standard of care the judge held was owed by shipowners in relation to charts. If, as here, the master is grossly negligent and effectively operates no system at all for the correction of charts, that will not come to light unless and until there is a casualty. I cannot regard that as a satisfactory situation where the safety of lives and valuable property is concerned."

What Dunn L.J. was there saying about the correction of charts still basically current, applies a fortiori to the destruction or effective segregation **577* of charts which have become obsolete, and have on that account been superseded by other and more modern charts.

I stated earlier, after referring to what had been said by Sir Gordon Willmer in The England [1973] 1 Lloyd's Rep. 373, 383 that what he there described as "This relatively new approach" should now be regarded as the correct approach in law to the problem of actual fault of shipowners or ship managers in contested limitation actions; and that it would be right to apply that approach to the facts of the present case. Proceeding on that basis, I entirely agree with the strictures made by Dunn L.J. on the system, or perhaps more correctly the lack of system, followed by FMSL in their management and operation of the *Marion*, so far as the obtaining and

의를 위해서는, 그 통지가 다음과 같은 유의미한 구절을 담고 있었음을 언급하는 것으로 충분할 것이라 본다:

“좌초나 다른 해양 사상자 발생에 대한 사고 조사 결과 최신 해도나 발행물, 통지나 이와 비슷한 해양 데이터를 구비하지 못한 것이 직접적 혹은 간접 원인으로 작용한 사건들이 급격하게 늘고 있다.”

동료 재판관 여러분, 나는 앞서 Dunn판사의 항소법원 판결문의 p.575A에서 관행에 대한 증거 문제를 다루며, 여러분에게 제출된 별지에서 확인할 수 있듯이, Sheen 판사가 그 증거를 가지고 도출한 결과에 의구심을 표명하고 있는 구절을 인용하였다. 이제 앞서 인용한 구절 바로 뒤에 오는 Dunn 판사의 판결문의 다른 구절을 인용하기 적절한 때라고 생각한다. 동 판사는 164쪽에 다음과 같이 계속 말하고 있다:

“리베리아 해사 공지사항에 따르면 배에 어떤 시스템이 사용되는지도 모르는 채 선장에게 해도의 모든 수정을 맡기고 선장과 그의 선원들에 대한 어떠한 감독도 하지 않는 관행에는 위험이 따르며, 이는 판사가 생각하는 해도에 대한 선주들의 높은 주의의무 정도에 미치지 못한다고 생각한다. 만약 여기에서와 같이 선장이 매우 태만하였고 해도를 수정하기 위한 어떠한 시스템도 효과적으로 운용하고 있지 않다면, 이러한 점은 사고가 일어날 때까지 겉으로 드러나지 않을 것이다. 나는 생명과 귀중한 재산의 안전에 관하여 이것이 만족스러운 상황이 될 수 없다고 생각한다.”

Dunn L.J. 판사가 아직까지 통용되는 해도에 대한 수정을 요구한 사실은, 이미 구식이 되어, 다른 해도나 새로운 해도로 교체되어야 하는 해도를 폐기하거나 효과적으로 격리 보관해야 한다는 논지에 힘을 실어준다.

나는 앞서 The England [1973] 1 Lloyd's Rep. 373에서 Gordon Willmer 경의 말을 인용하면서 그의 “비교적 새로운 접근 방법”이라 표현한 것을 이제 선주의 책임제한에 있어서의 “실제 과오”에 대한 올바른 접근 방법으로 여겨져야 한다고 했다. 그리고 이를 현 사건의 사실에 적용하는 것이 합당하다고 했다. 이것에 기초해서, 나는 Dunn L.J.가 제기한, Marion 호에 대한 최신 해도 구비에 대한 FMSL의 운용과 관리 시스템, 좀더 정확히 말해 시스템의 부재에 대한 비판에 전적으로 동의한다. Downard 씨 자신이나 감독을 할 만한 능력을 갖춘 그의 부하 관리 직원인 Lowry 씨나 Graham 씨는 Marion 호의 선장에 대해 어느 정도의 감독을 할 의무가 있었다. 나는 더 나아가 Downard 씨는 이에 대해 그의 의무를 다하지 못하였으며 그의 태만은 항소인들의 실제 과오를 법적으로 구성하였다고 본다.

keeping up-to-date of charts are concerned. It was the duty of Mr. Downard to ensure that an adequate degree of supervision of the master of the *Marion* in this field was exercised, either by himself or by his subordinate managerial staff, Mr. Lowry or Mr. Graham, each of whom was fully qualified to exercise such supervision. I am further of the opinion that, in so far as Mr. Downard failed to perform his duty in this respect, such failure constituted in law actual fault of the appellants.

Having dealt with the first criticism of Mr. Downard, that he had no proper system for ensuring that the charts and other nautical publications on board the *Marion* (a) were not obsolete or superseded, or (b), if still current, were kept corrected up-to-date, and having held that that criticism was justified, I turn now to the second criticism made against him. That was that he failed to ensure that there was brought to his notice a document received by FMSL from the Liberian Marine Inspectorate on 26 April 1976, and in consequence failed to take proper steps to remedy the deplorable state of affairs with regard to navigational charts revealed by that report. In order to examine this second criticism properly, it is necessary to record some further facts as found by the trial judge.

Early in 1976 the *Marion* went to Genoa dockyard for repairs and maintenance. On 5 February 1976, while the ship was there, an inspection of her was carried out by or on behalf of the marine inspection division of the Liberian Bureau of Maritime Affairs. The report of that inspection was signed on 27 February 1976 by Captain Manca, who had been master of the *Marion* at the time of the inspection, but was superseded by Captain Potenza on 26 February 1976.

Part C of the report is entitled "Navigational Charts, Publications and Records". The report on the *Marion* contained in Part G, opposite the head of information "(d) Navigational Charts", the devastating comment "Navigational charts for trade of vessel corrections omitted for several years."

That report was sent to FMSL with a covering letter dated 20 April 1976, and was received by FMSL on 28 April 1976. It was read by Mr. Lowry and Mr. Graham. Mr. Downard, however, was at that time absent in Greece on another assignment, and he was not informed about the receipt of the report, or the devastatingly adverse comment contained in it with regard to navigational charts. I shall consider later the reason why he was so left uninformed.

On 9 June 1976, more than six weeks after FMSL received the report, Mr. Graham, in his capacity as assistant operations manager wrote a letter to Captain Potenza about various aspects of the report, including the adverse **578* comment relating to navigational charts. In this connection he stated that the action which FMSL required Captain Potenza to take was as follows:

Downward 씨에 대한 첫 번째 비판, 즉 그가 Marion 호에 해도나 다른 해양 간행물들이 (a) 유효기간이 지났거나 대체할 필요가 있었는지 혹은 (b) 만약 새것이었다면 해도가 제대로 갱신되어 있었는지를 확인할 수 있는 제대로 된 시스템을 구비하지 않고 있었기에 그 비판은 정당하다 할 수 있다. 이제 그에게 제기된 두 번째 비판을 살피도록 하겠다. 두 번째 비판은 그가 FMSL이 리베리아 해상 사찰단에게서 1976년 4월 26일 받은 문서가 그에게 통보되도록 적절한 조치를 취하지 않은 것과 그 결과로 그 보고서의 해도와 관련된 유감스러운 상황들에 대해 그 적절한 구제책을 밟지 못하였다는 지적이다. 이 두 번째 비판을 제대로 검토하기 위해서는 판사가 인정한 다른 사실들을 언급할 필요가 있다.

1976년 초 Marion 호는 수리 및 보수 관리를 위해 Genoa 조선소에 갔다. 1976년 2월 5일, 배가 그곳에 있는 동안 리베리아 해사국에서 나온 사찰단이 배에 대한 검사를 실시했다. 이 검사에 대한 보고서는 검열 당시 Marion 호의 선장이었으나 같은 해 2월 26일에 Potenza 선장으로 대체된 Manca 선장에 의해 1976년 2월 27일에 날인되었다.

그 보고서의 C 부분에는 "해도와 간행물 및 기록"이라는 표제가 붙어 있었다. Marion 호에 대한 보고서의 G 부분에는, "(d) 해도"라는 제목 옆에 "선박무역을 위한 해도의 갱신이 몇 년간 빠져 있다"는 충격적인 사실이 적혀 있다.

그 보고서는 1976년 4월 20일자로 FMSL에 보내졌으며, FMSL은 1976년 4월 28일에 이를 받았다. Lowry 씨와 Graham 씨는 이를 읽었다. 하지만 Downard 씨는 그 당시 그리스에 다른 일로 가 있었으며 그 보고서가 온 사실이나 보고서에 써 있는 해도와 관련된 충격적인 평가에 대해서는 아무런 이야기를 듣지 못했다. 일단 그가 왜 이에 대한 보고를 받지 못했는지에 대해서는 나중에 검토해 보도록 하겠다.

1976년 6월 9일, FMSL이 보고서를 받은 지 6주가 훨씬 지난 후에 Graham 씨는 보조 관리자의 권한으로 Potenza 선장에게 보고서의 해도와 관련된 *578 평가를 포함한 여러 양상에 대해 서한을 보냈다. 이에 따라 그는 FMSL가 Potenza 선장에게 요구하는 사항들을 썼는데, 아래와 같다:

"4. 모든 해도와 해상 간행물이 당신 앞으로 보내지는 선원에 대한 주간 해사 지침에 실려 있는 정보와 같은지 정기적으로 확인하고 수정할 것. 미래에 실행될 점검을 위해 갱신과 수정에 대한 자세한 기록을 남길 것.

5. 당신의 배가 가능한 최신의 정보로 수정된 적절한 해도와 간행물을 구비하고 있을 수 있도록, 최대한 빨리 집계를 내어 회사 측에 필요한 해도와 간행물을 청구할 것. 새로운 개정판

"4. Ensure that all charts and navigational publications are regularly corrected in accordance with the information contained in the Weekly Admiralty Notices to Mariners which are sent to you. A careful record of the corrections are to be made and kept for future inspection. 5. Compile and mail to us soonest a requisition for Admiralty Charts and Navigational Publications which need to be replaced to ensure that your vessel has an adequate outfit of charts and publications which are corrected to the most recent information available. As soon as new editions are received by you, obsolete copies are to be destroyed."

Mr. Graham ended the letter with these requests:

"Please acknowledge receipt of this letter by returning a signed copy as provided. Also please advise progress made in rectifying deficiencies referred to in the report of safety inspection."

Captain Potenza did not comply with the first of these requests, but Mr. Graham reasonably inferred from subsequent requisitions by him for a substantial number of new charts, that he must have received it. As to the second request, there were no progress reports from Captain Potenza in respect of the matters referred to as items 4 and 5 in the body of the letter quoted above, and no, or no effective, follow-up by Mr. Graham or Mr. Lowry.

Mr. Downard agreed in evidence that the report disclosed an appalling situation in regard to the charts on board the *Marion* and was such as to destroy his confidence in the system for the provision and maintenance of charts, and his confidence in the master. He said that he should have been told of the report (he did not in fact become aware of it until after the fouling of the pipeline in March 1977), and that, if he had, he would have sent a representative of Potters (well known chart suppliers) to make a thorough inspection of the charts, and, if the position was unsatisfactory, he would have considered dismissing the master. In short, he would have taken prompt and effective action himself instead of the delayed and ineffective action taken by Mr. Graham, under the direction of Mr. Lowry.

With regard to this aspect of the case, Sheen J. found that the action to be taken on the report was a matter which could quite properly be delegated by Mr. Downard to Mr. Graham, who was sufficiently qualified to deal with the matter. In the Court of Appeal, however, a different view was taken. Dunn L.J. said [1983] 2 Lloyd's Rep. 156, 165:

"Mr. Lowry should never have been allowed to take the decision, and Captain Downard was at fault in permitting a situation to exist in which important operational decisions affecting the safety of the vessel were taken by Mr. Lowry. ... It is not for the court to say what action should have been taken by Captain Downard when he left for Greece in 1976. But he should at least have ensured that operational matters, especially those relevant to the safety of the vessel, were left in competent hands or, if he had any doubts about his subordinates (which he appears to have had) he should have ensured that a matter as **579* important as the Liberian report was

들을 받은 후, 구판을 없앨 것."

Graham 씨는 다음의 부탁을 하며 편지를 끝맺었다:

"이 편지를 받았다는 표시로, 제공된 복사본에 날인을 해서 다시 보내 주십시오. 또한, 안전 점검 보고서에 나온 결함에 대한 시정 정도에 대해서도 통지해 주시기 바랍니다."

Potenza 선장은 첫 번째 요구에 대해서는 응하지 않았으나, Graham 씨는 Potenza 선장이 보낸 상당한 양의 새 해도에 대한 청구서를 받고서, Potenza 선장이 그 서한을 받았을 것이라고 추측했다. Potenza 선장은 앞서 인용한 서한에서 4, 5번이라고 매긴 건에 대한 두 번째 요구에 대해서는 아무런 진행 사항을 보고하지 않았으며, Graham 씨나 Lowry 씨 모두 이에 대해서 어떠한 형태의 효과적인 추궁도 하지 않았다.

Downard 씨는 그 보고서가 Marion 호에 대한 충격적인 사실들을 담고 있었으며, 이는 선장의 해도 관리에 대한 시스템과 그의 총 관리자로서의 자질에 대한 신뢰를 잃게끔 했다고 말했다. 그는 자신이 그 보고서에 대해 보고를 받았어야 했으며(그는 1977년 3월 송유관이 손상되기 전까지 보고서에 대해서 모르고 있었다) 그리고 만약 보고를 받았다면 Potters(유명한 해도 공급사)의 대리인을 보내 해도 전체에 대한 정밀 검사를 했을 것이며, 만약 해도 상태가 만족스럽지 않았다면 선장을 해임시키는 것도 고려했을 것이라 했다. 간단히 말하면, 그는 자신이 보고를 받았더라면, Lowry 씨의 감독 아래 Graham 씨가 했던 것과는 달리, 이에 대해 빠르고 효과적인 조치를 취했을 것이라 했다.

이러한 사건의 양상을 고려하여, Sheen 판사는 그 보고서와 관련하여 실행되어야 할 조치들은, Graham 씨가 이런 문제를 해결하기에 충분히 적격인 사람이기 때문에, Downard 씨가 그에게 맡겨도 문제될 것이 없다고 판시했다. 그러나 항소심에서는 다른 관점이 채택되었다. Dunn 판사는 [1983] 2 Lloyd's Rep. 156, 165에서 다음과 같이 말했다:

"Lowry 씨에게는 결정을 내릴 권한이 주어져 있지 않았으며, 책임자인 Downard 씨가 배의 안전과 관련한 주요 관리 사항의 결정을 Lowry 씨가 하도록 둔 것은 그의 과오를 구성한다. … 총책임자 Downard 씨가 1976년 그리스를 향해 떠날 때 구체적으로 어떤 조치를 취해야 했었는지에 대한 판단은 이 법정이 개입할 일이 아니다. 하지만 그는 적어도 항해 문제들이, 특히 배의 안전과 관련된 것들이 자격이 있는 자들의 손에 처리되도록 해 놓던지, 아니면 만약 그가 그의 종업원들에 대해 약간이라도 의심이 있었으면(그가 그랬던 것으로 판명되긴 했지만) 그는 *579 리베리아 보고서와 같은 중요한 일들이 자신에게 보고되도록 했어야 한다. 사실상 그는 배가 Genoa의 건선거에 있는 동안 안전점검이 있을 것이라는 것을 알았을 법했

brought to his personal attention. In fact, he failed to take any step at all to deal with an adverse safety report by the Liberian authorities, although he must have known that there was to be a safety inspection when the vessel was in dry dock at Genoa."

Once again I consider that the strictures made by Dunn L.J. are fully justified.

It was strongly urged upon your Lordships by counsel for the appellants that the only fault in relation to Mr. Downard not having the Liberian report brought to his notice was that of Mr. Lowry and Mr. Graham. Their faults were not, as a matter of law, the actual fault of the appellants. There was, accordingly, no actual fault of the appellants in this respect.

My Lords, I am not prepared to accept this contention. Mr. Downard, during the prolonged periods when he was absent in Greece, was in frequent contact with FMSL, presumably by telex or telephone, and there would have been no practical difficulty about his being informed of the Liberian report and its contents. It is, in my view, an inescapable inference from the fact that neither Mr. Lowry nor Mr. Graham told him of the report and its contents, that the instructions which he left behind him when he went to Greece, with regard to the matters about which he required that he should be kept informed, were insufficiently clear, or insufficiently precise, or insufficiently comprehensive. If that inference is drawn, as drawn I think it must be, it follows that it was at least in part Mr. Downard's own fault that he was not told about the report. In so far as it was his own fault, it constituted, as a matter of law, actual fault of the appellants.

My Lords, in the result I conclude that there were two actual faults of the appellants: first, in Mr. Downard's failure to have a proper system of supervision in relation to charts; and, secondly, in failing, when he departed to Greece, to give to Mr. Lowry and Mr. Graham instructions with regard to the matters about which he required to be kept informed which were sufficiently clear, precise and comprehensive.

There remains only the question of causation, which presents little difficulty, especially having regard to the incidence of the burden of proof. The appellants could not, and did not, prove that, if FMSL had had a proper system of supervision in relation to charts, Captain Potenza would still in March 1977 have been navigating with a hopelessly obsolete chart, even though a modern one showing the pipeline was on board and available to him. Equally the appellants could not, and did not, prove that, if Mr. Downard had been informed promptly about the Liberian report and its contents, the same events would still have taken place. The likelihood is, in either case, that Captain Potenza would either have been persuaded by FMSL to abandon his propensity for navigating with obsolete charts; or, if he proved to be incapable of reform in that respect, that he would have been relieved of his command. In these circumstances it is impossible for the appellants to establish that the two actual faults of the appellants which I have held were committed did not contribute to the damage to the pipeline.

음에도 불구하고, 리베리아 당국의 보고서와 관련된 일을 다루기 위한 조치를 취하는 데 실패했다."

다시 한 번 나는 항소법원의 Dunn L.J.가 한 비난들이 매우 정당하다고 본다.

항소인들의 변호인은 여러분께 Downard 씨가 리베리아 보고서에 대한 통보를 받지 못한 과실은, 전적으로 Lowry 씨와 Graham 씨에게 있다고 강력히 호소했다. 이들의 주장에 따르면, 법적으로 그들의 과실은 선주인 항소인들의 실제 과오라 볼 수 없고, 항소인들에게는 실제 과오가 있었다고 할 수 없다.

재판관 여러분, 나는 이 주장을 받아들일 수 없다. Downard 씨는 그가 장기간 그리스에 머물고 있던 기간 동안 전화나 텔렉스를 통해 FMSL과 접촉을 했으며 리베리아 보고서와 그 내용에 대한 통보를 받는 데 실질적 어려움이 있었으리라 보이지 않는다. 나는 Lowry 씨나 Graham 씨 중 그 누구도 그에게 보고서나 그 내용에 대해 알리지 않았다는 사실에서 추론컨대, 그가 그리스에 가기 전에 남긴 자신에게 보고해야 할 문제들과 관련된 지시 사항이 명백하지도 정확하지도 그리고 이해하기에도 불충분했을 것이라고 생각한다. 내가 생각한 것과 같이 이런 추론이 가능하다면, Downard 씨가 보고서에 대해 통보를 받지 못한 것은 일부 그의 과실이라는 결론이 나는 셈이다. 이것이 그의 과실이었기에 이는 법적으로 항소인들의 실제 과오를 의미한다.

재판관 여러분, 나는 결과적으로 항소인들에게 두 가지 실제 과오가 있었다고 본다:

첫째, 해도에 관련하여 Downard 씨가 적절한 관리 시스템을 가지고 있지 않았다는 점;

그리고 둘째, 그가 그리스로 떠날 때 Lowry 씨와 Graham 씨에게 그에게 보고할 사항에 대해 명확하고 정확한 이해하기 쉬운 지시를 내리지 않았다는 점이다.

마지막으로 인과관계에 대한 문제가 남는데, 이는 특히 입증책임의 부담과 관련해서 큰 어려움이 되지는 않는다. 항소인들은 만약 FMSL이 해도에 관련하여 적절한 관리 시스템을 구비하고 있었더라도 1977년 3월에 Potenza 선장이 송유관이 그려진 해도 대신 유효기간이 지난 해도를 썼을 것이라는 점을 증명하지 못했으며, 할 수도 없었다. 또한 항소인들은 만약 Downard 씨가 리베리아 보고서와 그 내용에 대해 신속하게 보고를 받았더라도 똑같은 일이 일어났을 것이라는 점을 증명하지 못했으며 할 수도 없었다. 만약 위와 같은 사실이 있었다면, Potenza 선장은 FMSL로부터 유효기간이 지난 해도로 항해하던 습관을 고치도록 설득당했을 것이며 만약 이에 대해 그가 습관을 고치지 못하는 것으로 판명이 났다면 그는 해직되었을 것이다. 이런 정황에 비추어 볼 때 송유관의 손상이 항소인들의 두 가지 과실과 무관하다

*580 My Lords, for the reasons which I have given, I am of opinion that the Court of Appeal were right to reverse the decision of Sheen J., and that this appeal should be dismissed with costs accordingly.

LORD BRIGHTMAN.

My Lords, I agree that the appeal should be dismissed for the reasons given by my noble and learned friend, Lord Brandon of Oakbrook.

Representation

Solicitors: Clyde & Co.; Coward Chance.

Appeal dismissed with costs. Decision of the Court of Appeal affirmed. (S. H.)

는 항소인들의 주장은 성립할 수 없다.

동료 재판관 여러분, 내가 주장한 이런 이유들로 인해, 나는 항소법원이 원심이 내린 판결을 뒤집은 것이 정당하며, 이 항소는 비용의 부담과 함께 기각되어야 한다는 의견이다.

BRIGHTMAN 경

재판관 여러분, 나는 존경스럽고 높은 식견을 지닌 동료 Brandon of Oakbrook 경이 제시한 이유에 따라 항소가 기각되어야 한다는 데에 동의한다

변호

변호인: Clyde & Co.; Coward Chance.

비용과 함께 항소를 기각한다. 항소법원의 판결을 인용한다. (S. H.)

BUTLER v. AEROMEXICO (1985)

사실관계

1981년 7월 27일, 피고 항공회사인 Aeromexico에 의해 운영되는 비행기가 멕시코에 있는 Chihuahua 공항에서 착륙시도를 하는 도중 추락하여 원고의 자손이 사망하는 사고가 발생하였다. 원고는 손해배상을 청구하였고 미국 앨라배마 북부지방법원은 책임제한을 인정하지 아니하고 원고 승소판결을 내렸다. 본 사건은 지방법원의 동 판결에 대하여 피고가 항소한 사건이다.

판결 및 쟁점

바르샤바 조약 제25조는 손해가 항공회사 또는 항공회사의 고용범위 안에서 행동한 직원의 '고의 비행'에 의해 발생하는 경우 항공회사의 책임을 75,000달러로 제한하는 동 조약의 조항(제22조)의 적용이 배제된다고 규정한다. 따라서 본 판결에서는 항소인의 행위가 고의 비행에 해당되는지 여부가 주 쟁점이 되었다.

항소법원은 '고의 비행'의 해석에 관하여 이를 '자신의 행위가 피해 또는 손해를 일으킬 수 있다는 사실을 알고 한 의도적 행위' 또는 '결과에 대한 무모한 경시' 또는 '안전을 위해 필요한 어떠한 의무를 이행하지 않으려는 고의적인 의도'의 의미를 갖는 것으로 해석한 Koninklijke Luchtvaart Maatschappij N.V. v. Tuller 판결을 인용하였다.

나아가 법원은 본 사건에서 승무원이 폭풍우로 발전할 수 있는 구름을 포착한 후에도 레이더를 사용하지 아니한 점, 조종사가 시계를 상실한 후 착륙 진입을 중단할 수 있었음에도 불구하고 고의적으로 하강을 계속하였다는 점 등에서, 승무원들이 당시 상황에서 '피해가 발생할지 모른다는 걸 알면서도 의도적으로 행위를 하였음'을 추론할 수 있으며 따라서 이는 바르샤바 조약 제25조의 '고의 비행'에 해당한다고 판단하였다. 이에 법원은 항공회사의 책임제한을 부정하고 항소를 기각하였다.

Butler v. Aeromexico

774 F.2d 429

United States Court of Appeals, Eleventh Circuit.

Carolyn BUTLER, widow and dependent of James McCoy Butler, individually and on behalf of the dependent minor children of James McCoy Butler, Plaintiff-Appellee,

Dorothy B. Reed, widow and dependent of Samuel Wallace Reed, individually and on behalf of the dependent minor children of Samuel Wallace Reed, Plaintiff-Appellee,

v.

AEROMEXICO, a Commercial Air Carrier, Defendant-Appellant.

No. 84-7714.

Oct. 18, 1985.

Wrongful death suit was brought under Warsaw Convention in connection with plane crash. The United States District Court for the Northern District of Alabama, Robert R. Propst, J., entered judgment awarding damages, and appeal was taken. The Court of Appeals, Dumbauld, District Judge, sitting by designation, held that: (1) District Court could award compensatory damages, despite Alabama rule providing only for punitive damages in wrongful death suits; (2) District Court was not required to take into account impact of federal income tax in awarding damages; and (3) evidence supported finding that plane's crew engaged in "wilful misconduct" so as to render inapplicable Warsaw Convention's $75,000 limitation of liability provision.

BUTLER v. AEROMEXICO (1985)[1]

774 F.2d 429

United States Court of Appeals, Eleventh Circuit.

Carolyn BUTLER, widow and dependent of James McCoy Butler, individually and on behalf of the dependent minor children of James McCoy Butler, Plaintiff-Appellee,

Dorothy B. Reed, widow and dependent of Samuel Wallace Reed, individually and on behalf of the dependent minor children of Samuel Wallace Reed, Plaintiff-Appellee,

v.

AEROMEXICO, a Commercial Air Carrier, Defendant-Appellant.

No. 84-7714.

미국의 제11순회지구 항소법원[2]

1985년 10월 18일 판결

불법사망[3] 소송이 비행기 추락과 관련하여 바르샤바 조약에 따라 제기되었다. 미국 앨라배마 북부지방법원의 Robert R. Propst 판사는 손해배상액을 부여하는 판결을 하였고, 항소가 제기되었다. 항소법원에서는,수석판사에 의해 지명[4]된 지방법원판사 Dumbauld가 다음과

1 이 판례에서는 고의 비행(wilful misconduct)이 Tuller 사건에서 "자신의 행위가 아마도 피해 또는 손해를 가져올 것이라는 가능성…을 인식하면서 한 의도적인 행위의 이행" 또는 "결과에 대한 무모한 경시(the reckless disregard of the consequences)" 또는 "안전을 위해 필요한 어떠한 의무를 이행하지 않으려는 고의적인 의도"를 의미하는 것으로 해석되어졌다고 논리를 전개하였다. 그 후 Piamba Cortes v. American Airlines, Inc., 177 F.3d 1272, (11th Cir.(Fla.) Jun 15, 1999) (NO. 98-4739)에서 고의 비행은 "손해를 야기하려는 의도를 가지

같이 판결하였다: (1) 앨라배마 주의 법규가 불법 사망 소송에 있어서 징벌적 손해배상[5]만을 정하고 있더라도, 지방법원은 보상적 손해배상도 부과할 수 있다; (2) 지방법원은 손해배상액을 결정하는 데 있어서 연방 소득세의 영향을 고려할 필요가 없다; 그리고 (3) 제출된 증거에 비추어 비행기의 승무원의 "고의(故意) 비행(非行)"을 인정할 수 있으며 이에 따라 책임을 75,000달러로 제한하는 바르샤바조약[6]의 규정은 적용할 수 없다.

고" 또는 "무모하게 그리고 아마도 손해가 발생할 것이라는 점을 알고서"라고 정의하는 것이 보다 정확하다고 하였다. Piamba Cortes 판례는 이러한 정의가 "무모한 경시"라는 기준을 포함하는 Butler 판례에서의 정의를 대체한다고 하였으며, 이는 법적 기준을 실질적으로 변화시키는 것은 아니라고 하였다. 그러나 Butler 판례에서는 "무모한 경시"가 있었기 때문이 아니라, '피해가 발생할지 모른다는 걸 알면서도 의도적으로 행위를 하였'기 때문에 고의 비행을 구성하여 책임제한규정을 적용할 수 없다고 판단한 것이므로 이 판례를 인용하는 데에는 무리가 없다고 본다.

2 미국의 법원구조는 주법원(state court)와 연방법원(federal court)의 이중구조로 되어 있다. 미국 연방법원 시스템 내에서는 1심법원을 지방법원(district court)이라 하며, 위의 항소법원은 전국 13개의 순회지구(circuit) 중 하나씩을 담당하고 있고 그 순회지구 내의 지방법원에서 발생하는 항소를 처리하게 되어 항소순회지구법원(Circuit Court of Appeals)이라고 부른다. 그 다음 최후의 항소는 대법원(supreme court)으로 제기된다. 미국 항소법원은 우리나라 고등법원과 달리 1심 판결에 법률적 문제가 있는지를 살펴 보는 '법률심'이다.

3 타인의 불법행위로 야기된 사망을 뜻하며 손해배상청구의 원인이 된다.

4 이따금, 항소법원의 수석판사는 지방법원판사(또는 다른 순회지구 항소법원의 판사)로 하여금 임시적으로 3인 재판부에 앉아 하나 또는 그 이상의 항소를 심리하도록 요청할 수 있으며, 이러한 절차를 "sitting by designation"이라 부른다. 이때 지방법원판사는 전에 자신이 내린 판결을 재심리해서는 안 된다.

5 징벌적 손해배상제도는 민사재판에서 가해자의 행위가 악의적이고 반사회적일 경우 실제 손해액보다 훨씬 더 많은 손해배상을 하게 하는 제도로서, 1760년대 영국 법원의 판결에서 비롯되었으며, 이후 미국에서 도입 시행되고 있다. 손해를 끼친 피해에 상응하는 액수만을 보상하는 보상적 손해배상제도와는 달리, 징벌적 손해배상제도는 '있을 수 없는 반사회적 행위'를 금지시키고, 그와 유사한 행위가 다시 발생하는 것을 막기 위하여 국가가 처벌의 성격을 띤 손해배상을 부과한다. 일반적으로 손해배상 액수는 실제 피해액과 무관하게 엄청난 고액이 부과된다.
징벌적 손해배상은 보상적 손해배상만으로는 예방적 효과가 충분하지 않기 때문에 고액의 손해배상을 하게 함으로써 장래에 그러한 범죄나 부당 행위를 다시 반복하지 않도록 하고, 동시에 다른 사람(또는 기업)이 그러한 부당 행위를 범하지 않도록 예방하는 데에 주 목적이 있다. 영국 및 미국 외에도 노르웨이, 브라질, 러시아, 오스트레일리아, 캐나다, 뉴질랜드 등 영미법계 국가에서 판례법과 제정법을 통해 규율하고 있으나, 우리나라를 비롯한 대륙법계 국가에서는 존재하지 않는 제도이다.

6 국제항공운송에 관하여는 1929년 바르샤바 조약을 모체로 한 바르샤바 체제가 확립되어 있다. 1929년 제정된 "국제항공운송에 있어서 일부 규칙의 통일에 관한 협약(Convention for the Unification of Certain Rules relating to International Carriage by Air)"을 비롯하여 그 이후 1955년 헤이그 의정서, 1961년 과다라하라 협약, 1971년 과테말라 의정서, 1975년 몬트리올 제1, 2, 3, 4 추가의정서에 이르기까지의 일련의 조약체계를 바르샤바 체제(Warsaw Instrument)라고 한다.
그 동안 우리나라는 "1955년 헤이그 의정서에 의하여 개정된 바르샤바 협약"에 가입하였으므로 국제항공운송

Affirmed.

*429 H.H. Grooms, Spain, Gillon, Riley, Tate & Etheredge, Birmingham, Ala., Stephen J. Fearon, Condon & Forsyth, New York City, for defendant-appellant.

*430 James J. Thompson, Hare, Wynn, Newell & Newton, James O. Haley, Birmingham, Ala., for plaintiff-appellee.

Appeal from the United States District Court for the Northern District of Alabama.

Before TJOFLAT and KRAVITCH, Circuit Judges, and DUMBAULD[FN*], District Judge.

FN* Honorable Edward Dumbauld, U.S. District Judge of the Western District of Pennsylvania, sitting by designation.

DUMBAULD, District Judge:

Appellees' decedents were killed on July 27, 1981, when an airplane operated by defendant crashed while attempting to land at Chihuahua airport in Mexico. The principal issue for determination is whether the conduct of defendant's crew amounted to "wilful misconduct" within the meaning of Article 25 of the Warsaw Convention[FN1] so as to render inapplicable the convention's $75,000.00 limitation of liability provision (Article 22). After a five-day non-jury trial the District Court awarded appellee Butler $811,543.86 and appellee Reed $790,637.52.[FN2]

FN1. The Warsaw Convention of October 12, 1929 (effective for the United States on October 29, 1934) provided in Article 22 that a carrier's liability should be limited to 125,000 francs for each passenger. After the United States threatened to denounce the Convention the parties reached a supplemental agreement in 1966 that carriers would incorporate in their tariffs a provision increasing the limit to $75,000.00. See 49 U.S.C.A. § 1502, note.

Article 25 provides that:

하급심 판결을 확인한다.

*429 피고-항소인 측 변호인 H.H. Grooms, Spain, Gillon, Riley, Tate&Etheredge, Birmingham, Ala., Stephen J. Fearon, Condon & Forsyth, New York City

*430 원고-피항소인 측 변호인 James J. Thompson, Hare, Wynn, Newell & Newton, James O. Haley, Birmingham, Ala.

미국 앨라배마 북부지방법원으로부터의 항소

항소법원 판사 Tjoflat와 Kravtch, 지방법원 판사 Dumbauld*가 심리함

* Edward Dumbauld,미국 펜실베이니아 서부지구 지방법원 판사, 요청에 의해서 항소를 심리함

지방법원판사 Dumbauld :

피항소인의 망인은 1981년 7월 27일, 피고에 의해 운영되는 비행기가 멕시코에 있는 치와와 공항에서 착륙 시도를 하는 도중 추락했을 때 사망하였다. 결정해야 할 주 쟁점은 피고의 승무원의 행위가 바르샤바 조약[1]의 제25조의 의미하의 "고의 비행"에 해당되어 책임을 75,000달러로 제한하는 조약의 조항(제22조)의 적용이 배제되는지의 여부이다. 지방법원 판사는 배심원 없이 행해진 5일간의 심리 끝에 피항소인 Butler에게 811,543.86 달러[7], 피항소인 Reed에게 790,637.52 달러[8]를 배상하라는 판결을 내렸다.[1]

관련 모든 분쟁들에 대하여 법원은 이와 같이 "개정된 바르샤바 협약"에 의하여 해결하여 왔다(대법원 1986. 7. 22. 선고 82다카1372판결 등에서 확립된 원칙).
한편 잦은 개정으로 복잡해진 조약체계와 각국의 차이를 통일하기 위하여 1995.5.28. 몬트리올에서 "국제항공운송에 있어서의 일부 규칙 통일에 관한 협약(Convention for the Unification of Certain Rules for International Carriage by Air Done at Montreal on 28 May 1999)"(일명 몬트리올 협약)이 채택되고 2003.11.4. 발효되었으며, 지난 2007. 12.29. 우리나라에서도 발효되었다. 우리나라는 몬트리올 협약의 82번째 당사국으로, 미국, 일본, EU(유럽연합) 등 주요국은 대부분 이에 가입되어 있다.

(1) The carrier shall not be entitled to avail himself of the provisions of this convention which exclude or limit his liability, if the damage is caused by his wilful misconduct or by such default on his part as, in accordance with the law of the court to which the case is submitted, is considered to be equivalent to wilful misconduct.
(2) Similarly the carrier shall not be entitled to avail himself of the said provisions, if the damage is caused under the same circumstances by any agent of the carrier acting within the scope of his employment.

FN2. It should be noted that the District Judge appointed an acknowledged expert who testified at a supplemental hearing after the initial trial. The District Judge read the transcripts and exhibits twice, and filed detailed findings of fact and conclusions of law comprising 25 pages. Under Rule 52(a) FRCP"Findings of fact shall not be set aside unless clearly erroneous." We hold that the findings as made are not only not clearly erroneous but are clearly supported by substantial evidence, as will appear subsequently.

The term "wilful misconduct" (apparently the English equivalent of the French word "dol") has been interpreted in *Koninklijke Luchtvaart Maatschappij N.V. v. Tuller*, 292 F.2d 775, 778-79 (C.A.D.C.1961), by a panel of which retired Justice Reed and future Chief Justice Burger were members, as meaning "the intentional performance of an act with knowledge that the … act will probably result in injury or damage" or "reckless disregard of the consequences" or "a deliberate purpose not to discharge some duty necessary to safety."

i 1929년 10월 12일 바르샤바 조약(미국에 대해서는 1934년 10월 29일 발효됨)은 제22조에서 운송인의책임은 여객 1인당 125,000 프랑으로 한정되어야 한다고 규정하였다. 미국이 조약의 폐기 통고를 하겠다고 위협한 후, 1966년 당사국들은 운송인들로 하여금 책임 최고한도를 75,000.00 달러로 확대하는 규정을 운임표에 집어넣도록 한다는 보충적 협정에 합의하였다.
제25조는 다음과 같이 규정한다:

(1) 항공회사는, 그 손해가 그의 고의 비행, 또는 소송이 제기된 법원에 적용되는 법에 따라서 고의 비행과 동일하다고 간주되는 그의 의무해태에 의해 초래되었을 때에는, 그의 책임을 배제하거나 제한하는 본 조약의 규정들을 이용할 수 없다.
(2) 유사하게, 항공회사는 그 손해가, 항공회사의 고용범위 안에서 행동한 그 항공사의 직원에 의해, 위와 동일한 사정 하에 초래되었을 때에는, 그러한 규정들을 이용할 수 없다.

ii 지방법원판사가 정평이 난 전문가를 지명하여 첫 심리 이후의 추가심리에서 증언하도록 하였음에 주의하여야 한다. 지방법원 판사는 공판 기록과 법정에 제출된 증거 서류를 두 번 읽었고, 25페이지에 이르는 자세한 사실인정과 법적 판단을 송부하였다. RULE 52(1) FRCP(미연방민사소송규칙(Federal Rules of Civil Procedure))에 의하면 "사실인정은 분명한 오류가 없는 한 파기되지 않는다." 우리는 사실인정에 분명한 오류가 없을 뿐 아니라, 이어서 제시될 실질적인 증거들이 사실인정을 분명하게 뒷받침한다고 판결한다.

"고의 비행"이라는 용어(프랑스어 "dol"의 영어 동의어로 보임)는 Koninklijke Luchtvaart Maatschappij N.V. v. Tuller, 292 F.2d 775, 778-79 (C.A.D.C.[9]1961)에서, 퇴직한 대법원 판사 Reed와 미래의 법원장 Burger가 참여한 재판부에 의해서 "자신의 행위가 아마도 피해 또는 손해의 결과를 가져올 것 …을 인식하면서 한 의도적인 행위의 이행" 또는 "결과에 대한

7 $1=1,000원으로 계산 시 약 8억 1천만 원 상당이다.

8 $1=1,000원으로 계산 시 약 7억 9천만 원 상당이다.

9 Court of Appeals for the D.C. Circuit을 가리킨다. 워싱턴 D.C. 자체가 하나의 순회지구를 이루는데, 이 순회지구를 담당하고 있는 항소법원을 말한다.

Review of the evidence of record shows that the facts as found by the District Court fall within the foregoing legal standard, and are supported by substantial and convincing evidence.

Appellant urges that the District Court erroneously applied Alabama law rather than the Warsaw Convention. In our judgment, however, the references to "wantonness" under Alabama law were merely supplemental and subsidiary explanatory comments, showing that in fact the Alabama definition of "wantonness"[FN3] was substantially equivalent to the exposition of the term "wilful misconduct" by Judge Burger in the *KLM* case, *supra.* Article 25(1) permits recourse, if necessary, to the law of "the court to which the case is submitted" (here Alabama) to measure "default ... considered to be equivalent to wilful misconduct." In the case at bar the District Court's primary reliance was upon the judicial interpretation of the Convention's primary*431 term "wilful misconduct," but as a second string to its bow was pointing out that if it were needful to resort to local law, the Alabama concept of "wantonness" was substantially equivalent to the Convention's primary standard and would support the decision reached by the court. We see no harm to appellant or harmful error (if there be any discrepancy at all in the international standard and the Alabama standard) in the District Court's discussion of this comparison.

FN3. "Wantonness" under Alabama law "is the conscious doing of some act or the omission of some duty under the knowledge of the existing conditions, and conscious that from the doing of such act or omission injury will likely or probably result." *McDaniel v. Frye*, 536 F.2d 625, 627 (5th Cir.1976).

[1] Although objecting to reference to Alabama law as to liability, appellant also presents as a reversible error the trial court's failure to limit damages to what would be recoverable under Alabama law regarding punitive damages. Apparently Alabama follows the uniquely unusual rule that in a wrongful death case only punitive damages are recoverable, and no compensatory damages are allowable. *Bonner v. Williams*, 370 F.2d 301, 303 (5th Cir.1966). Apparently

무모한 경시" 또는 "안전을 위해 필요한 어떠한 의무를 이행하지 않으려는 고의적인 의도"를 의미하는 것으로 해석되었다.

법원의 기록에 등재되어 있는 증거를 검토해 본 결과, 지방법원에 의해 인정된 사실들은 위의 법적 기준을 충족시키며 설득력 있는 증거에 의해 뒷받침된다.

항소인은 지방법원이 바르샤바 조약이 아닌 앨라배마 주법을 적용하는 오류를 범하였다고 주장한다. 그러나 우리의 판단에 의하면, 지방법원에 의한 앨라배마 주법하의 "무모함"[iii]에 대한 언급은 단지 보충적이고 부수적인 추가설명(explanatory comments) 으로서 "무모함"에 대한 앨라배마의 정의가 상기(上記)한 KLM 사건에서의, 판사 Burger에 의한 "고의 비행"이라는 용어 해설에 실질적으로 상응함을 보여 주려는 것이었다. 바르샤바 조약 제25조 제1항은 "고의 비행과 동일하다고 간주되는 … 의무의 해태"를 판단하는 데 있어서, 필요하다면 "소송이 제기된 법원(여기서는 앨라배마 주)"에 적용되는 법에 의지하는 것을 허용하고 있다. 본 소송에서 1심 법원은 주로 바르샤바 조약의 *431 주요 문구 "고의 비행"의 사법적 해석에 의지했지만, 두 번째 방책으로, 그 지방의 법에 의지하는 게 필요하다면, 앨라배마 주의 "무모함(wantonness)"이라는 개념은 실질적으로 조약의 주요 기준과 동일하고, 법원이 내린 결정을 뒷받침할 것이라고 지적하였다. 우리는 이러한 비교에 관한 지방법원의 논고에 (국제기준과 앨라배마의 기준 사이에 어떠한 어긋남이 있다고 할지라도) 항소인에 대한 해악 또는 해로운 오류가 없었다고 본다.

> iii 앨라배마 법에 있어서 "wantonness"는 현존하는 상황을 알고서, 그리고 그러한 작위 또는 부작위로 말미암아 피해가 초래될 것 같거나 아마도 초래될 것이라는 의식하에서 행한, 의식적인 행위 또는 의무의 불이행이다. Mcdaniel v. Frye, 536 F.2d 625, 627(5th Cir. 1976).

[1] 항소인은 (법적) 책임에 있어서는 앨라배마 주법을 인용하는 것에 항변하면서도, 다른 한편으로는 원심법원이 손해배상을 징벌적 손해배상에 대한 앨라배마 주법하에서 부과되는 범위에 한정하지 않은 것을 원심을 파기하기에 충분한 오류라고 주장하였다. 분명히 앨라배마는 불법사망 소송에서는 징벌적 손해만이 회복 가능하고 보상적 손해배상은 허용되지 않

Massachusetts has (or had in 1966) a similar rule. Manifestly such a regime conflicts with the tenor of the Warsaw Convention, which contemplates compensation for victims of air disasters. Hence it was not error for the District Court to award pecuniary damages.

[2][3] Nor are we impressed with appellants' contention that in calculating damages the impact of federal income tax should have been taken into account. In an action based upon the Warsaw Convention the fluctuating parochial peculiarities of national or local fiscal impositions may properly be disregarded as introducing unnecessary complexities. Nor is the finder of fact confined to a particular method of assessing damages. A fair and reasonable result is all that is required by such type of international procedure, just as in calculating a rate base for a public utility. *FPC v. Hope Natural Gas Co.*, 320 U.S. 591, 602, 64 S.Ct. 281, 287-288, 88 L.Ed.2d 333 (1944).

We turn, then, to the crucial question whether the evidence supports the trial court's findings that bring the case at bar within the terms of Article 25 of the Warsaw Convention as judicially interpreted in courts of the United States.

[4] Significant facts from which the court might properly draw the inference that the crew had intentionally performed acts with knowledge that under the circumstances injury might result include the following:

Early on in the flight the crew knew that there were clouds in the vicinity of the destination airport which might develop into severe or dangerous weather and should have been monitored by the crew.

Nevertheless the radar was turned off and not used, although it would have been helpful in detecting the existence of bad weather. The pilot saw or could have seen severe weather in the vicinity of the airport before the radar was deactivated.

It was the duty of the pilot to abort the approach if the airport was not visible at an altitude

는다는 유례없이 이례적인 준칙을 따른다. Bonner v. Williams, 370 F. 2d 301, 303(5th Cir. 1966). 명백히 매사추세츠는 유사한 준칙을 갖고 있다(혹은 1966년에 갖고 '있었다'). 분명하게 그러한 제도는 항공기 수송 재해의 피해자를 위한 배상을 의도한 바르샤바 조약의 취지와 충돌한다. 그러므로 지방법원이 금전상 손해배상을 부과하는 것에는 하자가 없다.

[2, 3] 손해배상금을 산출하는 데 있어서 연방 소득세의 영향이 고려되었어야 한다는 항소인의 주장도 이유 없다고 본다. 바르샤바 조약에 입각한 소송에서, 계속하여 요동치는 중앙 또는 지방의 재정적 과세 지엽적 특징은 불필요한 복잡성만을 야기할 뿐이며 배제하는 것이 타당하다. 사실문제를 확정할 때에 손해배상금을 산정하는 데 있어서 특정한 방법을 택하도록 제한되는 것 또한 아니다. 그러한 유형의 국제적 절차에 있어서 요구되는 것은, 공익사업의 요금(공공요율) 산정과 마찬가지로, 공정하고 합리적인 결과일 뿐이다. FPC v. Hope Natural Gas Co., 320 U.S. 591, 602, 64 S.Ct. 281, 287-88, 88 L.Ed. 333 (1944).

그렇다면 우리는 이제 결정적인 쟁점으로 향하는데, 과연 제시된 증거가, 본 소송이 미국 법원 판례에 따라 해석된 바르샤바 조약 제25조 규정의 적용범위에 해당된다는 원심법원의 판결을 뒷받침하는지 여부이다.

[4] 법원은 다음과 같은 사실들에서 승무원들이 당시 상황에서 피해가 발생할지 모른다는 걸 알면서도 의도적으로 행위를 하였음을 타당하게 추론할 수 있다:

비행 초기에 승무원들은 목적지 공항 주변에 격하거나 위험한 날씨로 발전할지 모르는 구름이 있다는 사실을 알고 있었고, 자신들이 그 구름의 발전 여부를 계속 감시해야 한다는 점도 알고 있었다.

그런데, 레이더를 사용하는 것이 폭풍우를 인지하는 데 유용했을 것임에도 레이더는 꺼진 상태였고 이용되지 않았다. 조종사는 레이더가 꺼지기 전에 공항 주변의 심각한 기상 상태를 보았거나 볼 수 있었다.

조종사는 818피트(약 250미터) 고도에서 공항이 보이지 않을 때 착륙진입을 중단할 의무

of 818 feet. At that level visual contact had been lost but the pilot deliberately and intentionally elected not to abort the approach, or even to activate the radar to determine the nature of the weather. At the 300 feet level the crew still had control of the plane and nevertheless failed to execute a missed approach. There was no loss of airspeed from the time the plane began its approach descent until immediately prior to impact with the ground. This shows that there was no downburst forcing the airplane downward at the 300 feet level. It was not until after first striking the ground that full power was applied but no altitude could be gained.

Thus it is an inference sustained by substantial evidence that after the flight crew lost visibility and still had control, and could have aborted the approach, they deliberately continued their descent, with knowledge that such procedure would probably result in injury to passengers. It was their duty to assume that visibility would remain obscured and to execute a missed approach as soon as they encountered loss of visibility at the 818 feet level.

*432 The loss of visibility was a substantial contributing cause to the crash, regardless of any downburst. The plane was not suddenly driven to the ground because of loss of lift, but a safe landing might have been made if the aircraft had ever been properly aligned with the runway. Had it not hit a ditch it might have survived the crash landing.

The District Court's findings were based on objective analysis of the recorded data, the exhibits, and the opinions of experts rather than on subjective evaluation of the credibility of the crew based on observation of their demeanor.

In addition to the foregoing account setting forth facts upon which the District Court relied, appellees in their brief (pp. 32-33) draw attention to other serious shortcomings in the conduct of the flight crew: their failure to shut down the engines and the continuing flow of fuel (quite possibly these failures facilitated the outbreak of fire, and appellees' decedents were burned to death rather than being crushed by traumatic impact with the ground); and failure to open the exit doors and execute the standard emergency evacuation procedure during the ten minutes after the aircraft came to rest before the fire started.

가 있었다. 그 고도에서 육안에 의한 지상 관찰을 할 수 없었음에도 조종사는 고의적으로 그리고 의도적으로 착륙진입을 중단하지 않았고, 기상 상태 측정을 위한 레이더의 작동도 하지 않았다. 300피트(약 90미터) 고도에서 승무원들은 여전히 비행기를 통제하고 있었음에도 불구하고 진입복행(進入復行)[10]을 실시하지 않았다. 비행기가 진입하강을 시작한 때부터 지면과의 충돌이 있기 바로 전까지 비행속도는 줄어들지 않았다. 이것은 300피트(약 90미터) 고도에서 비행기를 하강하게 만든 강한 하강 돌풍이 없었음을 보여 준다. 처음으로 지면과 충돌한 이후에야 동력이 모두 쓰여졌으나 고도는 회복되지 않았다.[11]

따라서, 승무원은 당시 시야를 잃었으나 여전히 비행기를 통제할 수 있는 상태였기에 착륙진입을 중지할 수 있는 상황이었음에도, 하강을 계속하면 아마도 그 결과 승객에게 부상을 입힐 수 있을 것이라는 점을 인식한 상태로 그러한 행위를 계속했다는 추론은 실질적인 증거에 의해 확증된다. 승무원들은 818피트(약 250미터) 고도에서 시야를 상실하였을 때 바로 시야가 계속하여 열악할 것이라고 예상하고 진입복행을 실시했어야 했다.

*432 강한 하강기류에 관계 없이, 시야의 상실이 추락의 실질적인 원인이었다. 비행기는 상승력 감퇴에 의해 갑자기 지면을 강타하게 된 게 아니며, 항공기가 활주로와 적절하게 중심점(방향)을 맞추었다면 안전 착륙이 가능했을 것이다. 구덩이에 부딪치지 않았더라면 불시착을 면했을 것이다.

지방법원의 사실인정은 승무원들의 행동 관찰에 기초한 승무원의 진실성에 대한 주관적인 평가가 아니라, 기록된 데이터, 증거서류, 그리고 전문가들의 의견의 객관적인 분석에 근거한다.

위와 같이 지방법원 판결의 근거가 되었던 사실 외에도, 피항소인은 변론요지서(pp.32-33)[12]에서 승무원의 행위에 있어서의 다른 심각한 잘못들을 지적했다. 승무원은 엔진을 끄지 않았고, 계속 흐르는 연료를 막지 않았다(아마도 이렇게 하지 않은 것이 사실상 화재

10 관제 기관의 착륙 중지 지시에 의하여 착륙을 중지하고 상승하는 일을 의미한다.

11 동력이 전부 쓰여졌는데도 고도를 높일 수 없었던 상황이 하강기류 때문이 아니었음을 뜻한다.

12 법정에서 쓰는 전문용어로서 변론의 요지를 만들어 재판관에게 제출하는 경우에 쓴다.

With respect to these failures the District Court charitably concluded that the situation after the crash was "chaos or bedlam" and that the conduct of the crew could be regarded as inadvertent rather than as a course of voluntary, wilful decision-making or reckless disregard of danger. The District Court found that some emergency procedures were successfully performed, while others were "impossible to perform in the chaos that existed."

In any event the instances of "wilful misconduct" specified in the findings of fact made by the District Court clearly suffice to support his decision in favor of the plaintiffs-appellees.

Accordingly the judgment of the District Court is

AFFIRMED.

발생을 도왔고, 피항소인 측 망인들은 지면과의 심한 충돌에 눌려 죽은 것이 아니라 타 죽었을 수 있다). 그리고 승무원은 비행기가 정지한 후 화재가 발생하기 전 10분 동안, 출구를 열어 표준비상탈출 절차를 시행하지 않았다.

이러한 태만에 관하여 지방법원은 추락 이후 상황은 "혼돈과 혼란"이었고, 따라서 승무원들의 그러한 행동은, 일련의 자발적이고 고의적인 결정 또는 위험에 대한 무모한 경시가 아니라, 부주의에 의한 것으로 간주될 수 있다고 관대하게 결론지었다. 지방법원은 비상 절차의 일부는 성공적으로 수행되었으며, 한편 나머지 비상 절차는 "당시 존재한 대혼란 속에서 실행하는 것이 불가능"하였다고 판결하였다.

어쨌든 지방법원에 의해 인정된 사실에 구체화되어 있는 "고의 비행"의 실례들은 분명히 원고-피항소인들에 유리하게 내려진 그 지방법원 판결을 뒷받침하기에 충분하다.

따라서 지방법원의 판결을 확인한다.

Société Anonyme des Minerais v. Grant Trading Inc. (The "Ert Stefanie")

사실관계

선주인 파나마 국적의 회사 Grant Trading Inc.는 용선계약에 따라 그의 선박인 Ert Stefanie 호를 용선자에 빌려 주었고, 용선자는 이 선박을 규소철의 운송에 사용하였다. 선주는 Ert Stefanie 호의 관리를 Sorek Shipping Ltd라는, 역시 선주가 소유하고 있던 회사에 일임하고 있었고 그 회사의 이사인 Baker 씨가 선박의 보수관리에 대한 책임을 담당하고 있었다. 규소철은 수분과 접촉하면 독성 가스를 방출하는 성격을 지니는데, Ert Stefanie 호의 바닥 강판에는 결함이 있어 여기로 해수가 침투하여 규소철과 접촉, 독성 가스가 방출되었고, 선박의 적재칸에는 환풍장치가 적절하게 구비되어 있지 않았으며 거주구와 중갑판 사이에는 밀봉이 되어 있지 않아 독성 가스를 흡입한 선원 한 명이 사망하는 등 사고가 발생하여 결국 운송이 중지되었다.

용선자와 선주는 서로에 대하여 소를 제기하였고, 분쟁은 중재에 회부되었다. 중재인은 선박이 감항능력을 갖추지 못하였다고 보고 이에 대한 선주의 책임을 인정하였으나 선주가 상업운송법 제503조에 따른 책임의 제한을 주장하자 본 사건의 손해는 선주의 실제 과오 없이 발생하였다고 판단, 이를 받아들이는 판정을 내렸다. 용선자는 중재인의 이러한 판정에 불복하여 법원에 제소하였고, 본 사건은 용선자의 주장을 받아들여 책임제한을 부정한 원심에 대하여 선주가 항소한 사건이다.

판결 및 쟁점

상업운송법 제503조는 선주의 '실제 과오'가 없는 경우 그의 책임을 제한하고 있으므로, 본 판결에서는 선주에게 실제 과오가 있었는지 여부가 쟁점이 되었다. 이에 관하여 영국 항소법원은 선주에게 실제 과오가 있으므로 선주는 책임제한을 받지 못한다고 판결하였다.

법원은 이러한 판결을 내림에 있어, 먼저 선주가 선박의 관리를 다른 회사에 일임한 경우 실제 소유자가 아닌 그 회사(Sorek 사)를 기준으로 선주의 실제 과오 여부를 판단한다고 본 원심의 논지를 유지하였다. 이에 따르면 관리를 맡은 회사의 '분신' 또는 '지배 주체와 의지'로 볼 수 있는 자에게 과오가 있다면 이는 그 관리 회사의 과오가 되며 이는 다시 선주의 과오가 된다. 이에 선주는 Sorek 사의 '분신' 또는 '지배 주체와 의지'는 선주이자 관리회사의 소유주인 Sorensen 씨 한 명일 뿐이고, 관리를 태만하게 한, 본 사건 책임 있는 자인 Baker 씨는 비록 Sorek 사의 이사의 직책을 가지고 있으나 실제로는 하위 직급(해사 감독관)의 업무를 담당하고 있었을 뿐이므로 회사의 '지배 주체와 의지'가 아니며, 따라서 그의 잘못은 회사의 잘못이 될 수 없고, 따라서 선주의 실제 과오 역시 없다고 주장하였다.

이에 대하여 법원은, 누군가가 회사의 '분신'인지 여부는 각 사건의 사실관계에 따라 판단할 문제라고 하면서, 다만 특정 개인이 회사의 정책에 대한 궁극적인 결정권을 가진다 하더라도 그가 회사의 유일한 분신이라고 볼 수는 없다고 하였다. 나아가 법원은 회사의 지배 주체와 의지를 이루는 사람들의 집단이 이사회를 포함하고 있어서, 이사보다 하위의 직급을 가진 자라도 그 집단에 속할 수 있으며, 반대로 이사의 직책을 가진 자라면 예외적 경우가 아닌 한 그 집단의 일원이 된다고 보았다. 따라서 Sorek 사의 이사이자 분신인 Baker 씨의 과오는, 그가 담당한 업무가 그중요도와 관계없이 사건의 사고의 발생과 관련된 것인 한, 회사의 과오가 되며, 이는 다시 선주의 실제 과오를 구성하여, 제503조에 따른 책임제한은 불가능하다고 판결하였다.

***349 Société Anonyme des Minerais v. Grant Trading Inc.,**

(The "Ert Stefanie")

Court of Appeal

CA

Nov. 23, 1988
Before Lord Justice Mustill Lord Justice Nicholls and Lord Justice Taylor

By a charter-party in the Gencon form dated Oct. 23, 1980, the owners let their vessel *Ert Stefanie* to the charterers for the carriage of a cargo of ferrosilicon in bulk from Rijeka to Rotterdam.

Ert Stefanie was managed by Sorek Shipping Ltd. and Mr. Baker, a director of Sorek, ran the technical side of the business which included responsibility for the maintenance of the vessel. Mr. Baker had attended the vessel at the time of her purchase in 1979 and had paid frequent visits to her thereafter, his last visit before the relevant voyage being in August 1980.

On Oct. 29/30 the vessel loaded 1000 tons of ferrosilicon but never reached Rotterdam. The vessel had defective bottom plating with the result that she suffered serious leaks into various compartments which endangered the vessel. She was also unfit to carry a cargo of ferrosilicon which when exposed to moisture or wetness gave off dangerous quantities of poisonous gas. The master was unaware of these risks and the ventilation of the hold and adjoining spaces was wholly inadequate to cope with the accumulation of the gas. In addition the opening between the accommodation and the cargo 'tween deck was not gas tight.

As a result of the effects of inhaling the gas one crew member died and another was taken

*349 Société Anonyme des Minerais v. GrantTrading Inc., (The "Ert Stefanie")

영국 항소법원

CA

1988년 11월 23일 심리
Mustill **경**, Nicholls **경 그리고** Taylor **경의 심리**

1980년 10월 23일 Gencon에서의 용선계약에 의해 선주는 그의 선박인 Ert Stefanie 호를 Rijeka에서 로테르담까지 대량의 규소철의 운송을 위해 용선자에 인도해 주었다.

Ert Stefanie 호는 Sorek Shipping Ltd에 의해 관리되어 왔고 Sorek의 이사인 Baker 씨가 선박의 보수관리에 대한 책임을 포함하여 업무의 기술적인 부분을 담당하고 있었다. Baker 씨는 1979년 선박의 구매 당시, 그리고 그 이후에도 자주 선박을 찾아갔었고, 본 사건의 항해 이전에 마지막으로 찾아간 것은 1980년 8월의 일이었다.

8월 29/20일에 선박에는 1000톤의 규소철이 적재되었으나 로테르담에 다다르지는 못하였다. 선박의 바닥 강판에는 결함이 있었고 이는 다른 부분으로까지의 심각한 누수를 야기하였으며 이는 선박을 위험에 빠트렸다. 동 선박은 또한 습기나 수분에 노출되면 위험한 약의 독성 가스를 방출하는 규소철을 운송하기에도 부적합하였다. 선장은 이러한 위험에 대하여 알지 못하였고 화물창과 그와 인접한 공간의 환풍장치는 이러한 가스의 집적에 맞서기에는 완전히 부적합하였다. 이에 더하여 거주구와 중갑판 사이는 가스가 스며들 수 있도록 되어 있었다.

승무원 중 하나는 가스를 흡입한 결과로 사망하였고 다른 하나는 중태에 빠졌다. 선박은

seriously ill. The vessel had successively to put into ports of refuge and at the second port the authorities were so alarmed by the dangers caused by the gas that they created serious obstacles to the continuation of the voyage. The voyage was eventually abandoned at the third port of refuge.

The charterers and owners made cross claims against each other for damages for breach of charter and general average.

The dispute was referred to arbitration. The charterers succeeded against the owners because the vessel was unseaworthy but the arbitrator held that the owners were entitled to limit their liability under s. 503 of the Merchant Shipping Act, 1894 because the breaches occurred without the fault or actual privity of the owners and that although Mr. Baker was at fault in failing to appreciate the defective character and inadequacy of the vessel and in not checking and advising the management company of the special requirements for the carriage of ferrosilicon or ensuring that the master had the necessary data on board the vessel, such faults arose without the fault of the owners.

The charterers appealed.

Held, by Q.B. (Com. Ct.) (HOBHOUSE, J.), that

(1) in order to consider whether there was actual fault or privity the position of Sorek not the actual owners of the vessel had to be considered;

(2) Mr. Baker was a director of Sorek; a director formed part of the head management of the company and if he was at fault then his fault for the purpose of the Merchant Shipping Acts was the fault of the company; the arbitrator clearly erred in law in considering that he should only look to Mr. Sorensen because he was the person who controlled the company rather than addressing himself to the question through whom did the company act; if the arbitrator had not misdirected himself in law he would have had to conclude that Mr. Baker was also an alter ego of the company;

(3) Mr. Baker's position as an alter ego of the company did not depend on any special delegation or authorization; it depended on his position and status as a director; on the findings of fact made by the arbitrator, given that there was fault on the part of Mr. Baker, there was no ground for saying that the fault was not a fault of an alter ego of the company and therefore an

이어 피난항[1]들에 정박해야 했고 두 번째 피난항에서 관련 당국은 가스가 초래한 위험을 크게 우려하여 항해의 계속을 심각하게 제지하였다. 결국 항해는 세 번째 피난항에서 중지되었다.

용선자와 선주는 서로에 대하여 용선계약의 위반과 공동해손에 대한 손해배상의 소를 제기하였다.

분쟁은 중재에 회부되었다. 용선자는 중재에서 선박이 감항능력을 갖추지 못하였다 는 이유로 선주에 이겼으나, 중재인은 계약의 위반이 선주의 과오 또는 실제 관여 없이 발생하였으며 비록 Baker 씨에게 선박의 결함과 부적절성을 인지하지 못한 점, 규소철의 운송에 따르는 특별한 요건들에 대하여 관리회사 측에 확인하고 조언을 하거나 또는 선장이 선상에 필요한 데이터를 갖추고 있을 것을 보장하지 않은 점 등에 과오가 있으나 그러한 과오는 선주의 과오 없이 발생하였다는 이유에서 선주가 상업운송법(1894) 제503조에 따라 그의 책임을 제한받을 수 있다고 판정하였다.

용선자는 항소하였다.

Q.B. (Com. Ct.)[2] (HOBHOUSE 판사)는 다음과 같이 판결하였다.

(1) 실제 과오 또는 관여가 있었는지 여부를 판단하기 위해서는 선박의 실제 소유자가 아닌 Sorek 사의 지위가 고려되어야 하며;

(2) Baker 씨는 Sorek 사의 이사였으며; 이사는 회사의 최고 경영진의 일부를 구성하며 만일 그에게 과오가 있다면 그의 과오는 상업운송법의 해석상 회사의 과오를 구성하며; 중재인은 회사가 누구를 통하여 행위하였는지를 묻지 아니하고 Sorensen 씨가 회사를 지배하는 자라는 이유로 그에 대한 평가만으로 족하다고 판단한 데에서 명백하게 법률상 오류를 범하였

1 예기하지 않은 해상에서의 위험을 피하기 위해 혹은 선박의 수리나 연료 충전 등 항해를 계속할 목적으로 기항하게 되는 항해일정에 없는 항구.

2 Queens' Bench (Commercial Court) 여왕좌 법원 (상사 재판소). 여왕좌 법원은 영국 고등법원 (High Court of Justice)의 일부로, 상사 재판소 외에 해사 재판소(Admiralty Court)와 행정 재판소(Administrative Court)를 포함한다.

actual fault of the company;

(4) the reasons of the arbitrator contained both expressly and by necessary implication errors of law and his conclusion could not be supported; on a correct view of the law, the facts found by the arbitrator showed that the relevant liability of the owners did not arise without their actual fault; the owners were not entitled to limit their liability.

On appeal by the owners:

Held, by C.A. (MUSTILL NICHOLLS and TAYLOR, L.JJ.), that

(1) the board of directors of a corporation might not always comprise the whole of the group of people who together constitute the governing mind and will of the corporation; nevertheless any director must necessarily be a member of the group unless dis-seized of responsibility (*see* p. 352, col. 1);

(2) Mr. Baker was a director; he was responsible for operational matters and was in charge of the aspects of the company's business which went wrong; he was personally at fault and the owners had no right to limit their liability (*see* p. 352, cols. 1 and 2);

(3) s. 3 of the 1958 Act (Merchant Shipping (Liability of Shipowners and others) Act) did not apply; the action was not brought against Mr. Baker personally; it was the owners who were sued because they were the owners of the vessel; the mistakes made were those of the management company and the owners had no right to limit their liab- *350 ility; the appeal would be dismissed (*see* p. 353, col. 2);

— The Alastor, [1981] 1 Lloyd's Rep. 581, considered.

The following cases were referred to in the judgment of Lord Justice Mustill.

Adler v. Dickenson and Another, [1954] 2 Lloyd's Rep. 267; [1955] 1 Q.B. 158;

으며; 중재인이 법률상 오류를 범하지 아니하였더라면 그는 Baker 씨 또한 회사의 분신이었다는 결론에 다다라야 했을 것이며;

(3) Baker 씨의 회사의 분신으로서의 지위는 어떠한 특별 위임이나 권한의 수여에 의하여 취득된 것이 아니며; 이는 그의 이사로서의 지위와 신분에 기한 것이며; 중재인이 밝힌 사실관계에 의하면, Baker 씨 측에 과오가 있음을 전제한다면 그러한 과오가 회사의 분신의 과오이며 따라서 회사의 실제 과오를 구성한다는 것을 부인할 근거는 없으며;

(4) 중재인이 제시한 근거는 명시적으로, 그리고 필요적인 함축에 의하여 법률상 오류를 포함하고 있으며 그의 결론은 뒷받침되지 못하고 있으며; 법률을 올바로 해석한다면 중재인이 밝힌 사실관계에 의하면 선주의 관련 책임은 그들의 실제 과오 없이 발생한 것이 아니며; 선주는 그의 책임을 제한받을 수 없다.

선주에 의한 항소심에서:

C.A. (MUSTILl NICHOLlS와 TAYLOR 판사)는 다음과 같이 판결하였다.

(1) 회사의 이사회는 항상 회사의 지배 주체와 의지를 구성하는 사람들의 집단 전체를 포함하는 것은 아닐 수 있으나; 모든 이사는 그의 책임권한을 침탈당하지 아니하는 이상 그러한 집단의 일원이어야 하며(p.352, col.1 참고);

(2) Baker 씨는 이사였으며; 그는 선박 운영상의 사항들을 책임지고 있었으며 본 사건에서 문제가 발생한 회사 사업의 측면을 담당하고 있었으며; 그에게는 개인적으로 과오가 있었으며 선주는 자신의 책임을 제한받을 수 없으며(p. 352, cols. 1과 2 참고);

(3) 1958년 법(상업운송(선주 등의 책임)법) 제3조는 적용되지 아니하며; 소송은 Baker 씨에게 개인적으로 제기된 것이 아니었으며; 고소를 당한 것은 선박의 소유자인 선주였으며; 과실은 관리회사 측에 있었으며 선주는 그의 책임을 *350 제한받을 수 없으며; 항소는 기각한다(p.53, col. 2 참고);

—The Alastor, [1981] 1 Lloyd's Rep. 581가 고려됨.

Mustill 판사의 판결에는 다음의 판례들이 참조되었다:

Adler v. Dickenson and Another, [1954] 2 Lloyd's Rep. 267; [1955] 1 Q.B. 158;

Alastor, The (C.A.) [1981] 1 Lloyd's Rep. 581;

Charlotte, The (1921) 9 Ll.L.Rep. 341;

Garden City, The [1982] 2 Lloyd's Rep. 382;

Lady Gwendolen, The (C.A.) [1965] 1 Lloyd's Rep. 335; [1965] P. 294;

Marion, The (H.L.) [1984] 2 Lloyd's Rep. 1; (C.A.) [1983] 2 Lloyd's Rep. 156; [1982] 2 Lloyd's Rep. 52.

This was an appeal by the owners, Grant Trading Inc. from the decision of Mr. Justice Hobhouse ([1987] 2 Lloyd's Rep. 371) given inter alia in favour of the charterers, Societe Anonyme des Minerais and holding in effect that the owners were not entitled to limit their liability under s. 503 of the Merchant Shipping Act 1894 in respect of the charterers' claims for damages for breach of the charter.

Representation

Mr. M. N. Howard, Q.C. and Mr. Simon Kverndal (instructed by Messrs. Holman Fenwick & Willan) for the owners; Mr. Richard Aikens Q.C. and Mr. Mark Howard (instructed by Messrs. Ince & Co.) for the charterers.

The further facts are stated in the judgment of Lord Justice Mustill.

JUDGMENT

Lord Justice MUSTILL:

The registered owners of *Ert Stefanie*, a modest vessel, were Grant Trading Inc. a company incorporated in Panama. The sole proprietor of this company was Mr. Jens Sorensen. While the doctrines of corporate personality call for a ritual nod in the direction of the owners, nobody in practice pays any attention to these one-ship companies registered under flags of convenience; and the law takes the same view when questions of limitation are in issue: The Charlotte, (1921) 9 Ll.L.Rep. 341, The Lady Gwendolen, [1965] 1 Lloyd's Rep. 335; [1965] P.

Alastor, The (C.A.) [1981] 1 Lloyd's Rep. 581;

Charlotte, The (1921) 9 Ll.L.Rep. 341;

Garden City, The [1982] 2 Lloyd's Rep. 382;

Lady Gwendolen, The (C.A.) [1965] 1 Lloyd's Rep. 335; [1965] P. 294;

Marion, The (H.L.) [1984] 2 Lloyd's Rep. 1; (C.A.) [1983] 2 Lloyd's Rep. 156; [1982] 2 Lloyd's Rep. 52.

본 사건은 특히 용선자 Société Anonyme des Minerais에 유리하게 내려졌으며 선주가 용선자가 용선계약 위반에 대하여 제기한 손해배상의 소와 관련하여 상업운송법 제503조에 따른 책임의 제한을 받을 수 없다고 한 Hobhouse 판사의 판결([1987] 2 Lloyd's Rep. 371)에 대하여 선주 Grant Trading Inc.가 항소한 사건이다.

변호

선주 측 변호인 Mr. M. N. Howard, Q.C.와 Mr. Simon Kverndal(Messrs. Holman Fenwick & Willan의 지도를 받음); 용선자 측 변호인 Mr. Richard Aikens Q.C.와 Mr. Mark Howard(Messrs. Ince & Co.의 지도를 받음).

이상의 사실관계는 Mustill 판사의 판결문에 적시되어 있다.

판결

MUSTILL 판사:

소형선박 Ert Stefanie 호의 등록된 선주는 파나마에서 설립된 회사인 Grant Trading Inc. 였다. 이 회사의 단독 소유자는 Jens Sorensen 씨였다. 비록 회사의 법인격에 관한 이론들이 선주에 대한 형식적인 고려를 요구하기는 하나, 실제로는 아무도 이러한 편의치적에 따라 등록된 일선박회사들에 신경쓰지 아니하며 법 역시 책임제한이 쟁점이 되는 경우 이와 같은 입장을 견지한다: The Charlotte, (1921) 9 Ll.L.Rep. 341, The Lady Gwendolen, [1965]

294, The Marion, [1982] 2 Lloyd's Rep. 52, at p. 54 and [1983] 2 Lloyd's Rep. 156, at p. 158. Quite rightly, all the attention in the arbitration was directed towards the managers of the vessel, Sorek Shipping Ltd., which was also under the control of Mr. Sorensen. The United Kingdom company had two directors, Mr. Sorensen and Mr. Roy Baker. Mr. Sorensen is described in the arbitrator's reasons for his award as "an entrepreneur with some knowledge of the commercial side of shipping but no technical knowledge". He therefore employed Mr. Baker to run the technical side of the business, which included responsibility for maintenance and crewing, and the giving of operational instructions to the master.

On Oct. 23, 1980 the owners chartered the vessel to Societe Anonyme des Minerais for the carriage of ferrosilicon from Rijeka to Rotterdam. Ferrosilicon is an unpleasant substance, which gives off a poisonous gas when wet. In the course of the voyage one crew member died from inhalation of this gas, and another became seriously ill. After calls at various points of refuge the voyage had to be adandoned. The charterers claimed against the owners on the ground that the wetting of the cargo arose from unseaworthiness. The owners claimed that the charterers were liable for shipping a dangerous cargo and that the adverse effects of the poisonous gas were exacerbated by lack of ventilation facilities in looking after the cargo. Eleven issues arose for decision. The arbitrator dealt with these in what I would venture to regard as a lucid and comprehensive award. The outcome was that the charterers succeeded on their claim and on the owners' cross claim. This decision rested on the arbitrator's conclusions on 10 issues of fact, which are not open to review in the High Court. The 11th and final issue, which was one upon which leave was granted to bring an appeal to the High Court from the award on a question of law, was whether the liability of the shipowner, now established by the arbitrator, should be limited under s. 503 of the Merchant Shipping Act, 1894. This statute has now been replaced by legislation in rather different terms, and the present case must be one of the last to arise under the old Act. So far as material, it provided as follows:

503 (1) The owners of a ship, British or foreign, shall not, where all or any of the following occurrences take place without their actual fault or privity; (that is to say) … (b) Where any damage or loss is caused to any goods … on board the ship; … (d) Where any … rights are infringed through the act or omission of any person … in the navigation or management of the ship, or in the loading … of its cargo … be liable to damages beyond the following amounts …

[Here follow the statutory limits of liability.]

1 Lloyd's Rep. 335; [1965] P. 294의 The Marion, [1982] 2 Lloyd's Rep. 52 p. 54 그리고 [1983] 2 Lloyd's Rep. 156의 p. 158. 타당하게도, 중재에서 모든 관심은 선박의 관리인이자 역시 Sorensen 씨의 지배하에 있던 Sorek Shipping Ltd.에 주어졌다. 영국 국적의 이 회사는 Sorensen 씨와 Roy Baker 씨 두 명의 이사를 지니고 있었다. 중재인의 판정에 대한 이유서에서 Sorensen 씨는 "운송업의 상업적 측면에 대한 어느 정도의 지식은 갖추고 있으나 기술적 지식은 갖고 있지 아니한 기업가"로 표현이 되어 있다. 그는 따라서 Baker 씨를 고용하여 사업의 기술적 측면을 담당하게 하였으며, 여기에는 선박의 보수관리와 선원의 고용, 그리고 선장에게 선박운영상의 지도를 제공할 책임이 포함되어 있었다.

1980년 10월 23일 선주는 Société Anonyme des Minerais에게 Rijeka에서 로테르담까지의 규소철의 운송을 위하여 빌려 주었다. 규소철은 불쾌한 물질로서, 물에 젖게 되면 독성 가스를 방출한다. 항해 중에 선원 한 명의 이 가스를 흡입하여 사망하였고, 다른 한 명은 중태에 빠졌다. 수 개의 피난항에서의 정박 후 항해는 중지되어야 했다. 용선자는 화물이 물에 젖은 것은 감항능력의 부재에서 비롯된 것이라는 점을 근거로 선주에 대하여 소를 제기하였다. 선주는 용선자에 위험한 화물을 운송한 책임이 있으며 독성 가스의 악영향은 화물을 관리함에 있어서의 환풍장치의 부재에 의하여 악화되었다고 주장하였다. 판정을 위하여 열한 개의 쟁점이 제기되었다. 중재인은 내가 판단하기에 명쾌하고 이해하기 쉬운 판정을 내려 이들 쟁점을 다루었다. 결론적으로 용선자가 자신의 소와 선주의 응소 모두에 이겼다. 판정은 고등법원[3]에는 열람이 되지 않는, 중재인이 내린 열 개의 사실관계와 관련된 쟁점에 대한 결론에 기반하였다. 마지막 열한 번째 쟁점이자 판정으로부터 법적 문제에 대하여 고등법원으로의 항소를 할 것에 대한 허가가 주어진 쟁점은 중재인이 설정한 선주의 책임이 상업운송법 제503조에 따라 제한되어야 할 것인지 여부였다. 이 조항은 현재에는 입법에 의하여 다르게 대체되었고, 본 사건은 구법하에서 제기된 마지막 사건 중 하나가 될 것이다. 이 조항의 중요한 부분은 다음과 같다:

503 (1) 영국이나 외국 선박의 소유자들은 자신의 실제 과오 또는 관여 없이 다음과 같은 일이 발생하는 경우에; (즉) … (b) … 선상의 화물에 어떠한 손해 또는 멸실이 발생한 경우;

3 High Court. 중요한 쟁점이 담긴 사건들을 다룬다. 이 법원에서 민사사건에 대한 항소를 제기하면 항소법원(Court of Appeal)으로, 다시 상소하면 귀족원(House of Lords)으로 넘어가게 된다.

In his award the arbitrator decided that the *351 owners were entitled to the protection of s. 503. Since he had so many questions to consider it is natural that he did not set out the basis of his decision for his award in the reasons for this award in as much detail as if it had been the only point in the case. Nevertheless the necessary facts and the conclusions which the arbitrator drew from them emerge quite clearly enough for present purposes. First, as to the facts. The arbitrator found that:

The Owner, Grant Trading Inc., was a Panamanian Company owned by Mr. Jens Sorensen who also substantially owned the U.K. registered management company, Sorek Shipping Limited. Sorek Shipping managed the mv "Ert Stefanie" and one other vessel belonging to a client. There were two directors - Mr. Sorensen and Mr. Roy Baker. The Claimants suggested that the controlling mind of the company was jointly vested in Mr. Sorensen and Mr. Baker. I do not accept this. Mr. Sorensen was clearly the Owner and controlled the whole enterprise; he was an entrepreneur with some knowledge of the commercial side of shipping but no technical knowledge and for this reason employed Mr. Baker to run the technical side of the business which included responsibility for the maintenance of the vessels, the crew, instructions to the Master, etc. Mr. Baker had served at sea, was qualified as a Chief Officer and had subsequently acquired further technical qualifications and experience. Mr. Baker was in fact well qualified for his task and with only two vessels to run he had ample time to ensure that all matters within his responsibility were properly attended to. In view of his obvious lack of technical knowledge Mr. Sorensen's employment of and reliance on Mr. Baker was an eminently sensible arrangement.

He also found that there were three causes of the casualty. First, there was corroded plating in way of the forward double bottom tanks, in consequence of which water entered the vessel

…(d) 선박의 항해나 관리, 또는 화물의 … 선적과 관련하여 누군가의 작위나 부작위에 의해 … 타인의 권리가 침해된 경우 다음의 금액을 초과하는 손해액에 대해서는 책임을 지지 않는다 …

[여기에는 법정 책임제한액에 관한 규정이 이어진다.]

중재인은 그의 판정에서 *351 선주가 제503조의 보호를 받을 수 있다고 결정하였다. 제503조의 적용에 대한 판단이 본 사건의 유일한 쟁점이었다면 그러지 아니하였겠지만, 중재인은 이 사건에서 너무도 많은 문제들에 대한 판단을 내려야 했으므로, 판정을 위한 이유서에서 위와 같은 결정을 내린 근거를 구체적으로 적시하지 아니하였고 이는 이해할 수 있다. 그렇지만 필요한 사실관계와 중재인이 그로부터 도출한 결론은 현재의 목적을 위하여서는 충분히 명백하게 드러난다. 먼저, 사실관계와 관련하여 중재인은 다음과 같이 밝혔다:

선주 Grant Trading Inc.는 파나마 국적의 회사로 영국 국적의 관리회사인 Sorek Shipping Limited 역시 실질적으로 소유하고 있는 Jens Sorensen 씨가 소유하는 회사이다. Sorek Shipping은 소형선박 "Ert Stefanie" 호와 다른 고객 소유의 선박 한 척을 관리하였다. 이 회사에는 Sorensen 씨와 Roy Baker 씨 두 명의 이사가 있었다. 청구인은 회사의 지배권은 Sorensen 씨와 Baker 씨 양자에 함께 부여되어 있다고 주장하였다. 나는 이 주장을 받아들이지 아니한다. 회사의 소유자이자 회사 전체를 지배하는 자는 분명히 Sorensen 씨였다; 그는 운송업의 상업적 측면에 대한 어느 정도의 지식은 갖추고 있으나 기술적 지식은 갖고 있지 아니한 기업가였으며, 그는 따라서 Baker 씨를 고용하여 사업의 기술적 측면을 담당하게 하였으며, 여기에는 선박의 보수관리와 선원의 관리, 그리고 선장에게 선박운영상의 지도를 제공할 책임 등이 포함되어 있었다. Baker 씨는 해상에서 근무한 경험이 있었으며, 일등 항해사로서의 자격을 갖추고 있었으며 이후 추가적인 기술적 자격과 경험을 획득하였다. Baker 씨는 그의 임무에 적격자였으며 관리할 선박이 두 척뿐이었으므로 그의 책임범위 내의 사항들이 적절하게 돌보아질 것을 보장할 수 있는 충분한 시간을 가지고 있었다. Sorensen 씨가 명백하게 기술적 지식을 가지지 못한 점을 고려한다면 그가 Baker 씨를 고용하고 그에게 의지한 것은 탁월하게 합리적인 조치였다.

중재인은 또한 사고에는 세 가지의 발생원인이 있다고 밝혔다. 첫째로, 전방의 이중저(二重底) 탱크 쪽에 부식된 강판이 있었고 그 결과로 항해 중 선박으로 물이 들어오게 되었다.

during the voyage. The arbitrator found that the failure to detect this corrosion was not a fault in normal care. Second, the ventilator serving the 'tween decks had been removed and plugged, and the ventilator had been blanked off prior to purchase. The resulting lack of a through draught prevented the dissipation of poisonous gases generated by the contact between water and the cargo of ferrosilicon. The arbitrator found that the failure to detect the closure of the ventilators was hard to reconcile with due care in the thorough inspection of the vessel on purchase. Third, there was a failure to inform the master of the special requirements for the carriage of this very difficult cargo. The arbitrator held that the blame for these two failures rested upon Mr. Baker. He held that Mr. Sorensen was not personally at fault.

On these facts the arbitrator held that the owners had proved that the loss occurred without their actual fault or privity. On appeal, Mr. Justice Hobhouse decided to the contrary. The owners now seek to restore the decision of the arbitrator, essentially on two grounds:

(1) The "alter ego" or "governing mind and will" of the managers, and hence of the owners, was Mr. Sorensen alone. Since he was not to blame, there could be no actual fault or privity on their part.

(2) Even if Mr. Baker might for some purposes fall to be regarded as an element in the governing mind and will of the managers the faults of which he was guilty had to do with functions which, if the company had been larger, would have fallen to employees at a comparatively subordinate level, such as that of a marine superintendent. Since the fault of a marine superintendent would not be treated as the fault of the company, for the purposes of the limitation statutes (*see* The Lady Gwendolen, [1965] 1 Lloyd's Rep. 335; [1965] P. 294 and The Garden City, [1982] 2 Lloyd's Rep. 382) the owners are entitled to limit, notwithstanding that the person at fault was on the board of the managers.

I will consider these arguments in turn. The first raises an issue on which the parties have taken extreme positions, with neither of which I entirely agree. The charterers contend, or have come very close to contending, that, if the fault is laid at the door of a member of the board of the directors, it must inevitably involve the actual fault or privity of the company. The point does not arise here but, if it did, I doubt whether I would be prepared to go so far. It seems

중재인은 이러한 부식을 발견하지 못한 것은 일반적 주의의무상의 과오가 아니라고 보았다. 둘째로, 중갑판의 환풍장치는 제거되어 막혀 있었으며, 환풍장치는 선박의 구매 이전에 이미 제거된 상태였다. 이에 따라 통풍이 되지 않았고 이는 물과 규소철의 화물 사이에서 발생한 독성 가스의 소산(消散)을 막았다. 중재인은 환풍장치가 막혀 있는 것을 발견하지 못한 것은 선박 구매 당시의 철저한 검사를 함에 있어서 요구되는 상당한 주의의무의 위반이라고 보았다. 셋째로, 이토록 난감한 화물을 운송함에 있어서의 특별한 요건들에 대하여 선장에게 정보를 제공하지 못한 점이다. 중재인은 이러한 두 가지 실책에 대한 책임은 Baker 씨에게 있다고 판정하였다. 그는 나아가 Sorensen 씨에게는 개인적으로 과오가 없다고 보았다.

이러한 사실관계에 기반하여 중재인은 선주가 사건의 손해가 자신의 실제 과오 또는 관여 없이 발생하였다는 것을 입증하였다고 판정하였다. 항소심에서 Hobhouse 판사는 이와 반대로 판결하였다. 이에 선주는 다음과 같은 두 가지 근거에서 중재인의 판정을 되살리려 하고 있다:

(1) 관리인의 "분신" 또는 "지배 주체와 의지"이자, 이에 따라 선주의 "분신" 또는 "지배 주체와 의지"인 자는 오직 Sorensen 씨 한 사람이다. 그런 그에게 책임이 없으므로 선주 측에는 실제 과오 또는 관여가 있을 수 없다.

(2) 비록 Baker 씨가 어떤 면에서는 관리인의 지배 주체와 의지의 일원으로 간주될 여지가 있다 하더라도, 그에게 책임이 있는 과오는 만약 회사의 규모가 보다 컸더라면 해사 감독관 등 비교적 하위 직급의 직원들이 담당하는 기능과 관련된 것이었다. 그런데 해사 감독관의 과오가 회사의 과오로 취급되지는 아니할 것이므로 책임제한 규정의 해석상(The Lady Gwendolen, [1965] 1 Lloyd's Rep. 335; [1965] P. 294 and The Garden City, [1982] 2 Lloyd's Rep. 382) 선주는 제한을 받을 수 있으며, 이는 과오가 있는 자가 관리인회의 일원일지라도 그러하다.

나는 이러한 주장들을 차례로 검토하도록 하겠다. 첫 번째 주장은 각 당사자가 서로 극단적 입장을 취한 쟁점을 불러일으키는데, 나는 그 두 가지 입장 모두에 전적으로 동의하지는 아니한다. 용선자는 이사회의 일원에게 과오가 있다면 이는 필연적으로 회사의 실제 과오 또는 관여를 구성한다고 주장 또는 이와 유사하게 주장하였다. 이는 본 사건에서 문제되는 상황은 아니지만 만약 그러하였더라면, 나는 아마도 그렇게까지 보지는 아니하였을 것이다.

to me at least theoretically possible for a situation to exist where a particular director had been formally excluded from participation in the company's business and where, if nevertheless he did trespass upon that territory, his acts in so doing would not be attributed to the company.

Conversely, the owners maintain that, if a particular individual has ultimate control over the policies of the company, only he can be the alter ego of that company. I do not accept this at all. The articles of association of Sorek Shipping are not before us, but I have no doubt that they vest the responsibility for the management *352 of the company in the board of directors. The board of directors of a corporation may not always comprise the whole of the group of people who together constitute the governing mind and will of the corporation, for the cases show clearly that the fault of a senior manager below board level may on occasion by included in the group. Nevertheless, it seems to me that any director must necessarily be a member of the group unless formally dis-seized of responsibility in the manner just described.

Thus, I would prefer to steer clear of generalizatons about the constituent elements of the "alter ego". Each case must turn on its own facts, and I am not persuaded that the reported decisions to which we have very properly been referred shed any real light on the problem. Looking at the facts here, I really see no scope for controversy. Mr. Baker was a director. It was to him that responsibility for operational matters had been devolved. No doubt Mr. Sorensen was a person for whose acts the owners were responsible, notwithstanding the delegation to Mr. Baker. But why this should lead to the conclusion that he was the only such person I am quite unable to see. Mr. Baker was the director in charge of the aspects of the company's business which went wrong. He was personally at fault. It seems to me plain that in such circumstances the owners have no right to limit their liability.

It is, however, contended that this is an over-simplification and that Mr. Baker's activities must be split into two parts: those which related to his position as director, and those which belonged to a concurrent subordinate post as (say) marine superintendent. Here, so the argument runs, his faults were those of a marine superintendent, and hence are not to be visited on the company as a corporate entity.

내가 생각하기에 특정 이사가 회사의 사업으로부터 공식적으로 배제되었는데 그럼에도 불구하고 그 영역을 침범하여 행위하고, 그러한 행위가 회사에 귀속되지는 않는 상황이 적어도 이론적으로는 가능하다고 여겨진다.

반대로, 선주는 만약 특정 개인이 회사의 정책에 대한 궁극적인 결정권을 가지고 있다면 오직 그만이 그 회사의 분신이 될 수 있다고 주장한다. 나는 이 주장을 전혀 받아들이지 아니한다. 지금 우리에게 Sorek Shipping의 정관이 제출된 것은 아니지만, 분명 이 회사는 회사의 관리를 위한 책임권한을 *352 이사회에 부여하고 있을 것이다. 한 회사의 이사회는 항상 회사의 지배 주체와 의지를 구성하는 사람들의 집단 전체를 포함하는 것은 아닐 수 있고, 이는 이사회 하위의 부장 직급의 과오가 경우에 따라서는 분명히 그러한 집단의 것으로 포함되는 것으로 본 판례들로 확인할 수 있다. 그렇지만, 모든 이사는 위에서와 같이 그의 책임권한을 침탈당하지 아니하는 이상 그러한 집단의 일원이어야 한다고 생각된다.

따라서, "분신"을 구성하는 요소에 대한 일반화는 하지 않도록 하겠다. 이는 각 사건마다 그의 사실관계에 따라 판단할 문제이며, 우리 법원에 제출된 판례들은 비록 매우 적절하기는 하나 본 사건을 해결하는 방침을 제시하여 주지는 못한다고 본다. 그런데 본 사건의 사실관계를 살펴보면, 논란의 여지가 없이 결론이 내려진다. Baker 씨는 이사였다. 선박 운영상의 사항들은 그의 책임이었다. Baker 씨에게 이러한 책임이 주어지기는 했지만 Sorensen 씨가 그의 행위로 인하여 선주가 책임을 지게 되는 자라는 점에는 의심의 여지가 없다. 그러나 그렇다고 하여 그가 유일하게 그러한 자[4]라는 결론에 다다른다는 것은 이해할 수 없다. Baker 씨는 본 사건에서 문제가 발생한 회사 사업의 측면을 담당하고 있는 이사였다. 그에게는 개인적으로 과오가 있었다. 이러한 상황에서 선주가 자신의 책임을 제한받을 수 없는 것은 자명하다.

그러나 이러한 논리는 지나친 간이화이며 Baker 씨의 행위는 그의 이사로서의 지위와 관련된 것, 그리고 해사 감독관 등의 하위 직위의 업무에 속하는 것 두 부분으로 나누어 보아야 한다는 주장이 제기되었다. 이러한 주장에 따르면 본 사건에서 그의 과오는 해사 감독관으로

4 자신의 행위로 선주가 책임을 지게 되는 자를 의미.

I cannot accept this argument. The constitution of Sorek Shipping entrusted the management and control of the company to the board of directors en bloc. It is true that, where the blameworthy act is committed by someone not on the board, who occupies a senior managerial position, the nature of the functions which he performs must be scrutinised in order to see whether it is of the type which, but for delegation, would have fallen within the competence of the directors. In such a case the outcome of the enquiry may be to *add* that person to those who would together constitute the governing mind and will of the company. But I cannot see how otherwise perhaps than in the exceptional case previously discussed where authority in a particular field is explicitly withdrawn from a particular director, it is possible to *subtract* someone from the corporate direction, just because when doing the act which has led to the liability he was performing a function which would ordinarily lie outside the sphere of the board. The idea that the same person can be part of the governing mind and will, and not part of the governing mind and will, is a paradox which has no warrant either in the wording of the 1894 Act, nor (so far as I can see) in the reported decisions in which the principles of actual fault or privity are laid down. I venture to doubt whether it would have occurred to the learned arbitrator, had not reliance been placed on The Alastor, [1981] 1 Lloyd's Rep. 581, which was really the linchpin of the owners' case. It is therefore important to see what this case actually decides. In The Alastor, [1981] 1 Lloyd's Rep. 581 the claim to limit was founded on the Merchant Shipping (Liability of Shipowners and Others) Act, 1958, s. 3 of which reads, so far as material, as follows:

(1) The persons whose liability in connection with a ship is excluded or limited by Part VIII of the Merchant Shipping Act, 1984, shall include any charterer and any person interested in or in possession of the ship, and, in particular, any manager or operator of the ship.

(2) In relation to a claim arising from the act or omission of any person in his capacity as master or member of the crew ...

(a) the persons whose liability is excluded or limited as aforesaid shall also include the master, member of the crew or servant ...

(b) the liability of the master, member of the crew ... shall be excluded or limited as aforesaid notwithstanding his factual fault or privity in that capacity ...

The 1958 Act was passed in order to give effect, with certain additions and amendments, to the International Convention relating to the Limitation of the Liability of Owners of Sea-

서의 과오였으며 따라서 실제 법인으로서의 회사에 귀속되지 않는다고 한다.

나는 이러한 주장을 받아들일 수 없다. Sorek Shipping의 정관은 회사의 경영권과 지배권을 이사회에 일괄적으로 부여하였다. 이사회의 일원이 아니면서 부장급의 직위에 있는 자에 의해서 비난 가능한 행위가 저질러진 경우 그가 수행하는 기능의 성격을 면밀히 따져서 그러한 기능이 권한의 부여 없이 이사의 권한 내의 것인지 알아보아야 하는 것은 사실이다. 이러한 경우 그러한 조사에 따라 그 자를 회사의 지배 주체와 의지를 구성하는 자의 집단에 추가하는 결과가 나올 수 있다. 그러나 이전에 논의한 예외적인 경우, 즉 특정 분야의 책임자가 명시적으로 이사의 권한을 박탈당하는 사례 외에 누군가를, 그가 책임이 발생한 행위를 함에 있어서 보통 이사회의 기능이 아닌 기능을 수행하였다는 이유만으로, 회사 지배권을 구성하는 집단에서 배제하게 되는 경우는 상정할 수 없다. 동일한 사람이 지배 주체와 의지의 일부가 되기도 하고 아니 되기도 하는 것은 1894년 법이나 (적어도 내가 생각하기로는) 실제 과오 또는 관여에 관한 원칙이 정립되어 있는 판례들 양자에서 근거를 찾을 수 없는 모순이다. 선주 측 주장의 핵심적 근거가 되는 판례인 The Alastor, [1981] 1 Lloyd's Rep. 581 사건에 의지하지 아니하였더라면 높은 식견을 가진 우리의 중재인이 그런 모순의 가능성을 인지하였을지 의심스럽다. 따라서 이 사건이 실제로 무엇에 관한 판결인지 살피는 것이 중요하다. The Alastor, [1981] 1 Lloyd's Rep. 581 사건에서는 1958년의 상업운송(선주 등의 책임)법 제3조에 기하여 책임제한의 주장이 제기되었는데, 동 조항의 중요한 부분은 다음과 같다:

(1) 1984년의 상업운송법 제VIII장에 의해 책임이 배제되거나 제한되는 자에는 용선자와 선박에 권익을 가지거나 선박을 소유하는 자, 그리고 특히 선박의 관리인이나 운항자가 포함된다.

(2) 어떠한 자가 선장 혹은 선원으로서 행한 작위나 부작위에 대하여 제기된 손해배상의 청구와 관련하여 …

(a) 위와 같이 책임이 배제되거나 제한되는 자에는 선장, 선원 또는 사용인이 포함된다 …

(b) 선장, 선원 … 의 책임은 그에게 선장 또는 선원으로서의 실제 과오 또는 관여가 있더라 하더라도 위와 같이 배제되거나 제한된다.

1958년 법은 1957년 원양항해선의선주의책임제한과관련된국제조약에 효력을 부여하기 위하여 그 조약에 일부를 추가하고 개정하여 통과되었다. 동 조약의 제6조를 반영하는 이 법

Going Ships, 1957. Section 2(3), which reflects art. 6 of the Convention, was intended to provide a partial solution to the problem, also addressed by art. IV bis 2 of the Schedule to the Carriage of Goods by Sea Act, 1971, which had arisen because plaintiffs who had suffered from personal injury or damage to their goods, and whose rights against the carriers had been excluded altogether or limited to an unacceptable degree by the contracts of carriage had begun to sue in tort the seamen whose acts had led to the damage. These seamen had no right under orthodox contract law to avail themselves either of the exceptions under the contract of *353 carriage, nor could they possibly be regarded as the owners of the vessel for the purpose of the limitation statutes. Naturally, the seamen themselves had no assets, but the plaintiffs hoped that the carriers would stand behind their employees rather than see them go bankrupt. (Alder v. Dickson and Another, [1954] 2 Lloyd's Rep. 267; [1955] 1 Q.B. 158 is just one reported out-cropping of this particular struggle.) Later, the device was extended so as to involve, in circumstances which it is unnecessary to elaborate, actions against more substantial parties such as time charterers, who also were unable, under the legislation as it then stood, to take advantage of the shipowners' right to limit.

It was to deal with this unsatisfactory situation that art. 6 and s. 2(3) were devised. Article 6 dealt with the special case of the master or crew member who was also owner, co-owner, or charterer etc. in perfectly plain language: and one of the things which is plain about it is that the provision had nothing to do with the position of a corporate defendant. When the Convention was translated into law for the United Kingdom it was re-formulated in a way which gave scope for the arguments deployed in The Alastor, in circumstances which may be summarized as follows.

Alastor was a motor yacht, owned by the defendant, and moored alongside a quay. In the course of leaving, the defendant at first worked the engines astern. The time came to put the engines ahead, but when the defendant moved the control lever nothing happened, and *Alastor* drove astern into another yacht. It transpired that the failure of the engines to answer to the command happened because a pin in the train of mechanisms linking the control lever to the engines had fallen out. The defendant did his own maintenance. If he had carried out a proper check when the vessel came out of lay-up not long before the accident, he would have discovered the defect.

The issue was whether the defendant was entitled to rely on the limitation of liability conferred by s. 2 of the 1958 Act. This turned on the language of section 2, and in particular

제2조 제(3)항은 1971년 해상화물운송법 부칙 제IV조 bis 2에서도 언급되고 있는, 인적 침해나 운송물에 손해를 입었으며 운송인에 대한 권리가 운송계약에 의해 수용할 수 없는 정도로 완전히 배제되거나 제한된 원고들이 그러한 손해를 발생시킨 행위를 한 항해자들을 불법행위로 고소하기 시작하면서 문제가 된 쟁점에 대한 부분적인 해결책을 제공하기 위하여 제정된 조항이었다. 이들 항해자들은 통상 계약법하에서는 운송계약에 따른 예외에 해당함을 주장할 권리가 없었으며 *353 책임제한 규정의 적용을 위하여 선박의 소유자로 간주될 수도 없었다. 당연하게도, 항해자들 자신은 자산을 가지고 있지 아니하였으나 원고들은 운송인들이 그들의 고용인이 파산하는 것을 방치하지 않고 그를 지원할 것을 희망하였다(Alder v. Dickson and Another, [1954] 2 Lloyd's Rep. 267; [1955] 1 Q.B. 158 는 이 쟁점을 다룬 사건이다). 이후 이 문제는 특정 상황에서 당시의 입법상으로는 선주의 책임제한의 권리를 향유하지 못하던 용선자 등 보다 중요한 당사자를 포함하는 것으로 확대되었다.

조약의 제6조와 위 법 제2조 제3항은 이러한 불만족스러운 상황을 해결하기 위해 고안된 것이었다. 제6조는 명확한 용어를 사용하여 선주, 공동 선주, 또는 용선자 등이기도 한 선장 또는 선원의 특별한 경우를 다루었으며 이 조항은 명백하게 공동 피고의 지위는 고려하지 않는다는 점을 명백히 하였다. 조약은 영국의 법으로 편입되면서 The Alastor 사건에서 다루어진 논쟁을 가능케 하는 방식으로 재구성되는데 그 쟁점이 문제된 동 사건의 상황은 다음과 같이 요약할 수 있다.

Alastor 호는 피고 소유의 모터 요트였고 부두에 매어져 있었다. 출항하면서 피고는 먼저 엔진을 후진으로 작동하였다. 곧 엔진을 전진으로 작동해야 했으나 피고가 조종간을 움직여도 Alastor 호는 반응을 보이지 아니하였고 결국 다른 요트에 충돌하게 되었다. 후에 엔진이 말을 듣지 않은 것은 조종간과 엔진을 연결하는 기계장치의 핀이 빠졌기 때문이었다는 것이 밝혀졌다. 피고는 요트의 보수관리를 스스로 행하였다. 만일 그가 요트가 사고가 나기 얼마 전에 레이업을 마쳤을 때 적절한 검사를 하였더라면 그러한 결함을 발견할 수 있었을 것이다.

쟁점은 피고가 1958년 법 제2조의 책임제한을 받을 수 있을 것인지의 여부였다. 이는 제2조의 문언 중 다음의 문구의 해석에 의해 좌우되는 문제였다—

… 어떠한 자가 선장 혹은 선원으로서 행한 작위나 부작위에 대하여 제기된 손해배상의 청구.

on the words —

... a claim arising from the act or omission of any person in his capacity as master or member of the crew.

Did these words afford protection to a defendant sued for his own omission and not simply as the owner of a badly-maintained boat? The Court of Appeal held that they did, for the words of the Act (and, it may be added, the words of the Convention on which it was based) required a distinction to be drawn between the acts of an individual owner in his capacity as owner and in his capacity as maintenance engineer. The Court went on to hold that the defendant's fault related to his functions as a maintenance engineer, not as an owner.

If the present action had been brought against Mr. Baker personally, we should have had to look very carefully at the 1958 Act, and at the reasoning in The Alastor. But it is not. It is the appellants who are sued, and they are sued because they were the owners of the vessel. Section 3 has nothing to do with such a case, and there is no need to enquire whether the claim arose because of a mistake made by Mr. Baker in his capacity as master or member of the crew. He was the director in charge of running the ship. He was at fault. In company with the learned Judge, I think it clear that in the circumstances these were the mistakes of the management company, and that the owners have no right to limit.

I would dismiss the appeal.

Lord Justice NICHOLLS:

I agree.

Lord Justice TAYLOR:

I also agree.

[Order: Appeal dismissed with costs.]

이 문구는 단순히 보수관리가 부적절하게 이행된 선박의 소유자로서가 아니라 그 자신의 태만 때문에 고소를 당한 피고인도 보호하는 것으로 해석해야 할 것인가? 항소법원은 동 법의 문언(그리고 덧붙이자면 이 법이 기반한 조약의 문언)이 선주로서의 선주 개인의 행위와 보수관리 기술자로서의 선주의 행위를 구분할 것을 요구하였기 때문에 보호가 된다고 보았다. 동 법원은 나아가 피고의 과오는 선주로서가 아닌 보수관리 기술자의 기능을 행함에 있어 발생한 것이라고 보았다.

만일 우리의 사건이 Baker 씨에게 개인적으로 제기된 소송이었다면 우리는 1958년 법과 The Alastor 사건의 판결이유를 매우 자세하게 살펴보아야 할 것이다. 그러나 본 사건은 그러하지 않다. 소의 상대방은 항소인이었고, 그는 선박의 소유자였기 때문에 고소를 당한 것이었다. 제3조는 이러한 사건과는 아무런 관련이 없으며 이런 경우 소송이 Baker 씨가 선장 또는 선원으로서 행한 과실에 기하여 제기된 것인지 여부는 물을 필요가 없다. 그는 선박의 운영을 담당한 이사였고, 그에게는 과오가 있었다. 높은 식견을 가진 판사와 마찬가지로 나는 이것이 이러한 상황에서는 분명히 관리회사의 과실이 되며 선주는 책임을 제한받을 수 없다고 본다.

항소를 기각한다.

NICHOLlS 판사:

동의한다.

TAYLOR 판사:

나 역시 동의한다.

[판결: 비용과 함께 항소를 기각한다.]

Margolle and Another v. Delta Maritime Co. Ltd. and Others

사실관계

모터 어선 Saint Jacques II 호는 Dover 해협의 남서 경계로 나아가면서 남서 방향의 항로를 선박 교통의 흐름을 역으로 거슬러서 항해하였는데, 이는 1972년의 국제해상충돌예방규칙 규정 10에 위반되는 '불법항해선박'의 행위양태에 해당하는 것이었다. 선박의 선장과 갑판원은 이러한 사실을 알고 있었음에도 그 당시 함께 출발지를 떠난 다른 선박들보다 먼저 어장에 도착하기 위하여 그 위반을 감수하였으며, 그들은 이전에도 몇 차례 그와 같이 항해해 왔다. 도버 해협 관제 센터에서는 일대의 선박들에게 역으로 항행하는 선박이 있음을 경고하였다. 2001년 4월 23일 04:30시경 Saint Jacques II 호는 Dover에서 북동쪽으로 13마일 부근의 영국해협에서 유조선 Gudermes 호와 충돌하였는데, 충돌 직전 약 16분간 양 선박은 서로 정면으로 진행하였다. 충돌 당시 Saint Jacques II 호의 선장은 취침 중이었고, 2년의 승선 경력을 가진 17세의 갑판원이 조타실에 있었다. 유조선 소유자는 선박과 화물에 생긴 손해의 배상을 요구하는 소송을 제기하였고, 이에 Saint Jacques II 호 소유자는 책임제한명령을 신청하였으나, 해사 등록관은 책임제한이 배제될 유력한 가능성이 있음을 이유로 이를 거부하였다. 본 사건은 이 결정에 대하여 Saint Jacques II 호 선주가 영국 여왕좌 법원 해사 재판소에 상소한 사건이다.

판결 및 쟁점

여왕좌 법원에서는 선주가 책임제한의 자격을 가지는지 여부, 즉 1995년 상업운송법이 영국 국내법으로 입법화한 해사배상청구에관한책임제한협정 제4조(선주의 책임제한에 관한 규정)의 적용 여부가 주된 쟁점이 되었다. 이 조항은 1995년 상업운송법이 폐기한 1894년 상업운송법 제503조의 '실제 과오 또는 관여'가 있는 경우 책임제한을 배제한다는 표현과는 달리, 고의 외에 '… 그러한 손해가 아마도 발생할 것이라는 점을 인식한 상태에서 무모하게 행하여진 사정'이 있는 경우 책임제한을 배제하고 있다. 법원은 먼저 이 조항이 이전과는 달리 책임제한을 '배제하려는' 쪽에 입증책임을 지우고 있다는 점을 확인한 후, 위의 법문 중에서 특히 '그러한 손해', 손해의 가능성에 대한 '인식', 그리고 '무모한 행위'의 의미 해석에 집중하였다.

먼저 법원은 협정 제4조는 '그러한(such) 손해'가 발생할 가능성에 대한 인식을 요건으로 하고 있는데 이는 단순한 '손해'와는 달리 실제로 발생한 바로 그 손해를 뜻한다고 하였다. 법원은 여기서 '그러한 손해'의 가능성이 사건에서 실제로 충돌한 선박과의 충돌의 가능성을 의미하는지, 아니면 꼭 그 선박이 아니더라도 다른 어떠한 선박과의 충돌의 가능성을 의미하는지 여부에 대해서는 판단을 유보하였다.

나아가 법원은 책임제한의 배제를 위해서는 '무모함'과 손해의 가능성에 대한 '인식' 양자를 모두 입증해야 한다고 하였다. 그러나 법원은 이 두 가지 요건은 서로 연관되어 있는 것이며 위험의 명백성의 정도에 따라 이 둘의 성립 여부는 '종종 그 운명을 같이할 것'이라고 하였다. 즉 법원은 위험이 보다 명백한 것이었을수록 무모함을 인정하고 나아가 피고가 당시 손해의 가능성을 인식하였다고 판단할 개연성이 높아진다고 하였다.

법원은 이렇듯 협정 제4조는 이전에 비해서 책임제한의 배제를 보다 엄격한 조건하에서만 인정하고 있다는 점을 밝힌 후, 그러나 본 사건에서는 항소인이 Gudermes 호와 충돌할 것을 인식할 수 있을 정도의 충분한 시간 간격이 있었으며, 그럼에도 항소인은 사고를 피하려는 어떠한 조치도 취하지 아니하였으며, 항소인이 자신이 이미 수차례 항로를 역으로 항해하곤 하였지만 그간 '별 일이 없어 왔기' 때문에 충돌 가능성을 인식하지 못하였다고 하는 것은, 무모한 항해가 반복된다고 하여 충돌의 위험이나 가능성이 감소하는 것은 아니며 오히려 증가할 수 있는 것이므로 항소인의 그러한 주장은 받아들일 수 없어, 이상과 같은 사정을 고려한다면 피항소인이 정식 재판에서 항소인의 책임제한 주장을 성공적으로 항변할 실질적인 가능성이 있으므로, 이런 경우 간이 절차를 통하여 책임제한명령을 발부하는 것은 인권및기본적자유보호에관한조약 제6조에 보장된 공정한 재판을 받을 피해자의 기본적 인권을 해할 여지가 있으므로, 해사 등록관이 항소인의 책임제한명령 신청을 거부한 것은 정당하며 본 사건은 정식 재판에 회부되어야 한다고 판시하며 항소를 기각하였다.

***203 Margolle and Another v. Delta Maritime Co. Ltd. and Others**

(the "Saint Jacques II" and "Gudermes")

[2002] EWHC 2452 (Admlty.)

Queen's Bench Division (Admiralty Court)

QBD (Adm Ct)

Nov. 11; 28, 2002
Before Justice Gross MR.

Collision — Limitation of Liability — Summary judgment — Conduct barring limitation — Collision in English Channel — Claimants commenced limitation proceedings — First defendants challenged right to limit alleging collision caused by personal act or omission of claimants committed recklessly — Whether claimants right to limit could be defeated — Whether claimants entitled to summary judgment.

The defendants' vessel *Gudermes* was on a voyage from Tallinn in Estonia to Conakry in West Africa laden with a cargo of about 26,000 tonnes of fuel oil. She was proceeding in the South West Traffic Lane of the Dover Straits Traffic Separation scheme and was at the material time steering a course of 230 deg. (T).

The claimants' vessel *Saint Jacques II* had sailed from Boulogne-Sur-Mer and was making good a course of 012 deg. on passage to the Falls Bank fishing grounds; the course of *Saint Jacques II* involved her crossing the South West Traffic lane on a heading against the flow of traffic; she was therefore navigating as a rogue vessel i.e. a vessel contravening r. 10 of the Convention on the International Regulations for Preventing Collisions at Sea, 1972 (the Collision Regulations). The first claimant, the skipper and the deckhand were aware that their track through the south-west bound Dover Strait contravened the Collision Regulations and were prepared to do this in order to arrive at the fishing grounds before other vessels which had left Boulogne, at the same time. The Channel Navigation Information Service (CNIS) warned all ships in the area via VHF Channel 16 that a vessel (later identified as *Saint Jacques II*) was contravening r. 10 of the

*203 Margolle and Another v. Delta Maritime Co. Ltd. and Others
(The "Saint Jacques II" and "Gudermes")
[2002] EWHC 2452 (Admlty.)

영국 고등법원 (해사 재판소)[1]

2002년 11월 11일 심리, 11월 28일 판결
Gross MR **판사의 심리**

피고들[2]의 선박 Gudermes 호는 26,000톤가량의 연료유를 싣고 Estonia의 Tallinn에서 서아프리카 Conakry 방향으로 항해를 하고 있었다. 그 선박은 사건 당시 Dover 해협의 항로 구분 중 남서 방향의 항로를 따라 230도 방향의 진로로 항해하던 중이었다.

원고들의 선박 Saint Jacques II 호는 Boulogne-Sur-Mer으로부터 항해하여 오고 있었고 Falls Bank 어장으로 통행하기 위하여 012도 방향의 진로로 나아가던 중이었다. 이러한 Saint Jacques II 호의 당시 진로는 남서 방향의 항로를 그 선박 교통의 흐름을 거슬러서 가로지르는 것이었다. 그 선박은 따라서 불법항해선박의 행위양태로, 즉 1972년의 국제해상충돌

1 Queen's Bench Division(Admiralty Court). 여왕좌 법원은 영국 고등법원(High Court of Justice)의 일부로, 해사 재판소 외에 상사 재판소(Commercial Court)와 행정 재판소(Administrative Court)를 포함한다.

2 본 판결문의 원고, 피고는 원심에서의 피고의 책임제한이 문제된 본 사안에서의 원고, 피고이다. 즉 본 판결문에서 '원고'는 원심에서의 피고이며 본 항소 건의 항소인이며, 본 판결문에서 '피고'는 원심에서의 원고이며 본 항소 건의 피항소인이다.

Collision Regulations.

At about 04 30 on Apr. 23, 2001 *Saint Jacques II* collided with *Gudermes* in the English Channel about 13 miles north-east of Dover.

On Apr. 26, 2001 the first defendants commenced an action claiming damages in respect of damage to their ship and to the cargo of which they had been bailees arising out of the collision and allegedly caused by the negligence and breach of duty by the claimants.

On Aug. 10, 2001 the claimants commenced this limitation claim seeking a decree limiting any liability they might have for damages arising out of the Collision under the Merchant Shipping Act, 1995 (the Act). On June 8, 2002 the claimants constituted a limitation fund of about £76,000.

The first defendant opposed the claimants' entitlement to limit their liability. The dispute as to the claimants' entitlement to limit their liability turned on art. 4 of the Convention on Limitation of liability for Maritime Claims 1976 (the Convention) which provided:

> Conduct barring limitation.
> A person shall not be entitled to limit its liability if it is proved that the loss resulted from his personal act or omission, committed with the intent to cause such loss or recklessly and with knowledge that such loss would probably result.

The claimants applied summarily for judgment and a limitation decree and sought an order that the first defendants' defence be struck out under CPR Part 3.4, alternatively summary judgment under CPR Part 24.2 on the grounds that the first defendants had no real prospect of successfully defending the claim and there was no other reason why the claim should be disposed of at trial.

Held, by Master MILLER, the Admiralty Registrar, that the claimants' application would be dismissed.

The claimants appealed.

예방규칙(이하 "충돌규칙") 규정 10을 위반하여 항해하고 있었다. 제1원고인 선장과 갑판원은 Dover 해협의 남서 경계로 나아가는 그들의 진로가 충돌규칙을 위반한다는 사실을 알고 있었음에도 그 당시 함께 Boulogne를 떠난 다른 선박들보다 먼저 어장에 도착하기 위하여 그 위반을 감수하였다. Channel Navigation Information Service(CNIS)는 VHF 16번 채널을 통하여 문제 지역의 모든 선박들에게 한 선박(후에 Saint Jacques II 호로 확인이 된)이 충돌규칙 규정 10을 위반하여 항해하고 있다고 경고한 바 있다.

2001년 4월 23일 04:30시경, Saint Jacques II 호는 Dover에서 북동쪽으로 13마일 부근의 영국해협에서 Gudermes 호와 충돌하였다. 2001년 4월 26일 제1피고는 충돌에 의하여, 나아가 원고들의 의무위반과 과실에 의하여 그들의 선박 및 수탁하고 있었던 화물에 손해가 발행하였다고 주장하며 이에 대한 배상을 요구하는 소송을 제기하였다.

2001년 8월 10일 원고들은 1995년의 상업운송법(商船法)(이하 "법")에서 규정하는 충돌에 의하여 발생했을지 모르는 손해배상책임을 제한하는 명령을 신청하였다. 2002년 6월 8일 원고들은 약 76,000파운드의 책임제한 기금을 조성하였다. 제1피고는 원고들의 책임제한에 반대하였다. 원고들이 책임제한의 자격을 가지는지 여부에 관한 논의는 아래의 1976 해사배상청구에관한책임제한협정 (이하 "협정") 제4조의 적용 여부를 주된 쟁점으로 하였다:

> 책임제한을 배제시키는 행위.
>
> 손해를 발생시킨 선박소유자 자신의[3] 작위 또는 부작위가 그러한 손해를 발생시키려는 고의로 행하여졌거나 혹은 그러한 손해가 아마도 발생할 것이라는 점을 인식한 상태에서 무모하게 행하여진 사정이 증명된 경우에는 그의 책임을 제한할 수 없다.

원고들은 판결과 책임제한 명령을 신청함과 동시에 CPR[4] 3.4[5]에 근거하여 피고들의 주장

---

3 원문에는 'personal'. 조약의 책임제한을 요청하는 주체의 '개인적인' 행위를 의미하는데, 조약 제1조에서 명시하듯이 그 주체가 선박소유자이므로 이와 같이 번역하였다. 이에 관한 보다 자세한 논의는 본 판결문 p.208 13문단 참조.

4 Civil Procedure Regulation의 약자. 민사소송법을 의미한다.

5 CPR 3.4의 (2)는 다음과 같이 규정한다:
(2) 법원은 다음의 경우에 주장에서 진술을 기각할 수 있다; (a) 주장을 펼치는데 어떠한 이익도 주지 못할 때 (b)

Held, by Q.B. (Adm. Ct.) (GROSS, J.) that

(1) having regard to the scheme of the Convention and the authorities it was plain that the first defendants needed to surmount a formidable hurdle to succeed in resisting summary judgment; and it was likely in the collision context that only truly exceptional cases would give rise to any real prospect of defeating an owners' right to limit (*see* p. 209, col. 1);

(2) this was such an exceptional case and it should go to trial (*see* p. 209, col. 2);

(3) as to the navigation of *Saint Jacques II* in the final minutes before collision (Phase 2) there was no evidence of the first claimant being in the wheelhouse in those final minutes; to the contrary the available evidence suggested that the first claimant was asleep below; and if that be right the first claimant had no personal involvement in the navigation during that period; and had the case turned on phase 2 alone; it would not have been right to refuse the claimant' s application for summary judgment; there would simply have been no evidential basis for, an allegation of any personal act or omission under art. 4 of the Convention (*see* p. 209, col. 2).

(4) as to the reckless navigation of *Saint Jacques II* across the Traffic Separation Scheme, this was a repeated practice in flagrant breach of the Collision Regulations directed personally by the first claimants for commercial reasons and for present purposes, conceded to be reckless; the first defendant had a real prospect of defeating the claimants' right to limit at trial (*see* p. 209, col. 2);

(5) on an analysis of the facts before the Court, this matter should go to trial and the claimants' appeal dismissed; there was a real prospect of the first defendants succeeding at trial in defeating the claimants' right to limit (see p. 211, col. 1).

을 기각하는 명령을 내릴 것을 신청하였고, 예비적으로는 제1피고가 원고들의 청구를 성공적으로 항변할 가능성이 없으며 그 외에도 원고들의 청구가 정식 재판에 회부되어야 할 다른 이유가 부재한다는 근거로 하여 CPR 24.2[6]에 규정된 즉결심판을 내릴 것을 요청하였다.

해사 등록관인 Master Miller는 원고들의 신청을 기각하였다.

원고들은 이에 항소하였다.

이에 본 여왕좌 법원(해사 재판소)(Gross 판사)은 다음과 같이 판결하였다.

(1) 관련 협정과 판례를 고려해 볼 때, 제1피고가 즉결심판이 내려지는 것을 피하고자 한다면 몇 가지 만만치 않은 조건을 갖추어야 한다는 점은 명백하며 또한 충돌 상황을 보건대 오직 실로 예외적인 사건들만이 선주의 책임제한을 배제시킬 실질적인 가능성을 지닌다(p.209 1문단 참조).

(2) 그런데 동 사건은 그러한 예외적인 사건이었고 따라서 정식 재판에 회부되어야 한다(p.209 2문단 참조)

(3) 충돌 전 마지막 몇 분간의 Saint Jacques II 호의 항해(2단계)[7] 당시, 제1원고가 이 마지막 몇 분 동안 조타실(操舵室)[8]에 있었다는 어떠한 증거도 없다. 오히려 제출된 증거는 제1원고가 당시 밑에서 잠들어 있었음을 보여 주고 있다. 그리고 이것이 사실이라면, 제1원고는 그 시간 동안의 항해에 대하여 개인적으로 개입한 바가 없었다고 보아야 한다. 따라서 오직 2단계만 가지고 동 사건을 판단한다면, 협정 제4조에 규정된 작위 또는 부작위의 주장을 뒷받침하는 어떠한 증거도 부재하므로 원고들의 즉결심판 신청을 받아들이는 것이 옳을 것이다(p.209 2문단 참조).

(4) 항로 구분을 가로지른 Saint Jacques II 호의 무모한 항해에 관하여, 이러한 항해는 충돌규칙을 무도하게 위반하는 것으로, 제1원고 자신에 의해 상업적 이유에서 반복적으로 자

법원의 소송절차를 넘어서는 경우이거나 사건처리를 방해할 때, (c) 법, 규칙이나 법원명령에 따르지 않은 것일 때.

6 CPR 24.2의 내용은 다음과 같이 규정한다:
법원은 다음의 경우에 원고 또는 피고의 이익에 반해서 사건 전체 또는 일부에 관해 즉결심판을 명할 수 있다; (a) 법원이 (i) 원고에게 승소할 가능성이 없거나 (ii) 피고가 승소할 가능성이 없다고 판단할 때, (b) 사건이 정식 재판에 회부되어야 할 강력한 이유가 없을 때.

7 단계 1과 단계 2에 관해서는 뒤에서 상세하게 다루고 있다.

8 배의 키를 조종하는 장치가 있는 방.

204 The following cases were referred to in the judgment:

Bowbelle, The [1990] 1 W.L.R. 1330;

Goldman v. Thai Airways Ltd., [1983] 1 W.L.R. 1186;

Leerort, The (C.A.) [2001] EWCA Civ 1055; [2001] 2 Lloyd's Rep. 291;

MSC Rosa M The [2000] 2 Lloyd's Rep. 399;

Nugent v. Goss Aviation Ltd., (C.A.) [2000] 2 Lloyd's Rep. 222;

S.S. Pharmaceutical Ltd. v. Qantas, [1991] 1 Lloyd's Rep. 288;

Z. v. United Kingdom, (Application No. 29392/95) May 5, 2001 unreported.

This was an appeal by the claimants Mr. Loic Ludovic Margolle and another from the decision of the Admiralty Registrar Master Miller dismissing their claim for summary judgment against the defendants Delta Maritime Co. Ltd. and others and holding in effect that the claim by the claimants to limit their liability in the collision action brought by the defendants should go to trial.

Representation

Mr. Nicholas Saunders (instructed by Messrs Constant & Constant) for the claimants; Mrs. Elizabeth Blackburn, Q.C. (instructed by Messrs Richards Butler) for the defendants.

The further facts are stated in the judgment of Mr. Justice Gross.

Judgment was reserved.

Thursday Nov. 28, 2002

행되어 왔으며, 지금의 논의를 위해서는 무모한 것이었다고 인정된다. 따라서 제1피고는 정식 재판에서 원고의 책임제한 주장을 성공적으로 항변할 실질적인 가능성이 있다(p.209 2문단 참조).

(5) 법원에 제시된 사실관계의 분석에 따르면, 제1피고들이 정식 재판에서 원고들의 책임제한 주장을 성공적으로 항변할 실질적인 가능성이 있었으므로, 동 사건은 정식 재판에 회부되어야 하며 원고들의 항소는 기각되어야 한다(p.211 1문단 참조).

*204 본 판결에는 다음의 판례들이 참조되었다:

Bowbelle, The [1990] 1 W.L.R. 1330;

Goldman v. Thai Airways Ltd,. [1983] 1 W.L.R. 1186

Leerort, The (C.A) [2001] EWCA Civ 1055; [2001] 2 Lloyd's Rep. 291;

MSC Rosa M The [2000] 2 Lloyd's Rep. 399;

Nugent v. Goss Aviation Ltd., (C.A.) [2000] 2 Lloyd's Rep. 222;

S.S. Pharmaceutical Ltd. v. Qantas, [1991] 1 Lloyd's Rep. 288;

Z. v. United Kingdom, (Application No. 29392/95) May 5, 2001.

본 사건은 원고들 Mr. Loic Ludovic Margolle 외 1인이 해사 등록관 Master Miller가 내린 다음 두 가지 결정, 즉 피고들 Delta Maritime Co.Ltd. 외 수인에 대한 즉결심판의 신청을 기각한 결정과 원고의 책임제한 청구가 정식 재판에 회부되어야 한다는 판결에 대하여 제기한 항소이다.

변호

원고 측 변호인 Mr. Nicholas Saunders (Messrs Constant & Constant에게 지도받음)

피고 측 변호인 Mrs. Elizabeth Blackburn, Q.C.(Messrs Richards Butler에게 지도받음)

이상의 사실관계는 Gross 판사의 판결문에 기재되어 있음.

판결은 확정되었다.

2002년 11월 28일 목요일.

JUDGMENT

Mr. Justice GROSS:

Introduction

1. At about 04 30 on Apr. 23, 2001, the claimants' motor fishing vessel, *Saint Jacques II* collided with the first defendants' vessel, the motor tanker *Gudermes* in the English Channel about 13 miles north-east of Dover ("the collision"). On Apr. 26, 2001, the first defendants commenced an action, 2001 Folio No. 465, claiming damages in respect of damage to their ship and to the cargo of which they had been bailees, arising out of the collision and allegedly caused by the negligence and/or breach of duty of the claimants, their servants or agents ("the liability action"). It would appear that the damages claimed in the liability action from the present claimants will be of the order of some U.S.$700,000. For their part, on Aug. 10, 2001, the claimants commenced this Limitation Claim, seeking a decree limiting any liability they might have for damages arising out of the collision, under the Merchant Shipping Act, 1995 ("the Act"); on June 8, 2001, the claimants constituted a Limitation Fund, in an amount of (about) £76,000.

2. The relevant law as to limitation is contained in the Convention on Limitation of Liability for Maritime Claims, 1976 ("the Convention"), as enacted in Schedule 7 to the Act. There is no doubt that the claimants and the claim come, respectively, within arts. 1 and 2 of the Convention. The first defendants, however, oppose the claimants' entitlement to limit their liability; the second and third defendants, the owners of the cargo carried on *Gudermes* have agreed to be bound by the result of the challenge thus mounted by the first defendants. The dispute as to the claimants' entitlement to limit their liability turns on art. 4 of the Convention, which provides as follows:

> Conduct barring limitation
> A person liable shall not be entitled to limit his liability if it is proved that the loss resulted from his personal act or omission, committed with the intent to cause such loss, or recklessly and with knowledge that such loss would probably result.

판결

Gross 판사:

서설

1. 2001년 4월 23일 04:30경, 원고들의 모터 어선인 Saint Jacques II 호는 유조선인 제1피고의 선박 Gudermes 호와 Dover 해협의 북동쪽 13마일 부근의 영국 해협에서 충돌했다(이하 "충돌"). 2001년 4월 26일 제1피고는 원고들과 그들의 피용자나 대행자들의 과실 혹은 의무위반에 의해 야기된 충돌에 의하여 발생한 자신의 선박과 수탁하고 있던 화물에 생긴 손해에 대해서 배상을 요구하는 2001 Folio No.465 소송을 제기하였다(이하 "손해배상소송"). 손해배상소송에서 피고들이 요구한 손해액은 대략 700,000달러이다. 2001년 8월 10일 원고들은 상업운송법(이하 "법")에 근거하여 충돌에 의하여 발생했을지도 모르는 손해배상책임을 제한하는 명령을 신청하였다. 2002년 6월 8일 원고들은 약 76,000 파운드의 책임제한 기금을 조성하였다.

2. 책임제한에 대한 관련 법조문은 법의 별표 7에서 명시되어 있듯이 1976년의 해사배상청구에관한책임제한협정(이하 "협정") 안에 있다. 원고들과 그들의 주장이 각각 협정 제1조, 제2조의 범주에 드는 것임에는 의심의 여지가 없다. 그러나 제1피고는 원고들의 책임제한 주장에 대해서 항변하였다. 이에 제2, 3피고들 즉 Gudermes 호에 선적된 화물의 소유자들은 제1피고의 이의 제기 결과에 따를 것에 동의했고, 이의 제기에 동참하였다. 원고들이 책임제한의 자격을 가지는지 여부에 관한 논의는 아래의 협정 제4조의 적용 여부를 주된 쟁점으로 하였다:

> 책임제한을 배제시키는 행위.
> 손해를 발생시킨 선박 소유자 자신의 개인적인 작위 또는 부작위가 그러한 손해를 발생시키려는 고의로 행하여졌거나 혹은 그러한 손해가 아마도 발생할 것이라는 점을 인식한 상태에서 무모하게 행하여진 사정이 증명된 경우에는 그의 책임을 제한할 수 없다.

As there is no suggestion that the collision was caused intentionally, the First Defendants' challenge to the Claimants' right to limit rests on the allegation that the collision was caused by the "personal act or omission" of the Claimants (or one of them), committed "recklessly and with knowledge that such loss would probably result".

3. By an application notice dated Jan. 2, 2002, the claimants applied summarily for judgment and a limitation decree; they sought an order that the first defendants' defence be struck out under CPR Part 3.4, alternatively, summary judgment under CPR Part 24.2; essentially, the grounds of the application are that the first defendants have no real prospect of successfully defending the claim and there is no other compelling reason why the claim should be disposed of at trial.

4. In a careful judgment given on the Feb. 26, 2002 (and reflected in an order of the same date), Master Miller, the Admiralty Registrar, dismissed the claimants' application. The upshot of the Registrar's ruling was that the claimants' limitation claim must go to trial. The claimants now appeal to this Court from that decision of the Registrar, permission having been given by Mr. Justice David Steel, on Mar. 22, 2002.

**205 The facts*

5. For the purposes of the present application and appeal, the facts may be shortly summarized. Before doing so, I record that I allowed an application by the claimants, that they be permitted to adduce fresh evidence on the hearing of the appeal, namely the report of the Marine Accident Investigation Branch ("the MAIB") into the collision, dated February, 2002 ("the report"). In short, the claimants submitted that the report contained admissible evidence which demonstrated that in one respect (to which I shall come) the Registrar had proceeded on a mistaken factual foundation; the final version of the report had not been published until after the hearing before the Registrar. The first defendants opposed this application, in essence, on the ground that the underlying evidence had been available prior to the hearing before the Registrar and the claimants had taken their stand on proceeding and seeking summary judgment without such evidence. I have some sympathy for the First Defendants' stance; however, as it seemed to me, it would be most undesirable for this matter possibly to go to trial on an allegedly mistaken factual basis. In all the circumstances, taking into account the overriding objective and the matters discussed in Civil Procedure, Vol. 1, Autumn 2002, at pars. 52.11.6-7, it seemed to me appropriate and just to permit the claimants to adduce the Report in evidence on the hearing of this appeal. Such prejudice as the first defendants have sustained (if any) can be addressed

충돌이 고의로 야기되었다는 주장은 제기된 바가 없으므로, 제1피고들이 원고들의 책임제한 자격을 부인하기 위해서는 충돌이 원고들(혹은 그중 하나)의 "손해가 아마도 발생할 것이라는 점을 인식한 상태에서 무모하게 행하여진" "선주 자신의 작위 또는 부작위"가 있었음을 보여야 한다.

3. 원고들은 2002년 1월 2일자 신청 통지에 의하여 판결과 책임제한 명령을 신청하였다. 나아가 그들은 CPR 3.4에 근거하여 피고들의 주장을 기각하는 명령을 내릴 것을 신청하였고, 예비적으로는 제1피고가 원고의 청구를 성공적으로 항변할 가능성이 없으며 그 외에도 원고의 청구가 정식 재판에 회부되어야 할 여타 설득력 있는 이유가 부재한다는 것을 근거로 하여 CPR 24.2에 규정된 즉결심판을 내릴 것을 요청하였다.

4. 2002년 2월 26일 내려진 판결에서, 해사 등록관 Master Miller는 원고들의 신청을 기각하였다. 이 판정의 결론은 원고들의 책임제한 청구는 정식 재판에 회부되어야 한다는 것이었다. 원고들은 이에 등록관의 위 결정에 대하여, 2002년 3월 22일 David Steel 판사의 허가를 받아 동 법원에 항소를 제기하였다.

*205 사실관계

5. 제기된 신청과 항소의 판단을 위하여 사실관계를 간단히 요약하도록 한다. 이에 앞서, 본 법원은 원고들이 본 항소 건의 심리에 새로운 증거, 즉 충돌에 대하여 해난사고수사대(이하 "MAIB")의 2002년 2월 보고서(이하 "보고서")를 인용하게 해 달라는 요청을 받아들였음을 기록해 두도록 한다. 원고는 이 보고서에 해사 등록관이 특정 부분에 관해(이 부분에 관해서는 후에 언급하도록 한다) 잘못된 사실관계에 기초하여 판결을 내렸다는 것을 증명할 수 있는 증거가 포함되어 있는데 이 보고서의 최종판은 해사 등록관이 사건을 심리한 후에 비로소 작성되었으므로 이 증거는 인용 가능하다고 주장하였다. 이에 대해 제1피고는 위 증거의 기초적인 부분은 해사 등록관의 심리에 앞서 이미 제출이 가능하였는데도 원고는 그러한 증거를 제출함이 없이 즉결심판을 요구하였을 뿐이라는 점을 들어 위 신청을 반대하였다. 나도 제1피고들의 주장에 대해서 어느 정도 공감하는 바이다. 그렇지만, 이 사건을 잘못된 사실관계에 기초한 상태로 정식 재판에 회부하는 것은 매우 바람직하지 않은 것 같다. 모든 정황에 비추어, 재판의 우선적인 목표와 *Civil Procedure*(민사소송법) 1권, 2002년 가을호의 52.11.6-7문단에서 논의되는 문제들을 고려해 본다면, 원고로 하여금 이 항소법원의 심리에

when costs come to be considered.

6. Reverting to the facts (including those contained in the Report), it appears that *Gudermes* was on a voyage from Tallinn in Estonia, to Conakry in West Africa, laden with a cargo of some 26,000 tonnes of fuel oil. She was proceeding in the South West Traffic Lane of the Dover Straits Traffic Separation Scheme and was, at the material time, steering a course of 230 deg. (T). *Saint Jacques II* had sailed from Boulogne-Sur-Mer and was making good a course of 012 deg. on passage to the Falls Bank fishing grounds; the course of *The Saint Jacques II* involved her crossing the South West Traffic Lane on a heading against the flow of traffic, she was, therefore, navigating as a "rogue" vessel, ie., a vessel contravening r. 10 of the Convention on the International Regulations for Preventing Collisions at Sea 1972 as amended ("the Collision Regulations"). Though motoring analogies must be approached with care, the navigation of the *Saint Jacques II* in the busy waters of the Channel, represents the nautical equivalent of a motorist proceeding the wrong way along a motorway.

7. As to the collision, suffice to say, for present purposes, that it occurred after the two vessels had been on a steady bearing relative to each other for about 16 minutes. The Channel Navigation Infor- mation Service ("CNIS") had warned all ships in the area via VHF Channel 16 radio broadcasts that a vessel (later identified as the *Saint Jacques II*) was contravening r. 10 of the Collision Regulations.

8. It has already been noted that the claimants are the owners of the *Saint Jacques II*. The first claimant was, in addition, her skipper. He was on board on the night in question. It was the first claimant who determined the course to be steered by the *Saint Jacques II* after she left Boulogne-Sur-Mer. Some time after the departure, the first claimant apparently left the wheelhouse and went below. By this time, with one exception, the remaining crew were resting in their quarters. The single exception, left alone in the wheelhouse, was a 17-year old deckhand. He was not qualified as a skipper but held some certification and had been working on board for some two years; he had been keeping watches alone in the wheelhouse for about the previous six months. He did not speak English. It is said by the first claimant that he had instructed the deckhand verbally to follow the track on the video plotter and to call him if any radar echoes entered within the VRM (which had been set to one mile) or were likely to pose a problem; the first claimant had previously made all watchkeeping crew aware of the need to call him if they were in the slightest doubt. The first claimant had gone to sleep; he had not been in the wheelhouse at the time of the collision; he was then below and was awoken by the collision.

9. As to route selection, the report says this:

The skipper and deckhand on *Saint Jaques II* were aware that their track through the south-west bound lane of the Dover Strait TSS contravened the Collision Regulations. The skipper,

위 보고서를 인용할 수 있도록 허용하는 것이 적절하며 정당하다고 판단된다. 이에 의해 제1 피고가 겪게 된 불이익이 있다면 비용을 산정할 때 고려하여 보전할 수 있을 것이다.

6. 사실관계 (위 보고서에 의한 사실관계를 포함하여)로 돌아가 살펴보면, Gudermes 호는 26,000톤가량의 연료유를 싣고 Estonia의 Tallinn에서 서아프리카 Conakry 방향으로 항해를 하고 있었다. 그 선박은 사건 당시 Dover 해협의 항로 구분 중 남서 방향의 항로를 따라 230도 방향의 진로로 항해하던 중이었다. Saint Jacques II 호는 Boulogne-Sur-Mer으로부터 항해하여 오고 있었고 Falls Bank 어장으로 통행하기 위하여 012도 방향의 진로로 나아가던 중이었다. 이러한 Saint Jacques II 호의 당시 진로는 남서 방향의 항로를 그 선박 교통의 흐름을 거슬러서 가로지르는 것이었다. 그 선박은 따라서 불법항해선박의 행위양태로, 즉 1972년의 국제해상충돌예방규칙(이하 "충돌규칙") 규정 10을 위반하여 항해하고 있었다. 다음과 같은 유추는 신중하게 사용되어야 하겠지만, Saint Jacques II 호가 왕래가 빈번한 해협에서 이와 같은 항해를 한 것은 고속도로를 역주행한 운전자의 운전과 다를 바가 없다.

7. 충돌에 관하여서, 그 충돌은 두 선박이 약 16분간 꾸준히 서로의 상대방위(相對方位)에 있은 후에 발생했다고 볼 수 있다. Channel Navigation Information Service (이하 "CNIS")는 VHF 16번 채널을 통하여 문제 지역의 모든 선박들에게 한 선박(후에 Saint Jacques II 호로 확인이 된)이 충돌규칙 규정 10을 위반하여 항해하고 있다고 경고한 바 있다.

8. 원고들이 Saint Jacques II 호의 소유자임은 이미 확인되었다. 게다가 제1원고는 그 선박의 선장이다. 그는 사건이 발생한 날 밤 그 배에 있었다. Boulogne-Sur-Mer를 떠난 후 Saint Jacques II 호의 진로를 바꾸기로 결정한 사람은 바로 제1원고였다. 출발하고 얼마 후, 제1원고는 조타실을 떠나 밑으로 내려갔다. 당시 남아 있던 선원들은 한 명을 제외하고 모두 그들의 숙소에서 휴식을 취하고 있었다. 조타실에 남겨진 유일한 자는 17살의 갑판원이었다. 그는 선장으로서의 자격은 없었지만 몇 개의 자격증을 가지고 있었고, 약 2년 동안 선상에서 일해 왔으며 사건 전 약 6개월간 조타실에서 홀로 파수(把守)를 해 온 자였다. 그는 영어를 할 줄 몰랐다. 제1원고는 그 갑판원에게 구두로, 플로터의 화면에 주의를 기울이고 그리고 1마일로 설정된 VRM 내에 어떤 레이더 신호가 잡히거나 여타 문제가 생길 것 같으면 그를 호출하라고 지시하였다고 증언하였다. 나아가 제1원고는 이전에 모든 당직 선원들에게 아주 작은 의심이라도 있으면 그를 호출해야 한다고 알려 두었다. 제1원고는 잠을 자러 갔었고 그는 충돌 당시 조타실에 있지 않았으며 배의 밑에 있다가 충돌에 의해서 비로소 잠에서 깨어났다.

9. 보고서는 항로 결정에 대하여 아래와 같이 밝히고 있다:

however, was prepared to do this in order to arrive at the fishing grounds before other vessels which had left Boulogne at about the same time.

On the evidence available to me, it had been the practice of the *Saint Jacques II* to navigate in this fashion; the first defendants have pleaded five specific previous instances of such "rogue" navigation, supported by underlying rogue ship reports, produced by the Dover Maritime Rescue and Co-ordination Centre which had tracked the *Saint Jacques II* on those occasions.

10. In summary, on the facts on which I must proceed:

(1) *Saint Jacques II* was navigating as a "rogue" vessel in flagrant breach of the Collision Regulations;

(2) she was doing so with the first claimant on board;

(3) it was the first claimant who had set her course for the purpose of reaching the fishing grounds before his competition;

(4) it had been the practice of the *Saint Jacques II* to navigate in this fashion.

**206* 11. Against this background, the claimants' concession (as recorded in their skeleton argument), for the purpose of their application for summary judgment and this appeal, that "The First Claimant navigated across the TSS in breach of Rule 10 and was reckless in doing so", was inevitable.

The judgment of the Registrar

12. The Registrar began by reviewing the cases of the parties and summarising the witness statements from each party's solicitor, noting that the claimants (then) did not intend to rely on any witness statements from anyone involved in the incident and asserted that they had no disclosure to give. He considered the law on the Convention and directed himself as to the relevant test under CPR Part 24. The Registrar concluded that the claimants were not entitled to summary judgment; essentially, this conclusion was based on the navigation of the *Saint Jacques II* in the final minutes before the collision, as appears from the following passages in the Registrar's judgment:

Saint Jacques II 호의 선장과 갑판원은 Dover 해협 TSS[9]의 남서경계를 가로지르는 그들의 항해가 충돌규칙에 위반됨을 알고 있었다. 그러나 선장은 그 당시 함께 Boulogne를 떠난 다른 선박들보다 먼저 어장에 도착하기 위하여 그 위반을 감수하였다.

제시된 증거를 토대로 보건대, 이러한 방법으로 항해를 하는 것은 Saint Jacques II 호의 관례였다. 즉 제1피고는, Saint Jacques II 호가 그와 같이 "불법" 항해를 하였던 다섯 번의 전례를 제시하였는데 이는 그 각각의 행해 당시 Saint Jacques II 호를 감시하였던 Dover Maritime Rescue와 Co-ordination Centre가 제공한 보고서에 의해 뒷받침되었다.

10. 본 판결의 기초가 되는 사실관계는 따라서 다음과 같이 요약할 수 있다:

(1) Saint Jacques II 호는 충돌규칙을 명백히 위반하는 불법항해를 하였다.

(2) 그러한 항해는 제1원고가 선상에 있을 때 행하여진 것이었다.

(3) 다른 경쟁 선박들보다 먼저 어장에 도착하기 위하여 그 선박의 진로를 바꾼 것은 제1원고이다.

(4) 이러한 식의 항해는 Saint Jacques II 호의 관례였다.

*206 11. 이러한 배경에 비추어, 원고들의 입장에서 그들이 즉결심판을 신청하고 나아가 본 항소를 제기하기 위해서는 "제1원고는 규정10에 위반해서 TSS를 가로질러 항해하였으며 그 항해는 무모한 것이었다"는 사실을 인정(그들의 핵심 논지에 드러난 것처럼)하는 것이 불가피하였다.

등록관의 판결

12. 등록관은 당사자들의 주장들을 검토하고 각 측 증인의 진술을 요약하는 것으로 심리를 시작하였고, 특히 원고들이 사고와 관련된 어느 누구의 진술에도 의존하고자 하지 않았고 더 이상 밝혀질 사실이 없다고 단언한 점에 주목하였다. 그는 협정을 고려하여 CPR 24하에 규정된 요건들을 검토하여 보았고 결국 즉결심판을 내릴 수 없다고 결론을 내렸다. 이러한 결론은 충돌 전의 몇 분간의 Saint Jacques II 호의 항해 양태에 기초하여 내려진 것이다. 이는 아래 제시된 그의 판결문의 내용에서 드러난다:

9 Traffic Separation scheme. 항로 구분을 의미.

> 44. … in this case it seems to me that the immediacy of the Owners of the fishing vessel in terms of the activity complained of arguably presents quite a different picture to that which was dealt with in the "LEERORT" [I interpose, a decision of the Court of Appeal to which I shall come] and … it is arguable that their [i.e., the Owners'] knowledge was sufficiently polarised to satisfy the test in the "LEERORT" … for the moment … it is perfectly arguable that their conduct took place over a period of time when it is certainly possible, that they formed, they became aware and appreciated that they were going to collide with the very vessel that they collided with, and that they were reckless in carrying on without taking any, arguably any, avoiding action.
>
> 46. Furthermore, it is arguable that where somebody inserts himself or his vessel into the path not only of one vessel but of three vessels and carries on regardless, we cannot ignore in this case that there were two vessels overtaking, or overhauling … the "GUDERMES", that that is the type of conduct which the drafters of the convention had in mind. It is not the possibility of some damage happening somewhere at some time to somebody but it is very close to being specifically polarised towards the very damage which did occur.

13. Having arrived at this conclusion it was unnecessary for the Registrar to consider any other arguments deployed by the first defendants in seeking to "break" the claimants' limit. I should add that on the material available to the registrar his focus on the final minutes before the collision was understandable; first, because in the light of the Preliminary Act of *Saint Jacques II*, there would appear to have been a definite period in which collision with the specific ship the *Gudermes* was increasingly likely; secondly, because there was in the evidence (from the first defendants' solicitor) a passage carrying at least the suggestion that the first claimant had been on the bridge at the time.

The rival cases on the appeal

14. For the claimants, Mr. Saunders advanced the following submissions:

(1) The matter could be analysed in two phases: First, the first claimant's (admitted) recklessness in navigating across the Traffic Separation Scheme in breach of r. 10 of the Collision Regulations ("Phase 1"). Secondly, the navigation of the *Saint Jacques II* in the final minutes before the collision ("Phase 2").

(2) Taking Phase 2 first, the Registrar had been wrong to assume that the first claimant had

44 … 이 사건에서 문제가 된 행위에 관여하는 어선 소유자의 직접성은 Leerort[후에 다룰 항소심 법원의 관련 판결][10]판결에서의 그것과는 다르며, 또한 … 선박 소유자의 인식 수준이 Leerort 판결에서 정립된 기준을 만족시키기에 충분한 것이었다고 볼 수 있다. … 사건은 그들이 충돌한 바로 그 배와 충돌할 것이라는 점을 인식할 수 있을 정도의 충분한 시간 간격을 두고 발생하였으며, 그럼에도 그들은 사고를 피하려는 어떠한 조치도 취하지 아니하였다는 점에서 무모하게 행위하였다고 판단할 수 있다.

46. 나아가, 누군가 한 척의 선박이 아니라 무려 세 척의 선박의 경로에 끼어들기를 하는 경우 Gudermes 호를 뒤따라가게 되는 선박이 두 대가 더 있음을 무시할 수 없다. 이런 경우가 바로 협정의 입법자가 염두에 둔 행위의 유형이다. 이것은 언제 어디선가 누구에게 손해가 발생할 수 있는 가능성이 아니라 실제 발생한 바로 그 손해를 향하여 구체적으로 수렴하고 있는 것에 가깝다.

13. 이와 같은 결론에 도달한 이상 등록관은 원고의 책임제한을 배제하기 위하여 제1피고가 제기한 다른 논의는 고려할 필요가 없었다. 덧붙이자면, 등록관에게 제공된 자료를 토대로 하면 그가 충돌 전의 마지막 몇 분 동안의 상황에 주목한 것은 수긍이 가는 판단이라고 생각된다. 첫째로, Saint Jacques II 호의 충돌에 앞선 행위에 비추어 볼 때, 당해 Gudermes 호와의 충돌의 가능성이 매우 높다고 판단할 수 있었던 시기가 분명히 있었기 때문이다. 둘째로, 제1피고의 대리인이 제출한 증거가 적어도 제1원고는 사건 당시에 브리지[11]에 있었다는 사실을 드러내고 있었기 때문이다.

항소심에서의 반대주장

14. 원고를 대변해서 Mr. Saunders는 다음과 같이 주장하였다:

(1) 사건은 두 가지 단계로 나누어 분석될 수 있다. 첫째 단계는, 제1원고가 충돌규칙 규정 10에 위반하여 항로 구분을 가로지른(원고도 인정한 바 있는) 무모함("단계 1")이다. 둘째는,

10 이는 본 판결을 내린 Gross 판사가 삽입한 내용이다.

11 상갑판의 선장·함장 지휘소.

been on the bridge. Properly analysed, there was no material justifying that assumption. In any event, the only evidence now before the Court in that regard was the report (of the MAIB); the Report made it clear that the first claimant was below asleep at the time. In these circumstances, whatever the faults of the navigation of the *Saint Jacques II* in the final minutes before the collision, there was no material on which to base a conclusion of "personal act or omission" on the part of the claimants in relation thereto. Absent such personal act or omission, the first defendants had no real prospect of succeeding (on this point) at trial.

(3) As to Phase 1, namely the reckless navigation across the TSS, Mr. Saunders (for present purposes) admitted and averred the (alleged) practice of *Saint Jacques II* of navigating in this fashion. Mr. Saunders underlined that the Court was not concerned with the merits or morals of such navigation. His argument was instead that as a matter of logic, the more times the first claimant had navigated in this way, the less there was any or any real prospect of inferring that he had actual knowledge when he set the course on Apr. 23, 2001 that a collision with the "*Gudermes*" or some other vessel would probably result. He had "got away with it" in the past, relying on the "system" of being called by the watchkeeping crew if they were in any doubt.

(4) It could and should not be assumed that the claimants would call any witnesses at any trial. As to inferences which could permissibly be drawn, these were limited; the Convention placed the burden of proof squarely on the first defendants seeking to "break" the limit.

***207** (5) Overall, it was to be remembered that in every case of limitation, it was to be assumed that there was a prior liability arising by reason of the fault of the party seeking to limit. The Convention deliberately imposed a heavy burden on a party challenging another's right to limit. The Court should not be led astray by suggestions of "hard cases". Justice in this area was best achieved by the consistent application of known rules.

(6) The Registrar's decision was wrong and could not stand; the claimants were entitled to summary judgment.I shall in due course have to consider whether Mr. Saunders' submissions were well-founded; I pause here to remark that they gained in force because of their frankness and realism in disclaiming any reliance on "merits and morals".

15. For the first defendants, Mrs. Blackburn, Q.C. (relying in part on a respondents' notice) submitted quite simply that this was an exceptional case which should go to trial. The first defendants had a real prospect of success on both "phases" (as I have termed them) of the matter. In any event, given that this was, Mrs. Blackburn said, the first collision case in this country where limitation was capable of seriously being challenged, there was a "compelling reason" within CPR Part 24 for the case to go to trial. If the first claimant came to give evidence, he would be cross-examined; there was a real prospect that the outcome of that cross-examination would be such that the first defendants would succeed. If the claimants called

충돌 전 몇 분간의 Saint Jacques II 호의 항해("단계 2")이다.

(2) 먼저 단계 2에 관해서, 제1원고가 브리지에 있었다고 추정한 등록관의 판단은 옳지 않다. 정확하게 분석하자면 이러한 추정을 뒷받침하는 증거가 없다. 이에 관하여 법원에 제출된 유일한 증거는 MAIB보고서인데, 이 보고서는 제1원고가 사고가 있었던 시간에 갑판 아래에서 자고 있었다는 것을 분명히 하고 있다. 이러한 상황에서는 충돌 몇 분 전에 Saint Jacques II 호의 항해에 어떤 문제가 있었는지를 불문하고 거기에 원고들의 '선주 자신의 작위 또는 부작위'가 개입되어 있었다고 결론 내릴 근거가 없다. 선주 자신의 작위 또는 부작위가 부재한다면 제1피고는 (이 점에 관하여) 재판에서 승소할 공산이 없다.

(3) 단계 1에 관해서, 즉 TSS를 가로질러 항해한 무모함에 관해서, Saunders 씨는 Saint Jacques II 호의 이러한 항해 관례를 인정하였다. Mr. Saunders는 이러한 항해의 옳고 그름이나 윤리적 정당성 등은 고려 대상이 아니라고 강조했다. 그의 주장은, 논리적으로 제1원고가 이러한 방식으로 항해한 경험이 많을수록 그가 2001년 4월 23일에 항로를 정했을 때 'Gudermes' 호 혹은 다른 배들과의 충돌 가능성을 실제로 인식하였을 것이라고 볼 여지는 보다 줄어든다는 것이었다. 제1원고는 당직 선원이 문제가 생겼을 때 자신을 호출한다는 이제까지의 '시스템'에 의지하여 별 사고 없이 그런 식의 항해를 계속해 왔던 것이다.

(4) 모든 재판에서 원고들이 모든 종류의 입증책임을 진다고 추정할 수 없으며 해서도 안 된다. 일반적으로 추론이 가능한 사항에 대해서는 그러하지 않기 때문이다. 협정은 책임제한을 배제하고자 하는 제1피고에게 그 입증책임을 지우고 있다.

*207 (5) 일반적으로, 책임제한 사건들은 그에 앞서 책임을 제한하고자 하는 쪽의 잘못에 기한 책임이 전제되어 있다. 협정은 이에 의도적으로, 책임제한을 배제하려는 쪽에 이런 정도의 일반적 책임을 넘어서는 바를 입증할 책임을 지우고 있다. 법원은 사건이 매우 이례적인 것[12]이라는 이유로 달리 판단하여서는 안 된다. 이 영역에서의 정의는 기존의 법리를 변함없이 적용하는 것을 통해 성취될 수 있다.

(6) 등록관의 결정은 잘못되었고 유효하지 않다. 원고들은 즉결심판을 받을 자격이 있었다.

12 "hard cases make bad law"라는 표현에서 따온 말이다. 이는 사건이 매우 이례적인 것이거나 특히 사회적 약자가 피해자인 경우 입법자, 판사, 배심원이 그 사건에 대한 법적 대처를 함에 있어 종종 논리적으로 접근하지 못한다는 의미이다. 책임제한배제의 논의는 이미 한 번 책임이 전제되어 있는 사건에서 그 제한을 넘어서는 책임을 지울 것인지의 문제이므로 사건이 이례적인 것이라는 이유만으로 제한을 배제하는 것은 논리적이지 못하다는 의미이다.

no evidence, the Court would be entitled to draw permissible inferences such that the first defendants would again stand a real prospect of success; in this regard, Mrs. Blackburn helpfully referred to the Australian decision SS Pharmaceutical Ltd. v. Qantas, [1991] 1 Lloyd's Rep. 288 (to which I shall return). Finally, Mrs. Blackburn submitted that a decision to strike out the first defendants' defence or that the claimants were entitled to summary judgment would be a breach of the Human Rights Act, 1998, as such an order would deprive the first defendants of their right to a fair hearing under art. 6 of the Convention for the Protection of Human Rights and Fundamental Freedom ("the Convention on Human Rights"); on the facts of this case, such a decision would render the (Limitation) Convention meaningless and effectively involved conferring an immunity on shipowners in collision cases.

The law on limitation under the Convention

16. For present purposes, the legal framework may be summarized as follows:

(1) For reasons of policy, the right of shipowners and certain others to limit their liability is long- established in English Law and is now (as already remarked) contained in the Convention. Three features stand out when the Convention is compared with its predecessor Convention, the International Convention relating to the Limitation of the Liability of Owners of Seagoing Ships ("the 1957 Convention"); the Convention provides: (i) for a higher limit of liability; (ii) that the burden of proof now rests on the party seeking to "break" the limit; (iii) that that burden is (intentionally) a very heavy burden Mr. Justice Sheen's observations in The Bowbelle,

나는 적법한 절차에 따라 Mr. Saunders의 주장이 충분한 근거를 가지는지 판단할 것이다. 여기서 잠시 Mr. Saunders의 주장들이 솔직하고도 현실적으로 "옳고 그름이나 윤리적 정당성"을 고려하지 말 것을 촉구하고 있다는 점에서 어느 정도 설득력이 있음을 밝혀 두고자 한다.

15. 제1피고의 변호인 Mrs. Blackbum, Q.C.는 (피고의 답변서에 어느 정도 의지하여) 본 사건이 정식 재판으로 회부되어야 할 예외적인 것이라고 간략하게 주장하였다. 즉 제1피고는 이 문제에 대한 (앞에서 정의했듯이) 두 "단계들"에 관하여 실제로 승소할 가능성을 가지고 있었다고 한다. 그녀는 여하튼 이 사건이 이 나라에서 책임제한에 대한 배제의 가능성이 실제로 존재하는 첫 충돌 사건이라는 것을 고려했을 때, CPR 24편에 규정된 바와 같이 정식 재판에 회부되어야 할 "강력한 이유"가 있다고 하였다. 즉, 만약 제1원고가 증거를 제시한다면 그는 반대심문을 당할 것이며 반대심문의 결과로 인해 제1피고가 승소할 실질적 가능성이 있다. 또한 만약 원고들이 아무런 증거를 제시하지 않는다면, 법원은 역시 제1피고에 실질적인 승소 가능성이 있다고 판단할 수 있다. 이에 관해 Mrs. Blackburn은 (후에 다루게 되는) 오스트레일리아 판결인 'SS Pharmaceutical Ltd. v. Qantas, [1991] 1 Lloyd's Rep. 288'을 적절하게 인용하였다. 마지막으로, Mrs. Blackburn은 제1피고의 항변을 무시하거나 원고들에 즉결심판을 내리는 결정은 '인권및기본적자유보호에관한조약'(이하 "인권조약") 6조에서 보장하는 제1피고의 공정한 심리를 받을 권리를 박탈하는 것으로, 인권법(1998)에 대한 위반이라고 주장했다. 즉 그녀는 본 사건에서 그런 결정을 내리는 것은 (책임제한) 협정을 의미 없게 만드는 처사이며 선주에게 충돌 사건시의 면책권을 수여하게 되는 것이라고 주장하였다.

협정상의 책임제한

16. 현 논의의 목적을 위해서, 이 사안의 법률적 구조는 다음과 같이 요약될 수 있다:

(1) 선주 및 그 밖의 특정인들이 책임을 제한받을 수 있는 권리는 오래전부터 영국법에 제정되어 왔으며 현재는 (이미 언급했듯이) 협정에 포함되어 있다. 현재 협정은 그 전 협정인 '원양항해선의선주의책임제한과관련된국제협정'(이하 "1957년 협정")과 비교했을 때 세 가지의 특징을 드러낸다. 즉 현재의 협정은: (i) 책임제한을 보다 높은 수위에서 인정하고 (ii) 책임제한을 "배제하려는" 쪽에 입증책임을 지우며 (iii) 증명의 부담을 (의도적으로) 매우 높은 수준으로 규정한다. 협정이 선주에게 거의 "절대적인 책임제한의 권리"를 부여한다

[1990] 1 W.L.R. 1330, that the Convention conferred on the shipowner an "almost indisputable right to limit", were cited with approval in The MSC Rosa M, [2000] 2 Lloyd's Rep. 399, esp. at pars 11 and following and in The Leerort, [2001] EWCA Civ. 1055; [2001] 2 Lloyd's Rep. 291, especially at pars. 9 and following.

(2) A glance at art. 4 of the Convention suffices to indicate just how heavy is the burden resting on the party challenging the shipowner's right to limit. As Mr. Justice David Steel expressed it in The "MSC Rosa M"(sup.), at par. 14; "… absent, as in the present case, any allegation of intent, the person challenging the right to limit must establish both reckless conduct *and* knowledge that the relevant loss would probably result."

(3) The nature of these two requirements (recklessness and knowledge) and the relationship between them appear from two authorities on the Warsaw Convention (as amended) governing the carriage of goods and persons by air ("the Warsaw Convention"). As to conduct being reckless, Lord Justice Eveleigh said this, in Goldman v. Thai Airways Ltd., [1983] 1 W.L.R. 1186, at p. 1194:

When conduct is stigmatised as reckless, it is because it engenders the risk of undesirable consequences. When a person acts recklessly, he acts in a manner which indicates a decision to run the risk or a mental attitude of indifference to its existence. That is the ordinary meaning of the word … One cannot therefore decide whether or not an act or omission is done recklessly without considering the nature of the risk involved …

InNugent v. Goss Aviation, [2000] 2 Lloyd's Rep. 222, Lord Justice Auld, spoke (at p. 227) of recklessness as involving:

… an obvious risk of damage and failure to give any thought to the possibility of it or recognition of the risk and going on to take it …

It is plain that "knowledge" here means *actual* not *constructive* knowledge. Again, in Nugent, Lord Justice Auld, said (at p. 229):

… the additional ingredient is actual knowledge, in the sense of appreciation or awareness **208* at the time of the conduct in question, that it will probably result in the type of damage caused. Nothing less will do.

Plainly, the two requirements of recklessness and knowledge are separate and cumulative; a challenge to the right to limit will fail if (for instance) only recklessness but not knowledge is established. However and still further in Nugent, Lord Justice Auld, said this (at p. 227):

… Adding a further ingredient … of knowledge of the probability of damage may or may not, depending on the obviousness of the risk, add much to the task of inferring that a carrier recognised the risk and went on to take it. The greater the obviousness of the risk the more likely the tribunal is to infer recklessness and that the defendant, in so doing, knew that he would

는 The Bowbelle, [1990] 1 W.L.R. 1330 판결에서의 Sheen 판사의 의견은 The MSC Rosa M, [2000] 2 Lloyd's Rep. 399 판결에서 특히 11번째 문단 이하에서 인용되었고, 이어 The Leerort, [2001] EWCA Civ. 1055;[2001] 2 Lloyd's Rep. 291 판결 특히 9번째 문단 이하에서 인용되었다.

(2) 관련 협정 4조를 보는 것만으로도 선주책임제한에 대항하는 측의 입증책임부담이 얼마나 큰지를 지적하기에 충분하다. David Steel 판사가 The "MSC Rosa M"(sup.) 14째 문단에서 표현한 것과 같이, "… 현 사건에서와 같이 고의의 주장이 없을 때, 책임제한을 배제하고자 하는 상대 측은 무모한 행위와 이로 인해 사건의 손해가 발생할 가능성에 대한 인식이 있었다는 것 양자를 모두 입증해야 한다."

(3) 이 두 요건들(무모함과 인식)의 본질과 그들 사이의 관계는 비행을 통한 사람과 화물의 수송을 규율하는 (개정된) 바르샤바 조약에 대한 두 판례들로부터 나타난다. 어떤 행동이 무모한가에 대해서는, Eveleigh 판사가 Goldman v. Thai Airways Ltd., [1983] 1 W.L.R. 1186, at p. 1194 판결에서 다음과 같이 말했다:

어떤 행위를 무모하다고 판단한다면, 이는 그 행동이 원치 않는 결과를 야기할 위험을 발생시키기 때문이다. 어떤 사람이 위험을 감수하기로 결정한다거나 그 위험의 존재를 심정적으로 무시한 채로 행위했을 때 그 사람이 무모하게 행동했다고 볼 수 있다. 그것이 '무모하다'는 단어의 통상적 의미이다 … 따라서 어떤 작위나 부작위가 무모한지 아닌지를 판단하려면 그것에 수반된 위험성의 성격을 고려해야 한다 …

Nugent v. Goss Aviation, [2000] 2 Lloyd's Rep. 222 판결(p.227)에서 Lord Justice Auld 판사는 무모함에 대해 다음과 같이 말했다:

… 무모함이란 손해에 대한 명백한 위험이 있으나 그 가능성을 미처 고려하지 못하는 것 또는 위험을 인식했으나 그것을 감수하는 것을 의미한다 …

여기서 필요한 '인식'은 사실상의 인식을 뜻하지 의제인식을 의미하지 않는 것은 분명하다. 같은 판결(p.229) 에서 Auld 판사는 다시 다음과 같이 말했다:

… 또 다른 요건은 행위 당시 실제로 일어난 손해가 발생할 것이라는 *208 점에 대한 인지 혹은 자각, 즉 사실상의 인식이다. 이에 미치지 못한 것은 무모함이라고 할 수 없다.

무모함의 두 요건과 '인식'은 분명 분리되어 있고 누적적인 것이다. 가령 무모함만 있고 인식은 없을 경우 선주의 책임제한은 배제되지 않을 것이다. 그러나 Auld 판사는 나아가 이렇게 말한다(p.227);

probably cause damage. As a matter of proof the two will often stand or fall together ... As so often, practical considerations of what a tribunal is prepared to infer as to a defendant's state of mind may be more determinative than fine matters of principle of what one legal concept adds to another ...

(4) Valuable as are these authorities on the Warsaw Convention as to the meaning of "recklessly" and "knowledge" in the present context, matters do not end with them. The test under the Convention for defeating the right to limit is still higher than that found in the Warsaw Convention, in respect of both the act or omission in question and the relevant knowledge; so:

(i) under the Convention, the act or omission in question must be the "personal" act or omission of the party seeking to limit; by contrast, the exception to the right to limit contained in the Warsaw Convention applies to the act or omission of "the carrier his servants or agents" (art. 25 thereof);

(ii) under the Warsaw Convention, the relevant knowledge is that "damage would probably result" (art. 25); under the Convention, the relevant knowledge under art. 4 is that "such loss" would probably result.

(5) These considerations were addressed by Lord Phillips, M.R., in The Leerort (*sup.*), as follows:

13. The limitation provisions in relation to merchant shipping provide even greater protection than those in relation to carriage by air. It is only the personal act or omission of a shipowner which defeats the right to limit. A shipowner is defined in art. 1 as the owner, charterer, manager or operator of a seagoing ship. Thus, to defeat the right to limit, it is necessary to identify the causative act or omission on the part of such a person that caused the loss. Furthermore, it is only conduct committed with intent to cause such loss, or recklessly with knowledge that such loss would probably result, that defeats the right to limit. It seems to me that this requires foresight of the very loss that actually occurs, not merely of the type of loss that occurs. That certainly appears to have been the conclusion of Mr. Justice Steel in The "MSC Rosa M" ...

14. Mr. Teare submitted that the words "such loss" meant loss of the type suffered and that, to identify the type of loss, it was necessary to refer back to art. 2, which sets out the various types

… 손해의 가능성에 대한 인식을 또 하나의 요건으로 추가하는 것은 위험의 명백성의 정도에 따라 운반자가 위험성을 알고도 이를 감수하였다는 판단을 내리는 데에 기여할 수 있다. 위험이 보다 명백한 것이었을수록 법정이 무모함을 인정하고 나아가 피고가 그 행위를 할 당시 손해의 가능성을 인식하였다고 판단할 개연성이 높아진다. 입증의 문제에서 이 둘은 종종 그 운명을 같이할 것이다. … 종종 그렇듯이, 피고의 인식 상태를 판단하는 법원의 현실적인 고려가 법적 개념이 구성하는 세세한 이론적 문제보다 결정력이 있을 수 있다.

(4) 바르샤바 조약에 관한 이 판결들은 '무모하게'와 '인식'의 뜻을 파악하는 데 유용하지만 이것으로 문제가 해결되는 것은 아니다. 이 사안에 적용되는 협정은 바르샤바 조약보다 선주책임제한을 깨는 데 문제의 '작위 또는 부작위' 그리고 '인식' 양자에 있어서 더 높은 기준을 제시하고 있기 때문이다. 즉:

(i) 협정에서는 문제가 되는 작위 또는 부작위가 반드시 "선주 자신의" 작위 또는 부작위여야 한다. 반면 바르샤바 조약에 따르면 "운반자 또는 그의 사용인 및 대리인"의 작위 또는 부작위이면 된다(제25조).

(ii) 바르샤바 조약에서 인식이란 "손해가 아마도 발생할 것"이라는 인식만 있으면 된다(제25조). 그런데 협정에서의 인식은 제4조에서 규정하는 바와 같이 "그러한 손해"가 아마도 발생할 것이라는 점에 대한 인식이다;

(5) 이러한 문제는 Leerort 판결에서 Philips 판사에 의해 다음과 같이 언급되었다:

13. 상업적 해운업에 관한 책임제한규정은 항공운송의 그것보다 높은 수준의 보호를 제공한다. 오직 선주 자신의 작위 또는 부작위만이 책임제한을 배제할 수 있다. 협정 제1조에서는 선주를 '소유권자, 용선 계약자, 지배인, 또는 배의 기사'라고 정의하고 있다. 따라서 선주책임제한을 배제하기 위해서는 손해의 원인이 된 작위 또는 부작위가 이에 해당하는 자에 의해 행하여졌음을 확인해야 한다. 또한, 사건에서의 손해를 발생시키고자 하는 의도를 가지고 행한 행위 또는 그러한 손해가 아마도 발생할 것이라는 점을 인식한 상태에서 행하여진 무모한 행위가 있어야만 선주책임제한을 배제할 수 있다. 이는 단지 손해의 한 유형을 예측하는 정도가 아니라 실제로 발생한 바로 그 손해를 예측하였을 것을 요구하는 것이라고 해석된다. 이것이 분명 The MSC Rosa M 판결에서 Steel 판사가 내린 결론인 듯 하다. …

14. Mr. Teare는 "그러한 손해"란 실제로 발생한 손해와 같은 유형의 손해를 뜻하며 손해의 유형이 무엇인지 판단하기 위해서는 제한할 권리가 발생하는 다양한 종류의 손해를 열거

of loss in respect of which a right to limit arises. Thus, in the instant case, the claims advanced are in respect of "loss or damage to property", so that the only foresight required to defeat the right to limit was of the likelihood of loss of or damage to property.

15. This submission runs counter to the clear meaning of the wording of art. 4. The words "such loss" in that article clearly refer back to the loss that has actually resulted and which is the subject matter of the claim in which the right to limit is asserted.

16. It seems to me that where the loss in respect of which a claim is made resulted from a collision between ship A and ship B, the owners of ship A, or cargo in ship A, will only defeat the right to limit liability on the owner of ship B if they can prove that the owner of ship B intended that it should collide with ship A, or acted recklessly with the knowledge that it was likely to do so.

17. The alternative, which is perhaps arguable, is that the claimant merely has to prove that the owner of ship B intended that his ship should collide with another ship, or acted recklessly with the knowledge that it was likely to do so.

18. On the facts of this case it is not necessary to decide which alternative is correct. In either event the reality is that when damage results from a collision the shipowner will only lose his right to limit if it can be proved that he deliberately or recklessly acted in a way which he knew was likely to result in the loss of or damage to the property of another in circumstances where, inevitably, the same consequences would be likely to flow to his own vessel. Maritime history has many instances of scuttling, but I am not aware of one involving deliberate collision with another vessel. Mr. Teare has been unable to point to any collision case in any jurisdiction where the right to limit under the 1976 Convention has been successfully challenged.

19. These considerations demonstrate that when a claim is made for damage resulting from a collision, it is virtually axiomatic that the defendant shipowner will be entitled to limit his liability. **209* These paragraphs from The Leerort prompted considerable discussion at the hearing; it is unnecessary to recount the detail and sufficient to draw together the conclusions as follows. First, whether or not these observations or some them are, as Mrs. Blackburn urged,

해 놓은 제2조를 참조해야 한다고 주장하였다. 그에 따르면 이 사건에서의 손해는 "재물의 손실 혹은 손상"이므로 선주책임제한을 배제하기 위해 필요한 예측은 재물의 손실 혹은 손상의 가능성을 예측한 것으로 족하다고 한다.

15. 이러한 주장은 제4조 문언의 뚜렷한 의미와 상반된다. 제4조에서 "그러한 손해"라는 표현은 명백히 실제로 발생한 손해, 즉 책임제한의 주장이 제기된 사건에서 문제가 된 바로 그 손해를 뜻하는 것이다.

16. 사건에서 문제된 손해가 배 A와 배 B가 충돌해서 발생한 경우 때 배 A의 선주가 배 B 선주의 책임제한을 배제하기 위해서는 반드시 배 B의 선주가 배 A와 충돌하려고 의도했거나 A와 충돌할 것이라는 점에 대한 인식을 가지고 무모하게 행동했다는 것을 증명해야 한다고 판단된다.

17. 논의해 볼 수 있는 또 다른 대안은 배 A의 선주는 단지 배 B의 선주가 꼭 A가 아니더라도 다른 배와 충돌하려고 의도했거나 그러한 배와 충돌할 것이라는 점에 대한 인식을 가지고 행동했다는 것만을 증명하면 된다는 것이다.

18. 본 사건에서 둘 중 어떤 주장이 맞는지 판단할 필요는 없다. 어느 경우이든 충돌로 인해 손해가 발생했을 때 책임제한은 선주가 자신의 배뿐 아니라 상대방의 배에 재산적 손해가 발생할 것이라는 것을 인식하면서도 고의적으로 또는 무모하게 행동했다는 것이 증명되었을 때 배제될 수 있다. 해운의 역사상 배가 침몰한 사건은 많지만 누군가 고의적으로 다른 배와 충돌한 사례는 들어본 적이 없다. Mr. Teare는 1976년 협정의 책임제한을 실제로 배제한 선박 충돌 사례를 어느 법원에서도 찾지 못했다.

19. 그렇다면 충돌로 인해 손해가 발생하고 그로 인해 소가 제기 되었을 때, 피고 측 선주의 책임이 제한되는 것은 사실상 자명하다. *209 Leerort 판결에 나타난 위와 같은 내용은 본 사건 심리를 진행할 때 많은 논의를 불러일으켰다. 따라서 여기서는 다시 세부적 내용을 열거하지 않고 다음과 같이 결론을 내리도록 한다. 첫째, Blackburn 씨가 주장한 것처럼 위의 논의 혹은 그 일부가 부수적인 것인지 아닌지를 떠나서 나는 이러한 논의가 권위 있으며 설득

strictly *obiter*, I respectfully regard them as both authoritative and persuasive and I shall follow them. Secondly, I record that Mrs. Blackburn reserved her position as to the correctness of Lord Phillips, M.R.'s conclusion in par. 15. Thirdly, importantly and (in my judgment) correctly, Mr. Saunders accepted that, for the matter to go to trial, it was sufficient for the first defendants to have a real prospect of showing that the knowledge of the claimants (or one of them) was within either par. 16 or par. 17. Fourthly, I note and will keep in mind as a matter of background that, by way of contrast with the concluding observations in par. 18, Mrs. Blackburn was in a position to point to a successful challenge to the right to limit in a collision case in France.

(6) Finally, I accept Mr. Saunders' submissions, already noted:

(i) that in every case of limitation it was to be assumed that there was a prior liability arising by reason of the fault of the party seeking to limit;

(ii) it was therefore of particular importance to keep in mind that "hard cases make bad law".

17. Turning to procedure, when, as in cases such as The MSC Rosa M (*sup.*) and The Leerort (*sup.*), there can be no realistic prospect of defeating the shipowner's right to limit, summary disposal of the limitation claim is readily understandable. The use of CPR Part 24 in such cases permits speedy effect to be given to the Convention and saves all parties the time and costs involved in a futile trial. That said, favourable as the present context may be to summary disposals, here, as elsewhere, summary judgment is for plain cases and there is no substitute for a consideration of each case on its facts.

Discussion

18. Thus guided, I return to a consideration of the present case. Having regard to the scheme of the Convention and the authorities to which reference has already been made, it is plain that the first defendants need to surmount a formidable hurdle to succeed in resisting summary judgment, quite apart from succeeding at any trial. In practical terms, in the collision context, for the reasons given by Mr. Justice Sheen, Mr. Justice David Steel and Lord Phillips, M.R. (all as cited above), it is likely that only truly exceptional cases will give rise to any real prospect of defeating an owner's right to limit. The question therefore remains, whether, notwithstanding this altogether unpromising background, this is an exceptional case which should go to trial.

력이 있다고 생각하고, 이에 그를 따를 것이다. 둘째, 위 15문단에서 언급된 Philips, M.R. 판사의 결론의 정확성에 대해 Mr. Blackburn은 입장을 밝히는 것을 유보했다. 셋째, 이는 중요하고도 (내가 판단하기에는) 분명한 사실인데, Mr. Saunders는 동 사건이 정식 재판에 회부되기 위해서는 제1피고가 원고들(또는 원고들 중 한 명)의 인식이 16문단 또는 17문단에서의 그것에 해당한다는 점을 보일 실질적 가능성이 있는 것으로 족하다는 것을 인정하였다. 넷째, 위 18문단에서 내린 결론과는 달리, Mr. Blackburn은 충돌 관련 사건에서 선주책임제한을 배제하는 데 성공한 프랑스 판례를 지적할 수도 있었음을 염두에 두고자 한다.

(6) 마지막으로 나는 Mr. Saunder의 다음과 같은 주장을 받아들인다:

(i) 책임제한 사건들은 모두 그에 앞서 책임을 제한하고자 하는 쪽의 잘못에 기인한 책임이 전제되어 있다.

(ii) 따라서 "이례적인 사건이 좋지 않은 법을 만든다"[13]는 점을 상기해야 할 것이다.

17. 다시 절차 문제로 돌아와서, 위에 언급한 MSC Rosa M이나 Leerort 사건에서와 같이 선주책임제한을 배제할 실질적인 가망이 없는 경우에는 책임제한을 인정하는 즉결심판을 내리는 것이 타당하다. 이런 경우 CPR의 24편을 적용하는 것은 협정의 효력을 바로 인정하여 무익한 재판에 소모될 양 당사자들 모두의 시간과 비용을 절약해 준다. 본 사건의 사실관계 역시 즉결심판에 호의적인 것처럼 보이기는 하지만, 즉결심판은 의심의 여지가 없이 타당한 경우에만 내릴 수 있으며 이를 판단하기 위해서는 각 사건의 요소들을 고려해 보아야만 한다.

검토

18. 이러한 길잡이를 갖고 다시 현 사안을 검토하여 보도록 한다. 협정과 위에서 언급한 다른 판례를 고려했을 때, 제1피고가 재판에서 패소하는지 승소하는지를 떠나서 즉결심판이 내려지는 것을 피하고자 한다면 몇 가지 만만치 않은 조건을 갖추어야 한다는 점은 명백하다. 구체적으로 말해서 Sheen 판사, David Steel 판사 그리고 Philips, M.R. 판사가 언급한 이유 때문에(모두 앞에서 인용됨), 충돌 사건에서는 오직 실로 예외적인 경우에만 실제로 선주의

13 "hard cases make bad law." 각주 12 참조.

19. In my judgment, this is such an exceptional case and it should go to trial. I agree with and uphold the decision of the Registrar, although, in the light of the (MAIB) Report available to me but not to him, I have reached my conclusion by a somewhat different route.

20. Phase 2:

It is convenient to begin with Phase 2, namely, the navigation of *Saint Jacques II* in the final minutes before collision. In the light of the (MAIB) Report, there is no evidence of the first claimant being in the wheelhouse in those final minutes; to the contrary, the available evidence suggests that the first claimant was asleep, below. If that be right, then the first claimant had no personal involvement in the navigation during this period. Given the burden of proof resting on the first defendants, had the case turned on Phase 2 alone, I would not have thought it right to refuse the claimants' application for summary judgment; there would have been simply no evidential basis for an allegation of any "personal act or omission" within art. 4; in this regard, I am unable to accept that the mere intention to cross-examine a witness should he attend at trial is sufficient to disclose a real prospect of success under art. 4 of the Convention. It follows that through no fault of his the Registrar's route to the conclusion that this case should go to trial, contained in pars. 44-46 of his judgment, cannot be sustained. For the avoidance of doubt, as this case will for other reasons go to trial, it will of course be open to the first defendants to cross-examine the first claimant on Phase 2, in the event that he should come to give evidence.

21. Phase 1:

I turn to Phase 1, namely the reckless navigation of *Saint Jacques II* across the TSS. The quite remarkable features of her navigation over this period and the first claimant's involvement therein have already been referred to (pars. 10 and 11 above) but bear repetition: this was a repeated practice, in flagrant breach of the Collision Regulations, directed personally by the first claimant for commercial reasons and, for present purposes, conceded to be reckless. In my judgment, it is these features which give the first defendants a real prospect of defeating the claimants' right to limit at trial. My reasons are these:

(1) As already underlined, recklessness is conceded for present purposes.

책임제한이 배제되는 것이 가능할 것이다. 따라서 남아 있는 문제는 동 사건이 그럼에도 불구하고 정식 재판에 갈 수 있을 만큼 예외적인 사건인가 하는 것이다.

19. 내 판단으로는 동 사건은 예외적인 사건에 해당하고 따라서 정식 재판에 회부되어야 한다. 이에 등록관의 결정에 동의하고 이를 확인하는 바이지만, 나는 당시에는 참고가 되지 못한 보고서(MAIB)에 비추어 조금 다른 방식으로 이 결론에 도달하였다.

20. 단계 2:

논의의 편의를 위해 단계 2, 즉, 충돌 몇 분 전의 Saint Jacques II 호의 항해를 먼저 검토하도록 한다. (MAIB) 보고서에 따르면 충돌 마지막 몇 분 동안 제1원고가 조타실에 있었다는 증거가 없다. 오히려, 유효한 증거에 따르면 제1원고는 그 시간에 밑에서 잠들어 있었다. 이것이 사실이라면 제1원고는 그 기간 동안의 항해에 직접적으로 개입한 바가 없다. 이러한 제2단계만으로 사건을 판단할 경우, 입증책임이 제1피고인들에 있다는 점을 고려한다면 원고들의 즉결심판 요청을 기각한 것은 옳지 않은 결정이 될 것이다. 협정 제4조에서 말하는 '선주 자신의 작위 또는 부작위'가 있었다는 근거가 없기 때문이다. 이렇게 생각했을 때 단순히 정식 재판에서 증인에 대한 반대심문이 가능하다는 사실만으로는 협정 4조의 책임제한을 배제할 가능성이 있다고 볼 수 없다. 따라서 등록관이 44-46번째 문단에서 이 사안이 정식 재판에 회부되어야 한다고 판단한 논리는, 그가 실수한 바는 아니지만, 더 이상 유지될 수 없다. 물론, 이 사건은 다른 이유로 결국 정식 재판에 회부될 것이므로 제1피고들은 제1원고가 그때 증언대에 서게 된다면 단계 2에 관하여 그를 반대심문할 기회를 가지게 되기는 할 것이다.

21. 단계 1:

이제 Saint Jacques II 호가 TSS를 가로지른 무모한 항해, 즉 단계 1에 대한 검토를 해 보도록 한다. 이 단계에서의 가히 놀라운 항해와 그에 대한 제1원고의 개입은 이미 언급되었지만 (10, 11문단에서) 다시 한 번 말하자면 다음과 같다; 이러한 항해는 충돌규칙을 무도하게 위반하는 것으로, 제1원고 자신에 의해 상업적 이유에서 반복적으로 자행되어 왔으며, 지금의 논의를 위해서는 무모한 것이었다고 인정된다. 바로 이 부분 때문에 제1피고에게 선주책임제한을 배제할 수 있는 실질적인 가능성이 있다고 판단된다. 이유는 다음과 같다:

(1) 이미 강조한 것처럼 본 사건에서 무모함은 이미 인정된 바 있다.

(2) Again as already discussed, establishing the relevant "knowledge" within art. 4 is a separate requirement; that said, as Lord Justice Auld, observed (in the passage from Nugent (*sup.*), at p. 227 already cited) the two are not unconnected and depending on the obviousness of the risk the "two will often stand or fall together". For my part, **210* this is such a case. The claimants' concession, involves a realistic acceptance of the fact that the first defendants have a real prospect of succeeding in establishing recklessness at trial; underlying this concession is the obviousness of the risk of collision. To my mind, on the facts of the appalling navigational practice here (admittedly) conducted under the personal direction of the first claimant, coupled with the obviousness of the risk of collision, it would be permissible and open to the Court at trial to infer that the first claimant had, at the time in question, the relevant actual knowledge that a collision would probably result. It will be recollected that Mr. Saunders accepted (rightly in my judgment) that knowledge of the probability of a collision, whether with *Gudermesor* with some other vessel would suffice for art. 4, at least for the purposes of CPR Part 24. Whether or not a Court would in fact come to such a conclusion as to the first claimant's knowledge, seems to me to be classically a matter to be resolved at trial. This conclusion may well be sufficient to dispose of the present matter but I do not leave matters there.

(3) I have anxiously considered the argument advanced by Mr. Saunders, upon analysis central to his case on Phase 1, namely, that as the first claimant had "got away with" such navigation in the past, there was, as a matter of logic, no or no real prospect of the inference at trial of actual knowledge of the probability of a collision. I am unable to accept this submission. First, as an objective matter, it is not apparent, at least to me, that the risk or probability of a collision declines with repeated reckless navigation. Intuitively, assuming comparable traffic and otherwise similar conditions, had it been necessary to do so, I would have inclined to the conclusion that the risk or probability of a collision would stay the same (because each incident was discrete) or possibly increase (because of the colloquialism of luck running out). Therefore, as a matter of objective analysis, I am not persuaded that the frequency with which the reckless practice was conducted points inescapably to something short of a probability of collision. Secondly, the test here is of course the subjective knowledge of the first claimant, not an objective risk or logical analysis. As it seems to me, this again is a matter for evidence or inference at the trial. At this stage, it simply cannot be assumed of a man sufficiently reckless to navigate in the manner described that he could not have done so with knowledge that a collision would probably result; a sensible, prudent mariner is unlikely to have navigated as the first claimant did in the first place; questions as to the first claimant's actual knowledge and what, if any, reliance the first claimant actually placed on his so-called system of calls from watchkeeping personnel, are pre- eminently matters of evidence or inference for the trial Judge. Accordingly, I

(2) 역시 이미 논의한 것처럼, 제4조에 따라 '인식'을 갖고 있는 것은 또 다른 요건이다. 그러나 한편, Auld 판사가 말한 것처럼(이미 앞에서 인용한 Nugent 판결의 p.227에서) 이 두 가지 요건은 서로 연관되어 있는 것이며 위험의 명백성의 정도에 따라 둘이 "종종 그 운명을 같이할 것이다". 판단하건대 *210 이 사건이 바로 그러한 사건이다. 원고들이 무모함을 인정한 것은 사실상 제1피고가 정식 재판에서 무모함을 증명할 실질적 가능성이 있음을 인정한 것인데, 이러한 인정의 저변에는 충돌의 위험이 명백하였다는 점이 전제되어 있다. 내 생각으로는 명백한 충돌의 위험에 더해 (원고도 인정한 바와 같이) 제1원고 자신의 직접적인 지휘 하에 이루어진 가히 충격적인 항해의 방식을 고려해 보면, 법원은 충분히 정식 재판에서 제1원고에 사건 당시 충돌이 발생할 수 있다는 인식이 실제로 있었다고 정당하게 판단할 가능성이 있다. Mr Saunders가 (내 판단과도 부합하게) 적어도 CPR 24장의 목적을 위해서는 제4조의 인식이란 Gudermes 호 또는 다른 배와 충돌할 가능성에 대한 인식으로 족하다고 인정한 것을 상기해야 할 것이다. 법원이 실제로 제1원고에 그러한 인식이 있었다고 판단할 것인지의 여부는 재판에서 결정될 문제이다. 이러한 결론만으로도 현 사안을 처리하기에 충분하지만 논의를 조금 더 진행시켜 보도록 한다.

(3) Mr. Saunders에 의해 제기된 단계 1과 관련된 주장, 즉 제1원고가 과거에 그런 항해로도 "별 일이 없어 왔기" 때문에 논리적으로는 법원이 그가 충돌 가능성을 실제로 인식하였을 것이라고 볼 여지는 없다는 주장을 주의 깊게 검토한 결과, 이를 받아들일 수 없다고 판단된다. 먼저, 객관으로, 적어도 나에게는, 무모한 항해가 반복된다고 하여 충돌의 위험이나 가능성이 감소한다는 것은 분명하지 않은 사실이다. 직관적으로, 유사한 교통수단이나 기타 비슷한 상황들을 고려해 본다면, 충돌의 위험성이나 가능성은 (모든 사건은 독립적으로 발생하므로) 항상 같은 정도로 유지되거나 (말하자면 운이 떨어짐에 따라) 오히려 증가할 수 있다고 생각된다. 따라서, 객관적인 분석상 무모한 행위의 빈번한 정도에 따라 충돌의 가능성이 작아진다는 주장은 받아들이기 어렵다. 둘째로, 물론 문제되는 것은 당연히 제1원고의 주관적인 인식이지 객관적인 위험이나 논리적 분석이 아니다. 그러나 이것 또한 재판에서의 판단 혹은 증거에 의한 입증의 문제이다. 지금의 단계에서, 본 사건에서와 같은 항해를 할 정도로 무모한 자에 관하여 그가 만약 충돌이 일어날 것이라는 사실을 알았더라면 그렇게 항해하지 않았을 것이라고 가정해서는 안 된다. 상식적이고 신중한 항해자였다면 애초에 제1원고가 했던 식의 항해를 하지 않았을 것이다. 제1원고에 실질적 인식이 있었는지 여부와 제1원고가 당직 선원이 소위 문제가 생겼을 때 자신을 호출한다는 이제까지의 시스템에 어느 정도

am satisfied that the first defendants have a real prospect of demonstrating at trial that what was involved here was the taking of a "stupid risk" or a "reckless manouevre ... by a non-suicidal" mariner sufficient to bring the matter within art. 4 (see Nugent, sup. at pp. 229 and 233).

(4) I turn to Mr. Saunders' submission that (i) it cannot be assumed that the first claimant will attend to give evidence at trial and (ii) inference cannot permissibly be used to reverse the burden of proof resting on the first defendants. It could not therefore be assumed that the first defendants' case could improve at trial; for this reason as well, the claimants application for summary judgment should succeed. I cannot agree. First, it would be odd if a tactical decision of one party (as to whether to call the first claimant to give evidence) could prove decisive. Secondly, as it seems to me. Mr. Saunders' submission would only have force if the position had been reached where the first defendants could not succeed at trial *unless* the first claimant came to give evidence and it was assumed that he was successfully cross-examined; in that situation it could properly be said that the first defendants' hope of a successful cross-examination is not a sufficient foundation for the assertion of a reasonable prospect of success, at least given the burden of proof resting on the first defendants; but, for reasons already given, although that would have been the position with regard to Phase 2 had it stood alone, the position as to Phase 1 is very different. Thirdly, should the first claimant attend to give evidence and face cross-examination, I am satisfied that there is at least a real prospect of "knowledge" within art. 4 of the Convention being established. Fourthly, if, on the other hand, the first claimant should not attend to give evidence, then, on the facts in any event before the Court, there is a real prospect of inference being properly deployed to assist the first defendants in *satisfying* rather than *reversing* the burden of proof. The facts of Qantas (sup.), a decision of the Australia Court of Appeal on the Warsaw Convention, are very different but the observations of Gleeson, C.J. and Handley, J.A. remain nonetheless pertinent: The question for this Court, is whether the proved facts, the admission of "deplorably bad handling" and the failure of the defendant to call evidence enabled the requisite inferences to be drawn which brought the case within art. 25. These were that the damage was the result of reckless acts or omissions with knowledge that damage would probably result, rather than either recklessness without such knowledge or mere gross negligence.

**211* Where the inference of greater fault is open on the evidence we see no difficulty in drawing that more adverse inference where the defendant fails to call evidence. As Mr. Justice Rich ... said in Insurance Commissioner v. Joyce... where an inference is open and the defendant

의 의지를 하였는지 전형적으로 재판에서의 판단 혹은 증거에 의한 입증의 문제이다. 따라서, 나는 제1피고가 재판에서 이 사건에서 문제가 된 행위는 "어리석은 위험"의 감수 또는 "자살을 목적으로 한 것이 아닌 무모한 항해사의 조치"로서 제4조가 적용될 수 있는 것(위에 언급한 Nugent 판결의 p.229와 p.233 참조)임을 재판에서 보일 가능성이 있다고 생각한다.

(4) 이제 Mr. Saunders의 (i) 제1원고가 재판에서 증언할 것이라고 단언할 수는 없으며 (ii) 단순한 가능성만으로 제1피고가 지는 입증책임을 전환할 수 없다는 주장을 검토하도록 한다. 이에 따르면 제1피고가 재판에서 현재보다 나은 위치에 서게 되리라고 가정할 수는 없으며, 따라서 원고의 즉결심판 요청은 받아들여져야만 한다. 여기에는 동의할 수 없다. 첫째, 한쪽 당사자의 (여기서는 제1원고를 증인석에 세워 증언하도록 할 것인지 여부) 전략적 결정이 본 판단의 결과를 좌우할 수는 없다. 둘째, Mr. Saunders의 주장은, 제1원고가 증언을 하고 또 피고 측이 그를 성공적으로 반대심문하지 않는 한 피고가 승소할 가능성이 없는 사건일 경우에만 비로소 효력을 발휘할 수 있다. 그러한 경우에는, 입증책임이 제1피고에게 있다는 점을 고려했을 때 단지 제1피고가 성공적인 반대심문에 거는 희망만으로는 합리적인 승소의 가능성이 있다고 볼 수 없을 것이다. 그러나, 이미 검토한 바와 같이, 단계 2만 놓고 본다면 이러한 결론에 이를 수 있겠지만 단계 1의 상황은 전혀 다르다. 셋째, 만약 제1원고가 재판에서 증언을 하고 반대심문을 마주한다면 최소한 협정 제4조의 '인식'을 증명할 실질적 가능성이 있다고 판단할 수 있다. 넷째, 반면에 만약 제1원고가 재판에서 증언하지 않더라도, 법원에 제출된 사실관계를 고려해 본다면 제1피고가 입증책임을 전환하기보다 그 책임을 충족시키는 방법으로 승소할 가능성이 있다고 판단된다. 위에서 언급한, 호주 고등법원의 바르샤바 조약에 관한 판결인 Qantas는 본 사건과 사실관계가 매우 다르지만 Gleeson 판사와 Handley 판사의 다음과 같은 의견은 본 사건에서도 여전히 유효하다: 동 법원이 판단해야 할 것은 입증된 사실들과 "심각한 수준의 잘못된 조종"에 대한 시인, 그리고 피고의 증거 제출 실패로부터 제25조의 요건들이 충족되었다고 볼 수 있을 것인지의 여부이다. 그 요건이란 문제된 손해가, 그 손해가 발생할 것이라는 점에 대한 인식이 없는 무모함이나 단순한 부주의에 의한 것이 아니라 손해가 아마도 발생할 것이라는 인식을 지니고 한 무모한 작위 또는 부작위의 결과이었을 것을 의미한다.

*211 이렇듯 증거에 의해 피고에 더 큰 잘못이 있었다고 판단하는 것이 가능한 경우라면 피고[14]가 증인을 소환하는 등의 증거 제출을 하지 않는다고 해도 그에 대한 적대적인 판단을 내

elects not to give evidence "the Court is entitled to be bold".

22. It follows that, in my judgment, on an analysis of the facts before the Court, this matter should go to trial and the claimants' appeal must be dismissed. There is a real prospect of the first defendants succeeding at trial in defeating the claimants' right to limit; beyond that I need not and do not go.

23. For completeness, I must mention two further submissions advanced by Mrs. Blackburn as to why this matter should go to trial:

(1) as this was the first collision case in this country in which the right to limit was capable of being "seriously" challenged, that was a "compelling reason" within CPR Part 24 for a trial;

(2) a decision against the first defendants would give rise to a breach of the Human Rights Act, 1998, in that an order for summary judgment or a strike-out would deprive the first defendants of their right to a fair hearing under art. 6 of the Convention on Human Rights.

Given the conclusion to which I have already come, the matter is academic; it is therefore only necessary to say little more than that I would have been unable to accept these submissions. Submission (1) suffered, if I may say so, from "bootstraps" reasoning. Submission (2) was, with respect, misplaced. A summary decision adverse to the first defendants on the available facts, against the background of the right to limit contained in the Convention and the heavy burden of proof resting on a party seeking to defeat that right, would not have offended against the Convention on Human Rights: see Z v. United Kingdom (Application No. 29392/95, judgment May 10, 2001). Insofar as the contrary was suggested, observations in the authorities, such as the "virtually axiomatic" right of the defendant shipowner to limit his liability in a collision case, do not confer a blanket or any immunity on shipowners in collision cases, inconsistent with art. 6 of the Convention on Human Rights. Instead, these observations properly reflect the heavy burden facing those seeking to challenge the right to limit under the Convention and the practical commonsense that in collision cases such challenges will only very rarely stand a real prospect of success. In the event, for the reasons already given, this is one of those rare cases.

릴 수 있는 것은 마찬가지일 것이다. Rich 판사가 … Insurance Commissioner v. Joyce 판결에서 말했듯이 … 판단의 결과가 아직 명백한 것이 아니고 피고가 증거를 제공하지 않기로 결정한 경우라면 "법원은 대담해져도 된다".

22. 법원에 제시된 사실관계의 분석에 따르면, 제1피고들이 정식 재판에서 원고들의 책임제한 주장을 성공적으로 항변할 실질적인 가능성이 있으므로, 더 이상의 논의는 필요 없이 동 사건은 정식 재판에 회부되어야 하며 원고들의 항소는 기각되어야 한다.

23. 완결성을 기하기 위해서, Blackburn 씨가 동 사건이 회부되어야 하는 근거로서 추가적으로 주장한 다음 두 가지 의견에 대해 언급하고자 한다.(1) 이 사건이 이 나라에서 책임제한에 대한 배제의 가능성이 실제로 존재하는 첫 충돌 사건이라는 것을 고려했을 때, CPR 24편에 규정된 바와 같이 정식 재판에 회부되어야 할 "강력한 이유"가 있다.

(2) 즉결심판을 허용하는 판결을 내리게 되면 인권조약 제6조에 보장된 제1피고의 공정한 재판을 받을 권리를 박탈하는 결과를 초래하므로, 동 사건에서 피고에 패소 판결을 내리는 것은 1998년의 인권법에 저촉된다.

동 사건의 결론은 이미 위에서 내린 바 있으므로, 이들 논점은 학술적 차원에서만 문제가 될 것이다. 따라서, 여기서는 위의 주장은 다음과 같은 이유로 받아들일 수 없다는 정도로만 언급하도록 한다. 항고의 주장 (1)은 근거가 미약하다. 주장 (2)는 잘못된 주장이다. 책임을 제한받을 권리는 협정에 규정되어 있고 그 권리에 대항하는 자에게 무거운 입증책임이 있는 것이므로 제1피고에 반하여 즉결심판을 내린다 하여도 인권조약에 위배되는 것은 아니다: Z v. United Kingdom (Application No. 29392/95, 2001년 5월 10일 판결) 참조. 물론, 여러 판례에서 충돌사건에서 가해자가 선주책임을 제한받을 권리는 "사실상 자명한 것"이라고 한 것이 인권조약 제6조에 위반하여서라도 충돌사건에 있어서 선주를 절대적으로 보호한다거나 면책권을 제공한다는 의미는 아니다. 이는 단지, 협정하의 책임제한을 배제하고자 하는 측이 부담하는 막대한 입증책임의 부담과, 실질적으로 충돌사건에서의 책임제한을 성공적으로 배제하는 것은 예외적일 것이라는 점을 암시할 뿐이다. 동 사건이 이러한 예외적인 사례들 중 하나임은 앞에서 밝힌 바와 같다.

14 여기서의 피고는 책임제한을 제한받고자 하는 가해자를 의미한다.

Regina v. G and Another

사실관계

2000년 8월 21일 밤 당시 각 11살, 12살이었던 피고인은 캠핑을 떠나 새벽에 한 가게 건물의 뒷마당에서 놀던 중 신문지에 불을 붙여 가게 건물 근처의 플라스틱 쓰레기 상자 밑으로 던져 놓고는 신문지에 붙은 불을 끄지 않은 채 마당에서 벗어났다. 하지만 불은 곧 신문지에서 쓰레기 상자로, 다시 상자에서 가게와 인근 건물로 옮아 갔고 대략 1백만 파운드의 재산 손해를 발생시켰다. 피고인은 신문지에 붙은 불이 스스로 꺼질 것이라고 예상하였으며 사건 당시 불이 건물로 옮아 화재를 발생시킬 위험을 전혀 인식하지 못하였다. 피고인은 1971년 형사손괴법 제1조 (1)항의 죄, 즉 무모하게 타인의 재물을 손괴 혹은 파괴한 행위로 기소가 되었다.

원심에서 판사는 배심원 지도를 함에 있어, 피고인이 무모한 손괴행위를 하였는지를 판단하는 기준으로, 동 행위를 할 때에 그 위험이 존재할 가능성을 전혀 인식하지 못하였거나 또는 그 위험을 인식하였음에도 불구하고 행위를 계속하였는지의 여부를 고려할 것과, 나아가 재물이 손괴될 명백한 위험에 대한 인식이 있었는지의 여부를 판단할 때에는 피고인의 어린 나이 기타 무능력을 고려하지 말고 합리적인 평균인을 기준으로 할 것을 결정한 귀족원의 전례를 따라야 한다고 하였다. 배심원단은 이에 피고인에 유죄의 평결을 내렸고, 피고인은 항소하였다. 항소법원은 이 항소를 기각하였다. 본 사건은 이에 대하여 피고인이 귀족원에 상소한 사건이다.

판결 및 쟁점

귀족원에서는 형사손괴법 1조의 '무모함'의 의미, 즉 피고인이 손괴의 위험을 인지하지 못하였고 혹 인지하였다 하더라도 피고인의 나이나 개인적인 특성상 그 위험이 그에게 명확하지 않은 경우, '무모하게' 재물을 손괴한 행위로서 유죄를 선고하는 것이 합당한가가 쟁점이 되었다(참고로 본 사건과 Commissioner of Police of the Metropolis Appellant v. Caldwell 사건은 형사사건으로, 형사상의 '무모함'의 기준은 민사상의 '무모함'보다 높은 것이 보통이다).

귀족원은 형사손괴법의 무모함의 의미에 대하여 판시한 몇 개의 귀족원 판례를 검토한 후,

특히 스스로 명정상태를 야기하여 위험에 대한 인식이 없이 행위한 자에게도 유죄를 인정한 Commissioner of Police of the Metropolis Appellant v. Caldwell 사건에서의 Diplock 경의 판시사항을 비판하면서 피고인이 위험을 인식하지 못한 경우는 비난 가능성이 명백하지 않으며, 그러한 피고인에 대해서는 어리석다거나 생각이 모자라다는 평가가 가능할 뿐 처벌을 가할 수는 없다고 보았다. 또한 귀족원은 위험을 인식하지 못한 피고인, 게다가 어린아이들에게 다른 누군가는 그 위험을 예상할 수 있었을 것이라는 이유로 유죄의 판결을 내리는 것은 도의적이지 않고 정당하지도 않다고 하였다. 한편 귀족원은 Caldwell과 같이 스스로 명정상태를 야기하여 행위한 사건을 본 사건의 선례로 볼 수는 없으며 피고인이 스스로 만취상태가 된 경우 자신이 초래한 위험을 감지하지 못하였다는 이유로 형사책임을 면한다는 결론은 분명 석연치 않다고 하였고, 또한 Caldwell 사건은 아주 어리거나 정신적으로 문제가 있는 피고인에 대한 것이 아니었다고 하여 한편으로는 본 사건과 Caldwell 사건을 구별하는 듯한 태도를 보이기도 하였다.

귀족원은 결론적으로 '무모함'의 의미에 관하여 '피고인이 존재하거나 존재할 위험을 알고 있으며, 그러한 위험을 감수한 것이 정황상 합리적이지 않은데도 상황적 혹은 결과적으로 무모하게 행위한 것'을 뜻한다고 보았다. 즉 무모함의 성립에 있어 결과에 대한 예측은 필수적이며, 따라서 피고인이 그의 어린 나이나 주관적 특성에 기해 진정으로 그의 행위가 초래하는 위험을 인식하거나 예상하지 못하였다면 그에게 비난 가능성이 없다고 보았다. 이에 귀족원은 항소를 받아들여 원심 판사의 배심원 지도는 옳지 못한 것으로 보아 피고인에 대한 유죄 판결을 파기하였다.

참고로 귀족원은 무모함에 대한 위와 같은 해석이 반드시 유죄 판결을 받을 필요가 있는 자를 무죄 방면하는 결과를 초래하지는 않는다고 하면서, 피고인이 위험을 인식하지 못하였다고 주장했다고 해서 그것이 곧 받아들여지는 것이 아니고 사실관계의 판단자가 모든 증거를 고려해 보았을 때 피고인이 그 위험을 알고 있었다고 판단할 수도 있는 것이라고 판시하였다.

***1034 Regina v. G and Another**

[2003] UKHL 50; [2003] 3 W.L.R. 1060

House of Lords

HL

Lord Bingham of Cornhill, Lord Browne-Wilkinson, Lord Steyn, Lord Hutton and Lord Rodger of Earlsferry

2003 July 21, 22; Oct 16

The defendants, two boys aged 11 and 12 respectively, went camping and, in the early hours of the morning, entered the back yard of a shop where they found some bundles of newspapers. They set fire to some of the newspapers, threw them under a large plastic dustbin, and left the yard without putting out the burning papers. The dustbin caught fire and the fire spread to the shop and adjoining buildings resulting in approximately £1m worth of damage. The defendants were charged with arson, contrary to section 1(1) of the Criminal Damage Act 1971, in that they caused damage to property, being reckless as to whether such property would be destroyed or damaged. At their trial the defendants' case was that they expected the burning newspapers to extinguish themselves on the concrete floor of the yard. It was accepted that neither of the defendants appreciated that there was any risk of the fire spreading. The trial judge ruled that he was bound by previous House of Lords authority to direct the jury that in deciding whether the defendants had been reckless as to whether the property would be damaged or destroyed the test to be applied was whether they had done an act which in fact created an obvious risk that property would be destroyed or damaged, and whether when they did that act they had either not given any thought to the possibility of there being such a risk, or had recognised that there was some risk involved and had nevertheless gone on to do it, and that the question whether there was an obvious risk of property being destroyed or damaged was to be assessed by reference to the reasonable man and not by reference to a person endowed with the defendants' characteristics. In accordance with that ruling the judge directed the jury on the law by telling

*1034 Regina v. G and Another
[2003] UKHL 50; [2003] 3 W.L.R. 1060

귀족원[1]

귀족원의 재판관 Bingham of Cornhill 경, Browne-Wilkinson 경, Steyn 경, Hutton 경, Rodger of Earlsferry 경의 판결

2003년 7월 21, 22일 심리, 10월 16일 판결

2000년 8월 21일 밤 당시 각 11살, 12살 소년이었던 피고인들은 캠핑을 떠나 새벽에 한 가게 건물의 뒷마당에서 놀던 중, 신문지 한 뭉치를 발견하였다. 아이들은 곧 신문지에 불을 붙여 가게 건물 근처의 커다란 플라스틱 쓰레기 상자 밑으로 던져 놓고는 신문지에 붙은 불을 끄지 않은 채 마당에서 벗어났다. 하지만 불은 곧 신문지에서 쓰레기 상자로, 다시 상자에서 가게와 인근 건물로 옮아 갔고 대략 1백만 파운드의 재산 손해를 발생시켰다. 피고인들은 1971년 형사손괴법[2] 제1조 (1)항과 (3)항의 방화죄, 구체적으로는 무모하게 타인의 재물을 손괴 혹은 파괴한 행위로 기소가 되었다. 1심에서 피고인들은 신문지에 붙은 불이 마당의 콘크리트 바닥에서 스스로 꺼질 것이라고 예상하였기에 장소를 이탈한 것이었다고 항변하였

1 House of Lords. 영국 의회의 상원이다(하원은 House of Commons로 지칭). 즉 House of Lords 자체는 상원의 역할을 하는 입법기구이나 상원은 입법 기능 외에 영국 내에서의 최고재판소로서의 사법기능도 갖추고 있다. 상원의원들의 일부는 이 기관에서 직업법관으로서 임명직을 가진다. 이들을 Law Lords라고 지칭한다. 역사적으로 귀족원에서는 탄핵 재판 등도 맡아 했으나 지금은 하급심에서의 항소 사건만을 맡고 있다. 하지만 2005년 제정된 Constitutional Reform에 따라 상원의 사법기능은 2009년 새로 생기는 영국의 Supreme Court로 이전될 예정이다.

2 영국에서 재물에 대한 손괴를 다루는 주된 법. 1861년 제정된 Malicious Damage Act의 일부 조항을 제외하고는 이 분야와 관련된 다른 형평법과 성문법 조항은 형사손괴법의 제정으로 인해 폐지되고, 동 법이 대신하게 되었다. 방화죄 역시 동 법의 제정과 함께 폐지가 되었지만 '방화죄'라는 용어는 기소의 편의를 위해 그대로 쓰도록 하였다.

them that they could make no allowance for the defendants' youth, their lack of maturity or any inability they might have to assess the situation. The jury convicted the defendants. They appealed. The Court of Appeal dismissed the appeal.

On appeal by the defendants—

Held, allowing the appeal, that by the use of the word "reckless" in section 1 of the 1971 Act Parliament had not intended to change the law in regard to the mens rea required for the offence of recklessly causing damage to property, so that foresight of consequences remained an essential ingredient of recklessness in the context of the offence; that the formulation of the test which made no allowance for a defendant's youth or lack of mental capacity when assessing the obviousness of the risk of damage to property was based upon a misinterpretation of section 1; that there was a compelling need to correct the misinterpretation since it was apt to cause injustice and offended a jury's sense of fairness, and, therefore, the threshold for departing from a previous decision of the House of Lords was satisfied; that in order to convict of an offence under section 1 it had to be shown that the defendant's state of mind was culpable in that he acted recklessly in respect of a circumstance if he was aware of a risk which did or would exist, or in respect of a result if he was aware of a risk that it would occur, and it was, in the circumstances known to him, unreasonable to *1035 take the risk; but that a defendant could not be regarded as culpable so as to be convicted of the offence if, due to his age or personal characteristics, he genuinely did not appreciate or foresee the risks involved in his actions; and that, accordingly, the judge's directions to the jury were incorrect and the convictions would be quashed (post paras 28-35, 41, 42, 45, 46, 48-51, 53, 54, 56, 57, 59-64, 68-71).

다. 피고인들이 사건 당시 불이 건물로 옮아 화재를 발생시킬 위험을 전혀 인식하지 못했었다는 사실은 확인된 바 있다. 원심에서 판사는 동 사건 배심원 지도를 함에 있어, 피고인이 무모한 손괴행위를 하였는지를 판단하는 기준으로 피고인이 재물이 손괴될 명백한 위험을 발생시키는 행위를 실제로 하였는지와 피고인이 동 행위를 할 때에 그 위험이 존재할 가능성을 전혀 인식하지 못하였거나 또는 그 위험을 인식하였음에도 불구하고 행위를 계속하였는지의 여부를 고려할 것과, 나아가 재물이 손괴될 명백한 위험에 대한 인식이 있었는지의 여부를 판단할 때에는 피고인이 아닌 합리적인 평균인을 기준으로 할 것을 결정한 귀족원의 전례를 따라야 한다고 하였다. 이에 따라 판사는 배심원들에게 피고인들의 어린 나이, 아직 성숙하지 못한 점이나 여타 무능력을 고려하지 말 것을 지도하였다. 배심원단은 피고인에 유죄의 평결을 내렸고, 피고인들은 항소하였다. 항소법원은 이 항소를 기각하였다.

피고 측의 항소에 의해서[3]

항소를 받아들이며 다음과 같이 판결하였다. 의회가 1971년 법의 제정 시 제1조의 "무모함"이라는 용어를 사용함에 있어 무모하게 재물을 손괴한 죄의 성립에 요구되는 범의의 개념에 변화를 가할 것을 의도한 것은 아니며 따라서 결과에 대한 예측은 동 범죄에 있어 여전히 필수적 요소로 남아 있고; 피고의 어린 나이나 정신적 무능력 등을 위험의 명백성을 결정하는 기준의 요소로 고려하지 않은 것은 제1조를 오해한 결과이며, 이러한 오해는 부정의를 조장하기 쉽고 배심원의 공정함에 대한 인식에 위배되므로 귀족원의 전 판결을 뒤집기 위한 요건이 충족되었으며; 피고에 제1조의 죄의 유죄를 선고하기 위해서는 그가 행위 당시 존재하거나 존재할 위험을 인식하고서는, 그 인식한 사정에 비추어 위험을 감수하는 것이 합리적이지 않음에도 불구하고 상황적 혹은 결과적으로 무모하게 행위하였음을 보여 피고의 심적 상태에 비난 가능성이 있음을 증명해야 하며; *1035 피고인이 그의 어린 나이나 주관적 특성에 기해 진정으로 그의 행위가 초래하는 위험을 인식하거나 예상하지 못하였다면 그에게 비난 가능성이 있다고 할 수 없고; 따라서 1심에서 판사가 시행한 배심원 지도는 바르지 못한 것이었고 유죄의 선고는 파기한다(post paras 28-35, 41, 42, 45, 46, 48-51, 53, 54, 56, 57, 59-64, 68-71 참고).

3 동 사건은 중간항소심인 Court of Appeals에서 항소를 기각당한 피고가 다시 항소하여 최고재판소인 귀족원에 판단하게 된 사건이다(각주1 참고). 영미법에서는 보통 항소와 상고의 용어를 구분하여 쓰고 있지 않으므로 여기서도 그대로 '항소'의 용어만을 쓰기로 한다.

APPEAL from the Court of Appeal (Criminal Division)

By leave of the House of Lords (Lord Nicholls of Birkenhead, Lord Hutton and Lord Rodger of Earlsferry) granted on 9 December 2002, the defendants, G and R, appealed from a dismissal by the Court of Appeal (Dyson LJ, Silber J and Judge Beaumont QC) on 17 July 2002 of the defendants' appeal against their convictions before Judge Maher and a jury at Aylesbury Crown Court on 23 March 2001 of arson contrary to sections 1(1) and (3) of the Criminal Damage Act 1971. The Court of Appeal certified that a point of general public importance was involved, namely:

"Can a defendant properly be convicted under section 1 of the Criminal Damage Act 1971 on the basis that he was reckless as to whether property was destroyed or damaged when he gave no thought to the risk, but by reason of his age and/or personal characteristics the risk would not have been obvious to him, even if he had thought about it ?"

16 October. LORD BINGHAM OF CORNHILL

1 My Lords, the point of law of general public importance certified by the Court of Appeal to be involved in its decision in the present case is expressed in this way:

"Can a defendant properly be convicted under section 1 of the Criminal Damage Act 1971 on the basis that he was reckless as to whether property was destroyed or damaged when he gave no thought to the risk but, by reason of his age and/or personal characteristics the risk would not have been obvious to him, even if he had thought about it?"

The appeal turns on the meaning of "reckless" in that section. This is a question on which the House ruled in R v Caldwell [1982] AC 341, a ruling affirmed by the House in later decisions. The House is again asked to reconsider that ruling.

2 The agreed facts of the case are very simple. On the night of 21-22 August 2000 the appellants, then aged 11 and 12 respectively, went camping without their parents' permission. In the early hours of 22 August they entered the back yard of the Co-op shop in Newport Pagnell. They found bundles of newspapers which they opened up to read. The boys then lit some of the newspapers with a lighter they had with them. Each of them threw some lit newspaper under a large plastic wheelie-bin, between which and the wall of the Co-op there was another similar wheelie-bin. The boys left the yard without putting out the burning papers. The newspapers set fire *1039 to the first wheelie-bin and the fire spread from it to the wheelie-bin

항소법원(형사부)에서의 항소[4]

피고인 G와 R은 2002년 12월 9일 귀족원(Nicholls of Birkenhead 경, Hutton 경과 Rodger of Earlsferry 경)의 허가를 받아 1심 (Aylesbury Crown Court)이 2001년 4월 23일 내린 유죄판결에 대한 항소를 기각한 항소심 ((Dyson 재판장, Silber 판사와 Beaumont 판사)의 2002년 7월 17일 결정에 대하여 다시 항소를 제기하였다. 항소심은 동 사건에 공공의 중요성을 가지는 법적 쟁점이 있음을 확인하였는데 이는 다음과 같다:

"피고인이 손괴의 위험을 인지하지 못하였고 혹 인지하였다 하더라도 피고인의 나이나 개인적인 특성상 그 위험이 그에게 명확하지 않은 경우, 형사손괴법 제1조의 무모하게 재물을 손괴한 행위로서 유죄를 선고하는 것이 합당한가?"

10월 16일. Bingham of Cornhill 경의 판결문:[5]

1 동료 재판관 여러분, 항소법원이 이미 밝힌 바와 같이, 동 사건에서 공공의 중요성을 지니는 법적 쟁점을 표현하자면 다음과 같다:

"피고인이 손괴의 위험을 인지하지 못하였고 혹 인지하였다 하더라도 피고인의 나이나 개인적인 특성상 그 위험이 그에게 명확하지 않은 경우, 형사손괴법 제1조의 무모하게 재물을 손괴한 행위로서 유죄를 선고하는 것이 합당한가?" 따라서 동 항소사건의 결론은 제1조의 법문 중 "무모함"의 의미에 따라 달라지게 된다. 이 쟁점에 관하여는 이미 귀족원이 R. v Caldwell (1981) 73 Cr.App.R. 13, [1982] A.C. 341 사건에서 판단을 하였으며 그 후의 몇몇 귀족원 판례에서 그 판단이 재확인된 바 있다. 우리는 피고의 요청에 의해 그 판결을 다시 한 번 검토해 보고자 한다.

2 동 사건의 사실관계는 비교적 간단하다. 2000년 8월 21일 밤 당시 각 11살, 12살이던 피고인들은 부모의 허락 없이 캠핑을 떠나 22일 새벽 Newport Pagnell 소재 한 가게의 뒷마당에서 놀던 중, 신문지 한 뭉치를 발견하고는 읽으려고 펼쳐 들었다. 아이들은 곧 소지하고 있던 라이터로 신문지에 불을 붙여 가게 건물 근처의 커다란 플라스틱 쓰레기 상자 밑으로 던

4 Court of Appeals에서의 항소. 각주 3 참고.

5 동 판결문은 이 항소사건에 대한 Bingham of Cornhill 경의 판결과 그에 동조하는 동료 재판관들의 의견으로 이루어져 있다.

next to the shop wall. From the second bin the fire spread up under the overhanging eave, to the guttering and the fascia and then up into the roof space of the shop until eventually the roof of the shop and the adjoining buildings caught fire. The roof collapsed. Approximately £1m worth of damage was caused. The appellants' case at trial was that they expected the newspaper fires to extinguish themselves on the concrete floor of the yard. It is accepted that neither of them appreciated that there was any risk whatsoever of the fire spreading in the way that it eventually did.

3 An indictment was preferred against the appellants charging them with arson contrary to section 1(1) and (3) of the Criminal Damage Act 1971. The particulars of the offence charged were that they on 22 August 2000 "without lawful excuse damaged by fire commercial premises belonging to ... others being reckless as to whether such property would be damaged".

4 Section 1 of the 1971 Act provides:

"(1) A person who without lawful excuse destroys or damages any property belonging to another intending to destroy or damage any such property or being reckless as to whether any such property would be destroyed or damaged shall be guilty of an offence.

"(2) A person who without lawful excuse destroys or damages any property, whether belonging to himself or another — (a) intending to destroy or damage any property or being reckless as to whether any property would be destroyed or damaged; and (b) intending by the destruction or damage to endanger the life of another or being reckless as to whether the life of another would be thereby endangered; shall be guilty of an offence.

"(3) An offence committed under this section by destroying or damaging property by fire shall be charged as arson."

Section 4(1) of the Act provides that a person guilty of arson under section 1 shall on conviction on indictment be liable to imprisonment for life.

The trial

5 The appellants stood trial before Judge Maher in March 2001. At the outset of the trial, submissions were made on the meaning of "reckless" in section 1(1) since the appellants were charged with being reckless whether the premises would be destroyed or damaged and not with

져 놓고는 신문지에 붙은 불을 끄지 않은 채 마당에서 벗어났다. 불은 곧 신문지에서 쓰레기 상자로, *1039 상자에서 가게 벽에 붙어 있던 유사한 모양의 또 다른 쓰레기 상자로, 그곳에서 다시 돌출된 가게의 홈통과 벽면, 지붕 모서리를 타고 올라가 결국 후에는 내려앉아 버린 가게의 지붕과 인근 건물로 옮아 갔고, 대략 1백만 파운드의 재산 손해를 발생시켰다. 1심 당시 항소인들은 신문지에 붙은 불이 마당의 콘크리트 바닥에서 스스로 꺼질 것이라고 예상하였기에 장소를 이탈한 것이었다고 항변하였다. 항소인들이 사건 당시 불이 건물로 옮아 화재를 발생시킬 위험을 전혀 인식하지 못했었다는 사실은 확인된 바 있다.

3 항소인들은 형사손괴법 제1조 (1)과 (3)항의 방화죄, 구체적으로는 2000년 8월 22일 "면책사유 없이 무모하게 타인의 재물을 소훼(燒燬)"한 행위로 기소되었다.

4 형사손괴법의 1조는 다음과 같이 규정한다:

(1) 면책사유 없이 고의로 혹은 무모하게 타인의 재물을 손괴 또는 파괴한 행위는 유죄이다.[6]

(2) 면책사유 없이 타인 혹인 자신의 재물을 손괴 또는 파괴한 행위 중에서

(a) 고의로 혹은 무모하게 그 손괴 또는 파괴 행위를 하였으며

(b) 고의로 혹은 무모하게 그 손괴 또는 파괴 행위로 인하여 타인의 생명에 위험을 초래한 행위는 유죄이다.

(3) 동조의 손괴 또는 파괴 행위(전 2항의 행위)를 소훼(燒燬)의 방식으로 한 자는 방화의 죄를 묻도록 한다.

동법 제4조 (1)항은 제1조의 방화의 죄에 최고 무기징역까지 선고할 수 있도록 규정하고 있다.

1심재판

5 항소인들은 1심에서 2001년 4월 Maher 판사가 주재하는 법정에 서게 되었다. 항소인들

6 직역하자면, "합법적인 이유 없이 타인의 재물을 손괴하되 그 재물의 손괴에 관하여 의도적이었거나 혹은 그 재물이 손괴될 것이라는 점에 관해 무모한 태도를 가진 경우 유죄이다."

intending to destroy or damage them. The judge ruled (in effect) that he was bound to direct the jury in accordance with R v Caldwell [1982] AC 341.

6 This is what the judge did. He helpfully provided the jury with a typed copy of this part of his direction and said:

"If we look at this together, what the prosecution have to prove is: (1) the defendant damaged by fire the building, the commercial premises, shown in the photographs; (2) that the defendant in doing what he did, created a risk which would have been obvious to an ordinary, reasonable bystander watching that the building, the commercial premises, would be damaged by fire; and (3) that when he, meaning a defendant, did what he did, either he had not given any thought to the possibility of there being such a risk, or having recognised that there was some risk involved in *1040 doing what he did, nonetheless went on and did the act. The word 'risk' which appears in paragraph 3 means, as will be apparent, I hope, from the wording of paragraph 2, the risk that the building would be damaged by fire. So, those are the matters which the prosecution have to prove."

The judge pointed out that proof of the first of these matters was not in dispute. The judge then addressed the second matter and continued:

"That does not mean the boys are guilty of this offence, because it is questions nos 2 and 3 which are at the heart of this case. Question no 2: that the defendant, in doing what he did, created a risk which would have been obvious to an ordinary, reasonable bystander watching that the building, the commercial premises, would be damaged by fire. So, this requires you to find as a fact on the whole of the evidence in the case, what did they do? Having established that, this is the test that you will apply: first, focus upon the moment when the two boys left the compound. Then, find as a fact, upon the evidence, what it was that would have been visible to the reasonable bystander, the ordinary reasonable bystander, looking on. Then, ask yourselves question no 2: at that moment, having determined that, would it have been obvious to that ordinary, reasonable bystander that there was a risk that the fire would spread from paper, or papers, to bin, or bins, up to the building? It is not necessary for the ordinary reasonable bystander to have foreseen in his mind the full extent of the damage which in fact occurred because, as you will well know, once fire takes hold, it is probably anybody's guess where it is going to end up. The ordinary, reasonable bystander is an adult. He does not have expert

은 당시 제1조 (1)항에서의 '의도적으로 손괴한 행위'가 아닌 동항의 '무모하게 손괴한 행위'로 기소가 된 것이었으므로 재판의 시작부터 이 "무모함"의 의미가 문제가 되었다. Maher 판사는 배심원단에 지침을 내림에 있어 이 문제에 관한 선례인 R. v Caldwell (1981) 73 Cr.App.R. 13, [1982] A.C. 341에 따라야 한다고 판단하였다.

6 즉, 그는 배심원단에 (같은 내용이 담긴 지침서를 제공한 후) 다음과 같이 말하였다:

"이 지침서를 보시면, 유죄선고를 위해 검사 측에서 증명해야 할 것은 (1) 피고인이 사진에 나와 있는 상업건물을 불로써 손상시켰다는 점, (2) 피고인이 행위를 함에 있어서 건물이 불에 탈 위험을 발생시켰고 그 위험이 보통의 합리적인 제3자라면 명백히 인식할 수 있는 위험이었다는 점, 그리고 (3) 피고인이 그러한 위험의 존재 가능성을 인식하지 못하고 행위를 했거나 혹은 *1040 인식하였음에도 불구하고 계속하여 그 화재를 유발한 행위를 하였다는 점이란 것을 알 수 있습니다. 여기서 '위험'의 의미는, 잘 아시겠지만, 건물이 불에 타 손상될 위험을 뜻합니다."

판사는 나아가 검사가 증명해야 할 이 3가지 요소 중 첫 번째에 관해서는 논쟁의 여지가 없음을 밝힌 후 두 번째 요소에 관하여 이렇게 말하였다:

"그렇다고 하여 이 소년들이 곧 유죄라는 것은 아닙니다. (2)와 (3)의 증명 여부가 이 사건의 핵심이기 때문입니다. 즉, 질문 (2)는 피고인이 행위를 함에 있어서 건물이 불에 탈 위험을 발생시켰고 그 위험이 보통의 합리적인 제3자라면 명백히 인식할 수 있는 위험이었는가의 문제인데, 이를 해결하기 위해서는 여러분께서는 제시된 모든 증거를 바탕으로 피고인들이 어떤 행위를 하였는가의 사실문제를 먼저 확립해야 할 것입니다. 이것이 확립되었다면 다음의 판단기준을 적용시켜 보시기 바랍니다: 먼저, 피고인인 두 명의 소년들이 문제의 장소를 떠난 그 순간에 집중해 주십시오. 그리고 보통의 합리적인 제3자가 그 순간 그 상황을 지켜보고 있었다고 상정하고 여러분 스스로에게 (2)의 질문을 해 주시기 바랍니다. 즉, 그 순간에, 그 보통의 합리적인 제3자가 신문지에 붙은 불이 신문지에서 쓰레기 상자로, 거기서 다시 건물들로 옮아 갈 위험을 명백하게 인식할 수 있었을까요? 이때 그 제3자가 실제 일어난 피해의 정도를 모두 예상할 수 있었어야 할 필요는 없습니다. 여러분도 아시다시피, 일단 불이 난 이상 그 불이 주위를 다 태우는 것은 당연지사이니까요. 여기서 보통의 합리적인 제3자란 성인을 의미합니다. 그는 전문적인 지식을 가진 자는 아니지만 어른이 되어 가는 평범한 일

knowledge. He has got in his mind that stock of everyday information which one acquires in the process of growing up. This is why to leave this question to a jury of 12 is probably the best tribunal that one could have for answering this question. You will notice also that we are using the language, the vocabulary of risk — not certainty. When you answer this question as to whether it would have been obvious to an ordinary reasonable bystander watching that the fire, in effect, would spread as I have just explained it, the ages of these defendants are irrelevant. Their good characters are irrelevant. No allowance is made by the law for the youth of these boys or their lack of maturity or their own inability, if such you find it to be, to assess what was going on. So, if it would have been obvious to an ordinary, reasonable bystander that there was a risk of the fire spreading (as I have just described) to the building, it is irrelevant that you say, 'Well, we think this is a bit harsh. We don't think it would have been apparent to these boys, even though it might have been apparent to an ordinary, reasonable bystander.' It is too bad. So, in that sense, when you are answering this question, you leave wholly on one side everything you know about these two young boys here because — I repeat — it is what would have been perceived by the ordinary, reasonable bystander which is the test."

The judge observed:

"Now, I say to you, quite frankly, that you may think this is a harsh test to apply to youngsters, because no allowance is made for age and immaturity. Many people would be sympathetic with you. But, it is my task to expound the law to you as it is, and it is your duty to apply the law *1041 as it is —not as you might like it to be — to the facts of the case. Sympathy can play no part in the answering of this question. Now, I cannot tell you — or even begin to help you — and it would be quite wrong for me to try and help you, with what the ordinary, reasonable bystander would not have perceived as a risk in terms of the fire spreading from paper to bin, to building. You have heard the evidence and you will decide."

The judge then directed the jury on the third of the matters he had listed:

"Let me assume the prosecution have jumped hurdle no 2. Hurdle no 3 must also be jumped, and here you see it is in two parts: that when he did what he did, either he had not given any thought to the possibility of there being such a risk, or having recognised that there was some risk involved in doing what he did, none the less he went on and did the act. Now, I begin with the second part of paragraph 3 which is a question that does concern the state of mind of the two boys. If you were to say, 'We are, all 12 of us, satisfied so that we are sure that these boys when they started the fire and left the compound, appreciated in their minds that there was some risk of the fire spreading from paper to bin, to soffit, to building, and nonetheless went on and

상에서 얻은 축적된 정보를 지니고 있는 자이지요. 바로 이 점이 이 문제의 해결을 12명의 배심원 여러분에게 맡기는 것이 가장 합당한 해결책이 되는 이유입니다. 또한 우리가 확인해야 하는 것은 피해가 발생할 '위험'이지 '확실성' 이 아닌 것에 주목해 주시기 바랍니다.

또, 여러분께서 이 위험이 평균인인 제3자에게 명백하였는지의 여부를 결정해 주실 때에 피고인들의 나이는 고려 대상이 아님을 밝힙니다. 그들의 온순한 품성 역시 고려 대상이 아닙니다. 이 소년들이 아직 철이 들지 않은 어린이들이라는 점이나 그 밖의 다른 개인적 문제점들은 이 사건에 대한 평가를 함에 있어서 법적인 의미가 없습니다. 따라서, 만약 보통의 합리적인 제3자에게 있어 불이 번질 위험이 명백했더라면 여러분께서 혹 '아니 이건 너무한데. 평균인에게는 몰라도 이 아이들에게 있어 그 위험이 명백했다고는 볼 수 없을 것 같아'라고 생각하시더라도 그건 상관이 없습니다. 어쩔 수 없는 일이지요. 따라서 이 문제에 대한 답을 하실 때에 여러분께서 이 두 명의 소년들에 관해 알고 계신 모든 점은 잊어 주십시오. 왜냐하면, 다시 한 번 말씀 드리지만, 평가기준은 '보통의 합리적인 제3자가 어떻게 인식했느냐'이기 때문입니다.

물론 여러분께서는 이 판단기준이 소년들에게 너무 가혹한 것이라고 여기실 수 있습니다. 많은 사람들이 동정하는 마음에서 그렇게 생각하겠지요. 하지만, 제 임무는 여러분께 법문 그대로를 설명해 드리는 것이고 여러분의 임무는 사실관계에 역시 *1041 법문 그대로를 적용시키는 것입니다. 이 문제를 답하는 데에 있어 동정심은 접어두셔야 하는 것입니다.

자, 평균인인 제3자가 어떤 경우에 불이 번질 위험을 인식하고 또한 어떤 경우에 그러하지 못했는지를 판단하는 것은 여러분의 몫입니다—저는 이 판단에 관해서는 도움을 드릴 수 없습니다. 증거자료를 모두 살펴보셨으니 그에 기반해 잘 판단해 주시기 바랍니다."

판사는 이어 세 번째 증명요소에 관한 지도를 시작하였다:

"일단 검사 측에서 두 번째 요소를 증명했다고 가정해 보겠습니다. 세 번째 증명요소는 두 가지 경우의 수로 구성되어 있습니다: 즉 피고인이 행위를 함에 있어 그 위험을 전혀 인식하지 못하고 행위한 경우, 혹은 인식을 했음에도 불구하고 계속해서 그 행위를 한 경우입니다.

먼저 두 번째 경우를 살펴보지요. 만약 여러분께서 '우리 12명은 두 소년들이 신문지에 불을 붙이고 사건장소를 떠날 때에 불이 건물로 번질 위험을 인식하였으나 이에 불구하고 아무 조치도 취하지 않았다고 확신합니다'라고 하신다면 피고인들은 분명 유죄라는 결론에 이를 것입니다. 그러나 검사 측의 주된 기소내용은 이 두 번째 경우와는 조금 다릅니다. 여러분

did what they did', then it is difficult to see how they could be anything other than guilty of this offence. It is not primarily the way the prosecution put their case. As you know, to cut a long story short, the boys have said to you, each of them, as they said in their second interview to the police, that it never crossed their minds for a moment that there was this risk of the fire actually spreading to the building itself. Now, it is a matter for you whether you believe them, but I am going to proceed on the basis that you will say either that you are satisfied that they — that their minds did not perceive the risk of the fire spreading to the building, or you will say, 'Well, we can' t be sure that that serious finding can be made against them.' If that is so, then the first part of paragraph 3 is satisfied—that they had not given any thought to the possibility of there being such a risk — that is, a risk of the fire spreading, as I have just described, to the building itself. You will see that if a defendant says, 'I didn't give any thought whatsoever to the possibility of the fire spreading from what I had done to a building itself', that is no defence if question no 2 is answered by a jury against such a person. So, pulling it all together — and I suspect that your deliberations may centre around this — if you say, 'Well, hurdle no 1 is jumped, and we don't think these young boys, in their minds, gave any thought to the possibility of the fire spreading from paper, to bin, to soffit, to building, but — but, it would have been obvious to an ordinary, reasonable bystander watching that the fire might spread to the building, and that the building might be damaged by the fire', then they are guilty of the offence."

7 After the jury had retired on the afternoon of 21 March the judge made clear, in the presence of the appellants, that "nothing unpleasant" awaited them even if the jury convicted. But the jury had difficulty reaching a verdict. Later that afternoon they asked the judge why they should consider the risk as perceived by a reasonable person or layman. He replied:

"The answer to that lies in my task. My task is to give you directions on the law asit is, and it is your task to apply the directions on the law as *1042 I have expounded it to you to the facts as you find them. I am not free to give you a direction on the law which perhaps some of us might like it to be; nor are you free to substitute your own view of what the law is for the law as I have explained it to you. At the beginning of the trial you took an oath to try the case on the evidence presented to you, and part of that involves taking the law from me. That is my function. Just to explain a little more to you, the Criminal Damage Act 1971 creates the offence of criminal damage. It was not new; it has existed, as you know, for centuries. But, that is the up-to-date statute. The higher courts — the House of Lords, in particular — the Law Lords have given guidance to all courts as to how juries are to be directed as to the meaning of the word 'reckless' in this context. That direction must be followed by trial judges because I am no more free to invent the law, or to make it up as I go along, than anyone else is. It is my task to do my best to

도 아시다시피, 소년들은 경찰의 조사 때에 밝힌 바와 같이 여기 법정에서도 사건 당시 불이 건물까지 옮아 갈 위험에 대해서는 생각해 본 적이 없다고 증언하였습니다. 물론, 이 증언을 믿을 것인가는 여러분에게 달려 있지만 일단 여러분께서 믿으신다고 가정한다면, 즉 당시 피고인들이 화재의 위험을 인식하지 못하였거나 인식했다고 확신할 수는 없다고 생각하신다면 이는 곧 첫 번째 경우에 해당하게 될 것입니다—즉 피고인이 건물에 불이 옮을 위험을 인식하지 못하고 한 행위가 되는 것입니다. 하지만 이 첫 번째 경우라 하더라도, 우리가 가정한 바와 같이 이미 증명요소 (2)번이 여러분의 심사를 통과하였다면, 피고인들은 그들이 위험을 인식하지 못했다는 항변을 하지 못하게 됩니다. 즉, 모두 합쳐 생각해 보면, 여러분께서 '증명요소 (1)은 이미 통과되었으니 문제 없는데, 우린 이 어린아이들이 당시 불이 옮을 가능성을 고려하지는 않았다고 생각해. 그렇지만 그 위험은 보통의 합리적인 제3자에게는 명백한 수준의 것이었어'라고 하신다면, 비록 피고인들이 위험을 인식하지는 못하였더라도 유죄의 평결을 내리게 되는 것입니다.

7 4월 21일 배심원들은 평결을 위해 숙의하였으나 쉽게 결론을 내리지 못하였고, 그날 오후 판사에게 왜 위험을 인식했는지의 여부를 따짐에 있어서 평균인인 제3자가 그 기준이 되어야 하는 것인지를 질문하였다. 판사는 이에 다음과 같이 대답했다:

"그에 대한 대답은 저의 임무 안에 있습니다. 제 임무는 여러분께 법의 있는 그대로의 지침을 드리는 것이고, 여러분의 임무는 *1042 제가 해설해 드린 법의 지침을 그대로 사실관계에 적용시키는 것입니다. 저는 제가 법이 이러했으면 좋겠다고 원하는 대로 지침을 드리지 못하며, 여러분 역시 제가 드린 지침을 여러분 자신의 견해로 대체하실 수 없습니다. 이 재판이 시작할 때에 여러분께서는 이 사건을 여러분께 제시된 증거에 기반하여 심리할 것을 맹세하셨는데, 여기에는 제가 여러분께 드린 법의 지침을 사용할 것이 포함되어 있습니다. 그것이 이 재판에서 제가 맡은 역할입니다.

조금 더 설명을 드리자면, 형사손괴법은 범죄가 되는 손괴행위를 정의합니다. 아시다시피, 이 법은 이미 몇 세기 동안 존속해 온 법이며 새것이 아닙니다. 하지만 지금 적용되고 있는 성문법이기도 하지요. 보다 높은 법원, 특히 귀족원은 모든 법원들에 이 법의 '무모함'의 의미에 관해 배심원에게 어떻게 지도할 것인지에 관한 지침을 내린 바가 있습니다. 법을 만들어 낼 수 없는 1심 재판관들은 이 지침을 따라야만 합니다. 제 임무는 법의 모습을 확인하고, 배심원에게 관련된 법이 무엇인지 알 수 있도록 이를 명확하게 해설해 주는 것입니다. 이것이 제

identify the law, and to expound it to a jury clearly and accurately so that the jury know what the relevant principles of law are. That is what I have done. That is the task that every judge in every trial has. The jury must act upon the direction which they are given. You may remember, I said that some may feel it is a harsh test, and there are many who would be sympathetic to that view. But, sympathy does not permit me to give you a direction on the law other than as it is. Similarly, applying that direction means that you — if I may answer your question — must consider the risk as perceived by a reasonable person or layman because that is the test; that is the law which is applicable in this area."

The judge went on to repeat his direction on the three matters the prosecution had to prove. The jury were unable to agree on a verdict that afternoon. They returned on another day and convicted. On receiving the verdict the judge adjourned the proceedings for a pre-sentence report, but said:

"For the benefit of whoever may speak to the preparer of the report, I am quite satisfied that they did not intend to burn down the building. Indeed, the prosecution never alleged that they so intended. I am quite satisfied in my mind that they subjectively did not perceive a risk in their minds that the building would be burned down. As we know, the question posed by the jury as to why they had to act upon the direction which I gave to them strongly suggests to me — and this is the basis upon which I propose to proceed — that the correct approach to sentence is that they have been convicted — this is the basis upon which I propose to sentence — that the risk they created would have been perceived by an adult; by a reasonable bystander as carrying with it a risk of damage to the building."

The judge expressed regret at the law he had felt bound to apply, and added:

"I am satisfied in my mind that this is just one of those almost childish — maybe 'prank' is too mild a word — which just went horribly wrong, and there, but for the grace of God, go many people. Members of the jury, with respect, it is irrelevant as to whether you share these sentiments, but I see that some of you may do."

*1043 In due course the judge made a one-year supervision order in the case of each appellant. It was not suggested in argument before the House that the judge's directions to the jury were other than correct on the law as then understood and applied.

The historical background

8 Section 51 of the Malicious Damage Act 1861 (24 & 25 Vict c 97) provided, so far as

가 한 일입니다. 이것은 모든 재판관의 임무이지요. 또한 배심원은 지도를 받은 대로 판단해야 합니다. 이전에 제가 여러분께 적용해야 할 판단기준이 조금 가혹하다고 느껴지거나 이 사건에 대해 동정심을 느낄 수도 있을 것이라고 말씀드린 바 있습니다. 그렇다고 해서 제가 여러분께 법의 모습과 다른 지침을 드릴 수는 없습니다.

결국, 여러분의 질문에 답을 하자면, 제가 지침을 드린 대로 이 분야에서 적용되는 법의 판단기준은 일반적인 평균인의 인식 가능성 여부이고, 따라서 여러분께서는 이 기준을 그대로 적용해야만 하는 것입니다."

판사는 이어 검사 측에서 증명해야 할 세 가지 요소에 대해 다시 한 번 지도를 하였다. 배심원단은 결국 그날 결론을 내리지 못하였고, 며칠 후 결국 유죄의 판정을 내리게 된다. 판사는 이 평결을 받아보고서 잠시 휴정하고는 다음과 같이 말하였다:

"나는 이 사건에서 피고인들이 의도적으로 건물에 화재를 일으켰다고 생각하지 않습니다. 사실 검사 측에서도 피고인들에 고의가 있었다고 주장하지는 아니하였습니다. 나는 또한 이 사건에서 피고인들이 건물에 화재가 발생할 위험을 인식했다고도 생각지 않습니다. 그럼에도, 배심원단이 제게 한 '왜 판사가 제시한 지침대로만 법을 적용해야만 하는가' 하는 질문으로 미루어 보면, 그 위험은 합리적인 어른인 제3자에게는 인식 가능한 것이었기 때문에, 유죄 판결을 내리는 것이 여기서는 합당한 결론이라고 생각합니다."

판사는 나아가 그가 적용할 수밖에 없는 법에 대한 회의를 표시한 후 다음과 같이 덧붙였다:

"나는 우리의 피고인들이 그저 짓궂은 어린아이들의 장난이 어쩌다가 크게 잘못된 사고를 일으킨 경우라고 생각합니다. 배심원 여러분, 비록 중요한 사실은 아니지만 여러분 대다수가 이런 제 생각에 동의하고 계신 건 알고 있습니다."

*1043 판사는 절차에 따라 각각의 피고인들에 1년간의 보호관찰을 선고하였다. 위 재판에서 판사가 배심원단에게 내린 법의 지침에 관하여, 그 지침이 당시 적용되던 법에 따른 올바른 것이 아니었다는 주장은 기록상 제기된 바가 없었다.

역사적 배경

8 Malicious Damage Act 1861[7]의 51조는 다음과 같이 규정하고 있었다:

relevant:

"Whosoever shall unlawfully and maliciously commit any damage, injury, or spoil to or upon any real or personal property whatsoever ... the damage, injury, or spoil being to an amount exceeding five pounds, shall be guilty of a misdemeanour ..."

The defendant in R v Pembliton (1874) LR 2 CCR 119 was charged under this section. He had been fighting in the street and had picked up a large stone and thrown it at the people he had been fighting with. The stone missed its human target but broke a window causing damage of a value exceeding £5. The jury convicted the defendant, although finding that he had not intended to break the window, and the recorder referred the case to the Court of Crown Cases Reserved (Lord Coleridge CJ, Blackburn J, Pigott B, Lush J and Cleasby B) which quashed the conviction. The words "unlawfully and maliciously" were very widely used in the 1861 Act and the issue on appeal was whether the defendant had acted "maliciously". Lord Coleridge CJ said, at p 122:

"it seems to me that what is intended by the statute is a wilful doing of an intentional act. Without saying that if the case had been left to them in a different way the conviction could not have been supported, if, on these facts, the jury had come to a conclusion that the prisoner was reckless of the consequence of his act, and might reasonably have expected that it would result in breaking the window, it is sufficient to say that the jury have expressly found the contrary."

Blackburn J was of the same opinion:

"The jury might perhaps have found on this evidence that the act was malicious, because they might have found that the prisoner knew that the natural consequence of his act would be to break the glass, and although that was not his wish, yet that he was reckless whether he did it or not; but the jury have not so found, and I think it is impossible to say in this case that the prisoner has maliciously done an act which he did not intend to do."

"누구든지 불법적으로 그리고 악의적으로 타인의 재물을 손괴하여 … 5파운드 이상의 손해를 발생시킨 자는 유죄이다 …"

R. v Pembliton (1874) L.R. 2 CCR 119는 피고인은 바로 이 조항으로 기소를 당한 사건에 해당한다. 이는 피고인이 길거리에서 싸움을 벌이던 도중 돌을 집어 들어 상대방에 던졌는데 그 돌이 빗나가 한 건물의 창문에 맞았고, 5파운드 이상의 재산손해를 발생시킨 사건이었다. 배심원단은 피고인이 사건 당시 창문을 깰 의도가 없었다고 결론을 내렸음에도 불구하고 그에게 유죄평결을 내렸고, 지방법원 판사의 위탁을 받은 항소법원인 Court of Crown Cases Reserved[8]에서는 이 유죄판결을 폐기하였다. 위 1861년 법의 "불법적이고 악의적으로"라는 문구는 매우 광범위하게 쓰이고 있었는데, 항소심에서는 피고인이 "악의적으로" 행위하였는지의 여부가 주된 문제가 되었다.

항소법원의 Coleridge 경은 이에 관해 다음과 같이 말하였다:

"동 법 조항에서 해당 문구가 의미하는 것은 의도적인, 고의적 행위라고 생각된다. 혹 배심원단이 피고인이 행위를 할 때에 그 행위의 결과에 대해 무모한 태도를 견지했으며 창문을 깰 수도 있다는 사실을 합리적으로 예견할 수 있었다고 결론을 내렸다면 모르겠지만, 분명 1심에서 배심원단은 그렇게 판단하지 않았고 그렇다면 유죄의 판정은 받아들일 수 없다."

Blackburn 판사 역시 이와 같은 의견을 표했다:

"배심원은 제출된 증거자료를 바탕으로, '피고인이 사건 당시 자신의 행위의 자연스런 결과로서 유리창이 깨질 수 있다고 생각했거나 비록 그 결과를 바라지는 아니하였으나 그 결과의 발생에 관해 무모한 태도를 가지고 있었다고 여겨지므로, 피고인의 행위가 악의적이었다'는 결론을 내릴 수도 있었을 것이다. 하지만 배심원단은 그런 결론을 내리지 아니하였고 그러하다면 이 사건에서 피고인이 그가 의도하지도 않은 행위를 악의적으로 행하였다고는 볼 수 없다."

7 이전에는 재물의 손괴에 관한 주된 법이었으나, Criminal Damage Act 1971의 제정 이후로는 주로 운송기관에 대한 손괴를 규정하는 법으로 변모하였다. 즉 동 법은 지금은 철도나 도로, 혹은 등대에 대한 고의적인 손괴행위를 금지한다.

8 1848년 설립된 형사 항소사건을 다루는 법원. 지방법원 판사가 위탁하는 방식이며, 매년 선택된 몇 개의 사건만 심리를 받게 된다. 사실문제가 아닌 법의 문제만 다시 판단함.

Thus the court interpreted "maliciously" as requiring proof of intention, but were inclined to accept that intention could be shown by proof of reckless disregard of a perceived risk. This was also the approach followed in R v Welch (1875) LR 1 QB 23, where the defendant faced charges of unlawfully and maliciously killing, maiming and wounding a mare contrary to section 40(1) of the 1861 Act. The trial judge was held to have been right to direct the jury to convict if they found that the defendant in fact intended to kill, maim or wound the mare or, in the alternative, that he knew that what he was doing would or might kill, maim or wound the mare and nevertheless did what he did recklessly and not caring whether the mare was injured or not.

9*1044 The first eight sections of the 1861 Act all related to arson and all used the expression "unlawfully and maliciously". In Outlines of Criminal Law, 1st ed (1902), Professor Kenny addressed the meaning of "maliciously" with particular reference to arson. He wrote, at pp 163-165 (footnotes omitted):

"(a) 'Maliciously.' Burning a house by any mere negligence, however gross it be, is, as we have seen, no crime; (an omission in our law which may well be considered as deserving the attention of the legislature). Even the fact that this gross negligence occurred in the course of the commission of an unlawful act, or even of a felonious one, will not suffice to render the consequent burning-down indictable as an arson. For in any statutory definition of a crime, 'malice' must, as we have already seen, be taken—not in its vague common law sense as a 'wickedness' in general, but — as requiring an actual intention to do the particular kind of harm that in fact was done. Consequently, if a criminal, when engaged in committing some burglary or other felony, negligently sets fire to a house, he usually will not be guilty of arson ... But it must not be supposed that everyone who has maliciously set fire to some article which it is not arson to burn, will necessarily become guilty of arson if the fire should happen to spread to an arsonable building. For when a man mischievously tries to burn some chattel inside a house, and thereby, quite accidentally and unintentionally, sets fire to the house, this does not constitute an arson. And even if his setting fire to this chattel inside the building was intrinsically *likely* to result in setting fire to the building itself, he still will not necessarily be guilty of arson. For it is essential to arson that the incendiary either should have intended the building to take fire, or, at least, should have recognised the probability of its taking fire and have been reckless as to

즉 항소법원은 "악의"를 설명함에 있어 고의를 그 요소로 하였지만 '인식된 위험에 대한 무모한 경시(輕視)' 가 있는 경우 역시 고의의 한 모습으로 인정하는 경향을 보였다. 이러한 경향은 R. v Welch (1875) L.R. 1 QBD 23 사건에서 역시 이어졌다. 이는 피고인이 1861년 법 제40조 (1)항에 반하여 '불법적이고 악의적으로' 암말 수 마리를 도살하고 상처를 입힌 사건이었는데, 지방법원 판사는 재판 당시 배심원들을 지도할 때, 만약 피고인이 실제로 말들을 도살하고 상처를 입힐 의도가 있었던 경우 혹은 '자신의 행위로 인하여 말들이 죽거나 상처를 입을 수도 있을 것이라는 점을 알고 있었으나 그럼에도 불구하고 그 가능한 결과에 대해 신경 쓰지 아니하고 무모하게 그 행위를 계속한 경우' 의 두 가지 경우에 유죄평결을 하도록 지도하였다. 항소심에서 이것이 문제가 되었으나, 항소법원은 이 지침은 올바른 것이었다는 판결을 내렸다.

9 *1044 1861년 법의 처음 8개 조항은 모두 방화죄와 관련되어 있었고 이 조항들은 모두 "불법적이고 악의적으로"라는 표현을 쓰고 있다. Kenny 교수는 1902년 출판한 *Outlines of Criminal Law*라는 저서의 초판에서 "악의적으로"의 의미에 관하여 특별히 방화죄의 예를 들며 다음과 같이 언급한 바 있다(위의 저서 pp. 163-165):

"(a) '악의적으로': 우리가 살펴본 바와 같이, 단순한 과실로 인해 집에 불을 지른 것은 그 과실이 얼마나 중대한 것이었든 간에 범죄가 아니다; (이는 입법부가 관심을 가져야 할 법의 공백이기도 하다). 비록 피고인에게 이러한 중과실이 그가 불법행위를 하는 과정이나 심지어는 범죄행위를 하는 과정에서 있었다 하더라도, 그것만으로 그중과실의 결과인 화재를 방화죄로 판단할 수는 없다. 왜냐하면, 형법에서 범죄의 정의상 '악의'란 '부정한'이라는 일반적인 의미로 해석되는 것이 아니고 사실상 결과로서 일어난 그 특정한 손해를 발생시킬 실제의 의도를 요하는 것으로 해석해야 하기 때문이다. 따라서 만약 주거침입절도 등의 범인이 과실로 그 집에 불을 지르게 될 경우 그는 방화죄의 유죄는 아니다 … 그러나 방화죄의 객체가 되지 않는 물건을 태워서 방화죄의 객체가 되는 건물 등에 불이 옮은 경우 모두가 다 방화죄가 되는 것은 아니다. 가령 누군가 집 안에서 장난으로 어떤 물건을 태우다가 우연하게, 부지불식간에 집에 불이 번진 경우 이는 방화죄라 할 수 없기 때문이다. 또한 만약 집 안에서 그 물건에 불을 붙임으로 해서 건물 자체에 불이 날 것이 쉽게 예상되는 것이었다 하더라도 여전히 방화죄는 성립하지 않는다. 방화죄가 성립하려면 행위자가 그 건물에 불을 지를 고의가 있었거나, 고의가 없었더라도 적어도 그 건물에 불이 붙을 가능성을 인식했어야(인식하고, 나아

whether or not it did so. Of course the mere fact that this probability was an obviously manifest one will be strong evidence to warrant the jury in finding, if they think fit, that the prisoner did, in fact, thus recognise the danger and regard it with indifference."

One of the cases cited by Kenny was R v Harris (1882) 15 Cox CC 75, where the charge was of setting fire to a dwelling house. The judge directed the jury, at p 77:

"Again, if you think that the prisoner set fire to the frame of the picture with a knowledge that in all probability the house itself would thereby be set on fire, and that he was reckless and utterly indifferent whether the house caught fire or not, that is abundant evidence from which you may, if you think fit, draw the inference that he intended the probable consequences of his act, and if you draw that inference, then, inasmuch as the house was in fact set on fire through the medium of the picture frame, the prisoner's crime would be that of arson."

This was consistent with the ratio of R v Child (1871) LR 1 CCR 307 (also cited by Kenny) where it was held that the defendant had not intended to set fire to a house and had thought that what he was doing would not do so. Another case cited by Kenny was R v Faulkner (1877) 13 Cox CC 550, decided in the Irish Court of Crown Cases Reserved. The defendant had set fire to a ship while stealing rum from its hold. He had been boring a hole by candlelight and some rum had spilled out and been ignited. It was conceded *1045 that he had not intended to burn the vessel, and his conviction was quashed. Barry J said, at p 555:

"[R v Pembliton] must be taken as deciding that to constitute an offence under the [Malicious Damage Act], section 51, the act done must be in fact intentional and wilful, although the intention and will may (perhaps) be held to exist in, or be proved by, the fact that the accused knew that the injury would be the probable result of his unlawful act, and yet did the act reckless of such consequences."

10 R v Pembliton was again relied on in R v Cunningham [1957] 2 QB 396. The defendant in that case had wrenched a gas meter from the wall and stolen it. Gas had escaped. He was charged under section 23 of the Offences against the Person Act 1861 (24 & 25 Vict c 100) with unlawfully and maliciously causing a noxious thing, namely coal gas, to be taken by the victim. He pleaded not guilty but was convicted. Giving the reserved judgment of the Court of Criminal Appeal, Byrne J said, at pp 399-400:

"We have considered those cases [among others, R v Pembliton and R v Faulkner], and we

가 그 결과에 대해 무모한 태도를 견지했어야) 하기 때문이다. 물론 그 가능성이 명백한 것이라는 점은 배심원이 피고인이 실제로 그 위험을 인식하였는지에 대해 긍정적으로 판단하는 데에 있어 유력한 증거가 되기는 할 것이다."

Kenny 교수가 인용한 판례 중의 하나인 R. v Harris (1882) 15 Cox Cc 75 역시 거주지에 불을 지른 사건이었다. 이 사건에서 판사는 배심원들을 다음과 같이 지도하였다:

"여러분께서 만일 피고인이 액자에 불을 붙이는 자신의 행위로 인해 집 전체로 불이 번질 가능성을 인식하고도 그 결과에 대해 무모하고도 무관심하였다고 생각하신다면 이는 여러분께서 피고인에게 그 예상되는 결과를 초래할 고의가 있었다고 판단하실 충분한 증거가 됩니다. 또한 만약 그렇게 판단하셨다면 사건에서 실제로 액자가 발화점이 되어 집이 불탔으므로, 피고인의 죄책은 방화죄가 될 것입니다."

이러한 관점은 R. v Child (1871) L.R. 1 CCR 307(역시 Kenny교수가 인용함)에서도 그대로 유지된다. 여기서는 피고인이 불을 지를 것을 의도하지 않았으며 자신의 행동이 그러한 결과를 초래하리라 생각지 못하였으므로 방화죄의 유죄가 아니라는 판결이 나왔다. Kenny 교수가 인용한 또 다른 사건은 아일랜드 항소법원의 판결인 R. v Faulkner (1877) 13 Cox CC 550인데, 이는 피고인이 선박에서 럼주를 훔치는 도중 럼주가 촛불에 쏟아지는 바람에 배에 화재가 발생한 사건이었다. *1045 하지만 결국 피고인에게는 배를 태우려는 고의가 없었음이 인정되었고 그의 유죄판결은 파기되었다. 사건을 맡은 Barry 판사는 다음과 같이 말했다:

"R. v Pembliton 사건은 Malicious Damage Act 제51조의 죄에서 피고인의 행위가 고의적이었는지를 판단하는 기준으로 사용되어야 한다. 이때, 피고인이 자신의 불법한 행위로 인해 손해가 발생할 수 있다는 점을 알았고 그 예상 가능한 결과에 대해 무모하게 자신의 행위를 계속한 경우 역시 그에게 고의가 있었다고 말할 수 있다.

10 Pemblion 사건은 R. v Cunningham (1957) 41 Cr.App.R. 155, [1957] 2 Q.B. 396 판결에서 다시 언급된다. 이는 피고인이 벽에서 가스 계량기를 잡아 떼어 훔쳐갔고 이로 인해 가스가 새 나간 사건이었는데, 피고인은 Offences against the Person Act 1861 제23조에 따라 불법적이고 악의적으로 유해물질 즉 석탄가스를 피해자에게 유포한 죄로 기소를 당하였고, 1심에서 피고인은 무죄를 주장하였으나 유죄판결을 받았다. 항소법원에서 Byrne 판사는 판결문에서 다음과 같이 말했다:

have also considered, in the light of those cases, the following principle which was propounded by the late Professor C S Kenny in the first edition of his *Outlines of Criminal Law* published in 1902 and repeated at p 186 of the 16th edition edited by Mr J W Cecil Turner and published in 1952: 'In any statutory definition of a crime, malice must be taken not in the old vague sense of wickedness in general but as requiring either (1) An actual intention to do the particular kind of harm that in fact was done; or (2) recklessness as to whether such harm should occur or not (i e, the accused has foreseen that the particular kind of harm might be done and yet has gone on to take the risk of it). It is neither limited to nor does it indeed require any ill will towards "the person injured".' The same principle is repeated by Mr Turner in his 10th edition of *Russell on Crime* at p 1592."

That was accepted as an accurate statement of the law. In the course of his able address, Mr Perry (for the Crown) pointed out, correctly, that the words quoted had not appeared in the first (1902) edition written by Professor Kenny. It does not, however, appear that the later summary misrepresents what the Professor had written, quoted in paragraph 9 above.

11R v Mowatt [1968] 1 QB 421 arose from the robbery by the defendant of a victim W. When W retaliated, the defendant struck him in the face. He was charged with wounding with intent to do grievous bodily harm contrary to section 18 of the Offences against the Person Act 1861, on which an alternative verdict of unlawful wounding contrary to section 20 of that Act was open to the jury. The trial judge gave no direction to the jury on the meaning of "maliciously" and the jury convicted under section 20. The defendant's appeal against conviction on the ground of this non-direction failed. In a judgment of the Court of Appeal (Diplock LJ, Brabin and Waller JJ) reference was made to R v Cunningham [1957] 2 QB 396 and the court, at p 425, cast no doubt on the proposition that "maliciously in a statutory crime postulates foresight of consequence", but the court regarded Professor Kenny's more general statement as inapposite to the specific alternative statutory offences described in sections 18 and 20: pp 425-426. The court held, at p 426, that "maliciously" imports an awareness that an *1046 act may have the consequence of causing some physical harm to some other person, even if the harm foreseen was relatively minor. The court ruled, at pp 426-427:

"But where the evidence for the prosecution, if accepted, shows that the physical act of the accused which caused the injury to another person was a direct assault which any ordinary person would be bound to realise was likely to cause some physical harm to the other person (as,

"우리는 그 판례들을 검토해 보았고[그중에서도 특히 R. v Pembliton 와 R. v Faulkner] 그로부터 C S Kenny 교수가 1902년에 발행한 *Outlines of Criminal Law* 초판에서 제시했고 다시 Mr. J. W. Cecil Turner가 편집하여 1952년에 발행한 제16판에서 다시 거론한 다음의 원리를 확인하였다: "어떤 범죄의 법률상의 정의에서 '악의'란 구태의연하고 막연한 '부정한'이라는 일반적인 의미로 해석되는 것이 아니고 (1) 사실상 결과로서 일어난 그 특정한 손해를 발생시킬 실제의 의도나 혹은 (2) 그 손해가 발생할 것인지에 대한 무모함(즉 피고인이 그 특정한 손해가 발생할 것을 예상하였으나 그 위험을 감수하고 행위한 것) 둘 중 하나를 요하는 것으로 해석해야 한다. 따라서 피해자에 대한 나쁜 감정, 해악을 끼치려는 의지가 필요한 것은 아니다. 동일한 원칙이 Mr. Turner Russell의 저서 *Crime*(제10판)의 1592쪽에 반복해서 주장되고 있다."

이 원칙은 동 사건에서 역시 올바른 법의 해석으로 받아들여졌다. 1심에서 검찰측의 Mr. Perry는 위에 인용된 문구가 Kenny 교수의 책 초판에는 나오지 않았다는 것을 짚어 낸 바가 있고 이는 사실이지만, 이러한 추후의 정리는 Kenny 교수가 초판에 적은, 위 9문단에 인용된 내용을 잘 요약하고 있다.

11 R. v Mowatt (1967) 51 Cr.App.R. 402, [1968] 1 Q.B. 421 판결은 피고인이 강도죄를 범하던 중 피해자 W가 반항하자 안면을 가격한 사건이다. 피고인은 Offences against the Person Act 1861의 제18조의 중상해의 고의로 상해한 죄와 선택적으로는 제20조의 불법적 상해죄로 기소가 되었다. 1심에서 판사는 "악의적으로"의 의미에 관해 배심원 지도를 하지 아니하였고, 배심원은 결국 제20조의 유죄의 평결을 내렸다. 피고인은 이에 배심원 지도의 부재를 이유로 항소하였으나 이는 기각당하였다. Diplock 수석재판관, Brabin와 Waller 판사가 주재한 항소심의 판결에서는 R. v Cunningham(1957) 사건에 대한 언급이 이루어졌고 "형법 법률상 '악의적으로'는 결과에 대한 예상을 전제한다"라는 원칙에 대한 이의는 제기되지 아니하였지만, Kenny 교수의 보다 일반적인 해석에 대해서는 사건의 제18조와 제20조의 범죄를 설명하는 데에는 적절하지 않다고 판단하였다. 즉 항소법원은 판결문 425쪽과 426쪽에서 "악의적으로"란 *1046 어떤 행위가 타인에게 경미하게라도 신체적 훼손을 일으킬 수 있다는 사실을 인식하였다는 의미를 내포한다고 하면서도 다음과 같이 말하였다(426-427쪽):

"그러나 검찰 측의 증거가 타인에게 상해를 입힌 피고인의 행위가 보통 사람이라면 누구나 신체적 훼손을 초래할 것을 예상할 수 있을 만큼 직접적인 공격(가령 무기나 장화를 신은 발

for instance, an assault with a weapon or the boot or violence with the hands) and the defence put forward on behalf of the accused is not that the assault was accidental or that he did not realise that it might cause some physical harm to the victim, but is some other defence such as that he did not do the alleged act or that he did it in self-defence, it is unnecessary to deal specifically in the summing up with what is meant by the word 'maliciously' in the section ... In the absence of any evidence that the accused did not realise that it was a possible consequence of his act that some physical harm might be caused to the victim, the prosecution satisfy the relevant onus by proving the commission by the accused of an act which any ordinary person would realise was likely to have that consequence."

The 1971 Act

12 In its second programme of law reform the Law Commission, then under the chairmanship of Scarman J, envisaged the codification of the criminal law. As part of that project it examined a number of specific offences, among them the law of malicious damage, on which it published its Working Paper No 23 in April 1969. This described the Malicious Damage Act 1861, despite five later amending statutes, as "unsatisfactory": paragraph 2. In a brief statistical introduction the Law Commission drew attention, in paragraph 9, to the prevalence of malicious damage offences among the youngest criminal age group (the 10 to 14- year-olds) as well as among other juveniles, and to the fact that more than half of those convicted of the most serious offence (arson) were under 21. In a section on "The Mental Element" the Law Commission referred to a working party which was formulating draft propositions on the mental element in crime and observed, in paragraph 31:

"For the present purpose, we assume that the traditional elements of intention, knowledge and recklessness (in the sense of foresight and disregard of consequences or awareness and disregard of the likelihood of the existence of circumstances) will continue to be required for serious crime."

In paragraph 33 of the working paper the Law Commission identified "intent to do the forbidden act or recklessness in relation to its foreseen consequences" as the "essential mental element in the existing malicious damage offences" and quoted with apparent approval the passage from R v Cunningham [1957] 2 QB 396 which is set out in paragraph 10 above. The Law Commission considered that the word "maliciously" should be avoided (paragraph 34) and favoured its replacement by "wilful or reckless": paragraph 64. It proposed (paragraph 68) that

을 사용한 공격이나 혹은 맨손으로 휘두른 폭력일지라도)이었다는 점을 증명하고 있고 또한 피고인이 자신의 공격이 우발적이었다거나 행위 당시 신체적 훼손을 일으킬 위험을 인식하지 못하였다고 항변하는 것이 아니고 그러한 행위 자체를 한 적이 없다거나 정당방위를 주장하는 경우에는 그 조항에서의 '악의적으로'가 무엇을 의미하는지 구체적으로 고찰할 필요가 없다. … 피고인이 당시 자신의 행위로 인하여 피해자에게 상해를 입힐 수 있다는 사실을 인식하지 못하였다는 증거가 없는 이상 이런 경우 검찰 측은 피고인의 행위가 보통 사람이라면 누구나 그 결과를 예상할 수 있었다는 사실을 증명함으로써 입증책임을 완수하였다고 본다 …"

1971년 법

12 Scarman 판사가 위원장으로 있었던 당시 법률위원회의 두 번째 법률 개혁안은 형법의 성문화를 그 과제로 삼았다. 이 계획의 일환으로 위원회는 몇 가지 특정 범죄들을 검토하여 1969년 4월 Working Paper 23번을 출판하였는데 악의적인 손괴의 죄도 그중 하나였다. 이 Working Paper는 Malicious Damage Act 1861을 일컬어, 5개 조항이 수정되었음에도 불구하고, "만족스럽지 못하다"(두 번째 문단에서)라고 표현하였다. 법률위원회는 (9번째 문단에서) 통계자료를 제시하며 가장 어린 형사집단인10세에서 14세의 범죄 행위나 청소년 범죄 중 악의적인 손괴행위가 지배적으로 많다는 점, 그리고 가장 중한 죄인 방화죄의 유죄를 선고받은 자의 절반 이상이 21세 미만이라는 점을 지적하였다. 나아가 "심리적 요소"라는 항목에서는 범죄의 심리적 요소에 관한 초안을 작성할 것을 제의하며 다음과 같이 썼다(31번째 문단):

"이러한 목적을 달성하기 위해, 고의, 인지와 무모의 전통적 요소(즉 결과에 대한 예상과 무시, 혹은 결과의 존재 가능성에 대한 인식과 그에 대한 무시)는 계속하여 범죄의 성립요건이 된다고 본다."

Working Paper의 33번째 문단에서 법률위원회는 "금지된 행동을 할 고의나 예상한 그의 결과에 대한 무모함"을 "기존 악의적 손괴죄의 필수적인 정신적 요소"로 인정하고 위의 10 문단에 소개한 바 있는 R. v Cunningham 판결을 인용하였다. 나아가 법률위원회는 "악의적으로"라는 용어를 "고의적 혹은 무모하게"로 바꾸어 쓸 것을 제안하였다(64번째 문단). 또한 68번째 문단에서 이 새로이 정의된 범죄들은 기존의 "전통적인 범의, 즉 결과에 대한 고의나 무모함, *1047 혹은 결과에 대한 인식이나 무모함"을 계속하여 그 성립요건으로 할 것을 제안하

the new group of offences should require "traditional mens rea, in the sense of intention or recklessness *1047 in relation to prescribed consequences, and, where appropriate, knowledge or recklessnessin relation to prescribed circumstances". The working paper does not suggest that the law as then understood was thought to be leading to unjustified acquittals. In a published comment on the working paper, Professor Brian Hogan wrote [1969] Crim LR 283, 288:

"What is implicit in 'maliciously' in the present law will appear explicitly as intention or recklessness in the new code. No doubt the meanings ascribed to intention and recklessness in the codification of the general principles will be applied mutatis mutandis to offences of damage to property."

13 In its Report on Offences of Damage to Property (Law Com No 29) published in July 1970, the Law Commission broadly followed, in respects relevant to this appeal, the lines of the working paper. On the mental element of criminal damage offences the Law Commission said, in paragraph 44:

"In the area of serious crime (in contrast to offences commonly described as 'regulatory offences' in which the test of culpability may be negligence, or even a test founded on strict liability) the elements of intention, knowledge or recklessness have always been required as a basis of liability. The tendency is to extend this basis to a wider range of offences and to limit the area of offences where a lesser mental element is required. We consider, therefore, that the same elements as are required at present should be retained, but that they should be expressed with greater simplicity and clarity. In particular, we prefer to avoid the use of such a word as 'maliciously', if only because it gives the impression that the mental element differs from that which is imposed in other offences requiring traditional mens rea. It is evident from such cases as R v Cunningham and R v Mowatt that the word can give rise to difficulties of interpretation. Furthermore, the word 'maliciously' conveys the impression that some ill-will is required against the person whose property is damaged."

It does not appear from the report that the Law Commission's consultation had elicited any complaint that the existing law was unduly favourable to defendants. Annexed to the report was a draft Bill: in this clause 1(1) and (2) were exactly as enacted in the 1971 Act, but what became section 1(3) was omitted. On 16 June 1970, a month before this report was published, the Law Commission had published its Working Paper No 31, General Principles: The Mental Element in Crime. In that working paper a definition of recklessness was proposed, on p 48:

"A person is reckless if — (a) knowing that there is a risk that an event may result from his conduct or that a circumstance may exist, he takes that risk, and (b) it is unreasonable for him to

였다. 하지만 법률위원회가 기존 법이 부당한 무죄방면을 야기하고 있다고 판단한 것은 아니었다고 해석된다. Brian Hogan 교수는 위 Working Paper에 대한 그의 논문 ([1969] Crim. L.R. 283, 288)에서 다음과 같이 썼다:

"'악의적으로' 에서는 고의나 무모함이 암시적으로만 함축되어 있었다면 새 법에서는 명시적이 되었다. 일반 원칙을 성문화함에 있어 사용되는 고의와 무모함의 의미는 필요한 변경을 가하여 재산범죄에 적용될 것이다."

13 1970년 7월에 발간된 *Report on Offences of Damage to Property*[9] (Law Com. No.29)에서 법률위원회는 Working Paper에서 제안된 의견을 따르기로 했다. 범죄의 심리적 요건에 관해서 법률위원회는 다음과 같이 말하였다(44번째 문단):

"44. 비난 가능성의 판단기준이 '과실의 유무'이거나 심지어는 무과실책임이 부과되는 규제적 범죄[10]와는 달리 중한 범죄의 영역에 있어서는 고의, 위험의 인식 혹은 무모함이 항상 성립요건이었다. 현재 형법계의 경향은 이 성립요건들을 보다 넓게 확산시키고 심리적 요소가 요건이 되지 않는 범죄의 영역을 한정하고자 하는 것이다. 따라서 우리는 현재의 성립요건들을 그대로 유지하고 다만 이들을 보다 간단하고 명확하게 표현하고자 한다. 특히, '악의적으로'의 용어를 더 이상 사용하지 않기로 한다. 이 용어는 다른 범죄에서 요구되는 전통적인 범의와는 다른 심리적 요소를 의미하는 듯한 인상을 주기 때문이다. R. v Cunningham나 R. v Mowatt 등의 판결을 보더라도 이 용어의 해석에 어려움이 따른다는 것을 알 수 있다. 또한, '악의적으로'라는 용어는 피해자에 대해 해악을 끼치려는 감정을 필요로 하는 듯한 인상을 주기도 한다…"

이 보고서에서도 역시 법률위원회에서 기존의 법이 부당하게 피고인 측에 유리한 것이었다는 판단을 하였다는 내용은 도출하기 어렵다. 이 보고서에는 법의 초안이 첨부되어 있는데, 제1조 (1)와 (2)항은 그대로 1971년 법에 제정이 되었고 (3)항은 후에 추가되었다. 동 보고서가 발간되기 한 달 전인1970년 6월 16일, 법률위원회는 Working Paper 31번(일반적 원칙들: 범죄에 있어서 심리적 요소)을 발표했다. 여기서는 무모함을 다음과 같이 정의하고 있다(p.48):

9 재산범죄에 관한 보고서.

10 영국 형법상 비난 가능성의 판단기준이 낮아 범의를 그 요건으로 하지 않는 범죄.

take it having regard to the degree and nature of the risk which he knows to be present."

In the 1971 Act as passed all except six sections of the Malicious Damage Act 1861, a lengthy Act, were repealed, very much as the Law Commission had proposed.

14 Enactment of the 1971 Act did not at once affect the courts' approach to the causing of unintentional damage. In R v Briggs (Note)[1977] 1 WLR 605*1048 the defendant had been charged under section 1(1) of the 1971 as a result of damage caused to a car and the appeal turned on the trial judge's direction on the meaning of "reckless". The appeal succeeded since the judge had not adequately explained that the test to be applied was that of the defendant' s state of mind. The Court of Appeal (James LJ, Kenneth Jones and Pain JJ) ruled, at p 608: "A man is reckless in the sense required when he carries out a deliberate act knowing that there is some risk of damage resulting from that act but nevertheless continues in the performance of that act." This definition was adopted but modified in R v Parker (Daryl) [1977] 1 WLR 600 where the defendant in a fit of temper had broken a telephone by smashing the handset violently down on to the telephone unit and had been convicted under section 1(1) of the 1971 Act. The court (Scarman and Geoffrey Lane LJJ and Kenneth Jones J) readily followed R v Briggs (Note), at p 603, but held that the defendant had been fully aware of all the circumstances and that if, at p 604 "he did not know, as he said he did not, that there was some risk of damage, he was, in effect, deliberately closing his mind to the obvious — the obvious being that damage in these circumstances was inevitable. " The court accordingly modified the Briggs definition in this way, at p 604:

"A man is reckless in the sense required when he carried [*sic*] out a deliberate act knowing or closing his mind to the obvious fact that there is some risk of damage resulting from that act but nevertheless continuing in the performance of that act."

This modification made no inroad into the concept of recklessness as then understood since, as pointed out by Professor Glanville Williams, Textbook of Criminal Law (1978), p 79, cited by Lord Edmund-Davies in his dissenting opinion in R v Caldwell [1982] AC 341, 358: "A person cannot, in any intelligible meaning of the words, close his mind to a risk unless he first realises that there is a risk; and if he realises that there is a risk, that is the end of the matter."

"행위자는 다음과 같은 경우 무모하였다고 본다,

(a) 자신의 행위로 인해 어떤 결과가 발생할 가능성을 알면서도 그 위험을 감수하였고 또한

(b) 그가 인식한 위험의 정도와 성격을 고려해 보았을 때 그 위험을 감수하는 것이 비합리적이라고 판단되는 경우."

1971년 법은 Malicious Damage Act 1861의 6개 조항을 제외한 나머지 조항을 모두 수용하였고 오랜 기간 존속하였던 1871년은 법률위원회에서 제안한 바와 같이 폐지되었다.

14 1971년 법의 제정은 고의적이지 않은 손해의 발생에 대한 법원의 접근방식에 바로 영향을 미치지는 아니하였다. R. v Briggs (Note) (1976) 63 Cr.App.R. 215, [1977] 1 W.L.R. 605는 *1048 피고인이 자동차를 손괴하여 1971년 법의 제1조 (1)항으로 기소가 된 사건이었는데 항소심에서 1심판사의 "무모함"에 대한 배심원 지도가 문제가 되었다. James 수석재판관, Kenneth Jones와 Pain 판사가 주재한 항소법원은 1심 판사가 무모함의 판단기준은 피고인의 심리상태라는 점을 적절하게 설명하지 않았다는 이유로 항소를 받아들이며 다음과 같이 판결했다(218쪽과 608쪽):

"행위자가 자신의 의도적인 행위로 인해 손해가 발생할 위험이 있다는 사정을 알면서도 그 행위를 계속하는 경우 그는 무모하다고 할 수 있다."

이러한 정의는 피고인이 흥분한 상태에서 수화기를 세게 내려놓아 전화기를 망가뜨려서 제1조 (1)항으로 기소가 된 사건인 R. v Parker (Daryl) (1976) 63 Cr.App.R. 211, [1977] 1 W.L.R. 600에서 수정되어 수용되었다. 즉 항소법원은 R. v Briggs(Note) 판결을 따랐지만 (214쪽와 603쪽) 피고인은 행위 당시 결과적 상황을 분명히 인식하고 있었다고 판단하고서는 나아가 비록 "피고인이 주장하는 바와 같이 그가 손해 발생의 위험을 알지 못한 경우라 하더라도, 그는 그 명백한 사정을 의도적으로 외면하였다고 보아야 한다."고 하였다.

동 법원이 이에 따라 수정한 Briggs의 정의는 다음과 같다 (214쪽과 604쪽):

"행위자가 자신의 의도적인 행위로 인해 손해가 발생할 위험이 있다는 사정을 알면서도, 혹은 그 명백한 사정을 외면하고 그 행위를 계속한 경우 그는 무모하다고 할 수 있다."

하지만 이러한 수정은 이 판례에서만 시도되었을 뿐 당시 통용되던 무모함의 개념에 영향을 미치지는 못하였다. Glanville Williams 교수는 *Textbook of Criminal Law*(1978)에서 (p.79) "먼저 인식하지도 아니한 위험을 외면할 수는 없다; 또한 만약 위험을 인식한 경우라면 이미 기존의 정의상 무모한 행위에 포함되므로 더 이상 논할 실익이 없다."

15 The meaning of "reckless" in section 1(1) of the 1971 Act was again considered by the Court of Appeal (Geoffrey Lane LJ, Ackner and Watkins JJ) in R v Stephenson [1979] QB 695. The defendant had tried to go to sleep in a hollow he had made in the side of a haystack. Feeling cold, he had lit a fire in the hollow which had set fire to the stack and damaged property worth £ 3,500. He had been charged and convicted under section 1(1) and (3) of the 1971 Act. The defendant however had a long history of schizophrenia and expert evidence at trial suggested that he may not have had the same ability to foresee or appreciate risks as the mentally normal person. Giving the reserved judgment of the court, Geoffrey Lane LJ, at pp 700-703, reviewed the definition of recklessness in the Law Commission's Working Paper No 31 (see para 13 above), the acceptance of that definition by the leading academic authorities and the House of Lords' adoption of a subjective meaning of recklessness in tort in Herrington v British Railways Board [1972] AC 877. The court, at p 703, thought it fair to assume that those who were responsible for drafting the 1971 Act were intending to preserve its legal meaning as described in Kenny and expressly approved in R v Cunningham [1957] 2 QB 396. The court then continued: *1049

"What then must the prosecution prove in order to bring home the charge of arson in circumstances such as the present? They must prove that (1) the defendant deliberately committed some act which caused the damage to property alleged or part of such damage; (2) the defendant had no lawful excuse for causing the damage; these two requirements will in the ordinary case not be in issue; (3) the defendant either (a) intended to cause the damage to the property, or (b) was reckless as to whether the property was damaged or not. A man is reckless when he carries out the deliberate act appreciating that there is a risk that damage to property may result from his act. It is however not the taking of every risk which could properly be classed as reckless. The risk must be one which it is in all the circumstances unreasonable for him to take. Proof of the requisite knowledge in the mind of the defendant will in most cases present little difficulty. The fact that the risk of some damage would have been obvious to anyone in his right mind in the position of the defendant is not conclusive proof of the defendant's knowledge, but it may well be and in many cases doubtless will be a matter which will drive the jury to the conclusion that the defendant himself must have appreciated the risk."

The appeal was accordingly allowed. But the court recognised that what it called the subjective definition of recklessness produced difficulties. One of these was where a person

이 논지는 R. v Caldwell (1981) 73 Cr.App.R. 13, [1982] A.C. 341 판결 중 Edmund-Davies 경의 반대의견에서 인용되기도 하였다(358쪽).

15 1971년 법 제11조 (11)항의 "무모함"의 의미는 항소법원이 심리한 R. v Stephenson (1979) 69 Cr.App.R. 213, [1979] Q.B. 695 사건에서 다시 한 번 문제가 되었다. 이는 피고인이 건초더미 옆에서 잠을 자려다가 추위를 느껴 불을 지폈는데, 그 불이 건초더미에 옮아 £3,500의 재산손해를 발생시켜 1971년 법 제1조 (1), (3)항에 의해 기소된 사건이다. 사건의 피고인은 오랫동안 정신분열증을 앓고 있었고, 때문에 위험을 예상하거나 인지하는 능력이 정상인 수준에 미치지 못할 수 있다는 것이 1심에서의 전문가의 증언이었다. 항소법원의 Geoffrey Lane 수석재판관은 위에서 언급한 법률위원회의 Working Paper 31번의 무모함의 정의와 이 정의를 받아들인 학문적 권위자들의 의견, 그리고 귀족원이 불법행위법에 있어서 무모함의 주관적 의미를 채택한 사건인 Herrington v British Railways Board [1972] A.C. 877 판결 등을 참고하여 판결을 내렸다. 그는 1971년 법을, Kenny 교수의 저서와 R. v Cunningham (1957) 사건에서 언급된 바와 같이, 기존의 법적 의미를 유지하도록 해석하는 것이 입법자의 의도를 바르게 이해하는 것이라고 하며 나아가 다음과 같이 판결하였다: *1049

"그렇다면 검사 측에서 방화죄의 유죄를 이끌어내기 위해서는 무엇을 증명해야만 할 것인가? 검사 측은 다음의 세 가지, 즉 (1) 피고인의 행동으로 인하여 재산에 손해가 발생한 점, (2) 그 손해를 발생시킨 데에 어떠한 합법적인 이유가 없는 점; 이 두 가지 요건은 일반적인 경우 문제가 되지 않을 것이다; 그리고 (3) 피고인이 (a) 재산에 손해를 발생시킬 고의가 있었거나 (b) 그 재산의 손해가 발생할 것이라는 점에 관하여 무모한 태도를 견지한 사실을 입증해 내야 한다. 무모한 태도란 피고인이 자신의 행위로 인하여 재산에 손해가 발생할 수 있다는 위험을 인식하면서도 그 행위를 의식적으로 진행시키는 것을 의미한다. 하지만 여기서 말하는 위험이란 모든 위험을 의미하는 것은 아니고, '모든 정황을 고려해 보았을 때 행위자가 감수하기에 비합리적인 위험'을 뜻한다. 여기서 피고인이 위험을 인식하였다는 그 주관적인 사정을 증명하는 데에는 많은 경우 어려움이 따를 것이다. 만일 일반적 정상인이 사건현장에 있었더라면 그에게 재산의 손해가 발생할 위험이 자명하였을 것이라는 사실은 물론 배심원으로 하여금 피고인 역시 그 위험을 인식하였을 것이라고 추정하도록 하겠지만 이 사실만으로는 피고인 자신이 그 위험을 인식하였다는 확정적인 증거는 되지 못한다."

by self-induced intoxication deprived himself of the ability to foresee the risks involved in his actions. The court suggested that a distinction was to be drawn between crimes requiring proof of specific intent and those, such as offences under section 1(1) of the 1971 Act, involving no specific intent, p 704: "Accordingly it is no defence under the Act of 1971 for a person to say that he was deprived by self-induced intoxication of the ability to foresee or appreciate an obvious risk."

16 In Archbold, Pleading, Evidence and Practice in Criminal Cases, 40th ed (1979), on which jury directions were no doubt routinely based at the time, the better view was said, at p 958, para 1443c, to be "that whereas 'intent' requires a desire for consequences or foresight of probable consequences, 'reckless' only requires foresight of possible consequences coupled with an unreasonable willingness to risk them".

R v Caldwell

17 R v Caldwell [1982] AC 341 was a case of self-induced intoxication. The defendant, having a grievance against the owner of the hotel where he worked, got very drunk and set fire to the hotel where guests were living at the time. He was indicted upon two counts of arson. The first and more serious count was laid under section 1(2) of the 1971 Act, the second count under section 1(1). He pleaded guilty to the second count but contested the first on the ground that he had been so drunk at the time that the thought there might be people in the hotel had never crossed his mind. His conviction on count 1 was set aside by the Court of Appeal which certified the following question:

"Whether evidence of self-induced intoxication can be relevant to the following questions — (a) Whether the defendant intended to endanger the life of another; and (b) Whether the defendant was reckless as to whether the life of another would be endangered, within the meaning of section 1(2)(b) of the Criminal Damage Act 1971."

*1050 In submitting that the two questions should be answered (a) Yes and (b) No, counsel for the Crown did not challenge the correctness of R v Briggs (Note) [1977] 1 WLR 605 or R v Stephenson [1979] QB 695.

18 In a leading opinion with which Lord Keith of Kinkel and Lord Roskill agreed, but from which Lord Wilberforce and Lord Edmund-Davies dissented, Lord Diplock discounted Professor Kenny's statement of the law approved in R v Cunningham [1957] 2 QB 396 (see paragraph 10 above) as directed to the meaning of "maliciously" in the 1861 Act and having

따라서 항소는 받아들여졌지만, 법원은 무모함의 주관적 정의 때문에 무모함의 여부를 판단하는 것은 쉬운 일이 아님을 인정하였다.

16 당시 판사들의 배심원 지도의 지침으로 활용되었던 *Archbold Pleading, Evidence and Practice in Criminal Cases*의 1979년판(제40판)에서는 958쪽 1443c 문단에서 고의와 무모함을 다음과 같이 구별한다: "고의는 결과에 대한 요망을 필요로 함에 반해 무모함은 발생 가능한 결과에 대한 예견과 그 위험을 감수하려는 비합리적인 의지만을 필요로 한다."

R. v Caldwell

17 R. v Caldwell (1981) 73 Cr.App.R. 13, [1982] A.C. 341는 피고인이 스스로 초래한 명정상태에서 행위한 사건이었다. 피고인은 그가 근무하던 호텔 주인에 불만을 품고서 매우 취한 상태에서 손님들이 묵고 있던 호텔에 불을 질렀고, 1971년 법의 제1조 (1)항[11]과 보다 중한 죄인 제1조 (2)항[12]의 두 가지 방화죄로 기소가 되었다. 피고인은 (1)항의 죄는 유죄를 인정하였으나 가중범인 (2)항의 죄에 대하여서는 사건 당시 너무나 취해 있어서 호텔에 누군가 묵고 있을 거라는 생각은 한 번도 해 본 적이 없다고 항변하였다. 따라서 항소심에서는 이 (2)항의 죄의 인정 여부가 문제가 되었고 이를 해결하기 위해서는 "스스로 초래된 명정상태에서 행위한 사실이 1971년 법의 제1조 (2)항 (b)호의 두 가지 요소인 타인의 생명에 위험을 초래하려 한 '고의' 혹은 타인의 생명에 위험을 초래할 것에 대한 '무모함' 양자를 입증하는 데에 각각 어떠한 영향을 끼칠 것인가"라는 질문에 답을 할 필요가 있었다.

18 Diplock 경은 2인이[13] 찬동하고 2인은[14] 반대의견을 표시하여 다수의견이 된 판결문을 쓰면서 위에서 언급한, R. v Cunningham 사건에서 수용된 바 있는 Kenny 교수의 해석에 관하여 이를 1861년 법의 "악의적으로"에 국한시켜야 하며 그 해석을 1861년 법의 "무모함"에

11 면책사유 없이 고의로 혹은 무모하게 타인의 재물을 손괴한 행위.

12 면책사유 없이 타인의 재물을 손괴하였으며 고의로 혹은 무모하게 그 손괴행위로 인하여 타인의 생명에 위험을 초래한 행위.

13 Lord Keith of Kinkel과 Lord Roskill.

14 Lord Wilberforce와 Lord Edmund-Davies.

no bearing on the meaning of "reckless" in the 1971 Act: p 351. It was, he held, no less blameworthy for a man whose mind was affected by rage or excitement or drink to fail to give his mind to the risk of damaging property than for a man whose mind was so affected to appreciate that there was a risk of damage to property but not to appreciate the seriousness of the risk or to trust that good luck would prevent the risk occurring: p 352. He observed:

"My Lords, I can see no reason why Parliament when it decided to revise the law as to offences of damage to property should go out of its way to perpetuate fine and impracticable distinctions such as these, between one mental state and another. One would think that the sooner they were got rid of, the better."

Reference was made to R v Briggs (Note) [1977] 1 WLR 605, R v Parker (Daryl) [1977] 1 WLR 600 and R v Stephenson [1979] QB 695, but Lord Diplock saw no warrant for assuming that the Act of 1971, whose declared purpose was to revise the law of damage to property, intended "reckless" to be interpreted as "maliciously" had been: p 353. He preferred the ordinary meaning of "reckless " which, at pp 353-354:

"surely includes not only deciding to ignore a risk of harmful consequences resulting from one's acts that one has recognised as existing, but also failing to give any thought to whether or not there is any such risk in circumstances where, if any thought were given to the matter, it would be obvious that there was. If one is attaching labels, the latter state of mind is neither more nor less 'subjective' than the first. But the label solves nothing. It is a statement of the obvious; mens rea is, by definition, a state of mind of the accused himself at the time he did the physical act that constitutes the actus reus of the offence; it cannot be the mental state of some non-existent hypothetical person."

To decide whether a person had been reckless whether harmful consequences of a particular kind would result from his act it was necessary to consider the mind of "the ordinary prudent individual": p 354. In a passage which has since been taken to encapsulate the law on this point, and which has founded many jury directions (including that in the present case) Lord Diplock then said, at p 354:

"In my opinion, a person charged with an offence under section 1(1) of the Criminal Damage Act 1971 is 'reckless as to whether any such property would be destroyed or damaged' if (1) he does an act which in fact creates an obvious risk that property will be destroyed or damaged and (2) when he does the act he either has not given any thought to the possibility of there being any such risk or has recognised that there was *1051 some risk involved and has none the less gone on to do it. That would be a proper direction to the jury; cases in the Court of Appeal which held otherwise should be regarded as overruled."

On the facts Lord Diplock concluded that the defendant's unawareness, owing to his self-

적용시킬 수는 없다고 하였다. 나아가 그는 분노나 흥분, 혹은 음주의 영향으로 재물에 손괴를 가할 위험을 생각하지 못한 행위가 그러한 영향으로 그 위험은 인식하였지만 그 위험의 심각성을 인식하지 못하거나 운이 좋아 그 위험이 현실화되지 않을 것이라고 믿은 행위에 비하여 비난 가능성이 떨어지지 않는다고 하였다: 352쪽. 그는 나아가 다음과 같이 말하였다:

"동료 재판관 여러분, 나는 의회가 손괴에 관한 범죄에 대한 법률을 개정하면서 정신상태와 관련하여 굳이 일부러 이렇게 실용적이지 못하고 애매한 구분을 유지했을 것이라고는 보지 않는다. 그러한 구분은 빨리 없앨수록 좋다고 생각된다."

판결문에는 R. v Briggs(1976)와 R. v Parker(Daryl)(1977) 그리고 R. v Stephenson (1979) 사건들에 대한 언급도 있었지만, Diplock 경은 1971년의 입법의 목적이 분명 재산에의 손괴죄를 개정하는 데에 있다는 점을 고려하면 "무모함"을 기존 "악의적으로"와 같이 해석할 근거는 없다고 하였다: 353쪽. 그는 353-354쪽에서 다음과 같이 기술한 "무모함"의 일상적 의미를 선호하였다:

"무모함에는 자신의 행동과 관련해 존재한다고 인식한 유해한 결과에 대한 위험을 무시하기로 하는 것뿐 아니라 그 문제에 대해 생각을 했으면 당연히 그러한 위험의 존재를 인식했을 상황에 그 위험을 인지조차 하지 못한 경우도 포함이 된다. 굳이 분류를 하고자 해도 후자의 경우가 전자보다 조금도 더 "주관적"이거나 덜 "주관적"이지 않다. 그러나 이러한 분류 자체도 아무런 도움이 되지 않는다. 이는 당연한 사실의 진술일 뿐이다. 범의라는 말의 정의 자체가 행위자가 범죄를 구성하는 물리적 행위를 했을 당시에 가지고 있던 정신상태이지 존재하지 않는 가정의 인물의 정신상태일 수는 없다."

이러한 관점에서 행위자가 자신의 행위로 인해 발생할 결과에 대하여 무모했는지의 여부를 결정하기 위해서는 "보통의 신중한 개인"의 심리상태를 고려하는 것이 필요하였다: 354쪽. Diplock 경의 354쪽의 다음의 문장은 이 문제에 관한 일반원칙으로 여겨져 왔고 후에 여러 사건에서 (위에서 살펴본 바와 같이 지금 우리의 사건을 비롯하여) 배심원 지도의 기반이 되었다:

"내 생각으로는 1971년의 형사손괴법 제1조 제1항으로 기소된 피고인이 '그러한 재산이 훼손되거나 파괴될 것이라는 점에 대해 무모한' 경우란 (1) 그가 해당 재산이 훼손되거나 파괴될 명백한 위험을 초래하는 행위를 하였으며, (2) 그가 그 행위를 함에 있어 그러한 위험이 존재할 가능성을 전혀 생각지 아니하였거나 혹은 그 위험을 인식하기는 하였지만 그럼에도 불구하고 그 행위를 한 경우를 의미한다. 이것을 판단하게 하는 것이 배심원 지도의 올바른 방

induced intoxication, of the risk of endangering the lives of hotel residents was no defence if that risk would have been obvious to him had he been sober: p 355. He held that evidence of self-induced intoxication was relevant to a charge under section 1(2) based on intention but not to one based on recklessness: p 356.

19 In his dissenting opinion Lord Edmund-Davies expressed "respectful, but profound, disagreement" with Lord Diplock's dismissal of Professor Kenny's statement which was "accurate not only in respect of the law as it stood in 1902 but also as it has been applied in countless cases ever since, both in the United Kingdom and in other countries where the common law prevails": p 357. Lord Edmund-Davies drew attention to the Law Commission' s preparation of the 1971 Act and its definition of recklessness in Working Paper No 31, at pp 357- 358, and continued: "It was surely with this contemporaneous definition and the much respected decision of R v Cunningham [1957] 2 QB 396 in mind that the draftsman proceeded to his task of drafting the Criminal Damage Act 1971." He observed, at p 358:

"In the absence of exculpatory factors, the defendant's state of mind is therefore all-important where recklessness is an element in the offence charged, and section 8 of the Criminal Justice Act 1967 has laid down that: 'A court or jury, in determining whether a person has committed an offence — (a) shall not be bound in law to infer that he intended *or foresaw* a result of his actions by reason only of its being a natural and probable consequence of those actions; but (b) shall decide whether he did intend *or foresee* that result by reference to all the evidence, drawing such inferences from the evidence as appear proper in the circumstances.' "

Lord Edmund-Davies differed from the majority on the relevance of evidence of self-induced intoxication: in his opinion such evidence was relevant to a charge under section 1(2) whether the charge was based on intention or recklessness: p 361.

R v Lawrence (Stephen)

20 Judgment was given by the House in R v Lawrence (Stephen) [1982] AC 510 on the same day as R v Caldwell [1982] AC 341, although only two members (Lord Diplock and Lord Roskill) were party to both decisions. The defendant had ridden a motor cycle along an urban street

향이며, 이와 다른 내용의 항소법원 판결은 변경된 것으로 간주해야 할 것이다."

Diplock 경은 나아가 피고인이 스스로 명정상태가 되어 호텔 숙박객들의 생명에 초래될 위험을 인식하지 못하였다는 것은 그가 정상의 상태였다면 그 위험을 명백히 인식하였을 것이라고 인정되는 이상 정당한 항변이 되지 못한다고 결론지었다. 따라서 그는 자의의 명정상태에서의 행위라는 사정이 제1조 (2)항에서 고의를 조각하기는 하지만 무모함의 인정에는 영향을 미치지 못한다고 판시하였다: 356쪽.

19 Edmund-Davies 경은 이에 대한 반대 의견에서 Diplock 경이 Kenny 교수의 견해를 인정하지 않은 것에 대하여 Kenny 교수의 견해는 "1902년 당시의 법의 해석일 뿐 아니라 이후에 영국과 보통법의 지배를 받는 다른 국가들에서 수도 없는 사건들에 적용되어 온 정확한 법의 해석"이라고 하였다: 357쪽. Edmund-Davies 경은 357-358쪽에서 1971년 법 제정 당시 법률위원회의 Working Paper 31번에 언급된 무모함의 정의에 주의를 환기시키며 다음과 같이 말하였다: "입법자는 분명 1971년 법을 제정할 때에 이 무모함의 동시대적인 정의와 R. v Cunningham 판결을 염두에 두었을 것이다." 그는 나아가 358쪽에서 다음과 같이 말하였다:

"따라서 무죄를 입증하는 다른 사정이 없는 이상 무모함이 요건인 범죄의 유, 무죄를 판단함에 있어서는 피고인 자신의 심리적 상태가 중요한 요소가 되며 Criminal Justice Act 1967의 제8조는 다음과 같이 설명한다: '법원이나 배심원은 피고인이 유죄인가를 판단함에 있어서 (a) 피고인의 행위의 결과가 자연스럽고 충분히 예상되는 것이라는 사정만으로 그가 그 결과를 의도하거나 예상했다고 단정하여서는 안되며, (b) 모든 정황을 살펴 보아 그 자신이 실제로 그 결과를 의도하거나 예상하였다고 보는 것이 합당할 것인가를 결정해야만 한다.'"

Edmund-Davies 경은 따라서 스스로 초래한 명정상태에서의 행위의 평가에 관해 다수의 견과 달리 그 행위는 제1조 (2)항에서의 고의와 무모함 양자를 모두 조각할 수 있다고 판단하였다: 361쪽.

R. v Lawrence (Stephen)

20 두 명(Diplock 경과 Roskill 경)의 판사만이 양 사건의 공통된 판사였음에도 불구하고 R. v Lawrence (Stephen) (1981) 73 Cr.App.R. 1, [1982] A.C. 510에 대한 판단은 R. v Caldwell(1981) 판결과 같은 날 귀족원에 의해 내려졌다. 피고는 해질 녘이 지난 뒤 도시 거

after nightfall and had collided with and killed a pedestrian He had been charged and convicted under section 1 of the Road Traffic Act 1972 which made it an offence to cause the death of another person by driving a motor vehicle on a road recklessly. His appeal had succeeded on the ground of an inadequate direction to the jury. The issue on appeal to the House concerned the mental element in a charge of reckless driving.

21 Lord Hailsham of St Marylebone LC, agreeing with Lord Diplock, at p 516, and with the majority in R v Caldwell, at p 521, understood recklessness to evince "a state of mind stopping short of deliberate intention, and going beyond mere inadvertence": p 520. Lord Diplock rehearsed the *1052 history of motoring offences based on recklessness beginning with section 1 of the Motor Car Act 1903 and applied essentially the same test as laid down in R v Caldwell, by reference to the "ordinary prudent individual": p 526. He formulated an appropriate jury direction to the same effect, mutatis mutandis, as that in R v Caldwell, at pp 526-527. But he added, at p 527:

"It is for the jury to decide whether the risk created by the manner in which the vehicle was being driven was both obvious and serious and, in deciding this, they may apply the standard of the ordinary prudent motorist as represented by themselves. If satisfied that an obvious and serious risk was created by the manner of the defendant's driving, the jury are entitled to infer that he was in one or other of the states of mind required to constitute the offence and will probably do so; but regard must be given to any explanation he gives as to his state of mind which may displace the inference."

Lord Fraser of Tullybelton, Lord Roskill and Lord Bridge of Harwich agreed with Lord Hailsham and Lord Diplock.

Conclusions

28 The task confronting the House in this appeal is, first of all, one of statutory construction: what did Parliament mean when it used the word "reckless" in section 1(1) and (2) of the 1971 Act? In so expressing the question I mean to make it as plain as I can that I am not addressing the meaning of "reckless" in any other statutory or common law context. In particular, but perhaps needlessly since "recklessly" has now been banished from the lexicon of driving offences, I would wish to throw no doubt on the decisions of the House in R v Lawrence

리에서 오토바이를 운행하다가 충돌사고를 냈으며 그로 인해 보행자를 사망에 이르게 하였다. 그는 도로에서 무모한 차량의 운행으로 인해 타인의 사망을 야기하는 행위를 범죄로 규정하는 Road Traffic Act 1972 제1조의 유죄를 선고받았다. 그는 배심원 지도의 부적절성을 원인으로 항소를 신청하였고 이는 받아들여졌다. 항소심에서 문제가 된 것은 '무모한 운전에 대한 책임을 논할 때 정신적 요소를 고려할 것인가'이었다.

21 Hailsham of St Marylebone L.C 경은 (6쪽과 520쪽에서) Caldwell 판결의 다수의견이기도 한 Diplock 경의 의견에 동의하며 무모함을 "고의에 미치지는 않고 단순한 부주의는 뛰어 넘는 심리상태"로 이해하였다. Diplock 경은 *1052 Motor Car Act 1903 제1조에서부터 차량 관련 범죄의 역사를 무모함의 측면에서 고찰한 후 동 사건에 "보통의 신중한 개인", 즉 Caldwell 판결에서 사용된 판단기준을 적용시켰다(11쪽과 526쪽). 즉 그는 1심에서 부재하였던 적절한 배심원 지도를 Caldwell 사건과 크게 다르지 않게 구성하고 다음과 같이 덧붙였다(11쪽과 527쪽): "차량을 운행한 행태로 미루어 보아 그 운행행위로 인해 발생한 위험이 명백하고 심각한 것인지를 결정하는 것은 배심원들의 몫이며, 이를 판단하기 위해서 배심원들은 보통의 신중한 운전자를 그 기준으로 사용하도록 한다. 만약 명백하고도 심각한 위험이 운전자에 의해 창출되었다고 판단한다면, 배심원들은 물론 피고인의 항변을 고려하기는 해야 하지만 피고인이 행위 당시 범죄를 구성하는 데에 필요한 몇 가지 심리상태 중 하나를 지니고 있었다고 추론할 수 있을 것이다."

Fraser of Tullybelton 경과 Roskill 경, 그리고 Bridge of Harwich경은 Hailsham 경과 Diplock 경의 이러한 의견에 동의하였다.

…(22~27 중략)

결론

28 동 항소 건에서 귀족원이 직면한 문제는 첫째로 법률의 해석 문제 즉 '1971년 법의 제(1)조 (1)항과 (2)항의 "무모함"이 무엇을 의미하는지'이다. 분명하게 밝혀두는데 여기서 고찰하고자 하는 "무모함"이란 다른 성문법이나 보통법에서 쓰이는 "무모함"과는 다른 것이다. 가령 차량 운전으로 인한 범죄행위에 있어서는 "무모함"이 더 이상 사용되지 않고, 따라서 나는 R.v Lawrence(Stephen)(1981) 판결이나 R. v Reid[1992] 1. W.L.R. 793 판결에 별다른 이

(Stephen) [1982] AC 510 and R v Reid [1992] 1 WLR 793.

29 Since a statute is always speaking, the context or application of a statutory expression may change over time, but the meaning of the expression itself cannot change. So the starting point is to ascertain what Parliament meant by "reckless" in 1971. As noted above in paragraph 13, section 1 as enacted followed, subject to an immaterial addition, the draft proposed by the Law Commission. It cannot be supposed that by "reckless" Parliament meant anything different from the Law Commission. The Law Commission's meaning was made plain both in its Report (Law Com No 29) and in Working Paper No 23 which preceded it. These materials (not, it would seem, placed before the House in R v Caldwell [1982] AC 341) reveal a very plain intention to replace the old-fashioned and misleading expression "maliciously" by the more familiar expression "reckless" but to give the latter expression the meaning which R v Cunningham [1957] 2 QB 396 and Professor Kenny had given to the former. In treating this authority as irrelevant to the construction of "reckless" the majority fell into understandable but clearly demonstrable error. No relevant change in the mens rea necessary for proof of the offence was intended, and in holding otherwise the majority misconstrued section 1 of the Act.

30 That conclusion is by no means determinative of this appeal. For the decision in R v Caldwell was made more than 20 years ago. Its essential reasoning was unanimously approved by the House in R v Lawrence [1982] AC 510. Invitations to reconsider that reasoning have been rejected. The principles laid down have been applied on many occasions, by Crown Court *1055 judges and, even more frequently, by justices. In the submission of the Crown, the ruling of the House works well and causes no injustice in practice. If Parliament had wished to give effect to the intention of the Law Commission it has had many opportunities, which it has not taken, to do so. Despite its power under Practice Statement (Judicial Precedent) [1966] 1 WLR 1234 to depart from its earlier decisions, the House should be very slow to do so, not least in a context such as this.

의를 제기하지 않는 것이다.

29 법령은 항상 적용되는 것이기 때문에, 시간이 흐르면서 그 법문 표현의 맥락이나 적용방식이 변할 수는 있지만 그 표현 자체의 의미는 변하지 않는다. 따라서 우리의 문제해결의 출발점은 1971년 의회가 법을 제정할 당시 어떤 의미로 "무모함"이라는 용어를 사용했는지를 판명하는 일이다. 위 13 문단에서 언급한 바와 같이, 제1조는 법률위원회의 제안을 따라 제정되었다. 따라서 의회에서 사용한 "무모함"의 의미가 법률위원회에서 정의한 그것과 다르다고 보기는 어렵다. 법률위원회는 그의 보고서(Law Com. No.29)와 Working Paper 23번에서 이미 그 의미를 명확하게 밝힌 바 있다. 이 자료들(분명 Caldwell 에서는 이 자료들이 검토되지 않은 듯 하다)을 살펴보면 낡고 오해하기 쉬운 표현인 "악의적으로"라는 표현을 보다 친숙한 표현인 "무모한"으로 교체하되, R. v Cunningham(1957) 판결이나 Kenny 교수가 전자에 부여했던 의미를 그대로 부여하고자 하는 명확한 의도를 알 수 있다. "무모한"의 의미를 해석하는 데에 있어 이를 고려하지 않은 대다수의 판례들은 이해할 수는 있지만 분명 우를 범한 것이다. 즉 용어의 변경은 있었지만 범죄의 구성하는 범의의 요건에는 변화가 없었고, 이와 다르게 판단한 것은 동 법의 제1조를 잘못 해석한 것이다.

30 하지만 이러한 결론은 동 항소 건에 있어서 별다른 결정력이 없는 것처럼 보이기도 한다. 왜냐하면 Caldwell에서 정립된 원칙은 이미 20년 전에 정해진 것이기 때문이다. 이 원칙은 Lawrence(Stephen)에서 다시 한 번 이견 없이 확인된 바 있다. 때때로 이 판결에 대하여 다시 한 번 고려할 것이 제안되기도 하였으나 그러한 요청은 거절되었다. 나아가 이 원칙은 지금껏 항소법원과 *1055 여타 다른 법원들에서 많은 사건에 적용되어 왔다. 귀족원의 판결은 선례를 따를 때에 비로소 제 기능을 다하며 부정의를 조장하지 않게 된다. 만일 의회가 법률위원회의 원래의 의도를 관철시키고자 하였다면 그럴 기회는 많이 있었다. 하지만 의회는 그러하지 않았다. 물론 귀족원은 Practice Statement[15](Judicial Precedent) [1966] 1 W.L.R. 1234 에 따라 자신의 선례에 구속받지 않고 이를 뒤집을 수 있게 되었으나, 이는 예외적인 경우이며 피치 못할 경우라도 그 태도의 변경은 아주 천천히 이루어져야 한다고도 볼 수 있다.

15 1966년 전까지 귀족원은 자신의 선례에 구속되었으나 이 선언으로 인해 자신의 선례를 뒤집을 수 있게 되었다. 이는 귀족원에 한정된 것으로, 여타 법원은 귀족원의 하위법원이기 때문에 이 선언과 관계없이 그의 판례에 여전히 구속된다.

31 These are formidable arguments, deployed by Mr Perry with his habitual skill and erudition. But I am persuaded by Mr Newman for the appellants that they should be rejected. I reach this conclusion for four reasons, taken together.

32 First, it is a salutary principle that conviction of serious crime should depend on proof not simply that the defendant caused (by act or omission) an injurious result to another but that his state of mind when so acting was culpable. This, after all, is the meaning of the familiar rule actus non facit reum nisi mens sit rea. The most obviously culpable state of mind is no doubt an intention to cause the injurious result, but knowing disregard of an appreciated and unacceptable risk of causing an injurious result or a deliberate closing of the mind to such risk would be readily accepted as culpable also. It is clearly blameworthy to take an obvious and significant risk of causing injury to another. But it is not clearly blameworthy to do something involving a risk of injury to another if (for reasons other than self-induced intoxication: R v Majewski [1977] AC 443) one genuinely does not perceive the risk. Such a person may fairly be accused of stupidity or lack of imagination, but neither of those failings should expose him to conviction of serious crime or the risk of punishment.

33 Secondly, the present case shows, more clearly than any other reported case since R v Caldwell, that the model direction formulated by Lord Diplock (see paragraph 18 above) is capable of leading to obvious unfairness. As the excerpts quoted in paragraphs 6-7 reveal, the trial judge regretted the direction he (quite rightly) felt compelled to give, and it is evident that this direction offended the jury's sense of fairness. The sense of fairness of 12 representative citizens sitting as a jury (or of a smaller group of lay justices sitting as a bench of magistrates) is the bedrock on which the administration of criminal justice in this country is built. A law which runs counter to that sense must cause concern. Here, the appellants could have been charged under section 1(1) with recklessly damaging one or both of the wheelie-bins, and they would have had little defence. As it was, the jury might have inferred that boys of the appellants' age would have appreciated the risk to the building of what they did, but it seems clear that such was not their conclusion (nor, it would appear, the judge's either). On that basis the jury thought it unfair to convict them. I share their sense of unease. It is neither moral nor just to convict a defendant (least of all a child) on the strength of what someone else would have apprehended if

31 검찰 측의 Mr. Perry는 노련한 법적 기술과 학식으로 위와 같은 주장을 하였다. 하지만 본인은 이러한 주장은 타당하지 않다는 피고인 측 변호사 Mr. Newman Q.C.의 의견에 동의하는 바이다. 본인은 다음과 같은 네 가지의 근거로 인해 이 같은 결론에 도달하였음을 밝히는 바이다.

32 첫째로, 중한 범죄에 대한 유죄판결은 단순히 피고인이 작위나 부작위로 인하여 타인에게 손해를 끼쳤는지의 여부 외에 행위 당시 그의 심리상태에 비난 가능성이 있는지의 여부에 달려 있다는 것은 정립된 원칙이다. 이것이 바로 '주관적인 비난 가능성이 없는 이상 행위만으로는 범죄가 되지 않는다'라는 원칙의 의미이다. 가장 명백하게 비난 가능성이 있는 심적 상태는 역시 손해를 발생시킬 고의가 있는 경우이겠지만, 그 위험을 인식하고서도 이를 무시하거나 의도적으로 그 위험을 외면한 경우 역시 비난 가능성이 있다고 볼 수 있다. 타인에게 손해를 발생시킬 명백한 위험을 감수하는 것은 분명 비난받아 마땅한 행위이기 때문이다. 하지만 피고인이 그러한 위험을 인식하지 못한 채(스스로 야기한 명정상태를 이유로 인식하지 못한 경우는 제외: R. v Majewski (1976) 62 Cr.App.R. 262, [1977] A.C. 443) 행위한 경우는 비난 가능성이 명백하지 않다. 이런 피고인에 대해서는 어리석다거나 생각이 모자라다는 평가가 가능할 뿐 이를 이유로 유죄의 판결을 내리거나 처벌을 가할 수는 없다.

33 두 번째로, 이 사건은 Caldwell 이후의 어떠한 사건들보다도 Diplock 경이 (위의 18 참고) 제안한 판단기준이 명백히 공평하지 못한 결론으로 이어질 수 있다는 것을 보여 준다. 위의 6-7에서 발췌한 바와 같이, 1심 판사는 배심원에게 어쩔 수 없이 법의 지침을 내리면서 유감을 표한 바 있고 이 지침은 배심원의 공정함에 대한 인식과도 분명히 상충하였기 때문이다. 12명의 배심원들(혹은 치안 판사 법원에서는 그보다 적은 수의 배심원들)의 공정함에 대한 관념은 이 나라의 형사법 집행의 근저를 이룬다. 이 관념에 반하는 법은 수정이 필요하다. 만약 피고인들이 쓰레기 상자를 무모하게 손괴한 죄로 기소가 되었다면 이는 항변하기 어려웠을 것이다. 배심원들은 어린 피고인들이 건물에 발생할 위험을 인식하였다고 판단할 수도 있었으나 그러지 아니하였고 판사 역시 그렇게 판단하지 아니한 듯하다. 따라서 배심원들은 피고인들에 유죄를 선고하는 것은 공정하지 않다고 생각하였다. 본인 역시 이에 동조한다. 인식하지 못한 피고인, 게다가 어린아이들에게 다른 누군가는 그 위험을 예상할 수 있었을 것이라는 이유로 유죄의 판결을 내리는 것은 도의적이지 않고 정당하지도 않다. 또한 이미 유

the defendant himself had no such apprehension. Nor, the defendant having been convicted, is the problem cured by imposition of a nominal penalty.

34 Thirdly, I do not think the criticism of R v Caldwell [1982] AC 34 expressed by academics, judges and practitioners should be ignored. A decision is not, of course, to be overruled or departed from simply because it meets with disfavour in the learned journals. But a decision which attracts reasoned and outspoken criticism by the leading scholars of the day, *1056 respected as authorities in the field, must command attention. One need only cite (among many other examples) the observations of Professor John Smith [1981] Crim LR 392, 393-396, and Professor Glanville Williams in "Recklessness Redefined" [1981] CLJ 252. This criticism carries greater weight when voiced also by judges as authoritative as Lord Edmund-Davies and Lord Wilberforce in R v Caldwell itself, Robert Goff LJ in Elliott v C [1983] 1 WLR 939 and Ackner LJ in R v R (Stephen Malcolm) 79 Cr App R 334. The reservations expressed by the trial judge in the present case are widely shared. The shopfloor response to R v Caldwell may be gauged from the editors' commentary, to be found in Archbold Pleading, Evidence and Practice in Criminal Cases, 41st ed (1982), pp 1009-1010, paras 17-25. The editors suggested that remedial legislation was urgently required.

35 Fourthly, the majority's interpretation of "reckless" in section 1 of the 1971 Act was, as already shown, a misinterpretation. If it were a misinterpretation that offended no principle and gave rise to no injustice there would be strong grounds for adhering to the misinterpretation and leaving Parliament to correct it if it chose. But this misinterpretation is offensive to principle and is apt to cause injustice. That being so, the need to correct the misinterpretation is compelling.

36 It is perhaps unfortunate that the question at issue in this appeal fell to be answered in a case of self-induced intoxication. For one instinctively recoils from the notion that a defendant can escape the criminal consequences of his injurious conduct by drinking himself into a state where he is blind to the risk he is causing to others. In R v Caldwell [1982] AC 341 it seems to have been assumed (see paragraph 18 above) that the risk would have been obvious to the defendant had he been sober. Further, the context did not require the House to give close consideration to the liability of those (such as the very young and the mentally handicapped) who were not normal reasonable adults. The overruling by the majority of R v Stephenson [1979] QB 695 does however make it questionable whether such consideration would have led to a different result.

죄 판결을 받은 이상 그에게 최소한의 형벌만을 부과한다는 것으로는 문제가 해결되지 않는다.

34 셋째로, Caldwell 판결에 대한 학계와 판사들 및 여타 법조인들의 비판을 무시해서는 안 된다. 물론 단지 학계의 비판을 받는다고 어떠한 판결이 파기되어야 하는 것은 아니다. 하지만 그 판결이 당대의 유력한 학자들의 합리적이고 공통된 비판을 받는다면 *1056 이에 관심을 가져야 할 것이다. 다른 많은 자료가 있지만 John Smith 교수 ([1981] Crim. L.R. 392, 393-396)나 Glanville Williams 교수("Recklessness Redefined" (1981) 40 CLJ 252)의 논문만 해도 그 충분한 예가 된다. 학계뿐 아니라 판사들도 이런 비판을 하여 여기에 더욱 힘을 실어주게 되는데, Caldwell 사건을 심리하였던 권위 있는 판사인 Edmund-Davis 경과 Wilberforce 경은 반대의견에서 그 판결을 비판하였고, R. v Stephen Malcolm R (1984) 79 Cr.App.R. 334. 사건에서는 Robert Goff와 Ackner 수석재판관이 같은 의견을 제시하였다. 즉 우리 사건에서 1심판사가 제기한 이 문제점은 이미 수차례 제기되어 왔었던 것이다.

35 넷째로, 1971년 법 제1조의 무모함에 대한 다수 의견의 해석은 이미 밝혀진 바와 같이 잘못된 해석이다. 만약에 그것이 원칙을 위반하거나 부당한 결과를 발생시키지는 않는 잘못된 해석이라면 그 해석을 고수하거나 의회가 필요할 때 고치도록 맡겨야 한다는 주장이 옳을 수 있다. 하지만 여기서의 잘못된 해석은 원칙을 위반하는 것이고 공정하지 못한 결과를 초래하기 쉽다. 따라서 이 오해를 정정할 필요성이 크다.

36 나아가 동 항소사건을 판단하는 선례로서 피고인이 스스로 명정상태를 야기하여 행위한 사건을 적용시키는 것은 부당할 수 있다. 피고인이 스스로 만취상태가 되었으면서 자신이 초래하는 위험을 감지하지 못하였다는 이유로 형사책임을 면할 수 있다는 결론은 분명 직관적으로도 석연치 않기 때문이다. 위 18문단에서 본 바와 같이 Caldwell 사건에서 법원은 만일 피고인이 취한 상태가 아니었더라면 그 위험은 피고인에게 있어 명백한 것이었다고 가정한다. 나아가, 동 판결은 보통의 분별 있는 어른들이 아닌 아주 어리거나 정신적으로 문제가 있는 피고인에 대한 것이 아니었다. 하지만 동 판결의 다수의견이 피고인이 정신분열증이 있었던 사건인 R. v Stephenson (1979) 판결을 파기한 것을 보면 그러한 경우라 하더라도 Caldwell 법원에서 다르게 판단하지는 아니하였을 것이라 추측된다.

37 In the course of argument before the House it was suggested that the rule in R v Caldwell might be modified, in cases involving children, by requiring comparison not with normal reasonable adults but with normal reasonable children of the same age. This is a suggestion with some attractions but it is open to four compelling objections. First, even this modification would offend the principle that conviction should depend on proving the state of mind of the individual defendant to be culpable. Second, if the rule were modified in relation to children on grounds of their immaturity it would be anomalous if it were not also modified in relation to the mentally handicapped on grounds of their limited understanding. Third, any modification along these lines would open the door to difficult and contentious argument concerning the qualities and characteristics to be taken into account for purposes of the comparison. Fourth, to adopt this modification would be to substitute one misinterpretation of section 1 for another. There is no warrant in the Act or in the travaux préparatoires which preceded it for such an interpretation.

38 A further refinement, advanced by Professor Glanville Williams in his article "Recklessness Redefined" [1981] CLJ 252, 270-271, adopted by the justices in Elliott v C [1983] 1 WLR 939 and commented upon by Robert Goff LJ in that case is that a defendant should only be regarded as having *1057 acted recklessly by virtue of his failure to give any thought to an obvious risk that property would be destroyed or damaged, where such risk would have been obvious to him if he had given any thought to the matter. This refinement also has attractions, although it does not meet the objection of principle and does not represent a correct interpretation of the section. It is, in my opinion, open to the further objection of over-complicating the task of the jury (or bench of justices). It is one thing to decide whether a defendant can be believed when he says that the thought of a given risk never crossed his mind. It is another, and much more speculative, task to decide whether the risk would have been obvious to him if the thought had crossed his mind. The simpler the jury's task, the more likely is its verdict to be reliable. Robert Goff LJ's reason for rejecting this refinement was somewhat similar: Elliott v C, p 950.

39 I cannot accept that restoration of the law as understood before R v Caldwell [1982] AC 341 would lead to the acquittal of those whom public policy would require to be convicted.

37 동 항소사건의 심리 중 Caldwell 판결의 판단기준이 피고가 어린이일 경우에는 보통의 합리적인 어른이 아니라 보통의 합리적인 같은 나이의 어린이를 기준으로 하여 적용되어야 한다는 주장이 제기된 바 있다. 이 주장에는 어느 정도 장점이 있지만 다음의 네 가지 큰 결점을 안고 있다. 첫째로 이렇게 수정한다고 해도 유죄판결은 피고 자신의 심리상태에 비난 가능성이 있는지 여부에 따라 선고되어야 한다는 원칙에 위반되는 것은 마찬가지이다. 둘째로 피고인들이 어린 경우 아직 성숙하지 않다는 이유로 판단기준을 수정한다면 정신적 문제가 있는 피고에 적용되는 기준 역시 제한된 지각능력을 이유로 한 수정이 가해져야 할 것이다. 셋째로 판단기준에 이러한 일련의 수정을 가하기 위해서는 고려되어야 할 특성들을 모두 고려한 매우 어렵고도 치열한 논쟁을 거쳐야 할 것인데 여기서 일관된 결론을 얻을 것을 기대하기 어렵다. 넷째로 이런 수정을 채택하는 것은 제1조에 대한 잘못된 해석을 단지 또 다른 잘못된 해석으로 대체하는 것이다. 법령이나 입법의 목적 어디에도 이러한 해석은 찾아볼 수 없다.

38 Glanville Williams 교수는 "Recklessness Redefined" (1981) 40 CLJ 252, 270-271라는 그의 논문에서 이 문제에 대해 여기서 한 발 더 나아간 논의를 하였는데 이 주장은 Elliott v C (1983) 77 Cr.App.R. 103에서 동 사건을 심리한 Robert Goff 수석재판관이 언급하여 받아들여진 바 있다. 이는 즉, 피고인이 만약 조금만 신경을 썼더라면 재물이 손괴될 위험을 명백하게 알 수 있었는데도 불구하고, 어떠한 주의도 기울이지 않은 경우에만 *1057 무모하게 행위한 것으로 보아야 한다는 주장이다. 이 정의의 수정 역시 장점이 있지만 마찬가지로 위의 네 가지 결점을 지니고 있으며, 법률의 올바른 해석이 아니다. 나아가 이를 따르게 되면 배심원 혹은 재판관의 업무를 지나치게 복잡하게 만들 수 있다. 위험을 전혀 인식하지 못하였다고 하는 피고인의 주장을 믿을 것인지 말 것인지는 비교적 간단한 문제이다. 하지만 피고인이 조금만 신경을 썼더라면 위험을 명백하게 알 수 있었을 것인가를 판단하는 것은 훨씬 난해한 문제가 된다. 배심원의 임무가 간단할수록, 그의 평결의 신뢰도는 높아진다. Robert Goff 수석재판관이 Elliott v C (1983) 77 Cr.App.R. 103, 119, [1983] 1 W.L.R. 939, 950 판결에서 위의 수정된 판단기준을 적용하지 않기로 한 이유 역시 이와 유사하다.

39 Caldwell 이전에 받아들여졌던 법의 해석을 되살리는 것이 곧 유죄 판결을 받을 필요가 있는 자들의 무죄 방면이라는 결과를 초래할 것이라는 주장은 받아들일 수 없다. Caldwell

There is nothing to suggest that this was seen as a problem before R v Caldwell, or (as noted above in paragraphs 12 and 13) before the 1971 Act. There is no reason to doubt the common sense which tribunals of fact bring to their task. In a contested case based on intention, the defendant rarely admits intending the injurious result in question, but the tribunal of fact will readily infer such an intention, in a proper case, from all the circumstances and probabilities and evidence of what the defendant did and said at the time. Similarly with recklessness: it is not to be supposed that the tribunal of fact will accept a defendant's assertion that he never thought of a certain risk when all the circumstances and probabilities and evidence of what he did and said at the time show that he did or must have done.

40 In his printed case, Mr Newman advanced the contention that the law as declared in R v Caldwell was incompatible with article 6 of the European Convention on Human Rights. While making no concession, he forebore to address legal argument on the point. I need say no more about it.

41 For the reasons I have given I would allow this appeal and quash the appellants' convictions. I would answer the certified question obliquely, basing myself on clause 18(c) of the Criminal Code Bill annexed by the Law Commission to its Report on Criminal Law: A Criminal Code for England and Wales and Draft Criminal Code Bill, vol 1 (Law Com No 177, April 1989):

"A person acts recklessly within the meaning of section 1 of the Criminal Damage Act 1971 with respect to — (i) a circumstance when he is aware of a risk that it exists or will exist; (ii) a result when he is aware of a risk that it will occur; and it is, in the circumstances known to him, unreasonable to take the risk."

LORD BROWNE-WILKINSON

42 My Lords, I agree with the reasons given by Lord Bingham of Cornhill. I would allow the appeal and answer the certified question as he proposes.

Appeal allowed with costs.

이전이나 1971년 법의 제정 이전에 그 해석이 문제가 되었었다고 볼 근거는 전혀 없다. 사실심에서 사실의 문제를 판단하는 데에 일반인의 상식이 쓰이는 것은 당연하다. 가령 고의가 쟁점이 되는 사건에서 피고인은 보통 피해 결과를 의도하였다는 것을 인정하지 않지만, 경우에 따라 배심원 혹은 재판관은 당시 정황과 피고인의 행위양태로 미루어 고의가 있었다고 판단하게 되는 것이다. 무모함에 있어서도 마찬가지다. 피고인이 위험을 인식하지 못하였다고 주장했다고 해서 그것이 곧 받아들여지는 것이 아니고 사실관계의 판단자가 모든 증거를 고려해 보았을 때 피고인이 그 위험을 알고 있었다고 판단할 수도 있는 것이다.

40 피고인 측 변호사 Mr. Newman은, 비록 이 점에 관해 세세한 법적 논의는 하지 않았으나 Caldwell 판결은 유럽인권협약 제6조와 양립하지 않는다고 주장하였다. 이에 동의하는 바이다.

41 앞서 밝힌 이유들을 근거로 이 항소를 받아들이고 항소인에 대한 유죄판결은 파기하도록 한다. 동 판결문의 맨 처음에 제기하였던 문제에 대해서는 법률위원회의 보고서 "A Criminal Code for England and Wales and Draft Criminal Code Bill" Vol.1(Law Com. No. 177, April 1989)에 첨부된 Criminal Code Bill의 제18(c)항에 따라 다음과 같이 간접적인 답을 할 수 있을 것이다:

"(i) 위험이 존재한다거나 존재할 것을 알고 있는 사정이 있고

(ii) 그 위험을 알고 있는 결과의 발생; 그리고 그 위험을 감수한 것이 정황상 합리적이지 않은 경우

피고인은 형사손괴법의 제1조 아래에서 무모하게 행위한 것이다."

Browne-Wilkinson 경의 동의

42 동료 재판관 여러분, 나는 Bingham of Cornhill경의 논의에 동의하는 바이다. 항소를 받아들이고 제기된 질문에 그가 제안한 대로 답하도록 한다.

비용과 함께 항소를 인용한다.

Representation

Solicitors: Pictons, Milton Keynes; Borneo Linnells, Milton Keynes; Crown Prosecution Service.

S H

변호

변호인: Pictons, Milton Keynes; Borneo Linnells, Milton Keynes; Crown Prosecution Service.

S H

박경신

미국 하버드대학교 물리학과, UCLA 로스쿨 J.D. 졸업
현재 고려대학교 법과대학 교수로 있으며
한국법철학회 국제이사,
서울지방변호사회 법관평가위원회 위원,
KAIST 법률자문역,
영문법률저널 *Korea University Law Review* 편집장 역임

해상사고 선주책임제한 주요 해외 판례집

초판발행 2009년 7월 30일
초판 2쇄 2009년 11월 10일

엮은이 박경신
펴낸곳 고려대학교출판부
www.kupress.com
kupress@korea.ac.kr
136-701 서울특별시 성북구 안암동
02-3290-4230, 4232
Fax 923-6311
찍은곳 한국컴퓨터인쇄정보

ISBN 978-89-7641-695-7 93360

값 25,000원